学科教材论丛书 1

郭戈 总主编

小学数学教材论

王永春 主编

人民教育出版社
·北京·

图书在版编目（CIP）数据

小学数学教材论/王永春主编；郭戈总主编．—北京：人民教育出版社，2020.11
（学科教材论丛书）
ISBN 978-7-107-34646-0

Ⅰ.①小… Ⅱ.①王…②郭… Ⅲ.①小学数学课—教材—研究 Ⅳ.① G623.502

中国版本图书馆 CIP 数据核字（2020）第 216798 号

小学数学教材论
XIAOXUE SHUXUE JIAOCAI LUN

责任编辑　熊　华
书籍设计　王　喆

出版发行　人民教育出版社
（北京市海淀区中关村南大街 17 号院 1 号楼　邮编：100081）
网　　址　http://www.pep.com.cn
经　　销　全国新华书店
印　　刷　北京盛通印刷股份有限公司
版　　次　2020 年 11 月第 1 版
印　　次　2022 年 1 月第 1 次印刷
开　　本　16
印　　张　34
字　　数　685 千字
定　　价　128.00 元

版权所有·未经许可不得采用任何方式擅自复制或使用本产品任何部分·违者必究
如发现内容质量问题、印装质量问题，请与本社联系。电话：400-810-5788

教材是个专业，也是门学问
——《学科教材论丛书》总序

说起教材，人们都不陌生，因为凡是上过学的，都使用过教材。所谓教材，是指依照课程标准或教学大纲编写、系统反映学科内容的教学用书，它是课程的核心教学材料，也是教师教授和学生学习的基本依据和主要工具。教材有广义、狭义之分：狭义的教材专指教科书或课本；广义的教材除此之外，还包括教学参考书、讲义、教学地图和手册、音像和数字资源等教学辅导材料。学校的中心工作是教学，连接教学的纽带是教材。青少年学生每天都会用上教材，这是他们的主要精神食粮，对其健康成长、全面发展至关重要。甚至教材里的一句话、一幅图、一个字，以至于一个标点符号，都有可能影响学生一辈子。日积月累，滴水穿石，潜移默化，无形塑造，显示出了教材的巨大作用和强力功效。需要强调的是，虽然教材看似一本书籍、教材建设表现为教育的一项具体工作，但实际上是一个事关全局、影响深远的国家大事，其背后所牵扯的国家意志、文化传承、立德树人、培育后代等，切不可小觑，绝不能放松。我们认为，要真正重视教材，充分发挥教材的作用，就必须把教材工作当作一个专业或职业来对待，而且要把教材问题当作一门学问或学科来研究。这既是教材建设的长久之计，更是当务之急。

一

古人云："闻道有先后，术业有专攻。"随着工业化、现代化和信息化的发展，人类面临的问题越来越复杂，社会分工越来越精细，也越来越专业。所以，必须通过专业化分工，让专门人才解决专业问题，以提高工作效能和保障专业工作质量。长期以来，从事教材工作的，包括管理、编写、审查、出版、印制、发行、选用、教学及其研究等，都有不少机构和人员，使用教材的各级各类学校和师生更是不计其数，初步形成了一个相对独立的行当和体系，也有其一定的行业要求和专业标准。在新时代，党和国家高度重视教材事业发展，提升对教材工作重要性的认识，加强教材组织机构和制度建设，先后成立国家教材委员会、教育部教材局和课程教材研究所，实行三科教材统编统用政策，颁布了一系列有关文件规定等，并且明确提出：建设教育强国、实现教育的现代化，是中华民族伟大复兴的基础工程，必须构建起与之相匹配的具有中国特色、世界一流的教材体系。这对教材工作尤其是教材编写人员和机构专业化、职业化建设提出了新的更高要求。比如，在地方和学校管理上是否设立了教材专门机构？以及教师如何使用教材，是"教教材"还是"用教材教"，能否引导学生成为课本的主体？这些都是检验其专业化程度的具体标尺。

教材编写是教材工作的关键环节，其客观存在的特殊性或不可替代性是显而易见的。也就是说，教材编写的规律和特点，成为支撑教材工作专业化、职业化发展的主要依据。

教材与学科紧密联系，有多少门学科就有多少种教材，但教材不是学科内容的简化或复制，而是学科体系的再造，是适合学生学习的学科材料，这是一项创造性的智慧劳动和神圣职业。教材也不同于文学创作、学术专著，或通俗读物、科普读物。它有特定的目的、特殊的对象、专门的依据，又有必须遵照的一些规定。无论哪种教材，都要处理好科学性与思想性、逻辑性与适切性、理论知识与实际经验、传统内容与当代科学、材料与观点、知识与能力、广度和深度，以及学科、学段的分工和联系等一系列基本关系问题，力图做到系统完整、结构严谨、层次分明，做到语言精练、观点精辟、深入浅出，等等。叶圣陶曾形象地比喻说："编写教科书，不能捡到篮子里就是菜，要像蜜蜂那样，吸取百花精华，酿出蜜来，我们要吸收有关知识，融会贯通，才能写成教科书。"教材编写既有许多需要解决的共性问题，也有不少各科要分别解决的个性问题。辛安亭说："我常想如果历史课本的写法，高小以人物故事为中心，相当于传记体；初中以历史大事为中心，相当于编年体；高中以历史问题为中心，相当于纪事本末体；则高小得到的是历史的点的知识，初中得到的是线的知识，高中得到的是面的知识。"这给我们提供了一个学科教材个性问题的范例。正因为如此，业界历来强调中小学教材编写者的资格认定和行业准入制度，要求应当兼备学科专业、教学经验、文字能力和科学研究的"核心素养"或"关键能力"，以及组建有专家学者、专职编辑和优秀教师或教研员参加的"三结合"教材编写队伍等。由此可见，教材编写是个专业，有其专门的学问，做好这项工作需要长期的专业教育和实践锻炼才能完成。特别是中小学教材或作为国家级、高水平、权威性的统编教材或通用教科书，非得有一大批一流的、专业化的编写队伍和组织机构来保证完成不可。

因此，教材战线一定要增强阵地意识和质量意识，加强统一领导和管理，建立科学规划和规章，设置专业组织和机构，健全运行机制和制度。要通过创设课程教材专业、加强专业人才培养和培训、确定教材行规和标准、吸引优秀人才编写教材、建立教材审查专家库和文献资料库、拓展国家和地方教材研发基地、实行教材评价和奖励政策等一系列具体举措，逐步实现教材专业化认证、专业化机构、专业化队伍、专业化制度、专业化标准和专业化管理等，并着力按照政治立场坚定、学术造诣精深、实践经验丰富等标准，构筑各学科、高素质、专业化教材队伍，打造引领和适应新时代教材建设的中坚力量和新生一代，为加快构建具有中国特色、世界一流的教材体系奠定坚实基础。

二

没有教育科学就没有科学的教育，没有教材的科学研究也难有高水平的教材。专业的事情得由专业的人来做，还得有专门的人来研究。教材是个专业，也是门学问，不能光凭经验办事，必须加强教材的科研工作，并且把教材当作一个学科或一门学问来研究。此外，教材的重要性、特殊性、创新性，以及教材学科多、难度大、出版周期长等特点，也决定了教材工作要未雨绸缪、研究先行。就教材编写而言，一要研究学科，二要研究学生，在此基础上编出来的教材才能保证质量。否则，不研究学科或学术，对学科内容缺乏全盘理解，对前沿情况知之不多，知其然不知其所以然，甚至人云亦云、照搬照抄，编出来的教材就会出现学科逻辑不通等毛病，还会犯常识性、知识性的错误，这就像厨师不懂原料知识和营养搭配原理一样；不研究学生或教学，对学生身心发展、教学实际没有钻研，学问再大，立意再高，编出来的教材思想性、科学性、知识性、逻辑性再强，不切合儿童年龄特点和身心发展规律，学生不爱读也是白搭，这就像厨师做出来的菜不合食客的口味一样。好的教材内容不但要反映现代科学文化的先进水平，而且还要符合我国的实际情况和学生的接受能力。或者说，一本高质量的教材，既是本学科国内外长期科研成果信息的集合，又是编者多年教学经验和学术研究的结晶。我们不想夸大课程标准和教科书的编写工作的意义，但是也没有理由不承认它是教育科学工作中的一种，也没有理由不承认它是一项创造性劳动。应该明确一个观点：质量好的教材跟好的学术论著一样，都应该被认为是科研成果、学术著作。并且，教材研究就是教育科学研究的一个分支，无论是教材编写、审查研究，还是教材管理、政策研究，或是教材出版、发行研究等，都是如此。

　　教材与教学、学校相伴随，都有着悠久的历史，但教材研究的历史却很短暂。在我国新式教材一百多年的发展过程中，不仅编辑出版了不计其数的各门学科、多种形式的教材，而且也涌现出了一大批教材思想家、编辑家、出版家。他们大都在编辑出版教材的过程中，发表过不少论述教材的著述，提出了关于教材问题的看法和认识，其中一些人还形成了较为全面和深入的思想观点，成为我国教材建设和学术研究的一笔宝贵的财富。新中国70年几代通用教材编写者，大都是本学科的学问家或学科教育专家，其中集学科、教学和教材研究于一身的名家也有不少。我国对教材研究的自觉始于改革开放以后，大家逐步认识到：建设一流的教材不能仅仅"毕其功于一役"，既要有"教材会战"的拼搏精神，也要有长期的扎实的研究实验和学术积淀；既要有熟练的编辑业务能力，又要有精益求精、不断探索的创新能力。1981年创刊的《课程·教材·教法》和1983年由邓小平同志题名的课程教材研究所的建立，对教材尤其是学科教材的研究起到了积极的推动作用，就是一个突出的例证。

毋庸讳言，目前我国专门研究教材的机构和人员不多，教材研究的科学化水平不高，教材理论还不是一个独立的学科和完善的学问，关于教材的基本理论、政策管理、历史发展、编写审查、出版发行、教学使用、评价检查，以及学科教材（含统编教材）、数字教材研究，以及教材比较研究等，都没有形成系统的学理和完整的逻辑体系。这与我国当下教材事业快速发展的好势头不相适应，并影响和制约着各种教材的研发和编写水平。关于学科教材论，早在1991年，人民教育出版社历史编辑室的臧嵘先生在《课程·教材·教法》上发表文章，主张要建立一门"历史教材学"。至今虽然也有不少学科的相关成果相继问世，但是堪称系统而完整研究的理论著作仍然是凤毛麟角，建设高水平的学科教材论，乃至一般教材论、教材专题论仍然任重道远。学科教材论的建设，学科专家的参与是必要的，但这并不是他们的主攻方向；一般意义上的教育学者，特别是课程教学论研究者，应该攻克一般教材论、教材史论的难关，可是专业性很强的学科教材论和一些教材专题论（如教材的出版、印制和发行等）的任务，显然是他们承担不起的。所以，学科教材论和教材专题论还得有一批学科教育研究者、教材编写者和相关专题的研究者挑起这副担子，这是他们责无旁贷的。

因此，我们要正确处理教材的科学研究与实际工作的关系，将教材研究、教材理论体系探索列入教材建设的重要议事日程。一方面，要在全面梳理国内外教材发展和研究的成果和文献的基础上，强化教材的一般理论、重要政策、重大实践以及各学科教材体系及其配套资源和数字化的研究，力争实现各学科教材使用一套、实验一套、研发一套的良性循环的理想状态。另一方面，通过制定教材科研规划、构筑专业课程教材研究平台、创立教材学术组织和杂志、设立教材重大研究课题、扩充教材重点研究和实验基地、建立教材研究成果交流和奖励机制等，进一步提升教材科研水平上台阶，从而为教材工作的创新、发展和繁荣提供强大支撑，为加快构建具有中国特色、世界一流的教材体系提供重要保障。

三

正是基于以上认识,我们启动了"学科教材研究系列项目",并在2019年底,把这个项目作为人民教育出版社课程教材研究所自定的重大课题,计划投入若干年时间,深入钻研和总结中小学十多门学科的教材理论和实际问题,旨在为构建完整的学科教材论体系而努力,也作为庆祝建国70周年、建社70周年、建党100周年活动,推进基础教育教材编研工作的一部分。这项工作主要由我社学科教材编写者来完成,并邀请社外一些学科教学和教育理论研究者参与其中,还吸收我社老编辑、老专家的智慧和成果。为此,各学科编辑室坚持编研一体、学术立社的老传统和好作风,在繁忙的编写和修订教科书、教学参考书的同时,组织多方力量、投入大量精力,系统总结和研究教材尤其是学科教材编写的理论和方法,取得了令人可喜的成绩。在此写下序言,说明丛书来意,亦表祝贺和感谢!

最后,我们希望这套《学科教材论丛书》的出版,对于完善我国学科教材理论、推动整个教材研究、促进教材事业发展有所助益,也希望业界有更多扎根中国大地的教材研究成果不断涌现,进一步提升学科教材乃至整个教材研究的水平,共同为加快构建具有中国特色、世界一流的教材建设体系和教材理论体系作出积极贡献。

2021年12月1日

前　言

从专业和学术的角度来讨论，课程论和教学论是公认的专业和研究领域，其中也会涉及教材方面的研究。虽然课程论对教科书的概念、性质、功能、结构等方面进行了研究和讨论，但毕竟是课程理论，与教材相关内容的研究只占很小的篇幅，而且是宏观层面的理论研究，还无法深入到教材深层次的、系统性的理论层面，也无法全面系统阐述教材理论。因而，教材从课程论中独立出来，形成独立的、系统的教材论的理论体系的必要性显而易见。教学论虽然也涉及教材的相关内容的阐述，但是，教学论主要研究教学，与教材相关的教学内容的研究也只是占教学论整体理论很小的篇幅，同样没有对教材进行深层次的、系统性的理论研究。因此，从教学论当中独立出来，形成教材论的理论体系也是必要的。另外，随着社会和教育的发展，国家对教材的要求和期望越来越高，近年来国家成立了教材局和教材研究基地，说明教材的地位和作用越来越大。从这个意义上来说，教材论从课程论和教学论中独立出来，形成自己的理论，更是必要的了。当然，并不是说课程论或者教学论就不必涉及教材相关内容的研究，也并不意味着教材论的研究内容不涉及课程和教学，三者还是相互依存、相互支持的关系。

教科书是依据课程标准编写的教师进行教学和学生进行学习的核心资源和材料，教科书又称为"课本"或者"教材"，这里的教材是狭义的概念。小学数学教材在编写时要综合考虑社会、数学与学生这三个核心要素的平衡，即社会对人才的需要在数学学科的体现，数学学科本身的逻辑结构，儿童的认知特点和学习规律。数学课程标准对课堂教学的实施提出了总体要求和比较具体的建议，是教师进行教学设计和开展课堂教学的基本依据。但是，课程标准只是给出了课程的基本理念、课程目标、课程内容的基本条目、教学案例、教学的基本要求和建议，这些都是宏观的、概括性的，不可能给出具体的每堂课的教学材料和教学方案。教师和学生不可能人手一本课程标准，只能人手一本教材来进行教学和学习，因为教材提供了每堂课教学的目标、内容、素材、情境和知识发生发展形成的教学过程。因此，教材是教学的主要资源和依据。另外，教材的编写既要体现社会对人才的需求和数学学科的逻辑结构，也必须体现教学的规律，即教师如何更好地使用教材进行教学，有利于学生理解教材中的知识，继而掌握基本技能，感悟数学的基本思想，积累数学活动经验。

就数学教育专业理论而言，目前比较成熟的理论是数学教材教法和数学教学论。中学数学教材教法是高等师范院校数学或者数学教育专业的必修课，小学数学教材教法是过去中师学校的必修课；其中涉及教材的内容，主要是教学目标、教材分析以及如何展开相关内容的教学，并不涉及教材本身如何开展研究的相关理论。数学教学论涉及教材的内容更少，只是简单介绍一下教材，因为自从20世纪90年代以来我国已经进入了教材多样化的时代，使得数学教学论难以全面深入研究教材。另外就是数学课程论、数学课程与教学论，数学课程论包括中学数学课程论和小学数学课程论。现有的关于小学数学课程与教学论的著作，主要是介绍数学课程标准当中所涉及的课程目标和课程内容，很少涉及教材的内容。

参考已有的研究成果，我们从小学数学教材论成为独立学科和理论体系的角度，构建了本书的内容结构体系。本书共分八章。第一章主要阐述了数学学科的课程、教材及教学的关系。第二章简要介绍了中外小学数学教材及发展简史。第三章概括了小学数学教材研究与编写的相关理论，如逻辑初步知识、数学思想方法、数学文化、教材比较研究、编写指导思想与原则等。第四章分析概括了小学数学教材的调查研究成果。第五章阐述小学数学教材各个内容领域的编排。第六章讨论小学数学教材与教学的关系。第七章对小学数学数字教材进行了理论分析与实践研究成果的梳理。第八章对小学数学教材的未来发展进行展望。

本书由王永春主编，各章编写分工为：第一章由王永春编写，第二章由丁国忠、刘丽、熊华、周小川、孙兴华编写，第三章由孔凡哲、蒲淑萍、曹培英编写，第四章由刘福林、王利编写，第五章由巩子坤、曹培英编写，第六章由蒲淑萍、刘加霞编写，第七章由唐彩斌编写，第八章由王永春、陈曦、胡雪丹编写。

衷心感谢以上作者在百忙中为本书的撰写奉献了时间及智慧。

本书从学术研究的角度构建小学数学教材理论体系是一次有益尝试，因水平所限，书中定有不妥之处，希望广大读者提出宝贵意见及建议。

王永春

2022年1月

目 录

第一章 课程与教材 1
    1.1 课程与数学课程 1
    1.2 数学学科的课程、教材及教学的关系 13

第二章 小学数学教材的发展 24
    2.1 中国20世纪小学数学教材发展简史 24
    2.2 中国21世纪小学数学教材改革 79
    2.3 国外小学数学教材简介 122

第三章 小学数学教材研编的理论研究 191
    3.1 逻辑初步知识 191
    3.2 小学数学中的公理 207
    3.3 小学数学中的数学思想方法 214
    3.4 数学课程标准对教材编写的建议 220
    3.5 小学数学教学论 222
    3.6 儿童认知发展与数学学习理论 235
    3.7 小学数学教材中的数学文化 242
    3.8 小学数学教材研编的指导思想与原则 246
    3.9 小学数学教材的结构 248
    3.10 小学数学教材的呈现方式 258

第四章 小学数学教材使用情况调查与研究 285

第五章 小学数学教材的编排 302
    5.1 数的认识的编排 302
    5.2 数的运算的编排 322

5.3 代数的编排　345
5.4 图形与几何的编排　358
5.5 统计与概率的编排　366
5.6 问题解决的编排　373
5.7 综合与实践的编排　388

第六章　小学数学教材与教学　399
6.1 小学数学教材与教学研究　399
6.2 小学数学教材与教学目标　410
6.3 小学数学教材与教学内容　418
6.4 小学数学教材与教学过程　432
6.5 小学数学教材与教学评价　446

第七章　小学数学数字教材的研究　459
7.1 信息技术与小学数学教育　459
7.2 小学数学数字教材的研究　468
7.3 小学数学数字教材的实践　472
7.4 小学数学智能教学系统　484

第八章　小学数学教材的展望　491
8.1 学材与生本学材　491
8.2 小学数学生本学材研编的理论研究　495
8.3 小学数学生本学材研编的实践研究　507

参考文献　526

第一章　课程与教材

1.1　课程与数学课程

一、课程

（一）"课程"词语简介

我们现在对"课程"一词并不陌生，早在20世纪90年代初期教育部就颁布实施了《九年义务教育全日制小学、初级中学课程计划（试行）》，但是这个时期大家比较熟悉的、常用的指导文件还是各学科的教学大纲，人们对大纲和教材等概念的熟悉程度远超过课程这个概念。直到90年代末期开始发生变化，为培养21世纪社会主义现代化建设的人才，迫切需要教育改革。1999年颁布的《中共中央国务院关于深化教育改革全面推进素质教育的决定》揭开了面向21世纪教育改革的序幕。这次教育改革的核心和突破口就是课程改革，包括研制各学科新的课程标准和教材，教育部于2000年颁布了《九年义务教育全日制小学数学教学大纲（试用修订版）》，于2001年颁布了《基础教育课程改革纲要（试行）》及取代教学大纲的各学科课程标准，并于2001年秋季在全国部分国家级实验区开始了新教材的实验。因此，广大教育工作者把我国起始于21世纪初期的教育改革习惯上称之为"新课程改革"，于是课程一词及其概念，开始被广大教育工作者逐步熟悉起来。

课程一般被学界认为是现代教育学的概念，从而也被认为是从西方引进的。但是，据有关研究表明，课程一词至少早在我国唐朝就已经出现，而且它的概念与现代意义上的课程概念也比较接近。"课程一词形成于唐宋时期……因为'课'的本义是考核，科举考试有时候就被称作'课士'，为了应付科举考试而进行的学习准备被称作'课业'，有关'课业'的安排被称作'课程'。因为这种课程的概念是在科举制度的背景下被定义的，我们可以把它看作是一种狭义的传统课程概念。宋明以后，尤其是在19世纪中叶之前的清代，课程概念的变化突出地表现在它的使用范围越来越集中于学校教育，而且，与此相应，课程主要地是一种制度化的安排，而不大可能是学习者自订的学习计划……传统课程概念一旦限制在学校教育领域，而且更多地与学校的制度安排相关联，它与近代课程概念就非常接近了。"[①]当然学校及课程的现代化，主要还是借鉴了西方的经验和做法，因此课程一词及其概念既是从我国传统课程概念传承而来，又吸收了西方课程的先进理论，从而使得现代课程的概念有着非常丰富的内涵和外延。

（二）课程概念的观点演变

现在大家都习以为常地使用课程这个术语，那么理论上对其概念的界定和理解应该是基本一致的。但是事实上，官方文件及专业研究人员对课程这个概念的理解并不完全一致，而且从国际上来看，课程概念也在不断演变。

1. 官方文件中的课程概念。

我们首先从官方文件的维度对课程这个概念进行梳理，如前文所述，教育部于1992年颁布了《九年义务教育全日制小学、初级中学课程计划（试行）》，并要求从1993年秋季开始实施。该课程计划对义务教育阶段的培养目标、课程设置（包括学科和活动两部分，其课程中的国家课程包括各学科课程设置、内容要求、时间分配等方面）、考试考查等方面提出了明确具体的要求。"本课程计划国家安排课程所规定的课程门类、教学内容、教学要求和课时分配，体现了国家对义务教育的基本要求，是各级教育部门和小学、初级中学组织安排教学活动的依据。是制定教学大纲和编写教材的依据，也是督导、评估学校教学工作的依据。各省、自治区、直辖市教育委员会、教育厅（局）在本计划的指导下，可结合本地区的实际情况进行适当调整，并对地方安排课程的课程设置、课时分配等做出明确规定。调整后的课程计划，报国家教育委员会备案，各地学校必须严格执行。"该课程计划是制定教学大纲和编写教材的依据，由此可以看出它是一个纲领性的指导文件，对教学内容和教学要求的描述也是非常概括的。以小学数学学科为例，其内容及要求概括为"小学阶段使学生掌握整数、小数、分数的基础知识和四则运算的技能，学一些简单的几何图形、简易方程和珠算知识，学一点简单的统计初步知识。培养初步的逻辑思维能力和空间观念，以及运用所学数学知识解决一些简单实际问题的能力。"从以上文本解读来看，该课程计划中的课程概念，基本内涵是教育内容及其进程的总和，教育内容包括学科内容和活动内容，也包括评价（考试考查），但并不包括教学大纲（课程标准）及教材。

为贯彻《中共中央国务院关于深化教育改革全面推进素质教育的决定》和《国务院关于基础教育改革与发展的决定》，教育部于2001年颁布了《基础教育课程改革纲要（试行）》，大力推进基础教育课程改革，调整和改革基础教育的课程体系、结构、内容，构建符合素质教育要求的新的基础教育课程体

---

① 章小谦、杜成宪. 中国课程概念从传统到近代的演变，华东师范大学学报（教育科学版），2005年.

系。文件在此次课程改革具体目标的论述中指出:"改变课程结构过于强调学科本位、科目过多和缺乏整合的现状,整体设置九年一贯的课程门类和课时比例,并设置综合课程,以适应不同地区和学生发展的需求,体现课程结构的均衡性、综合性和选择性。改变课程内容'难、繁、偏、旧'和过于注重书本知识的现状,加强课程内容与学生生活以及现代社会和科技发展的联系,关注学生的学习兴趣和经验,精选终身学习必备的基础知识和技能。改变课程实施过于强调接受学习、死记硬背、机械训练的现状,倡导学生主动参与、乐于探究、勤于动手,培养学生搜集和处理信息的能力、获取新知识的能力、分析和解决问题的能力以及交流与合作的能力。改变课程评价过分强调甄别与选拔的功能,发挥评价促进学生发展、教师提高和改进教学实践的功能。"并从课程结构、课程标准、教学过程、教材开发、课程评价、课程管理、教师培训等方面提出了具体要求。由此可以解读出的信息是,此文件的课程概念涵盖了课程设置、课程标准、教材、教学、评价考试、培训、管理等方面,比上述课程计划中的课程概念的外延更宽泛,把课程标准、教材、培训、管理等都涵盖在内,更像是一个广义的课程概念。

为了贯彻落实课程改革的精神,教育部于2001年颁布了取代教学大纲的义务教育阶段各学科课程标准,其中数学课程标准为《全日制义务教育数学课程标准(实验稿)》(以下简称《标准(2001)》),内容包括课程性质、课程目标、课程内容及具体目标、教学建议、评价建议、教材编写建议、相应的案例等,从学科课程标准的角度而言,其课程是《基础教育课程改革纲要(试行)》中的课程在各学科的具体化,是一脉相承的。

2. 学术研究中的课程概念。

(1) 作为学科和教材的课程。

把系统的学科知识和教材看作课程,是比较传统的观点。所谓学科,就是课程计划当中关于课程设置的各个科目,教材就是各个学科的具体课程内容。在以学科为中心的传统知识观指导下,学科知识和教材就成为各门学科的课程。这种课程观强调知识的系统性和结构化,强调每门学科的知识体系和逻辑关系,追求逻辑的严密和体系的完整。这样的课程内容以知识为本位,脱离社会实际,学生成为被动的填鸭式的接受者,过度重视基础知识和基本技能的训练。学生被迫成为被动应付考试的机器,缺乏实践能力和创新精神。在人类进入21世纪以后,科技飞速发展,知识总量呈指数式、爆发性增长,国际竞争日趋激烈,经济的转型升级需要科技的高速发展作为支撑,社会急需具有创新精神和实践能力的科技人才。因此,传统课程观所培养的学生无法成为新时代所需要的人才,使得这种课程观越来越受到质疑与批判。

(2) 作为经验的课程。

杜威实用主义哲学思想下的教育思想和课程理论,对20世纪以来全世界的教育都产生了深远的影响。杜威认为:"教育就是经验的改组或改造。"经验既是一个活动和培养思维的过程，又是知识积累的成果，因此，经验既是教育的目的，也是教育的方法。针对以学科为中心的课程观的诸多弊端，以杜威为代表的一些学者提出了以儿童为中心的经验主义课程观。杜威认为："儿童是起点，是中心，而且是目的。儿童的发展、儿童的生长，就是理想所在。"决定学习的质和量的是儿童而不是教材，强调教学必须成为儿童生活经验的一部分。因此，课程必须围绕儿童的需要和经验，课程必须能够促使儿童发挥自身的积极性、主动性和创造性，课程的设计应符合儿童的需要本能和兴趣，学校科目相互联系的真正中心，不是科学，不是文学，不是历史，不是地理，而是儿童本身的社会活动。

经验主义课程观有其合理性，包括注重联系学生的生活和经验，以儿童为本，重视经验的积累，重视解决实际问题，有利于培养创造性思维等，至今影响深远。但是，由于忽视了知识的系统性和逻辑性，导致学生对间接经验的掌握水平大大下降，对于学生今后继续接受高等教育是不利的。

（3）作为教学（课程）计划的课程。

针对经验主义课程的弊端，20世纪60年代，美国掀起了一场课程改革运动，加强了数学和自然科学等学科的教学，强化学科知识结构，提出了课程作为学习计划的主张，为准备进入大学继续学习的学生制定了学术性的教学计划。教学计划包括课程内容、课程目标、教学进度、教学方法和评价方案等，使得作为教学计划的课程加强了对教学和课程各环节实施的指导。

1992年颁布课程计划之前，教育部于1990年颁布了《义务教育全日制小学、初级中学教学计划（试行草案）》，短短两年时间就作了修改。"为什么将教学计划更名为课程计划？原因主要有两个方面：一是这一计划的核心是课程设置和结构，与以前历次的教学计划相比较有一定的突破，如将活动课纳入课程；增设了选修课；增加了职业预备教育的内容；等等。总之，这一计划既有在教师组织指导下的各种教育、教学活动，也有由学生个体或群体自主进行的学习活动，已经超出了原教学计划所规定的学科教学活动。因此，沿用教学计划的名称不妥，更名为课程计划似与内容更为贴切。二是教学计划的原意是指教师在一学期或一学年的教学目的、内容和进度的安排，但这里的含义已扩充为学校整个的教学活动计划，是国家教育行政部门颁发的指导性文件，要求各地各校贯彻实施，其主要内容是中小学所开设的学科门类、开设顺序和时间分配等，更名后可以避免与教师进行教学时自己安排的教学计划相混淆。"

可以认为，作为教学计划的课程观，比较全面、系统地建构了课程从设计到实施的各个环节，现行官方的课程计划，主要理论来源于作为教学计划的课程观，当然，学科课程论和经验主义课程论的合理成分均得到继承。

综上所述，课程是一个综合性、系统性的概念，从官方文件《基础教育课程改革纲要（试行）》来看，包含了与课程相关的方方面面，甚至教师培训。

从课程文本来看，内涵也非常丰富，包括课程计划、课程标准和教科书。从专业和学术的角度来看，课程论是与教学论并列的、独立的、自成理论体系的学科。课程论对课程的概念、哲学和心理学基础、课程理论流派、课程目标、课程内容、课程类型、课程设计、课程计划、课程标准、教科书、课程实施、课程评价等诸多方面都有研究和讨论。从某种程度上说，课程改革几乎成了教育改革的代名词。

随着科技、经济、教育等的发展，尤其是互联网、大数据、人工智能、区块链等的飞速发展，对教育乃至课程、教学都提出了新的要求和挑战，也带来了更好的发展平台。

二、数学课程

数学课程是与数学学科相关的课程，从官方文本的角度看，主要包括课程计划中关于数学学科的内容和要求，数学学科的课程标准和教科书。从专业和学术的角度看，主要是数学课程论，数学教学论也会讨论与数学课程相关的内容，但是教学论研究的重点是教学。

（一）课程计划中的数学课程

自从1992年教育部颁布课程计划以来，至今一直没有颁布新的课程计划。在课程计划的课程设置中，提出了对数学学科的内容和要求："小学阶段使学生掌握整数、小数、分数的基础知识和四则运算的技能，学一些简单的几何图形、简易方程和珠算知识，学一点简单的统计初步知识。培养初步的逻辑思维能力和空间观念，以及运用所学数学知识解决一些简单实际问题的能力。初中阶段使学生掌握代数、平面几何的基础知识和基本技能，学一点统计初步知识、直观空间图形知识。进一步培养学生的运算能力、逻辑思维能力和空间观念，以及运用所学数学知识解决简单实际问题的能力。"从文本当中可以看出，课程计划对数学学科的课程内容和要求只进行了简明扼要的概括，是主要的、基本的内容和总目标，比较具体的内容和目标将在数学课程标准当中阐述。

（二）数学课程标准

自从1992年教育部颁布课程计划以来，至今共颁布了四套教学大纲或课程标准，分别是1992年颁布的《九年义务教育全日制小学数学教学大纲（试用）》（以下简称《大纲（1992版）》）和《九年义务教育全日制初级中学数学教学大纲（试用）》，2000年颁布的《九年义务教育全日制小学数学教学大纲（试用修订版）》（以下简称《大纲（2000版）》）和《九年义务教育全日制初级中学数学教学大纲（试用修订版）》，小学和初中分开编制。2001年颁布《标准（2001）》，2011年颁布《义务教育数学课程标准（2011年版）》（以下简称《标准（2011）》），两套数学课程标准把小学和初中合并编制，体现了义务教育的整体性、连贯性和系统性。

《大纲（1992版）》简介

《大纲（1992版）》共分五部分，简介如下。

一、前言

数学是学习现代科学技术必不可少的基础和工具。它在日常生活、生产建设和科学研究中有着广泛的应用。因此，掌握一定的数学基础知识和基本技能，是我国公民应当具备的文化素养之一。小学数学是义务教育的一门重要学科。从小给学生打好数学的初步基础，发展思维能力，激发学习数学的兴趣，养成良好的学习习惯，对于贯彻德、智、体全面发展的教育方针，培养有理想、有道德、有文化、有纪律的社会主义公民，提高全民族的素质，具有十分重要的意义。

二、教学目的和要求

教学目的：

（一）使学生理解、掌握数量关系和几何图形的最基础的知识。

（二）使学生具有进行整数、小数、分数四则计算的能力，培养初步的逻辑思维能力和空间观念，能够运用所学的知识解决简单的实际问题。

（三）使学生受到思想品德教育。

教学要求：

使学生获得有关整数、小数、分数、百分数和比例的基础知识，常见的一些数量关系和解答应用题的方法，用字母表示数和简易方程、量与计量、简单几何图形、珠算、统计的一些初步知识。

使学生能够正确地进行整数、小数、分数的四则运算，对于其中一些基本的计算，要达到一定的熟练程度，并逐步做到计算方法合理、灵活。

结合有关内容的教学，培养学生进行初步的分析、综合、比较、抽象、概括，对简单的问题进行判断、推理能力，逐步学会有条理、有根据地思考问题，同时注意思维的敏捷和灵活。

使学生逐步形成简单几何形体的形状、大小和相互位置关系的表象，能够识别所学的几何形体，并能根据几何形体的名称再现它们的表象，培养初步的空间观念。

培养学生观察和认识周围事物间的数量关系和形体特征的兴趣和意识，使学生初步学会运用所学的数学知识和方法解决一些简单的实际问题。

根据数学的学科特点，对学生进行学习目的教育，爱祖国、爱社会主义、爱科学的教育，辩证唯物主义观点的启蒙教育，培养学生良好的学习习惯和独立思考、克服困难的精神。

三、教学内容的确定和安排

根据九年义务教育的性质和任务，适应现代科学技术发展的趋势和社会需要，为了大面积提高教学质量，小学数学要选择日常生活和进一步学习所必需的、学生能够接受的、最基础的数学知识作为教学内容。考虑到我国各地区发展不平衡和学校条件的不同,在确定必须教学的最基础的内容的同时,适当安排一些选学内容。

四、教学中应该注意的几个问题

1. 加强基础知识教学。2. 重视发展智力、培养能力。3. 结合学科特点,对学生进行思想品德教育。4. 处理好面向全体学生和因材施教的关系。5. 改革教学方法。6. 有效地组织练习和复习。7. 改进成绩的考查和评定方式。

五、各年级的教学内容和教学要求

说明:

各年级的教学内容是按知识归类排列的,不完全是教材的编排顺序。每个年级的教学内容原则上应安排在本年级内完成。编写不同风格的教材时,允许适当变动。

《大纲(2000版)》简介

教育部为了尽快推进课程改革,在2001年颁布课程标准的前一年,颁布了《大纲(2000版)》,下面介绍与《大纲(1992版)》相比变化较大的部分。

一、前言删去了第二段

增加了"培养创新意识、实践能力"。这是21世纪贯彻落实素质教育精神的重要体现。

二、教学目的和要求

教学目的:

第(2)条,"逻辑思维能力"改为"思维能力",内涵更加丰富,包括形象思维和合情推理。"解决简单的实际问题"改为"探索和解决简单的实际问题"。强调解决问题的过程,加强探究学习,而不仅仅是接受学习。

第(3)条,增加"学习数学的兴趣,树立学好数学的信心"。1992年的教学大纲虽然也提到了培养学生学习数学的兴趣和树立学生学好数学的信心,但是没有写在教学目的当中。这次新修订的大纲,把它写在了教学目的里,更加强调了培养学生学习数学兴趣的重要性。强调以学生为本,关注儿童的心理健康,关注儿童的心理特征。

教学要求:

增加了"具有估算意识和初步的估算能力""引导学生进行观察、操作、猜测""使学生感受数学与现实生活的密切联系,通过观察、操作、猜测等方式,培养学生的探索意识"。

三、教学内容的确定和安排

增加了"适应儿童发展的需要"。进一步强调了儿童在教育中的主体性,教育是为了适应社会和科技发展,但是接受教育的主体是儿童,儿童发展了，科技和社会也就发展了，这是一个基本的逻辑关系。

四、教学中应该注意的几个问题

与原大纲相比，只保留了第1—3条，重点增加了以下两条。

3. 重视从学生的生活经验和已有知识中学习数学和理解数学。

数学教学要充分考虑学生的身心发展特点，结合他们的生活经验和已有知识设计富有情趣和意义的活动，使他们有更多的机会从周围熟悉的事物中学习数学和理解数学。

4. 重视培养学生的创新意识和实践能力。

学生是教学活动的主体，教师应成为教学活动的组织者、指导者和参与者。教学过程中，教师要充分发挥创造性，依据学生的年龄特征和认知水平，设计探索性和开放性的问题，给学生提供自主探索的机会。让学生在观察、操作、讨论、交流、猜测、归纳、分析和整理的过程中，理解数学问题的提出、数学概念的形成和数学结论的获得，以及数学知识的应用。通过这样的教学活动，逐步培养学生的创新意识，形成初步的探索和解决问题的能力。

教师要尊重学生的创造性，在学生的探索学习过程中，通过交流、讨论、合作学习等方式，适时有效地给予引导和帮助。要面向全体学生，使所有学生都能在数学学习中提高学习数学的兴趣，引发好奇心和求知欲，获得成功感，树立自信心，增强克服困难的勇气和毅力。

《标准（2001）》简介

《标准（2001）》共分前言、课程目标、内容标准和课程实施建议四部分，摘要如下。

一、前言

数学是人们对客观世界定性把握和定量刻画、逐渐抽象概括、形成方法和理论，并进行广泛应用的过程。

（一）基本理念

1. 义务教育阶段的数学课程应突出体现基础性、普及性和发展性，使数学教育面向全体学生，实现：人人学有价值的数学；人人都能获得必需的数学；不同的人在数学上得到不同的发展。

2. 数学是人们生活、劳动和学习必不可少的工具，能够帮助人们处理数据，进行计算、推理和证明，数学模型可以有效地描述自然现象和社会现象；数学为其他科学提供了语言、思想和方法，是一切重大技术发展的基础；数学在提高人的推理能力、抽象能力、想象力和创造力等方面有着独特的作用；数学是人类的一种文化，它的内容、思想、方法和语言是现代文明的重要组成部分。

3. 学生的数学学习内容应当是现实的、有意义的、富有挑战性的，这些内容要有利于学生主动地进行观察、实验、猜测、验证、推理与交流等数学活动。内容的呈现应采用不同的表达方式，以满足多样化的学习需求。有效的数学学习活动不能单纯地依赖模仿与记忆，动手实践、自主探索与合作交流是学生学习数学的重要方式。由于学生所处的文化环境、家庭背景和自身思维方式的不同，学生的数学学习活动应当是一个生动活泼的、主动的和富有个性的过程。

4. 数学教学活动必须建立在学生的认知发展水平和已有的知识经验基础之上。教师应激发学生的学习积极性，向学生提供充分从事数学活动的机会，帮助他们在自主探索和合作交流的过程中真正理解和掌握基本的数学知识与技能、数学思想和方法，获得广泛的数学活动经验。学生是数学学习的主人，教师是数学学习的组织者、引导者与合作者。

5. 评价的主要目的是为了全面了解学生的数学学习历程，激励学生的学习和改进教师的教学；应建立评价目标多元、评价方法多样的评价体系。对数学学习的评价要关注学生学习的结果，更要关注他们学习的过程；要关注学生数学学习的水平，更要关注他们在数学活动中所表现出来的情感与态度，帮助学生认识自我，建立信心。

6. 现代信息技术的发展对数学教育的价值、目标、内容以及学与教的方式产生了重大的影响。数学课程的设计与实施应重视运用现代信息技术，特别要充分考虑计算器、计算机对数学学习内容和方式的影响，大力开发并向学生提供更为丰富的学习资源，把现代信息技术作为学生学习数学和解决问题的强有力工具，致力于改变学生的学习方式，使学生乐意并有更多的精力投入到现实的、探索性的数学活动中去。

（二）设计思路

1. 关于目标。

根据《基础教育课程改革纲要（试行）》，结合数学教育的特点，《标准（2001）》明确了义务教育阶段数学课程的总目标，并从知识与技能、数学思考、解决问题、情感与态度等四个方面作出了进一步的阐述。

《标准（2001）》中不仅使用了"了解（认识）、理解、掌握、灵活运用"等刻画知识技能的目标动词，而且使用了"经历（感受）、体验（体会）、探索"等刻画数学活动水平的过程性目标动词，从而更好地体现了《标准（2001）》对学生在数学思考、解决问题以及情感与态度等方面的要求。

2. 关于学习内容。

在各个学段中，《标准（2001）》安排了"数与代数""空间与图形""统计与概率""实践与综合应用"四个学习领域。课程内容的学习，强调学生的数学活动，发展学生的数感、符号感、空间观念、统计观念，以及应用意识与推理能力。

二、课程目标（总体目标）

通过义务教育阶段的数学学习，学生能够：

1. 获得适应未来社会生活和进一步发展所必需的重要数学知识（包括数学事实、数学活动经验）以及基本的数学思想方法和必要的应用技能；

2. 初步学会运用数学的思维方式去观察、分析现实社会，去解决日常生活中和其他学科学习中的问题，增强应用数学的意识；

3. 体会数学与自然及人类社会的密切联系，了解数学的价值，增强对数学的理解和学好数学的信心；

4. 具有初步的创新精神和实践能力，在情感态度和一般能力方面都能得到充分发展。

三、内容标准

本部分分别阐述各个学段中"数与代数""空间与图形""统计与概率""实践与综合应用"四个领域的内容标准。

"数与代数"的内容主要包括数与式、方程与不等式、函数，它们都是研究数量关系和变化规律的数学模型，可以帮助人们从数量关系的角度更准确、清晰地认识、描述和把握现实世界。

"空间与图形"的内容主要涉及现实世界中的物体、几何体和平面图形的形状、大小、位置关系及其变换，它是人们更好地认识和描述生活空间，并进行交流的重要工具。

"统计与概率"主要研究现实生活中的数据和客观世界中的随机现象，它通过对数据收集、整理、描述和分析以及对事件发生可能性的刻画，来帮助人们作出合理的推断和预测。

"实践与综合应用"将帮助学生综合运用已有的知识和经验，经过自主探索和合作交流，解决与生活经验密切联系的、具有一定挑战性和综合性的问题，以发展他们解决问题的能力，加深对"数与代数""空间与图形""统计与概率"内容的理解，体会各部分内容之间的联系。

四、课程实施建议

本部分内容分三个学段分别提出了教学建议、评价建议和教材编写建议。

（一）教学建议

1. 第一学段的教学建议。

数学教学是数学活动的教学，是师生之间、学生之间交往互动与共同发展的过程。

数学教学，要紧密联系学生的生活实际，从学生的生活经验和已有知识出发，创设生动有趣的情境，引导学生开展观察、操作、猜想、推理、交流等活动，使学生通过数学活动，掌握基本的数学知识和技能，初步学会从数学的角度去观察事物、思考问题，激发对数学的兴趣，以及学好数学的愿望。

教师是学生数学活动的组织者、引导者与合作者；要根据学生的具体情况，对教材进行再加工，有创造地设计教学过程；要正确认识学生个体差异，因材施教，使每个学生都在原有的基础上得到发展；要让学生获得成功的体验，树立学好数学的自信心。

2. 第二学段的教学建议。

与第一学段相比变化比较大的部分是：

创设有助于学生自主学习、合作交流的情境，使学生通过观察、操作、归纳、类比、猜测、交流、反思等活动，获得基本的数学知识和技能，进一步发展思维能力，激发学生的学习兴趣，增强学生学好数学的信心。

（二）评价建议

评价的目的是全面了解学生的学习状况，激励学生的学习热情，促进学生的全面发展。评价也是教师反思和改进教学的有力手段。

对学生数学学习的评价，既要关注学生知识与技能的理解和掌握，更要关注他们情感与态度的形成和发展；既要关注学生数学学习的结果，更要关注他们在学习过程中的变化和发展。评价的手段和形式应多样化，应以过程评价为主。对评价结果的描述，应采用鼓励性语言，发挥评价的激励作用。评价要关注学生的个性差异，保护学生的自尊心和自信心。教师要善于利用评价所提供的大量信息，适时调整和改善教学过程。

（三）教材编写建议

1. 第一学段的教材编写建议。

教材为学生的学习活动提供了基本线索，是实现课程目标、实施教学的重要资源。教材编写应以《标准（2001）》为基本依据，要充分提供有趣的、与儿童生活背景有关的素材，题材宜多样化，呈现方式应丰富多彩。教材的编写应有助于确立学生在教学过程中的主体地位，激发学生的学习兴趣，引导学生在积极思考与合作交流中获得良好的情感体验，建构自己的数学知识。教材的编写还要有利于调动教师的能动性，创造性地进行教学。

考虑到不同学生之间的差异，在保证基本要求的前提下，教材应体现出自己的特色，并具有一定的弹性。教材编写时，应充分考虑与其他课程资源的开发和利用相结合。

2. 第二学段的教材编写建议。

与第一学段相比变化比较大的部分是：

教材的编写应有利于激发学生的学习动机，引导学生从已有的经验和知识出发，通过独立思考和合作交流，体验知识的发生与发展过程。重要的数学概念与数学思想的呈现应体现螺旋上升的原则，逐步加深学生对数学知识、方法的理解。

《标准（2011）》简介

《标准（2011）》共分前言、课程目标、课程内容和实施建议四部分，下面只介绍与《标准（2001）》相比变化较大的部分。

一、前言

把数学的定义恢复为"数学是研究数量关系和空间形式的科学"。

（一）课程基本理念

1. 把原来的前两句整合为"人人都能获得良好的数学教育"。

2. 课程内容要反映社会的需要、数学的特点，要符合学生的认知规律。它不仅包括数学的结果，也包括数学结果的形成过程和蕴含的数学思想方法。课程内容的选择要贴近学生的实际，有利于学生体验与理解、思考与探索。课程内容的组织要重视过程，处理好过程与结果的关系；要重视直观，处理好直观与抽象的关系；要重视直接经验，处理好直接经验与间接经验的关系。课程内容的呈现应注意层次性和多样性。

3. 教学活动是师生积极参与、交往互动、共同发展的过程。有效的教学活动是学生学与教师教的统一，学生是学习的主体，教师是学习的组织者、引导者与合作者。

教师教学应该注重启发式和因材施教。教师要发挥主导作用，处理好讲授与学生自主学习的关系，引导学生独立思考、主动探索、合作交流，使学生理解和掌握基本的数学知识与技能，体会和运用数学思想与方法，获得基本的数学活动经验。

4. 评价既要关注学生学习的结果，也要重视学习的过程；既要关注学生数学学习的水平，也要重视学生在数学活动中所表现出来的情感与态度，帮助学生认识自我、建立信心。

（二）课程内容

增加了几何直观、运算能力、模型思想和创新意识。并把符号感、统计观念分别改为符号意识、数据分析观念。

二、课程目标（总体目标）

通过义务教育阶段的数学学习，学生能：

1. 获得适应社会生活和进一步发展所必需的数学的基础知识、基本技能、基本思想、基本活动经验。

2. 体会数学知识之间、数学与其他学科之间、数学与生活之间的联系，运用数学的思维方式进行思考，增强发现和提出问题的能力、分析和解决问题的能力。

3. 了解数学的价值，提高学习数学的兴趣，增强学好数学的信心，养成良好的学习习惯，具有初步的创新意识和实事求是的科学态度。

三、实施建议

（一）教学建议

数学教学应根据具体的教学内容，注意使学生在获得间接经验的同时也能够有机会获得直接经验，即从学生实际出发，创设有助于学生自主学习的问题情境，引导学生通过实践、思考、探索、交流等，获得数学的基础知识、基本技能、基本思想、基本活动经验，促使学生主动地、富有个性地学习，不断提高发现问题和提出问题的能力、分析问题和解决问题的能力。

在数学教学活动中，教师要把基本理念转化为自己的教学行为，处理好教师讲授与学生自主学习的关系，注重启发学生积极思考；发扬教学民主，当好学生数学活动的组织者、引导者、合作者；激发学生的学习潜能，鼓励学生大胆创新与实践；创造性地使用教材，积极开发、利用各种教学资源，为学生提供丰富多彩的学习素材；关注学生的个体差异，有效地实施有差异的教学，使每个学生都得到充分的发展；合理地运用现代信息技术，有条件的地区，要尽可能合理、有效地使用计算机和有关软件，提高教学效益。

（二）教材编写建议

教材所选择的学习素材应尽量与学生的生活现实、数学现实、其他学科现实相联系，应有利于加深学生对所要学习内容的数学理解。教材内容的呈现要体现数学知识的整体性，体现重要的数学知识和方法的产生、发展和应用过程；应引导学生进行自主探索与合作交流，并关注对学生人文精神的培养。

三、数学教科书

大纲和课程标准对教材编写提出了比较详细的要求，本部分内容将在后文阐述。

1.2 数学学科的课程、教材及教学的关系

一、数学学科的课程与教材的关系

如前文所述，从《基础教育课程改革纲要（试行）》来看，课程是一个系统性的大概念，几乎成了教育的代名词。从课程文本看，包括课程计划、课程标准和教科书，课程计划是制定课程标准的依据，课程标准是编写教科书的依据。因此，从官方文件或者文本来看，教材属于课程的一部分。

教科书是依据课程标准编写的教师进行教学和学生进行学习的核心资源和

材料，教科书又称为"课本"或者"教材"，这里的教材是狭义的概念。1992年和2000年的大纲对教材的编写都没有单独提出具体的要求，只是说明大纲各年级的教学内容的安排，不是教材编排的顺序，教材内容的编排可以适当灵活。而课程标准对教材编写提出了明确具体的要求。

《标准（2001）》对教材的编写除了前文阐述的总体要求外，还提出了以下几条建议。

1. 选取密切联系学生生活、生动有趣的素材。2. 为学生提供积极思考与合作交流的空间。3. 呈现方式要丰富多彩。4. 重要的数学概念与数学思想宜逐步深入。5. 内容设计要有一定的弹性。6. 介绍有关的数学背景知识。7. 给学生提供探索与交流的空间。8. 重要的数学概念与数学思想要体现螺旋上升的原则。9. 关注各部分内容之间的联系与综合。

《标准（2011）》对教材的编写除了前文阐述的总体要求外，还提出了以下几条建议。

1. 教材编写应体现科学性。

科学性是对教材编写的基本要求。教材一方面要符合数学的学科特征，另一方面要符合学生的认知规律。

（1）全面体现本标准提出的理念和目标。（2）体现课程内容的数学实质。（3）准确把握内容标准要求。（4）教材的编写要有一定的实验依据。

2. 教材编写应体现整体性。

教材编写应当体现整体性，注重突出核心内容，注重内容之间的相互联系，注重体现学生学习的整体性。

（1）整体体现课程内容的核心。（2）整体考虑知识之间的关联。（3）重要的数学概念与数学思想要遵循螺旋上升的原则。

3. 教材内容的呈现应体现过程性。

教材编写不是单纯的知识介绍，学生学习也不是单纯地模仿、练习和记忆。因此，教材应选用合适的学习素材，介绍知识的背景；设计必要的数学活动，让学生通过观察、实验、猜测、推理、交流、反思等，感悟知识的形成和应用。恰当地让学生经历这样的过程，对于他们理解数学知识与方法、形成良好的数学思维习惯和应用意识，提高解决问题的能力有着重要的作用。

（1）体现数学知识的形成过程。（2）反映数学知识的应用过程。

4. 呈现内容的素材应贴近学生现实。

素材的选用应当充分考虑学生的认知水平和活动经验。这些素材应当在反映数学本质的前提下尽可能地贴近学生的现实，以利于他们经历从现实情境中抽象出数学知识与方法的过程。学生的现实主要包含以下三个方面：

（1）生活现实。（2）数学现实。（3）其他学科现实。

5. 教材内容设计要有一定的弹性。

按照本标准要求，教材的编写要面向全体学生，也要考虑到学生发展的差异，在保证基本要求的前提下，体现一定的弹性，以满足学生的不同需求，使不同的人在数学上得到不同的发展，也便于教师发挥自己的教学创造性。例如：

（1）就同一问题情境提出不同层次的问题或开放性问题。

（2）提供一定的阅读材料，包括史料、背景材料、知识应用等，供学生选择阅读。

（3）习题的选择和编排突出层次性，设置巩固性问题、拓展性问题、探索性问题等；凡不要求全体学生掌握的习题，需要明确标出。

（4）在设计综合与实践活动时，所选择的课题要使所有的学生都能参与，不同的学生可以通过解决问题的活动，获得不同的体验。

（5）编入一些拓宽知识或者方法的选学内容，增加的内容应注重于介绍重要的数学概念、数学思想方法，而不应该片面追求内容的深度、问题的难度、解题的技巧。

（6）设计一些课题和阅读材料，引导学生借助算盘、函数计算器、计算机等工具，进行探索性学习活动。

6. 教材编写要体现可读性。

教材应具备可读性，易于学生接受，激发学生学习兴趣，为学生提供思考的空间。教材可读与否，对不同学段的学生具有不同的标准。因此，教材的呈现应当在准确表达数学含义的前提下，符合学生年龄特征，从而有助于他们理解数学。

对于第一学段的学生，可以采用图片、游戏、卡通、表格、文字等多种方式，直观形象、图文并茂、生动有趣地呈现素材，激发他们的学习兴趣。

对于第二学段的学生，由于他们具备了一定的文字理解和表达能力，所以教材的呈现应在运用学生感兴趣的图片、表格、文字等形式的同时，逐渐增加数学语言的比重。

从上文中可以看出，课程标准对教材的编写提出了明确而具体的要求，既有理论层面的，又有实践层面的。理论层面包括对数学学科本质的科学性、整体性、过程性、弹性、可读性的把握，基于学生的经验、知识和认知起点，体现知识发生、发展、形成和应用的过程。实践层面包括联系实际、解决问题的能力培养、实践活动设计、教师的可操作性、学生的可接受性、教材的先行实验等。一套好的教材的研究编写是非常有难度的，要贯彻落实好这些要求，需要大量的时间精力、人力物力等的投入，包括组建研究团队、确定研究课题、提前进行理论研究和实践研究，等等。

二、数学学科的教材与教学的关系

如前文所述,教材是依据课程标准编写的供教师教学和学生学习的主要材料。教材在编写时要综合考虑社会、数学与学生这三个核心要素的平衡,即社会对人才的需要在数学学科的体现,数学学科本身的逻辑结构,儿童的认知特点和学习规律。课程标准对课堂教学的实施提出了总体要求和比较具体的建议,是教师进行教学设计和开展课堂教学的基本依据。但是,课程标准只是给出了课程的基本理念、课程目标、课程内容的基本条目、教学案例、教学的基本要求和建议,这些都是宏观的、概括性的,不可能给出具体的每堂课的教学材料和教学方案。教师和学生不可能人手一本课程标准,只能人手一本教材来进行教学和学习,因为教材提供了每堂课教学的目标、内容、素材、情境和知识发生、发展、形成的教学过程。因此,教材是教学的主要资源和依据。反之,教材的编写既要体现社会对人才的需求和数学学科的逻辑结构,也必须体现教学的规律,即教师如何更好地使用教材进行教学,有利于学生理解教材中的知识,继而掌握基本技能,感悟数学的基本思想,积累数学活动经验。二者是相互依存、相互促进的关系。

三、小学数学教材论

(一)教材论

从专业和学术的角度来讨论,课程论虽然对教科书的概念、性质、功能、结构等方面进行了研究和讨论,但毕竟是课程理论,与教材相关内容的研究只占很小的篇幅,而且是宏观层面的理论研究,还无法深入到教材深层次的、系统性的理论。因此,教材从课程论中独立出来,形成独立的、系统的教材论的理论体系的必要性显而易见。教学论虽然也涉及教材的相关内容的阐述,但是,教学论主要研究教学,与教材相关内容的研究也只是占教学论整体理论很小的篇幅,同样没有对教材进行深层次的、系统性的研究。因此,从教学论当中独立出来,形成教材论的理论体系也是必要的。另外,随着社会和教育的发展,国家对教材的要求和期望越来越高,近年来国家成立了教材局和教材研究基地,说明教材的地位和作用越来越大。从这个意义上来说,教材论从课程论和教学论中独立出来,形成自己的理论,更是必要的了。当然,并不是说课程论或者教学论就不涉及教材相关内容的研究,也并不意味着教材论的研究内容不涉及课程和教学,三者还是相互依存、相互支持的关系。

(二)小学数学教材论

就数学教育专业理论而言,目前比较成熟的理论是数学教材教法和数学教学论。中学数学教材教法是高等师范院校数学或者数学教育专业的必修课,小学数学教材教法是过去中师学校的必修课。其中涉及教材的内容,主要是教学目标、教材分析以及如何展开相关内容的教学,并不涉及教材本身如何开展研究的相关理论。数学教学论涉及教材的内容更少,只是简单介绍教材,因为自从20世纪90年代以来我国已经进入了教材多样化的时代,使得数学教学论难以全面深入研究教材。金成梁和周全英老师所著《小学数学教材概说》是为高等师范院校小学教育专业所编写的教材,具体内容分布如下。

  第一章 数学中的逻辑初步知识

  第二章 小学数学思想方法

  第三章 小学数学教学大纲

  第四章 小学数学教材

  第五章 小学数学教材分析

  第六章 小学数学教材分析实例

从以上目录当中可以看出,该书概括地阐述了教材理论相关的背景知识,包括逻辑初步知识、数学思想方法、教学大纲以及教材分析等。特别是第四章关于小学数学教材的内容,除了简要介绍了人教版、苏教版及其他版本教材外,第1节内容还阐述了小学数学教材的概念、小学数学教材的组织单位、小学数学教材的作用、小学数学教材的编写原则、新中国成立以来小学数学教材改革的回顾。其中小学数学教材的编写原则为:(1)思想性原则;(2)系统性原则;(3)层次性原则;(4)应用性原则;(5)可读性原则。这些内容讨论了教材理论本身深层次的问题。可以认为,这本书虽然是教材概说,但是理论比较系统全面,是几十年来第一本小学数学教材理论著作。为本书内容结构的构建提供了可参考的丰富文献。

另外就是数学课程论、数学课程与教学论,数学课程论包括中学数学课程论和小学数学课程论。人民教育出版社原中学数学室主任、人教A版高中数学教材主编章建跃所著《中学数学课程论》共计有8章内容,其中第6—8章的内容是关于数学教材的理论、实践及个案研究,这三章内容篇幅共计131页,超过全书总篇幅的三分之一,该书把数学教材理论作为数学课程论的重要组成部分。为了讨论方便,我们把第6—8章的内容目录摘录如下。

  第六章 数学教材编制的理论

  6.1教材的概念和类型,6.2数学教材编制的基本原则,6.3数学教材应具备的特质,6.4数学教材的结构。

  第七章 数学教材编制的实践

  7.1教材编制的准备,7.2教材的创新设计与编制,7.3教材的实验研究与教材评价。

  第八章 中学数学教材编制个案研究

  8.1中学数学概观,8.2平面几何教材的改革,8.3函数教材的改革,8.4不等式教材的改革,8.5三角函数教材的改革,8.6解析几何教材的改革,8.7向量教材的改革。

从上文中可以看出,这三章内容比较系统地讨论了数学教材编制的理论与实践,及各领域内容的编制。但是,如果从中学数学教材理论的角度考察,以上三章的内容结构、容量篇幅、系统性等方面还不足以形成系统的数学教材理论，还有很多需要研究的内容。当然，这三章的丰富而有特色的研究成果为小学数学教材论提供了非常丰富的可供参考的文献。

现有的关于小学数学课程与教学论的著作，主要是介绍数学课程标准当中所涉及的课程目标和课程内容，很少涉及教材的内容。

参考金成梁和章建跃等老师的研究成果，我们从小学数学教材论成为独立学科和理论体系的角度，构建了本书的内容结构体系，有些内容在本节讨论，有些内容在其他章节讨论。

下面我们简要论述数学课程与教学改革、社会发展等方面对数学的需求，这是影响教材理论及教材编写的重要因素。

1. 数学课程改革。

新中国成立70年来特别是改革开放以来，数学教育事业的改革与发展取得了令人瞩目的巨大成就。但以21世纪20年代这个新时代的发展形势来看数学教育，我们的数学教育观念、教育内容和教学方法等还不能完全适应素质教育的需要，要继续推进数学课程改革，改进数学课程体系、结构、内容，构建符合素质教育要求的新的数学课程体系。改变数学课程结构过于强调学科本位的现状，体现数学课程结构的基础性、均衡性和发展性；改变数学课程内容过于注重书本知识的现状，加强课程内容与学生生活以及现代社会和科技发展的联系，关注学生的学习兴趣和经验，精选终身学习必备的有利于培养数学核心素养的基础知识和技能。

2. 数学教学改革。

几十年来，由于以考试升学为导向的单一评价体系的压力，迫使课堂教学过度注重教师的讲授、简单的模仿记忆和机械训练，导致课堂教学无法落实素质教育的精神。因此，我们必须改变数学课程实施过于强调接受学习、死记硬背、机械训练的现状，倡导学生主动参与、乐于探究和思考、勤于动手。在发挥教师的主导作用和学生的主体性之间寻找平衡地带，培养学生感悟数学的基本思想，掌握数学思考的方法，积累数学活动经验，自主学习和获取新知识的能力，发现和提出问题、分析和解决问题的能力，以及交流与合作的能力。改变课程评价过分强调甄别与选拔的功能，发挥评价促进学生发展、教师提高和改进教学实践的功能。最终使学生学会用数学的眼光观察世界，用数学的思维思考世界，用数学的语言表达世界。

3. 社会发展对数学的需求。

在知识快速增长与更新的互联网、人工智能、数字化、云计算、大数据时代，未来社会人与机器人必须明确各自的优势和分工，"人与机器人的比较优势是什么？是记忆、模仿、机械操作吗？肯定不是，这相当于用肉去撞铁。中央电视台举办的中国诗词大会冠军即使背2000首诗词，也仅仅是中国古今诗词总量的1%不到，把古今中外所有的诗词装在机器人里，也是轻而易举的事。"①因此，那些能够让人比机器人更有优势或者价值的数学知识，才是应该学习的数学知识。这些知识包括，学生解决生活中各种问题的能力，进一步在中学和大学学习的一些数学基础知识和自学能力，以及未来进入社会工作以后所需要的数学知识。总而言之，就是面对这个纷繁复杂的世界，能够透过现象看本质，透过大数据找到规律，抽象成数学模型，以及进行推理运算的能力，解决生活中各种实际问题的能力，不断创新解决更复杂问题的能力。

4. 小学数学教材的特征。

（1）思想性。

小学数学教材依据数学课程标准确定内容以后，要结合具体内容的教学和学生的实际情况，对学生进行理性思维和辩证唯物主义观点的教育。数学的历史和文化、数学知识的发生发展和应用过程、数学思想方法、数学美、数学所蕴含的理性精神和创新精神、实际应用的价值、数学中还蕴含着丰富的辩证唯物主义观点等，都要不同程度地让学生掌握和感悟。要从联系实际的情境出发，对实际的材料进行抽象概括，上升到理性，然后再把这些知识和思想方法应用到实际，使学生认识到数学来源于生活实际，又应用于生活实际。另外要结合具体内容的教学，培养学生爱祖国、爱社会主义、爱科学，为实现中华民族伟大复兴的中国梦而努力学习，培养学生高尚的道德情操和审美情趣，养成实事求是的科学态度和方法，克服困难的意志和品格。

（2）科学性。

小学数学教材的内容和结构，既要体现数学学科的逻辑关系和数学学科的知识结构，又要考虑学生的认知特点和规律。《标准（2011）》对科学性的要求如下。

①全面体现本标准提出的理念和目标。

教材的编写应以本标准为依据，在准确理解的基础上，全面体现和落实本标准提出的基本理念和各项目标。

②体现课程内容的数学实质。

教材中学习素材的选择，图片、情境、实例与活动栏目等的设置，拓展内容的编写，以及其他课程资源的利用，都应当与所安排的数学内容有实质性联系，有利于提高学生对数学实质的理解，有利于提高学生对所学内容的兴趣。

③准确把握课程内容要求。

本标准对于义务教育阶段的数学教学内容有明确和具体的目标要求，教材的编写应遵循学生的认知规律，准确地把握"过程目标"和"结果

---

① 王永春，小学数学核心素养教学论，2019年5月第1版，第5页。

目标"要求的程度。例如，关于距离的概念，在第二学段要求"知道"两点间的距离，在第三学段要求"理解"两点间距离的意义，"能"度量两点间的距离。在编写相关内容时，一方面要把握好"知道"与"理解""能"之间程度的差异，另一方面也要注意内容之间的衔接。

④教材的编写要有一定的实验依据。

教材的内容、实例的设计、习题的配置等，要经过课堂教学的实践检验，特别是新增的内容要经过较大范围的实验，根据实践的结果推敲可行性，并不断改进与完善。

（3）价值性。

我们必须思考一个非常重要的问题，在小学数学教材中，什么知识是有价值的？这不仅仅是我们传统的数学的基础知识和基本技能，不仅仅是一个个知识点的事实与概念本身，更重要的是这些数学知识的性质、方法、结构、思想、价值、应用等更能够体现数学知识的本质。关于如何学习知识的知识、如何自学的知识、如何创新和解决问题的知识，同样是更重要的知识。随着时代的快速发展，知识量必然越来越多，人们已经无法全部学习和记忆，势必有所取舍，必须学会学习、学会自学。

（4）整体性。

《标准（2011）》对整体性的要求如下。

教材编写应当体现整体性，注重突出核心内容，注重内容之间的相互联系，注重体现学生学习的整体性。

①整体体现课程内容的核心。

教材的整体设计要体现内容领域的核心。本标准在设计思路中提出了几个核心词：数感、符号意识、空间观念、几何直观、数据分析观念、运算能力、推理能力、模型思想，以及应用意识和创新意识，它们是义务教育阶段数学课程内容的核心，也是教材的主线。因此，教材应当围绕这些核心内容进行整体设计和编排。

例如，推理能力包括合情推理和演绎推理，无论是"数与代数""图形与几何"还是"统计与概率"的内容编排中，都要尽可能地为学生提供观察、操作、归纳、类比、猜测、证明的机会，发展学生的推理能力。

②整体考虑知识之间的关联。

教材的整体设计要呈现不同数学知识之间的关联。一些数学知识之间存在逻辑顺序，教材编写应有利于学生感悟这种顺序。一些知识之间存在着实质性的联系，这种联系体现在相同的内容领域，也体现在不同的内容领域。帮助学生理解类似的实质性联系，是数学教学的重要任务。为此，教材在内容的素材选取、问题设计和编排体系等方面应体现这些实质性联系，展示数学知识的整体性和数学方法的一般性。

③重要的数学概念与数学思想要体现螺旋上升的原则。

数学中有一些重要内容、方法、思想是需要学生经历较长的认识过程，逐步理解和掌握的，如分数、函数、概率、数形结合、逻辑推理、模型思想等。因此，教材在呈现相应的数学内容与思想方法时，应根据学生的年龄特征与知识积累，在遵循科学性的前提下，采用逐级递进、螺旋上升的原则。螺旋上升是指在深度、广度等方面都要有实质性的变化，即体现出明显的阶段性要求。

第一阶段，通过一些具体实例，让学生感受数量的变化过程，以及变化过程中变量之间的对应关系，探索其中的变化规律及基本性质，尝试根据变量的对应关系作出预测，获得函数的感性认识。

第二阶段，在感性认识的基础上，归纳概括出函数的定义，并研究具体的函数及其性质，了解研究函数的基本方法，借助函数的知识和方法解决问题等，使得学生能够在操作层面认识和理解函数。

④整体性体现还应注意以下几点。

配置习题时应考虑其与相应内容之间的协调性。一方面，要保证配备必要的习题帮助学生巩固、理解所学知识内容；另一方面，又要避免配置的习题所涉及的知识超出相应的内容要求。

教材内容的呈现既要考虑不同年龄学生的特点，又要使整套教材的编写体例、风格协调一致。

数学文化作为教材的组成部分，应渗透在整套教材中。为此，教材可以适时地介绍有关背景知识，包括数学在自然与社会中的应用，以及数学发展史的有关材料，帮助学生了解在人类文明发展中数学的作用，激发学习数学的兴趣，感受数学家治学的严谨，欣赏数学的优美。例如，可以介绍《九章算术》、珠算、《几何原本》、机器证明、黄金分割、CT技术、布丰投针等。

（5）过程性。

《标准（2011）》对过程性的要求如下。

教材编写不是单纯的知识介绍，学生学习也不是单纯地模仿、练习和记忆。因此，教材应选用合适的学习素材，介绍知识的背景；设计必要的数学活动，让学生通过观察、实验、猜测、推理、交流、反思等，感悟知识的形成和应用。恰当地让学生经历这样的过程，对他们理解数学知识与方法、形成良好的数学思维习惯、增强应用意识、提高解决问题的能力有着重要的作用。

①体现数学知识的形成过程。

在设计一些新知识的学习活动时，教材可以展现"知识背景—知识形成—揭示联系"的过程。这个过程要有利于激发学习兴趣，理解数学实质，发展思考能力，了解知识之间的关联。例如，分数、负数和无理数的引入都可以体现这样的过程。

②反映数学知识的应用过程。

教材应当根据课程内容，设计运用数学知识解决问题的活动。这样的活动应体现"问题情境—建立模型—求解验证"的过程，这个过程要有利于理解和掌握相关的知识技能，感悟数学思想、积累活动经验；要有利于提高发现和提出问题的能力、分析和解决问题的能力，增强应用意识和创新意识。

（6）现实性。

《标准（2011）》对现实性的要求如下。

素材的选用应当充分考虑学生的认知水平和活动经验。这些素材应当在反映数学本质的前提下尽可能地贴近学生的现实，以利于他们经历从现实情境中抽象出数学知识与方法的过程。学生的现实主要包含以下三个方面。

①生活现实。

在义务教育阶段的数学课程中，许多内容都可以在学生的生活实际中找到背景。

第一学段，学生所感知的生活面较窄，从他们身边熟悉的、有趣的事物中选取学习素材，容易激发他们学习数学的兴趣，使他们感受到数学就在自己的身边，也易于他们理解相关的数学知识，体会到数学的作用。

第二学段、第三学段，学生的活动空间有了较大的扩展，他们感兴趣的问题已拓展到客观世界的许多方面，他们逐渐关注来源于自然、社会中更为广泛的现象和问题，对具有一定挑战性的内容表现出更大的兴趣。因此，教材所选择的素材应尽量来源于自然、社会中的现象和问题。如与现实生活有关的图片和图形（照片、简单的模型图、平面图、地图等），以使学生感受到数学的价值和趣味。

②数学现实。

随着数学学习的深入，学生所积累的数学知识和方法就成为学生的"数学现实"，这些现实应当成为学生进一步学习数学的素材。选用这些素材，不仅有利于学生理解所学知识的内涵，还能够更好地揭示相关数学知识之间的内在关联，有利于学生从整体上理解数学，构建数学认知结构。

③其他学科现实。

数学的许多内容与其他学科知识有着密切的联系，随着学生学习的深入，其他学科的知识也就成为学生的"现实"，教材在选择数学学习素材时应当予以关注。

（7）弹性。

《标准（2011）》对弹性的要求如下。

教材的编写要面向全体学生，也要考虑到学生发展的差异，在保证基本要求的前提下，体现一定的弹性，以满足学生的不同需求，使不同的人在数学上得到不同的发展，也便于教师发挥自己的教学创造性。例如：

①就同一问题情境提出不同层次的问题或开放性问题。

②提供一定的阅读材料，包括史料、背景材料、知识应用等，供学生选择阅读。

③习题的选择和编排突出层次性，设置巩固性问题、拓展性问题、探索性问题等；凡不要求全体学生掌握的习题，需要明确标出。

④在设计综合与实践活动时，所选择的课题要使所有的学生都能参与，不同的学生可以通过解决问题的活动，获得不同的体验。

⑤编入一些拓宽知识或者方法的选学内容，增加的内容应注重于介绍重要的数学概念、数学思想方法，而不应该片面追求内容的深度、问题的难度、解题的技巧。

⑥设计一些课题和阅读材料，引导学生借助算盘、函数计算器、计算机等工具，进行探索性学习活动。

（8）可读性。

《标准（2011）》对可读性的要求如下。

教材应具备可读性，易于学生接受，激发学生学习兴趣，为学生提供思考的空间。教材可读与否，对不同学段的学生具有不同的标准。因此，教材的呈现应当在准确表达数学含义的前提下，符合学生年龄特征，从而有助于他们理解数学。

对于第一学段的学生，可以采用图片、游戏、卡通、表格、文字等多种方式，直观形象、图文并茂、生动有趣地呈现素材，提高他们的学习兴趣。

对于第二学段的学生，由于他们具备了一定的文字理解和表达能力，所以教材的呈现应在运用学生感兴趣的图片、表格、文字等形式的同时，逐渐增加数学语言的比重。

第二章 小学数学教材的发展

2.1 中国20世纪小学数学教材发展简史

2.1.1 1949年以前的小学数学教材

中国小学数学教材自诞生之日至今,经历了一百余年的发展过程。本节介绍中华人民共和国成立之前的小学数学教材的编制与使用情况。根据史学界对近代中国社会发展时期的划分方式和教育发展以及各个时期教科书发展的特点,将我国1949年以前的小学数学教材发展划分为以下4个时期:清朝末年(1902—1911年)、民国初期(1912—1926年)、抗日战争全面爆发之前的南京国民政府时期(1927—1936年)、抗日战争全面爆发至中华人民共和国成立前(1937—1949年)。

一、清朝末年(1902—1911年)的小学数学教材

1901年,为了缓和国内外日益激化的矛盾,继续维持摇摇欲坠的封建统治,清政府开始了为期十年的"新政"。引进西方教育制度和科学技术、借鉴西方办学思想和经验、废科举兴学堂成为重要的教育举措,我国的小学数学教科书就诞生于这样一个中西文化碰撞交会、从封建社会向近代社会转型的大背景之下。

1902年,清政府颁布了《钦定学堂章程》,这是中国近代教育史上最先制定的系统的学校制度,也称"壬寅学制",但由于种种原因,最终未能实行。1904年,清政府又颁布了《奏定学堂章程》,也称"癸卯学制",这是以日本学制为蓝本的一种学制,也是中国近代第一个比较完整、正式公布并在全国范围内实施的学制,一直沿用到1911年清王朝覆灭。"癸卯学制"确立了以"中体西用"为指导思想培养通才的教育宗旨,为中国近代学制的建立和完善奠定了基石。在《奏定学堂章程》正式颁布后,旧的科举制度严重地干扰了各地办学的积极性。1905年,张之洞、袁世凯等六名地方督抚联名上奏,要求停止科举,以促进学校的广泛发展。1905年9月,经光绪帝颁布上谕,废除了在中国实行千余年之久的科举制度。1906年3月，根据学部的建议，正式确定以"忠君、尊孔、尚公、尚武、尚实"为教育宗旨。

因为有了新学制，废除了科举制度，各地广设新式学堂，学子们大量接受新学。在《奏定学堂章程》中，就已经明确规定了初等小学堂（五年毕业）和高等小学堂（四年毕业）的设立，并在课程设置中规定了初等小学堂和高等小学堂的教授科目。在这些科目中，就包含了算术。并且，明确指出了算术科目的教育要义，即初等小学堂"其要义在使知日用之计算，与以自谋生计必需之知识，兼使精细其心思。当先就十以内之数示以加减乘除之方，使之纯熟无误，然后渐加其数至万位而止，兼及小数；并宜授以珠算，以便将来寻常实业之用"。而高等小学堂"其要义在使习四民皆所需之算法，为将来自谋生计之基本。教授之时，宜稍加以复杂之算术，兼使习熟运算之法"。不同阶段算术课程的计划和安排如下表。

表2-1 初等小学堂算术课程的计划和安排

学年	程度	每星期钟点
一	数目之名，实物计数，二十以下之算术，书法，记数法，加减	6
二	百以下之算术，书法，记数法，加减乘除	6
三	常用之加减乘除	6
四	通用之加减乘除，小数之书法，记数，珠算之加减	6
五	通用之加减乘除，简易之小数，珠算之加减乘除	6

表2-2 高等小学堂算术课程的计划和安排

学年	程度	每星期钟点
一	加减乘除，度量衡货币及时刻之计算，简易之小数	3
二	分数，比例，百分数，珠算之加减乘除	3
三	小数，分数，简易之比例，珠算之加减乘除	3
四	比例，百分数，求积，日常簿记，珠算之加减乘除	3

在"癸卯学制"颁布之前，已经出现了大量由各地学堂自编或翻译的教科书。例如，当时的山西大学堂翻译的中学堂用书就有9种11册，其中包括《藤泽算术教科书》2册（［日］藤泽利喜太郎著，［日］西师意译）。随着新教育的兴起，使得教科书的需求大增，加上出版教科书有比较丰厚的利润，各家民间出版机构纷纷加入编写出版教材的行列。因此，这一时期出版的教材情况比较复杂，既有残留的教会读本，又有国人翻译的国外教材，还有自编的教材；既有一般的教育读本，又有与"癸卯学制"相适应的教材。

这一时期民间出版教材比较活跃的主要有以下几家书坊。

第一，商务印书馆。

早在1898年，商务印书馆就已经率先拉开了出版新式教材的序幕。1902

年，清政府颁布《钦定学堂章程》，通令全国设立学校，因此，新式学校对教材的需求使商务印书馆决定以出版教材为中心业务，大量出版教材，占领了清朝末年的教材市场。而在《奏定学堂章程》颁布之后，商务印书馆又于1904年推出"最新教科书"系列，可以说，这套"最新教科书"，标志着中国近代教科书的正式诞生，开启了中国的"教科书时代"。因为自此之后的教科书，都符合有关学者对于现代意义的教科书的定义："第一，产生了现代学制，根据学制，依学年学期而编写出版；第二，有与之配套的教授书（教授法、教学法）或教学参考书，教授书内容要包括分课教学建议，每课有教学时间建议等；第三，依据教学计划规定的学科分门别类地编写和出版。"这套教材中，小学数学教材主要包括：《最新初等小学笔算教科书》5册（徐㙷编纂）、《最新高等小学笔算教科书》4册（杜亚泉编纂）。除此之外，商务印书馆还出版了《普通珠算课本》1册（诵芬主人编）、《最新初等小学珠算入门》2册（杜秋孙编纂）、《初等小学珠算教科书》2卷4册（杜综大编纂）、《简易数学课本》2册（寿孝天编辑）和《简明笔算教科书》4册（寿孝天编纂）。

第二，文明书局。

文明书局于1902年创立。在创办之初出版了《蒙学读本全书》，有效地占领了教材市场。在此基础上，于1903年后陆续发行"蒙学教科书"，其中的数学教材数量较多，分别为《蒙学心算教科书》1册（丁福保著）、《蒙学笔算教科书》2册（丁福保著）、《蒙学珠算教科书》1册（董瑞椿著）、《蒙学算学画》1册（丁福保著）、《初等算术教科书》2册（丁福保著）、《初等小学算术书》4册（陆费逵编纂）、《小学笔算新教科书》5册（张景良著）、《小学笔算新教科书详草》1册（张景良著，吴澧演草）。

第三，中国图书公司。

中国图书公司创办于1906年，专门聘请了一些中学和师范学校的教师以及商务印书馆的职员参与教材的编写。到1908年6月，中国图书公司已出版教科用书37种，共72册，其中包括《初等小学算术课本》3册（沈羽编）、《初等小学算术教授本》3册（沈羽编）、《初等小学珠算教授本》1册（俞述曾编）、《高等小学算术教科书》6册（石承宣编辑）。

第四，彪蒙书室。

彪蒙书室创办于1903年。1907年，彪蒙书室开始出版"初等小学教科书"系列，包括《最新初等小学笔算教科书》5册（王艺编辑）。

第五，会文学社。

会文学社创办于1903年。它所出版的教材中涉及小学数学的主要有《算术教科书》1册、《算术教科书教授法》1册、《笔算教科书》1册、《心算教科书》1册、《珠算教科书》1册。

除以上这些教材以外，还有其他书局出版的小学数学教材，如新学会社出版的《第一简明珠算启蒙》2册、《第一简明笔算启蒙》2册、《初等小学简易心算教科书》1册。还有一些几何方面的教材，如上海文明书局出版的《小学几何画教科书（高小用）》（张景良编著），以及南京江楚编译局出版的由日本翻译引进的《高等小学几何学六编》《几何画法》等。

和以上民间出版机构出版教材的如火如荼的场面形成鲜明对比的是备受冷落的官方教材出版，二者形成"冰火两重天"的局面。

1902年10月，清政府成立了京师大学堂编书处，这是中国近代第一个官方组织的教材编纂机构。1902年颁布的《钦定学堂章程》明确规定："凡各项课本，须遵照京师大学堂编译奏定之本，不得歧异。其有编课本者，须咨送京师大学堂审定，然后准其通用。"从中可以看出，京师大学堂具有统一编译全国教材的最高职能，同时具有统一审定全国教材的最高职能。而在1904年颁布的《奏定学堂章程》中，进一步明确规定了教材的审定制度："凡各科课程，须用官设编译局编纂，经学务大臣奏定之本。其有自编课本者，须呈经学务大臣审定，始准通用。官设编译局未经出书之前，准由教员按照上列科目，择程度相当而语无流弊之书暂时应用，出书之后即行停止。"1906年，学部设立编译图书局，主持全国教材编辑工作。编译图书局作为清学部设立的编撰和审定教科书的专门机构，编写"统一国之用"的教材。1906年年底，全国统一的教材《初等小学国文教科书》正式出版，拉开了官方统一教材出版的序幕。到1909年，初等小学各科教材全部颁行，到1910年，高等小学各科教材全部颁行。其中的小学数学教材有：《初等小学珠算教科书》《初等小学堂五年完全科珠算教科书》《高等小学算术教科书》。但由于官方所编的这些教材质量并不高，而且也不配套，为当时的教育界所诟病。

总体来看，清朝末年的教材，由翻译国外教材逐步发展到自编教材，经历了从不注重儿童心理发展规律到逐步关注儿童心理发展规律、从只注重传统的算之"术"到注重多元内容呈现的发展过程。例如，商务印书馆编译所在"癸卯学制"颁布之前编写的数学教科书，采用的都是文言文形式，只关注"术"，更缺乏插图及直观手段的支撑。而从商务印书馆徐寯编写的《最新初等小学算术教科书》开始，则出现了与新学制相适应的专门为初等小学堂编制的教科书，并开始配以精美的插图，在考虑儿童心理发展的基础上使用直观支撑手段，教学内容采用分段编排。之后为初等小学堂所编制的教科书，例如，彪蒙书室王艺编辑的《最新初等小学笔算教科书》、中国图书公司沈羽编辑的《初等小学算术课本》等，基本沿用了这种编写方式。其中以沈羽编辑的《初等小学算术课本》尤为突出，不仅每学年的每个学期分别编排一本教科书，内容的编排也更为细致，更符合儿童心理发展的特点。例如，乘、除法的内容，均比《最新初等小学算术教科书》中的编排时间靠后，加、减法的学习也随着数的认识范围扩大而逐步深入，已经比较类似于今天所使用的教材中的知识分段方式。这也是国人自编教材逐渐走向成熟的一个标志。

二、民国初期（1912—1926年）的小学数学教材

1911年爆发的辛亥革命，推翻了统治近三百年的清王朝，从而结束了中国长达两千余年的封建君主专制。1912年元旦，南京临时政府成立，建立了以孙中山为临时大总统的资产阶级民主共和国，开启了中国历史的新纪元，为中国教育真正走上近代化道路提供了契机。1912年1月，民国政府成立了教育部，由蔡元培任教育总长。他主张对清学部制定的"忠君、尊孔、尚公、尚武、尚实"的教育宗旨加以修正。1912年9月，教育部颁布了新的教育方针，确立了以"注重道德教育；以实利教育、军国民教育辅之，更以美感教育完成其道德"为内容的教育方针。与清朝末年的教育宗旨相比，剔除了忠君、尊孔的封建主题，也是中国第一次提出资产阶级德、智、体、美"四育平均发展"的方针，体现了资产阶级以自由、平等、博爱的思想对待教育，反映了资产阶级革命民主派的进步要求。

1912年1月19日，南京临时政府教育部颁发了《教育部普通教育暂行办法通令》《普通教育暂行课程之标准》。通令规定：从前各学堂均改称为学校；清学部颁行之教科书，一律禁用；各种教科书务合乎共和民国宗旨。《普通教育暂行课程之标准》是我国最高教育行政管理机构有史以来第一次正式颁布的课程标准，具体规定了初小、高小、中学及师范学校的教学科目、各学年各科每周授课时数及各级学校的暂行课程表等，使中小学教材编审者均有所依据。至此，课程标准主导教材发展的现代教材制度得以起步。在颁发《普通教育暂行办法》《普通教育暂行课程之标准》的同时，南京临时政府教育部还颁发了《审定教科用图书规程》，规定"初等小学校高等小学校中学校师范学校教科用书，任人自行编辑，惟须呈教育部门审核"。这是我国首次实行教材的审定制度。

1912年7月10日，临时教育会议讨论了学制改革的问题，1912年9月3日，教育部公布了第一个《学校系统令》，史称"壬子学制"。1912年9月28日教育部公布了《小学校令》，1912年12月又公布了《中学校令实施细则》，分别对初等小学校、高等小学校和中学校所教的科目进行了具体规定。民国政府于1912—1913年形成的这一学制一般称为"壬子·癸丑学制"，这是民国的第一个学制，比较全面地反映了资产阶级对教育的要求，反映了当时政府对社会发展、国力提升的需要。该学制从1912年颁布实施至1922年止，历时10年。为中国建立资产阶级学校体系奠定了牢固基础，反映了发展资本主义的要求，因而促进了教育的发展。该学制具有明显的反封建性质，基本上反映了资产阶级民主共和国的性质。但也存在不少缺点，例如，在形式上与"癸卯学制"并无重大差别，仍以日本的学制为蓝本，没有从本国实际出发，与国民经济不相适应。

1912年11月颁布的《小学校教则及课程表》是根据《小学校令》而颁布的关于小学课程教授的文件，是一个比较全面反映民国初年小学校课程及教学

计划、教学大纲标准的文件，它对各门课程要旨、教则的制定，不仅为小学教育实践的开展提供了依据，而且为编写小学各科教材提供了凭证。其中规定初小四年、高小三年均设"算术"。小学算术的教学目的与1903年的规定基本相同。在计算能力的培养上，明确地提出了笔算、珠算与心算（即口算），并且要求加强算理教学（"说明运算方法之理由"）；在教学方法上，要求精讲（"解释精审"）多练（"运用纯熟"），并且联系地方实际和其他学科。具体来说，初等小学校对算术的具体要求为：第一年每周授课时数22，算术科5时，学习内容为20以内之数法、书法及加减乘除；第二年每周授课时数26，算术科6时，学习内容为百数以内之数法、书法及加减乘除；第三年每周授课时数男28，女29，算术科6时，学习内容为通常之加减乘除；第四年每周课时数男28，女29，算术科6时，学习内容为通常之加减乘除、小数之读法、书法及其简易之加减乘除等（珠算加减）。而高等小学校对算术的具体要求为：第一年每周授课时数30，算术科4时，学习内容为整数、小数、诸等数（珠算加减）；第二年每周授课时数男30，女32，算术科4时，学习内容为分数、百分数（珠算加减乘除）；第三年每周授课时数男30，女32，算术科4时，学习内容为分数、百分数、比例（珠算加减乘除）。

历史的发展并非一帆风顺。辛亥革命后不久，革命果实被袁世凯窃取。为了其政治统治的需要，1915年1月，袁世凯政府颁布《教育要旨》，篡改民初教育宗旨，强行将"爱国、尚武、崇实、法孔孟、重自治、戒贪争、戒躁进"列为教育宗旨。次月，又颁布《特定教育纲要》，申明教育宗旨为"注重道德、实利、尚武，并运之实用"。一时间，封建复古教育风起云涌。在这样的形势下，一批新青年勇敢地站出来与封建复古运动展开了面对面的较量，掀起了中国历史上具有划时代意义的新文化运动。以批判旧文化、旧礼教和创建新文化、新教育为特征的新文化运动，使国人深刻认识到了旧文化、旧教育是中国社会发展的桎梏，也促使中国教育界通过教育观念的彻底转变来引导新教育的确立和发展。

1915年，由江苏省教育会副会长黄炎培等人发起成立全国省教育会联合会（又称全国教育联合会）。该联合会从1915年成立到1925年解散，一共召开了11次会议，对教育界重大问题提出了大量议案。1921年10月，全国省教育会联合会第七届年会在广州召开，以学制改革为中心议题。经会议讨论，议决以广东省提案为大会讨论蓝本，提出了新的学制系统草案。继第七届广州年会后，各地教育界纷纷开会讨论新学制，一时形成举国上下讨论新学制的热潮。当时的北洋政府教育部迫于形势，于1922年9月在北京召开"学制会议"，邀请教育专家和各省行政负责人对"新学制草案"进行审订、修改。再交同年10月在济南召开的联合会第八次代表大会讨论。最后，于11月1日以大总统令公布了《学校系统改革案》，用七条教育标准替代教育宗旨。这七条标准是：（1）适应社会进化之需要；（2）发挥平民教育精神；（3）谋个性发展；（4）注意国民经济力；（5）注意生活教育；（6）使教育易于普及；（7）多留各地方伸缩余地。这个学制被称为"壬戌学制"。

"壬戌学制"主要采取了当时美国一些州已经实行了十多年的"六三三制"，表明中国现代教育制度从效法日本转向了效法美国，由军国民主义教育转向了平民主义教育。但它却并非盲从美制，而是中国教育界经过长期酝酿、集思广益的结晶。新学制的颁布和实施，标志着中国资产阶级新教育制度的确立，标志着中国近代以来的学制体系建设的基本完成。

这一时期，经历了壬子·癸丑学制、壬戌学制及多次修改课程标准的曲折过程，数学教材无论从编辑、出版、审定，还是使用，都呈现了纷繁芜杂的局面。总体来说，由于中日关系的紧张，大量的留学生由日本转向美国，使得美国数学教育对中国近代数学的发展产生了重要影响。民国前十年是教材编纂的初创时期，这个时期，教育部将重心放在审定与发行教材的工作上，而把编写任务交由民间和出版机构进行，因此部编教材的影响力不大，以民间教材为主。各大书局纷纷出版新教科书，中华书局、商务印书馆、开明书局、大东书局、正中书局等占据了数学教材的大部分市场，其中以中华书局和商务印书馆影响最大，其他书局的发行量很小。编辑比较好的教材经过多次再版印刷，有的甚至在解放后还有选用。

这一时期比较著名的小学数学教材有如下一些品种。

第一，《中华教科书》系列。

中华书局由陆费逵、戴克敦等人创办于1912年1月1日。从1912年1月开始，中华书局陆续推出《中华教科书》系列，同时在报上刊登《中华书局宣言书》："立国根本在乎教育，教育根本，实在教科书。教育不革命，国基终无由巩固；教科书不革命，教育目的终不能达也。"其中的小学数学教材有1912年出版的《中华初等小学算术教科书》8册（顾树森编辑）和《中华高等小学算术教科书》4册（费筱藩、陈赞编辑）。

第二，《共和国教科书》系列。

1912年初，中华民国临时政府下令禁用清学部颁行的教材，商务印书馆立即着手编辑《共和国教科书》系列以及相关的教授书，以适应新时代教育改革的需求。这是继《最新教科书》系列之后，商务印书馆出版的第二套完善的教材。它不仅宗旨完全适合共和，内容、方法也与《最新教科书》有很大的区别，主要体现在文字更浅显，语句更简短，还增加了许多图画。其中包含的小学数学教材有1912年出版的《共和国教科书·新算术：笔算》初等小学用8册（寿孝天编撰）、高等小学用6册（骆师曾编）。这套教材还有相应的供教师配套使用的新算术教授法。

第三，《新制中华教科书》系列。

1912年9月，民国教育部公布新学制，初小四年，高小三年，中学、师范各四年，又将春季始业改为秋季始业，一学年分为三学期。为了编制新的教科书，中华书局扩大了编辑部，于1912年12月开始出版《新制中华教科书》系列，并编写了相应的教授书。其中的小学数学教材包括1913年出版的《新制中华算术教科书》9册（赵秉良编，戴克敦、沈颐、陆费逵阅）。

第四，《初（高）等小学及中学新教科书》系列。

民国初建，中国图书公司迅速将原有的教科书进行修订，于1912年2月开始出版供初等小学用《新国民修身课本》及《新国民国文读本》。不久，就推出了一套新的中小学教科书。其中包括1913年出版的《高等小学最新算术教科书》3册（张景良编辑）。

第五，《新编中华教科书》系列。

这是中华书局为了照顾当时许多学校一时难以改变清末学制春季始业的习惯做法而编写的《新编中华教科书》系列。其中包括1913年出版的《新编中华算术教科书》初小8册（顾树森、沈煦编撰）、高小6册（顾树森编撰）。这套教材也编写了相应的供教师配套使用的《新编中华算术教授法》。

第六，《实用教科书》系列。

五四运动前夕，美国教育学家杜威应北京大学、江苏省教育会等单位的邀请来中国讲学。他于1919年5月抵达上海，1921年7月离开北京回国。在讲学期间，他的实用主义教育学说在中国得到了广泛传播，从政府到民间，以实用主义为代表的新教育思潮风行一时。为了顺应这股潮流，教材出版界也开始了相应的操作。

从1915年12月开始，商务印书馆推出《实用教科书》系列，其中包括1916年出版的《实用算术教科书》8册（王凤岐编）。

第七，《新式教科书》系列。

1915年12月起，中华书局开始出版《新式教科书》系列，其中包括《新式算术教科书》8册（顾树森、沈煦编）。

第八，《新体教科书》系列与《新法教科书》系列。

在新文化运动的影响和普及教育呼声的直接推动下，商务印书馆率先将国语运动的成果体现在语文教材中，并逐步推出其他各科新体教科书。其中就有1916年出版的《新体算术教科书》4册（俞子夷、江枚、李梁等编）。

《新法教科书》包括1918年出版的《新法算术教科书》8册（寿孝天编纂）、1920年出版的《新法算术教科书》8册（骆师曾编纂）、《新法算术教科书：笔算》6册（樊平章、郑炳渭、金声、周十义编纂）和1922年出版的《新法笔算教科书》4册（寿孝天编纂）。

第九，《新教育教科书》系列。

为了使儿童养成高尚的情操、健康的情感、务实的精神和现代的思想，中华书局于1921年开始编辑出版了《新教育教科书》系列，其中包括《新教育教科书 算术》6册（钱梦渭、黄丹臌、华襄治、张鹏飞编辑）。

第十，《社会化算术教科书》。

这是一套该时期较有代表性的小学数学教科书，共6册，由俞子夷主编，1924年由商务印书馆出版。这套教材是对美国Georgia Alexander所编教材的翻译和改编，而后者是由杜威审定过并认为是符合他本人教育理念的一套教材。俞子夷等人先将这套美国教材翻译过来，保留其知识和编排结构，将具体素材进行符合国情的改编，然后将编译的教材初稿送到小学去试用，经过两年的试用并进行了两次修改，才确定了教材的最后文本。本套教材有着鲜明的美国实用主义教育设计教学的特点，即以现实生活问题为教学素材，以学生为中心、从做中学，重视对学生学习兴趣和自学能力的培养。这套教材体现了设计教学法的教学理念，创设了丰富的问题情境，设计了多种学习、练习的形式，如动手操作、推理、自编题目、数学游戏等，并注意对学生自主学习能力的培养和学习方法的总结。编写时，将数学问题融于文字题之中，结合现实事物表述出来。但是，正是由于它有太重的美国色彩，与中国传统教育思想和之前学自日本的数学教育思想与方法存在较大出入，未能得到广大教师和家长的接受。

总体上看，这一时期算术教材在内容叙述的严密程度上略有改观，很少直接翻译外文教材，编译者对教材内容进行了理性的思考。教材的编辑思想强调自由、平等，注重国民生活的基本知识技能，充分体现了民初政治、经济、文化的新特点。教材的编写方法较之前有所进步。小学数学教材以数的日常使用为主要内容，接近学生的生活，围绕笔算、珠算和心算进行编排，只是在数的大小和计算的繁难等方面不断地调整。从理论联系实际的角度看，这一时期自行编排的教材更贴近生活实际，突出学习算术是为了解决现实生活中实际问题的目的。总的来说，这一时期的小学算术教科书体现了这样一些编写特点：（1）循序渐进编排数的认识和运算；（2）教材编写上大部分采取习题汇编的形式进行，知识编排采取小步子，但是知识结构总体比较松散，眉目不清晰，没有形成严谨的知识结构；（3）重视复习巩固；（4）注重实用性。

三、抗日战争全面爆发之前的南京国民政府时期（1927—1936年）的小学数学教材

1927年4月，南京国民政府成立，随即着手制定教育宗旨和教育实施方针。1928年5月，南京国民政府大学院（10月改组为教育部）在南京召开第一次全国教育会议，正式提出"三民主义的教育"的教育宗旨，并在"壬戌学制"的基础上提出《整理中华民国学校系统案》，即"戊辰学制"，在同年8月公布《学校系统表》后，正式公布推行。1927年12月，教育部公布教科书审查条例，1928年设编审处。1929年1月，国民政府教育部又公布了《教科书审查规程》，规定：学校所用的教科书，未经教育部审定，或失审定效力者，不得发行或采用。而在1929年1月22日制定的《审查教科图书共同标准》中，首列的3项是：（1）适合党义；（2）适合国情；（3）适合时代。1932年6月14

日，国立编译馆成立。国立编译馆以"发展文化，促进学术暨审查中等以下学校用书"为宗旨，是民国时期存在时间最长的编审教科书学术机构。国立编译馆成立后，教科书审查的标准以《审查教科图书共同标准》为准，即关于教材之精神者，"适合党义，适合国情，适合时代性"；关于教材之实质者，"内容充实，事理正确，切合实用"；关于教材之组织者，"全书分量适宜，程度深浅有序，各部轻重适度，条理分明，标题醒目确切，有相当之问题研究或举例说明，有相当之注释插图索引等，适合学习心理，能顾及程度之衔接，能顾及各科之联络"；关于文字者，"适合程度，流畅通达，方言俚语屏弃不用"；关于形式者，"字体大小适宜，纸质无碍目力，校对准确，印刷鲜明，装订坚固美观"。

在1932年前后，南京国民政府又陆续颁布《小学法》《小学课程标准》《小学规程》等教育政策法令，使得初等教育方面的学制改革体系基本完善和定型。通过建立国民教育制度等针对基础教育学制的调整，使我国基础教育包括农村基础教育在以后的战争时期仍在持续发展，并在一定程度上完成了我国基础教育学制系统改革的基本框架构建。在学制方面，沿袭了1922年所规定的学制，即小学修业六年，其中初级小学四年，高级小学二年。

在1928年5月的第一次全国教育会议之后，教育部就着手组织中小学课程标准起草委员会，修订中小学课程标准。俞子夷接受委托负责组织小学算术课程标准的编写工作。俞子夷组织人员，参阅各种课程纲要、课本、书刊，以及外国的小学教育信息，并结合多年教育实验积累的资料和学生的接受能力，反复比较，舍短取长，拟成《小学算术课程暂行标准》初稿，由教育部于1929年8月正式颁布。该标准的目标包括三个方面：助长儿童生活中关于数的常识和经验；养成儿童解决日常生活里数量问题的实力；练成儿童日常计算敏速和准确的习惯。由于当时多数适龄儿童不能上学或只能上小学，所以目标中强调了"解决日常生活问题的计算能力"和"自谋生计"所需的数学知识。

1929年的《小学算术课程暂行标准》实行了三年，许多人对教学内容的选择、教学方法的运用等提出了不少意见，特别是对一年级算术用这么多教学时间来学这些内容是否合适提出了质疑。还有人提出，为了更好地符合小学算术教学目标，克服现行教学中的众多弊端，最有效的办法是提倡"家乡教材"，即提倡实行"乡土教材"，一统的教材不适合儿童的心理和生活实际；同时有人还提倡由近而远，从儿童周围熟悉的事物出发进行教学，认为"这样才能训练有效公民"。上述意见和看法，为制定小学算术正式课程标准提供了依据。1930年10月，教育部聘请专家组成"中小学课程及设备标准起草委员会"，汇集各方意见，对1929年颁布的《暂行课程标准》进行修订。1932年10月，颁布了小学各科课程标准，包括《小学算术课程标准》（也称"正式的小学算术课程标准"）。

1933—1934年，由于国内统治相对稳定，国民党政府积极开展"新生活运动",教材在这个时段的发展又跃上一个新台阶,主要表现在商务印书馆推出的"复兴"教科书上。取"复兴教科书"之名也有其缘由:1932年"一·二八"事变,日军进犯淞沪,商务印书馆总管理处、总厂及编译所、东方图书馆等处被炸焚毁,损失巨大,被迫停业。10月,商务印书馆因教育部颁行小学校课程标准,于是乘复业之时,"本服务文化之奋斗精神,特编复兴教科书一套,以为本馆复兴之纪念"。

1936年,教育部又对各科中小学课程标准进行了修正,如小学算术学科,颁布了《修正小学算术课程标准》。

这一时期各家出版社出版教材依然踊跃,出版了大量小学数学教材,下表中列出了这一时期比较有代表性的小学数学教材。

表2-3　1927—1936年部分小学数学教材

书名	编者	出版社	出版年份	册数
新时代算术教科书	胡通明编纂	商务印书馆	1927	8册
前期小学算术课本	戴渭清、赵宗预、谢季超、何恭甫、朱建侯、盛志良编辑	世界书局	1927	8册
高级小学算术课本	杨逸群、唐数躬编辑	世界书局	1928	4册
新中华算术课本(初小)	顾楠、朱开乾、赵凤,郑炳渭、黄铁崖、张德骤编辑	新国民图书社	1927	8册
新中华算术课本(高小)	顾楠、朱开乾、赵凤,郑炳渭、黄铁崖、张德骤编辑	新国民图书社	1927	4册
新编算术教科书	刘曾佑编辑	苏新书局	1929	4册
民智初级算术教本	曹漱逸、王文新编辑	民智书局	1930	8册
民智高级算术教本	苏顽夫、沈雷渔、施仁夫、何焕庭、陈慰萱编辑	民智书店	1931	4册
新课程算术课本(初小)	张匡编辑	世界书局	1931	8册
新课程算术课本(高小)	陈邦彦、徐九皋、秦启文、束云逵编辑	世界书局	1932	4册
算术(初小)	骆师曾编辑	商务印书馆	1931	8册
算术(高小)	吴伯匡、顾楠、郑炳渭、黄壮涛、钱重六编辑	商务印书馆	1931	4册
开明算术课本(初小)	刘薰宇编纂	开明书店	1932	8册
开明算术课本(高小)	刘薰宇编纂	开明书店	1934	4册
算术	薛天汉、江效唐编辑	大东书局	1932	8册
高级算术	薛天汉、沈慰霞编辑	大东书局	1933	4册
小学算术课本(初小)	张咏春、徐迥千、钱选青等编	中华书局	1933	8册
小学算术课本(高小)	张咏春、赵侣青、许观光等编	中华书局	1933	4册
算术课本(初小)	张匡、骆师曾编辑	世界书局	1933	8册

续表

书名	编者	出版社	出版年份	册数
算术课本（高小）	陈邦彦、徐九皋、秦启文、束云逯编辑	世界书局	1933	4册
复兴算术课本（初小）	许用宾、沈百英编著	商务印书馆	1933	8册
复兴算术教科书（高小）	顾楠、邹尚熊编著	商务印书馆	1933	4册
复兴算术课本（高小）	卢冠六、王渐仁、沈百英编校	商务印书馆	1935	4册
算术课本	张匡编辑	世界书局	1933	8册
小学算术课本（初小）	张咏春、程旭清、黄铁崖等编	中华书局	1934	8册
小学算术课本（高小）	张咏春、程旭清、黄铁崖等编	中华书局	1934	4册
算术	吴家骥等编	大众书局	1934	8册
高小算术课本	刘振汉、姜文渊编辑	青光出版社	1934	4册
算术课本	陶鸿翔、徐天游编	中华书局	1935	2册
算术课本	宋文藻、沈百英编校	商务印书馆	1936	2册
算术课本	国立编译馆编辑	商务印书馆	1936	2册

四、抗日战争全面爆发至中华人民共和国成立前（1937—1949年）的小学数学教材

1937年7月7日，日本帝国主义发动了"卢沟桥事变"。中国人民奋起反抗，揭开了全面抗战的序幕。在硝烟弥漫的艰难日子里，中国的教育遭受了严重的打击。

由于日军占领了中国最重要的财富来源地东南沿海地区，中国政府因此失去了超过全部财税收入一半的税收，加上军费开支急剧上升，财政状况极为窘迫。一些政界、教育界人士极力倡导实施战时非常教育或国防教育，主张将一切正规教育中断，高中及大专院校停办，师生员工应征入伍，共赴国难。国民政府在无法预判战争结果之际，毅然摒弃了战时非常教育的实用主义短视主张，将眼光投向了战后国家的复兴和重建，这为日后中国现代化建设奠定了坚实的基础。即使是在战争的阴影下，教育部依然在1939年4月召开了第三次全国教育会议，为"抗战建国之需要"，重新修订课程标准。至1941年5月，课程标准修订完成。1942年1月，为适应《战时各级教育实施纲要》所规定的具体政策，教育部颁布了《小学课程修订标准》，修正小学教育目标，更突出儿童健康体格、国民道德及民族意识的培养。

同时，中国共产党领导下的农村革命根据地教育，在极其艰苦的战争环境和极为贫乏的物质条件下，成功地开展了普及教育，将识字教育、文化科学知识教育、社会公正与理想教育，同人民群众的日常生活劳动与革命解放事业紧密结合在一起，采用多种形式，运用各种方法，将教育的种子播到了广大人民的心中，为中国教育现代化提供了极为宝贵的经验。在1941年延安整风运动中，由于受到教条主义和形式主义的思想影响，教育工作曾经一度产生过旧型正规化的偏向。例如，小学教育不考虑农村根据地分散和经济落后的特点，开始执行强迫义务教育，继而合并学校，实行"正规统一"的办法，反而限制了儿童入学。所幸这些偏向后来得到了纠正。

抗日战争胜利后，国民政府在教育复员的基础上，提出了全面普及国民教育的拓展方案。要求未实施国民教育的收复区省份，从1946年1月起拟定"第一次实施国民教育五年计划"，要求后方已实施国民教育的19省市，从1946年1月起，贯彻《全国实施国民教育第二次五年计划》，以充实国民学校为中心工作，务求学校充实，师资健全，经费稳定，各省失学儿童和失学民众都能接受义务教育或补习教育。《全国实施国民教育第二次五年计划》使得儿童的义务教育与失学民众的补习教育融为一体，较大地增加了国民接受教育的机会。1947年1月1日，国民政府公布《中华民国宪法》，第十三章第五节为教育文化专节，其中叙述到：国民受教育机会一律平等，6—12岁的学龄儿童，一律受基本教育，免纳学费。其贫苦者，由政府供给书籍。已逾学龄未受基本教育之国民，一律受补习教育，免纳学费，其书籍亦由政府供给。由此可见，免费义务教育在宪法中占有非常突出的地位。

由于针对抗战需要的教育目标已不能适用，1945年9月，南京政府组织力量对课程标准进行重新编订。1946年7月19日，经行政院批准，教育部颁布了《国民学校及中心国民学校规则》。1948年1月，颁布了《小学课程第二次修订标准》，把小学教育总目标规定为："注重国民道德之培养及身心健康之训练，并授以生活必须之基本技能的规定，在课程中分别实施。"具体要求如下："（一）关于'国民道德之培养'的：（1）发展中华民族固有的国民道德；（2）培养爱国国家协和世界的公民理想。（二）关于'身心健康之训练'的：（1）锻炼强健的体格；（2）培育康乐的精神。（三）关于'授以生活必须之基本知识技能'的：（1）增进理解，运用书、数跟科学之基本知识技能；（2）训练劳动生产跟有关职业的基本知识技能。"与抗战时期的小学教育目标相比，没有单列民族意识的培养目标，而将"培养爱国意识"纳入"国民道德之培养"中。

从小学数学学科来看，抗战胜利以后，教育部认为1942年公布的《小学算术课程修订标准》偏重抗战时期的需要，要求再次进行修订。教育部曾召集重庆附近的一些小学教育专家进行讨论研究。后来教育部迁往南京，又召集了上海、江苏、浙江一带的小学教育专家再次进行研讨，于1945年9月起组织有关力量重新修订了小学课程标准。修订原则有两个：（1）要抽象扼要，富有弹性，以便全国有南、中、北各种学校，甚至边疆学校、侨民学校都可以照着这项标准，分别编订自己适用的教材；（2）较具有永久性，可以施行10年、15

年，无须再加以修改，以免经常变动。这个课程标准具有下列特点：（1）把"课程标准"和"课程"分开，重新认定课程是学校功课的进程，是依年级时令把教材要项以及教学注意事项等详细编列的。而课程标准只是有关课程的标准。（2）各学年每周的教学时间尽量减少，以减轻儿童课业负担，并把课外活动列入时间总表，以加强各校课外活动的实施。（3）恢复"公民训练"，把1942年分开的训育标准和卫生标准合而为一。（4）规定国语和常识仍可以分编课本、分别教学。一、二年级常识不用课本，由教师依据另编的"教学法"依次教学。（5）规定算术从第三学年开始正式教学，第一、二学年改为"随机教学"，在教学科目及每周教学时间总表里不特定教学时间。

抗战发生后，教科书编印基地上海沦陷，给教科书的发展带来巨大的影响。同时，为"适应抗战需要"和"推行战时课程"以及强化各级学校的统治，教科书的发展日益呈现出模式化的趋势，国统区不断加大对教科书的审查力度，"标准本"或"国定本"教科书应运而生。同时，汪伪国民政府也出版了成套的奴化教科书。国定制便名正言顺地代替了审定制。当时参加发行"国定本"的有正中书局、商务印书馆、中华书局、世界书局、开明书店、大东书局及贵州文通书局等七家书局，号称"七联"。抗战胜利后又加入中国文化服务社、独立出版社、胜利出版社及儿童书局四家，号称"十一联"。由此可见，当时小学教科书的编辑、审订工作的权力全部掌握在政府手中。

因此，这一时期，国定本教科书分三部分：自编，由国立编译馆专任编审担负；约编，有若干科目，由国立编译馆特约国内有名学者编纂；征编，即另有若干科目，由私人编辑，经教育部征选。1943年7月，国定本教科书开始出版，其中初级小学2种，即《国语常识》《算术》；高级小学5种，即《公民》《国语》《自然》《地理》《历史》。国定教科书在战后1946年7月开始修订时，全部落款为国立编译馆主编。

为了进一步贯彻国民政府在抗战时期的教育方针、政策及主张，同时为了适应当时的形势，重庆国立编译馆出版了许用宾等编的初小算术（8册）和胡达聪等编的高小算术（4册）。在教学内容和体例上，与以前相比变动不大。在"国防文学""国防戏剧"等口号的影响下，商务印书馆出版了与战争问题有关的高小、初中补习用书《国防算术》。内容包括如炸弹破坏力与圆周长和圆面积的计算、炸弹的成分和分数等，体现了"寓国防训练于算术"的教材编写思想，其不足之处是不顾算术的系统，脱离学生的经验和兴趣。1942年，重庆国立编译馆又出版了由俞子夷组织编写的《国防算术》，该书"每单元课本只印开始之例题、插图及初步习题若干，与结束之综合题或复习题、应用题，中间大部分习题均载教师用书中。教师用书详记各单元之进行过程，及习题、补充材料以及其他参考资料，等等。师生各用一套，互相配合"，这是一大进步。根据《小学算术课程第二次修订标准》，除重庆国立编译馆编写的初、高级小学算术外，还有上海出版的初、高级小学算术课本，由文通、正中两家书局的选稿本改编而成。俞子夷也曾编写初、高级小学算术，1949年由大东书局出版。低年级按规定采用随机教学，课本中只印些插图，题材则取自国民实验区的经验。式题分步较细，说理较少；应用题以一件事为中心，前后连续若干题均围绕这一中心，前题的答案，作为后题的条件，没有两步以上的复合应用题。此教科书的影响较大，1949年秋季起，上海、浙江、江苏等地均采用这套教科书。

总体来说，这一时期，小学数学教材的编辑出版十分活跃，尽管教材要受到严格的审定，但是几大书局争先编辑、出版教材的势头并未衰减。

而在陕甘宁边区，1937年创办鲁迅师范时，普及文化课中包括算术。1938年2月，边区教育厅编审科编审的第一套小学课本陆续出版发行。这套课本包括初小算术6册。1946年10月公布的《陕甘宁边区中等学校的方针、学制与课程》中规定，各校中学班的数学课程三年的周课时分别为4、4、3。十年内战时期，中国共产党领导下的苏维埃区的出版活动，是这个时期中国出版活动的一个重要组成部分。此期出版的课本、教材共110种，课本、教材出版的时间较晚，是从1930年开始出版的，且主要以小学课本、成人识字读本为主，小学各种科目皆有，其中有一些数学教科书。课本、教材基本采用石印，个别铅印，也有少量油印，个别甚至手抄。

下表中列出了抗日战争全面爆发到中华人民共和国成立期间主要的小学数学教材。

表2-4　1937—1949年部分小学数学教材

书名	编者	出版社	出版年份	册数
初小新算术	赵侣青、骆师曾、钱选青编辑	世界书局	1937	8册
高小新算术	骆师曾编辑	世界书局	1937	4册
复兴算术教科书	许用宾、沈百英编校	商务印书馆	1937	8册
初小算术课本	张咏春、赵侣青、许观光等编　雷琛、金兆梓、华襄治、张鹏飞、陶鸿翔、徐天游校	中华书局	1937	8册
高小算术课本	张咏春、程旭清、黄铁崖等编	中华书局	1937	4册
新编初小算术课本	徐允昭、华轶欧、何寿斋、张若南、陈致中、陈邦贤编	中华书局	1937	8册
新编高小算术课本	徐允昭、何寿斋、陈致中等编	中华书局	1937	4册
新编初小算术课本	薛天汉主编	中华书局	1937	8册
新编高小算术课本	薛天汉主编	中华书局	1937	4册
算术	顾楠、胡达聪编校	商务印书馆	1937	4册

续表

书名	编者	出版社	出版年份	册数
算术教科书	国立统计馆主编	商务印书馆	1937	1册
（修正）初小算术教科书	（伪）教育部编审会著	【著者刊】	1938	8册
初级小学校算术教科书	（伪）维新政府教育部编纂	【编者刊】	1938	8册
初小算术教科书	（伪）教育总署编审会著	【著者刊】	1939	8册
高小算术教科书（修订本）	（伪）教育总署编审会著	【著者刊】	1941	4册
（修正）初小算术教科书	（伪）广东治安维持会	【编者刊】	1939	4册
初小算术	（伪）教育部编审委员会编纂	（伪）国民政府教育部	1939	4册
高小算术	（伪）教育部编审委员会编纂	（伪）国民政府教育部	1940	4册
初级小学算术课本	冀太行政联合办事处编辑委员会编辑	冀太行政联合办事处交通总局	1941	6册
算术副课本	王修和、费新我、蔡琢成、钱君匋编著	万叶书店	1941	8册
国防算术	俞子夷编著	正中书局	1941	8册
高级小学算术	俞子夷编著	正中书局	1942	4册
初小算术课本	陕西省教育厅编辑	【编者刊】	1942	8册
算术	陕西省教育厅编辑	陕西省银行信托部	1942	4册
交通初小算术教科书	薛元麒编著	交通书局	1942	8册
算术	李伯棠主编	大东书局	1942	8册
战时新课本算术	石韬编辑	边区政府印刷局	1944	2册
算术副课本	王修和、朱汝薰、费新我、钱君匋编著	万叶书店	1943	12册
万叶算术课本	朱启甲、王修和编著	万叶书店	1944	12册
初级小学算术课本	国立编译馆校订		1945	8册
新中国算术	俞子夷编著	正中书局	1945	8册
算术	台湾省教育会编辑	东方出版社	1945	4册
初级小学算术课本	国民编译社编辑	【编者刊】	1945	8册
高级小学算术课本	国民编译社编辑	【编者刊】	1946	2册
初小算术课本	张逸园编著	晋冀鲁豫边区政府教育厅审定	1946	8册
高级小学算术课本		冀鲁豫书店	1946	?

续表

书名	编者	出版社	出版年份	册数
算术课本	陕甘宁边区教育厅审定	新华书店	1944	4册
算术课本	陕甘宁边区教育厅审定	新华书店	1947	6册
高级小学算术课本	俞子夷、薛天汉、薛元龙编辑	国家中小学教科书七家联合供应处	1946	4册
高级小学算术课本（第1次修订本）	国立编译馆主编，薛元龙编	中华书局 联合图书公司 五联社 春明书店 大东书局 建国书店 胜利出版社 世界书局 开明书店 商务印书馆 台湾省政府教育厅 正中书局	1946	?
高小算术	霍得元编	西北新华书店	1946	4册
临时初级算术课本	教科书编辑委员会编	大连市政府教育局	1947	1册
初小算术	哈尔滨市教科书编纂委员会编	东北书店	1947	1册
初级小学算术课本（第2次修订本）	国立编译馆主编		1947	8册
初小算术	东北政委会编审委员会编	东北书店	1947	8册
高小算术	东北政委会编审委员会编	东北书店	1948	?
算术	薛天汉、蒋息岑编辑 钦关淦、沈长庚修订	大东书局	1948	8册
算术课本（重订本）	晋察冀边区行政委员会教育处审定	晋察冀新华书店	1948	8册
高小算术课本	晋察冀边区行政委员会教育处审定	华北新华书店	1948	?
小学课本算术	山东省政府教育厅编审	华东新华书店	1948	4册
现代算术课本（初小）	宋云彬、孙起孟主编 方与严等编	上海书局（新加坡）	1948	8册
现代算术课本（高小）	宋云彬、孙起孟主编	上海书局（新加坡）	1949	?
算术	新加坡世界书局编译所编辑	世界出版社（新加坡）	1948	8册
算术课本		晋绥新华书店	1948	4册
初小算术	东北人民政府行政委员会教育部编	东北书店	1949	8册
高小算术	东北行政委员会教育部编	东北书店	1949	?

续表

书名	编者	出版社	出版年份	册数
初小算术课本	德俯、刘松涛、黄雁星、项若愚编辑	华北新华书店	1949	8册
算术课本	德俯、刘松涛、黄雁星、项若愚编辑	华北新华书店	1949	?
算术课本（修正本）	侨务委员会侨校教科书编辑委员会主编	商务印书馆（新加坡）	1949	8册
中华算术	徐允昭、华轶欧、何寿斋、张若南、陈致中、陈邦贤编	中华书局	1949	8册
高级小学算术课本	刘松涛编	联合出版社	1949	

2.1.2 1949—2000年的小学数学教材

一、中华人民共和国成立初期的小学数学教科书（1949—1952年）

（一）背景

中华人民共和国成立后，教育部于1949年12月召开第一次全国教育工作会议，确定教育工作必须为国家建设服务，学校必须为工农开门的方针，教育改革的基本方针是"以老解放区新教育经验为基础，吸收旧教育有用经验，借鉴苏联经验，建设新民主主义教育"。

根据1950年7月的《小学课程暂行标准总纲初稿》，小学为六年制（初小4年，高小2年），小学算术课程是必须学习的科目：1—2年级为算术，周学时为4学时；3—6年级分笔算和珠算两个内容，周学时分别为5学时和1学时。初稿讨论后形成的《小学课程暂行标准总纲》，又规定小学为五年一贯制，同时颁发了《小学算术课程暂行标准（草案）》（简称"50大纲"）。其中规定：小学数学算术各年级教学周学时数为5、6、6、6、7；珠算三上、三下、四上、四下教学周学时数分别为2、2、2、2；总计学时为1216（三、四年级珠算包含在内）。"50大纲"由"目标""教材大纲""教学要点"三部分组成。"目标"部分陈述了小学算术课程总目标，提出"增进儿童关于新社会日常生活中数量的正确观念和常识；指导儿童具有正确和敏捷的计算技术和能力；训练儿童善于运用思考、推理、分析、综合和钻研问题的方法和习惯；培养儿童爱国主义思想，并加强爱科学、爱护公共财物等的国民公德。"，体现了新民主主义教育的特点。"教材大纲"分五个年级叙述了笔算的教学内容和周课时数，分两个学年（3—4年级）四个学期叙述了珠算的教学内容和每周教学课时。教学内容主要为：整数四则，简易小数四则（学到整数乘小数、整数除小数），简易分数四则，百分数的基本计算和应用，公市制度量衡、时间单位的简单计算，简单几何，简单统计图表，合作社的记账法，珠算整小数加、减、乘、除和斤两法。其中整数的编排分为"十以内""二十以内""百以内""千以内""万以内""六位数""七位数"七个循环；小数、分数各讲一次，先讲小数，后讲分数；计量知识基本上是分散出现的；简单几何集中安排在四年级下学期；珠算单独安排。"教学要点"分为教材编选要点、教学方法要点和教学设备要点三个方面加以说明，明确指出教材编选要从儿童的已有经验出发，逐步扩大范围。第一、二年要把"数"的基本概念涉及，衣食住行和家庭或者学校中最简单的经济问题作为教材范围。第三年后，可把衣食住行以及社会、国家有关的经济问题作教材范围。此外，还提出"笔算部分每学期都有个重点"等共十一个要点，以指导教材的编选。教学方法要点中指出许多有益的建议，如：教学每种新方法，要使儿童彻底了解算理，不但使他们"知其然"，而且能够"知其所以然"；心算是笔算的基础，在笔算练习中，除了要求正确、迅速以外，还要注意养成各种优良的习惯；珠算是一种技术的训练，必须达到百分之百的纯熟等。"50大纲"的颁布对改革和建设当时新中国小学算术课程有推进作用，但是这个课程标准并没有完全付诸实施，当时也没有编写与之相应的算术课本。

在教科书编写方面，中央人民政府出版总署于1949年10月设编审局，集中了老解放区和原开明书店的部分编辑人员为骨干，承担原华北人民政府教育部教科书编审委员会的工作。1950年9月召开的第一届全国出版会议提出了中小学教材必须全国统一供应的方针，决定由中央人民政府教育部和出版总署共同筹建负责编辑出版中小学教材的专业出版社——人民教育出版社。12月1日，人民教育出版社正式成立，10日举行了成立大会。毛泽东主席亲笔题写了社名。1951年2月，由政务院文化教育委员会批准施行的《一九五一年出版工作计划大纲》中明确要求："人民教育出版社开始重编中小学课本，并于本年内建立全国中小学课本由国家统一供应的基础。""改善中小学课本的发行工作，使全国学生普遍地及时地获得所需要的课本。"按照这个要求，人民教育出版社立即着手对当时的教材进行改编或修订。但由于时间紧迫和编辑力量不足等原因，采取了选用、改编老解放区教材、苏联教材编译本以及由商务印书馆、开明书店、中华书局等出版的当时比较流行的教材的方式。

（二）教科书概貌

中华人民共和国刚成立时，全国没有统一的算术教材，主要是改造原来解放区以及各地区通用的小学数学教科书，并且南北地区情况不同。北方的一些地区如西北、东北和华北，实际上继续使用这些老解放区的课本。南方各地区大多选用俞子夷编写、由大东书局出版社出版的初小（8册）和高小（4册）算术课本。当时使用的大多数教材均为四二学制，与《小学算术课程暂行标准（草案）》的五年一贯学制、课程内容要求也有所不同。

1950年7月，教育部和出版总署联合发布《1950年秋季中小学教科用书表》，以解决各地中小学教科书版本不一、供应紊乱等问题。表中规定：小学算术用书，选用老解放区华北新华书店出版的由刘松涛等编写的和大东书局出版的由俞子夷编写的课本。1951年4月16日，教育部和出版总署又联合发布《关于1951年秋季教科用书的决定》，小学数学教科书规定1951年秋季全国统一使用俞子夷编写的教科书作为暂用本。"但这套课本因为是旧课本，存在着编排不够系统，应用题联系实际不够等缺点。教育部决定对这套课本加以修改。"其中，高小第1—4册由俞子夷修改，初小第5—8册由人民教育出版社组织力量修改。依据教育部于1950年颁布的《小学各科课程标准暂行标准（草案）》，精简了旧教材中烦琐、重复部分，加强了与实际结合的内容，并吸收了苏联算术课本中的一些经验。

1951年9月，修改后的小学数学教科书开始在全国范围内正式使用，这是人民教育出版社成立后编写的第一套供全国使用的小学数学教科书，标志了我国小学数学教科书统一出版的开端。至此，也结束了我国中小学任意选用数学教材的局面，统一了中小学数学教学内容，对进一步稳定学校教学秩序，保证教学质量，起到了积极的作用。

1952年夏，人民教育出版社改变计划，决定在全国使用苏联教材的编译本，过渡教材也就终止使用了。

（三）代表性教科书（图2-1）

《算术课本》初小前四册采用习题汇编的形式进行编排。从初小第五册开始，按"内容标题→例题→练习→问题"的形式循环编排。将"问题"视为严格意义上的应用题的，则单独列为一个栏目。到了高小，则是按"复习→内容标题→例题→练习→问题……内容标题→例题→练习→问题→复习"的形式编排的。整套教科书的主要特点如下。

1. 体现学段特征和时代要求（封面和正文）。

初小和高小教科书的封面主图都是一男一女两个学生在认真地学习，只是他们面前摆放的工具不同。除封面主图暗含了不同阶段学习的侧重点外，封面上的其他图案对此也有暗示。例如，初小第一册封面周边的图片呈现了学生从事的一些简单的劳动，封面最上方是学校图。高小第一册封面最上方是美丽的校园，最下面是正在行驶中的火车。

课文中的内容均围绕学生日常生活中的衣、食、住、行来设计。随着年级的增高，内容和图片涉及的面更广，如实物图从开始时的杯子、树木等，到后来牛、羊、鸡、鸭等的养殖，最后到票据。体现了50大纲中"联系实际"的要求，以及利用知识使儿童理解我们祖国建设的基本知识与其伟大的意义，培养儿童劳动自觉的态度。

2. 体现了科学性和思想性的统一。

教科书中的应用题从"一图一题"到"一图多题"再到"无图题"，选题背景也逐步变化，注重以学生思维和语言的发展为基础。同时，通过应用题使学生了解所学知识的实际意义，激发爱国主义情感。

3. 注意适应当时农村对小学教育的实际需求。

这套教科书用了比较多的篇幅讲复名数的换算与计算，以市制为主，体现了当时的需要。如，高小第二册引入平均数、统计图等统计知识以及土石方等计算，第四册引入物价、盈亏、利息、储蓄、公债、日记账、伙食账、分类账、预算等。

量与计量的内容从学生的生活实际出发，然后回归到日常应用中，材料均源自生活中的衣、食、住、行。如初小第四册中的尺、寸、分是以学校的桌椅、文具等为背景，再将此用到生活中的地面距离测量。初小第五、六册的石、斗、斤、两是从大米、蔬菜、水果等方面描述内容，最后用于记账和看物价表。高小的亩、方、沙石土方从田地取材，最后用于人民住房问题。

4 体现了较为系统化的编排。

这套教科书整体编排较严密，系统性较强。以整数作为整套教科书的主线，计量单位结合着出现，小数在计量单位中简单表示后，紧接着出现有名小数。正式的小数学习编排在简单分数之后。几何和统计编排在高小。内容安排上基本和50年大纲要求相同：内容突出以计算为中心，计量单位的知识按进度和难易程度结合计算知识分散出现。整数的编排划分为六个循环圈，逐步螺旋上升，不断扩大和提高要求。但是由于编排过细使得看起来局部不是很连贯，有重复，各个阶段的重点不是很明确。

当然，这套教科书也存在着不足，如不利于学习者自学、结构安排不合理、过于教条主义等。但它在当时的环境下仍然起到了积极的作用。

二、学习苏联经验，编写小学数学教科书（1952—1957年）

（一）背景

在学制方面，教育部1952年2月5日发出的《关于颁发四二旧学制小学暂行教学计划的指示》规定：小学应从1952年秋季招收第一学年新生开始，改为五年一贯制。以后逐年递改，到1957年改革完成。后来鉴于各地的实际情况，政务院于1953年11月发布的《关于整顿和改进小学教育的指示》指出：关于小学五年一贯制，从执行情况看来，由于师资、教材等条件准备不足，不宜继续推行；小学学制仍沿用四二制，分初、高两级。1957年召开的学制改革座谈会，提出建立多轨学制、小学六岁入学、中学三三分段等建设性意见，并展开热烈讨论。

在课程设置方面，根据1952年3月18日颁发的《小学暂行规程（草案）》，小学五年制算术（包括珠算，珠算在第四、五学年）各年级的周课时数为5、6、7、7、7，总学时数为1216。小学六年制算术各年级的周学时一开始由1953年9月颁布的《试行小学（四二制）教学计划（草案）》规定，分别为6、6、7、7、7、7学时，总计1520学时，从第四学年起包括珠算平均每周1学时，由各校在一定的时期内集中组织学习。后来根据1955年9月2日颁布的《小学教学计划》，周学时数又分别改为6、6、6、7、6、5，合计1224学

图2-1 1950—1951年人民教育出版社修订俞子夷教科书封面示例

时。珠算在四、五年级内教学，仍然是每周1学时。1957年7月11日颁布的《1957—1958学年度小学教学计划》又规定算术一至六年级的周学时调整为6、6、6、6、6、6，总学时不变，珠算第六学年也可以教学。

在课程标准方面，这一时期教育部颁布了两部教学大纲，即1952年12月颁布的《小学算术教学大纲（草案）》和《小学珠算教学大纲（草案）》（合起来简称"52大纲"）、1956年编订的《小学算术教学大纲（修订草案）》（简称"56大纲"）。"52大纲"从1952年7月教育部组织人力起草，参考苏联小学算术教学大纲并根据我国具体情况适当加以改编，由"说明""大纲"和"附注"三部分组成。"说明"部分陈述小学算术教学的任务，即总目标，同时叙述了"整数四则运算""复名数四则""直观几何知识""分数小数百分率""应用题"等五个知识单元目标。它提出小学算术教学的任务是：保证儿童自觉地和巩固地掌握算术知识和直观几何知识，并使他们获得实际运用这些知识的技能；算术教学应该培养和发展儿童的逻辑思维，使他们理解数量和数量间的相依关系，并能做出正确的判断。其课程总目标明确了掌握知识和获得技能的双重任务，这是首次在教学大纲中提出小学数学的"双基"（基础知识+基本技能）目标。与"50大纲"相比，"52大纲"在课程内容上对以下几个方面有所改革：加强口算教学，不仅在低年级，强调整个算术课程都应重视口算练习；重视应用题教学，不仅对各年级应用题教学的内容作了系统的安排，而且明确规定了对各年级学生解答应用题的要求；重视在算术教学中发展逻辑思维和进行思想品德教育，并且提出了比较具体的要求。这些带有方向性的变化为后来的进一步改革奠定了基础。但其严重的缺点是：脱离了当时我国的实际，违背了我国改革学制的基本精神和基本要求，机械地照搬外国经验，把苏联小学4年的教学内容拉成5年，致使分数、小数、百分数等内容没有学全，降低了小学算术的程度；而另一些内容，如应用题、和差积商的变化等的要求又偏高。这样就不能使五年一贯制小学毕业生受到完全小学所应受的数学教育。实际上"52大纲"只执行了1年多的时间。"56大纲"的修改在"52大纲"的基础上进行，把珠算内容渗透在算术内容中，不单列一个大纲；同时参考了苏联新修订的小学算术教学大纲，并总结了新编四二制小学算术课本使用的经验。其教学内容及编排与"52大纲"基本相同，重点是进一步把苏联四年的小学算术内容拉长为我国六年的小学内容来教学，同时根据我国的实际情况，增加了简单统计图表和简单簿记的初步知识，删除了除数是两三位数的珠算除法。至此，我国以四二学制实施苏联小学四年制，将苏联小学数学四年的教学内容安排在六年中学习，并以教学大纲的形式固定下来。

在教科书编写、出版方面，这一时期均由人民教育出版社承担。国家从全国抽调专家，集中到人民教育出版社，专门从事小学数学教科书的编写、出版工作。小学数学教科书的具体编写也主要是以苏联小学数学教科书为蓝本，将苏联小学数学四年的内容编排为五年。

（二）教学书概貌

在学习苏联经验、吸取老解放区算术教学经验的基础上，人民教育出版社根据"52大纲"，组织力量以改编苏联教科书为原则编写五年制小学算术课本。从1952年秋季起，陆续编辑出版前三册。其中初级小学课本算术第一册从1952年秋季开始供全国初级小学一年级使用，其他年级仍继续使用原课本。在各地反映五年一贯制算术课本第一、二、三册内容偏多、分量重以及暂缓推行五年一贯制的基础上，1953年秋，教育部指示一、二年级放慢进度，将前三册的内容延长至第四学期授完，之后继续按大纲精神编写出三至六年级的算术课本，即将五年一贯制的后三年半的教学内容延长为四年的教学内容。到1955年出齐全套课本——《初级小学算术课本》8册、《高级小学算术课本》4册（见表2-5、图2-2）。这套课本是新中国成立后第一套全国通用课本。到1956年秋季，由人民教育出版社代教育部拟订的十二年制中小学各科教学大纲正式出版，并陆续在全国使用。

从1957年开始，人民教育出版社根据"56大纲"的精神，重新修改出版了《初小算术课本》8册，《高小算术课本》4册，这是人民教育出版社编写的第二套供全国通用的小学数学教科书，一直使用到1958年。修订后的教材内容及其编排与"1952年教材"基本相同，可以说小学六年所学到的算术知识并不多，这对当时我国大多数小学毕业生不能升入初中而要参加生产劳动的实际情况来说，他们掌握的数学知识是不能满足需要的。面对如此种种问题，周恩来同志指出"过去，教育部门在实行教育改革的时候，也发生过若干偏差，主要是否定了旧教育的某些合理部分，对解放区革命教育的经验没有做出系统的总结，加以继承，并且在学习苏联经验的时候同我国实际情况结合不够，这些缺点今后应该改正。"

此外，这段历史时期除了国家通用教材，也曾出现过一些地方教材，如东北人民政府教育部组织编写的小学算术；中央人民政府和人民革命军事委员会总政治部组织编写的部队小学算术课本等。

表2-5　1952—1958年人民教育出版社出版的小学数学教材一览

书名	编者	册数	出版时间	备注
初小《珠算》		1	1955	"52大纲"
高小《珠算》（上下册）		2		
《初级小学算术课本》	霍得元，曹飞羽，孙士仪，李润泉编，刘薰宇校订	8	1950—1955	第一套人教社编写的全国通用课本
《高级小学算术课本》	霍得元，曹飞羽，孙士仪，李润泉编，刘薰宇校订	4		
《初级小学算术课本》		8	1957	上一套的修订本
《高级小学算术课本》		4		

（三）代表性教科书（图2-2）

1952年版小学算术课本是根据"52大纲"编写的，指导思想是"全面学习苏联经验""先搬过来，再中国化"，因此，课本的内容、编排体系和编写形式完全参照苏联小学一、二年级算术课本的原样未加改变，只是把苏联初等学校四年的算术教学内容拉长为我国的五年，后来由于暂缓推行五年一贯制又拉长为六年来教学。由于当时教条地学习苏联的教育经验，致使课本中删去了分数、小数、百分数的一些基本内容，因而降低了小学算术教学的程度。而另一方面，某些教学内容，如应用题等的要求又偏高，带来了教学上的困难。拉长为六年后，教学内容也只是增加了少量的几何初步知识（如平行四边形和三角形的面积）、百分数的应用、简单统计图表和农业社的简单簿记。整套教科书具体教学内容的编排体系如下。

1. 数的认识方面，整数的认识分为6段编排，即：10以内、20以内、100以内、1000以内、百万以内、多位数（12位以内）；分数的认识在高小第一册和第三册分两次安排；小数和百分数的认识在高小第三册和第四册各安排一次。

2. 数的运算方面，整数四则运算中，加减法分六段编排，即10以内、20以内、100以内整十数及不进（退）位和进（退）位加（减）法、1000以内的口算和笔算、百万以内数的加减、多位数的加减。乘除法分六段编排，即20以内乘除法、表内乘除法（有余数的除法）、100以内表外乘除法、百万以内数的乘除（两位数）、百万以内数的乘除（三位数）、多位数的乘除。在高小第一册还总结了加减乘除的意义和验算、组成部分的相互关系，加法和乘法的交换性质及整数四则运算的顺序和括弧。分数四则运算只安排了一次加减法，而且是同分母分数和分母有倍数关系的分数的加减法。小数和百分数的四则运算分别只安排了一次（高小第三册和第四册）。一、二年级只用口算，100以内的计算都用口算（答数不超过100的加法和乘法，被减数不超过100的减法，被除数不超过100的除法）。加减法口算分为10以内、20以内、100以内、1000以内四个阶段。乘除法口算分为20以内、表内、100以内表外、1000以内四个阶段。

3. 量与计量都是先编排市制，后编排公制，认识和化聚与运算交替编排。其中长度分七次、容量分两次、重量分六次、面积单位分四次进行编排，体积单位只在高小第二册认识一次，元、角、分、厘只在高小第七册十进复名数的化聚和运算中认识一次。

4. 几何只在高小第二册进行介绍，包括：直线（线段）、比例尺；角（直角、锐角、钝角）；长方形、正方形、平行四边形、三角形的认识、周长（长、正方形）和面积；长方体和正方体的面、棱、顶点和体积等几何初步知识。

5. 统计只在高小第四册介绍了单项和多项统计表，条形、折线、扇形统计图等简单的统计知识。

图2-2 1952年小学算术课本(四二制)封面示例

6. 应用题从一年级起，就有系统地与每一教学阶段儿童已熟悉的运算法结合着进行。在第一学年终了，只限于学会包括两步演算的简单应用题。随着年级的上升，应用题的内容和演算步骤就逐渐趋于复杂。到了第五学年，要求学生学会解答包括六步演算的应用题。对各年级学生解答应用题的要求是逐步提高的。例如，要求一年级儿童能在写出算式以后，"按着教师的问话加以讲解"；要求二年级儿童学会"独立地讲解"；对三年级则要求能根据问题的已知条件，作出解答的计划；到了四年级及五年级，则要求能更进一步，不仅要独立地作出解答应用题的计划，而且要学会"有联系地加以说明"，对答案要加以验算。

应用题分为"一般应用题"和"典型应用题"。典型应用题，是按问题的解答方法来分类的，如"按比例分配问题""按两数的和及差求两数的问题""按两数的和及倍数关系求两数的问题"等。各种典型应用题，根据其推理难易的不同和解答步骤的繁简程度，分别在第三至第五学年教学，并与一般的应用题相结合。

7. 珠算方面，第四学年认识算盘、计数法和读数法、加（减）数是1~9的加（减）法，第五学年学习乘数是三位数以内的乘法、除数是一位的除法，第六学年学习除数是二、三位数的除法以及小数四则和几种简单的速算法。

在呈现形式上，每册书的第一单元和最后一个单元分别为"复习"和"总复习"，个别册在单元间和单元内也出现了"复习"。教学内容分单元和小节，以习题汇编的形式呈现，不易分清哪个是例题哪个是习题。初小第一册至第六册在小节内编号；初小第七册至高小第四册整本书编号。采用图文并茂的方式呈现内容。例如，理解情境（数学及现实）的情境插图；理解算理的示意图（点子图、小棒图）等。概念、法则、公式随内容出现，用黑体字呈现，有时加方框。

从总体上来说，这套小学数学教科书，围绕学生日常生活和衣、食、住、行、学校、家庭、社会、国家等问题来编选算术教材，主要学习整数、小数、分数的四则计算和百分数的计算，以及常用的计量单位和面积、体积的计算，珠算的四则计算，其内容和程度与新中国成立前的数学教材大体相当。比较注意用"社会主义思想教育学生"，强调"要充分联系我国社会主义建设中各方面的成就与情况，以培养他们成为积极参加社会主义建设和保卫祖国的全面发展的新人"，注意"形成学生辩证唯物主义的世界观"，重视加强基础知识和基本技能的教学，形成了严谨的演绎体系。从当时的历史条件来看，它结束了新中国成立前全国没有统一的大纲、教材的混乱状态，开创了一个独立的、统一的教材体系的新局面，曾起过很大的积极作用。但也存在一些问题，如：教材内容体系由之前的"同心圆放大"变为"螺旋式上升"的编排方式，编排不够系统，比较分散；机械照搬外国教材的做法，甚至连课本的编排形式都照搬苏联课本的原样,采取了习题汇编的形式,分不清哪个是例题哪个是习题,不便于教学,脱离我国实际;分数、小数、百分数等内容没有出全,小数四则运算只限于加减法和用整数除小数,分数、百分率的系统学习主要放在初中算术中学习,编入的分数只限最简单的,分数的分母不超过12,缩小了知识面,降低了难度;而另外一些内容如应用题、和差积商的变化等要求又偏高,造成教学上的困难;口算要求偏高,口算和笔算单独编排,割裂了它们之间的联系;教材编排过细,重复较多等。小学毕业生没有受到完全小学所应受到的数学教育,给小学毕业生直接参加生产劳动带来了困难。

教学实践证明,虽然吸收了苏联算术课本的一些经验,但忽视了老解放区的教育经验和华北算术课本的优点,脱离了当时我国的实际,带来了行而上学的教条主义毛病,重知识传授和教师的作用,轻能力的培养,偏离了第一次全国教育工作会议上确定的教育方针。这是我国学习外国经验中不结合我国实际的一次深刻教训。

三、探索中国小学数学教科书体系(1958—1965年)

(一)背景

在执行社会主义建设总路线及开展"大跃进"运动和农村人民公社化运动的背景下,这一时期可以分为"教育革命"(1958—1960年)和"调整"(1961—1965年)两个阶段。

1958年4月召开的教育工作会议,讨论了教育方针,批判教条主义、右倾保守思想、脱离生产和脱离实际以及忽视政治的"错误",全国掀起了群众性的教育改革热潮。教育战线提出"教育革命"的口号,试图突破苏联教育经验的局限性,走自己的路。9月19日发布的《中共中央、国务院关于教育工作的指示》要求进行学制改革工作,提出了三个"结合",六个"并举"的基本原则。各地开展了小学入学年龄提前的试验、多种形式办小学的试验、五年一贯制小学试验等,但改革的效果并不十分明显。1959年5月,《关于试验改革学制的规定》指出学制试验必须有组织、有领导地进行。叫停了一些省市的小学学制改革试验。同时,教育部决定召开全国性的"中小学数学教学座谈会",研究调整中小学数学的课程和教学内容,修订教学大纲和编写通用教材的问题。教育部组织人员(主要是人民教育出版社人员)筹备座谈会并起草"关于修订中小学数学教学大纲和编写中小学数学通用教材的意见"的文件。筹备工作人员在起草该文件的过程中,作了广泛的调查研究和专题研究。1960年2月,教育部提议:中小学学制应由12年缩短为10年,小学五年一贯制,6岁入学,课程逐级下放、合并,提高主要学科的知识水平。之后各地进行了较大规模的中小学学制改革试验。

1961—1963年,教育事业根据"调整、巩固、充实、提高"的八字方针,进行了大幅度的整顿,着手制定大、中、小学工作条例。1961年2月,教育部召开新学制试验学校座谈会,提出缩小试验规模,减小试验程度,停止中小学九年一贯制试验。这一阶段,小学数学课程进行了首次符合中国教育实际的探索,实施中的小学数学课程以六年制为主,五年一贯制作为试验学制。1963年7月,教育部发布了《关于实行全日制中小学新教学计划(草案)的通知》,适当提高了数学程度,要求学生在小学学完算术和学会珠算的加减乘除法,小学算术(六年制)周课时是:6、6、7、8、9、9学时,总时数为1649学时,比1954年修订的四二制计划的1520课时,增加了129课时。同期,教育部委托人民教育出版社初拟了《全日制小学算术教学大纲(草案)》,1963年9月正式颁布(简称"63大纲")。"63大纲"由教学目的和要求、教学内容、教学内容的安排、教学中应该注意的几点、各年级的教学要求和教学内容五个部分组成。在"双基"的基础上,"63大纲"明确提出以"三大能力"为课程目标,即计算能力、逻辑推理能力和空间观念。改变了我国成立初期照搬苏联大纲的做法,也解决了1958年"教育大革命"中提出指标过高的影响,根据当时学生的实际情况确定了比较恰当的程度,即把原来初中一年级学的算术下放到小学,这样六年学完原来七年的内容;同时设计了比较系统的教学内容体系,注重基础知识的同时,还强调这些基础知识在生产劳动中和科学技术上的应用的能力。"63大纲"代表了"文化大革命"前小学数学教学的基本情况,基本上形成了我国小学数学教学内容的框架。但它忽视了数学学科内容的教育性,很少涉及思想教育的内容。同时,受到随后再次掀起的缩短学制、精简课程浪潮的影响,尤其是受始于1964年年底的"四清"运动的冲击,"63大纲"仅执行了一年时间,还没有来得及总结经验教训,"文化大革命"就开始了,"63大纲"作为"修正主义教育路线的产物"而受到批判。尽管如此,在总结经验、纠正错误之后,1963—1965年,中国的教育事业还是得到了稳健的发展,沿着正确的轨道前进,教育质量逐步提高。

在教科书编写方面,根据1958年颁布的《关于教育事业管理权力下放问题的规定》,各地方根据因地制宜、因校制宜的原则,可以对教育部和中央主管部门颁发的各级各类学校指导性教学计划、教学大纲和通用的教材、教科书,领导学校进行修订补充,也可以自编教材和教科书。同年9月,教育部发出通知:今后各地可以自编教材,教育部不再颁发教学用书表。人民教育出版社继续根据教育部颁发的指导性教学计划和教学大纲,组织编写通用的基本教科书供各省选用。根据中央文教小组的指示,教育部从1961年6月开始进行准备,在总结过去编教材的经验的基础上,重新编写一套质量较好的全日制12年制中小学教材,具体任务由人民教育出版社承担。

(二)教科书概貌

这一时期教科书的出版分为三种情况:一种是人民教育出版社暂用本;一

种是地方教材；一种是人民教育出版社出版根据十年制和十二年制的学制变化出版的算术课本，分别用于1958—1961年和1961—1965年。

1. 人民教育出版社的暂用本。

1957年，为了纠正学习苏联经验过程中的严重教条主义，解决中小学数学教材知识面窄、内容少、程度低的问题，教育部决定调整中小学数学的课程和教学内容，编写中小学数学暂用课本（通称"暂用本"）。1958年6月17日，《教师报》发表社论《改革小学算术教学》，提出"现行小学算术教材内容，完全有必要增多和加深。""只要经过一两年的准备和过渡，就可能把现行初中数学教材的算术部分全部移到小学去教"。同年9月，中共中央国务院发出《关于小学算术课本临时措施问题的通知》和《小学各年级算术教材精简和补充纲要》，决定从1958年秋季开始，把初中算术的部分内容下放到小学教学，编写中小学数学暂用本。先是编辑出版了小学课本算术一至五年级上学期的补充教材和《高级小学算术》（第三册）（试用本，1957年第1版），供1958年秋季使用。1958年又新编了《高级小学课本算术》第二册和第四册（暂用本，1958年第1版），供1959年春季用。随后，人教社又编辑出版了其他各册的暂用本。

到1961年春季，用三年时间把初中算术的基本内容（包括比例）全部下放到小学使用。这套暂用本虽然是临时性的，是为了尽快解决初中算术下放问题而采取的措施，结果却成了我国小学算术教材改革的重要转折点。此后，不断对暂用本进行大小不同的修订，使这套暂用本一直用到1966年"文化大革命"开始才停止使用。

2. 地方教材。

1958年9月以后，全国范围内各地相继开展了缩短学制和改革教材的课程改革试验，一批地方性小学数学教材应运而生。例如，北京师范大学研究小组1960年4月编出一套《九年一贯制（全日制）学校数学课试用教材》，包括小学代数内容；江苏省教材编辑委员会编《江苏省五年制小学试用课本初等数学》，1960年江苏人民出版社出版；浙江省中小学教材改革委员会编《五年制小学试用课本数学》，1958—1961年浙江人民出版社出版；福建省中小学教材编审委员会及福建师范学院编五年制《小学数学（试用本）》（1960—1961年）；江西省中小学幼儿园教材编审委员会编《全日制五年制小学课本数学》，1960—1961年江西人民出版社；甘肃师范大学数学系编十年分段《小学算术课本》，1960—1961年甘肃人民出版社；中国科学院心理研究所编《九年一贯制试用算术课本》，1960年北京出版社；华东师范大学数学系中小学数学课程革新研究小组编写了一套《五年制小学课本数学》，上海市中小学数学课程革新委员会审定，上海教育出版社出版；宁夏回族自治区中小学教材编写组编五年制《小学数学》课本，1964—1966年宁夏回族自治区人民出版社；山东师范学院编五年制《小学数学（试用本）》，1960—1962

年山东人民出版社出版。

3. 1958—1961年的十年制学校实验用课本算术。

1960—1961年上半年，人民教育出版社编写了《十年制学校实验用课本算术（试用本）》共十册（1—5年级学习）和《珠算（试用本）》一册（四年级学习），供少数学校试用。这套教材是在吸收各种改革方案和试验教材的基础上编写而成的，"以四则计算为中心，结合计算，学习简单图形知识"。整数教学减少不必要的循环，改为"二十以内""百以内""万以内""万以上"四个必要的循环。每一循环各有重点："二十以内"只出现加减，重点是记熟加法口诀；"百以内"出现乘除，重点是学习加减和"九九表"内的乘除法，熟记乘法口诀；"万以内"重点学习多位数加减和用一位数乘除；"万以上"重点学习多位数乘除和四则混合运算。以前教材中口算单独学习两年，浪费时间，改为从一年级起即出现笔算，口算结合笔算进行学习，正确处理口算和笔算的关系，使口算笔算相互促进。几何初步知识分散在各年级教学，逐渐发展学生的空间观念；形体的知识及面积、体积的计算和算术四则运算密切结合。计量单位采用公制。对于市制单位，只选择其中常用的，结合公制单位适当介绍。

4. 1961—1965年的全日制十二年制学校小学使用的初级小学和高级小学算术。

1962年，人民教育出版社在总结十年制学校小学算术课本编写经验的基础上，陆续编写供全日制十二年制学校小学使用的初级小学和高级小学算术各册的试教本，从秋季开始在少数学校试教并广泛征求意见。书稿经教育部聘请的数学专家审阅提出意见，修改后从1963年秋季开始在全国供应初级小学算术第一册。这套教材吸取了学苏联和"教育大革命"的经验教训，教材内容体系以四则计算为中心，其他各部分知识配合计算逐步出现。整数四则计算是其他一切计算的基础，一至四年级的前三年半主要是讲授整数四则计算，四年级的后半年再讲授一些简单分数和小数的认识，以及简单的小数四则计算；到五、六年级先将在一至四年级所讲授的整数四则计算加以概括提高，然后系统地讲授分数、小数、百分数和比例。

综合来看这一时期的教科书，由于教育部允许各地自编教材，赋予了地方在课程管理中具有一定的权限，对于改变我国整齐划一的课程管理模式具有重要的意义。但由于一些原因，各地在进行改革试验中出现了一些课程管理的混乱局面，导致了教材及教学质量的下降。在1959年开始强调国家在课程管理中的作用之后，局面有了一定的扭转。

（三）有影响的代表性教科书介绍

1. 1961年版《十年制学校小学算术课本（试用本）》。

本套教科书的编写者主要是人民教育出版社数学室的曹飞羽、李润泉、夏有霖和孙士义等人，并从地方上借调了一些人员。

从1960年开始组织编写，到1961年上半年编写完成，共十册。另有《珠算》（试用本）1册。从1961年7月开始出版发行。根据1961年教育部发布的使用人民教育出版社编写的十年制学校中小学教材的通知，这套教材从1961年秋季在全国少数试行十年制学校的小学一年级试用。1962年秋季，供给试行十年制学校的五年制小学和试行九年一贯制学校的五年制小学使用。从1961年秋开始使用到1966年"文化大革命"停用，这套教材共使用了6年，是人教版第三套全国通用的中小学教材。此后，人民教育出版社开始进行十二年制教材的研究、准备工作。

从总体上来说，《十年制学校小学算术课本（试用本）》第一次提出编写教材要用辩证唯物主义和历史唯物主义的观点为指导来选择教学内容和改进教材的编排（如整数教学的编排，口算和笔算的编排等）。教材改革要经过教学实验，并由点到面逐步推广。这套教材由于改进了教材的编排，进一步证明五年制小学也可以学完原来小学和初中一年级所学算术的基本内容。然而这套教科书的不足之处，如：对有些重点内容要求学生必须在理解的基础上经过必要的练习来逐步掌握并达到熟练强调得不够；在二十以内的进位加法中编入了加法口诀，要求学生背诵和熟记，这是值得商榷的；先学小数、后学分数，在分数、小数的编排上没有必要的循环等，都是不妥当的。但其内容分量和程度都是比较好的，编写过程中第一次融入了"双基"的思想，并注意体现了唯物辩证法的观点，在"文革"前的几套教材中算是比较合适的一套。在"文革"当中，各地自编教材时，有不少教材就是根据这套教材为依据来进行改编的。

2. 1963年版《全日制十二年制学校小学算术课本》（图2-3）。

本套书主要由人民教育出版社数学室的曹飞羽（初级小学1—4册）、李润泉（初级小学5—8册）、夏有霖（高级小学1—4册）主持编写，参加具体编写工作的有张桂森、许洁如、刘淑玉、姜文昌、陈宏伯等。

根据中共中央文教小组指示，人民教育出版社数学编辑室在草拟教学大纲的同时，在总结十年制学校小学算术课本编写经验的基础上，陆续编出供全日制十二年制学校小学使用的初级小学1—4册（另外5—8册为样稿）和高级小学1—4册算术各册的试教本，从1962年秋季开始，在少数学校试教并广泛征求意见，书稿经教育部聘请的数学专家审阅提出意见，修改后从1963年秋季开始在全国供应初级小学算术第一册。此后，陆续出版了第二册至第四册。由于"文革"的原因，后面几册教材没有出版。

全套教材共有初小算术课本8册，高小算术课本4册。正式出版的仅有初小算术课本第1册至第4册。

从总体上来说，《全日制十二年制学校小学算术课本》继承了《十年制学校小学算术（试用本）》的研究成果，弥补了其缺点和不足。如：对整数教学的编排，在原来划分为四个阶段的基础上，增加整数的概括提高；把分数、小数教学各划分为两段，并且根据小数和分数的关系，先出分数后出小数；初小教学分数、小数的初步认识和简单的计算，高小再比较系统地教学分数、小数。使教材的编排更加合理。再如，在教学内容方面，对《四二制算术暂用本》或《十年制学校小学算术（试用本）》中删减不适当的内容，像运算定律和运算性质，最大公约数的求法，圆锥体积的计算等，重新编入。加强了数学知识的科学性、系统性、严密性，重视基本技能的训练，安排的练习题比较多。

四、"文化大革命"时期的小学数学教科书（1966—1976年）

（一）背景

在学制方面，毛泽东1966年5月7日给林彪写的信——《五七指示》（教育界进行"文化大革命"的纲领）提到了学制要缩短。8月的《关于无产阶级文化大革命的决定》（即"十六条"）中又明确规定："改革旧的教育制度，改革旧的教学方针和方法，是这场无产阶级文化大革命的一个极其重要的任务""学制要缩短，课程设置要精简，教材要彻底改革，有的首先删繁就简"。此时，小学数学五年制和六年制并存，很多地方取消初等小学和高等小学，试行一贯制。

在课程设置方面，根据1967年2月4日的《关于小学无产阶级文化大革命的通知（草案）》：五、六年级和1966年毕业的学生，结合"文化大革命"，学习毛主席语录、"老三篇"和三大纪律八项注意，学习"十六条"，学唱革命歌曲；一至四年级学生学习毛主席语录，兼学识字，学唱革命歌曲，学习一些算术和科学常识。《人民日报》10月发表的社论，号召师生自订方案、自定课程、自选教学内容、自编教材。1969年5月12日，从《人民日报》发表吉林省梨树县的《农村中小学教育大纲（草案）》开始，全国城乡普通中学纷纷开始对课程进行合并，如6月18日的《上海市中小学教育革命纲要》等。1971在北京召开的全国教育工作会议起草了《全国教育工作会议纪要》，指出："教材要彻底改革，要积极编写新教材，应当深入实际，学习和总结工农兵在三大革命运动中的丰富实践经验和发明创造，使教材适应社会主义革命和社会主义建设发展的需要。"此后，多数地区对中小学文化基础知识课大大削减，使得原有各科的学科体系被打乱，课程的理论知识水平和容量大大降低。

这一时期，全国统一的数学课程消亡，没有统一的教学计划和教学大纲（课程标准）。

（二）教科书概貌

"文革"一开始，之前的小学算术教科书一律停止使用。负责编辑出版全国统一教材的人民教育出版社及其上级领导机构教育部相继瘫痪。从1968年开始，各省、自治区、直辖市相继成立中小学教材编写组，着手自编教材，并经当地教育行政部门统一组织审查，之后由当地的新华书店发行（参见表

图2-3 《初级小学课本 算术》封面示例

2-6）。一些经验不足的地区选用北京、上海的教科书。各地自行编写的教材，纲目虽然和旧教材差不多，但实际内容却大大精简，每本教材都控制在70页以下（旧教材为100页以上），习题量降到原有的三分之一。其中有代表性的小学数学教科书参见表2-6中粗体字部分。这些小学数学教科书教学的内容主要是整数、小数、百分数的认识及其运算和比例，另加计量、几何和简单统计图表。有一些省多学习了一些几何初步知识，各个省的小学算术学到比和比例为止；珠算少数省份单独开设，大多数省份与算术合并开设。

表2-6 "文化大革命"期间各地自编教材情况（1966—1971年）

书名	学制	册数	出版者/发行者	出版年份	备注
上海市小学暂用课本算术	6	12	上海革命教育出版社	1967	五年级下册、六年级未编
天津市小学试用课本算术	5	10	天津人民出版社	1968	
江苏省小学试用课本算术	6	12	江苏人民出版社	1968	
江西省小学暂用课本算术	5	10	江西教育出版社	1968	
惠阳专区小学校暂用课本算术	5	10	广州市新华书店	1968	
北京市小学试用课本算术	5	10	北京市新华书店	1969	四、五年级教珠算
山西省五年制小学试用课本算术	5	10	山西人民出版社	1969	
宁夏回族自治区小学试用课本算术	5	5	宁夏人民出版社	1969	
内蒙古自治区九年一贯制学校试用课本算术	5	10	内蒙古新华书店	1969	
辽宁省小学试用课本算术	5	10	辽宁省新华书店	1969	
吉林省小学试用课本算术	5	5	吉林省新华书店	1969	
陕西省小学暂用课本算术	5	10	陕西省新华书店	1969	
西安市小学试用课本算术	5	10	西安市新华书店	1969	
甘肃省小学试用课本算术	5	10	甘肃人民出版社	1969	
西宁市小学试用课本算术	5	10	青海人民出版社	1969	
新疆维吾尔自治区小学试用课本算术	5	10	新疆人民出版社	1969	
上海市小学课本数学	6	12	上海市新华书店	1969	
山东省小学试用课本算术	5	10	山东省新华书店	1969	
南京市小学试用课本算术	6	7	南京市新华书店	1969	
苏州市小学试用课本算术	6	6	——	1969	
无锡市小学试用课本算术	5	10	新华书店无锡支店	1969	

续表

书名	学制	册数	出版者/发行者	出版年份	备注
江苏省扬州专区小学暂用课本算术	5	10	扬州地区新华书店	1969	
淮阳专区小学试用课本数学	5	10	——	1969	
江阳县小学暂用课本算术	6	12	——	1969	
安徽省小学试用课本算术	5	10	安徽人民出版社	1969	
浙江省小学试用课本算术	5	10	浙江人民出版社	1969	四、五年级教珠算
河南省小学试用课本算术	5	10	河南省新华书店	1969	
湖南省小学试用课本算术	5	6	湖南省新华书店	1969	
广州市五年制小学暂用课本算术	5	10	广州市新华书店	1969	
佛山专区小学校暂用课本算术	6	6	佛山专区新华书店	1969	
四川省小学试用课本算术	5	10	四川人民出版社	1969	
云南省小学试用课本算术	5	10	云南人民出版社	1969	
河北省小学试用课本算术	5	10	河北人民出版社	1970	
黑龙江省小学试用课本算术	5	10	黑龙江人民出版社	1970	
梨树县农村小学试用课本算术	5	5	吉林人民出版社	1970	
陕西省小学试用课本算术	5	10	陕西省新华书店	1970	
江西省小学试用课本算术	5	10	江西省新华书店	1969	
福建省小学试用课本算术	5	10	福建省新华书店	1970	
湖北省小学试用课本算术	5	5	湖北人民出版社	1970	
广东省小学试用课本算术	5	10	广东人民出版社	1970	渗透珠算
广西壮族自治区小学试用课本算术	5	10	广西人民出版社	1970	
贵州省小学试用课本算术	5	10	贵州人民出版社	1970	
苏州专区小学试用课本数学	5	10	苏州专区各县新华书店	1970	
浙江省小学试用课本农村常用算术（过渡教材）	1	1	浙江人民出版社	1970	
青海省小学试用课本算术	5	10	青海人民出版社	1971	

1972年7月，国务院科教组发出《关于重建人民教育出版社的通知》，人民教育出版社又逐渐承担起编辑出版中小学教材的任务。10月，国务院科教组在北京召开教材工作座谈会，会议确定部分大区交流编写教材的经验，并组

织协作编写。一些省、自治区、直辖市在自编教材的基础上，开始协作汇编教材（参见表2-7），以解决各自编写教材中的困难，也使教材在质量上有了一定的保证。例如，其中有代表性的是北京、天津、河北、山西和辽宁五省市协作编写的《小学课本算术》。这套教科书是在1972年1月版的北京市小学算术教科书的基础上修订而成的，主要内容包括整数、小数、百分数的认识及其运算，以及比例、计量、几何、简单统计图表。与原来版本相比，整数学习中的螺旋结构更加明显，增加了立体几何的初步知识。但不含珠算内容。从1972年秋季开始，有相当多的省、自治区、直辖市或其他部分地区选用这套小学算术教科书。

表2-7 "文化大革命"期间各地协作编写教材情况（1972—1976年）

书名	学制/册数	协作编写单位	出版社	出版年份
小学课本算术	5/10	北京、天津、河北、山西、辽宁教材编写组	北京人民出版社	1973
			天津人民出版社	1973
			河北人民出版社	1974
			山西人民出版社	1974
			辽宁人民出版社	1975
浙江省小学试用课本数学（上城版）	——	杭州上城区教育局、浙江省中小学教材编写组	浙江人民出版社	1974
浙江省小学试用课本数学（临安版）	——	临安县文教局、浙江省中小学教材编写组	浙江人民出版社	1975
江西省小学试用课本数学	5/10	江西赣州地区中小学教材编写组、江西省中小学教材编写组	江西人民出版社	1976

1973年以后，一些省、自治区、直辖市除编写小学算术教科书以外，还为开展"三算结合"教学试验编写了"三算"（即笔算、珠算、口算）结合的小学教科书（大多是其下属的地区、县编写的，参见表2-8）。新疆维吾尔自治区、延边自治州等地还编写了维吾尔文和朝鲜文的"三算"教科书，供少数民族学校试用。这些教科书名称多为"数学"，为以后将小学的"算术"改为更具综合性的"数学"作了铺垫。其中有代表性的有如下三套。

（1）上海市崇明县革委会教卫局教材编写组编的《上海市小学试用课本数学》（五年制，10册）。这套教科书以口算为基础，笔算为重点，充分发挥珠算的工具作用，以"5"和"10"的组成和分解知识、加法表、减法表和乘法表等口算知识去学习珠算和笔算。

（2）杭州市上城区教育局编的《小学试用课本 数学》（五年制，10册）。这套教科书以珠算为基础，改造笔算，促进口算，即按照珠算计算规律，对笔算竖式做相应的改革，使笔算加、减、乘法从原来的低位算起改为从高位算起。

（3）广西壮族自治区中小学教材编写组编的《广西壮族自治区小学试用课本 算术（笔珠结合）》（五年制，10册，1972—1977年）。这套教科书以笔算为主导，珠算辅助，笔珠结合。

表2-8 "文化大革命"期间各地"三算"结合教科书情况

书名	出版社/发行者	出版年份
北京市小学试用课本算术/数学	北京人民出版社	1975
天津市小学试用课本算术（笔、珠结合）	天津新华书店	1973
河北省小学试用课本数学	河北人民出版社	1974
山西省小学试用课本数学	山西人民出版社	1976
内蒙古自治区小学试用课本数学	内蒙古教育出版社	1975
辽宁省小学试用课本数学	辽宁人民出版社	1975
东沟县小学试用课本算术	辽宁人民出版社	1975
陕西省小学试用课本数学	陕西人民出版社	1976
小学试用课本数学	西安人民出版社	1974
兰州市小学试用课本数学	甘肃人民出版社	1974
青海省小学试用课本数学	青海人民出版社	1975
上海市小学试用课本数学	上海人民出版社	1973
崇明县小学试用课本算术	上海教育出版社	1973
山东省小学试用课本数学	山东人民出版社	1975
江苏省小学试用课本数学	江苏人民出版社	1975
安徽省小学试用课本数学	安徽人民出版社	1974
浙江省小学试用课本数学（杭州市）	浙江人民出版社	1975
江西省小学试用课本数学（口珠算结合）	江西人民出版社	1976
福建省小学试用课本数学	福建人民出版社	1974
龙海县小学试用课本数学	——	1974
开封市小学试用课本数学	河南人民出版社	1975
河南省小学试用课本算术	河南人民出版社	1975
小学试用课本数学（信阳）	河南人民出版社	1976
湖北省小学试用课本数学	湖北人民出版社	1974
湖南省小学试用课本数学（株洲版）	湖南人民出版社	1975
湖南省小学试用课本数学（长沙版）	湖南人民出版社	1975

续表

书名	出版社/发行者	出版年份
广东省小学试用课本数学	广东人民出版社	1975
广西壮族自治区小学试用课本算术（笔珠结合）	广西人民出版社	1974
四川省小学试用课本数学（口、珠算结合）	四川人民出版社	1975
贵州省小学试用课本数学	贵州人民出版社	1976

从总体上来说，这段时期的小学数学课程在设置上"精简、压缩"，把整数、小数、分数、形、数、式穿插安排，结合教学。教材中双基内容分量不足，练习题少，内容安排存在着跳跃式的弊病，违背了统一性原则。不少地区编的小学算术教科书，不同程度地削弱了基础知识和基本技能。有些文化教育基础较差的西部地区，特别是一些少数民族地区，由于编辑力量有限，影响教科书的及时供应，给教学造成困难。各地自编的教科书，贴政治标签、穿靴戴帽现象严重。例如，山西省自编的小学数学一年级教材讲20以内的加法，例题插图为红卫兵武斗场面，并且在教科书上到处有毛主席语录。1972年后各省、自治区、直辖市协作编写的教材，根据周恩来在1972年7月2日会见杨振宁后提出的"要提倡一下理论"，都注意加强了基础知识和基本训练。

五、拨乱反正，编写新的小学数学教科书时期（1977—1980年）

（一）背景

这一时期，全国开始进行全面整顿。教育部开始颁布中小学教学计划，规范小学数学课程。

在学制方面，教育部1978年1月18日颁发的《全日制中小学教学计划试行草案》规定：全日制中小学学制为10年（小学5年，中学5年）。小学数学实行五年一贯制。1980年以后少数省市改行小学六年制。1980年的84号文件决定：小学学制为五年、六年并存，城市小学可以先试行六年制，农村小学学制暂不动。

在课程标准方面，1978年2月颁发了《全日制十年制学校小学数学教学大纲（试行草案）》（简称"78大纲"）。"78大纲"由目的和要求、教学内容的确定、教学内容的安排、教学中应注意的几点、各年级的教学要求和教学内容等五部分组成。这份大纲采取"精选传统的算术内容""适当增加代数、几何的部分内容""适当渗透一些现代数学思想"来改革内容。与"63大纲"相比，"78大纲"删减了过繁的四则计算（删去了四位数乘除法和数目过大步数过多的四则混合运算）、含有大括号的试题、繁难的应用题、繁杂的复名数化聚和复名数四则计算、棱柱和棱锥、珠算除法和珠算三、四位数的乘法、记账初步知识；新增加了用字母表示数、简易方程（$ax \pm b=c$）、列方程解应用题、正负数的概念和正负数的四则计算、三角形内角和、轴对称、圆心角、扇形面积等内容；结合有关内容适当渗透一些集合、函数、统计等数学思想。重视基础知识教学，注意处理好数和形的关系，弱化了以四则计算为中心的内容安排。同年9月22日，教育部下发的《关于试行全日制中学暂行工作条例（试行草案）、全日制小学暂行工作条例（试行草案）的通知》指出：小学数学课应该加强数学基础知识的教学和基本技能的训练。要使学生做到公式熟，运算正确和迅速。要培养学生的计算、逻辑思维能力和解答应用问题的能力。书写格式要符合规定。

在课程设置方面，1978年的《全日制十年制中小学教学计划试行草案》规定：小学数学五个年级每年的周课时数分别为7、7、6、6、6，一至三年级为42周，四、五年级为38周，共计1302学时。

（二）教科书概貌

"文化大革命"结束后的一段时期，各地纷纷修订了仅供本地区使用的自编教科书。主要是删除明显的政治说教，增加体现"四个现代化"的素材等。

1977年9月，教育部决定以人民教育出版社中小学教材编辑人员为基本力量，并向全国18个省、自治区、直辖市选借一批大中小学教师和教材编辑人员，以"全国中小学教材编写工作会议"的形式，下设中小学通用教材各学科编写组，开始草拟中小学各科教学大纲和编写全国通用的中小学教材，同时聘请一些数学家及数学教育家任顾问，并成立中小学教材编审领导小组。领导小组由教育部副部长浦通修任组长，教育部中学司司长肖敬若、人民教育出版社戴伯韬、叶立群、张玺恩任小组成员，负责教科书的审定。

1978年开始，由人民教育出版社组织人力，根据"78大纲"编写和出版教科书，结束了小学数学教科书各自为政的局面。1978年秋季，全国统编教材《全日制十年制学校小学课本 数学（试用本）》第一册出版，在全国开始使用，其他各册也陆续出版，到1983年全套课本出齐。这样，全国统编的小学数学教科书逐年取代了地方自编的教科书。

正是因为实现了这样的历史转变，这一时期小学数学教科书的总体特点也发生了转变，具体体现为如下两点。

（1）教科书的功能有所回归。由明显的传播阶级斗争思想，传授生产实践基本技能的工具，转变为突出其传授数学基础知识和基本技能的载体地位。例如，《全日制十年制学校小学课本 数学（试用本）》的编写指导思想是"加强基础知识教学，注意能力培养，在小学给学生切切实实打好数学基础，以适应我国社会主义四个现代化培养人才的需要。"

（2）教科书结构的设计既注意数学知识的逻辑顺序，也考虑了小学生的学习特点。例如，分数和小数的概念学生理解比较困难，教科书结构设计成分两段教学，降低了学习难度；同时注意体现数学发展的逻辑顺序，在第一阶段先让学生认识分数，再学习小数。

因此，这一时期的小学数学教科书逐步成为保障并提高小学数学教学质量的有效文本。

（三）代表性教科书

这一时期有代表性的教科书是《全日制十年制学校小学课本数学（试用本）》（见图2-4）。这套教科书由李润泉、夏有霄、曹飞羽主持编写，编写成员有刘淑玉、陈秀凤、陈宏伯、王正旭、姚兴耕、程志国、蒋冲、顾松涛等。同时聘请一些数学家及数学教育家担任顾问。在1978年起草大纲的过程中，中小学通用教材数学编写组就同时研究及编写《全日制十年制学校小学数学课本（试用本）》。1978年秋季这套教科书的第一册出版并开始使用，其他各册也陆续出版，到1983年全套课本出齐。

在具体编写上，这套教科书以单元为基本结构单位，每个单元的内容主要按照例题、练习两大版块的方式呈现。其编排特点可以概括如下。

1. 注意加强了基础知识的教学。体现为对传统的算式内容进行了精选，增加了代数、几何的部分内容，并且渗透了集合、函数、统计等数学思想，从而丰富了小学数学的基础知识，打破了小学算术教科书的传统内容，符合学科名称由"小学算术"到"小学数学"的变化。

2. 注意培养学生的计算能力。本套教科书在吸取1963年教科书较好的做法的基础上，做了较大的改进。例如，整数四则计算是一切计算的基础，为使学生学好，教材把整数的认识及相应的计算分成四个阶段进行教学：20以内；100以内；万以内；多位数。每个阶段各有重点，有计划、有步骤地培养学生的计算能力。同时，为了提高计算能力，教科书还注意处理好笔算、口算与珠算的关系。在四则计算中，笔算是重点，口算是笔算的基础。在一、二年级，重点学习口算和笔算；三年级有了口算和笔算的基础，再学习珠算。有关一位数的加法和相应的减法、表内乘法和表内除法等重点内容，要求学生在理解的基础上熟练掌握，能够脱口而出。以上处理对提高多位数四则计算的正确率和速度都非常有帮助。为了培养学生计算时合理、灵活地运用各种计算方法的能力，教科书还编排了常用的简便算法，注意训练学生在计算时怎样简便就怎样计算，进而提高计算能力。

3. 重视培养逻辑思维能力。具体做法是：教科书内容的叙述力图有启发性，注意启发、引导学生思维而不是代替学生思维；应用题的编排注意训练学生勤于思考和思维的灵活性，使学生学会分析数量关系，以培养分析问题和解决问题的能力（中、高年级的应用题编排了用不同方法解答的题目，引导学生根据具体情况选择简便的方法解答；应用题的教学不分类型，以防止学生按类型背结语、套公式，用死记硬背的方法解答应用题）；练习题的编排注意有启发性和层次性，每个练习中的题目，前部分侧重于例题的巩固练习，后部分侧重于混合练习和难度提高的题目，给学生留有思维的余地。

图2-4 《全日制十年制学校小学数学课本(试用本)》封面示例

4. 注意培养学生初步的空间观念。从一年级开始，本套教科书就注意用正方形、三角形、圆等实物和图形作为直观教具，使学生初步认识这些图形。在教学常见的几何图形的基础知识和周长、面积、体积时，都注意通过观察、制作、操作和测量等实践活动，让学生看一看、比一比、折一折、剪一剪、量一量、摆一摆等，引导学生抽象出几何图形，理解几何图形的特征，掌握长度单位、面积单位、体积单位的实际大小。在掌握这些几何知识的同时，使学生的空间观念得到培养。

本套教材作为人民教育出版社组织编写的第五套全国通用的中小学教材之一，是"文化大革命"结束后在很短的时间内完成编写的。一方面，它尽力排除"左"的影响，强调了打好基础，培养能力，注重知识的系统性，以纠正"文化大革命"中严重削弱基础知识与基本技能训练的错误做法；另一方面，编者们总结了1963年教科书的研究编写经验，汲取了国外小学数学教材改革的观点与做法，尽量体现我国社会发展对教育的要求，使得我国的小学数学教科书水平得到了提高，取得了一系列的突破。这些都是在我国的小学数学教育发展停滞不前的10年后取得的较大进步。这套教科书的使用，对于小学数学教育界拨乱反正，正本清源，稳定教学秩序，提高教育质量起到不可磨灭的作用；也对我国之后20年的小学数学课程教材、教学的实践与发展起到了奠定基础的作用。

六、编写十二年制教科书，探索新的小学数学教科书（1981—1991年）

（一）背景

这一时期，根据1985年5月27日中共中央发布的《关于教育体制改革的决定》和1986年4月12日公布的《中华人民共和国义务教育法》，我国开始有步骤地实行九年义务教育之后，全国基础教育进入普及九年义务教育阶段。

在学制方面，这一时期根据"城市小学先试行六年制，农村小学学制暂时不动"的要求，中小学学制准备逐步改为十二年制，但仍然是小学五年制与六年制并存。同时"在城市试行六年制小学的工作，必须量力而行。1985年前应集中力量搞好调整工作，打好基础，稳步提高。""试行的全日制六年制小学的教学程度原则上和现行五年制小学一样，不再提高。教学计划、教学大纲和教材，由有关市教育部门参照全日制五年制小学的教学计划、教学大纲和教材，自行拟定和编写。"从1982年，北京、天津、上海、浙江联合编写的六年制小学课本投入使用，开始实行小学六年制教育。

在课程标准方面，这一时期国家教育委员会先后颁布、印发了两部教学大纲，即1986年12月颁布的《全日制小学数学教学大纲》（简称"86大纲"）、1988年11月印发了《九年义务教育全日制小学数学教学大纲（初审稿）》（简称"88大纲"）。"86大纲"在"78大纲"的基础上修订而成，是第一部没有"草案"两字的正式大纲，是为实施义务教育而制定的过渡性大纲。它在指导思想、发展智力、培养能力、结合教学内容进行思想品德教育、减轻学生过重的课业负担、改革教学方法等方面都比"78大纲"更加明确、具体，便于执行，体现了从应试教育向素质教育转变的精神思想。其五个构成部分与"78大纲"相同，只是根据当时五年制和六年制并行的实际情况，"各年级的教学要求和教学内容"分为"五年制小学"和"六年制小学"两种情况。"88大纲"是在义务教育法颁布后，国家教委委托人民教育出版社以及北京、上海、辽宁、山东、广东、西安教委（教育厅、教育局）和北京师范大学组织力量编写的，经过对征求意见稿进行专门会议研究、讨论，1988年11月印发并在内部发行，作为编写九年义务教育小学数学试用教材和进行教学改革实验的依据，推动我国义务教育教材的建设。其内容主要有"前言""教学目的和要求""教学内容的确定和安排""教学中应该注意的几个问题""各年级的教学内容和教学要求"五个部分。"教学目的和要求"在陈述时不再从知识块的角度加以陈述，而是从知识、能力、情感方面加以解释，即只有总目标和总要求，而没有知识块的目标和要求。小学数学教学目的表述为：（1）使学生理解、掌握数量关系和几何图形的最基础的知识；（2）使学生具有进行整数、小数、分数四则计算的能力，培养初步的逻辑思维能力和空间观念，能够运用所学的知识解决简单的实际问题；（3）使学生受到思想品德教育。"各年级的教学内容和教学要求"分五年制和六年制两种，分别表述了每个学年的教学内容和教学要求，即学年目标。学年目标依然使用"认识""知道""理解""掌握""会用"等表示程度的行为动词来刻画，使得课程目标更加明确，但该大纲仍然没有对这些表示程度的行为动词进行界定。

在课程设置上，印发"88大纲"之前，五年制小学数学各年级的周学时数分别为6、6、6、7、7，总学时数为1152，比1978年《全日制十年制中小学教学计划试行草案》中规定的总学时数减少了。六年制城市小学数学课程各年级的周学时数分别为5—6、5—6、6、6、6、6，总学时数为1156—1224；农村小学数学课程周学时数分别为6、6、6、6、6、6，总学时数为1224。农村小学四五年级可单独开设珠算课（通用教材中的珠算内容不学）。农村小学高年级的数学教学还应适当补充计量、统计、记账方面的知识（这样的农村小学，四、五、六年级数学每周授课时数可增至7课时）。印发"88大纲"之后，五年制小学数学课程各年级的周学时数分别为5、6、6、6、6，总学时数为986（比之减少20%左右）。六年制小学数学课程各年级的周学时数分别为4、5、5、5、5、5，总学时数为986。

这一时期，为了加强对中小学教材建设工作的领导和管理，教育部于1983年成立了中小学教材办公室。之后根据1985年公布的《中共中央关于教育体制改革的决定》以及当时教材编写、使用的实际情况，国家教委决定改革现行教材的编审制度，把教材的编和审分开。1986年9月，全国中小学教材审定委员会及各学科教材审查委员会成立大会在北京召开，确定了我国中小教材编审的一些基本制度，明确了中小学教材改革和建设的指导思想，以及中小学教材改革和建设的基本步骤。全国中小学教材审定委员会负责中小学各科教学大纲和教材的审查审定等工作。教材实行编审工作责任制，教材的编写单位或编者及审查、审定人，要在审查或审定的教材上署名。审定委员会审定的教学大纲和教材，报国家教育委员会，主管副主任签字批准出版印行，并在封面上标明《全国中小学教材审定委员会审定》字样，列入中小学教材推荐用书目录，供各地学校选用。

（二）教科书概貌

这一时期，在统一教学计划、统一教学大纲的前提下，国家鼓励各个地方、高等学校、科研单位、有条件的专家、学者、教师个人编写教材。编写的教材，在内容选择和体系安排上可以有不同风格，包括适应不同地区的民族教材、乡土教材等。但规定所有公开发行供中小学大面积教学使用的教科书、教学参考书、视听教材，都要经全国中小学教材审定委员会审定后才能提供学校选用。因此，全国通用的小学数学教材和自编教材并存。

1．全国通用的小学数学教材。

根据1981年3月13日《关于颁发〈全日制五年制小学教学计划（修订草案）〉的通知》《关于在城市试行六年制小学问题》以及各地反映的意见（如三年级难度较大，四年级分量偏重，发展智力、培养能力措施不够有力等），人民教育出版社从1981年开始，对1977—1979年编写的第五套教材——《全日制十年制学校小学课本 数学（试用本）》进行了较大的修订、改编，形成《五年制小学课本 数学》，1982年秋季起供应全国，后续各册逐年换用，到1984年全部出齐。这就是人民教育出版社出版的第六套小学数学教材。同时，为了适应一些地区实行六年制的需要，还编辑出版了一套《六年制小学课本 数学》。在程度上与五年制课本相同，只是在编排上为适应六年制小学的特点，做了一些小的调整，以便使各册分量比较均匀，又各有重点，另外增加了一些练习。六年制的教材从1984年开始出版供应，到1985年全部出齐。

在修订、编撰上述五、六年制两套小学数学课本的同时，人民教育出版社又开始了的小学数学教材建设的新的实验研究，从教学的改革实验入手，边实验边修改。为了把这项实验切实建立在科学研究的基础上，小学数学教材研究实验组首先进行了一系列的调查研究，然后确定了改革的指导思想，拟订改革实验方案，编写实验教材。在实验过程中深入试点班听课研究，加强实验效果的检测与评价。实验研究的选点采取从少到多、逐步扩大的方法。1984年秋季开始，在北京市城区选择了两所较好的学校进行小学数学教材改革实验研究。1986年秋，实验范围扩大到全国18个省、自治区、直辖市的一百多所学校200个班。实验工作分别于1989年和1991年结束，都进行了总结性测试和实验工作总结，取得了较好的实验效果，同时编出了一套五年制用的《小学实验课本 数学》，这就是人民教育出版社出版的第七套小学数学教材。这套教材在1986年《中华人民共和国义务教育法》颁布之后的秋季开始正式出版，为实施九年义务教育，编好九年义务教育教材奠定了基础。

2. 自编教材。

一开始，自编教材是由于时代的发展以及这一时期我国各地区经济、文化发展水平的不平衡导致的教育水平差距较大、一套统编教材很难完全适应全国各地区的需要而产生的。一些自编的实验教材在解决教材的适用性问题以及繁荣我国教材事业方面做出了贡献。这些自编教材，包括：北京师范大学教育系和北京景山学校以苏联教材为蓝本，改编而成的小学实验课本《数学》；中央教育科学研究所教改实验小组编写的中小学实验课本《数学》；杭州师范学院教育科学研究室和杭州市上城区三算结合研究组编写的小学实验课本《数学》等。

在"全国中小学教材审定委员"成立后，则明确提出了人民教育出版社及各地方出版社围绕《全日制小学数学教学大纲》均可编写教材。1988年5月召开的九年义务教育教材编写工作会议，提出要编写适用于不同学制、不同地区、不同层次使用的义务教育教材：面向全国大多数地区适合一般水平学校使用的教材；面向经济文化比较发达的地区和办学条件较好的学校使用的教材；面向经济文化基础较薄弱的边远地区、农牧地区和山区，以及办学条件较差的学校使用的教材。全国各地根据8月21日颁布的《九年制义务教育教材编写规划方案》组织编写并形成了"八套半"小学数学义务教育教材（参见表2-9）。这八套半教材1988年开始编写，1990年秋开始试验。除八大师范院校版"夭折"外，其他套均通过了不同层次的审查，于1993年初开始推荐试用。由此，形成了统一要求、统一审定的前提下的教材多样化。

表2-9 "八套半"小学数学义务教育教科书编写情况

编写单位	教材类型	使用范围	备注
人民教育出版社	"六三制"	全国	一套
	"五四制"	全国	一套
北京师范大学	"五四制"	全国	一套
广东省教育厅、福建省教委、海南省教委、华南师范大学	沿海版"六三制"	沿海	一套
四川省教委、西南师范大学	内地版"六三制"	内地	一套
东北师范大学等八所高等师范院校出版社协作委员会	"六三制"	全国	一套
河北省教育科学研究所	农村小学中低年级使用的复式教材	全国复式学校	半套
上海教育局	发达城市"六三制"	上海市	一套
浙江省教委	发达农村"六三制"	浙江省	一套

从总体上来说，这一时期的教材受到教育学、心理学的影响，大都能从现代数学的观点出发，运用图、表等直观手段来表述、概括、处理一些传统的算术知识，在培养小学生基础知识和基本技能的同时渗透现代数学思想方法。同时，在统一大纲、统一审定前提下的教材多样化，较好地解决了实际教育需要多样与统编教材之间的矛盾。

（三）代表性教科书

1．五、六年制《小学课本　数学》。

《五年制小学课本　数学》是人民教育出版社根据对全日制十年制学校小学数学课本的意见，进行了较大的修改而形成的，主要是调整各册的分量，使修改后的各册教材的分量比较均衡等，同时吸收各地在试用中的一些经验。例如，把原第一册中的"100以内数的读法和写法"移到第二册；把原第二册中"市尺、市斤的认识"改为"尺和斤的认识"，把"6的乘法口诀"和"用6的乘法口诀求商"移到第三册；把原第三册中的"小时、分、秒"移到第四册；把原第四册中的"公里、吨的认识"移到第五册，删去简单的小数乘、除法；把原第五册中的"年、月、日"移到第七册；把原第七册中的"丈量土地"移到第八册；把原第八册中的"长方体和正方体"移到第九册；把原第九册中的"圆的周长和面积""圆柱和圆锥"移到第十册；删去原第十册中的"正、负数的意义""正、负数的四则计算"。

《六年制小学课本　数学》是人民教育出版社根据五年制与六年制并存的现状，参照《五年制小学课本　数学》改编出版的。其教学内容、编排体系以及具体内容的讲法都与五年制的小学数学课本基本相同，只是在教学内容的编排上作了一些小的调整，主要是把五年制小学数学课本中前三年讲的整数四则运算和应用题安排在前四年学习，把计量知识、四则运算的关系和运算定律等比较难学的内容，适当向后移。学生学完六年级课本，最后达到的程度也与五年制课本最后达到的程度相同，有利于整个小学数学与中学数学的衔接。在安排教学内容时，注意留有余地，每册课本一般只安排96课时左右的教学内容，既可以减轻学生课内的负担，便于学生的全面发展。同时，也便于一些农村学校能有时间根据实际情况，选学一部分联系农村实际的补充教材。习题的配备也注意增加了一些让学生实际操作和联系实际的习题，培养学生综合运用知识、解决实际问题的能力。

这套五、六年制小学数学课本与"86大纲"相配套，在全国广大地区使用（有的省全部使用，有的省大部分地区使用），一直使用到20世纪90年代末才被九年义务教育全日制小学数学课本全部替代，前后使用了二十多年，是中华人民共和国成立以来一套质量较高、使用时间最长、最稳定的小学数学教材。它对拨乱反正后很快稳定了全国教学秩序，不断提高我国小学数学教师水平，不断提高我国小学数学教育水平，不断提高我国小学数学教学质量，发挥了重要的作用。究其原因，除了全国改革开放的大形势外，从我国小学数学教材改革的历程来看，最重要的是这套教材的改革指导思想比较正确，改革的步子比较稳妥，采取的措施比较符合我国的国情和教学规律，较好地吸取了新中国成立以来教材改革的经验教训，较好地吸取了国外教材改革的有益经验，而且教材中的重大改革都注意经过实验、取得经验后再进行推广。

2.《五年制小学实验课本　数学》。

《五年制小学实验课本　数学》（见图2-5）是由人民教育出版社（课程教材研究所）数学室成立的小学数学教材研究实验组集体编写的。该实验组由曹飞羽主持，在数学室的统一领导、组织下，从教学的改革试验入手，采取边实验边修改的办法，在全国部分地区的少数学校进行教学实验，并逐步增加实验的地区和班级，积极推动教研员和骨干教师开展教研活动，总结现行教材和教学改革经验，结合学科特点和儿童认知发展规律，由专业人员、教研员和教师共同完成教材的编写和修改。

这套实验课本在编写和教学实验中，继承和发扬了当时现行教科书的优点，借鉴了国外教材的编排经验，也吸取了过去教科书编排和使用的经验教训，完成了我国小学数学教科书的一次重要的改革实践，为之后九年义务教育小学数学教科书的研究编写打下了坚实的基础。从总体上来讲，这套教科书具有以下主要特点。

（1）教学内容的选择注重与时代步伐和科技发展的需要相适应，调整了一些教学内容。如随着计算工具的普及，对大数的笔算和比较复杂的四则混合运算的要求有所降低；加强了与实际应用相关的口算和统计初步知识；适当加强了简易方程的内容，渗透数学思想和数学方法，为进一步学习打下基础。在结合社会和科技发展的同时，还考虑了学生的接受能力。一方面选择了最基本的必备数学知识，另一方面做到不加重学生课业负担，而使教学质量有所提高，有增有减、有降低有提高。如口算的正确率和速度的要求有所提高；测量、画图能力，抽象概括能力，判断推理能力都有所增强。

（2）重视建立合理的教材结构。合理的小学数学教材结构，主要是把小学数学中的基本概念和基本规律按照它们的内在联系和学生的认知特点适当地加以组织和编排，形成合理的教学系统。因此，教材在精选教学内容的基础上，遵循儿童的认知规律，按照从操作、直观到表象再到概念的原则来安排教学内容，突出基本概念和基本规律，注意概念之间、规律之间的联系和对比，让学生形成良好的数学思维认知结构。如当时所用教材中分数的初步认识安排在三年级，而小数的初步认识放在二年级，这样一来小数的含义较难讲清。实验教材在顺序上做了修改，在初步理解分数含义的基础上再教小数的初步认识。由于加强了分数与小数的联系，学生更容易理解小数的含义，为后面系统地学习小数和分数的性质等打下良好的基础。教学结构的适当调整加强了知识间的内在联系，在培养学生的推理能力、迁移能力方面也有了很大的进步，提高了教学效率。如20以内的进位加法，按照9加几、8加几……的编排顺序，突出"凑十加"的计算规律；20以内的退位减法，按照十几减9、十几减8……的编排顺序，突出"以加算减"的计算规律。使得学生更容易掌握计算方法和原理，并能在后续教学内容的学习中举一反三，类推到大数的加减运算。又如两步应用题的教学，一方面根据应用题的结构、数量关系和解题思路等方面的内在联系，把两步应用题适当分成几组，按照从易到难的顺序排列；另一方面注意两步应用题和一步应用题之间的联系。由于加强了应用题之间的内在联系，突出了两步应用题的结构和数量关系的特点，通过少数例题就可以使学生掌握两步应用题的一般分析方法，初步学会举一反三，能够解答一批数量关系和解题思路相近的应用题，从而促进了学生迁移能力的发展。

（3）处理好共同要求和因材施教的关系。以往的小学数学教材只有共同要求的内容，基本没有因材施教的内容，这就造成了"后进生学习吃力，成绩好的学生吃不饱"的现象。实验课本在这方面做了尝试。一是从普及义务教育出发，注意适应大多数学生的接受能力，制定了共同的教学目标，让大多数学生经过努力学习都能够达到要求，防止要求过高。二是允许一些学习吃力的学生在较长时间内逐步达到规定的教学要求，强调对这些学生的辅导，增强他们的自信心，并在教材中加强操作和直观体验，让他们更容易理解和体验教学内容，能力得到一定的发展和锻炼。三是在练习中增加了与所学内容有联系，但难度稍大比较灵活的"星号题"，供学有余力的学生选做，开拓他们的思路，充分发挥他们的数学才能。从教学实验的结果来看，这样的安排没有出现两极分化的现象，及格率较高，有些实验区甚至消灭了不及格现象。

（4）注意结合学科特点进行思想品德教育。主要做法包括：加强联系实际，说明一些数学知识在实际中的应用，使学生受到学习目的的教育，激发学生学习数学的兴趣，还适当安排一些实际作业，如调查统计、画图、测量等；编入一些富有教育意义的数据和统计材料，使学生受到爱祖国、爱社会主义、爱劳动、勤俭节约、保护环境等方面的教育；结合数学内容适当渗透辩证唯物主义思想，如认数时讲数的产生，教学量的计量时讲计量的产生，通过加法与减法、乘法与除法、正比例和反比例等概念之间的关系，使学生初步知道它们是有联系的，相互依存的；注意培养学生独立思考、严谨认真等良好品质和习惯，如教学新知识时加强启发学生思考，教给学生检验计算结果和应用题的解答方法并加强练习，培养学生进行检验的习惯。

图 2-5 《五年制小学实验课本 数学》封面示例

七、实施义务教育，编写义务教育的小学数学教科书（1992—2000年）

（一）背景

由于文化科学技术的迅猛发展及其对教育发展与改革的推动，这一时期国家提出深化教育改革，全面推进素质教育。相继对教学计划、教学大纲和教材进行了改革，我国的基础教育课程改革进入尝试建立中国自己的课程体系的时期。

在学制方面，这段时期内我国小学五年制和六年制仍然是并存的。既有小学六年初中三年的"六三"制、小学五年初中四年的"五四"制，也有"九年一贯"制以及小学五年初中三年的过渡学制。在课程设置上，由于1994年新工时制的实行进行过调整，五年制小学数学课程各年级的周学时数分别从1992年的5、6、6、6、6学时调整为5、6、6、5、6学时，总学时数由986学时减少为952学时，并于1994年秋季开学后执行。六年制小学数学课程各年级的周学时数和总学时数一直未变，分别4、5、5、5、5、5学时（总学时数为986）。

在课程标准方面，经过对人民教育出版社根据"88大纲"编写的小学数学教科书的三年试验及全国范围内的征求意见，国家教委对"88大纲"进行了全面修订，经国家教委中小学教材审定委员会审定后，于1992年6月公布了《九年义务教育全日制小学数学教学大纲（试用）》（简称"92大纲"）。"92大纲"由"前言""教学目的和要求""教学内容的确定和安排""教学中应该注意的几个问题""各年级的教学内容和要求""附录"六个部分构成。其中，"各年级的教学内容和教学要求"分学年陈述具体教学要求，即学年目标和单元目标。1994年又开始对"92大纲"进行调整，其中包括的课程进行了变化，内容也进行了调整。同时历时6年左右对教学大纲进行修订，并于2000年3月颁布了《九年义务教育全日制小学数学教学大纲（试用修订版）》（简称"00大纲"），大纲结构与"92大纲"相同，教学内容进行了部分调整，出发点是减轻学生的学习负担，着眼于素质教育的要求。从总体上来说，前一个时期的"88大纲"，本时期的"92大纲"和"00大纲"，实际上是九年义务教育全日制小学数学教学大纲的初审、试用和修订版。这个大纲为21世纪的基础教育课程改革作了铺垫，是义务教育数学课程标准出台的前奏。

（二）教科书概貌

这一时期，我国的教科书制度与前一时期一致，编审分开，实行统一要求、统一审定前提下的"一纲多本"。各地根据国家颁布的统一的九年义务教育中小学数学教学教学大纲编写教材，教材经实验送审，并通过国家教委中小学教材审定委员会审定后方可发行。

其中，根据"92大纲"编写并通过送审的教材（参见表2-10），于1993年秋季在小学起始年级全面选用，适应了全国不同地区的需要，教材改革呈现出多样化的态势。

表2-10　1992—2000年小学数学教科书出版情况

书名	出版社	册数	出版年份	主编
九年义务教育五年制小学教科书　数学	人民教育出版社	10	1992—1997	李润泉　张卫国
九年义务教育六年制小学教科书　数学	人民教育出版社	12	1992—1998	李润泉　张卫国
义务教育五年制小学课本　数学（试用）	浙江教育出版社	10	1992—1996	夏明华
义务教育六年制小学课本　数学（试用）	浙江教育出版社	12	1992—1997	夏明华
九年义务教育小学实验课本　数学（三算结合）	教育科学出版社	12	1992	陈朴
九年义务教育实验教材（沿海版）六年制小学数学	广东教育出版社	12	1989—1994	黎赐锦
九年义务教育五年制小学教科书（五四制）数学	北京师范大学出版社	10	1994	周玉仁
义务教育五年制小学"注音识字，提前读写"实验课本　数学	语文出版社	10	1994	编委会
新世纪小学教科书　数学	浙江教育出版社	10	1995—1999	游铭钧
九年义务教育六年制小学实验课本　数学	北京出版社	12	1995—2000	曹福海
九年制义务教育课本　数学	上海教育出版社	12	1995—2000	陈昌平
九年义务教育课本　数学	上海世纪出版股份有限公司	12	1995—2000	郭本瑜
九年义务教育六年制小学实验课本　数学	河北教育出版社	12	1995—2000	赵杏梅
21世纪五年制小学实验课本　数学	人民教育出版社	10	2000—2001	陈静荣

"00大纲"颁布后，根据大纲的精神，各种版本的教材都作了相应的修订。

从总体来说，这一时期以人民教育出版社为首出版的九年义务教育小学数学教材，在教学内容的编排上，重视把数学逻辑顺序和儿童的认知顺序恰当结合，根据内容难易和抽象程度以及学生的年龄特点按照由易到难、适当划分阶段、螺旋上升的原则来编排，突出"双基"，注意继承良好的教材编写传统，体现时代特点以及思想品德教育。尽管不同的教材努力适应不同地区的需要，各有一些特色，但它们仍然有着共同的特点。陈朴应邀对一些实验教材进行评估工作之后，在1992年第7期的《湖南教育》上发表文章《小学数学教材改革展望》，其中综述了各家实验教材的总特点，可供参考。

（三）代表性教科书

根据"88大纲""92大纲"和"00大纲"，人民教育出版社编写了《九年义务教育五、六年制小学教科书　数学（实验本）》（1990—1995年），《九年义务教育五、六年制小学教科书　数学（试用本）》（1992—1998年，参见图2-6、图2-7），《九年义务教育五、六年制小学教科书　数学（试用修订本）》（2001—2002年，参见图2-8、图2-9）。

1.《九年义务教育五、六年制小学教科书　数学（实验本）》。

这两套实验本是同名教科书试用本的前身。实验本是人民教育出版社根据国家教委"88大纲"于1989年3月开始组织编写的，从1990年秋季开始逐册在全国二十几个省（自治区、直辖市）进行了教学实验。直至1995年8月出版完所有册，主要由全国二十几个省（自治区、直辖市）的教材实验学校使用。

在实验期间，教材的编写人员每年进行一次全国性的教师培训，介绍新教材的指导思想、编写意图和特点、教学内容和要求，宣传小学数学教学改革的思想和教学方法改革的思想与途径；多次到全国各实验区听课、调查研究、指导教学，及时掌握教材实验的反馈信息。

2.《义务教育五、六年制小学教科书　数学》（试用本）。

"92大纲"颁布后，人民教育出版社根据新的大纲和教学实验结果，对实验本进行了全面修订，形成了两套教科书的试用本，并送交国家教委中小学教材审定委员会审查通过后，于1992—1998年作为试用教材陆续出版，供全国城乡实施义务教育的小学选用，选用面超过80%。

3.《义务教育五、六年制小学教科书　数学》（试用修订本）。

"00大纲"颁布后，人民教育出版社对上述两套教科书的试用本进行了全面修订，形成了两套教科书的"正式本"，经教育部全国中小学教材审定委员会2001年审查通过后于2001年秋季开始供全国城乡的小学选用。此后，从2002年起，这两套教科书逐年被《义务教育课程标准实验教科书　数学（1—6年级）》替换，直至2008年基本替换完，于2011年停止出版印刷。

从总体上来说，这两套义务教育小学数学教材与前面的通用教材相比，有如下编写特点。

（1）教材内容和要求适应我国义务教育的特点和需要。按照九年义务教育小学数学教学大纲的规定，根据义务教育的性质，考虑到全国各地的经济、教育发展不平衡，适合大面积使用以及一般小学生的接受能力，注意加强生产、生活和进一步学习最需要的基础知识的教学和基本技能的训练，对部分内容和要求适当加以调整，具体体现为：减少部分内容和降低共同要求；少数内容适当加强；教学内容和要求有一定弹性。

（2）根据数学知识的内在联系和学生的认识规律建立合理的教材结构。力求把数学的逻辑顺序同儿童的认知发展顺序适当地结合起来，加强数、量、形、应用题等几方面内容的纵横联系，使之循序渐进，螺旋上升，互相配合，互相促进。具体采取了的措施包括：调整整数教学的分段，将原来的四段改为"20以内""100以内""万以内""亿以内""亿以上"五段，同时调整了后三段的教学重点；分散编排几何初步知识的内容，几何初步知识从一年级起有计

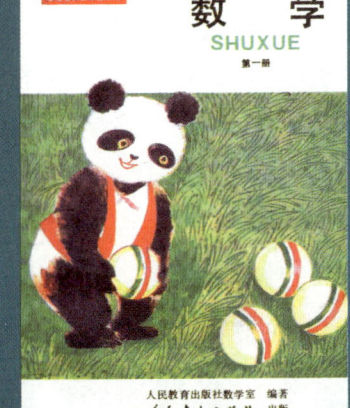

图 2-6 《五年制小学教科书 数学》封面示例

图 2-7 《六年制小学教科书 数学》封面示例

图 2-8 五年制（试用修订本）封面示例

图 2-9 六年制（试用修订本）封面示例

划地分散在各册教学，并且注意与认数、计算、量的计量和应用题的联系和配合，同时注意发展学生的空间观念，加强形和数的联系；调整应用题的编排体系，一步应用题根据数量关系的繁简、分析推理的难易以及应用题的内在联系有计划地分组出现，在两步应用题中突出各种不同数量关系的分析和解题方法的训练，在三步应用题中加强与已学的应用题的联系和一般解题方法的训练，在此基础上出现列方程解应用题；统计初步知识适当分散编排，把求平均数问题并入统计初步知识，把统计初步知识适当分散在三个年级教学。

（3）调整了一些教学内容的编排。主要包括：在整数四则计算中，把一部分口算放在笔算之前教学，把作为笔算基础的一部分口算分别放在笔算之前教学，珠算加减法改从二年级起，配合万以内的加减法进行教学；调整分数和小数初步认识的编排顺序，把分数和小数的初步认识分别移到中年级，把"小数初步认识"放在"分数初步认识"之后教学，加强了知识之间的内在联系，又为后面系统学习小数做了准备；把"比"的知识安排在分数除法中教学，可以加强除法、分数和比之间的联系，并为学习百分数做好准备；量的计量知识按照分散与集中相结合的原则来编排，同时删去了市制计量单位，有关名数的变换有所简化。

（4）教材编写注意符合儿童认知规律，体现教学方法，处理好传授知识与发展智能的关系。具体体现为：加强直观教学和实际操作活动，从感性逐步上升到理性，既符合学生学习抽象的数学知识的认知规律，又可以促进他们的思维水平的不断发展；突出基本概念和基本规律，使学生掌握好，达到举一反三、促进学习迁移的目的；通过准备题或复习题，再利用"想一想"、观察示意图或操作活动等方式，重视启发思维，注意教给学生思考的方法，引导学生分析和推理，从而学会计算和解题的方法；重视运用迁移规律，培养学生学习能力；在教学新知识之后增加了试做题（"做一做"），同时将练习中的练习题分成不同的层次，逐步提高要求，体现训练过程和因材施教；将每一单元后面的"复习"改为"整理和复习"重视系统整理，加强知识的内在联系；编写形式多样，生动活泼，可读性强，能激发学生的学习兴趣。

（5）注意结合教学内容在各年级的数学教学之中渗透思想品德教育。具体包括：结合各部分教学内容，以阅读材料"你知道吗？"较系统地介绍我国古代、现代的数学成就，进行爱国主义教育；重视选择体现我国社会主义建设成就的数据和统计材料，进行爱祖国、爱社会主义的思想教育；注意联系实际，强调实践活动，加强调查研究，认识数学在日常生活和生产中的应用，进行学习目的教育；渗透辩证唯物主义思想，如结合整数乘除法和正、反比例概念渗透联系、变化的观点，结合分数乘除法渗透对立统一观点等；注意启发学生思考，给学生留有探究的余地，教给学生审题、检验方法等，以逐步培养学生独立思考、严格认真、刻苦钻研、书写整洁、重视检验等良好的学习习惯。

2.2 中国21世纪小学数学教材改革

2.2.1 2001—2011年的小学数学教材

1999年6月,中共中央、国务院召开了第三次全国教育工作会议,并发布了《中共中央、国务院关于深化教育改革全面推进素质教育的决定》,由此揭开了面向21世纪教育改革的序幕,数学教育改革也是改革的先行者。

20世纪90年代以来,中国的小学数学教育与时代发展对数学教育的要求存在着诸多不相适应的地方,例如课程内容相对陈旧并且偏窄、偏深;课程目标偏重知识和技能的培养,忽视对数学素养、应用意识和实践能力的培养;教学方法方式单一,学生的学习缺乏主动性,等等。数学作为基础教育的核心课程,承担着提高学生的综合素质,培养学生的创新精神和实践能力的重任。因此,数学教育包括教材的改革也就迫在眉睫了。

同时,国际上关于21世纪的数学教育一直是各国数学教育研究人员的重要研究课题,并取得了丰硕的成果。从近几年国际数学教育发展趋势看,西方几个主要发达国家都在进行数学课程改革,以适应21世纪社会发展对数学教育的新要求。2000年召开的国际数学教育大会,主题之一是"数学在21世纪普通教育中的作用",来自各国的专家达成一定的共识,提出数学教育在继续体现理性思维训练价值的同时,要重视数学的应用,提高社会对数学价值的认识。关于数学课程的改革研究,近年来各国都在研制有关21世纪的课程标准,同时进行教材的改革。例如美国,随着社会经济、技术的发展和数学课程改革的不断深入,1998年公布讨论、2000年出版了《2000年数学课程标准》。美国的数学教材也随着数学教育理念的发展,不断地修订重版。

我国新一轮的数学课程教材的改革研究始于90年代初。在九年义务教育数学教材推广使用的同时,一些数学教育科研人员开始进行了"21世纪中国数学教育展望"的课题研究,提出了一些关于面向新世纪数学教育、教学的新观点和新构想。1999年3月教育部基教司委托的"数学课程标准研制小组"发表了《关于我国数学课程标准研制的初步设想》,2001年6月教育部颁布《标准(2001)》。2001年9月,以《标准(2001)》为依据研制开发的多套小学数学实验教材在全国部分省、自治区、直辖市的部分市、县进行实验,使新一轮的数学课程教材的改革进入试点阶段。到2002年9月,实验教材在全国开始全面推广使用。

下面以人教版、北师版、苏教版为例,介绍实验教材的编写情况。

一、人教版

人民教育出版社、课程教材研究所小学数学课程教材研究开发中心编写的《义务教育课程标准实验教科书 数学》(1—6年级),包括教科书、学生用学具卡片、课外读物、教师教学用书、教案集、教学挂图、教学投影片等。这套实验教材是以《标准（2001）》的基本理念和所规定的教学内容为依据，在总结现行九年义务教育小学数学教材研究和使用经验的基础上编写的。力求使教材的结构符合教育学、心理学的原理和儿童的年龄特征，关注学生的兴趣和经验，反映数学知识的形成过程，努力为学生的数学学习提供生动活泼、主动求知的材料与情境。同时，还注意继承了现行九年义务教育教材中的一些好的经验、行之有效的措施，使学生在获得数学基本知识和基本技能的同时，发展数学能力，培养创新意识和实践能力，建立学习和应用数学的兴趣和信心。

（一）实验教材编写的指导思想

教材改革是基础教育课程改革的核心部分，这是中国的国情决定的。长期以来，小学教师的教学主要依赖教材，教材发生变化一般会引起课堂教学的较大的变化。20世纪末，社会发展、科技进步对教育提出了新的要求。过去的课程教材对学生创新精神、实践能力、应用意识、学习兴趣等方面关注得不够，对科技和社会发展的新内容体现也不够，已不能适应社会发展的需要。实验教材研究与编写的指导思想是：以"三个面向"为指针，以唯物辩证法为基本指导思想，以现代教学论和心理学为依据；贯彻第三次全教会的精神，以培养学生的创新精神、实践能力为重点；适应21世纪知识经济时代和信息科技发展的需要，体现义务教育的普及性、基础性和发展性；处理好社会需要与学生发展、数学的逻辑顺序与儿童的心理发展顺序、共同要求与因材施教之间的关系。注重应用意识、数学思想方法、解决问题能力的培养和学生的数学体验。力求使教材具有中国社会主义特色，适应我国城乡广大地区对教育发展的需要。

（二）实验教材编写的基本原则

在实验教材的研究和编写中坚持两个基本原则。

1. 在努力体现新理念的同时注意具体措施的可行性，使实验教材具有创新、实用、开放的特点。

在本册实验教材的研究与编写中，编写者试图将抽象的理念和理想化的设想，变为现实的、可操作的形式和素材。所谓创新，就是教材的编写要以《标准（2001）》为依据，尽量体现数学教育改革的新理念，在教学内容、教材结构、呈现方式上努力展现新的面貌。实用则是要考虑我国教育的现实条件，适应我国广大城乡教育教学改革的需求，努力使教材的改革具有现实性和可操作性。同时，坚持开放的原则，努力体现开放的教材观、开放的学习方式和教学方法，为课堂教学改革提供更多空间和时间。

2. 努力处理好继承与发展的关系，使教材具有基础性、丰富性和发展性。

处理好继承与发展的关系是教育改革成功的重要条件之一。我国的数学教育有着丰富的而成功的经验，同时也存在较多的问题。那么，我们应改掉什么、发展什么、坚持什么，这是需要认真研究与论证的。在目前的编写研究中，我们注意对传统的数学教育经验进行认真、慎重的取舍，同时努力创造和体现与时代发展相适应的经验和方法，使实验教材具有基础性、丰富性和发展性。所谓基础性，主要是指教学内容是最基础的，教材结构是基本的，仍然注意使学生掌握基础知识和形成基本技能。所谓丰富性，指的是教材内容、呈现形式和教学方法都呈现出丰富的特点。最后要坚持发展性，使教材的结构是可持续发展的，教学方法是开放的、发展的。

（三）实验教材的编排思路

1. 科学合理的教材结构。

（1）具有符合儿童学习数学的认知特点和数学知识本身发展规律的知识结构。

加强数、估计、统计、应用、创新等意识及实践能力等方面的培养内容；尽量反映数学知识的形成过程、数学方法在解决问题中的作用；加大数学思想和方法渗透的力度。例如，统计从一年级开始正式教学，教学内容也大大丰富；加强了估算的教学和估计能力的培养；第三册里已有正式的估算的教学，一位数乘多位数的笔算，先要求学生估算，再教学笔算等；增加了对数学问题的探索的内容，加大渗透数学思想方法的力度；培养学生数的意识的内容和训练大大加强，增加了负数的认识等。

（2）遵循儿童心理发展的年龄特点和规律，有目的、有步骤地进行智力开发和能力培养。

重视培养学生的数学思维能力，加强求异思维、思维的灵活性的培养。加强创新意识、空间观念和实践能力的培养。丰富计算能力的内涵，提出培养计算能力的恰当要求。采取多种形式进行提出问题和解决简单实际问题能力的培养。

（3）根据儿童情感发展的特点和规律，对进行学生情感、意志品质的培养和思想品德教育。

努力使学生体验到学习数学的乐趣，培养学生的学习兴趣和学好数学、会用数学的信心，不畏困难、严谨求实等良好的思想品质，培养学生爱祖国爱科学爱社会主义、勇于探索、热心奉献和健康向上的生活态度。

2. 新颖丰富的呈现形式。

内容的呈现注意体现儿童的已有经验和兴趣特点，提供丰富的与儿童生活背景有关的素材。内容的展开具有探索性和开放性。例题、习题的形式多样、所选素材尽量符合实际。图文并茂，版式多样，风格活泼，色彩明丽，能吸引学生阅读，激发学习兴趣。

教材新编了具有亲切感的"编者的话"；设计了新颖的"目录"；从第二册起引进了卡通人物——数学王国里的小精灵"聪聪"和"明明"；努力使学生感到教材是为他们编写的，让孩子们喜欢教科书。

3. 体现新的教学观念和教学方法。

注意反映教育心理学和教学论的最新研究成果，体现新的教学观念和教学方法。体现学生学习的主体性，反映学生获得知识、形成技能的基本过程，注意引导学生通过操作、观察、猜测、思考获得感性经验、理解所学知识，倡导探究、交流的学习方法，鼓励、引导学生探索、发现规律性知识。体现教学的基本过程，同时体现教学方法的开放性和创造性。

4. 新颖实用的立体化教材体系。

形成以教科书为核心的立体化教材体系，重点编写具有新颖、实用、开放等特点的教师教学用书，研制实用有效的多媒体辅助教学配套软件，使之成为促进教学方法现代化、提高教学效率和质量的有效手段。

（四）实验教材的知识结构

实验教材结构的设计以儿童学习数学的认知特点和数学知识本身的发展规律为依据，循序渐进地安排教学内容，同时综合考虑"数与代数""空间与图形""统计与概率""实践与综合应用"四个领域内容的联系与发展，形成一个有机的整体。

表2-11 教材知识结构表

学段	年级	上册	下册
第一学段	一	一 数一数 二 比一比 三 1~5的认识和加减法 四 认识物体和图形 五 分类 六 6~10的认识和加减法 　　数学乐园 七 11~20各数的认识 八 认识钟表 九 10以内的进位加法 　　我们的校园	一 位置 二 20以内的退位减法 三 图形的拼组 四 100以内数的认识 　　摆一摆 算一算 五 认识人民币 六 100以内的加法和减法（一） 七 认识时间 　　小小商店 八 找规律 九 统计
	二	一 长度单位 二 100以内的加法和减法（二） 　　我长高了 三 角的初步认识 四 表内乘法（一） 五 观察物体 六 表内乘法（二） 　　看一看 摆一摆 七 统计 八 数学广角	一 解决问题 二 表内除法（一） 三 图形与变换 　　剪一剪 四 表内除法（二） 五 万以内数的认识 六 克和千克 七 万以内的加法和减法（一） 　　有多重 八 统计 九 找规律
	三	一 测量 二 万以内的加法和减法（二） 三 四边形 四 有余数的除法 五 时、分、秒 　　填一填 说一说 六 多位数乘一位数 七 分数的初步认识 八 可能性 九 数学广角 　　掷一掷	一 位置与方向 二 除数是一位数的除法 三 统计 　　制作年历 四 年、月、日 五 两位数乘两位数 六 面积 七 小数的初步认识 八 解决问题 　　设计校园 九 数学广角

续表

学段	年级	上册	下册
第二学段	四	一 大数的认识 　　1亿有多大 二 角的度量 三 三位数乘两位数 四 平行四边形和梯形 五 除数是两位数的除法 六 统计 　　你寄过贺卡吗？ 七 数学广角	一 四则运算 二 位置与方向 三 运算定律与简便计算 　　营养午餐 四 小数的意义和性质 五 三角形 六 小数的加法和减法 七 统计 八 数学广角 　　小管家
	五	一 小数乘法 二 小数除法 三 观察物体 四 简易方程 　　量一量　找规律 五 多边形的面积 六 统计与可能性 　　铺一铺 七 数学广角 八 总复习	一 图形的变换 二 因数与倍数 三 长方体和正方体 　　粉刷围墙 四 分数的意义和基本性质 五 分数的加法和减法 六 统计 　　打电话 七 数学广角
第二学段	六	一 位置 二 分数乘法 三 分数除法 四 圆 　　确定起跑线 五 百分数 六 统计 　　合理存款 七 数学广角	一 负数 二 圆柱与圆锥 三 比例 　　自行车里的数学 四 统计 五 数学广角 　　节约用水 六 整理与复习

（五）实验教材体现课程改革的新理念

1. 根据《标准（2001）》调整教学内容，为学生学习数学提供更丰富的知识。

这套实验教材的内容安排，是以《标准（2001）》所规定的教学内容为依据，根据整套教材的知识、能力和情感发展总体结构以及阶段性目标进行设计的。同时注意扩展知识的范围，注重内容的丰富性和开放性，体现鲜明的时代感。

在各个年级的教材中都适当增加了教学内容，如一年级增加了"分类""图形的拼组""认识时间"和"统计"等内容；二年级增加了"观察物体""找规律"和"图形与变换"等内容；三年级增加了"可能性""位置与方向"和"数学广角"等内容，等等。使本套实验教材具有了内容丰富、结构宽阔的特点。

2. 以学生的已有经验为基础设计活动内容和学习素材，注重学生对知识的体验，获得对知识的理解。

数学课程要关注学生的生活经验和已有的知识体验，也就是说数学教学要从学生的生活经验和已有知识出发，以学生有所体验的和容易理解的现实问题为素材，并注意与学生已经了解或学习过的数学知识相联系，让学生在熟悉的事物和具体情境中理解数学知识的含义，主动建构自己的数学知识结构。根据这一思想本套实验教材的设计注意下面几点。

（1）注意以学生的已有经验为基础，提供学生熟悉的具体情境，以帮助学生理解数学知识。例如，"分类"概念的教学从学生熟悉的商店货物的摆放形式引入，让学生运用自己的经验去理解、体会分类的含义和作用；"20以内进位加法"，从学校运动会上的计算问题引出。让学生根据自己的经验和已有的加法知识探索、理解进位加法的计算方法和应用；"找规律"从学生们熟悉的学校举行联欢会的具体情境引入，让学生体会到现实生活中的有规律的排列原来包含有数学问题，初步感受到数学的奇妙和无所不在，产生学习和探索数学的动机。

（2）增加联系实际的内容，为学生了解现实生活中的数学，感受数学与日常生活的密切联系，体验用数学的乐趣提供丰富的素材。在教科书中安排"生活中的数"和"生活中的数学"等版块，展示了儿童生活中经常碰到有关数的表述，这是学生已有的经验，由于融入了数学的含义，不仅加深了学生对数概念的理解、对身边处处有数学的体会，而且也使学生获得了用数学的体验。

（3）注意选取富有儿童情趣的学习素材和活动内容，激发学生的学习兴趣，获得愉悦的数学学习体验。数学教学中的所有活动都是为使学生获取某一知识或技能而设计的，因此，要符合儿童认知特点和兴趣需要，以便激发学生的学习动机，促进儿童主动建构有关的数学知识。教材注意为学生提供富有儿童情趣且具有挑战性的数学探索活动，设计的情境、插图的内容贴近学生生活，图画的风格和色彩符合学生的年龄特点。

（4）安排实践活动，使学生体验数学与日常生活的密切关系。注重应用意识和实践能力的培养，是当前数学课程改革的要点之一。小学数学教学，不仅要使学生理解掌握数学知识，培养数学能力，而且应该尽量让学生了解数学知识的来源与用途。基于这一观点，让学生参与一定的含有数学问题的实际活动，在解决问题的探索过程中应用数学，就成为培养应用意识和实践能力的有效措施。同时，从儿童认识的发生、发展规律来看，儿童是通过活动在其心理结构和周围的环境之间的相互作用中构建知识的。积极主动的活动是儿童获取知识、发展能力的重要途径。设计实践活动的内容和形式要符合学生的年龄特点。实验教材设计的实践活动，内容和形式注意符合学生的年龄特点和已有的知识经验。本套实验教材数学实践活动设计的基本原则是：低年级采用模拟现实活动与数学游戏相结合的形式；中年级注重探索解决简单的实际问题；高年级注重知识的综合应用，让学生通过与人合作综合运用所学知识解决实际问题。

3. 教学内容的展开尽量体现知识的形成过程。

数学教学要重视知识形成的过程是当前数学课程改革的一个重要的理念。数学教学"要让学生亲身经历将实际问题抽象成数学模型并进行解释与应用的过程"，因此，教学内容不仅要包括数学概念、定理、法则等现成的知识，还应包括这些知识的形成过程。让学生经历这个过程，不仅可以体会一个数学问题是怎样提出来的、一个数学结论是怎样得出的、某一数学知识是怎样应用的等，从而加深学生对所学数学知识的理解；而且通过在这个充满探索和自主体验的过程中，使学生逐步学会数学的思想方法和如何用数学去解决问题，并且获得自我成功的体验，增强学好数学的信心。根据上述原理，实验教材的编排注意了以下几点。

（1）让学生经历数学知识形成的过程。例如，"100以内数的认识"逐步形成数概念，先让学生整体感知100有多大，接着学习数数、数的组成、读数、写数，然后探索100以内数的顺序、比较数的大小，再试着用语言描述数与数之间的关系等，使学生经历形成100以内数的概念的过程，初步建立数感。

（2）让学生经历从生活中发现并提出数学问题、解决问题的过程。培养学生用数学解决问题的能力是数学教学最主要的目的之一。用数学解决问题的能力不仅包括会用数学解决现成的问题，更重要的是能够发现或者提出问题，并能从数学的角度运用所学知识和方法去解决它。在数学教学中让学生经历从现实中发现并提出数学问题，然后解决问题的过程，不仅是培养学生用数学解决问题能力的重要途径，而且也有利于学生逐步获得数学的思考方法，形成初步的应用数学的意识。因此教材安排了训练学生发现问题、提出问题并解决问题的内容。

4. 注意体现自主探索、合作交流的学习方式，让学生在合作交流与自主探索的氛围中学习。

本次基础教育课程改革的突破口是改变学生的学习方式，而学生的数学学习活动应当是一个生动活泼的、主动的和富有个性的过程，动手实践、自主探索与合作交流是学生学习数学的重要方式。为了体现这样的理念，实验教材注意给学生提供充分的参与数学活动的时间和空间，使学生在认真听讲，课堂练习的同时，有更多的机会去亲自探索、去操作实践，去与同学交流和分享探索的结果，从而更好地理解数学的基本知识，形成基本技能，掌握数学方法。具体体现在：

（1）体现动手实践、自主探索与合作交流的学习方式。例题和练习设计大多展示学生动手实践、合作交流的情境。这些情境提示教师要不断创设有意义的问题情境或组织数学活动，鼓励每一个学生去探索数学，学会与同伴进行讨论交流。让学生在主动的、互相启发的学习活动中，获得知识、发展能力，逐步形成创新的意识。

（2）设计开放式的学习活动，让学生通过探索活动获得对数学知识的理解。实验教材改变以往注重数学知识的系统性和结论性的呈现方式，设计了丰富的、开放式的探究活动，展示学生通过自主探索，表达和交流，在活动中理解数学知识。如解决问题的教学，鼓励学生自主探索，展示多种解法，不要求模式化的解题过程；再如对传统的"计算的法则"的呈现，是在学生探索计算方法之后通过讨论交流得出的几条注意要点，而不再出现文字概括形式。

5. 情感、态度、价值观的培养渗透于数学教学中，用数学的魅力和学习的收获激发学生的学习兴趣与内在动机。

本次数学课程改革强调了对学生情感、态度与价值观的培养，全面提高学生的素质。在数学教学中，就是要通过数学学习活动，使学生形成丰富的情感、积极的态度和正确的价值观。本套实验教材的每一册内容都涉及数学教学内容的各个领域，为学生探索奇妙的数学世界提供了丰富素材。例如，五年级下册的"图形的变换"单元，呈现了大量现实生活中利用对称、平移和旋转设计出的美丽的事物和图案；数学综合应用"打电话"、数学广角"找次品"等，都蕴含了优化思想方法，简洁、巧妙的解决问题策略中闪烁着数学方法的奇妙。教材还注意结合教学内容安排了许多体现数学文化的阅读材料、数学史实等，例如，三年级下册安排了6个"你知道吗？"2个"生活中的数学"和2个"数学游戏"。介绍了我国古代指南针的发明发展史、古代劳动人民丈量土地面积的单位——亩，以及除号的出现史、小数的发展史等。这些内容不仅可以使学生对数学本身产生浓厚的兴趣，激励他们扩充知识面和进一步探索研究的欲望，而且对学生的感情、态度、价值观的形成与发展也能起到潜移默化的作用。教材还注意结合学生的年龄特点和教学内容，设计了很多需要学生自主探索的活动。例如，五年级上册三角形、梯形面积计算公式的推出，教材设计了让学生将要探索的图形转化为已经学过的图形，再研究转化后的图形与原来图形的联系，进而发现新图形的面积计算公式这一过程。教学数字编码的方法，让学生通过调查了解、讨论交流、设计方案，自己探索数字编码的具体方法，具有较强的自主性和开放性。又如，在"量一量，找规律"的设计上，教材启发学生自己去探索解决问题的方法，找到蕴含其中的数学规律，等等。使学生的数学学习活动丰富多彩、充满魅力，激发学生学习数学的兴趣与内在动机。在自主探索的学习活动中，学生又能够获得自己成功、能力增强等良好体验，从而增强学好数学、会用数学的信心。

6. 注意体现开放性的教学方法，为教师创造性地组织教学提供丰富的资源。

体现开放性的教学方法，为教师创造性地组织教学提供丰富的资源，是本套教材的一个重要特点。教材一方面尽可能根据新的教学理念，为教师组织教学提供方便，另一方面还注意为教师创造性地设计教学过程提供更多的空间和时间。这主要表现在：

（1）改变传统的提供课堂教学详细思路的编排方式，体现开放的教学方法。只反映教学的基本线索，不再面面俱到地提供教学所需要的各种资料（准备题、复习题、教师的提问等）。

（2）加大教学的步子，留给教师、学生更大的思维空间。如，笔算加减法教学，从原通用教材的5个例题减少为2个；多位数乘一位数的教学，从原通用教材的9个例题减少为7个。这样就明显加大了笔算教学的步子，节省了教学的时间，留给学生更大的探索和思考空间。除数是一位数的除法教学，从现行教材的16个例题减少为9个。每册或学期安排60课时左右的教学内容。留有安排地方课程、校本课程的时间。

（3）注意为教师创设数学问题情境提供丰富的素材。①许多例题插图中安排了解决问题的多个信息，供教师选择使用。注意为教师创设数学问题情景提供丰富的素材。许多例题插图中安排了解决问题的多个信息，供教师选择使用。②很多插图提供的情境具有连续性或故事情节，为设计、使用多媒体教学课件、投影片等教学辅助手段创设生动的情境提供了方便。

（六）实验教材主要教学内容的编排特点

1. 数与计算的教学重视发展学生的数感，体现算法多样化。

数与计算是小学数学教学中最重要的教学内容之一，数与计算的知识和技能也是小学数学教育要使学生掌握和形成的最重要的知识和最基本的技能。近年来，有关数与计算教学领域的改革已经形成了几个明显的趋势。如重视发展学生的数感、提倡算法多样化、加强估算、降低笔算难度和熟练要求、提倡使用计算器等，这些也是《标准（2001）》的重要理念。为此，实验教材在数与计算教学方面采取了如下措施：

（1）丰富关于数概念的教学内容，使学生建立初步的数感。

数感是人的数学素养的基本内涵之一。加强数感的培养是当前数与计算教学领域改革的一个重要理念，数感的建立是提高学生数学素养的重要标志。因此，《标准（2001）》将培养学生的数感作为一个重要的目标，并在不同的学段提出了明确的要求。学生数感的建立是一个逐步体验和发展的过程，需要通过每一学段、每一学期的数学教学循序渐进地培养。

在小学阶段，要使学生建立初步的数感，就是要让学生理解所学的数和计算的意义，学会用数及其关系来表示和交流，能为解决问题选择适当的算法等。"数的认识"的教学，将帮助学生理解数所表达的信息，发展学生运用数进行表示、计算和交流的能力，发展学生对数的感受。因此，通过数概念教学培养数感是使学生逐步建立数感的最直接途径。本套教材的主要做法是：在每一段认数教学中，都要教学数的基数含义、数的顺序、数的大小比较、数的序数含义、数的组成等内容。此外，教材还安排了估计一些物品的数量，展示用数来表达、交流的有关内容以及"生活中的数"等，使学生在丰富的呈现形式和实际活动中逐步形成数概念，发展数感。例如在"100以内数的认识"

中，加强了形成学生数感的教学内容。用100只羊的图给学生以100的整体感受，体会100的大小（图2-10）。安排了比较100以内各数相对大小的例题，以及用比一个数"多一些""少一些""多得多""少得多"等词语描述数的关系的练习，帮助学生建立起100以内各数的大小的概念。又如在"万以内数的认识"中，加强了形成学生数感的教学内容。不仅安排了传统的有关万以内数概念的基本内容，还增加了有助于学生理解一万、三位数、四位数的意义的教学。第一，通过可容纳一万人的体育馆的主题图，让学生对10000有一个整体的感受。第二，提供一些有关三位数、四位数有多大的具体而生动的实际例子，例如"广场上有330只鸽子""用肉眼能看到的星星有六七千颗"，让学生结合现实素材感受这些大数的含义。第三，安排了用"多一些""少一些""多得多""少得多"等词语描述几个三、四位数的相对大小的练习，让学生进一步学习用具体的数描述生活中的事物。第四，安排了结合实际认识万以内数的近似数的教学（图2-11），以及让学生估计一些物品的数量，展示用数来表达、交流的有关内容等。这样，在上述丰富具体的素材的教学过程中，使学生逐步形成万以内数的概念，发展数感。

（2）计算教学体现算法多样化。

本套实验教材关于计算教学编排的指导思想是：计算教学与解决问题教学有机结合，重视口算，加强估算，体现算法多样化。所采取的主要措施是：

①在解决问题的现实情境中教学计算，将计算教学与解决问题教学有机结合起来。体现在计算教学从实际问题引入，学生掌握了计算方法以后，出现现实的问题情境，通过探索提出问题，再应用计算知识来解决。

②加强估算。加强估计意识和能力的培养（在其他单元里安排了对长度的估计、对面积和体积的估计等）；结合口算、笔算教学估算；教学重点从使学生掌握估算的具体方法转变为培养学生估算的思想和策略（图2-12）。

③体现算法多样化，鼓励学生自己探索计算的具体方法，经历从独立探索、合作交流到选择简便、合理方法的过程。我们认为提倡算法多样化的作用是：鼓励学生独立思考；承认学生存在着个体思维差异；允许学生自主选择。这些观点在实验教材中的体现是：第一，计算教学的例题中大多呈现多种计算方法，允许学生采用不同的方法进行计算，不对各种算法进行评价，尊重学生自主的选择，保护学生的自主发现的积极性。第二，例题中展示学生之间对各种算法进行讨论交流的活动，通过教学让学生经历与他人讨论交流各自算法的过程，了解存在着多种算法，逐步体会各种算法的特点。第三，展示比较简洁、合理的算法，使学生经历优化的过程，自己选择或在教师的引导下掌握计算的"通法""通则"。第四，不再出现文字叙述式的计算法则（图2-13）。

④重视培养学生根据实际情况选择合适的计算方法，使学生形成灵活的计算能力，发展良好的数感。本套实验教材对于计算教学所强调的重点发生了变化，从传统的使学生理解算理、算法，掌握计算法则，通过一定的训练形成计

图 2-10

图 2-11

图 2-12

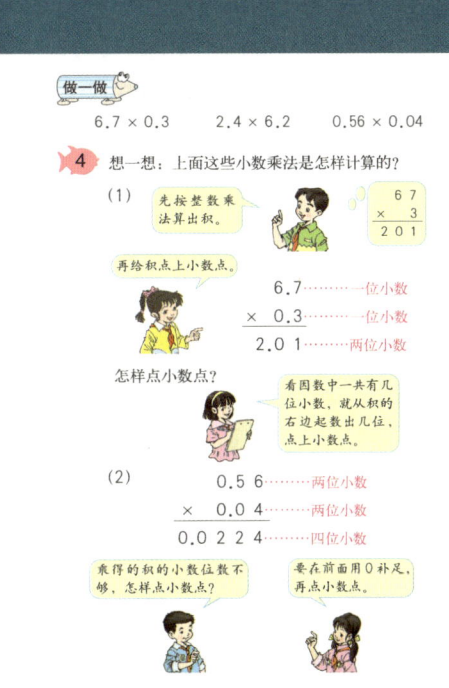

图 2-13

算技能，转移到使学生首先理解计算是帮助人们解决问题的工具，只有在解决问题的具体情境中才能真正体现出它的作用。所以，应该把计算与实际问题情境联系起来，将计算作为解决问题的一个组成部分，这样才能使学生较为深刻地理解为什么要计算，知道什么时候选择什么方法进行计算更合理。所以教学的顺序应是：先使学生产生进行计算的需要，接着选择一种合适的计算方法；再根据实际问题对计算结果的要求、数据的情况选择合适的计算方法。这样使学生逐步形成灵活的计算能力，发展良好的数感。

2. 提供关于物体空间关系的更丰富的内容和素材，发展学生的空间观念。

小学阶段空间与图形教学的主要目标是发展学生的空间观念。学生生活的世界和所接触的事物大都与图形和空间有关，良好的空间观念是学生数学素养的重要内涵。学生形成了良好的空间观念，不仅可以从形状上去认识周围事物，把握事物的特征，描述事物间的关系，而且也为进一步发展各种能力奠定了基础。根据这一观点，本套实验教材在编排上采取的措施是：

（1）提供关于图形与空间的更丰富的内容和素材。例如，一年级增加了"位置"和"图形的拼组"两个单元的教学内容。通过对空间方位概念的体验和理解，对所学图形特征及其图形间关系的感知，逐步发展学生的空间观念。二年级增加了"观察物体""图形与变换"两个单元的教学内容。使学生能辨认从不同位置观察到的简单物体的形状，发展学生的空间观念；理解平移、旋转现象，学会对一个简单图形沿水平方向、竖直方向平移的方法，初步感受变换的数学思想方法。

（2）设计了丰富多样的探索性操作活动。让学生在各种操作、探索的活动中，观察、感知、猜测、感受空间方位的含义及其相对性，图形之间的关系与变化的奇妙，激发学生探索数学的兴趣，发展学生的创新意识。例如，一年级下册对平面图形间关系、立体图形间关系的探索活动。二年级下册设计了"拉一拉""拼一拼""转一转"以及实践活动"剪一剪"（图2-14）等一些既具探索性又生动设计有趣的操作活动。

（3）根据儿童的已有经验和兴趣特点，设计了大量的观察、操作、游戏等活动。设计那些学生能亲自参与又有兴趣的活动，如一年级的布置房间，用长方形纸做圆筒，用三角形拼出美丽的图案等，丰富学生对空间方位与图形关系的感性认识；四年级设计了让学生制作"莫比乌斯带"的数学游戏（图2-15），安排了介绍"密铺"在生活中的应用，让学生感受几何的奇妙和几何美。

3. 加强统计与概率内容的教学，发展学生的统计观念，使学生逐步形成从数学的角度思考问题的思维习惯。

在信息社会和市场经济时代里，数据日益成为一种重要的信息。如何收集、整理、分析数据已成为每个公民必备的基本素质。小学阶段统计与概率的教学，主要是使学生逐步形成用随机的观点来理解现实世界，初步掌握收集、整理、描述和分析数据的方法，逐步形成统计的观念和数学分析的意识，提高

剪一剪

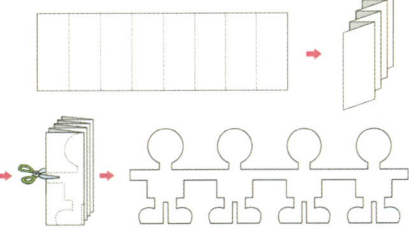

我只画半个人，就能剪出一串完整的来。

图2-14

数学游戏

神奇的莫比乌斯带

你会用纸条变魔术吗？取两根长方形的长纸条，把第一根纸条的两端粘贴在一起，形成一个环；把第二根纸条先捏着一端，将另一端扭转180°，再粘贴起来，也形成一个环。第二个环有很多神奇的地方，不信，我们来试验一下！

第一个环有几个面？有几条边？第二个环呢？用彩色笔涂一涂，看能不能一次连续不断地涂完第二个环的整个面。

拿一把剪刀，沿着第二个环的中线剪开纸环，你有什么发现？

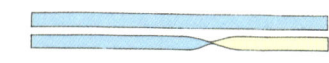

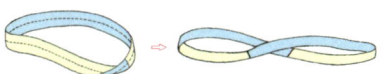

如果沿着第二个环离边缘 $\frac{1}{3}$ 宽度的地方一直剪下去，你会有什么发现？

你知道吗？这个神奇的纸环叫做莫比乌斯带，它是德国数学家莫比乌斯在1858年发现的。莫比乌斯带在生活中和生产中都有应用。例如，机器上的传动带就可以做成"莫比乌斯带"状，这样传动带就不会只磨损一面了。

图2-15

解决问题的能力。统计观念的含义主要是：数据的收集、记录和整理能力；对数据的分析、处理并由此做出解释、推断与决策的能力；对数据和统计信息有良好的判断能力。

本套实验教材在这方面采取的措施是：

（1）从低年级开始教学统计知识。从一年级开始安排统计的教学，以后的各年级都联系学生的生活实际安排了统计或概率的教学内容。例如，从一年级下册开始正式教学统计。例1（固定数据的收集）先让学生收集各种颜色的花各有多少盆的数据，进行简单的分析；例2（随机出现的数据的收集）再调查本班学生喜欢什么颜色，对所收集的数据进行整理和分析。让学生经历了数据的收集、整理、描述和分析的过程，不仅学习了收集和整理数据的简单方法，初步认识简单的统计图表，而且初步感受到了用统计方法解决问题的过程，为形成统计观念打下基础。

（2）加强对统计的意义和作用的教学。让学生经历数据的收集、整理、描述和分析的过程，加强对统计数据分析的教学和根据统计结果做出预测的教学，使学生初步体会统计对判断、决策的作用。为了让学生认识统计的作用，加深对统计意义的理解，实验教材注意结合实际情境，使学生理解在日常生活中为什么要使用统计，进一步体会统计的意义。例如，五年级下册的折线统计图的教学，使学生初步体会折线统计图的特点，并进一步体会统计在现实生活中的作用——预测与决策（图2-16）。"平均数"的教学，改变了以往把教学重点放在平均数的含义和求法上，而对平均数在统计学上的意义和作用很少提及。实际上，平均数作为反映一组数据的集中趋势的量，是统计学中应用最普遍的概念之一，它既可以描述一组数据本身的总体情况，也可以作为不同组数据比较的一个指标。

（3）让学生学习初步的概率知识。社会经济生活活跃，信息量大，人们生活中遇到大量的含有概率知识的事物、信息。例如：降水概率、中奖率等。概率知识的运用也是解决问题的有效方法。小学阶段教学简单的概率知识，其主要的教学目标是：通过实验活动让学生体验事件发生的等可能性，会求一些简单事件发生的可能性大小，对简单事件发生的可能性作出预测。实验教材的编排，在第一学段（三年级上册）教学不确定现象，选取学生熟悉的生活情境作为教学素材，使学生初步体验有些事件的发生是确定的，有些则是不确定的；能够列出简单实验所有可能发生的结果，知道事件发生的可能性是有大小的，能对一些简单事件发生的可能性做出描述。在第二学段（五年级上册）教学可能性，设计了学生经常进行的各种游戏，通过操作、实验、研讨，让学生了解游戏规则中蕴含的数学问题，讨论其游戏规则的公平性，从而丰富对事件发生的等可能性的体验（图2-17），形成对这一抽象概念的正确的理解，会求一些事件发生的可能性；能对简单事件发生的可能性做出预测，进一步体会概率在现实生活中的作用。

做一做

李欣和刘云为了参加学校运动会1分钟跳绳比赛,提前10天进行训练,每天测试成绩如下(单位:次)。

成绩\姓名\第几天	1	2	3	4	5	6	7	8	9	10
李 欣	152	155	158	160	157	159	162	165	165	167
刘 云	153	154	159	155	160	164	158	162	160	165

根据下面的统计图,回答问题。

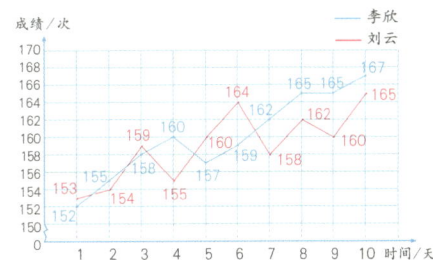

(1) 李欣和刘云第1天的成绩相差多少?第10天呢?
(2) 李欣和刘云跳绳的成绩呈现什么变化趋势?谁的进步幅度大?
(3) 你能预测两个人的比赛成绩吗?
(4) 你还能发现什么?

128

图2-16

图2-17

4. 根据学生年龄特点和已有的知识经验设计实践与综合应用活动，培养解决问题能力和实践能力。

注重应用意识和实践能力的培养，是当前数学课程改革的要点之一。小学数学教学，不仅要使学生理解掌握数学知识，培养数学能力，而且应该尽量让学生了解数学知识的来源与用途。基于这一观点，让学生参与一定的含有数学问题的实际活动，在解决问题的探索过程中应用数学，就成为培养应用意识和实践能力的有效措施。

设计实践活动的内容和形式要符合学生的年龄特点和已有的知识经验，我们设计实践与综合应用活动的基本原则是：

（1）低年级采用模拟现实活动与数学游戏相结合的形式。数学游戏，例如一年级上册的"数学乐园"，一年级下册的"摆一摆、想一想"；模拟现实活动，例如一年级下册的"小小商店"。由于低年级学生掌握的数学知识比较少，接触社会的范围也比较窄，低年级教材选择学生在日常生活中经常遇到的活动内容，既可以给学生以亲切感，也有利于逐渐培养学生从实际生活中提出数学问题的意识。这些专门的实践活动为学生提供了包含着一些数学问题的现实背景，学生在活动中学习运用数学知识解决问题，使其实践能力得到培养；同时使学生感受数学与日常生活的密切联系，逐步学会用数学的眼光去观察和认识周围的事物，使其数学能力、数学应用意识、与人合作及交流意识得到培养和发展。

（2）中年级注重探索解决简单的实际问题。例如，三年级下册的"设计校园"（图2-18），四年级上册的"营养午餐"，让学生学习用数学方法解决一些简单的实际问题。通过小组合作的探究活动，运用所学的数学知识，动手实践解决问题，培养他们探索用数学解决问题的兴趣和动机，提高实践能力和解决问题能力。

（3）高年级注重知识的综合应用，让学生通过与人合作综合运用所学知识解决实际问题。

例如，五年级上册的"量一量，找规律"（图2-19），五年级下册的"打电话"，让学生通过小组合作的探究性活动，综合运用所学的数学知识，动手实践解决问题，让学生体会解决问题策略多样化，逐步提高数学思维能力和解决问题的能力，培养他们探索数学问题的兴趣和发现、欣赏数学美的意识。

5. 注重培养学生初步的应用意识和用数学解决问题的能力。

解决问题是义务教育阶段数学课程的重要目标之一，因此解决问题教学在数学教学中有着重要的作用。它既是发展学生数学思维的过程，又是培养学生应用意识、创新意识的重要途径。本套实验教材采取的措施是：

（1）结合各部分知识的教学，安排应用所学数学知识解决实际问题的教学内容。

本套教材注意结合各部分教学内容，提供应用所学知识解决问题例题或练习。当然主要的是结合计算教学安排解决实际问题的教学，体现在计算教学从实际问

图 2-18

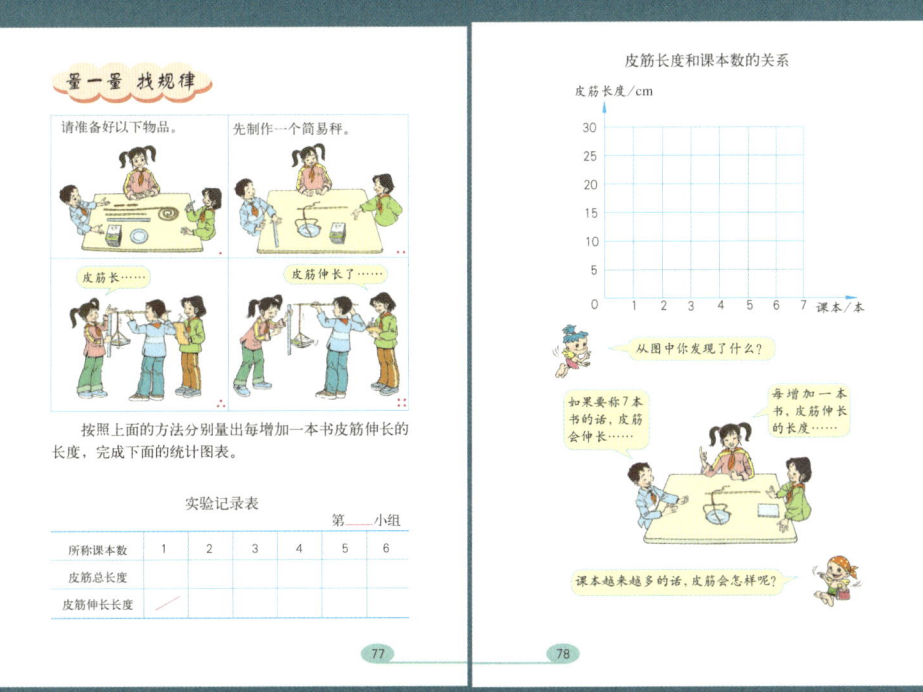

图 2-19

题引入。学生掌握了计算方法以后，出现现实的问题情境，通过探索提出问题，再应用计算知识来解决。这样就使解决问题与计算教学内容有机地结合起来。

教材设计注意了以下几点：

①注意选择与学生生活背景有关的素材与情境，为学生发现数学问题、探索数学问题提供丰富的生动有趣的资源。例如，设计了学校生活活动，如课堂活动、做值日、运动会、卫生评比、参观博物馆等；课外活动，如逛庙会、秋游、购物等活动中碰到的数学问题。

②注意培养学生从生活中发现并提出简单的数学问题的能力。例题或练习题插图一般展示了一个含有数学问题的现实情景，使学生体会到现实生活中存在着许多数学问题。题目中只明显出现一个条件和问题，另一个条件需要学生自己去寻找。使学生初步体会一个数学问题是怎样提出来的、是如何解决的。

③创设启发学生独立思考、自主发现的问题情境，让学生通过观察操作、讨论交流，探索解决问题的方法。有的情境表现了不同的学生想出了不同的解决办法，使学生了解同一问题可以有不同的解决办法。有的情景图中蕴含有解决一个问题的多种信息，揭示了可以选择不同的信息，采用不同的解题策略。教材还注意安排了少量具有探索性和开放性的题目，使学生初步体会可以从多个角度思考问题，以寻求多个解答的方法和答案。

（2）对于一些用特殊方法的解决问题，也结合计算教学单独出现例题进行教学。例如，三年级下册的"解决问题"单元，安排了需要应用乘除法知识解决的实际问题，并呈现了不同的算法。五年级上册"小数除法"单元中的解决问题小节，安排了有特殊数量关系的连除问题和根据实际情况用"进一法"和"去尾法"取商的近似值的问题（图2-20），一方面进一步巩固小数除法，另一方面培养学生灵活解决问题的能力。

6.安排数学思维训练的内容，有步骤地渗透数学思想方法，培养学生数学思维能力。

数学学习不仅可以使学生获得参与社会生活必不可少的知识和能力，而且还能有效地提高学生的逻辑推理能力，进而奠定发展更高素质的基础。因此，培养学生良好的数学能力是数学教学要达到的重要目标之一。本套实验教材总体设想之一是：系统而有步骤地渗透数学思想方法，尝试把重要的数学思想方法通过学生可以理解地简单形式，采用生动有趣的事例呈现出来。同时，我们认为，运用数学解决问题，不仅仅是解决实际问题，还需要为学生提供在数学范畴之内已经符号化了的问题，以便学生发展数学思维能力，学习数学思想方法。因此，从一年级下册教材开始，我们尝试系统地渗透数学思想方法，安排一些探索纯数学问题的内容，如在一年级下册安排的"找规律"单元，是探索给定图形或数字中简单的排列规律。四年级下册安排的"植树问题"单元，是探索不同类型中的植树问题中隐藏的数学模型。六年级上册安排的"鸡兔同笼"单元（图2-21），是通过不同的方法探索古题中的数学问题。这些教学内

(1) 小强的妈妈要将2.5千克香油分装在一些玻璃瓶里,需要准备几个瓶?

每个瓶最多可盛0.4千克。

$2.5 \div 0.4 = 6.25$(个)

$6.25 \approx 6$,需要6个瓶子。

6个瓶子只能装2.4千克,需要准备7个瓶子!

(2) 王阿姨用一根25米长的红丝带包装礼盒。每个礼盒要用1.5米长的丝带,这些红丝带可以包装几个礼盒?

$25 \div 1.5 = 16.666\cdots\cdots$(个)

想一想:包装17个礼盒,丝带够吗?

答:这些红丝带可以包装_____个礼盒。

在解决实际问题时,要根据实际情况取商的近似值。

做一做

张老师带100元去为学校图书室买新词典,他可以买回几本词典?

图2-20

7 数学广角

大约一千五百年前,我国古代数学名著《孙子算经》中记载了一道数学趣题,这就是著名的"鸡兔同笼"问题。

这道题的意思就是:

笼子里有若干只鸡和兔。从上面数,有35个头,从下面数,有94只脚。鸡和兔各有几只?

这个问题你能解决吗?

图2-21

容既具有挑战性又具有趣味性，有利于学生主动地进行观察、实验、猜测、验证、推理与交流，初步感受数学的思想方法，受到数学思维的训练，同时培养他们探索数学问题的兴趣和发现、欣赏数学美的意识。本套实验教材数学思想方法渗透的安排如下表。

表2-12　数学思想方法内容安排

册别	内容
一年级上册	一一对应、分类
一年级下册	找规律——探索给定图形或数字中简单的排列规律
二年级上册	简单的排列组合和逻辑推理
二年级下册	找规律——探索图形和数列的排列规律
三年级上册	排列、组合——找出简单的排列组合数
三年级下册	简单的集合、等量代换思想
四年级上册	简单的运筹学思想
四年级下册	简单的植树问题
五年级上册	简单的数字编码思想
五年级下册	简单的找次品问题
六年级上册	鸡兔同笼问题
六年级下册	简单抽屉原理

二、北师版

北京师范大学出版社编写出版的《义务教育课程标准实验教科书 数学》主要特点有：

（一）重视学生的生活经验，密切数学与现实的联系

重视学生生活经验，让学生在已有的知识和经验的基础上建构新的知识，已成为当前国际数学课程改革的基本认识。同时，在现实生活中，学生可以广泛地接触到数、量、空间、图形、可能性、关系等丰富的数学世界，实验教材力图使学生从生活经验和客观事实出发，在研究中学习数学、理解数学和应用数学。例如，三年级下册"旅游中的数学"就是以学生熟悉的春游、秋游等生活情境引入，解决租车、用餐、游览等实际问题（图2-22）。

（二）确立学生的主体地位，创造良好的课程环境

实验教材提供了大量供学生进行观察、操作、实验及独立思考的素材，进而通过学习者群体的讨论和交流，让学生自己在数学实践活动中，理解和应用数学的知识、思想和方法，而不是单纯地依赖教师的讲解去获得。例如，三年级下册让学生在比较面积大小的活动中，通过各种不同的操作活动理解面积的意义，并体会度量的含义（图2-23）。

图2-22

图2-23

（三）倡导多样化的学习方式，培养学生的创新意识

为改变单一的学习方式，实验教材除了安排一些必要的陈述性的学习内容外，同时提供了大量的便于开展动手实践、自主探索以及合作交流等学习方式的素材。通过数学问题的探索性、题材形式的多样性、信息呈现的选择性与解决问题策略的多样性（图2-24），发展学生的创新意识和实践能力。

（四）关注学生的情感体验，创设宽松和谐的学习氛围

实验教材通过多种途径创设宽松的学习氛围。例如，引入学生喜闻乐见的卡通人物"淘气""笑笑"和"智慧老人"，设计了一个个引人入胜的情境，激发学生的好奇心。学生在与卡通人物共同学习的过程中，将获得积极的情感体验。为了让学生获得成功感，实验教材在设计问题时，充分考虑到不同学生的不同情况，很多问题的解答都有一定的弹性，使每位学生在解决问题的过程中都能获得成功感。实验教材还设计了"数学故事""数学万花筒""你知道吗"等小栏目，这些小栏目既可以让学生感到数学学习有趣，又可以让学生通过讲数学故事增强数学与其他学科的联系。

三、苏教版

江苏教育出版社编写出版的《义务教育课程标准实验教科书 数学》主要特点有：

（一）正确处理数学知识的逻辑性与学生认知阶段性之间的关系

本套教材既充分考虑数学知识自身的逻辑线索，又十分关注学生的年龄特征，通过数学知识的纵向螺旋式编排及横向跨领域交叉，并以数学思想方法为暗线整体贯穿其中，努力实现数学教材的知识结构与学生认知结构的有机结合。

1. 纵向螺旋式编排教学内容。教材遵循学生的心理发展规律，顺应学生的数学思维水平，创造性地从直观、易于感知的三维立体图形切入，并借助立体图形初步认识两维的平面图形，进而认识一维的线段、直线和射线。随着学生思维水平的提高，在进一步认识图形时，教材的编排则与初步认识图形相反，由一维的线到二维的平面图形，再到三维的立体图形。

2. 横向交叉沟通各领域知识。首先，本套教材适当设置小单元，把数与代数、空间与图形、统计与概率领域的内容交叉安排，使不同领域的内容有机融合、相互支持。其次，将不同领域的内容结合起来教学。比如"放大和缩小"与"比例"分属空间与图形、数与代数两个领域（图2-25），但"放大和缩小"是图形的各部分按比例发生变化，这种变化既直观形象，又能使学生感悟比例的内涵。教材整合这两个内容，借助图形的缩放引入比例的概念，又借助比例加深对图形缩放的理解。最后，每册教材都安排了一定数量的"实践与综合应用"，进一步沟通各领域内容的横向联系，引导学生

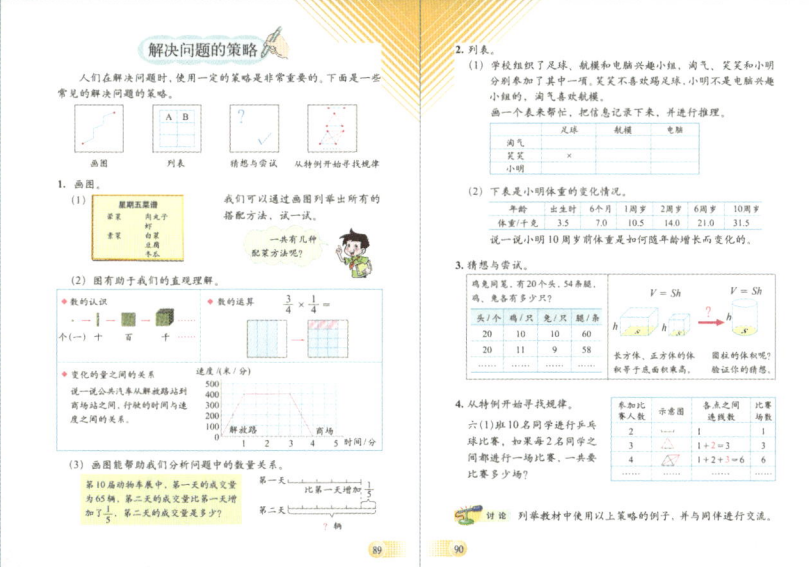

图2-24

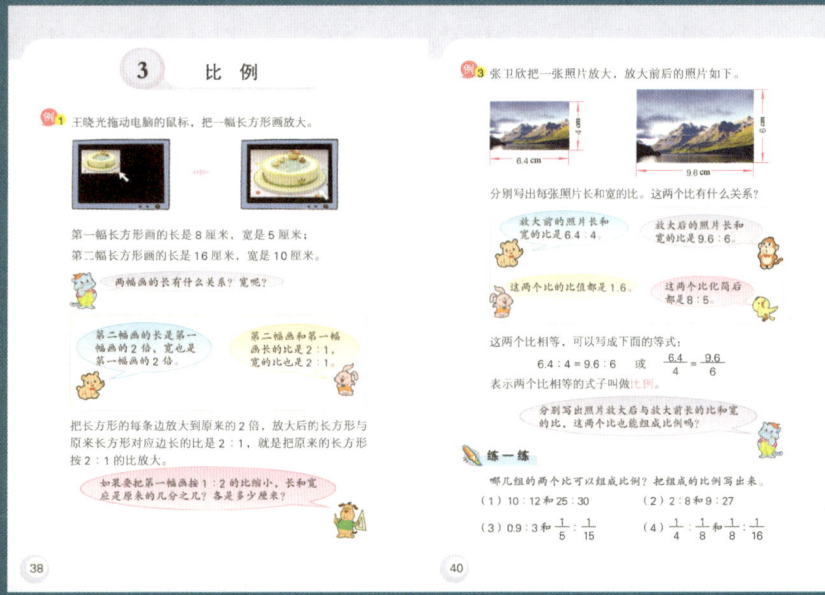

图2-25

综合运用数学知识和方法解决问题，锻炼实践能力，体会数学与生活的密切联系。

3. 循序渐进安排数学练习。教材在编排习题时尽量处理好质与量的关系，注意练习的针对性和实效性，务实地设计与编排基本练习、对比练习、综合练习、发展练习，有坡度、有层次，促进学生沟通新学知识与已有知识之间的联系，逐步完成认知建构，强化知识，形成技能，锻炼思维，并将数学知识广泛应用于生活实际。

（二）正确处理数学知识的抽象性与学生思维形象性之间的关系

本套教材针对数学知识的抽象性与学生思维形象性之间的矛盾，精心选择素材，选用合适的呈现方式，激发学生的学习兴趣，调动学生学习的积极性，引发学生主动思考，帮助他们真正理解和掌握数学知识。

1. 数学题材的现实性。来源于学生现实生活的、熟悉的素材，有助于学生借助具体形象的"生活经验"实现对抽象数学知识与方法的初步理解，并为后续抽象的数学思考奠定基础。教材不仅选择诸如购物、交通等学生日常生活中触手可及和感兴趣的素材，还选择自然、社会、科技等领域与人类生活息息相关的素材，以激发学生的好奇心、开阔他们的视野。教材还关注农村学生的现实生活，通过养鸡场、养蚕、割草等场景引导学生解决相关的实际问题，提高数学教材对乡村的普遍适用性，帮助他们树立学好数学的信心（图2-26）。

2. 呈现形式的直观性。教材改变了单一化的问题呈现形式，场景、表格、图片加上必要的文字叙述构成了数学问题呈现的主要形式，而且年级越低，相应的文字越少，直观具体的画面所占比例则越高。多样化、形象直观的呈现形式，将学生带入一个丰富、真实、生动的数学世界，有效地缓解了数学知识的抽象性与学生思维形象性的矛盾，有利于促进学生的数学学习。

3. 学习方式的适切性。教材在处理抽象的数学知识时，注意组织学生从直观入手，通过动手实践引发思考，支撑理解。如"认识分数"是小学阶段数学学习的难点之一。教材在第一学段认识分数时，独创性地将其分散在三年级的两册教材中，并以直观操作驱动学生的思维活动，在分蛋糕的情境中有意义地建立 $\frac{1}{2}$ 的概念，再通过折纸的操作活动探索 $\frac{1}{4}$ 和 $\frac{1}{8}$ 的含义，并体会它们的大小，从而帮助学生初步理解分数的含义，为第二学段抽象概括分数的意义奠定坚实的基础。

（三）正确处理数学知识的确定性与学生学习多样性之间的关系

1. 清晰的活动线索。本套教材在关注确定的数学结论的同时，更关注学生数学学习的过程，注重提供数学知识发生、形成、发展及应用的清晰线索，在开放的学习过程中获得对结果更为深刻的认识的理解。

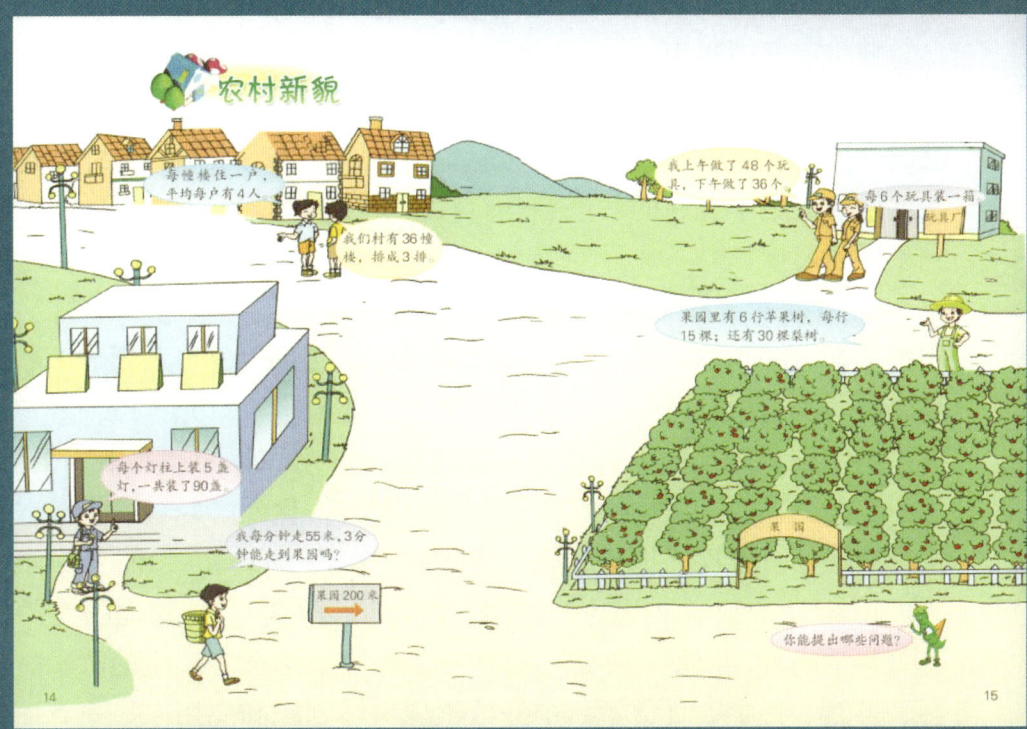

图2-26

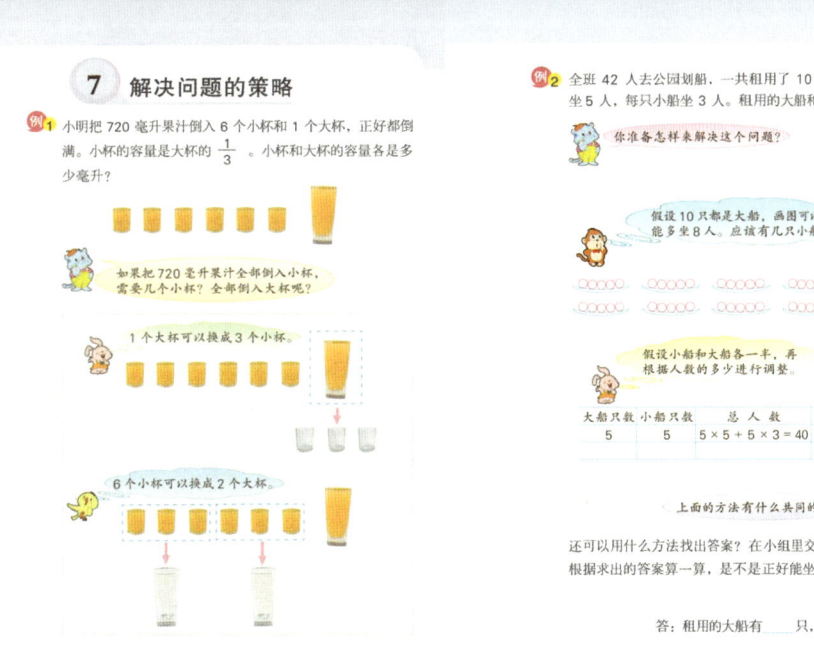

图2-27

2. 弹性的学习空间。一方面，教材从问题的设置、活动线索的安排上给教师的教与学生的学留下了很大的创造与发挥空间。例如，有些结论并不是直接呈现，而是通过引导学生观察和思考，使学生有可能借助自己的独立思考获得相应的理解。另一方面，教材还借助思考题的编排，进一步增强教材的弹性，真正发挥教材因材施教的功能，使学有余力的学生可能在知识的拓展、方法的延伸、数学思想的领悟等方面有新的收获，真正实现不同的人在数学上得到不同的发展。

3. 多样的解题策略。教材注重结合有关内容，有意识地教学一些解决问题的基本方法和策略，让学生在解决问题的过程中逐步积累、不断体验。在中高年级的教材中，还独立设置"解决问题的策略"单元，以一些常用的和现实有趣的问题为载体，有计划地引导学生在解决问题的过程中感受并学习综合、分析、画图、列表、枚举、假设、转化等多样化的解题策略，增强学生使用和选择策略的自觉性，提高解决问题的能力（图2-27）。

4. 丰富的数学文化。一方面，教材通过开辟"你知道吗？"栏目，结合有关教学内容，向学生介绍一些数学史料、数学概念产生的背景材料，以及社会、自然、科学、日常生活中的数学现象、问题和应用。另一方面，教材还结合具体的教学内容与过程，使学生感受数学内容的确定性、数学方法的科学性和数学思维的严谨性等。丰富的数学文化，开阔了学生的视野，满足学生数学学习多样化的需求。

总的来说，实验教材的各个版本都体现了《标准（2001）》的新理念，符合小学生学习数学的规律和特点，坚持科学性和人文性的统一，坚持学科性与生活性的统一，有助于改善学生的学习方式，有助于学生掌握数学的基础知识、基本技能、基本思想，积累基本的数学活动经验，提高学生的数学素养。

2.2.2　2012年以后的小学数学教材

一、教育发展与改革背景

进入21世纪，世界政治、经济、文化、科技等发生了很大的变化，我国经济和科技也取得了显著成就，教育改革也随之启动。2001年，义务教育阶段的新课程开始进行试验，试验区的经验进行总结推广，之后义务教育阶段的新课程全面实施。

2001年7月，教育部召开全国基础教育课程改革实验工作会议，全面启动新课程的实验工作，确定了新课程实验的总体目标和工作策略，全面部署基础教育课程改革的实验推进和师资培训工作。国家和省市两级先后进行新课程实验并逐步扩大试验范围，确立了"先立后破、先实验后推广、滚动发展、分步实施"，以县为单位推进新课程实验的策略。2001年秋季，首批38个国家级课程改革实验区（县区）进入新课程实验，参加新课程实验的小学一年级学生约27万，约占同年级学生数的1%，初中一年级学生约11万，约占同年级学生数的0.5%；2002年，各省根据本省情况确定省内改革实验规模，全国总计有570个县区进入新课程实验，小学一年级约有20%的学生、初中一年级约有18%的学生参加新课程实验。2003年，又有1072个县区进入新课程实验，参加新课程实验的学生总数占同年级学生数的40%~50%，加上2001年和2002年的实验区，全国共有1642个实验区，3500万中小学生使用新课程。

2005年秋季，小学、初中的起始年级原则上都进入新课程，课程改革进入全面推广阶段。2005年，教育部启动"新课程网络教研"项目，2006年开始持续组织暑期数万名骨干教师同时在线学习的"中小学教师新课程国家级远程研修"活动。几年间，地方、学校、民间组织发起的各种各样网络学习、博客、播客、虚拟空间受到广大教师的追捧，已经成为教师们相互交流经验、解决日常教学问题的重要方式之一。

新《中华人民共和国义务教育法》由第十届全国人民代表大会常务委员会第二十二次会议于2006年6月29日修订通过，自2006年9月1日起施行。新《义务教育法》由原来的18条增至63条。新增内容基本涉及社会普遍关注的重点、难点问题，包括贯彻国家教育方针和提高教育质量问题，义务教育的公平公正和均衡发展问题，家庭贫困学生，进城务工农民子女，残疾儿童平等受教育权问题，以及课程和教科书问题等。新《义务教育法》第一次在法律中提出了素质教育的概念，对在义务教育阶段贯彻实施素质教育提出了具体的要求，第三十八条至第四十一条是有关教科书的规定。第三十八条：教科书根据国家教育方针和课程标准编写，内容力求精简，精选必备的基础知识、基本技能，经济实用，保证质量。国家机关工作人员和教科书审查人员，不得参与或者变相参与教科书的编写工作。第三十九条：国家实行教科书审定制度。教科书的审定办法由国务院教育行政部门规定。未经审定的教科书，不得出版、选用。第四十条：教科书由国务院价格行政部门会同出版行政部门按照微利原则确定基准价。省、自治区、直辖市人民政府价格行政部门会同出版行政部门按照基准价确定零售价。第四十一条：国家鼓励教科书循环使用。

2010年6月21日，中共中央政治局召开会议，审议并通过《国家中长期教育改革和发展规划纲要（2010—2020年）》并于2010年7月29日正式全文发布。这是中国进入21世纪之后的第一个教育规划，是今后一个时期指导全国教育改革和发展的纲领性文件。主要内容包括：推进素质教育改革试点、义务教育均衡发展改革试点、职业教育办学模式改革试点、终身教育体制机制建设试点、拔尖创新人才培养改革试点、考试招生制度改革试点、现代大学制度改革试点、深化办学体制改革试点、地方教育投入保障机制改革试点以及省级政府教育统筹综合改革试点等10个方面。其中，第四章第十条规定："（十）减轻中小学生课业负担。过重的课业负担严重损害儿童少年身心健康。减轻学生课业负担是全社会的共同责任，政府、学校、家庭、社会必须共同努力，标本兼治，综合治理。把减负落实到中小学教育全过程，促进学生生动活泼学习、健康快乐成长，率先实现小学生减负。"在具体操作上则要求：调整教材内容，科学设计课程难度。

教育部围绕义务教育新课程实施效果和质量开展了多项调研活动。在调研的基础上，教育部组织专家开展义务教育各学科标准的修订工作，2011年12月教育部《关于印发义务教育语文等学科课程标准（2011年版）的通知》颁布了十九个学科的义务教育阶段课程标准2011年版。

二、课程概要

（一）学制、小学数学课程设置与课程标准

2001年11月，教育部颁发了供实验区使用的《义务教育课程设置实验方案》全国实行九年义务教育制度，小学学制为六年制，一至三年级为第一学段，四至六年级为第二学段。少数农村地区，由于教学条件限制实行五年制。这个课程设置方案以均衡设置课程、加强课程综合性、加强课程的选择性等为原则，除开设学科课程之外，规定地方与学校课程的课时和综合实践活动的课时共占总课时的16%~20%。六年制小学开设数学课程，各个年级的周课时不做具体要求，只是给出了每一年所有学科的总课时和九年所有学科的总课时，可以推算出数学课程九年总课时为1238—1428，小学一至六年级周课时大概为4、4、5、5、5、5。2013年教育部的工作要点提出要修订《义务教育课程设置实验方案》，目前修订后的课程设置方案仍未出台。

2005年3月的两会期间，多名人大代表、政协委员联名提案要求立即停止数学课程标准的实验工作，有关提案人呼吁：数学课程标准破坏了上千年的数学体系，教师不好教、学生不好学，数学教学质量严重下降。为回应主要来自数学界的反对声音，教育部紧急重新组建数学课程标准修订工作组，着手义务教育阶段数学课程标准的修订工作。2005年6月，修订工作启动，标准修订组分成三个小组对天津、广东、宁夏、吉林、陕西、山东、重庆、江苏、河北、北京、浙江、海南等12个省（自治区、直辖市）的教师进行了问卷调查，并到海南海口、广东韶关、山东青岛、江苏无锡、陕西咸阳、宁夏灵武等6个省、自治区的12个实验区进行实地考察，在中小学听课，组织座谈会等，与中小学教师进行交流。了解对数学课程标准实验的情况和修改建议。

修订组对美国、德国等国家在数学教育方面新的研究成果，及我国香港和台湾地区数学课程新的研究进展开展了比较研究。课标修订过程中，修订组共召开12次修订研讨会，其中9次全体成员讨论会，3次部分成员讨论会。

2010年4月25日，针对最后一次征求意见所提出的建议，在北京进行了全面梳理和重点修改，最终形成了《标准（2011）》并于2011年12月28日正式颁布。

《标准（2001）》与《标准（2011）》的框架比较分析如下。

表2-13 《标准（2001）》与《标准（2011）》的框架比较分析表

		《标准（2001）》		《标准（2011）》	
第一部分	前言	前言 一、基本理念 二、设计思路		前言 一、课程性质 二、课程基本理念 三、课程设计思路	
第二部分	课程目标	一、总体目标 二、学段目标	知识与技能	一、总目标 二、学段目标	知识技能
			数学思考		数学思考
			解决问题		问题解决
			情感与态度		情感态度
第三部分	内容标准	第一学段	数与代数 空间与图形 统计与概率	第一学段	数与代数 图形与几何 统计与概率 综合与实践
		第二学段		第二学段	
		第三学段	实践活动 综合应用 课题学习	第三学段	
第四部分	课程实施建议	第一学段	教学建议（附有案例） 评价建议 教材编写建议（附有案例）	教学建议 评价建议 教材编写建议 课程资源开发与利用建议	
		第二学段			
		第三学段			
	课程资源的开发与利用			附录1：有关行为动词的分类 附录2：内容标准及实施建议中的实例	

《标准（2011）》与《标准（2001）》相比，在结构上有以下调整。第一，重新撰写"前言"。第二，"内容标准"中三个学段的第四个知识领域统一为"综合与实践"，突出对知识的综合应用，将"空间与图形"改称为"图形与几何"。第三，整合三个学段的"实施建议"，将原来分三个学段撰写的实施建议进行了整合，三个学段统一撰写了教学建议、评价建议和教材编写建议，并增加了课程资源开发与利用建议。第四，将"行为动词"和"案例"等统一放入附录。

进一步明确并统一三个学段数学课程的四个部分，即数与代数、图形与几何、统计与概率、综合与实践的目标与内容，较为详尽地阐述了有关学生数学素养的核心词，主要有数感、符号意识、空间观念、几何直观、数据分析观念、运算能力、推理能力、模型思想，以及应用意识和创新意识等，便于教师理解和把握课程内容的核心思想。

《标准（2011）》在基本理念与课程目标上也有变化。第一，对数学的意义、数学教育作用的表述做了调整，对《标准（2001）》的基本理念做了修改，力图使得表述更加准确、易于理解、便于实施。如将数学课程的性质与目标表述为，"义务教育阶段的数学课程要面向全体学生，适应学生个性发展的需要，使得：人人都能获得良好的数学教育，不同的人在数学上得到不同的发展"。第二，课程目标的总体设计仍然保持总体目标和学段目标的结构。《标准（2011）》明确提出"四基"：通过义务教育阶段的数学学习，学生能"获得适应社会生活和进一步发展所必须的数学的基础知识、基本技能、基本思想和基本活动经验"。基本知识和基本技能是中国数学教育的"双基"传统，基本思想和基本活动经验是数学素养的重要标志，应当重视其研究和落实。此外，《标准（2011）》将原来总目标中四个方面的"解决问题"改为"问题解决"，更突出学生的问题意识以及解决问题的综合能力的培养，强调学生在具体的情境中发现问题、提出问题，提高分析问题和解决问题的能力。修订稿明确提出"发现问题、提出问题"能力的培养。

《标准（2011）》内容标准的变化体现为：将义务教育阶段数学课程内容分"数与代数""图形与几何""统计与概率"和"综合与实践"四个方面。具体地，《标准（2011）》与《标准（2001）》的"数与代数"部分在内容结构上没有变化，第一学段是"数的认识、数的运算、常见的量、探索规律"，第二学段是"数的认识、数的运算、式与方程、正比例和反比例、探索规律"。"图形与几何"部分第一、二学段，《标准（2011）》与《标准（2001）》内容结构没有变化。《标准（2011）》对"统计与概率"内容结构做了较大的调整，使三个学段内容更加具有层次性。第一学段内容减少，主要是学会分类、会进行简单的数据搜集与整理；第二学段分为"简单数据统计过程"和"随机现象发生的可能性"两部分；第三学段分为"抽样与数据分析"和"事件的概率"两部分。这样的调整主要是因为在课程实施的过程中发现，《标准（2001）》第一学段对于统计与概率内容的要求按照学生现有的认知和理解水平，学习有困难。同时也造成了在第二、三学段内容的重复。调整后使统计与概率内容在三个学段的要求有明显区分，在难度上也表现出梯度。"综合与实践"内容做了较大修改。《标准（2011）》明确了"综合与实践"的内容和要求，明确"综合与实践"是一类以问题为载体，以学生自主参与为主的学习活动。"综合与实践"的教学目标是帮助学生积累数学活动经验，培养学生应用意识和创新意识。

（二）小学数学教科书的总体情况及特点

随着《标准（2011）》的颁布，根据教育部要求，配合《标准（2001）》的8套小学数学教科书均进行了修订，与《标准（2011）》配套的教科书2012年9月秋季学期正式出版。2011—2013年教育部开始组织教材送审工作，

2012年9月送审一年级，2013年送审二至三年级，2014年送审四至六年级。2013年北京出版社送审的《义务教育教科书　数学》（一至六年级）通过了全国中小学教材审定委员会审定，至此通过教育部审查的小学数学教科书增加到了9套。

《义务教育教科书　数学》一年级教材于2013年秋季开始供全国的小学选用，2014年替换二至三年级，2015年替换四至六年级。《义务教育课程标准实验教科书数学（一至六年级）》逐渐被《义务教育教科书数学（一至六年级）》取代，并于2014年停止出版印刷。

这一时期的教科书均是在深入研究国内外小学数学课程，特别是2001年来我国小学数学课程改革实践的基础上，以《标准（2011）》所阐述的基本理念、提出的课程目标和课程内容为依据，以培养学生的数学素养和努力促进他们全面、持续、和谐发展为宗旨，对全国中小学教材审定委员会初审通过的前一套实验教科书进行修订而成的。

三、有影响的代表性教科书总体介绍

（一）人教版《义务教育教科书　数学（一至六年级）》

为贯彻《中共中央国务院关于深化教育改革全面推进素质教育的决定》的精神，根据教育部颁布的《标准（2011）》，人民教育出版社课程教材研究所小学数学课程教材研究开发中心于2011年开始陆续研究编写了人教版《义务教育教科书　数学（一至六年级）》，并于2012—2014年陆续通过了全国中小学教材审定委员会的审查。

本套新教材是对原课程标准实验教科书进行了历时5年的修订研究后推出的。从2008年开始，教材研究者们认真总结实验教材的使用经验，搜集社会各界对教材的意见与建议信息；以科学严谨的态度，对重点和难点问题进行专题研究。一方面，探索、设计出有效的、可操作的路径或方式，落实《标准（2011）》提出的教育教学新理念和新要求，确实使学生获得"四基"，形成"四能"；另一方面，努力反映教师教学和学生学习的过程，突出关键点和启发性，体现学生学习、能力发展、思维发展等规律。对广大教师在过去十余年间所积累的鲜活经验进行提炼并融入教材中。通过这样的努力，新教材的质量得到了全面的提升，无论在外观还是在内容呈现、结构安排上都发生了一定的变化，主要有以下几方面。

1. 调整教材结构，使内容的编排更符合学生的认知规律。

根据课程标准内容与要求的变化和教材实验的结果，以及相关的教材修订研究，编者对教学内容的编排顺序进行了调整，使教材的结构发生了一定变化。因此，修订后的教材，数学知识的出现、教学的顺序更具逻辑性，更符合学生学习数学的认知规律。主要变化体现在以下方面。

数与代数部分，在二年级增加"混合运算"单元，将"有余数的除法"

移至"万以内数认识"之前等；图形与几何部分，在直观认识平面图形时增加了平行四边形，在三年级安排对长方形和正方形特性的认识，在初步认识角的概念后，接着让学生直观认识了直角、锐角、钝角，观察物体的内容安排了三个层次等；统计与概率部分，第一学段调整教学内容，降低教学要求，只分别在一年级下册、二年级下册、三年级下册安排统计的教学，第二学段才开始系统教学统计图表知识，使学生逐步形成数据整理和分析能力，学习如何利用数据分析、判断、预测去解决问题，"可能性"后移至五年级教学；综合与实践部分，调整或重新设计了主题活动。中低年级每册一般只编排一个主题活动，提高了活动的综合性和实践性，加强了对探索解决问题方法的引导，渗透数学思想方法。高年级每册一般编排两个主题活动，重在体现解决非常规问题的完整过程。新设计了"制作活动日历""探索图形"等主题活动，将"数字编码"从"数学广角"的内容改编为"综合与实践"的主题活动。

2. 系统设计"解决问题"教学编排，为实现"问题解决"的课程目标提供教学思路、发展线索和可操作的案例。

通过总结实验教材的使用经验，编者认识到，原实验教材编排未能为学生形成"四能"提供清晰的线索和有效的案例。因此，"让学生形成'四能'落到实处"是本次教材修订的重要目标和内容，并进行了专题研究，形成了基本思路。在修订后的教材中体现如下。

（1）结合各部分知识安排应用所学数学知识解决问题的内容。

在第一学段各册教材的主要教学单元，都安排了教学"解决问题"的例题；第二学段各册教材的大多数教学单元，也安排了教学"解决问题"的例题。这些丰富多样的运用所学数学知识解决问题的案例，不仅为培养学生"四能"提供了必要的资源，也有助于学生积累探索用数学解决实际问题有效策略的经验。

（2）循序渐进地提供解决问题的一般步骤，教给学生解决问题的基本方法。

我们认为，应从最简单的问题入手，通过循序渐进地解决一些不同类型的问题，帮助学生了解解决问题的一般步骤，学习解决问题的一般思路和方法。教材从一年级开始逐步地让学生学习并体会解决一个数学问题所要经历的步骤：理解现实的问题情境，发现要解决的数学问题—分析问题从而找到解决的方案并解决之—对解答的结果和解决的方法进行检验和回顾反思。在教材中的体现是：低年级教材一般用"知道了什么？""怎么解答？""解答正确吗？"提示解决问题的基本步骤；从三年级开始采用"阅读与理解""分析与解答""回顾与反思"提示。在解决一些需要动手操作的问题时，会采用更有针对性的提示语。如中间一步用"分析与操作"或"分析与画图"等（图2-28）。

图 2-28

（3）提供丰富的解决问题的方法，体现解决问题方法的多样性。

为了培养学生解决问题的能力，实现"解决问题"的课程目标，修订教材大大丰富了解决问题方法的教学内容。采取的主要措施，一是让学生通过解决不同的问题，学会根据不同的问题现实，自主选择解决问题的策略。例如，"表内乘法（一）"例7呈现的是画图的策略；"测量"例9呈现的是列表的策略；"多位数乘一位数"笔算乘法的例9呈现的是画线段图的策略；"四则运算"例5呈现的是先假设尝试再调整的策略；等等。二是许多例题呈现了不同思维水平、不同思考角度的解决问题方法。表达了尊重学生的发展现实，允许学生用适合自己的方法解决问题；也展示了不同的解决问题思路，使学生了解解决问题方法的多样性。

（4）运用所学知识解决问题教学内容的选择与编排，注意题材广泛、联系实际。

解决问题的内容结合各部分教学内容进行选择与安排，数的运算部分仍保留传统应用题内容中合理的部分，但又注意突破传统应用题教学内容的束缚。采用结合所学知识，根据学生的生活经验与思维水平，选择学生将会面对并能够解决的问题作为例题。例如，"有余数除法"安排了两个例题，一是用有余数除法知识解决简单的实际问题，二是将以前用按规律操作的方法来解决的问题用有余数除法来解决；"万以内的加法和减法（二）"安排的例题，是教学在什么情况下要用精确计算解决问题、什么情况下应用估算解决问题；"三角形"的例题是探索多边形内角和的问题；"小数乘法"的例题是解决分段计费的实际问题；等等。

（5）为学生发现数学问题、提出数学问题提供丰富的素材与情境。

怎样使小学生逐步学会用数学的眼光观察周围世界，发现与数学有关的问题并能提出数学问题？此次教材修订进行了一定的尝试。从低年级开始就在许多题目中提出"你发现了什么？""你还能提出什么数学问题？"，并安排了专门的题目，让学生利用情境图中的信息尝试提出数学问题并加以解决。

3. 加大渗透数学思想方法的力度，为学生积累数学活动经验提供更多的机会。

本次教材修订注重落实课程标准提出的"四基"课程目标。关于"获得数学的基本思想"，本套教材采取的措施有两个方面：一是在各个内容领域结合各部分知识的教学渗透数学的基本思想方法；二是在二至六年级的每册教材中单独设置"数学广角"单元，利用操作直观等手段渗透重要的数学思想方法。修订后的教材在各个内容领域的教学中加强对基本思想方法的训练，让学生逐步获得数学的基本思想。例如，计算教学都让学生经历探究方法—明确算理—总结算法的过程。在这一过程中，由具体题目的计算到一般方法的抽象概括，由对算理的感性认识上升到了对方法的理性认识，学生的抽象、推理等能力在总结计算法则、运用法则解决具体计算问题的过程中得到培养。此外，各册教材中的解决问题，注重引导学生分析数量关系，探索解决问题的数学模型。这些都是学生获得数学基本思想的丰富素材和有效途径。

在使学生"获得数学的基本活动经验"方面，除了以前教材中设置的探究学习活动（如探究三角形的内角和、圆的周长、面积计算公式等）外，还设计了更为丰富的教学活动，希望以此提示教师在课堂上多组织探究性学习活动，并尽量让学生参与其中，通过动手操作、探究活动等经历知识的形成过程，积累数学活动经验。例如，有余数除法增加了用小棒摆正方形的探究活动，通过对探究过程直观的、结构性的呈现，让学生自主发现余数要比除数小的道理。又如，平行四边形的不稳定性，教材让学生从两方面来体会：一是用一个吸管做成的四边形，向相反方向拉对角来体会；二是用吸管摆平行四边形，体会平行四边形的四条边确定了，但平行四边形不唯一。在习题中还设计了一些活动性比较强的活动，让学生有更多的机会应用数学知识，进行自主探索的实践。

4. 对估算教学内容和编排进行了调整，体现学习估算的意义和估算在解决问题中的作用。

针对实验教材在估算教学中存在的问题，编者对估算内容的编排进行了整体研究，形成了新教材估算内容编排的基本思想和内容安排的基本结构。

一是对原实验教材估算教学的内容进行调整。首先，估算教学的起点后移。正式的估算教学从原来的"100以内的加法和减法（二）"后移至"万以内数的认识"后。其次，改变了估算教学的主要载体。由主要结合四则运算教学估算，改为结合运用计算解决问题进行教学，从而将估算当作解决问题的一个有效策略。此外，在计算以外的教学单元，仍注意结合教学内容编排估算的应用。例如，"测量"单元中安排了估计距离的例题等。

二是重视估算方法多样化和估算策略的教学。估算即是"近似计算"，一般采用将算式中的数据看成整十、整百或整千的近似数，通过口算得到结果。近似数的选取通常用四舍五入法，有时也会用进一法和去尾法，具体的方法需要根据数据的特点和问题的情境灵活选择。修订后的教材注意呈现估算在解决问题中策略的多样性，并注意让学生体会估算策略中蕴含的不等式的性质。

5. 根据学生学习数学的实际需要，精心打磨学习和训练的案例，使学生形成合理的数学知识结构。

在每一部分具体内容的修订中，注意根据在实验教材使用中所发现的问题，进行具体的分析，并根据儿童学习数学的规律精心重组学习的案例、设计内容的呈现形式和展开过程；同时精心设计练习的层次和每一道练习题，体现学习规律和能力形成的规律，以便使学生形成合理的数学知识结构。

例如，"用字母表示数"，根据学生在前面的学习中已经接触到了用字母表示数,学习了用符号表示一个特定的数、用字母表示运算定律等,在此教材就不再从用字母表示特定的数、一般的数起步,而是直接从用含有字母的式子表示数量关系(即代数式)开始教学。用代数式表示数量关系是进一步学习代数知识的基本技能,但这对小学生来说,由于受以往学习习惯、思维方式的影响,起初的学习会有困难。因此,为了突破难点,教材加强了用字母表示数量关系的教学。在原有两个例题的基础上,增加了两个例题,给学生学习如何用含有字母的式子表示稍复杂数量关系的更多机会,为后面学习列方程解决实际问题作准备。

又如,分数乘法的编排,为了使学生更好地理解分数乘法的意义,新增加例题,借助直观图和已知的数量关系,使学生理解求一个数的几分之几是多少为什么可以用乘法计算的原理,从而降低了学生学习的难度,也使得分数乘法的知识系统化。再如,根据学生思维发展的特点和认知规律,系统调整了"数学广角"的具体内容。如在低年级增加了简单的"数独",在高年级增加了"数形结合"等内容,同时做了将"鸡兔同笼"迁移、"植树问题"后移等调整,使所出现的教学内容更有利于学生获得数学的基本思想方法,促进学生思维的发展。

6. 设置过程性评价版块,为学生提供自我反思与评价的机会。

修订后的教材在每单元学习结束时,为学生提供了反思与自我评价的版块"成长小档案";在全部学习结束后,安排了让学生对自己的学习状况进行自我评价的园地。"成长小档案"中的案例提示了让学生说一说自己对本单元学习的感想,一是回顾本单元的学习收获,感受自己知识和能力的成长;二是说一说在学习过程中有哪些有趣的或印象深刻的事,回味学习的乐趣。这样的安排,给学生提供了进行反思、归纳、整理体验的机会,有助于学生形成良好的学习习惯,增加学习数学的兴趣和信心。[①]

(二)北师版《义务教育教科书 数学(一至六年级)》

北师版《义务教育教科书 数学》是以《标准(2011)》的基本理念与具体内容目标为依据,编写的第四版教材。这套教科书在新修订的课程标准的背景下,更加重视学习目标的整体实现,以"情境+问题串"为基本呈现方式,力图实现课程内容的展开过程与学生的学习过程、教师的教学过程和课程目标的达成过程四位一体,从而促进学生不断经历"从头到尾"思考问题的过程,获得与其年龄特点相适应的、必要的基础知识、基本技能、基本思想和基本活动经验,发展发现和提出问题、分析和解决问题的能力。主要有以下几个特点。

[①] 卢江. 以科研为基础 打磨精品教材——人教版《义务教育教科书·数学(一至六年级)》介绍. 中小学教材教学,2015(1).

1. 精心设计"情境+问题串"的呈现方式，为自然而然地展开学生的数学学习过程和教师的数学教学过程提供基础环境和主要脉络。

充分暴露学生的数学学习过程，并通过有效的交流、讨论和引导，进一步展开数学学习过程，是该教材持续关注的课题。教材通过设计一系列有趣、有用、富有挑战性的问题或活动，试图激活学生的已有知识和经验，鼓励学生在调动自己已有知识经验的基础上学习数学、发展数学。十多年来，"问题情境—建立模型—解释与应用"的基本叙述方式已成为该教材的一个标志性特点。同时，编者也清醒地认识到，现行教材内容对于学生学习过程的指导还比较"粗放"，给教师预留的空间过大，在一定程度上造成了教师理解、把握教材的困难。因此，在继承教材已有特色的基础上，第4版教材的修订力求为学生学习和教师教学提供更为有效的内容设计，力求使课程内容的展开过程、学生的学习过程、教师的教学过程和课程目标的达成过程实现统一。

教材强化了"情境+问题串"的呈现形式，每一个单元每一个重要内容的呈现，都力图从学生喜闻乐见的一个或一组与课程内容有内在联系的特定情境出发，展开一组数学问题，引领师生进行数学学习，而学生在教师引导下理解情境、解决问题的过程就是学习数学、发展数学、实现数学课程目标的过程。在这个过程中，学生不仅获得了对重要数学概念、数学思想的理解，更重要的是儿童在亲自动手做数学的过程中学会了如何学习数学，如何发现和提出问题，如何分析和解决问题。学生在交流、分享、讨论、质疑的过程中，逐渐学会有条理的思考，学会了多角度思考，学会了数学的思考。同时，这样一种稳定的、具有较强包容性的呈现形式，无疑也为广大一线教师准确理解和把握教材特点、学与教的要求以及创造性地开展数学教学活动提供了便利。

2. 在课程标准修订的背景下，更加重视学习目标的整体实现。

此次修订，根据课程标准修订的精神，为促进学习目标的整体实现，在以下几方面进行了持续努力。

（1）注重基本活动经验和基本思想。对于基本活动经验，教材主要通过两种形式体现。第一，设计了专门的积累活动经验的课。在这些课中，一般不以学习某个具体的概念、公式为目标，而是通过设计活动帮助学生积累从事数学活动的经验和数学思考的经验。如，一年级上册第14页"快乐的午餐"，这是一节新增的帮助学生积累"一一对应"活动经验的课，帮助学生体会数量的多与少，为后面学习数的大小的意义奠定基础。第二，在一节课学习的"问题串"中，设计积累活动经验的活动和问题。例如，三年级"面积"的学习，教材在"问题串"中设计了一个问题：如何比较两个通过直接观察无法判断的图形的面积？学生可以通过将两个图形重叠后再剪拼进行比较。进一步推进学生思考，如果两个图形不能移动，学生将会想到用统一的小的"单位"（如橡皮、硬币、小方块等）来量，哪个图形含的"单位"多哪个图形的面积就大。在这个问题中，学生积累了"运用小实物的某一个表面去度量大物体面积"的经验，不仅为形成"面积单位"打下了基础，也进一步感受了面积的意义。对于基本数学思想，教材力求通过设计活动和问题，体现抽象、推理和模型思想。对于抽象，体现从数量到数、从物体到图形的抽象以及从数到字母的抽象；对于推理，既体现归纳、类比等合情推理，鼓励学生进行猜想，又针对小学生的特点，鼓励学生运用自己的语言和多种方式说明道理；对于模型思想，体现数学建模的全过程。实际上，教材中处处体现着基本数学思想，这里仅举一年级的一个例子加以说明。对于数的认识，非常重要的是体现从数量到数的抽象过程，在一年级上册第4页"快乐的家园"一节中，体现出从1个太阳、1棵树、1个萝卜、1筐萝卜等数量中抽象出数"1"的过程，以及从其他数量中抽象出其他数的过程。

（2）注重体现"从头到尾"思考问题的过程。部分内容"问题串"的设计，体现了"发现和提出问题、分析和解决问题"的全过程。例如，一年级下册第49页"采松果"一课，首先鼓励学生发现和提出问题，然后鼓励学生分析和解决问题。教材中还设计了专门培养学生发现和提出问题能力的活动，并且根据学生的年龄特点，有不同的设计要求。同时，在每学期期中的"整理与复习"中，专门设立了"我提出的问题"的栏目，鼓励学生整理在学习过程中提出的问题，以及在回顾整理的基础上提出新的问题。目前，教材呈现的问题都来源于真实的学生调研，征集了学生在整理与复习的过程中提出的有代表性、有价值的问题，包括他们的一些"发现"。例如，"七巧板中为什么没有长方形""为什么能够站稳的都是立体图形？我们能想办法让平面图形站稳吗""生活中的数数不完，咱们能学完吗"等。对于"综合与实践"，教材在每一年中至少安排1个综合与实践活动，设计的基本思路是开始时先不明确活动任务，而是鼓励学生自己发现问题、提出问题，然后再将其中一些有价值、具有挑战性的问题作为活动任务，在后面的活动中加以分析和解决。第一阶段，学生发现和提出问题可能是基于表面信息直接提出的；第二阶段，鼓励学生提出更深层次的问题。进一步，第一学段通过设计"议一议""做一做""想一想"的过程，第二学段通过"设计活动方案""实际活动""总结反思"的活动过程，鼓励学生"从头到尾"地思考问题。同时，每学期教材中都安排了"问题银行"，鼓励学生伴随着学习过程将自己提出的当时没有解决的问题存入"问题银行"。

（3）注重在理解的基础上实现对重要数学概念的掌握和基本运算技能的形

成。为了帮助学生理解基础知识，形成基本技能，教材采取了体现知识的形成过程、多角度理解、将知识和技能加以应用等形式。如对于多角度理解，教材通过设计问题和活动，鼓励学生举例、解释、描述、联系，并通过提供学具操作、图形直观等形式为学生理解提供适当的"脚手架"。如前所述，对于加法和减法意义的学习，教材除体现从多个情境中反复体会并抽象出数学运算的过程外，增加了根据算式要求学生结合自己的生活经验"讲故事"或者"画一画"的活动和练习，体现对运算意义的理解。

（4）注重学习兴趣和学习习惯的培养。激发学生的数学学习兴趣是教材编写者的不懈追求。修订后的教材通过丰富的情境、设计挑战性的问题、呈现方式的多样性、体现数学的价值以及自始至终伴随学习全过程的4个典型"人物"（淘淘、笑笑、智慧老人、机灵狗）各具特色的活动与对话等，以求达到不断激发学生内在学习兴趣的目的。教材始终贯穿对学生良好数学学习习惯的养成教育。例如，对于反思习惯，教材通过多种层次的活动鼓励学生对学习过程和学习结果进行评估和总结。在每学期都安排整理与复习、总复习，鼓励学生进行阶段总结。

3. 情境设计更加注重题材的多样与丰富。

在教材中设计有趣的、现实的、蕴含数学意义和富有挑战性的情境，也是教材的鲜明特点。同时，在情境的设计上，更加注重题材的多样与丰富，并使情境的素材来源尽可能广泛，富有文化内涵，强调处理好不同题材的平衡。同时，无论是第一学段还是第二学段，教材的编写都力图寻求数学发展史的启示，发掘数学发展史的素材及其教育价值。

4. 重新梳理和设计练习题，提供数量合适、层次合理、形式多样的习题。

作为教师教学、学生学习用的教科书，教材一直关注练习的设计，注重设计一些促进理解、富有挑战性的问题。但另一方面，实验区教师反映练习题容量略有不足，部分练习"跳跃性"较大。为此，第4版教材重新梳理和仔细推敲每一道练习题，力求提供数量合适、层次合理、形式多样的习题。

5. 遵循不同学生获得不同发展的理念，为学生提供个性化的学习机会。

本套教材一直积极倡导"不同的学生在数学上获得不同的发展"这一现代数学教育理念。在新一轮教材修订的过程中，进一步探索如何尊重学生发展的多样化、丰富性和差异性，努力为每一位学生提供更多的个性化学习的机会。

总之，教材力求从学生经验出发，体现"从头到尾"思考问题的过程。在此过程中，独立思考与合作学习贯穿始终，练习与巩固适时适度，学生自主学习与教师指导相辅相成。最终在凸显数学活动经验、强调数学理解的学与教共进的过程中，达到基础知识、基本技能、基本思想、基本活动经验并重，发现和提出问题的能力、分析和解决问题的能力共同发展。①

（三）苏教版《义务教育教科书 数学（一至六年级）》

苏教版《义务教育教科书 数学（一至六年级）》由江苏教育出版社出版，在对前一套实验教材跟踪实验、对相关内容及其教学进行较深入研究的基础上，本套教材进行较大幅度的调整，不仅把继承我国数学教育的优良传统放在重要地位，努力保持知识的系统性和知识组织的层次性，基础知识理解到位，基本技能训练扎实，而且更加重视体现《标准（2011）》的新理念，创新知识呈现方式，改善教与学的方式，努力培育学生的学习能力和数学素养，提升教师的教学理解和实施能力，"育学"与"育教"兼顾，在"育学"过程中"育教"，以"育教"影响和促进"育学"。在保持教材整体风格的基础上，修订时进行局部调整以优化教材体系结构，进一步体现数学课程内容的核心；丰盈教学过程，帮助学生在数学学习活动中建构新知，逐步形成对学习内容的数学理解，培养数学思考能力和实践能力，获得并积累数学活动经验，逐步感悟数学思想，提升数学素养。

1. 优化教材体系结构。

教材是课程标准的具体化，是教学内容的重要载体，也是教师教学的主要依据。教材结构对学生形成良好的认知结构起着非常重要的作用，是教科书的核心问题。教材修订时，针对实验区教师提出的适当减少教学单元，增强学生学习连贯性的建议，在循序渐进、螺旋上升的前提下，适当整合关联程度密切的单元，将实验教材中的132个教学单元整合为102个。单元教材的展开体例，实验教材是按照低、中、高年级三段设计的，修订后按照课程标准的学段设计调整为两段。第一学段按每一课时的数学活动集中编排，例题、"试一试""想想做做"一气呵成；第二学段以教学内容的结构为主线编排，在例题、"试一试"之后，及时安排"练一练"巩固和消化，并且完成练习中的相应习题，突出教学内容结构的完整性。

（1）系统规划"解决问题的策略"单元内容。

为了更为系统地呈现"解决问题的策略"的教学内容，将实验教材自四年级开始安排的"解决问题的策略"单元提前至三年级，按照由易到难的顺序分册呈现。三年级上册侧重教学从已知条件出发分析和解决问题的策略，由于是顺向思维，学生比较容易掌握；而从所求问题出发分析和解决问题的策略，需要反推相关的已知条件，学生学习有一定难度，故安排在三年级下册。但这两种策略并非互相割裂，而是相辅相成的，因此四年级上册教学灵活运用从已知条件出发和从所求问题出发分析和解决问题的策略，实现

---

① 刘坚，孔企平，张丹. 建设旨在促进儿童健康成长的数学家园——新世纪小学《数学》（北师大版）教材第4版特色介绍. 小学教学（数学版），2012（7-8）.

这两个策略的融通，并在后面的列表、画图整理信息和列举、转化、假设等常用策略的学习中不断运用、充实和熟练，使之一直贯穿于解决问题策略的教学过程之中。解决问题的策略体现在解决问题的具体过程中，学生需要通过反复运用不断加深体会，提高策略运用的水平，培养应用意识和创新意识。为此，一方面，注意结合其他实际问题的教学，有意识地引导运用策略；另一方面，在教学某一策略的过程中，注意不同策略的组合运用，并在四年级上册和六年级下册安排"根据解决问题的需要灵活选择策略"的教学内容，逐步提高学生综合运用策略的灵活性。另外，在"解决问题的策略"教学及运用过程中，注意以鲜明的版块呈现解决问题的一般步骤，并注意突出和展开其中的重点步骤，逐步丰富数学内涵，引领学生有序地组织和实施解题过程。在练习中注意降低习题的难度，加强对方法、策略的认识和体会。

（2）改造和新编"综合与实践"。

每册2个"综合与实践"主题活动都注意结合相关教学内容进行编排。修订时结合教学实验反馈建议，保留并改造了实验教材中部分学生参与性强、活动体验丰富的"综合与实践"主题活动，同时精心设计更为丰富的活动题材。有的活动注意紧密联系学生的生活实际，富有趣味，容易操作；有的活动具有一定的开放性和挑战性，便于学生通过收集数据、查阅资料、独立思考、合作交流、实践检验等方式加以实践；有的活动数学内涵丰富，体现数学与生活、与其他学科或者数学不同领域知识之间的联系；有些活动（如"蒜叶的生长"等）还设计成"长作业"的形式，为学生开展数学活动提供更广阔的空间和更充裕的时间，更有利于学生积累数学活动经验，培养应用意识和创新意识。

（3）改进和充实"探索规律"。

"探索规律"对于发展学生数学思维，改变传统教学"重演绎、轻归纳""重解题、轻探索"的倾向，改善学生的学习方式具有积极的意义。为了凸显探索规律的教学价值，重视探索规律的经验积累和数学思想方法的感悟，教材改进和充实了"探索规律"的内容和编排：一是结合基础知识的形成过程，引导探索数学概念、法则、性质、公式等；二是结合计算器的使用，引导学生积极探索大数目计算过程中的规律；三是不再单独设置单元教学"探索规律"，以合理地降低应用规律解决问题的要求，从三年级上册开始每册编排一个"探索规律"专题活动，展开规律的"探索"过程，让学生在探索并发现规律、反思探索活动的过程中体会数学思想方法，积累数学活动经验，发展思维。

（4）将思考题、"你知道吗"提前至一年级开始。

思考题不作为基本的教学要求，一般都与它所在单元的数学内容有密切关系。从一年级开始安排思考题，适当加强逻辑推理能力的训练，发展数学思维。从一年级开始编排"你知道吗"，注意与相关学习内容的联系和可读性，帮助学生了解简单的数学背景知识，体会数学和现实生活的联系，激发学习数学的兴趣。

2. 凸显数学课程内容核心。

数学课程内容核心直接影响课程目标的实现。教材必须在整体反映数学课程内容背景的基础上凸显内容核心，有利于教师把握具体内容的实质和价值，促进学生数学理解能力和数学素养的提升。

（1）"统计与概率"内容突出数据分析观念的培养。

教材修订在整体把握小学"统计与概率"内容和目标的基础上，重新设计"统计与概率"领域的内容，注意引导学生经历简单的数据收集、整理和分析的过程，以现实问题激发统计需要，引导学生根据问题背景选择合适的统计方法，感受数据分析在判断和决策过程中的作用，体验统计过程中的随机思想。

（2）"数与运算"教学突出数感和运算能力的培养。

在认数时，注意通过数数感知数的意义，建立数的概念；增加用算盘表示多位数，丰富对数的意义的直观认识。注意通过联系现实背景引导学生估算，增强估算意识，体会并合理选择估算方法，培养运算能力。

（3）加强几何直观。

几何直观对于小学生直观地理解数学、探索解决问题的思路和预测结果具有重要的价值。教材一方面重视"图形与几何"教学中引导学生参与观察、操作、判断、推理等几何活动，另一方面突出几何直观在数学知识形成和应用过程中的作用，引导学生借助实物、简约符号、图形和替代物等直观形式把握数的意义和顺序、比较数的大小、理解算理和探索解决问题的思路等，逐步建立初步的几何直观。

（4）培养发现和提出问题的能力。

教材修订注意结合具体情境，鼓励学生发现和提出数学问题，并在解决问题的基础上发现信息之间的其他联系，提出新的数学问题。同时，重视在数学知识发生、形成和发展的过程中引导学生发现和提出问题。例如，在认知困惑或思维阻滞处发现并提出问题，在操作实践活动过程中结合活动体验和对活动结果的思考发现并提出问题，在知识类比、迁移过程中联系已有的知识经验发现并提出问题，等等。

（5）培养动手实践能力。

自一年级开始，教材设置"动手做"栏目，培养学生动手实践的能力，指向数学活动经验的积累。基于数学活动经验的"数学"本质和"经验"属性，"动手做"强调边做边思考，着力于引导学生在活动中深化对数学知识和探究问题方法的理解，组织对活动过程进行反思和交流。同时，"动手做"还精心选择了具有数学文化底蕴的素材作为活动载体，让学生在"做"的过程中体验数学文化的魅力。

3. 精心设计数学活动线索。

小学数学教材既要尊重数学学科体系的系统性和逻辑性，也要遵循小学生身心发展的特点和学习数学的规律。教材修订时注意根据儿童的认知规律，精心设计数学活动线索，丰盈数学教学过程。

在探索规律的专题活动中，教材注意通过富有启发性的问题，引导学生经历观察、实验、猜测、计算、推理、验证等数学活动，培养比较与分类、分析与综合、抽象与概括等数学思维能力，体会和运用归纳等数学思想方法。根据学生的认知规律和思维发展脉络，教材采用由现象出发逐步揭示本质、由已知过渡到未知、由简单规律迁移探索复杂规律等展开方式引导学生开展探索规律的活动。

在"综合与实践"活动中，学生自主参与，完整地经历发现和提出问题、分析和解决问题的过程是活动的主要方式，也是积累数学活动经验的前提。教材按照"发现和提出问题—分析和解决问题—回顾与反思"的线索设计具体的任务栏目，引导学生自主参与活动，注意为学生自主参与活动提供方法指导和必需的材料。

加强数学活动、数学学习的回顾与反思，积累数学活动经验。回顾解决问题的过程是"问题解决"的目标之一，反思质疑是十分重要的数学学习习惯。教材除了继续重视在单元复习或期末复习安排"回顾与整理""整理与反思"外，还在新知教学过程中有针对性地强化"回顾与反思"的学习活动，丰富学生的认知体验。例如，在"解决问题的策略"的"回顾与反思"中，不只是停留于让学生检验答案是否正确，而且引导学生判断思考过程的合理性，增强解决问题的策略意识。在"探索规律"的"回顾与反思"中，注意引导学生回顾活动过程，再认探索规律或解决问题所使用的数学方法，析出数学思维活动的关键环节，提炼相关的数学活动经验。[1]

---

[1] 王林. 继承与创新并举 "育学"与"育教"兼顾——苏教版小学数学教材内容修订情况简介. 小学数学教师，2014(7-8).

2.3 国外小学数学教材简介

2.3.1 美国小学数学教材简介

"K–12"教育是美国基础教育的统称。"K–12"中的"K"代表Kindergarten（幼儿园），"12"代表12年级（相当于我国的高三）。"K–12"是指从幼儿园到12年级的教育，小学教育（Elementary School）从6岁开始。美国是联邦制国家，尽管美国设有教育部，各州除了在12年的义务教育年限上有统一要求（有的州会将一年的学前教育加入义务教育）以外，在其他教育政策上体现出多样性的特点。各个州的管理相对独立，教学管理也因不同的州而有差异。美国国家数学教师理事会（National Council of Teachers of Mathematics，NCTM）是美国数学教师的领导性机构，发布了一系列数学教学指导性文件，比如《学校数学课程与评价标准》（1989）、《数学教学专业标准》（1991）、《学校数学教育的评估标准》（1995）、《学校数学的原则与标准》（1998）、《美国学校数学教育的原则和标准》（2000）、《从学前班到八年级数学课程焦点：寻求一致性》（2006）。2008年及以前，各州都是自己编制教学标准，用自己定的教材，自己设立考试。2010年6月2日，美国全国州长协会最佳实践中心和各州教育长官委员会公布了《共同核心数学课程标准》（*Common Core State Standards for Mathematics*，CCSSM）（以下简称《共同标准》），比较详细地提出了数学教学和学习要求，规定了学生从幼儿园到12年级应该掌握的知识与技能，目标是让学生高中毕业时能"为上大学和就业做好充分的准备"，进而确保美国的国际竞争力。这项举措标志着美国教育史上首部绝大多数州共同采用的数学课程标准的产生，大多数州开始用通用的教学大纲作为教育教学的参考标准，但少数几个州仍然使用自己的标准，比如得克萨斯州等。虽然有了《共同标准》，但各州对于教材仍然有自己的选择权，所以教材的使用仍然是因州而异的。相同的是，不管使用什么教材，其教学的目标都是要达到全美通用教学标准（教材封面会标注CCSS）上对学生技能的要求。

美国公立小学用得比较多的数学教材有以下几种：一是芝加哥大学研发的*Everyday Mathematics*，这套教材比较注重数学与生活的联系，特别强调通过实物来演算数学的过程，强调动手，所以有很多配套的数学教具，目前有从幼儿园到六年级的版本。二是培生教育（Pearson）集团开发的幼儿园–五年级*EnVision Math*系列，这套教材比较注重分层教学，有配套的分层教学游戏及教具，还有课后的分层家庭作业。三是麦克米伦（Macmillan）和麦格劳希尔（McGraw-Hill）两大教育出版公司共同出版的*California Mathematics*，以及麦格劳希尔出版集团出版的*My math*，强调将数学教学知识与实际生活中的现象和问题进行结合学习，教材中大量呈现实际生活中丰富有趣的活动和蕴含数学知识的话题，不仅仅是教计算方法，更重视培养逻辑思维能力。

下面以 *California Mathematics* 和 *My math* 为例进行讨论。其小学数学教材是以《共同标准》为原则进行编写的，教材重视数学内容的系统性，知识与技能的呈现具有逻辑关系，能反映出数学的本质和发生发展的过程。课程内容结构符合小学阶段儿童的认知特点，让学生进阶式地学习，熟练掌握数学知识与技能。教材配有大量的生活图片，使数学问题在真实的情境中呈现，着力提升儿童解决问题的能力。

一、教材整体特征描述

（一）编写体例呈现出丰富性和可操作性的特点

整体看，美国小学数学教材的编写体例呈现特点很明显。*California Mathematics* 全册教材按顺序安排了15项左右的内容，除了常见的封面、编者简介、总目录、分章内容、附页和封底外，还详细地呈现了其他很多内容。比如，（1）分章目录（chapter），根据内容不同每册有10—14章，并列出每一课时内容；（2）呈现前后相联系的知识内容（let's review），包括上一年级知识回顾和下一年级知识预习；（3）标出《共同标准》对这个年级的要求，包括标准中本年级应学习的知识内容，标准中关于能力和学习习惯上的要求，标准中各个领域的练习（practice）；（4）术语汇编，按照A—Z的顺序列出该册书中出现过的相关术语，并对其进行解释；（5）学生手册（student handbook），包括内置练习册和参考资料，为学生的学习提供资源支持和帮助。

从具体编排来看，每个单元按顺序安排了10类左右的内容（不同年级安排的类别数不完全一样），包括单元主题图、学习卡、单元复习检测、家庭数学、单元课时第一部分内容、数学游戏时间、单元第一部分综合检测、生活中的数学、单元课时第二部分内容、学习指导、单元整理与复习、本章标准测验等。从编排体例看，有对学生学习方法的指导，也有对家长的要求，重视整理与复习，也重视数学游戏，如图2-29所示：

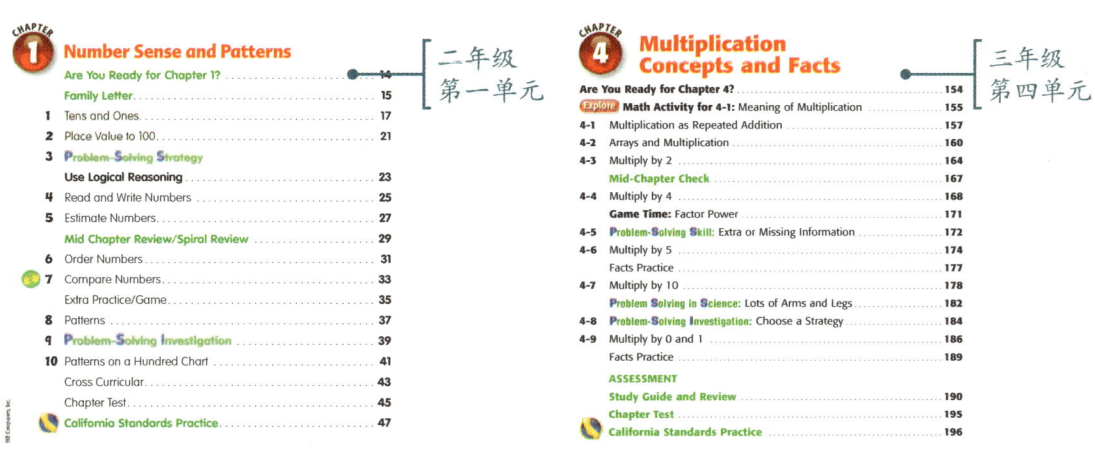

图2-29

从课时安排来看，分两种形式编排，一种是基础内容，另一种是问题解决。基础内容每课时编排会设置指引性的关键词汇（Key Vocabulary），如"你准备好了吗？"（Are You Ready？）、"家庭数学"（Math at Home）等，每个核心内容的模块正文设置很多详细的环节，比如"做好准备"（Get Ready）、"检查"（Check）、"实践"（Practice）和"热点问题"（Hot Problems），所占篇幅大致是3—6页。现实问题解决（Real-Word Problem Solving）在每一章练习题的后面增添了现实生活中的问题解决，具体环节主要包括：主要达成目标、问题解决过程（理解题意—设计解题计划—分析解决问题策略—解决问题—检查），同时附有小贴士进行提示。

（二）内容编排体现出对学生的持续性评价

按照布卢姆（Bloom）的课程评价理论，一个完整的课程评价应当包括课程实施前的诊断性评价、课程实施中的过程性评价，课程实施后的终结性评价。美国小学数学教材在编写体例上始终将形成性评价和终结性评价相结合，具体表现为书中有上一年级知识的回顾（Let's Review），每一章的开头、中间、结尾都会有一个检测（Quick Check，Mid-Chapter Check，Chapter Test），最后是有关这一章内容的标准化练习（Standards Practice）。这一系列的评价方式构成了教材一个比较完整的评价结构，例如在Grade 4 Chapter 13学习分数的乘除运算时，在"Quick Check"这一部分（图2-30），*California Mathematics*会先测试学生关于整数的乘除，以及之前学过对于分数的认识，利用模型图法进一步深化学生对于分数的认识和理解。

在"Lesson-by-Lesson Review"这一节（图2-31），教材通过涂色的方法让学生明白八分之五的含义，回顾上节课的内容，结合本节课所教授的新知识，进一步强化学生对于分数乘除概念的理解。在这一章节的最后，设置了"Chapter Test"（图2-32），检测学生本节课的学习情况。

由此可见，*California Mathematics*的评价方式是多样的，从评价的手段来看，既有解题式的评价，也有学生讨论问答式的评价。前者主要考查的是学生对数学知识和技能的掌握情况，而后者主要了解学生对数学思维方法的认识和理解的深度。同时，教材既有客观性评价试题，这种类型的题目的答案是相对固定的，学生可以发挥的自由程度比较小，也设有"问题解决"这一部分的内容，这个环节为学生的自由发挥创设了空间。教材重视对学生自我评价能力的培养，把对学习的评价作为教材设计的一个重要组成部分。

（三）插图具有丰富而多样化的特点

各国教科书都很重视插图，美国小学数学教材也不例外，而且插图很多，有主题图、情境图、示意图、统计图表和标识图等多种，其插图主要有以下几方面的特点。

第一，实景插图数量较多。教材中选取了生活中大量的实景图，这些实景图能让学生感受到所学的知识就在真实的生活世界里，体会到数学知识可以有效解决生活中的实际问题，从而激发学习兴趣，也能培养问题解决的能力，并

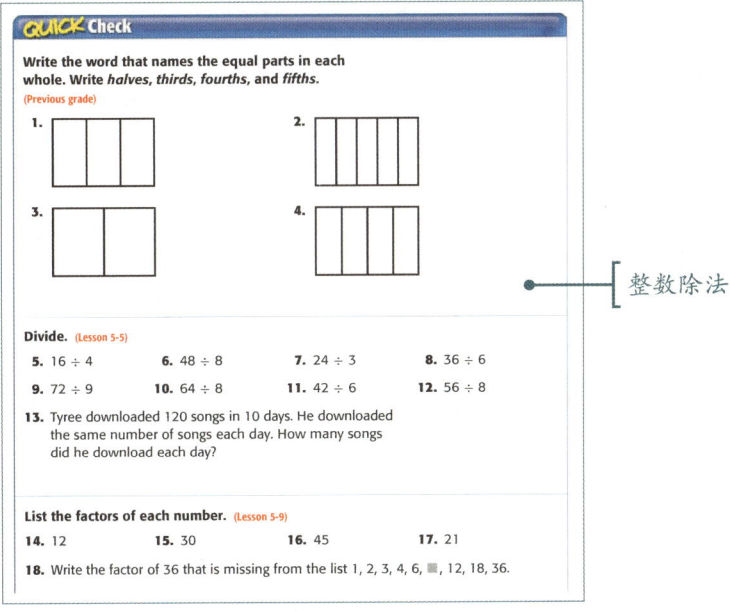

图 2-30

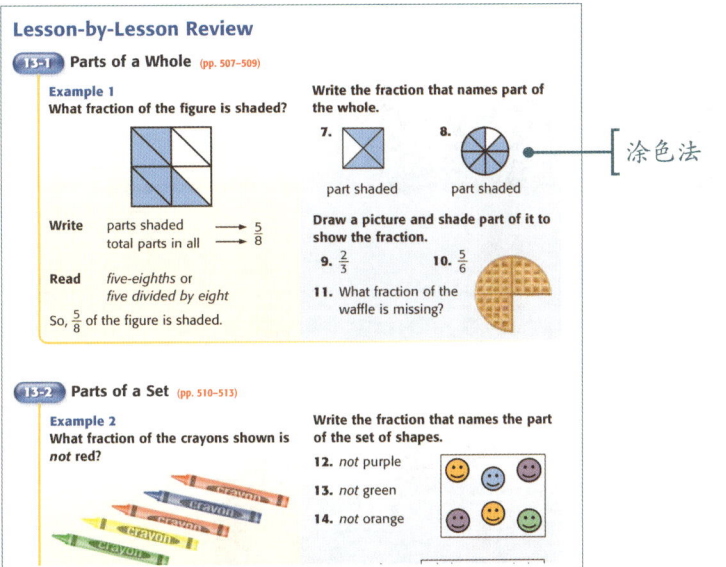

图 2-31

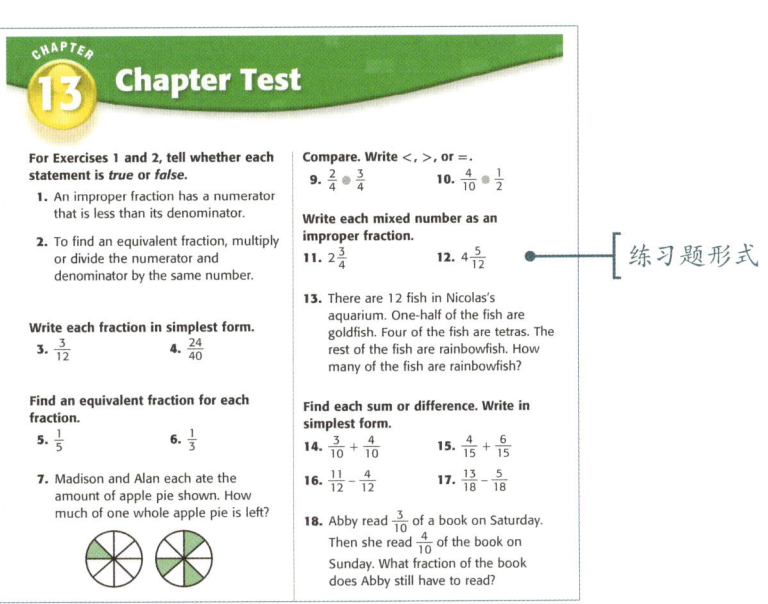

图 2-32

图 2-33

图 2-34

提高学生的独立生活能力。实景插图来自很多方面,比如社会生活、学校生活、自然生活以及公共常识,还有文学、艺术、历史、地理、技术等学科背景的生活场景,除此之外还有数据档案(Data File)一类的场景。如图 2-33,这些都是学生熟悉的实景图片,图片内容非常丰富。

第二,采用真实人物图像。教材中的小学生人物都是真实的照片(图 2-34),不用虚拟的卡通形象,让学生学习数学更有情境感和带入感。当学生看到插图上的小朋友在思考时,就好像自己也参与其中,当看到插图上的学生在操作时,自己也会模仿去操作。真实人物插图更加鲜活和直观,富有儿童气息,能促使小学生更加积极地参与数学的学习活动,更乐于和同伴解决数学问题,并能获得良好的数学学习习惯。

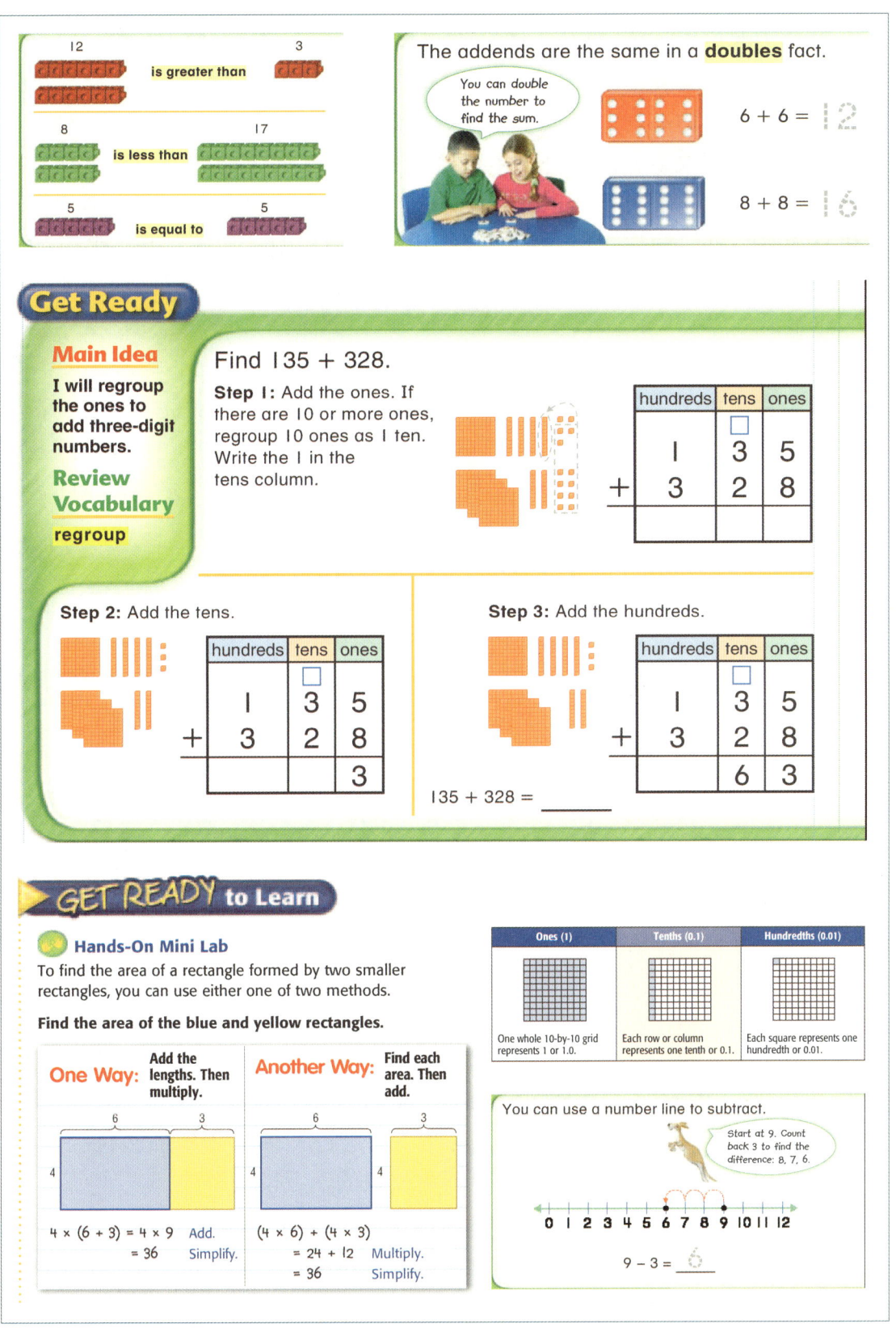

图2-35

第三，重视直观操作模型的运用。教材选用了不同的直观操作模型将抽象的数学内容直观化（图2-35）。第一类是实物组成的模型，如小木条、积木式小正方体、带点的小立方体等，可以十个组合在一起，有结构性的特点；第二类是矩阵类，如点子图、方格图等；第三类是几何图形，如长方形、正方形、圆形等；第四类是半抽象的数轴。年级越低呈现直观模型越多，随着年级的增高，直观模型呈现数量逐渐减少。数学中有些概念对于小学生来说比较抽象，如何促进学生对这些数学基本概念的理解是教材编写要考虑的问题。教材针对不同内容选用不同的直观模型呈现，能给教师的教学提供指导。另外，学生也能借助教材提供的直观模型，加深对基本概念的理解，提高分析问题、解决问题的能力。并通过知识迁移，养成简约和严密的逻辑思维品质。

（四）"问题解决"是教材的重要内容之一

自20世纪80年代以来，"问题解决"就是美国数学教育关注的焦点，希望通过教材编写、教学方式的变革等，提高学生问题解决的能力。因此，问题解决是教材内容结构设计的重点，教材中问题解决的数量也比较多。每章问题解决通常分三部分，每部分各有侧重，教材编写的结构也不一样。

表2-14　问题解决的结构

内容	重点	教材呈现内容说明
问题解决策略（Problem-Solving Strategy，图2-36左）	问题解决的过程	以表格的形式呈现问题解决的过程：理解题意（Understand）—计划（Plan）—解决（Solve）—检查（Check）。
问题解决调查（Problem-Solving Investigation，图2-36中）	问题解决的策略	主要让学生探讨问题解决的策略，探索解决问题的不同方法。
科学（艺术和地理）中的问题解决（Problem-Solving in Science，图2-36右）	问题解决的应用	一般出示情境和条件，鼓励学生自己探索。

教材这种结构设计体现了波利亚的问题解决数学教育思想，强调问题解决的思维过程。重视培养学生对生活中具体问题探究理解的能力，沟通数学与科学、艺术、地理等学科的联系，让学生获得跨学科解决问题的经验（图2-36）。鼓励学生分析并能创造性地解决非常规问题，也能对问题解决的策略做出判断。另外，从编排顺序来看，观照了问题解决课程模块的连贯性。

（五）数学游戏（Game Time）是不可或缺的学习模块

在美国教材当中，数学游戏（Game Time）是不可或缺的模块，一至六年级每章都有"游戏时间"的设计，都会根据本章的学习重点来设置一个游戏主题，如图2-37是学完20以内数的认识后的数学游戏，图2-38是学完立体图形的认识后的数学游戏。

教材中呈现的游戏一般有两类：竞赛式游戏和非竞赛式游戏。游戏所使用的工具都是学生十分熟悉和喜欢的，包括筛子、转盘、纸笔、直尺、水彩笔以及一些生活用品（鞋盒、各种形状的杯子等）等。用学生熟悉的物品做游戏，能够引起兴趣，使他们带着好奇与探究的心情，十分投入地参与到游戏中。教材游戏的设计具有连贯性，能够加深学生对所学知识的理解。每一个游戏不仅体现出本章节的学习重点，还能对之前学过的知识进行巩固。当然，这两者是有重点与非重点区分的，学生当下学习的知识是游戏的主题，而以前的旧知识也许会在游戏准备中体现。可以看出，数学游戏内容的设计不仅仅针对某一个知识点或技能，而是让学生在游戏中综合运用所学知识。

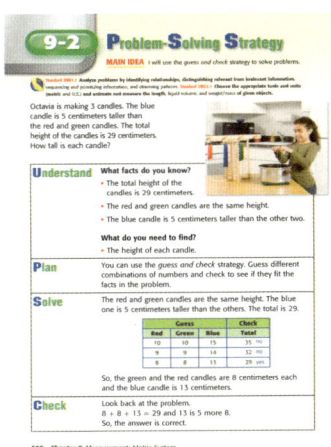 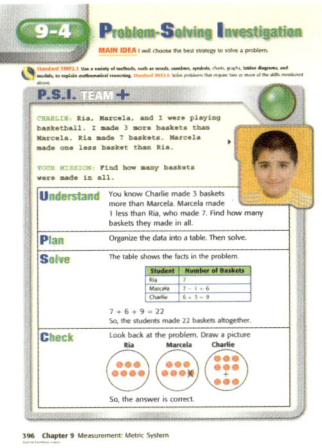 

图 2-36

 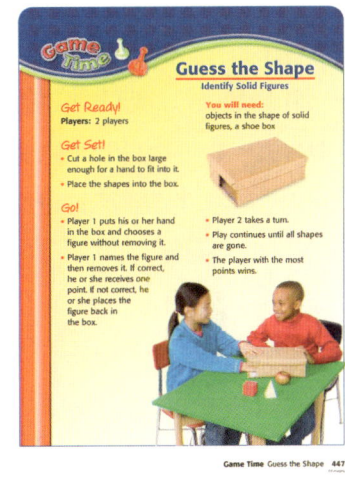

图 2-37　　　　　　　　　　　　图 2-38

二、教材具体内容举例分析

下面主要选取了小学数学教材中位值与估算、代数、立体图形、概率四个内容举例分析。

（一）位值与估算（Place Vale and Estimate）

1. 位值与估算内容在各年级的分布。

美国小学数学教材位值与估算内容编写比较完整，包含一系列复杂的概念及关系。位值内容有的年级单独列一章，有的内容与其他内容融合在某一章。一至六年级，随着对数的认识不断加深，对位值和估算内容也做了进阶式安排（表2-15）。位值内容的呈现是以数的认识为主线，主要着重于对"位值"概念的理解和实际运用。估算内容的呈现是从估计数量开始，与精算内容合编在一起，按照整数、小数、分数和平方根的学习顺序呈现，从加法估算和开始，依次是减法估算差、乘法估算积，最后是除法估算商，重点在于估算策略的掌握。

表2-15 位值与估算

位值与估算 （Place Vale and Estimate）	一年级：以"十"为一组估数；认识"十位"；数的重组（10个一是1个十）；数的大小比较；理解四舍五入（Round）的含义；估算和与估算差。
	二年级：百以内数的位值，数的组成（如，29里有2个十和9个一）；用"十"为一组估数；数的大小比较；估算和与估算差。
	三年级：位值概念；万以内数的位值；四舍五入取近似数；数的大小比较；估算和与估算差、估算积与估算商（整数）。
	四年级：亿以内数的位值；四舍五入取近似数；估算和与估算差（整数和小数）、估算积与估算商（整数）。
	五年级：小数四舍五入取近似数；估算和与估算差（小数）。
	六年级：分数估算；平方根估算。

2. 编写的特点。

第一，利用模型建构"十的集合视为一个整体"。学生建构以"十"为一组是理解十进制位值原理的关键，教材通过操作模型让学生按组数数，以"10个"为一组进行数数，理解10个一是1个十，初步理解什么是十进制（图2-39）。在此基础上进行数的重组内容学习（图2-40），进一步理解这些集合可以用来描述数量，16个一就是1个十和6个一，2个十和3个一是23等（图2-41）。然后是估数，仍然是以十为一个群组进行估计（图2-42）。

第二，体现理解位值概念进阶式的过程。一年级关于位值内容理解的核心是计数单位"十"的产生及以"十"为群组重组计数。二年级重点理解百以内的数十位和个位上的数字分别表示什么。三年级进一步扩展，给出位值概念的含义，重点理解位值呈现的值，每个数字的位置都有不同大小和名称，这也是位值计算的基本原理（图2-43）。四年级给出明确的位值概念，进一步理解什么是位值，也就是数的大小。一个数用一组有顺序的数字来表示，每个数字所表示的大小，既取决于它本身的数值，又取决于它所在的位置（图2-44）。

第三，估算与位值内容结合学习。建立位值概念的一种策略是和估数、估算相结合（图2-45）。在加、减、乘、除运算中，使用估算的策略可以促进学生对位值概念的理解。反过来，深入地理解位值概念能提高学生的估算能力。如图2-45左图，教材要求以10为一个群组来画圈，并估计有多少，通过对整十的估算，不仅考查了学生的估算能力，而且无形中将估算与位值相结合，有利于学生对知识的完整把握，同时也培养了学生比较大小的能力。另外，学习估算和或差时，借助数轴模型帮助学生理解四舍五入的策略（图2-46）。

图2-39　　　　　　　　　　　图2-40

　　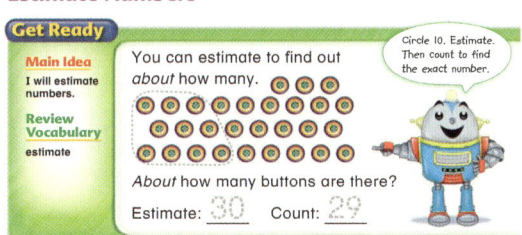

图2-41　　　　　　　　　　　图2-42

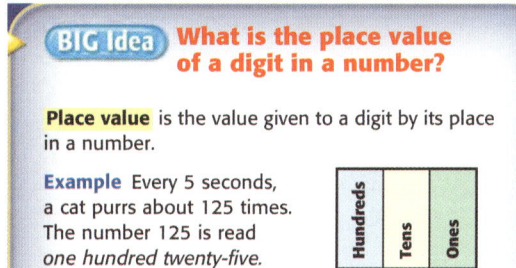　　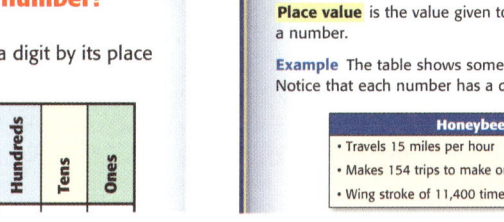

图2-43　　　　　　　　　　　图2-44

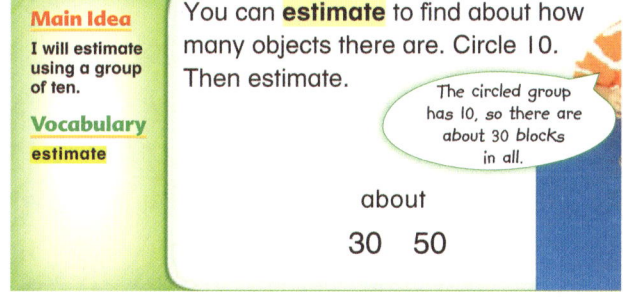　　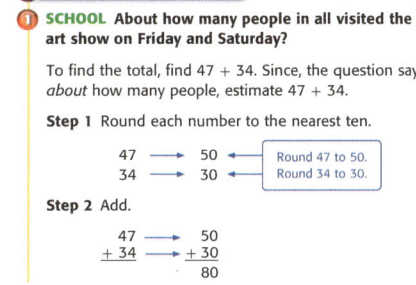

图2-45

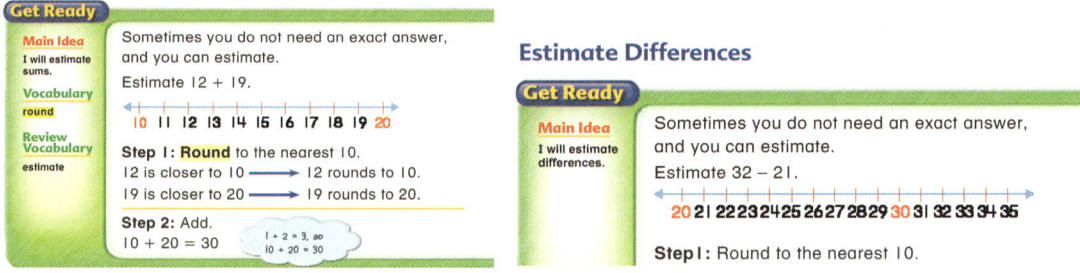

图2-46

（二）代数（Algebra）

1. 代数（Algebra）内容在各年级的分布。

《美国学校数学教育的原则和标准》选择代数作五个内容标准中的一个，联结所有年级的课程安排，重点包括规律模式、函数和使用代数式分析问题情境。代数推理是一种借助符号进行表征、归纳数学规律及规则的能力。教材在逐步培养学生的代数推理能力方面做了比较细致的编排。整体而言，一到三年级代数学习的重点在基本概念上，通过具体事物或图象感知代数的基本概念，然后再和算式符号做联结。这样的安排符合学生从具体到图象再到符号的学习顺序。代数内容在各年级分布如下表：

表2-16　代数

代数（Algebra）	一年级：模式（如发现周期规律）、利用数的合成与分解，并配合图象的呈现，帮助学生初步体验数的规律性与加法的交换性这些基本的代数原理。20以内的数用合成和分解的方式介绍，让学生知道20以内数本身所代表的量，同时通过合成和分解，让学生发现规律性，以此学习简单的代数基本概念。
	二年级：模式（百以内数和千以内数的规律）；乘法的交换性。
	三年级：乘法的结合性；模式（找规律）；表达式和等式；根据文字写出表达式。
	四年级：乘法结合律和分配律；表达式和等式；用等式性质（加减性质）解方程，在实际问题中解方程；寻找规律；认识图象函数。
代数（Algebra）	五年级：变量与代数表达式；含有负整数的等式；用等式性质（乘除性质）解方程；比例。
	六年级：代数式和方程；用模型求解方程；解两步方程（系数不为1）；函数图象。

2. 编写的特点。

第一，注重对表达式和等式的理解。有关代数内容的学习是螺旋上升安排的，一、二年级代数内容编排重点在基本概念，强调操作和观察。从三年级开始逐渐学习代数符号进阶表征（图2-47），进入符号抽象思考。教材在内容与形式方面重视让学生体会表达式（Expression）和等式（Equation）的含义（图2-48、图2-49），在学生充分理解表达式和等式的概念基础上，再引入方程。

第二，重视函数与图象的早期渗透。四年级开始引入函数，即一个量随着另一个量不断变化的关系，通过赋予x不同的值，得到不同结果的y的值。即输入（Input）x，通过函数规则（Function Rule），输出（Output）y，加深对函数的认识，为绘制函数图象奠定基础（图2-50、图2-51）。在游戏时间（Game Time）中（图2-52），教材给出了一系列函数，诸如$y=3x+5$，$y=2x+12$，等等，让学生通过输入x的值，来得到y的值。

教材通过给出的有序数对，让学生发现规律并将表格填写完整，然后根据所给的x，y的值，在坐标轴上初步绘制出正比例函数图象，这是学生学习函数图象的开始（图2-53）。到六年级时函数图象内容进一步深化，如图

Numbers from 11 to 15 can be made with one group of 10 and some more.

See	Name	Number
	eleven	11
	twelve	12
	thirteen	13
	fourteen	14
	fifteen	15

图 2-47

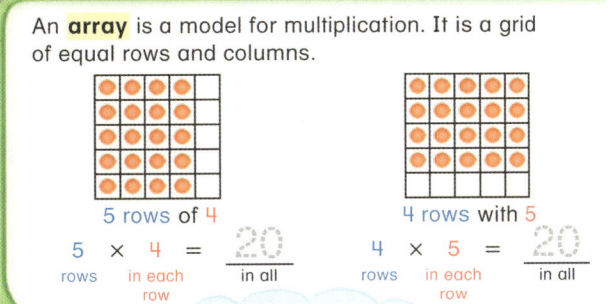

图 2-48

GET READY to Learn

There are 16 apples in a basket. Daniela buys 4 apples. The expression 16 − 4 tells how many apples were left.

An **expression** is a math statement with numbers, and/or symbols and at least one operation. A few examples of expressions are shown.

$$5 + 7 \qquad 3 + 2 + 5 \qquad 12 - 8$$

A **number sentence** contains an equals sign (=), showing that two expressions are equal. A few examples are shown.

$$5 + 7 = 12 \qquad 3 + 2 + 5 = 10 \qquad 12 - 8 = 4$$

图 2-49

A **function** is a relationship where one quantity depends upon another quantity.

Example Lia practices for 2 hours each week. The total hours she practices depends upon the number of weeks.

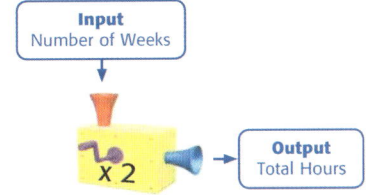

图 2-50

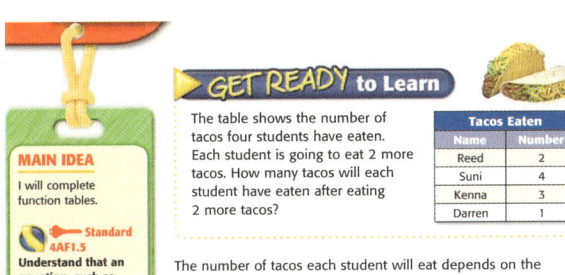

图 2-51

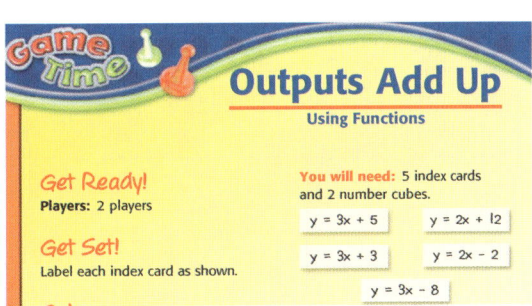

图 2-52

ACTIVITY Graph a Function

Step 1 Create a table.
Copy the table shown.

Input (x) Squares	Output (y) Toothpicks	(Input, Output)
1	4	(1, 4)
2	7	(2, 7)
3		(■, ■)
4	10	(3, 10)
5		(■, ■)

Step 2 Make squares.
Using toothpicks, make 1 square and then 2 squares as shown.

Step 4 Make more squares.
Repeat Steps 2 and 3 for 3, 4, and 5 squares.

Step 5 Graph the function.
Graph the ordered pairs from the table on a grid like the

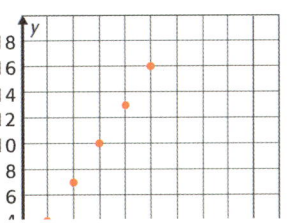

图 2-53

2-54。可以看出，教材在代数部分内容侧重根据学生的进阶水平进行设计，引入函数图象时，先让学生了解正数、负数和直角坐标系，为理解函数图象奠定基础。

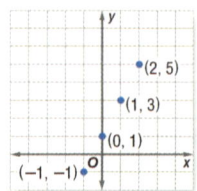

图 2-54

（三）立体图形（Solid Shapes）

1. 立体图形内容在各年级的分布。

美国小学数学教材中几何课程内容的编写，特别注重为学生体验各种图形尽可能提供各种不同的机会。这些机会包括用实物搭建各种图形，绘制各种图形，以及在艺术品、自然界和建筑物中去观察图形。California Mathematics 几何内容安排以立体几何、平面几何两条线并重，甚至更侧重立体图形的学习和模型构建，但知识点之间并没有紧密的联系，许多知识内容侧重点不同，但都是从观察生活中的图形出发，到四年级才真正开始系统性学习几何图形的特征和性质。

表 2-17　立体图形

立体图形（solid shapes）	一年级：认识常见立体图形的特征（边、面、角）；辨别位置。
	二年级：辨别常见立体图形（几面、几边、几角）；比较平面图形和立体图形；分割、拆解平面图形。
	三年级：辨别、描述、分类立体图形；认识更复杂的立体图形；测量体积。
	四年级：立体图形的特征（长方体、正方体、圆柱、圆锥、三棱柱、三棱锥、球）；立体图形展开图。
	五年级：认识立体图形三视图，并根据三视图还原。

2. 编写的特点。

第一，重视在实际生活中感知立体几何。教材一开始便让学生寻找生活中常见的物品，通过认识生活中的实物去认识几何体，增强学生对于立体空间的直观感受（图 2-55）。再让学生至少找到两种与所给形状相匹配的物体，所给出的形状有球形、三棱锥、正方体、长方体、圆锥以及圆柱，并且要求学生闭上眼睛触摸物体，说出物体的形状。从内容的选取上深入浅出，强调让学生在实际操作中体会、感悟几何模型的构建。

图2-55

第二，重视图形的变换、分拆和组合。几何图形本身就是一种最直观、最基本的模型，对几何图形的分类、拆解就是建模的一种过程。教材在不同年级安排了丰富的内容（图2-56、图2-57、图2-58），一、二年级让学生不断接触立体图形、动手操作拆分和组合，三、四年级开始培养学生对立体图形的建模能力，五年级要求学生画三视图，这样的进阶过程有利于学生空间想象能力的培养。

图2-56　　　　　　　　　　　　　图2-57

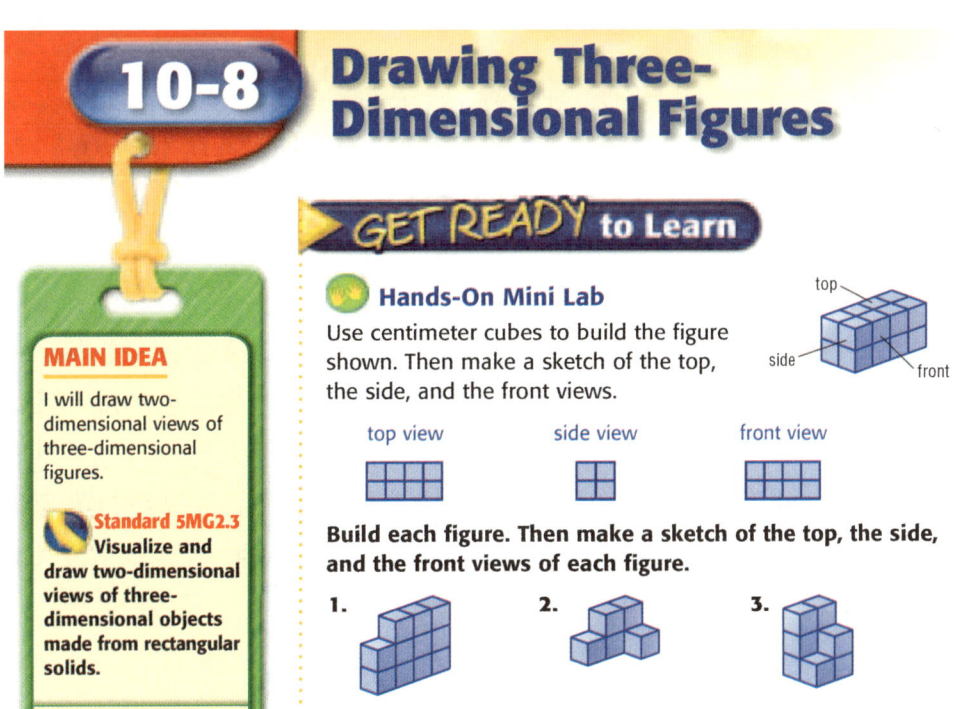

图2-58

第三，重视从不同的角度描述立体图形。图形可以通过各种不同的视角描述，以此了解二维平面和三维空间图形之间的关系，建立空间感。教材给学生提供了用多种方式从不同角度描述相关立体图形的过程，丰富学生对立体图形的认识，使学生获得立体图形与平面图形之间灵活转换的能力，从而发展空间观念（图2-59、图2-60）。

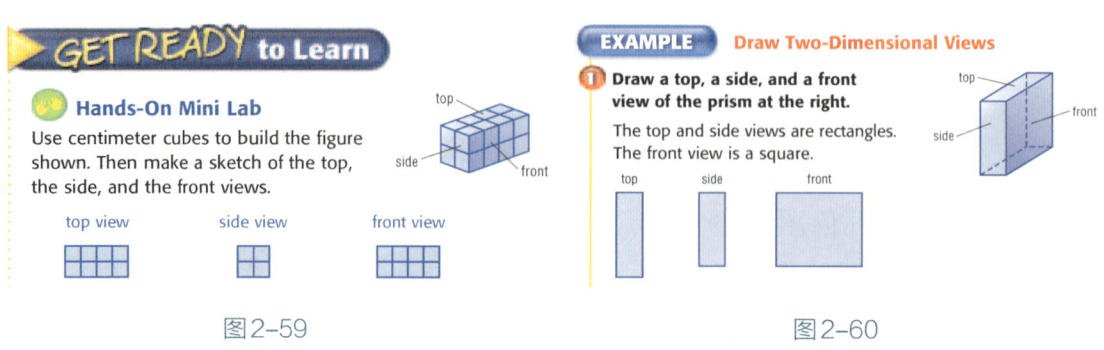

图2-59　　　　　　　　　　　　图2-60

（四）概率（Probability）

1. 概率内容在各年级的分布。

美国小学数学教材中概率课程容量通常很大，教材中概率都是以独立的章节进行编写的。其中包含丰富的概念，比如极差、极端值、数据模型、互斥事件、独立事件、相依事件的概率、实验概率和理论概率、样本空间、树形图等。

表2-18　概率

概率 （Probability）	三年级：用一定、可能、不可能辨别简单随机事件；能对简单随机事件做出预测。
	四年级：计算简单随机事件的概率；用树形图、网格图表示简单随机事件的结果。
	五年级：发现并解释简单随机事件的概率（用比率）；认识理论概率和实验概率；认识样本空间；用样本预测整体，并会选择合适的样本。
	六年级：会计算互斥事件、独立事件、相依事件的概率；理解理论概率和实验概率；利用二者预测复杂事件。

2. 编写的特点。

第一，重视概率含义的理解。概率首次出现在三年级，教材先解释概率的含义，即描述事件发生的可能性，然后通过例子让学生对简单的随机事件做出预测。如通过转盘中颜色所占的比例以及模型图让学生描述一件事发生的可能性的大小，通过抛掷硬币让学生记录等可能事件的结果，并系统地跟踪事件重复多次的结果，能够用数字或语言描述概率的大小，从而通过概率发生的大小去预测某件事发生的可能性（图2-61、图2-62、图2-63、图2-64）。

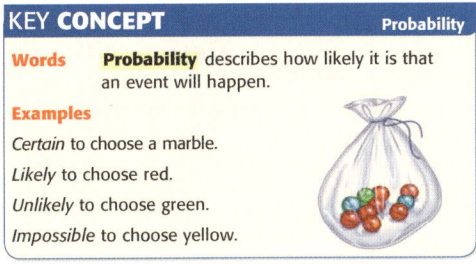

图 2-61

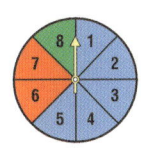

图 2-62

图 2-63

图 2-64

第二，重视区分理论概率与实验概率，体会样本空间（Sample Space）的含义。教材明确指出，理论概率是基于在完美条件下发生的概率，没有外界因素的影响，实验概率则是基于事件实验所发生的可能性，会受诸多因素影响。如图2-65，教材设计了一个活动，在一个纸袋子里放入3个蓝色正方体和5个红色正方体，闭眼从袋子里拿出一个立方体，如果立方体是蓝色的，记录一个Y，如果立方体不是蓝色，记录一个N，以此步骤进行30次实验。通过这个活动，明白了二者之间的不同。在样本空间这一内容（图2-66），教材主要通过树形图、网格图、表格来表示每种结果所发生的概率，并且举例用排列组合和树形图的方式描述每个事件的概率（图2-67、图2-68）。

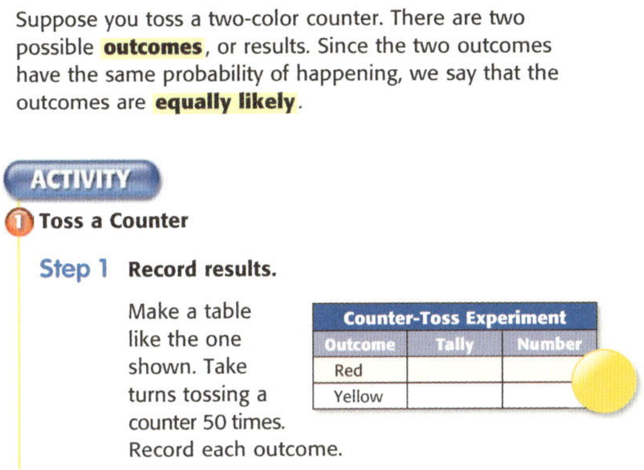

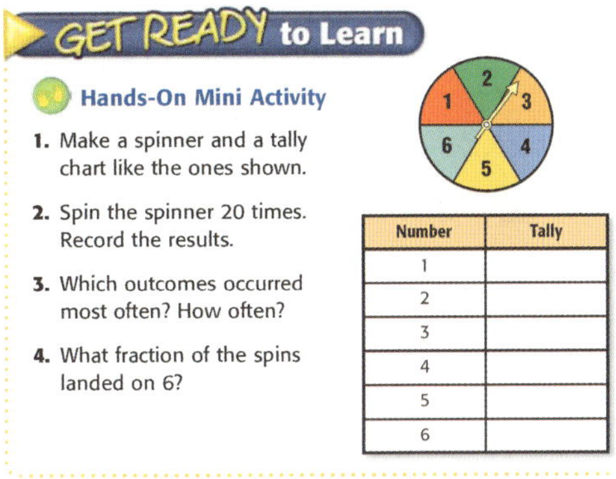

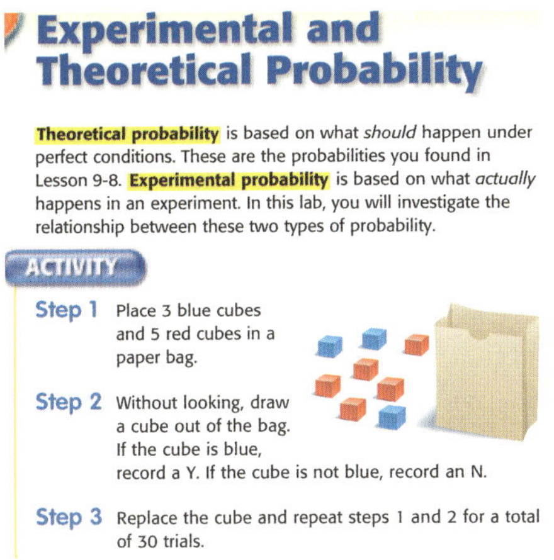

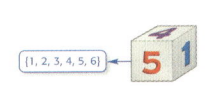

图 2-65

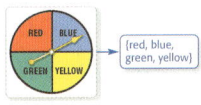

图 2-66

第二章 小学数学教材的发展 | 137

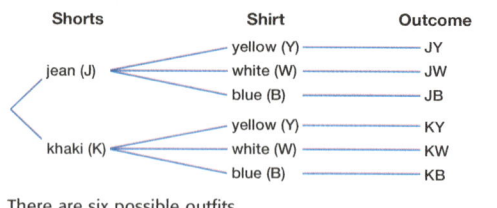

图2-67　　　　　　　　　　　　　　图2-68

2.3.2 俄罗斯小学数学教材简介

俄罗斯的中小学教育实行十一年一贯的学制，其中前九年是义务教育，儿童六岁入学，一至四年级是小学阶段。俄罗斯的数学教育一直很有特色，数学教材以其完整的理论体系和扎实的基础闻名于世。数学教科书在世界各国教科书中被公认为难度较高，非常注重数学知识体系的逻辑完整性，数学教材观照了不同的人学习不同的数学，满足不同层次的人对数学教育的不同需求。俄罗斯的小学数学教材一纲多本，本文以彼捷尔松（Л.Г.Петерсон）主编的小学数学教科书作为分析对象，这套数学教材获得了"俄罗斯科学院"和"俄罗斯教育科学院"的好评。教材编写体现了面向未来，期望儿童在"在学习中学会学习"的教育价值观，适合数学能力较强的学生使用，期望学生获得高观点下的数学素养，重视英才教育。

本套教材每个年级有三册，小学共12册。每册有30—40课，一般有60—70页，最新版本为2016年版。全套教材中，除了插图配有少量文字说明，其余呈现的都是问题，之所以如此设计，就是希望学生能顺利地解决教学过程中和实际中的问题，从而提高学生解决问题时所应具有的意识和能力，进一步加深学生对数学知识和技能的理解程度。随着年级的变化，题目的数量、难度都会随之增加、提高，而插图的数量却逐渐减少。同时配有练习题册，与教材是一个整体。

一、教材整体特征描述

（一）内容编排强调严密的学科逻辑体系

这套教材在内容的编排上具有严密的学科逻辑体系，重视知识间的内在联系，强调数学知识内在的衔接性、系统性和完整性。

第一，基于课程标准设计核心课程内容的逻辑结构。

这套数学教材是基于俄罗斯数学课程标准编写的。俄罗斯中小学数学课程的核心内容划分为两大领域：数与运算；空间关系、几何图形与几何量的测量。根据联邦普通教育基础教学计划，在小学普通教育阶段一周要用4学时学习数学，总计是540学时。教师可以采用不同的方法分配教学材料和学习时间，但数与运算领域大致要分配350—370学时，空间关系、几何图形、几何量的测量领域要分配120—140学时。

这套俄罗斯教材小学一至四年级每个领域的具体内容如下（表2-19、表2-20）。

表2-19 数与运算领域编排的内容

数与运算	数的认识	（1）物体的计数；从0—1000000的自然数的认读、书写以及序数性质；（2）0的意义；（3）一位数、两位数、三位数等；（4）数组与数位；（5）数的"相等""大于""小于"，以及用符号"=" ">" "<"表示；（6）多位数的大小比较；（7）分数与除法的关系；（8）分数：分数的特点、性质，分数的大小比较，分数的加减法，真分数与假分数的性质，带分数，带分数与假分数的互化，带分数加减法。
	数的运算	（1）加法、减法各部分名称以及含义，各部分之间的关系，检验计算正确的方法；（2）乘法、除法各部分名称以及含义，乘号"·"，除号"："；（3）乘法表与相应的除法表；一位数与两位数相乘，一位数与三位数相乘（公式），多位数乘法；（4）带余除法与余数公式；（5）四则运算的性质与算式；（6）加法和乘法的交换律与结合律；乘法对加法的分配律；（7）自然数的口算与笔算。
	常见的量	（1）长度单位：毫米、厘米、分米、米、千米，以及它们之间的关系；（2）质量单位：克、千克、吨，以及它们之间的关系；（3）体积单位：立方厘米、立方分米、立方米，以及它们之间的关系；（4）容积单位：升与毫升；（5）时间单位：秒、分、时、昼夜、星期、月、年、世纪，以及它们之间的关系，时间表示法及其之间的换算；（6）过程中所特有的量之间的关系：运动（路程、时间、速度）；工作（工作总量、时间、工作效率）；买卖（商品数量、商品单价、商品总价）。
	式与方程	（1）标尺与刻度；（2）运动类型：接近某点和远离某点运动的速度，相遇运动，相向运动，追及运动，落后运动，同时运动；（3）数轴：数轴的定义与性质，数轴上的坐标，数轴上两点的距离，数轴上的运动，数轴上的同时运动；（4）坐标：坐标的特点，平面上的直角坐标系及其坐标，坐标轴上的点，坐标系上的曲线图与图标，方格纸上的运动；（5）直线和柱形统计图的绘制与应用。
	实践活动	（1）利用尺子测量物体的长度；（2）称物体质量；（3）利用已知容器比较两个器皿容积；（4）按小时确定精确到分钟的时间。

在具体内容的编排顺序上，这套教材注重内容的整体集中安排以及数学知识的内在逻辑结构。比如，关于时间内容的学习，把年、月、日和时间的表示法集中在一起呈现，并且安排在相邻的两节课进行集中学习。再比如，关于分数内容的学习，在四年级学习顺序依次为"分数的认识；分数的大小比较；分数的加法；分数的减法；真分数和假分数；带分数；带分数与假分数的互化；带分数的加减法"。这样的集中编排会观照知识内容本身的难易程度，以及学生的理解水平。

表2-20 空间关系、几何图形与几何量的测量领域编排的内容

空间关系、几何图形与几何量的测量	空间关系	（1）通过比较确定空间位置关系：上下、高低、前后、远近、左右、向前、向后、在……前面、在……后面、在……之间；（2）物体在平面以及空间里的位置及其关系；（3）物体运动方向：从左向右，从右向左，从上到下，从下到上；（4）按大小和形状比较物体：大—小，高—低，比较长—比较短；（5）把物体分类：较大的，较小的，一样大的；（6）图形的平移、对称、旋转现象。
	几何图形	（1）线：线的分类； （2）角：角的分类，角的大小比较，角的示意图； （3）平面图形：三角形，长方形（正方形），多边形，圆与圆周； （4）立体图形：长方体，正方体，圆柱，圆锥，球与球面。
	几何量的测量	（1）测量线段的长度； （2）角的测量，角的度量，量角器； （3）多边形：多边形的顶点，测量多边形角的大小，计算多边形周长； （4）长方形（正方形）的面积； （5）长方体（正方体）的体积。
	实践活动	（1）制作直角模型； （2）用一张纸做长方形； （3）借助直角模型在已知角中找出直角，在已知多边形中找出长方形； （4）借助方格纸测量几何图形的面积。

从一年级的第一册开始，教材在空间关系、几何图形与几何量的测量领域的编排就十分注重内容的逻辑体系，比如认识图形就让学生感知相同的图形可以归类在一起，组成一个集合。通过集合中元素是否相等来判断两个集合是否相等，从而教学相等与不相等；通过集合中元素的合并和去除来教学加减法，让加减法的教学也建立在集合的基础上；通过集合中元素的多少来教学大于、小于和等于。教材并没有把这些内容切割开，而是把它们通过集合贯穿起来，注重知识本身的逻辑体系和知识间的内在联系，让学生在掌握这些内容的同时逐步理解集合的概念。

第二，重视公理化体系和逻辑框图的采用。

教材在具体内容的呈现上强调数学原理的抽象，重视公理化体系和算法逻辑框图的采用。以有余数的除法为例，教材在三年级介绍了除法的余数公式（图2-69），让学生对被除数、除数、商与余数之间的关系有一个清晰的认知，也是为四年级分数部分的教学作铺垫。再如，教材首先是在三年级第三册的21课中教学了工作总量的公式，之后在24课中，将路程、总价、工作总量与面积公式，这四种具有相似特征的公式统一写成 $a=b \cdot c$ 的形式，不仅能让学生体会到这四种公式的相似之处，还能培养学生的归纳概括能力（图2-70、图2-71）。

重视公理化体系还体现在对知识内容的整体性学习上。教材并没有把各个数学知识点分散编排，而是把学科内部不同领域的知识集合在一起，强调数学本身的内在逻辑，并不是简单枯燥的叠加，而是以学生喜闻乐见的方式自然地融合起来，比如集合与加减法的整合、线段与分数的整合、角与坐标的整合等。

图 2-69

余数公式

图 2-70

A 表示工作总量，w 表示工作效率，t 表示工作时间，三者之间的关系如下：
$w = A : t \quad t = A : w$

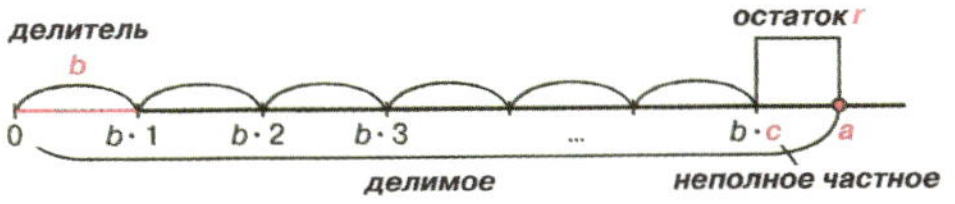

图 2-71

我们之前学习过的路程公式（$s=v \cdot t$），总价公式（$C=a \cdot n$），工作总量公式（$A=w \cdot t$），面积公式都可以写成 $a=b \cdot c$ 的形式，a 表示二者的乘积，在计算 b 和 c 时，可以用积除以其中已知的量。

这套教材在呈现上大量采用逻辑框图的形式，如揭示出一些公式、定义、规律等内容的抽象过程，以深化学生对数学知识的抽象和推理。如在二年级学习含有乘除法的方程时，会用逻辑框图对解方程的方法进行总结（图2-72）。俄罗斯在小学阶段特别注重采用算法的逻辑框图进行教学。这部分内容最先出

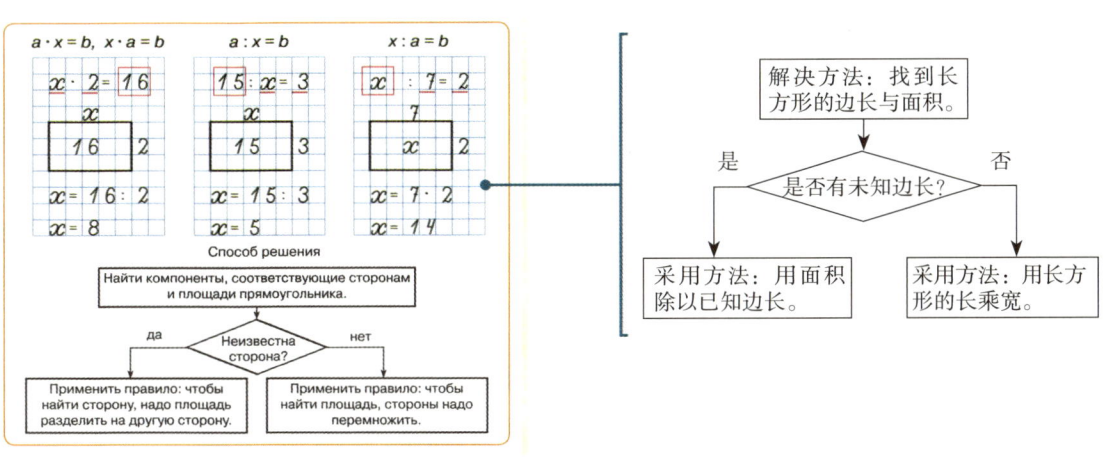

图 2-72

现在二年级（图2-73）。除了新知识的讲授，教材在不同年级的练习题中也大量使用逻辑框图（图2-74、图2-75）。

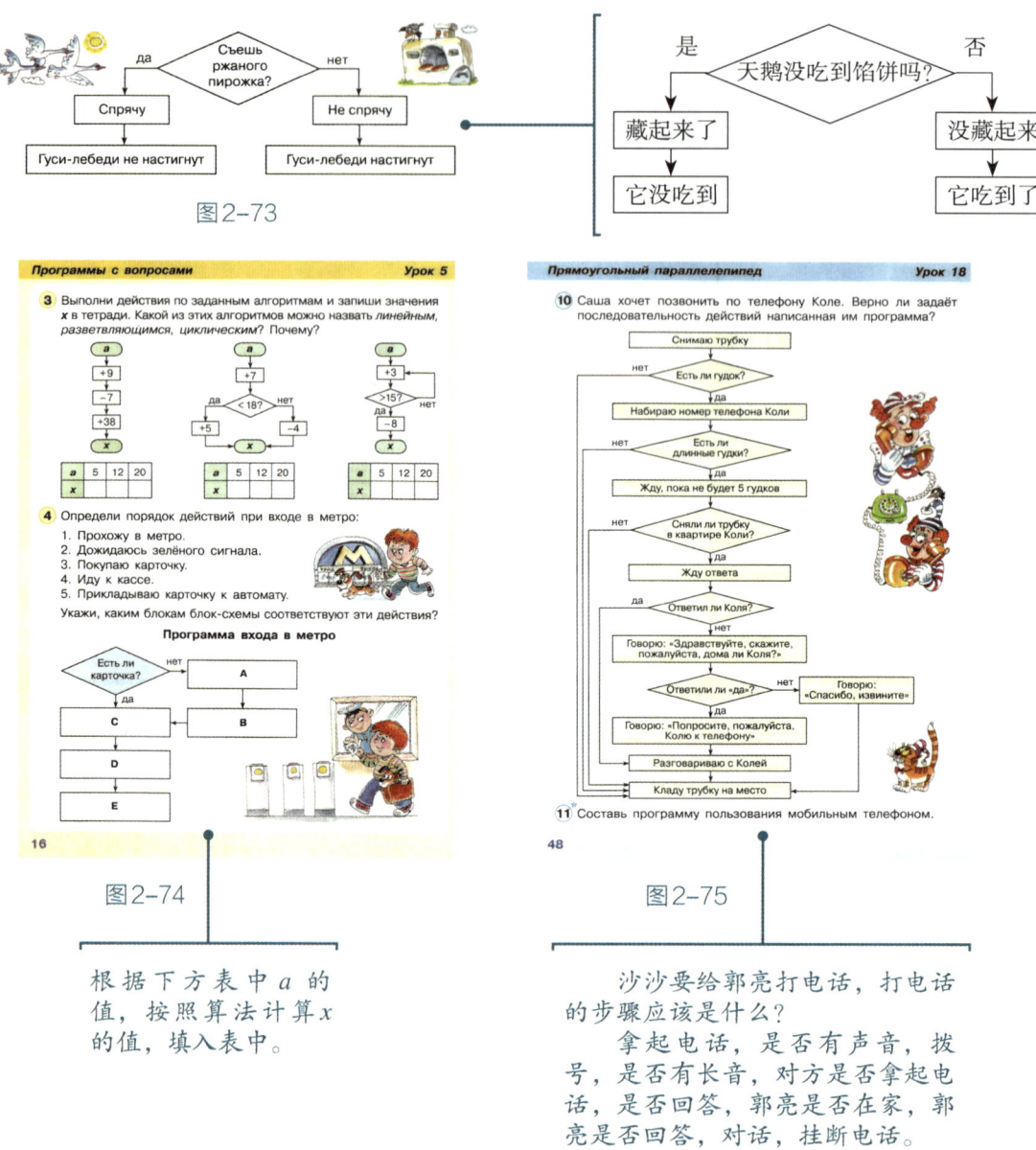

图2-74

根据下方表中 a 的值，按照算法计算 x 的值，填入表中。

图2-75

沙沙要给郭亮打电话，打电话的步骤应该是什么？

拿起电话，是否有声音，拨号，是否有长音，对方是否拿起电话，是否回答，郭亮是否在家，郭亮是否回答，对话，挂断电话。

（二）内容编排重视学生数学思维的培养

第一，教材十分注重学生早期代数思维的培养。"早期代数"（Early Algebra）中的"早期"是指学段的早期，"代数"则是指学生的代数思维。因此，早期代数是指在小学阶段发展儿童的代数思维，它并不是要将初中的代数内容下移到小学课程中，而是改进传统的算术课程，在不增加额外数学概念的基础上，使学生更加注重算式结构、数量之间的关系，关注规律的一般化、多元表征等[1]。这套教材在一年级就让学生用符号表示数、数量关系和变化规律，让学生体会到数量的不确定性，寻求一般化的思维习惯，同时培养学生"数学抽象"等素

---

[1] 孙思雨，孔企平. 早期代数：国际小学数学课程改革的新热点. 小学数学教师，2019（06）.

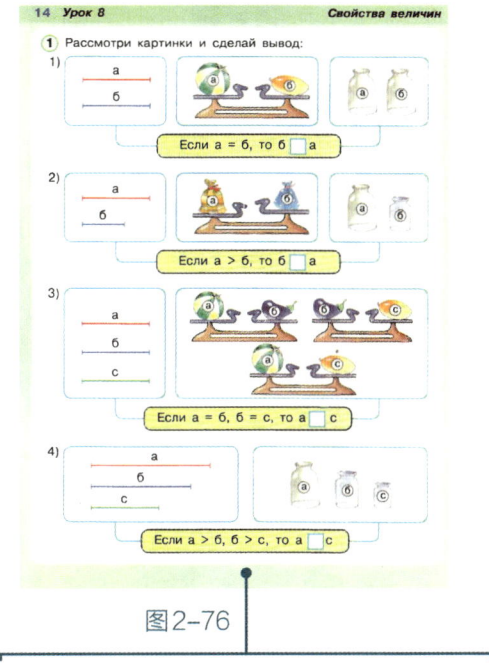

图2-76

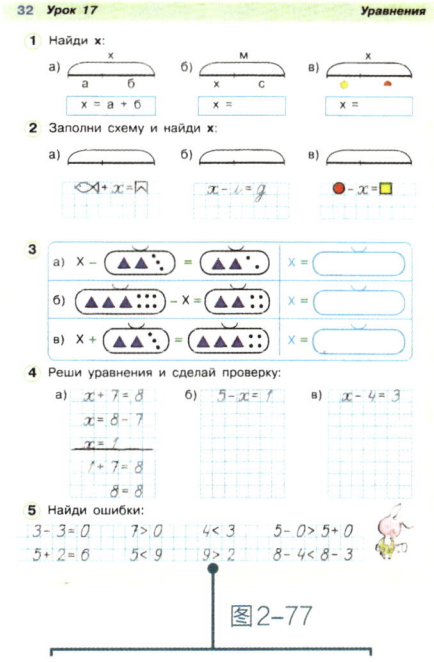

图2-77

一年级第三册第8课：
观察各图，找到数量关系。其中 a、$б$、c 可以表示线段的长度、物体的质量、液体的体积。四幅图分别表示：$a=б$；$a>б$；$a=б$，$б=c$；$a>б$，$б>c$。

一年级第三册第17课：
1. 表达未知量 x。
2. 在线段中表示出 x。
3. 求解 x。
4. 解方程，并检验。
5. 发现错误并改正。

养（图2-76）。然后进一步学习方程，加深学生对数量关系、算式结构、变量等一系列更高阶数学概念的理解（图2-77）。从三年级起逐渐渗透函数思想，到四年级注重对学生函数思维的培养。教材通过行程问题的教学，让学生构建出数学模型，引出正比例函数，结合图象，对不同的运动状态进行解释说明，让学生在算式和几何数学活动中培养一般化和符号化的代数思维（图2-78）。

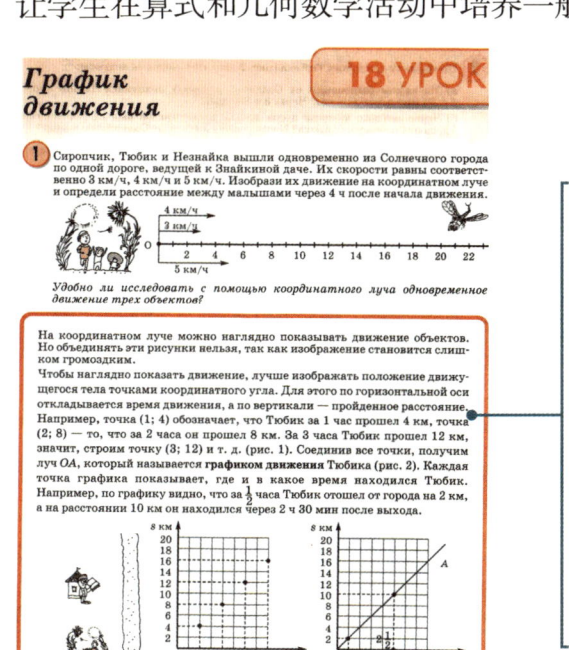

图2-78

四年级第三册第18课：
三人分别以 3 km/h，4 km/h，5 km/h 的速度出发，4小时后，三人相距多远？
我们可以在坐标系中清晰地表示出他们的运动状态。
以每小时行驶4千米为例，1小时行驶4千米，即坐标（1，4），2小时行驶8千米，即坐标（2，8），3小时行驶12千米，即坐标（3，12），我们就可以在图象中标出4小时后行驶的距离（图1）。连接上述4个点，即为线段OA，表示其运动的图象（图2）。根据运动图象，可以清晰地表示出运动的时间与行驶的路程，比如1/2小时行驶了2千米，行驶10千米用了2小时30分钟。

第二，教材强调发展学生对数学信息的搜集、分析和处理能力。随着年级的升高，问题的题干明显增长，让学生在诸多的信息中提取与问题解决有关的信息，对其进行分析并建构数学模型，促进学生用所学的数学知识去解决相关问题。例如，在小学一年级时，教材基本上是以图片和少量的问题组成的（图2–79），而到了三、四年级，整个教材除了少数的图片之外，基本上都是问题（图2–80）。

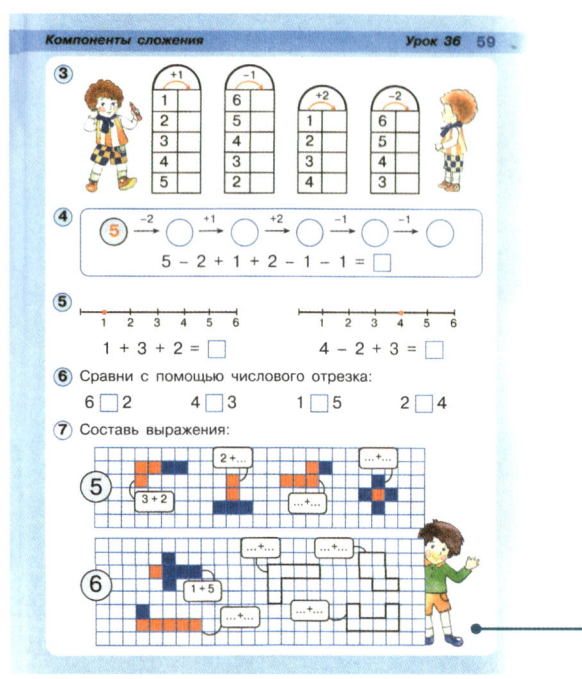

一年级的练习中，文字叙述较少，图片较多。

图2–79

37 Найди длину отрезка AB, если а) A (34), B (60); б) A (89), B (132); в) A (7512), B (10 000).

38 На фрагменте координатного луча отмечено время в годах:

Точки обозначают следующие события:
A — начало Великой Отечественной войны;
B — взятие Берлина Советской армией;
C — запуск первого искусственного спутника Земли;
D — полет первого космонавта Ю. А. Гагарина.

Дугой AB отмечен период Великой Отечественной войны, а дугой CD — промежуток времени от запуска первого искусственного спутника до полета первого космонавта.

Обозначь на этом рисунке точкой E год твоего рождения, точкой F — год твоего поступления в школу. Дугой EK отметь промежуток времени твоей жизни от рождения до настоящего времени, а дугой FM — промежуток времени обучения в школе от поступления до окончания (в будущем).

39 Запиши выражения удобным способом и найди их значения:

а) 2085 + 2085 + 2085 + 2085 + 2085 + 2085 + 2085 + 2085;

б) 316 + 316 + 316 + 316 +9407 + 9407 + 9407 + 9407 + 9407;

в) 52 078 + 52 078 + 52 078 + 69 + 69 + 69 + 69 + 69 + 69 + 69.

Что значит — умножить число a на число b? Объясни целесообразность замены действия сложения одинаковых слагаемых действием умножения.

40 а) Найди сумму 52 слагаемых, каждое из которых равно 675.
б) Найди произведение чисел 16 700 и 408.
в) Увеличь число 361 400 в 90 раз.

41 Прочитай выражения разными способами. Сделай прикидку и найди их значения.

а) 8019 · 906; б) 753 000 · 700; в) 60 280 · 1004.

42 Перемножая числа 218 и 409, Олег получил в ответе 89 162, а Митя — 10 682. Кто из ребят допустил ошибку? В чем его ошибка?

43 Перемножая числа 31 200 и 250, Ира получила в ответе 780 000, а Даша — 7 800 000. Кто из них ошибся? В чем ошибка?

44 Из одного кубического метра древесины можно изготовить 165 км искусственного волокна, а из него можно изготовить 1500 м ткани или 4000 пар чулок. Сколько искусственного волокна, ткани или чулок можно изготовить из 12 $м^3$ древесины?

90

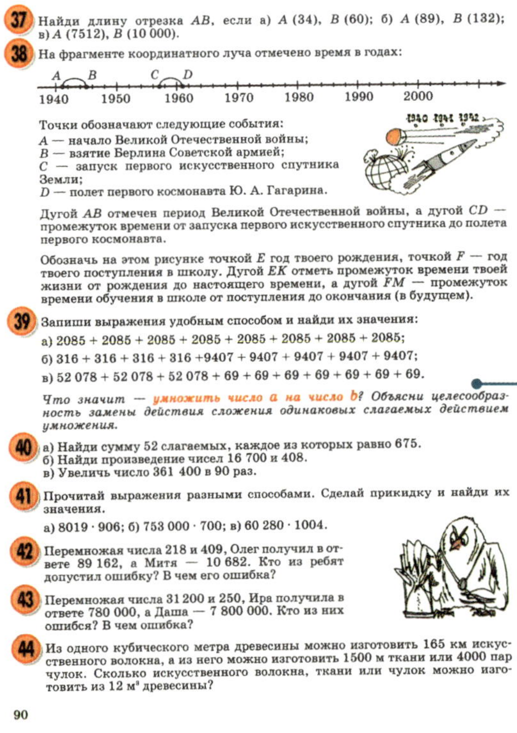

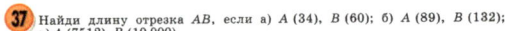

四年级的练习基本都以问题驱动为主。
37. 在数轴上表示线段AB。
38. 在数轴上标出下列重大事件发生的年份。
39. 简化下列算式，并说明算式中的每部分表示什么含义。
40. 根据已知条件进行计算。
41. 估算商的结果。
42. 计算218乘409时，奥列格计算的结果是89162，米佳计算的结果是10682，谁算错了？错哪了？
43. 计算31200乘250时，伊拉计算的结果是780000，达莎计算的结果是7800000，谁算错了？错哪了？
44. 1立方米的木材可以制作165千米的人造纤维、1500米的布或4000双袜子。现有12立方米木材，可以分别制作多少人造纤维、布或袜子？

图2–80

第三，对于同一个知识点，教材会编排诸多的变式练习。教材善于利用变式训练引导学生掌握数学知识内在的本质规律以及与其他知识之间的联系，使学生能够深入理解并能灵活运用。例如，在学习工作总量与工作效率和时间的关系之后，课后练习除简单的计算之外，还涉及列表与实际的问题解决，难度随之增大（图2-81）。

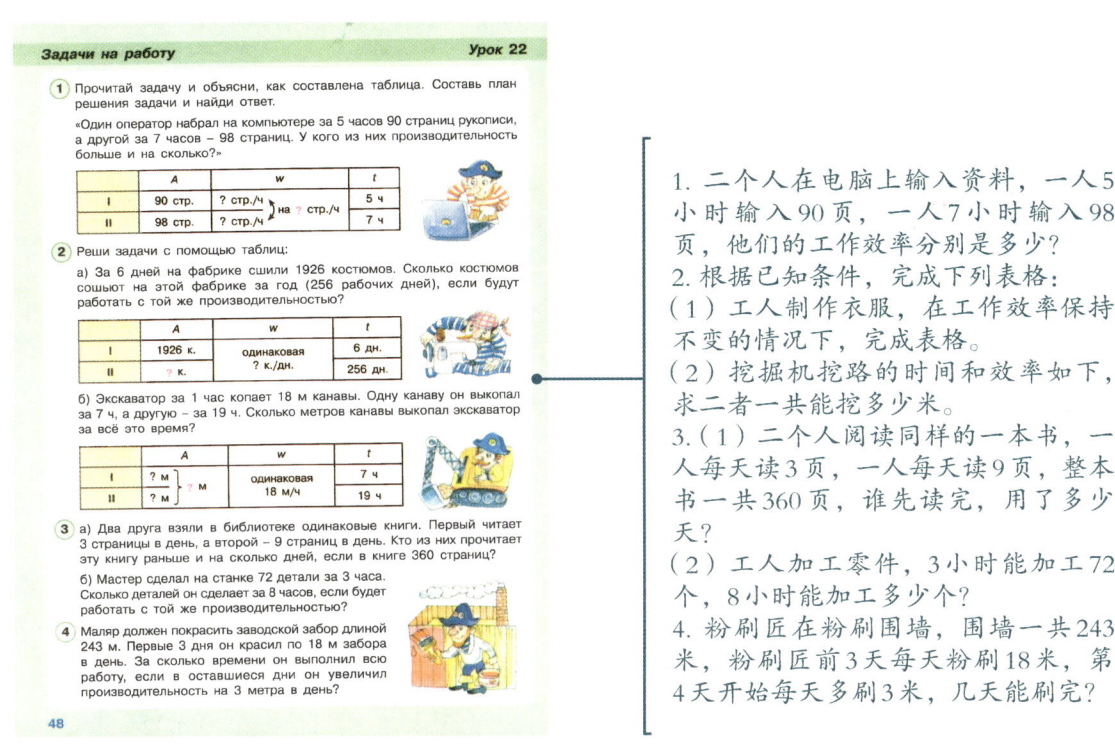

图2-81

（三）素材选取具有历史与民族特色的倾向，注重本土文化与数学文化的融合

这套俄罗斯教材在素材选取方面，除了少数与学生的生活实际相关联，其余部分都与历史、民族特色有关，当然童话故事也有出现。

第一，历史与民族方面的素材选取以节日、战役、人物为主。

俄罗斯是一个多民族聚集的国家，其文化传统比较多，主要信仰东正教，在教材中宗教历史的取材占据了很大一部分，并且注重民族文化传播和革命历史事件的呈现。比如，教材中出现过俄罗斯许多重大节日和著名战役。在呈现时间度量和日历时，该教材选取了复活节这个主题，还介绍了苏联卫国战争和库尔斯克战役持续的时间（胜利日的时间）。在教学坐标之前，教材通过游戏的形式向学生介绍方格纸及其应用，该游戏就是以俄罗斯的海洋战役作为素材（图2-82）。

除节日与战役外，教材中出现过许多古希腊中神的名字以及著名的诗人、作家、数学家等。比如，在介绍分数时，让学生通过比较分数大小说出18世纪俄罗斯著名学者的名字；计算加减法时，用俄文字母代替结果，然后将字母按照一定的顺序排列构成传说中一个神的名字；在方格纸上给出不同的字母，然后在一个表格中给出一些坐标，把相应的字母填在表格中就是俄罗斯某个节日或者某一著名人物的名字（图2-83）。

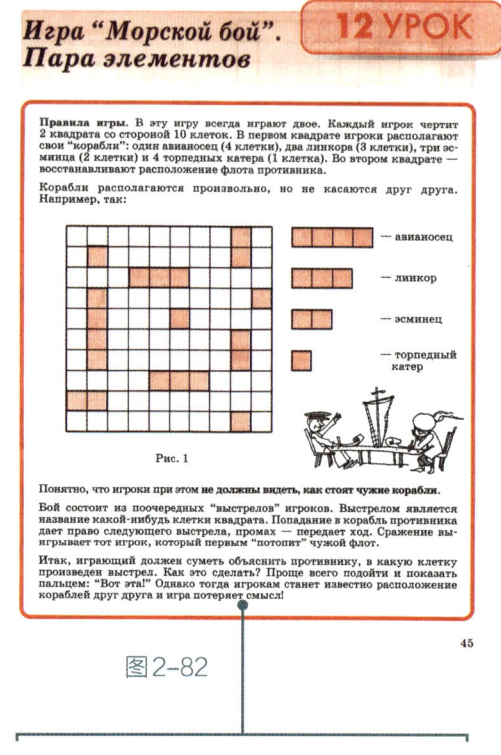

图2-82

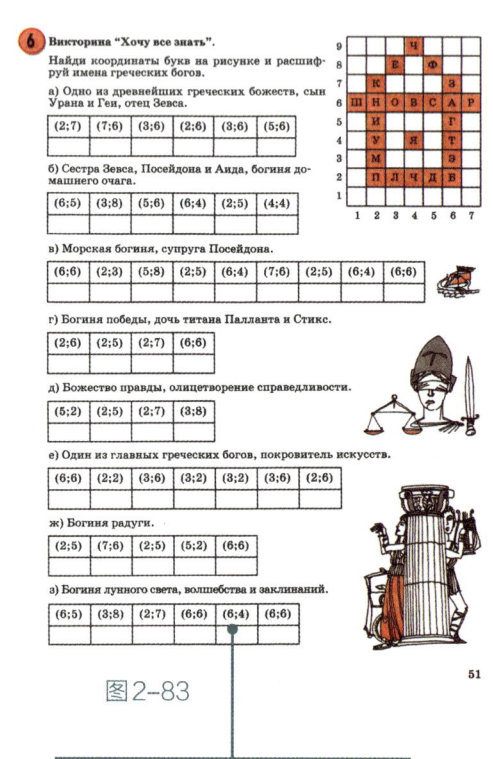

图2-83

第12课的内容是介绍海洋战役这个游戏，游戏规则是双方玩家在隐蔽的情况下画出自己在方格纸上的船队，其中4个方格代表航空母舰，3个方格代表战斗机，2个方格代表驱逐舰，1个方格代表快艇，玩家可在方格纸上画1艘航空母舰、2架战斗机、3艘驱逐舰和4艘快艇，通过告知对方船队移动方向来攻打对方。

右上角的方格纸中标出了字母及相应的坐标，根据左边表格中给出的坐标，让学生找到该坐标对应的字母，再把这些字母连起来就是古希腊诸神的名字。

从上面的表述中，我们可以看出这套教材很注重宗教历史素材的选取，通过民族文化的传播和革命历史事件的呈现，渗透爱国的思想情感以及文化的传承，培养学生的爱国意识，尽管这些历史事件不一定与所学的数学知识有很大的关联。教材也很注重数学史知识的引入，在三年级的第一册，教材从第52

页到第64页，整整13页全部是有关数学史的知识，内容包含石器时代的数学、计数法、第一个数、无限数、40和60等。

第二，童话故事的素材主要体现在问题情境创设与插图中。

俄罗斯这套教材中素材的选取还很注重童话故事的引用。例如，把灰姑娘的故事进行改编，用天鹅吃馅饼教学算法的逻辑框图等。教材中大部分插图和题目的编排都加进了拟人化的动物，很少用现实生活中的图片，以简笔画和漫画等为主（图2-84、图2-85）。

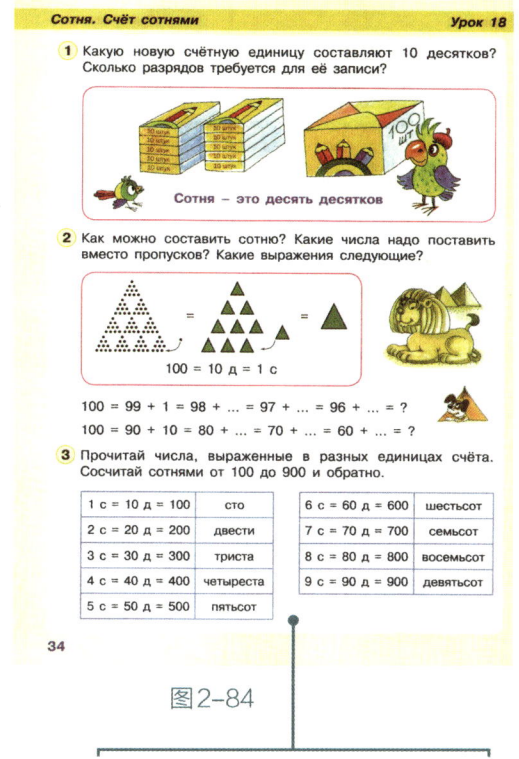

图2-84

1. 可以用哪个新的计数单位表示10个十？
1个百=10个十
2. 可以用哪些方式表示100？
100=10个十=1个百
3. 读出100—900各数，并表达出不同的计数单位。

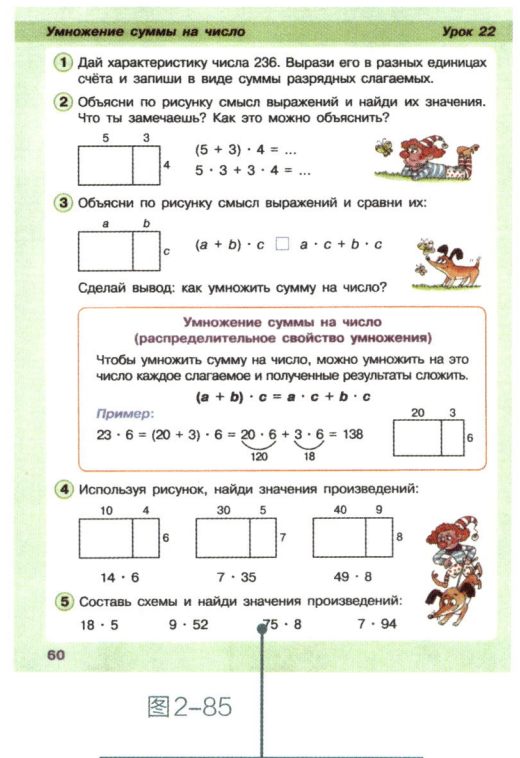

图2-85

1. 描述236的组成。
2. 用两种方法计算组合图形的面积。
3. 乘法分配律公式。
4. 结合图形，运用乘法分配律计算结果。
5. 直接计算结果。

二、教材具体内容举例分析

主要选取加减法的教学、方程的教学、分数的教学、函数的教学四个方面进行举例分析。

1. 加减法的教学。

一年级的第一册是从认识线段、三角形、圆、正方形、长方形等图形开始的，通过图形的教学，渗透集合的概念，这是教学加减法的基础（图2-86、图2-87）。

教材通过把"三个三角形"的集合T和"两个正方形"的集合K合在一起，说明集合加法的本质是"把部分合并为整体"，属于不相交集合中的并集。减法的教学也是通过图形集合，说明减法是从整体中去掉一部分，属集合与其子集的差集。通过集合来教学加减法，可以明显地看出集合中元素的变化，比较直观。接着教材通过将物体的集合用一一对应的方法在数量上作比较，引出正整数的大小比较，进而再由集合的加法过渡到数的加法，再到加法各部分的名称（图2-88、图2-89、图2-90）。

2. 方程的教学。

这套教材中方程的教学出现在一年级的第三册。在学习方程之前，教材作了许多铺垫，比如线段的比较与加减（本套教材特别注重线段的教学，很多运算符号、算法、定律的引出都是借助于线段），二维图形的比较、加减，巩固整体和部分之间的关系，到第三册的第11课出现了方程（图2-91）。

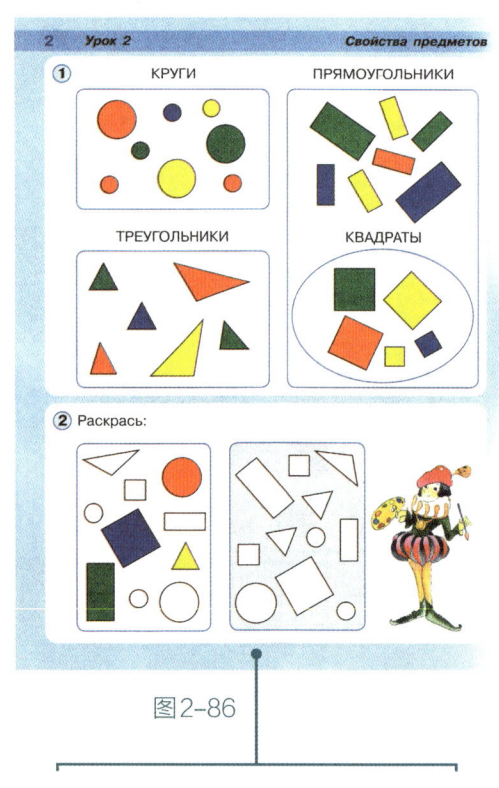

图2-86

这部分主要是图形的教学，通过对图形的分类，把相同的图形放到一起，构成一个集合。其中正方形集合是长方形集合的子集，隐含着三年级学习的集合之间的包含关系。

图2-87

接着教材以图形和生活中常见的动物、水果等为集合的元素，学习集合中的相等与不相等的内容。

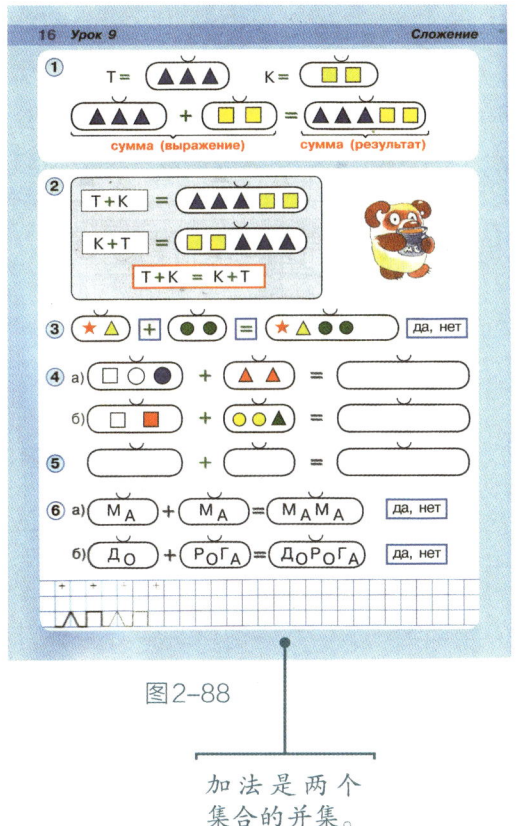

图2-88

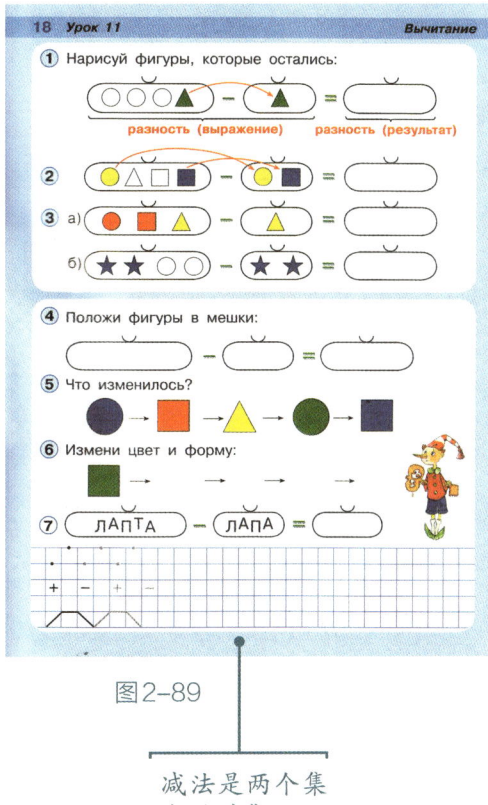

图2-89

加法是两个集合的并集。

减法是两个集合的差集。

图2-90

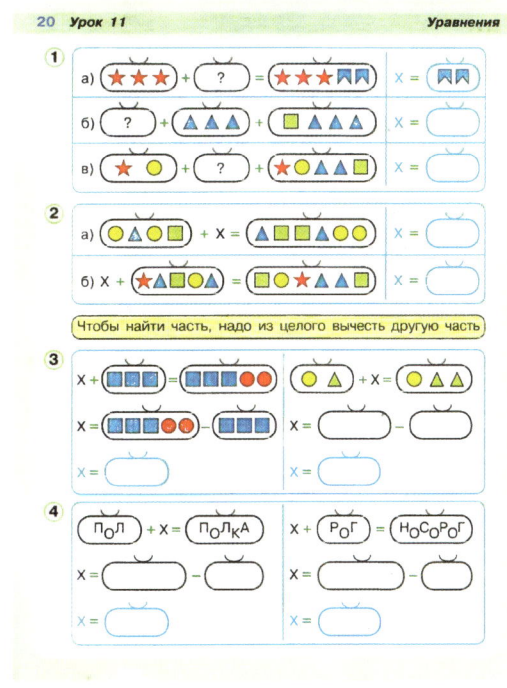

为了求出未知项，需要从整体中减去已知项。通过集合、天平和线段等方式，给出方程的结果。

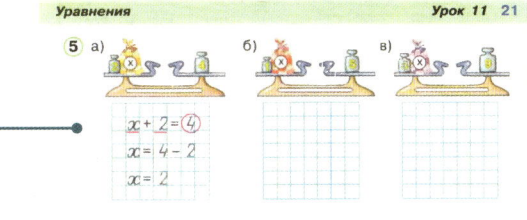

图2-91

第二章 小学数学教材的发展 | 149

含有乘除的方程出现在二年级（图2-92）。

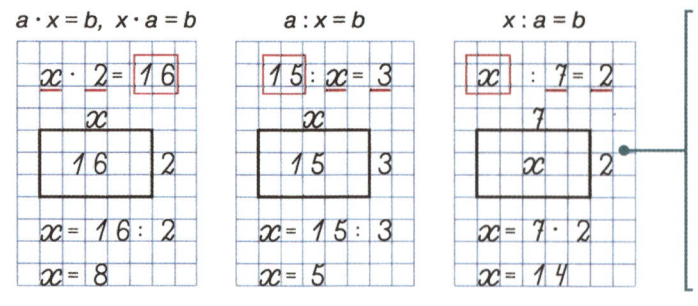

图2-92

在此之前学生刚学完长方形的面积公式，涉及已知长与宽求面积、已知面积求长或宽的练习题。在充分的练习之后，引出含有乘除的方程，学生可以直接看未知数x所在的位置相当于面积还是边长，分别选择乘法或除法，从而求得x的值。

3. 分数的教学。

分数部分的教学是在四年级的第一册书中出现的，分数情境的创设并不是通常的平均分蛋糕、月饼之类的，而是为了描述两个正整数之间的量，直接向学生传递分数产生的必要性（图2-93）。

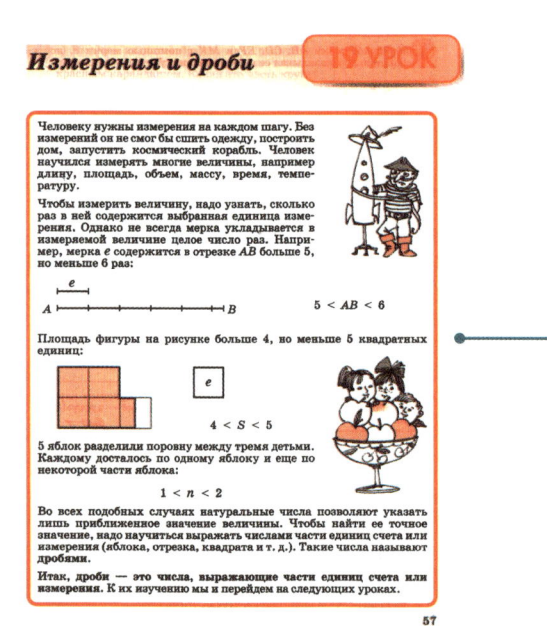

图2-93

我们在实际生活中很多时候都需要进行计算与测量，测量衣服的尺寸、建筑物的高度、计算发射的时间、物体的容积与体积等。

如对线段AB的长度进行测量时，得出线段AB的长度是线段e的5倍多，不到6倍：$5<AB<6$。

对一块区域的面积进行测量，得出区域的面积是在4与5之间：$4<S<5$。

三个小女孩吃5个苹果，计算平均每人吃多少，得出平均每人吃一个多一些：$1<n<2$。

在许多类似的情境里，正整数仅仅给出了某些量的近似值。为了寻求更加精确的数值，要求用比单位1还小的数来进行计算和测量（如苹果的个数、线段的长度、面积的大小等），这样的数叫做分数。因此，分数是这样的数，在计算和测量中用于比单位1还要小的部分。

4. 函数的教学。

这套教材注重数学建模与函数思维的培养，以发展学生的代数思维。以行程问题为例，$s=vt$具有数学建模的典型性和必要性，因此教材通过行程问题的教学，让学生构建出数学模型，引出正比例函数。在此之前，学生已经学习了元素与集合、集合与集合之间的关系，在四年级第一册中讲解了不等式的内容，为这部分运动模型中出现时间区间$a \leq t \leq b$做准备（图2-94）。

接着在四年级的第二册对行程问题中的各种情况进行详细的教学,包括相向而行、反向而行、追及问题、落后问题等都借助线段帮助学生理解。下图呈现了行程中的不同情况(图2-95)。

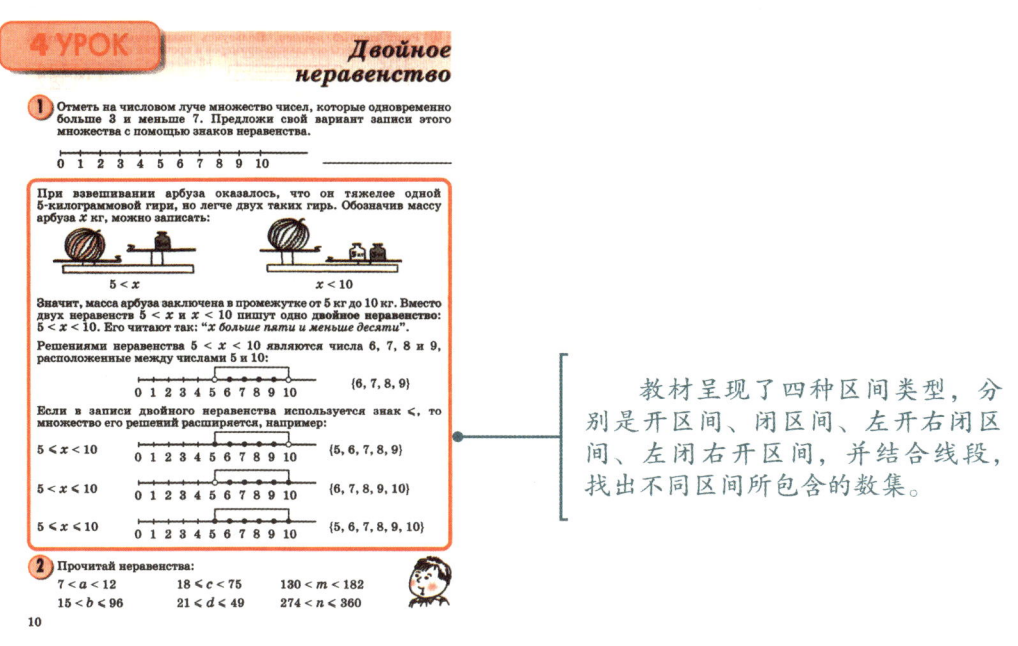

教材呈现了四种区间类型,分别是开区间、闭区间、左开右闭区间、左闭右开区间,并结合线段,找出不同区间所包含的数集。

图2-94

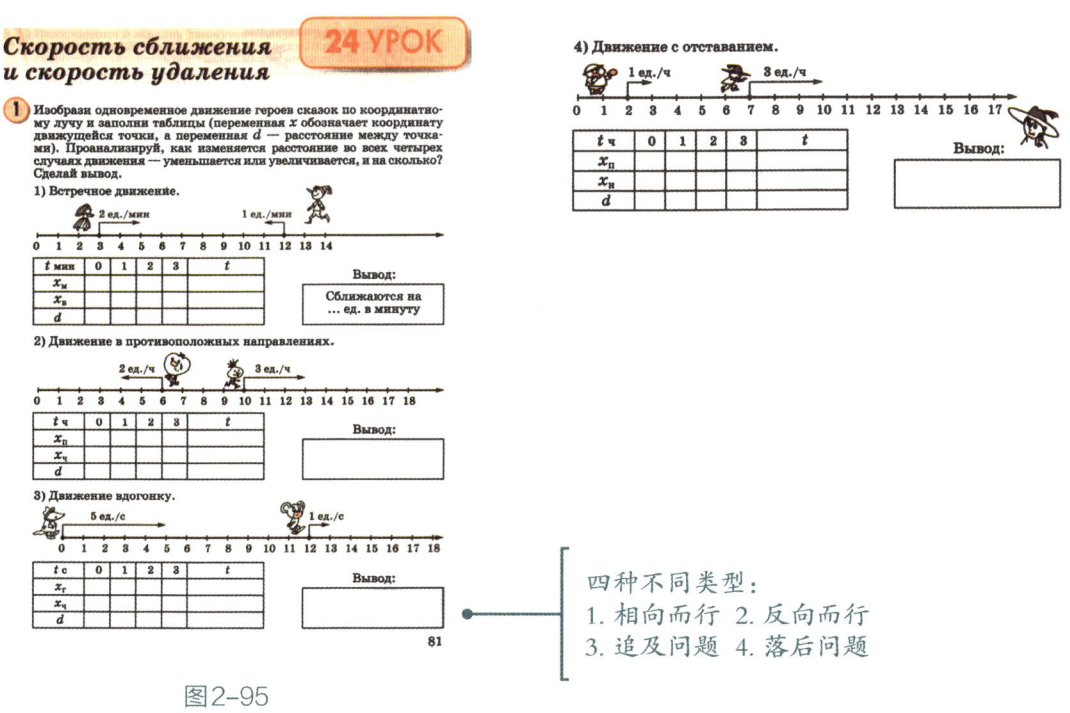

四种不同类型:
1. 相向而行 2. 反向而行
3. 追及问题 4. 落后问题

图2-95

然后在四年级的第三册,教学完方格纸的作用之后,让学生会在规范的直角坐标系(第一象限)中,用坐标表示点的位置。最后,在第三册的第18课,教学在直角坐标系中描绘出各种不同的运动状态,引出正比例函数,结合图象，对其进行解释说明。以下是不同函数的图象（图2-96、图2-97、图2-98）。

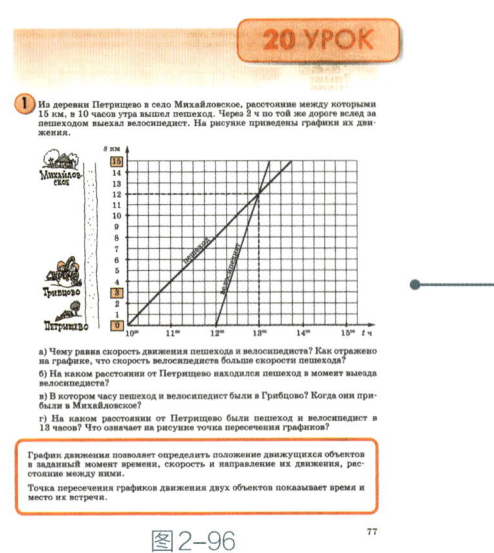

两个村庄相距15千米，步行者上午10点出发，骑自行车者2小时之后出发，具体行驶情况见下图。

1. 求二者的平均速度。如何在图象中体现谁的速度快？
2. 骑自行车者出发时，二者相距多远？
3. 二者何时抵达终点？
4. 13时，二者行驶的路程分别是多少？图象中的交点表示什么？

运动图象可以确定运动的路程、速度与方向。图象中的交点能够确定二者相遇的时间与地点。

图2-96

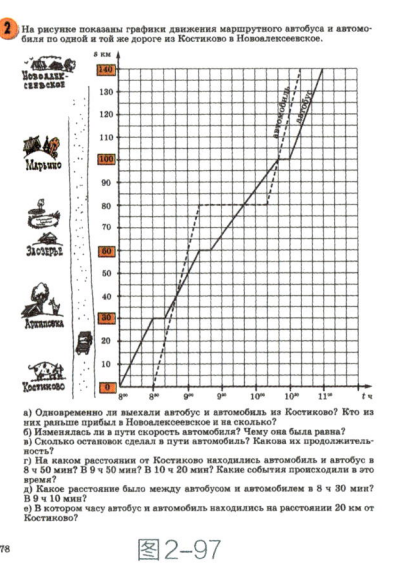

下图为公共汽车和小轿车从起始城市出发去往终点城市的行驶图象。

1. 二者是否同时出发？谁先到达目的地，用时多久？
2. 小轿车的行驶速度是否发生了变化，你是怎么算的？
3. 公共汽车一共停了几站，每站停多久？
4. 8：50、9：50、10：50时它们行驶了多远，图象中的交点表示什么？
5. 8：30和9：10二者分别行驶了多远？
6. 在什么时间他们距离起点20千米？

图2-97

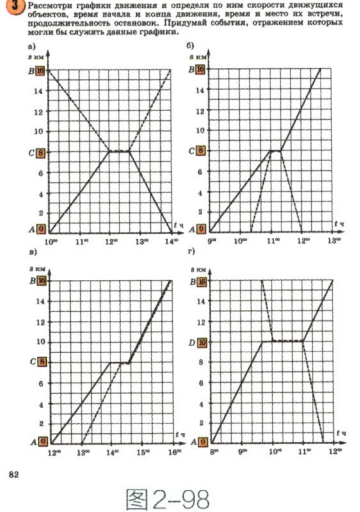

根据图象，试着描述二者的运动状态，确定二者的行驶速度、出发时间、到达时间、相遇时间、休息时间。从这几幅图中你还能看出什么？

图2-98

2.3.3 德国小学数学教材简介

德国是一个联邦制国家,各个州享有文化教育自主权。因此,德国的教育行政管理是以"合作式文化联邦制"为特征的教育行政管理体系,一方面学校教育仍由各州自治为主,另一方面联邦可以通过一定的权限和建立一些协调机构参与教育事宜的决策。小学教育是在基础学校里进行的,因此,小学又叫基础学校。基础学校的修业年限一般为四年,只有柏林与勃兰登堡州为六年。基础学校教育目的是使儿童获得感性知识和初步了解事物的能力,逐步学会读写算等最基本的知识,养成能够坐下来读书的习惯,初步培养独立思考和分析创造的能力,逐步把孩子们引向自然科学和社会科学知识的海洋。由于从幼儿园到基础学校,教育环境和教育内容发生了很大的变化,如何使儿童适应这个变化,从游戏的方式过渡到学习的方式,是基础学校所要完成的任务,所以,德国中小学学的都是基础知识。从时间上来说,每个州的教学大纲基本上8—10年更新一次,而出版社的某个教材系列一般是七年更新一次,所以课本很长时间不用更换。从小学(1—4年级)到高中(10—12年级),德国学校的教材都是由学校统一购买,每年轮回使用,每个学生都非常清楚,不能在教材上做任何笔记和符号。

由于德国每个州都有自己的教育法和教学大纲,而且有不同的学校类型,所以,德国的教材出版可以说是名目繁多,同一个系列的教材可以有十几个不同的版本。这里教材选取的是在德国北莱茵-威斯特法伦联邦州广泛使用的教材 *Das Zahlenbuch*,该教材由德国多特蒙德大学"数学2000课题组"编写,编写组主要成员有埃里希·维特曼(Erich Ch.Wittmann)、格哈德·穆勒(Gerhard N.Müller)、马库斯·内伦贝格尔(Marcus Nührenbörger)、拉尔夫·施瓦茨科普夫(Ralph Schwarzkopf)等人,从20世纪90年代中期,该教材就在德国流行,并且被瑞士、比利时、挪威等国家使用。该教材在北莱茵-威斯特法伦联邦州广泛使用,这是德国人口最多的州,也是德国经济最发达的州。由此可见,该教材在德国具有一定的影响力与地位。此外,该教材还有一些补充读物,包括数字小书、图形小书、逻辑游戏小书等。下面提供的 *Das Zahlenbuch* 案例是2017年的新版本,共有四册,从一年级到四年级每学年一册。

一、教材编写体例与内容结构特点

第一,教材有详细的使用说明。

德国小学数学教材封面扉页会呈现教材的使用说明(图2-99)。具体包括三部分,首先会说明教材每一课的设计环节,主要是基本内容介绍以及练习。其次会介绍单元的组成结构,在每单元最后两课不是新课内容,而是整理回顾和研究发现。通过不同颜色的页面呈现,使学生清晰地明白本课的目的,蓝色页面表示单元回顾,绿色页面表示本单元内容的进一步研究与发现。

最后，还介绍了教材中特殊符号所表示的意义（图2-100），这些特殊符号在每页教材中不同的教学环节有不同的体现与应用，通过对特殊符号的介绍便可清晰地明白该教学环节所需的教与学的方法，整本教材就是以这样的一种形式展开的。

第二，教材目录用颜色区分各领域内容。

德国小学数学教学内容主要分为四个部分：数与运算；空间与形状；大小与测量；数据、频率、概率。这四部分的内容在每册教材中交叉呈现，并逐渐增加难度、扩展其深度。其中数与运算用灰色方框表示；空间与形状用蓝色方框表示；大小与测量用褐色方框表示；数据、频率、概率用红色方框表示（图2-101）。每一册书的目录都会用不同颜色的方框来表示这四部分数学内容，即通过标志区分每一单元所学内容属于哪一领域（图2-102）。从教材目录内容的设置与分布来看，德国小学数学非常注重数与运算方面的教学，这一方面内容是最多的；其次，还可以看到德国小学数学对于几何内容知识的重视，每册教材都会出现不同难度的几何内容，并且频率较高；最后，德国小学数学较为注重发展学生的数学能力，每册教材都有多个专门的实际运用单元，即设置生活中常见的数学问题，将学生所学的知识生活化、实际化，让学生运用前几单元所学内容解决，以此来培养学生的数学素养，促进学生一般数学能力的发展。

每册书目录的右下角都会用大写的首字母表示出示五种希望儿童学期末以及小学毕业时能获得的一般数学技能和与数学内容相关的数学技能。这五种能力见下表（表2-21）。

表2-21 五种规定数学能力

能力	具体描述
问题解决能力	提取问题中的相关信息，并用自己的语言重现问题；以目标为导向，增强对解决问题联系的洞察力；检查结果的正确性，发现并纠正错误，比较和评估不同的解决方案；应用；发明任务和问题；处理问题时选择合适的数学规则、算法和工具。
交流与关联能力	合作和沟通；在陈述数学事实时，使用适当的数学术语、数学符号和约定。
质疑与论证能力	对数学关系或可疑之处做出假设；根据示例验证假设并质疑其假设；借助示例来确认或驳斥推论，根据示例来制订一些一般性的总结；使用实例解释关系和规律，并理解他人给出的辩论。
数学建模能力	处理实际情况和主题信息，并区分相关信息和无关信息；将事实情况中的问题转化为数学模型，并使用模型（例如方程式、表格、图形）进行解决；将结果与实际情况联系起来，并检查其合理性；在给定的数学模型中找到适合此模型的问题并提出自己的问题（例如以方程、表格或图形的形式）。
描述与展示能力	记录学习结果、过程和学习经验；开发和使用合适的展示形式和展示媒体（例如电影或海报）来展示其解决方案、想法和结果，并以一种易于理解的方式展示它们。

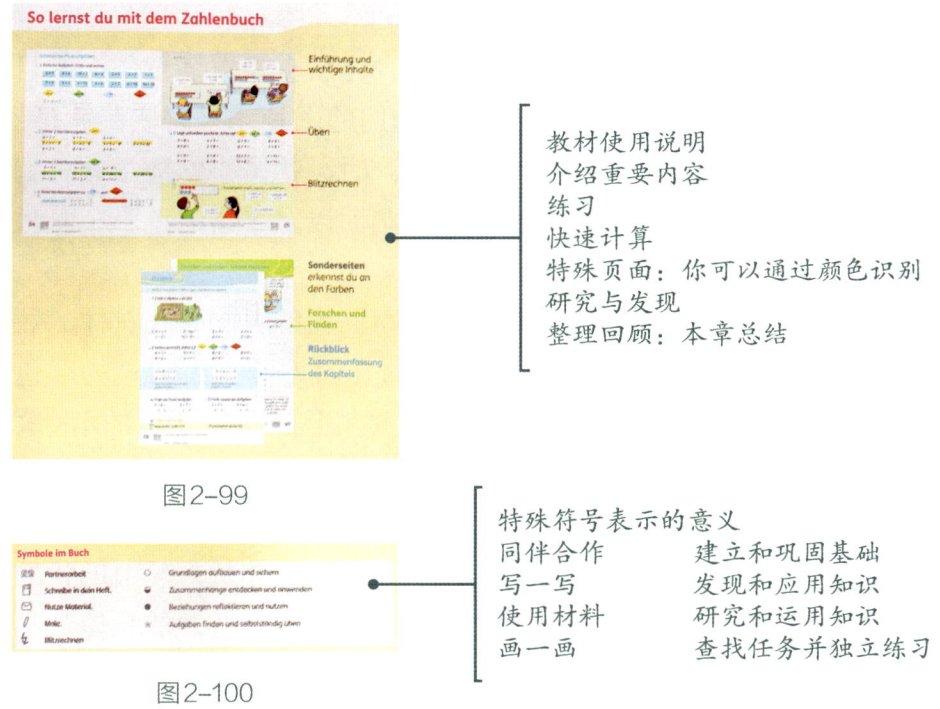

教材使用说明
介绍重要内容
练习
快速计算
特殊页面：你可以通过颜色识别
研究与发现
整理回顾：本章总结

图2-99

特殊符号表示的意义
同伴合作　　建立和巩固基础
写一写　　　发现和应用知识
使用材料　　研究和运用知识
画一画　　　查找任务并独立练习

图2-100

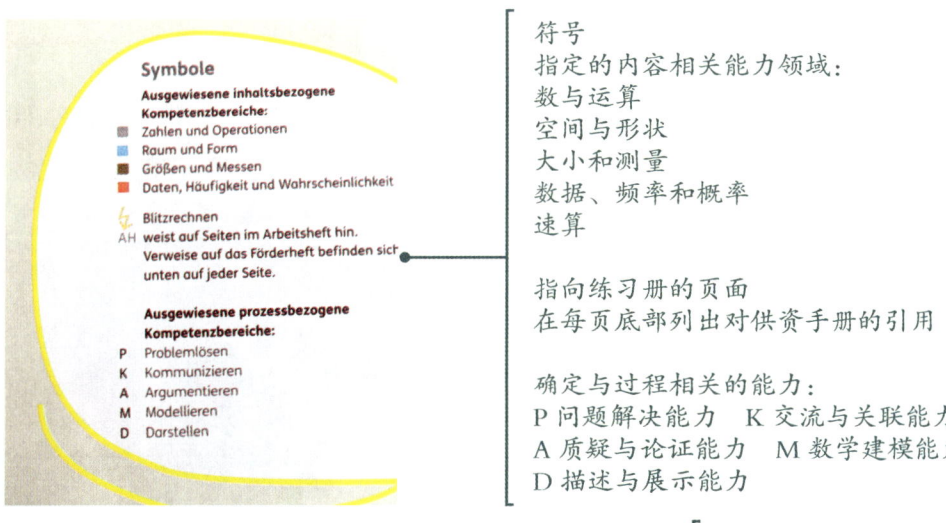

符号
指定的内容相关能力领域：
数与运算
空间与形状
大小和测量
数据、频率和概率
速算

指向练习册的页面
在每页底部列出对供资手册的引用

确定与过程相关的能力：
P 问题解决能力　　K 交流与关联能力
A 质疑与论证能力　M 数学建模能力
D 描述与展示能力

图2-101

目录
数概念的发展　　　货币
数字和游戏　　　　硬币和纸币
数字故事　　　　　介绍加法
认识10以内的数　　生活中的加法
身体上的数字　　　20以内的加法
铺设瓷砖图案　　　相同个数相加
满足数字要求　　　简单的加法
寻找数字　　　　　升级的加法
10以内数的组成　　变化的加法
数字5的作用　　　　回顾
结果总是5和10　　　研究与发现
分解数字
比较数量
回顾
研究与发现

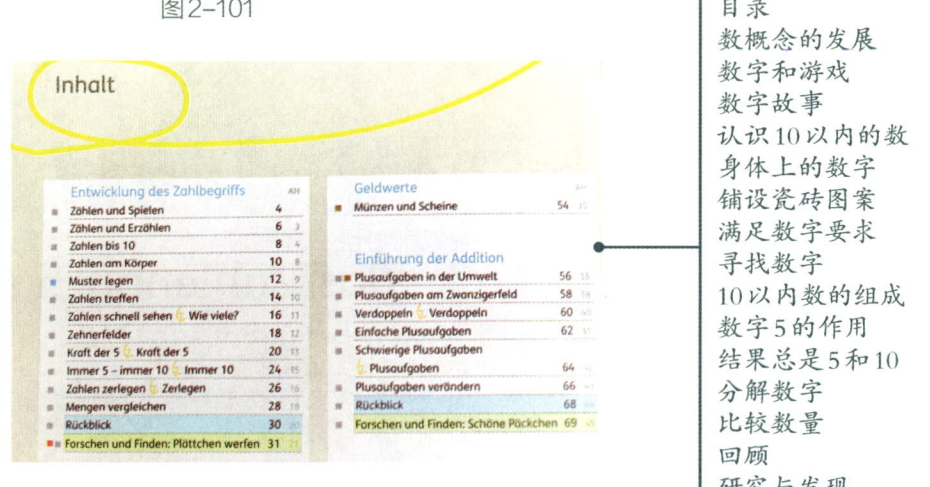

图2-102

第三,教材呈现形式重视趣味性和细节。

每页教材都会以主题图形式出示基本教学内容,之后会设置插图作为题目让学生进行练习,整个页面的文字信息较少,但选用的图片均来自实际生活,所以每一环节教学内容的选用及呈现都清晰易懂。同时,德国小学数学教材就像一本儿童图画书,每一页都有着真实的生活情境画面以及丰富的色彩,融教学性和趣味性于一体。

另一方面,德国小学数学教材不仅用数字显示每一页的页码,在具体的数字旁边,还会有一组或多组由一百个小圆点组成的几何方阵,小圆点的颜色加重几个就表示第几页。如下图所呈现的这一课教材就是一年级课本的第4页(图2-103)。同时每页教材下面都会以类似脚注的形式出示本节课教材设计的几个环节的具体要求,课本上几乎以图片形式呈现教学内容,很少有文字描述,只是用几个简单的词汇表明该教学环节的用意,因而具体每一环节的目的及要求会在书的最下端一起出现。一同呈现的还有该教学内容所述的具体数学领域,这一课呈现灰色方框,表示它属于数与运算领域。同时还可以看到本课对于学生需掌握的一般数学能力的要求,例如这一课的要求是培养学生的交流与关联能力、描述与展示能力。

第四,教材内容选择体现了范例的教学思想。

范例教学是指借助精选教材中的示范性材料,使学生从个别到一般,掌握带规律性的知识和能力的教学理论。这一教学思想在20世纪50—70年代成为德国有较大影响的一个教学论流派。

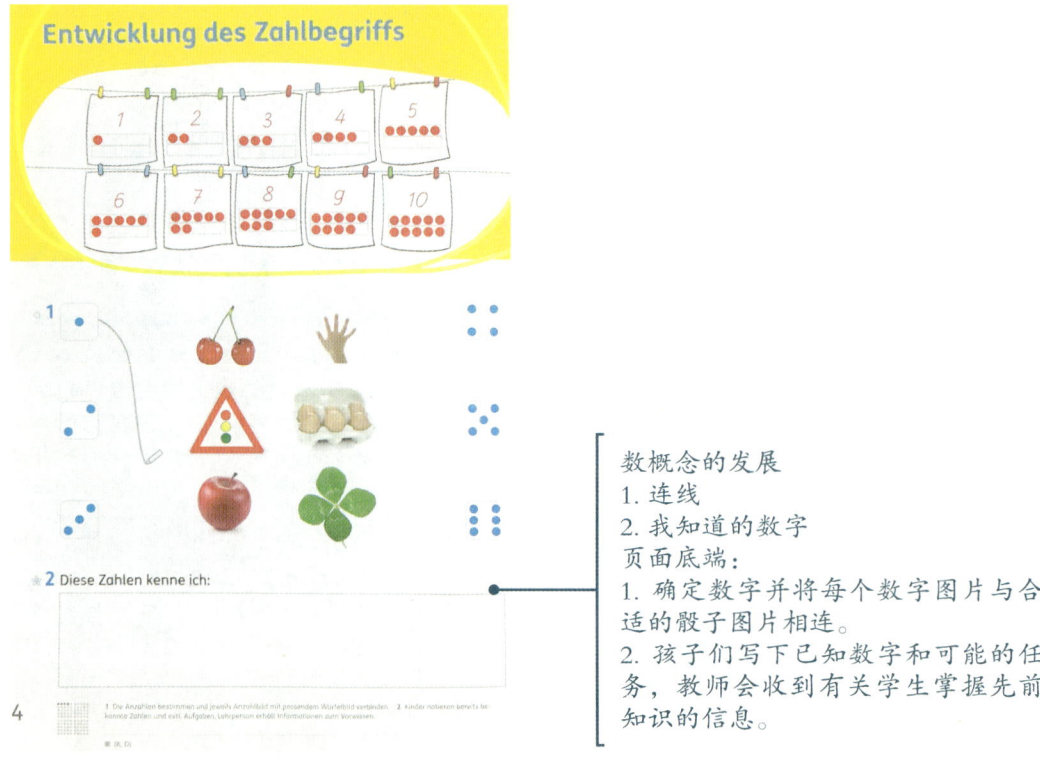

图2-103

在内容的选择与编写上，德国小学数学四年的学习内容总体来说较少，这也体现了范例的教学思想。具体的编排内容见下表（表2-22），其主要体现在四大部分：运算、几何、测量、统计。这四部分内容在每一册教材中都有编排，一年级的运算部分主要是逐步认识10以内、20以内的数并相应学习这部分的加减法；几何部分主要是从生活中的立体图形中抽象出其平面图形进行认识；测量部分认识了纸币和硬币以及长度单位米（m）和厘米（cm）。二年级运算部分升级到百以内数的认识及加减法，并且开始介绍乘除法以及乘法表；几何部分不断加深，认识简单的几何体以及对称图形；在统计部分进行数据的处理学习等。三年级运算部分扩展到千，并且开始了笔算这一计算方式以及小数的学习，相应地，乘除法也不断加深到除数是一位数的除法以及一位数乘两位数；几何部分进一步认识平面图形和几何体，以及图形的变换；测量部分认识了更多的长度单位毫米（mm）、千米（km），并且第一次学习质量单位克（g）、千克（kg）、吨（t）等知识。四年级是小学中最后一年，其内容不断加深递进，在运算部分学习到了大数的认识以及乘除法的笔算；在测量部分学习了长度单位的换算；在几何部分学习到了长方形、正方形的周长和面积等。通过对教材内容的总结可以发现，德国小学数学四年的学习内容较少，但具有高深度的特点，即知识呈现以及要求具有一定的深度，这也体现为对学生认知发展的高要求。

表2-22 德国小学数学教学内容编排情况

一年级	二年级	三年级	四年级
10以内数的认识	重复与深化	重复与深化	重复与深化
10以内数的加减	百以内数的认识	千以内数的认识	百万的认识
20以内数的认识	百以内数的加减	千以内数的加减	百万以内的加减法
20以内数的加减	介绍乘除法	笔算加减法： 三位数加减三位数 三位数加减两位数	多位数乘除法
认识平面图形： 三角形、正方形、长方形、圆	乘法表	除数是一位数的除法 一位数乘两位数	笔算乘除法： 三位数乘一位数 三位数乘两位数 除数是一位数的除法 除数是两位数的除法
认识及计算货币	认识几何体：球体、圆柱、长方体、正方体	图形的变换：对称、平移、旋转	加减乘除混合运算
用标准尺测量长度	对称	认识平面图形：平行四边形、菱形、六边形、梯形	认识分数

续表

一年级	二年级	三年级	四年级
认识时间"时"和"分"	认识长度单位cm和m	认识几何体：三棱柱、三棱锥	长方形、正方形的周长及面积
		长度单位mm、km的认识	认识垂直与平行
		质量单位g、kg、t的认识	正方体、长方体的体积
		认识时间"秒"	认识长度单位dm
			认识容积单位mL和L

二、教材核心内容编写特征

（一）核心教学内容用生活情境主题图呈现，注重知识的实用性

德国小学数学教材编写非常明显的一个特征是教学内容以图片形式出示，很少用语言文字的描述。不论是主题图、插图，还是随堂练习和课后单元总结的习题都是以图片形式呈现。这种注重直观材料呈现的教材编写方式是德国小学数学教材的一大特点。通过图片的呈现，培养学生的观察能力，让学生通过观察主题图或示意图发现其中蕴含的数学知识，以此发现一些数学关系，学生在观察图片的过程中自然而然地就处于丰富有趣的教学情境中，进而能够发现关系、验证假设、得出结论。

教材中的图片就是最好的直观材料以及具体事物，学生通过主题图进入具体的生活情境，体会到真实的问题情境与数量关系，便于学生进行思考与交流。教材与实际生活相联系的重要性不言而喻，德国小学数学教材在教学内容呈现上就体现了这一点，其手段就是运用各种各样真实的生活情境以及问题情境。通过这些直观材料的呈现，学生可以很快地明确所学习的新内容以及自己所要掌握的知识。

例如一年级教材中的第28页（图2-104），这一内容是数概念发展单元的最后一课——比较数量。从教材内容来看，主题图都是图片形式呈现，第一环节与第二环节都是让学生通过观察图片说一说其中哪个量多，图片直观地表示出数量的多少，学生通过对图片中呈现的日常生活活动进行数数与比较，进而比较出数量的多少。图片可以承载大量的数学信息，德国小学数学教材所选取的图片都源自日常生活，这样呈现的内容富有实际意义同时也便于应用。

教学内容与实际生活相联系。注重实用性也是德国小学数学教材的一个非常鲜明的特征。不论是新课的情境设置，还是练习题的选用，都密切联系生活实际，注重其实用性，体现了教材内容"从生活中来，到生活中去"。数学知

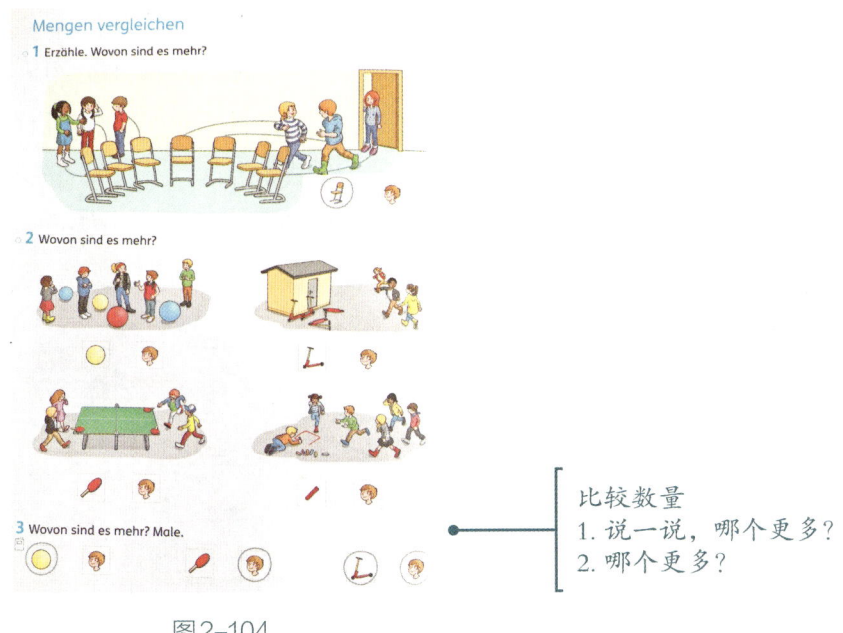

比较数量
1. 说一说，哪个更多？
2. 哪个更多？

图 2-104

一天中的时间
1. 这就是莉娜的一天。
2. 你的一天是怎样的？

图 2-105

识对于生活有很大的作用，可以说生活中的方方面面都体现着数学思想，而教材就是沟通联系数学与生活的良好渠道与手段。学生通过教材中的生活情境与生活问题学习数学知识，进而将这些数学知识运用到实际生活中来解决问题，真正地将知识内化，并锻炼学生解决问题的能力。

例如，在一年级教材"时间的认识"这一课中（图2-105），教材以图片的形式形象地呈现出一天当中的时间变化情况，学生可以直观地感受时间的变化以及变化标志。同时，教材展现了与学生同龄的小朋友一天的时间安排，将实际生活展现在教材中，还让学生说出自己一天时间的安排，学生通过描述自己的一天，认识了时间，知道一天有24小时，同时明白时间是怎样变化的，这充分展现了德国小学数学教材内容与实际生活联系紧密，并且注重知识的实用性这一特点。

另一方面，教材中主题图与示意图的呈现形式多种多样，不仅以日常生活情境形式呈现，如物品的分类、商品的选购、交通标志的认识、房间的布置、郊游路线的设计和安排等，还会展示线段图、具体操作的过程等图片（图2-106），通过丰富而多样的图片形式拓宽教学的形式与方式，给学生不同的思考角度，学会运用多种方式解决问题，这也是多种图片形式呈现的一大优势。

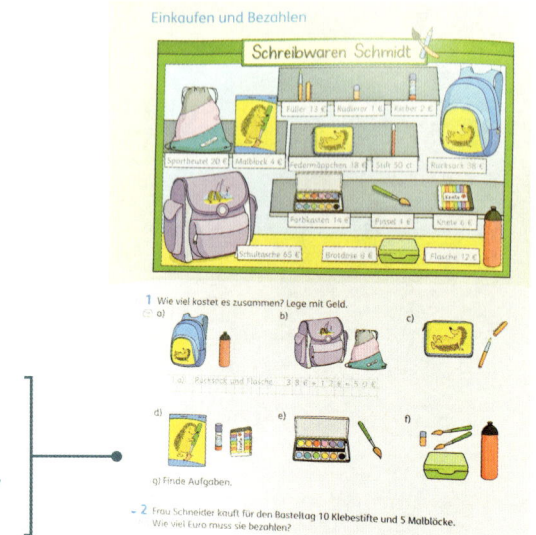

购物和付款
1. 总共要花多少钱？算一算。
2. 施耐德女士购买了10根胶棒和5块胶卷，总共要花多少钱？

图2-106

（二）教材编排注重知识的逻辑结构与进阶

德国小学数学教材的另一大特点体现在注重知识的逻辑结构与进阶。这一特点在其目录就有所体现，具体表现在每单元都设有单元回顾课、同一数学领域的内容在同册书以及不同年级教材的连贯与进阶等方面。

首先，每单元都设有单元回顾。从教材的内容安排上就可以看出这一特点，在每单元结束的倒数第二课会安排一节回顾学习内容课，以简单的示意图形式呈现本单元知识要点，再通过大量的习题对本单元学习内容进行复习与巩固。除了对知识巩固之外，学生还可以提出自己的一些问题，在单元整体知识框架下对知识进行探索与验证，从而使知识得到进一步的内化。

其次，不同数学领域的内容在同册书中会交叉出现。德国小学数学教学内容主要分为四部分：数与运算；空间与形状；大小与测量；数据、频率、概率。这四个部分在每一册书都有呈现，每一部分内容在同册书中都会出现多次，并且每次出现都会比前一单元呈现得更有深度。这充分显示出德国小学数学教学内容的进阶性。在同一册教材中逐渐呈现不同深度的同一数学教学内容，有利于保持知识之间的连贯性以及衔接性，便于学生知识链的形成与巩固。

最后，从二年级起，每册书第一单元都是复习与深化。每套教材的第一单元不是开展新的教学内容，而是对上学期学习内容的复习以及巩固，并且在此基础上进行一定程度的深化。

以上三方面教材的编写及教学内容的呈现可以看出德国小学数学教材十分注重知识的复习及巩固，并且强调在知识巩固的过程中深化已有的知识，展现教学内容的高层次呈现方式以及强调对学生认知能力的高要求。

（三）教材编排注重几何直观

重视几何直观教学是德国小学数学教材的一大特点。每册书中都会有至少3个单元安排关于几何方面的教学，例如一年级有3个单元进行几何直观知识的教学、二年级也有3个单元呈现几何内容、到三年级便有5个单元进行几何直观知识教学、四年级安排6个单元进行几何直观知识的教学，由此可看出德国小学数学对于几何直观教学的重视。

关于这一部分的学习内容，教材首先通过介绍简单的立方体以及生活中的形状进行教学，关于几何知识的呈现仍然是由三维转向二维。生活中我们所见到的物体大多为立体图形，因此关于几何教学内容的呈现由三维出发便于学生理解与感受。通过生活中立体图形的呈现，抽象出其中的平面图形，直观材料的运用极大地帮助学生感受与体会图形的存在与特点，学生通过观察发现立体图形与平面图形之间的联系，进而将立体图形与相应的平面图形对应起来，形成初步的几何直观知识。在这样的教学内容呈现过程中，教材所选用的图形和图片均是生活中常见的物体。例如一年级刚认识立体图形与生活中的形状时（图2-107），教材所选用的立体图形分别是铅笔盒、骰子、牛奶盒、魔方、卷纸、交通标志牌、钟表等生活中随处可见的立体图形，学生可以通过观察以及结合自己的生活经验发现立体图形与平面图形间的秘密，进而抽象出二维平面图形。

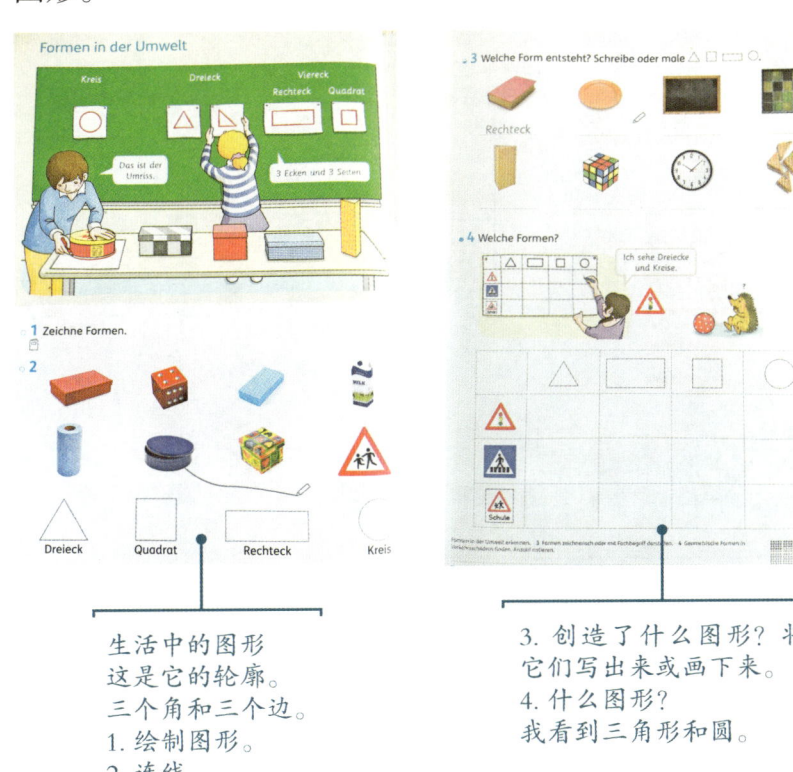

图2-107

另一方面，在这部分内容的教材编写中，还融入了大量的图形设计与变换内容，以此培养学生的数学审美意识和动手能力。例如一年级教材第四单元图形中的第二课"折叠与裁剪"（图2-108），不仅注重学生对图形的认识，还体现出教材对学生实际动手能力的要求，让学生在动手操作的过程中感受对称图形的特点，体会对称的意义。同样的设计与要求还体现在二年级教材第六单元图形中的第二课"折—切—拼"，学生通过折一折、剪一剪发现三角形与正方形之间的关系，通过拼一拼将多个三角形拼成长方形，并设计自己喜欢的图案。同时通过对正方形的折叠与拼接，将多个正方形折叠组合成正方体，感受图形之间奇妙的组合与关系。

每册书不同单元呈现的关于几何直观的教学都是呈螺旋上升、不断递进的。教材基本上每隔一个单元就会出现一次，各单元之间的内容一定是相互联系且逐渐加深的。教材的编写将繁多的原本属于一个单元的知识细化分为几个单元来进行教学。这种编写方式体现了德国小学数学注重对知识的划分与整理，由此也体现出其注重各单元知识的连接以及逐步深化。

（四）教材编排重视口算、笔算、估算的融合

德国小学数学教材编排重视运算过程的理解，以及通过有规律的学习和复习来掌握口算、笔算、估算，并且重视三者的融合。教材的数与运算领域主要包括数概念的教学以及运算教学，数概念教学是为了培养学生的数感，运算教学主要是通过德国自己独特的运算方法培养学生的运算能力。例如，在一年级认识加法这一课中（图2-109），最后一个教学环节就是让学生快速计算出结

折叠与裁剪
1. 折叠　2. 画　3. 裁剪　4. 一个四边形

1. 折叠，画一画，裁剪，找到一个四边形。
2. 折叠，画一画，裁剪，找到一个三角形。
3. 属于哪个图形？

6. 加法任务
设置、命名和计算加任务
大于3+3，小于4+4，帮助我
计算5+3

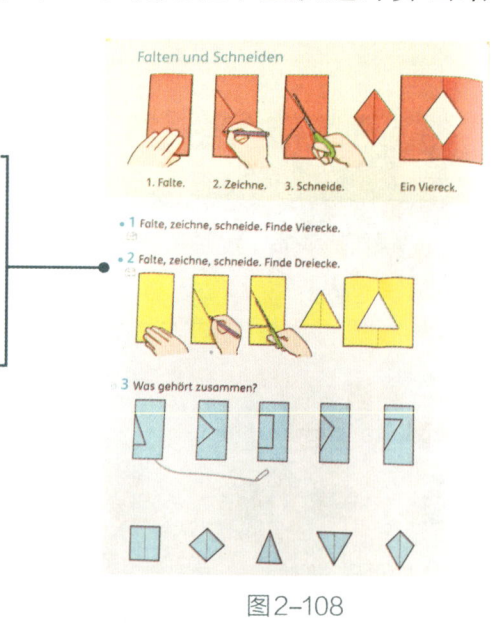

图2-108

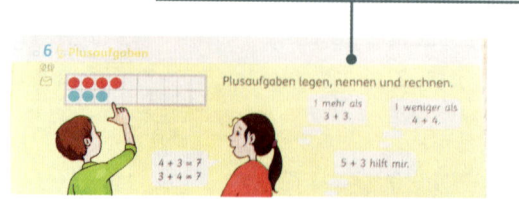

图2-109

果，也就是要求学生口算得出结果，而这样的内容在教材中多有体现，其出现的标志就是黄色的闪电符号。

德国小学数学教材中的笔算内容也颇有特点，主要表现在计算方法的多元化。在三年级教材三位数减两位数以及三位数减三位数的笔算中，主要有两种计算方法："做减想加"以及"做减想减"（图2-110）。

另一方面，在乘法笔算上，德国小学数学也有着独特的计算方法。教材中用"·"来表示乘，如在三位数乘两位数254·36中（图2-111），其笔算方法是从两个数的高位乘起，并依次将结果写出。将横式列出，254中的2和36中的3相乘，乘得的数末位与36中的3对齐，即用哪个数乘就与哪个数对齐，

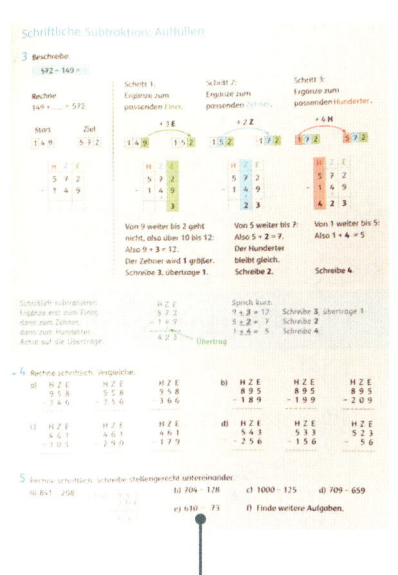
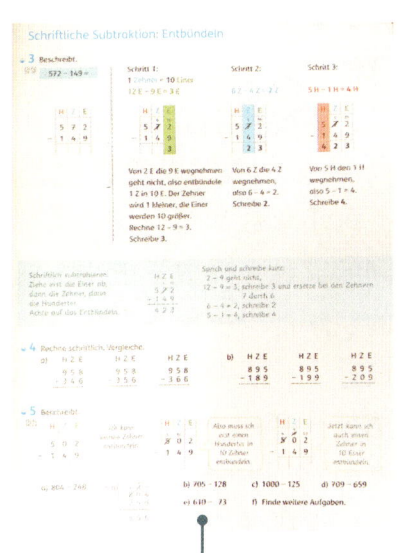

图2-110

笔算减法
第一种方法"做减想加"：在572-149当中，首先考虑数字几加上9的和个位是2，利用减法的逆运算加法，通过逆向思考得出差，十位以及百位的计算方法都是如此。在这个过程中要将加完所得的1写在前一位数字下面，以便在进行十位计算的时候保证结果正确，9+3的和个位是2，所以差的个位是3，要将1小小的写在数字4下面，以此类推进行十位和百位的运算。

笔算减法
第二种方法"做减想减"：类似于我国的退位，即个位2不够减9，向十位退一个十用12-9进行计算，并且把退的10写在2的上面，同时将十位上的数字7画掉，在其上方写数字6，表示退位之后剩余的数字，以保证计算的准确性，之后依次进行十位和百位的计算。

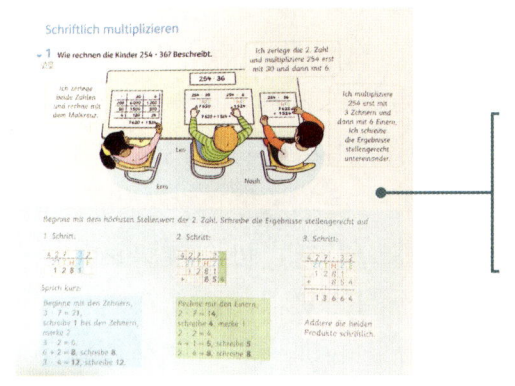

乘法笔算
1. 说一说，孩子们如何计算254·36？
从两个数的最高位开始计算，然后将结果记下来。

图2-111

第二章 小学数学教材的发展 | 163

向左依次写出得数，在下一行写6与254的乘积，最后将两次计算结果的数相加得出最后答案。

在估算方面，三年级教材中专门介绍了这样的计算方法（图2-112），同时在不同的计算教学中还会要求学生先对计算结果进行一定的估计再进行精确计算。此外，教材对估算教学的重视还体现在大小与测量这一领域，尤其是在量的计量教学中，德国小学数学教材不但要求学生估计长度、时间、质量、容积，而且还要求估计商品的价格，例如估计一辆自行车、一个书包的价格等。这样的内容设置充分体现了教材对估算的重视以及它的实际应用。对于数学知识的学习，不能脱离实际生活，更不能停留在掌握这一层面，学习知识的最好状态是能够应用它去解决一些问题。我们日常生活离不开对量的估计，这是一种估算能力，不仅体现在数的运算方面的估计，更体现在日常生活中方方面面的估计，而德国小学数学教材的编写很好地体现了这一点。

（五）教材编写以发展学生的能力为线索

德国小学数学教材的一大显著特征是以发展学生的能力为线索，主要是前面提到的五种一般数学能力。这五种能力主要通过日常教学来培养，首先每页教材的底端都会提出本节课学生所要发展的能力，其次还体现在教材内容的选用与设计上，不同的教学内容所培养的能力也不同。

例如一年级教材106页"预计货币"这一课（图2-113），主题图呈现了一些物品及其价格，并设置了6个教学环节，主要内容为根据物品写出所需的金额和根据所花的金额画出购买的物品。这一课重在培养学生的交流与关联能力、数学建模能力、描述与展示能力，同时还培养学生的观察能力。通过图片的出示，让学生仔细观察，获取有效信息，以此培养学生善于观察的好习惯。同时，将物品与其金额联系起来，这就要求学生具有一定的关联能力。学生要构建一种对应方法来完成练习，通过展示说明原因及结果。这样的教学环节就体现了对学生不同数学能力的要求。

又如，在一年级教材15页"满足数字"这一课（图2-114），教材规定学生要掌握的一般数学能力有交流与关联能力、质疑与论证能力、描述与展示能力。这一课内容主要是让学生根据图片填出符合要求的数字，学生要对数字之间的顺序及关系有很好的掌握，才能填写出正确的数字。

在二年级教材的第140页"圣诞节快来了"这一课（图2-115），教材规定学生要具备的能力是问题解决能力以及交流与关联能力。本课作为二年级的一节复习课，结合了德国的节日及节日元素，让学生巩固百以内数的加法。要计算圣诞树每条边上空着的数，这需要学生拥有一定的关联能力。将空着的数和每条边上给的数建立联系，能发现每条边上数的关系，进而解决这个问题。

不同的教材内容对学生的一般数学能力有不同的要求，正是在这样一课又一课不同的内容教学中，学生的能力得到潜移默化的训练。这就是德国小学数学教材对于学生一般数学能力的要求与体现。

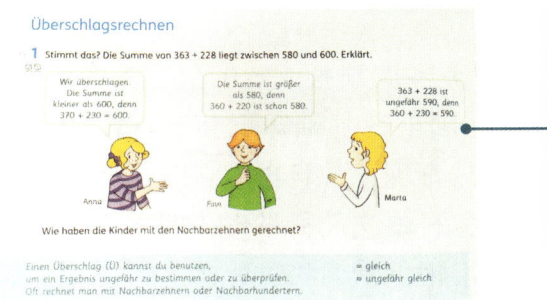

1. 是真的吗？ 363+228 的和介于 580—600 之间？
学生如何将数化为相邻整十数进行计算？

等号两边的数互换计算结果仍相同 ＝ 相等
粗略地计算或确定结果　　　 ≈ 约等于
通常将数近似为接近的整十或整百数。

图 2-112

预计货币
下面 6 个环节都是"我购买""我付钱"的活动，通过这样富有层次的问题，使学生逐渐将物品与所需金额、给定金额与所能购买的物品对应起来，并在此过程中培养学生的多种数学能力。

图 2-113

我可以满足 7。
你还可以满足哪些数字？
根据提示，学生需填出符合要求的数字，旨在培养学生对数字顺序的感觉及认识。

图 2-114

圣诞节快到了
1. 魔术三角形。每条边的和都是 100。
2. 试一试。
3. 找到数字使魔术三角形的每条边和都是 100。

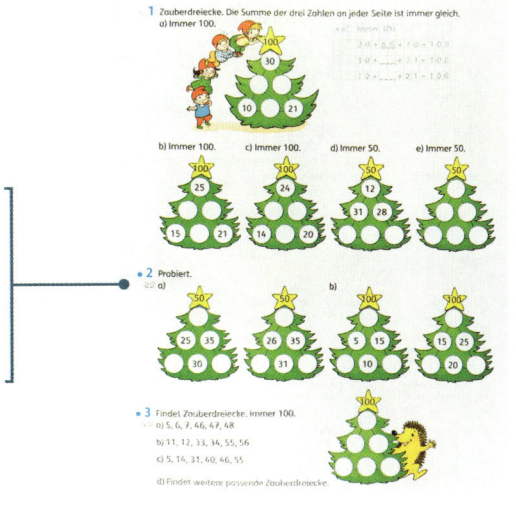

图 2-115

第二章　小学数学教材的发展　｜　165

2.3.4 日本小学数学教材简介

受世界教育发展趋势的影响,日本进行了多次颇有成效的数学教育改革,形成了独特的优势和鲜明特色,既发扬了本国重视基础知识和基本技能的传统,又吸收了西方尊重个性、注重自主性的教育理念,日本教育改革取得的成就引起了世界各国的普遍关注。在此背景下,日本文部科学省(即教育部)非常重视教科书的编写与修订,严格要求教科书根据学习指导要领编写,并倡导教科书的设计具有创意性。由专家学者等根据教学大纲编写出多套教科书,经文部省审定后出版发行,供学校选用。各套小学数学教科书虽然都是根据统一教学大纲编写,但在各年级教材的内容编排、教材处理以及编写风格上独具特色,教科书的编写尤其考虑到学生易学和教师易教的特点。日本小学数学教科书主要包括东京书籍、大日本图书、新兴出版社启林馆、学校图书、教育出版和日本文教出版等版本。下面以东京书籍株式会社《新算数》为例(图2-116),该教材是在2017年3月新颁布的《小学生学习指导要领》(简称《新要领》)的指导下进行编排的。

东京书籍株式会社《新算数》是日本销量最大的教学用书(2016年统计使用率约40%),由日本东京学艺大学藤井齐亮教授主编。《新算数》小学一至六年教科书共11本,六年级只有1本,其余各年级分别为2本。教材注重从数学的角度看待事物,在综合性、发展性的基础上,培养追求创造性、尊重自身价值、不断追求真理的态度。

《新算数》教材的编写目标具有明显特色,主要包括三个方面:第一,让学生体验到数学思考越来越有趣。培养学生运用数学思维进行思考的能力,让孩子们爱上思考,并以这样的学习过程为目标。第二,唤醒以前拥有的知识和经验。将以前学过的知识运用到学习算数和解决身边的问题上,熟练掌握知识和技能,以培养灵活应用的学习能力为目标。第三,持续性的学习。回顾反

图2-116

思，体会学习促进自身成长的价值，以终身学习为目标。

一、《新算数》教材突出数学活动的设计

日本小学数学学习指导要领明确指出："合理安排各单元内容，针对学生资质和培养目标，通过数学教学活动，争取实现以儿童为主体的、对话式的深入学习。使学生运用数学思维把握日常事物和现象，发现数学问题，通过合作解决问题，思考学习过程。"要领强调数学活动在学生学习过程中的重要作用，因此《新算数》教材特别注重数学活动的编排，为学生营造轻松的学习氛围。通过数学活动让学生喜欢上数学，培养学生的思考力、判断力以及表现力，掌握丰富的学习能力，重视数学思维的活动过程。

《新算数》教材编写时按照新修订的数学学习指导要领，将"数学活动"与"数与计算""图形""测量""关系与变化"和"数据的活用"五个领域并列，在各年级的学习内容中都有所要求，主要包括三种数学活动：

（一）运用数、式、表和图等进行数学表达和交流的活动

主要根据各学年分布的知识与技能内容来编排相应数学活动，创造机会将具体物体与图、数、式、表等结合起来，让学生通过与同伴交流思考，从而互相学习，反思学习过程和成果，实际感受如何更好地解决问题。教材借助直观表征便于学生对数学知识的理解感悟，能够使学生更好地理解算理，掌握算法。下表是一至六学年编排的有关数、式、表和图等数学活动的具体编排：

表2-23 一至六学年数学活动的编排

年级	数学活动	年级	数学活动
一年级	（1）对具体物体分类，整理数据的活动 （2）理解推理计算意义和方法的活动 （3）比较物体长度、面积和体积的活动 （4）观察制作图形的活动 （5）将具体情景与式子相结合的活动	四年级	（1）推导求面积方法的活动 （2）实际测量面积的活动 （3）观察图形与几何性质的活动 （4）角的大小的测量和表示活动 （5）通过列表和折线图表示数据和数量关系的活动
二年级	（1）发展运用整数情境的活动 （2）发现乘法九九表规律的活动 （3）估算物体长度和体积的活动 （4）制作平面图形的活动 （5）利用图形表示和说明的活动	五年级	（1）说明小数意义和方法的活动 （2）推导三角形面积算法的活动 （3）制作全等三角形的活动 （4）求证多边形内角和的活动 （5）根据实际生活应用各种图表的活动
三年级	（1）说明计算意义和计算方法的活动 （2）比较小数与分数大小的活动 （3）制作等腰和等边三角形的活动 （4）对资料进行分类整理并列出表格的活动	六年级	（1）说明分数计算意义和方法的活动 （2）观察对称图形特点的活动 （3）利用比例关系解决实际问题的活动

比如五学年下册《圆的周长》测量和探究活动，通过对不同圆的周长的计算，学生间交流各自计算方法，能够更深入地了解圆的周长的表示。

教材	说明	
	●今天的问题是怎样的？ ●如何思考并解决？以前学过的知识可以用到吗？ ●把自己的想法写出来吧！	1. 兔子和乌龟像下图一样分别在圆周上走路，比较两条路线的长度。 周长＝直径 × 圆周率 （1）制订寻求方法的计划。 大圆半径的长度…… □是一样的长度…… （2）考虑一下比较两条路线长度的方法。 用图示画出你的方法。
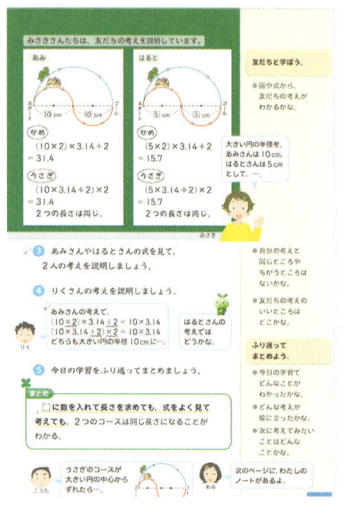	学生展示作品 1. 大圆的半径等于小圆的直径，来分别谈一谈自己的想法吧！ 两个学生设大圆半径分别是10和5。 （1）大圆半径为10： 大圆周长＝（10×2）×3.14÷2=31.4 小圆周长＝（10×3.14÷2）×2=31.4 两个长度相同。 （2）大圆半径为5： 大圆周长＝（5×2）×3.14÷2=15.7 小圆周长＝（5×3.14÷2）×2=15.7 两个长度相同。 回顾一下今天学习的内容吧！	●从图示可以知道其他人的想法吗？ ●和同学讨论，有没有和自己相同和不同的想法？ ●总结：今天都学习了什么？是如何思考的？接下来需要考虑的是什么？

教材编写的数学活动过程非常详细，让学生首先了解问题，明确重点问题，通过自主学习并利用以前学过的知识进行自我解决，最终通过与同学交流，合作完善问题答案。在这个过程中，学生既表现了自己的想法还进行了与他人互相传达的语言活动，为培养数学的思考力、表现力以及语言表达能力奠定基础。

（二）对日常事物和现象进行数理化处理的活动

教材中这类数学活动侧重把握生活中的事物和现象，让学生发现问题并自主或合作地解决问题，能够回顾问题解决过程和结果，并在日常生活中应用类似数学活动。注重激发学生"我想做更多"的心理，增添了以儿童的日常生活为中心，从各方面搜集材料，提高学习的积极性，掌握广泛的知识和修炼教养。设计丰富的游戏性数学活动，比如一些自然景物场面作为学习的素材，还有一些与自己居住的地域有关，或一些日本特色的学校、公园和社会生活作为学习的场面。

二学年以上教材中设置了"算数故事"（算数のおはなし），强调了该单元中学习内容和日常现象的结合，提高了学生对数学学习的关心和热情（图2-117）。

三学年以上教材中设立了"图形游戏"（かたちであそぼう），让学生接触各种各样的图形，通过游戏活动培养学生的空间观念，也成为对图形探究的学习契机（图2-118）。

四、五学年设置了"数学趣味旅行"（算数おもしろ旅行），在熟悉数学史和猜谜、解谜的同时增强对数学学习的信心。另外，六学年还设置了"数学毕业旅行"（算数卒業旅行），其中的数学内容、数学史猜谜、益智游戏等，可以让学生们感受到数学的魅力和神奇之处（图2-119）。

所有活动都与已学知识融合起来，唤醒儿童对数量、图形等内容的关注，与他人合作进行的游戏性数学活动，充实了学习过程，激发了学生的兴趣和求知欲，提高了学生的学习积极性。

比360°更大的度数
一圈的角度是360°，那有没有比360°更大的角度呢？右边这座桥叫做环形桥，桥有两圈，经过桥的时候，旋转角度是多少呢？（通过生活中的环形桥让学生从已有认知出发，引导学生扩展角度的学习。）

图2-117

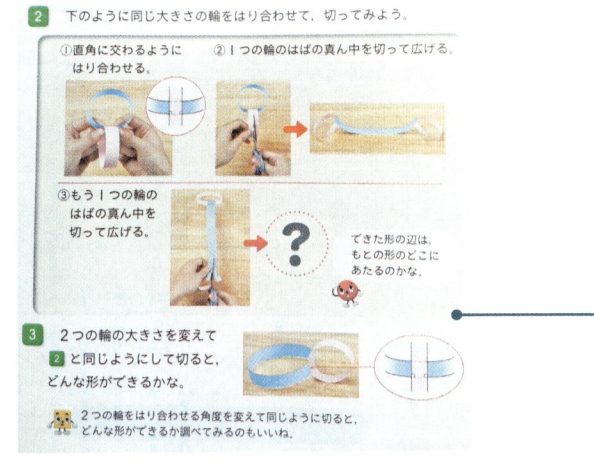

把下面同样大小的拼在一起，剪开看看
（1）以直角的方式。
（2）从圆圈的中间剪开。
（3）再拼凑一个圆圈，并从中间剪开，完成后相当于原来的哪里呢？
（利用动手折纸的具体操作来帮助学生理解和建构空间形态。）

图2-118

数学毕业旅行
六年的数学学习结束，让我们去数学世界旅行吧，从下面的五条路线选择一个出发吧！（通过旅游的方式，将六学年的知识串联起来，让学生在情境中进行复习。）

图2-119

（三）问题解决中进行综合和发展的思考活动

教材中这类数学活动安排，目的在于促进学生关注数学学习过程，能在发现问题、解决问题、回顾问题的过程中，进行综合性、发展性的思考活动。

教材中关于日常生活的事物和生活经验的处理，考虑到学习的具体内容，同时考虑是否能让儿童主动、有兴趣地进行学习。此外，教材会关注数学活动的可行性和数形结合的好处，同时关注培养学生积极应用与生活和学习的态度（图2-120）。

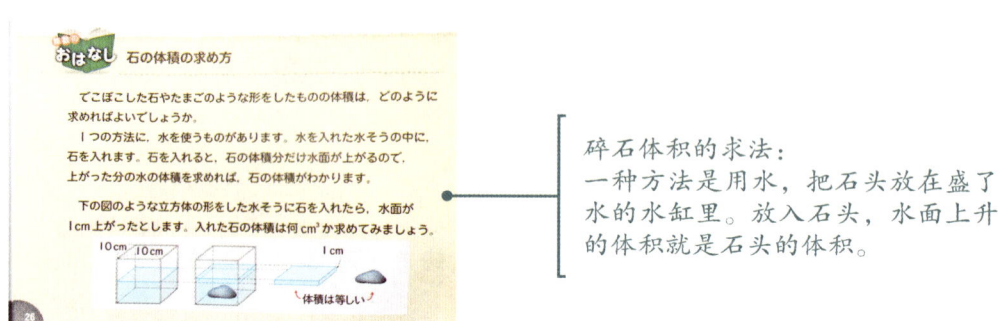

碎石体积的求法：
一种方法是用水，把石头放在盛了水的水缸里。放入石头，水面上升的体积就是石头的体积。

图2-120

在解决实际问题的活动中，教材为让学生亲身体会数学的实用性，在学习活动的展开和记述设计方面下了很大功夫，目的是让学生学会灵活运用已有知识。比如：

教材	说明
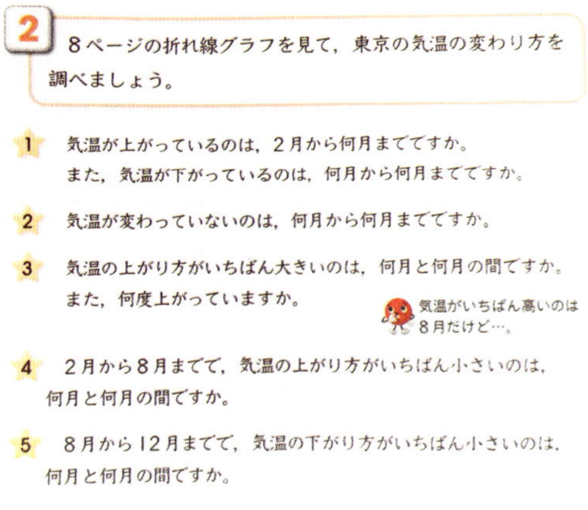	通过折线图了解东京的气温变化。 气温从2月到几月是上升的？下降又是从几月到几月？ 几月气温没变？ 气温上升幅度最大的是几月？上升几次？ 2—8月气温上升幅度最小的是几月？
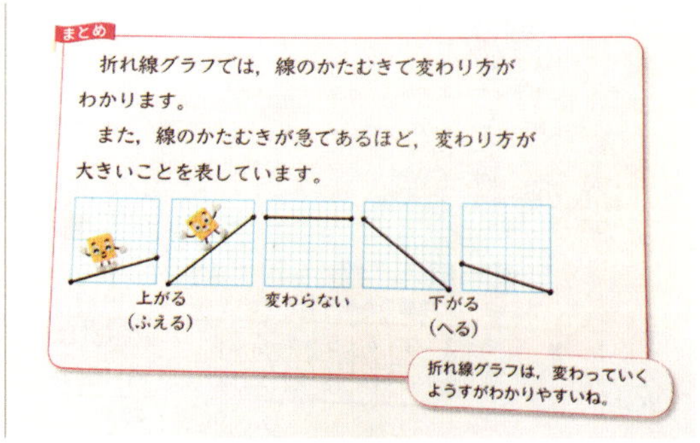	在折线图中，可以通过折线起伏了解变化的状态。另外，折线越陡，表示变化越大。 上升　　不变　　下降

通过这些数学活动，创造机会让学生掌握解决数学问题的方法，发现问题，形成并实践解决问题的构想，并对这一结果做出评价和改善。促使儿童在潜移默化中，获得做出适当判断和思考有效处理方式的能力。教材安排的学习活动注意确认学生是否听懂、是否学会，以及能否活用问题解决的方法。

二、《新算数》教材重视问题解决的编排

《新算数》教材问题解决的编排设计充分考虑到学习过程中的自主性学习、对话性学习等特点，内容设计更倾向于综合运用知识培养技能，如思考力、判断力、表现力等方面的学习、活用及探究。

（一）教材大量展示反映日常生活的问题

在日本的教材中，大多数应用题是和学生的实际生活相联系的。教材内容源于生活，并应用于生活，重视从生活中取材，并把学到的知识活用到实际生活中去。学生感到很亲切，因此，可以在十分轻松愉快的气氛中解决问题。在学习的过程中，为使学生感受到数学的实用性，开展了一些解决问题的活动，让学生灵活运用已有知识，改善对新知识和方法的态度（图2-121）。

小学高年级开设了"用数学的眼光来看"（算数の目で見てみよう），引入了实际数据来解释和考察的活动，通过活动让学生了解以数学的眼光捕捉日常现象的趣味性、有用性和重要性。此外，还准备了儿童感兴趣的素材，对教学的开展进一步讲解（图2-122）。

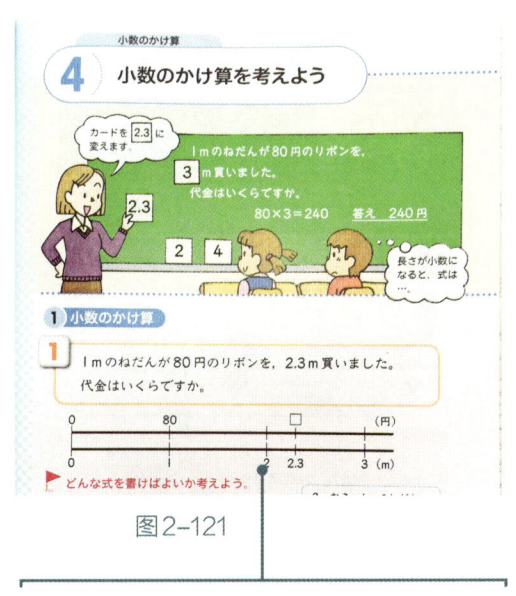

图2-121

小数的乘法
80日元1m的丝带，2.3m多少钱？
（通过日常生活问题，引出小数的学习，让学生明白小数学习的意义。）

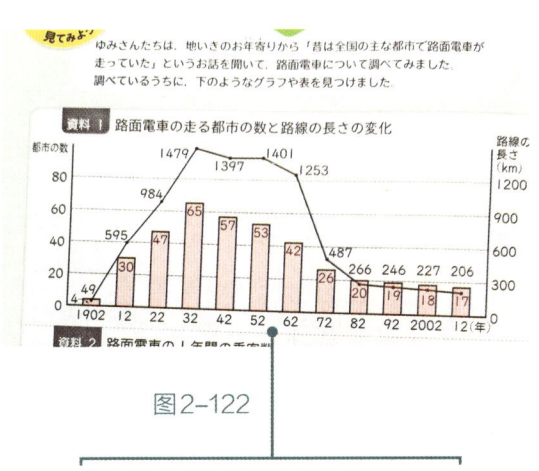

图2-122

对日本主要城市有轨电车运行进行调查，收集以下数据。
以下是城市数量和线路长度的变化统计图。

算数学习过程中，还要掌握使用图、数、式、表等数学表达方式，学会将多种表现方式灵活运用于解决问题上，表达和说明思考的过程和结果。

（二）教材强化拓宽知识广度的问题

《新算数》教材中对于知识内容的组织，充分体现了数学概念学习的一致性，无论是概念的呈现还是内容的选择，都在概念体系框架下展开，拓宽教材知识广度，强调知识的一致性与贯通性，以便与后续的学习有效衔接。

在"图形"领域，对立体图形的认识不仅涉及长方体、正方体、圆柱、圆锥，还针对三棱柱、四棱柱、五棱柱、三棱锥、四棱锥等内容展开学习。棱柱与棱锥的学习中，不仅涉及认识形状，还涉及了展开图、表面积等内容。这样的编排，是站在图形分类的角度，按照圆柱、棱柱的线索展开，体现了数学概念学习的一致性，进一步强化了图形分类的思想以及研究图形特征的方法与线索，拓展学生图形学习的广度（图2-123）。

对于知识的巩固和技能的熟练，准备足够数量的练习题，以便能够切实理解学习内容，包括单元内练习问题和链接、第二阶段水平（同一水平等级和稍有难度的训练问题、问题答案详解在后面编排）。在二学年以上卷末包括"挑战有趣的问题"，拓宽了知识范围，加大了问题的难度（图2-124）。

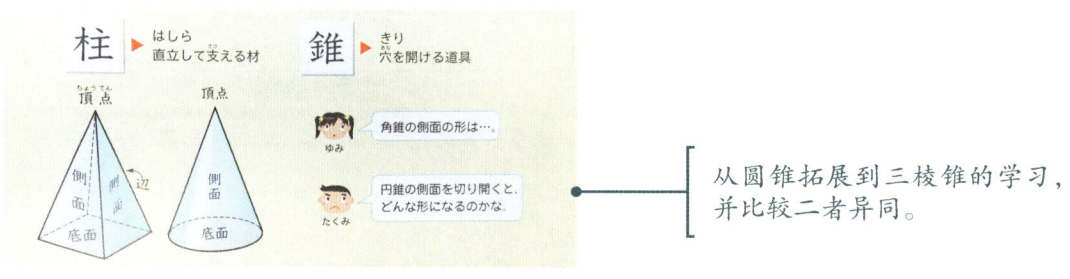

图2-123

从圆锥拓展到三棱锥的学习，并比较二者异同。

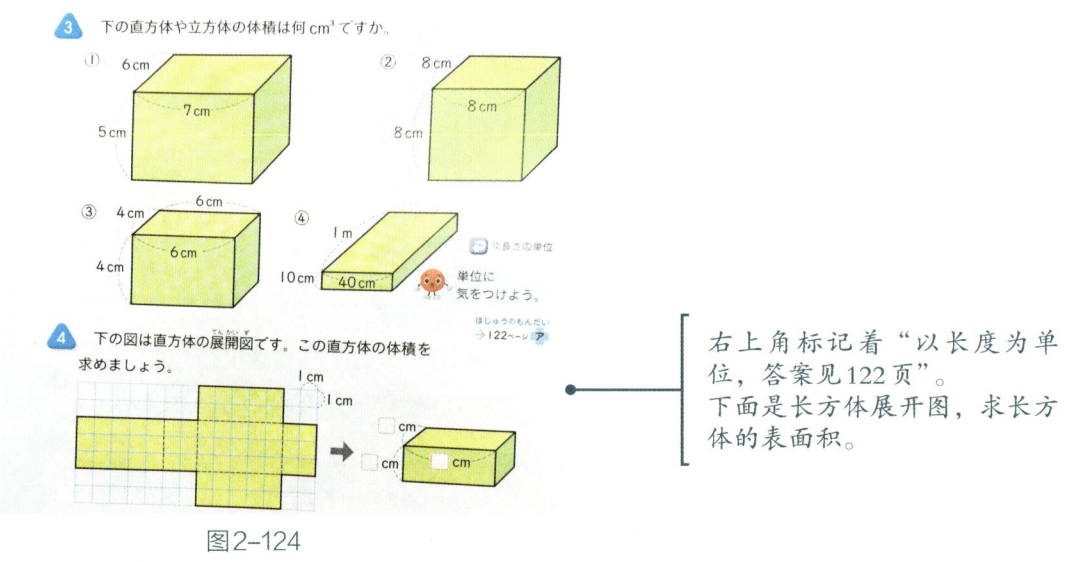

图2-124

右上角标记着"以长度为单位，答案见122页"。
下面是长方体展开图，求长方体的表面积。

（三）教材编排了开放性的培养思考能力的问题

结合具体内容，教材编排了许多不同的解释或答案的问题，给学生一个具体情境，让学生由此找出与数学有关的内容，找出多种数量关系，并尝试解决具体问题。

三学年以上的数学教材中设置"发展性学习"的版块，进一步深化和推广了单元学习内容，让学生切实体会到数学的趣味。通过划分不同难度的问题，灵活应对熟练程度等个人差异，实现因材施教，因人而异的教学。

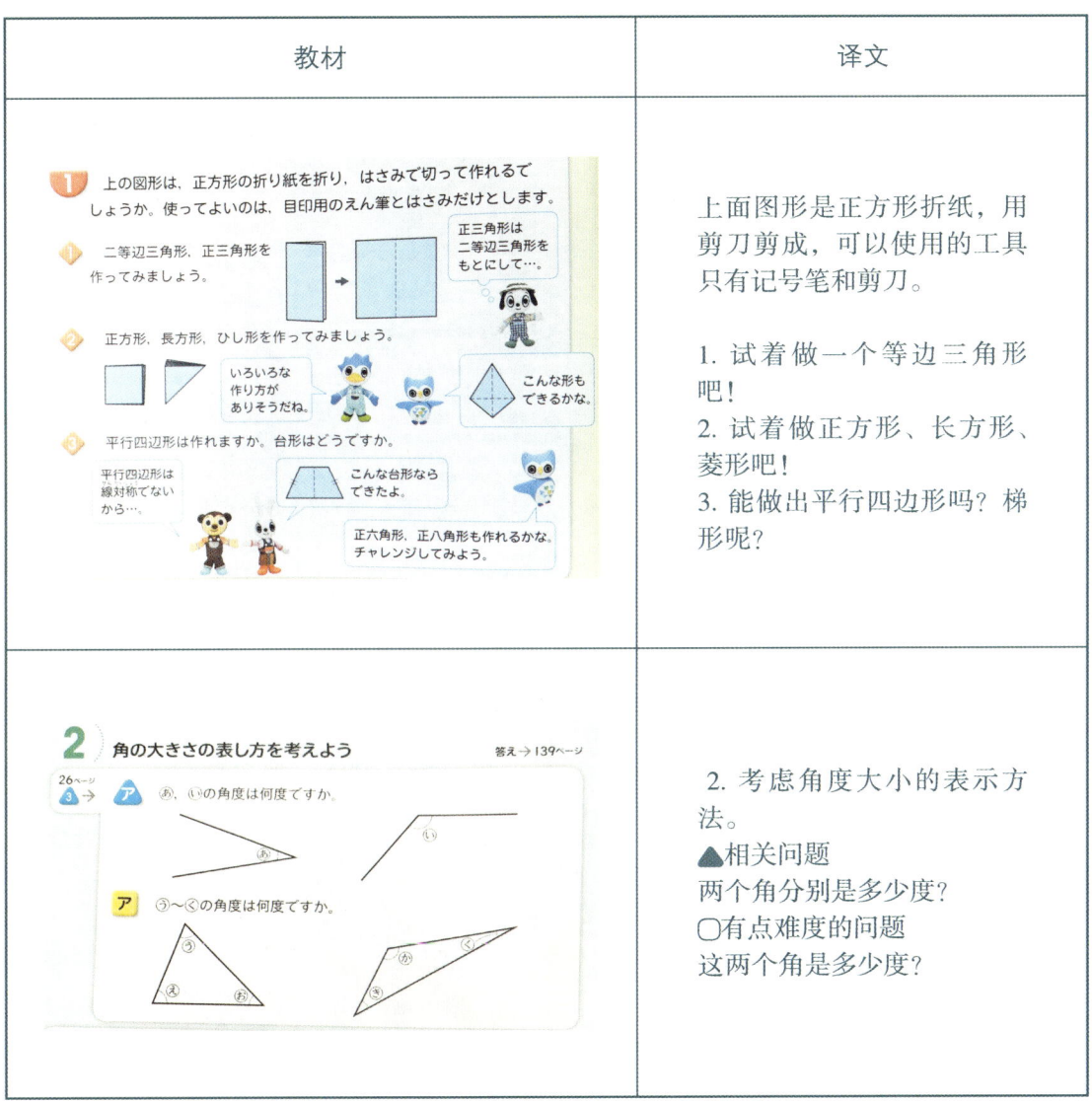

教材	译文
	上面图形是正方形折纸，用剪刀剪成，可以使用的工具只有记号笔和剪刀。 1. 试着做一个等边三角形吧！ 2. 试着做正方形、长方形、菱形吧！ 3. 能做出平行四边形吗？梯形呢？
	2. 考虑角度大小的表示方法。 ▲相关问题 两个角分别是多少度？ ○有点难度的问题 这两个角是多少度？

（四）教材重视问题解决方法的掌握与灵活运用

新学习指导要领增设"数据的活用"领域，要求初步掌握统计方面的知识，利用统计提高解决问题的能力。教材选取儿童感兴趣的题材，目的明确地收集数据，用图表或表格表示，切实感受到利用统计数据解决问题的优势。

教材	译文
	回顾一下至今为止学到的解决问题的方法。该学校六年级学生要举行跳绳大赛了。统计问题解决方法（PPDAC循环）：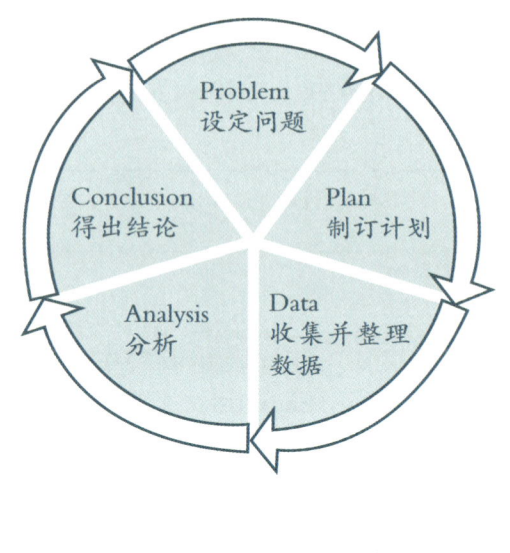
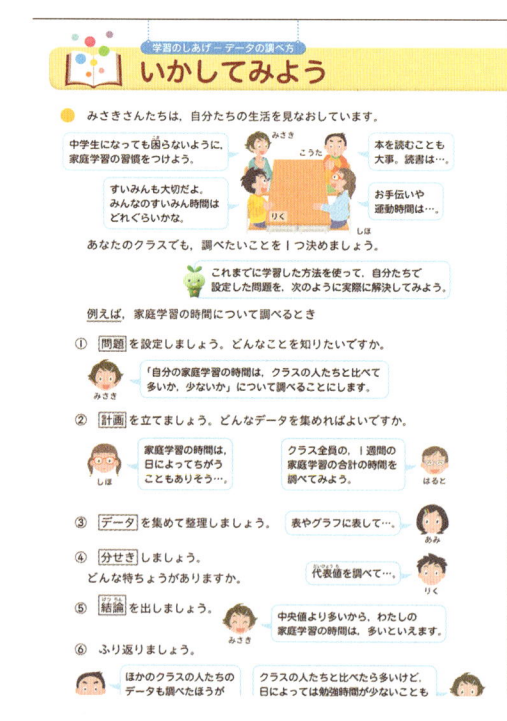	数据的调查方法 例如，调查学生在家学习时间。 （1）设定问题。你想知道什么？ 关于"自己在家的学习时间，和班里的同学相比是多还是少"？ （2）设定计划。我应该收集怎样的数据呢？ 家庭学习时间可能因人而异。查查全班同学在家学习总时间。 （3）收集并整理数据。 用表格和图表表示。 （4）分析一下。 （5）得出结论。 比平均值多，所以可以说我的学习时间相对多。 （6）回头看。 虽然整体和班里同学相比多一些，但有时一天学习时间很少，所以要注意。

在练习题中，不仅要考虑解题结果，更要把握算法多样性，让学生有效地利用时间加深理解（图2-125）。

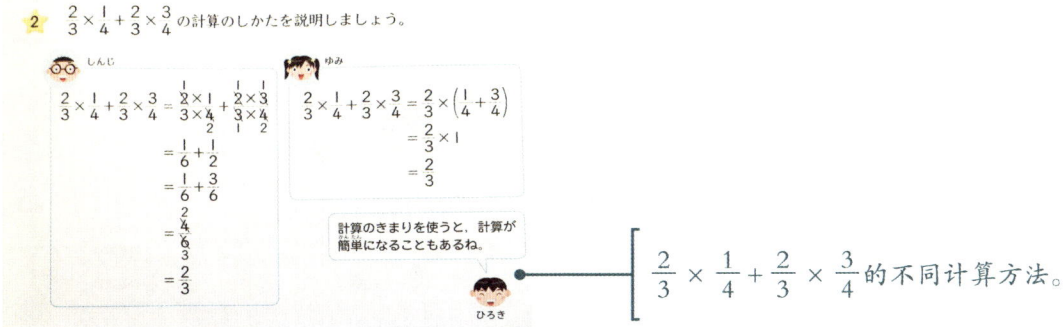

图2-125

教材重视数形结合的思想,借助直观理解数量关系,绘制了与运算相关的图形模型。比如在"乘法、除法、倍、比例"等运算方面,借助数线图帮助学生理解运算的过程。在三学年中使学生意识到数线图可作为运算的工具,反复设置了利用数线图的助解功能。四学年在"小数、整数"的学习中引入了两条数线图,并新设置数线图的绘制方法和读取方法,能够灵活运用数线图。在五学年"比例""小数乘法""速度"等的学习过程中,都是通过数线图展现的。下表是乘法运算中的具体体现:

学年	教材	译文
2学年	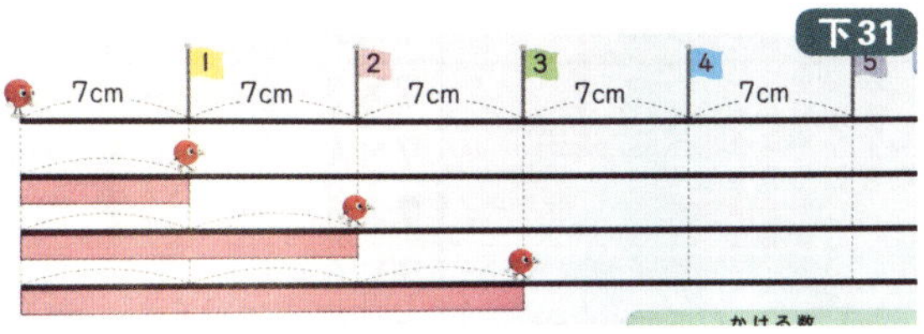 下31	乘法(2)
3学年	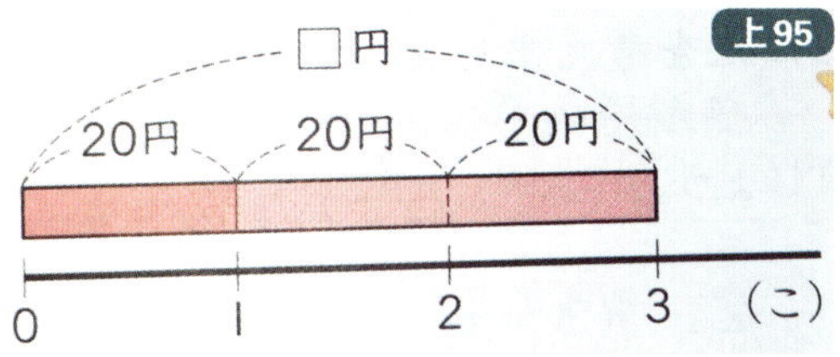 上95	乘法的笔算(1)
3学年	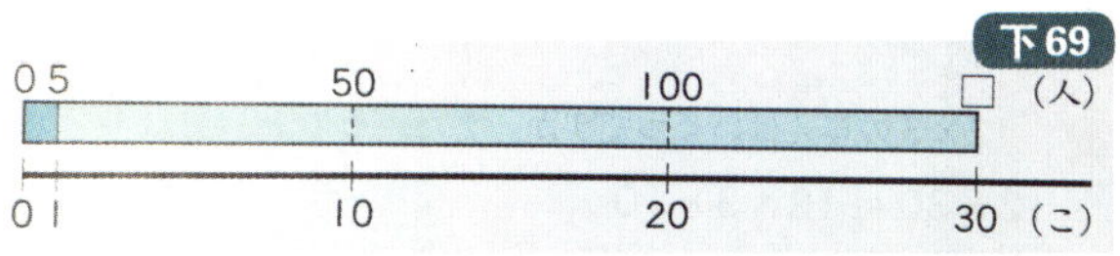 下69	乘法的笔算(2)
4学年	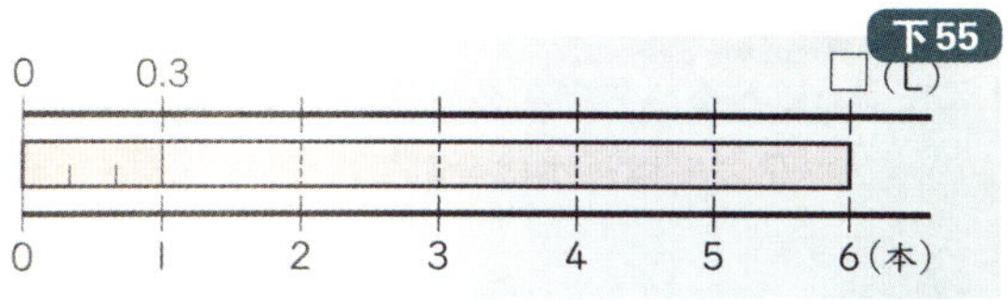 下55 下56	小数的乘法计算

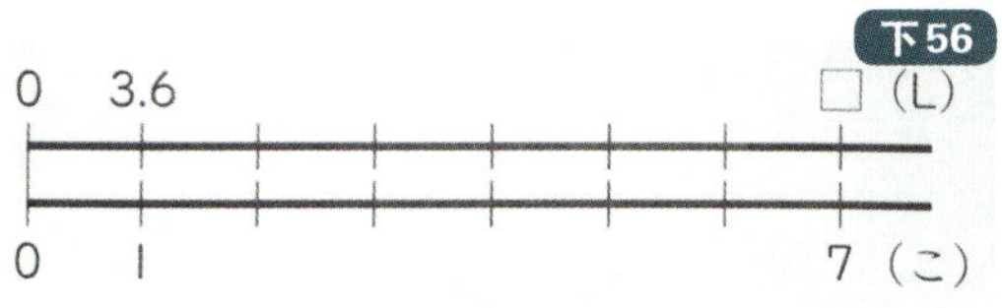

续表

学年	教材	译文
5学年		小数的乘法
5学年		分数的乘法计算
6学年		分数的乘法

三、教材单元编排结构重视学生良好学习习惯的养成

教材单元编排主要包括复习导入、学习新知、活动体验、引发思考、反思总结、实践运用等版块，针对学生的个性差异，提高学生的学习能力，促进学生养成良好的学习习惯。

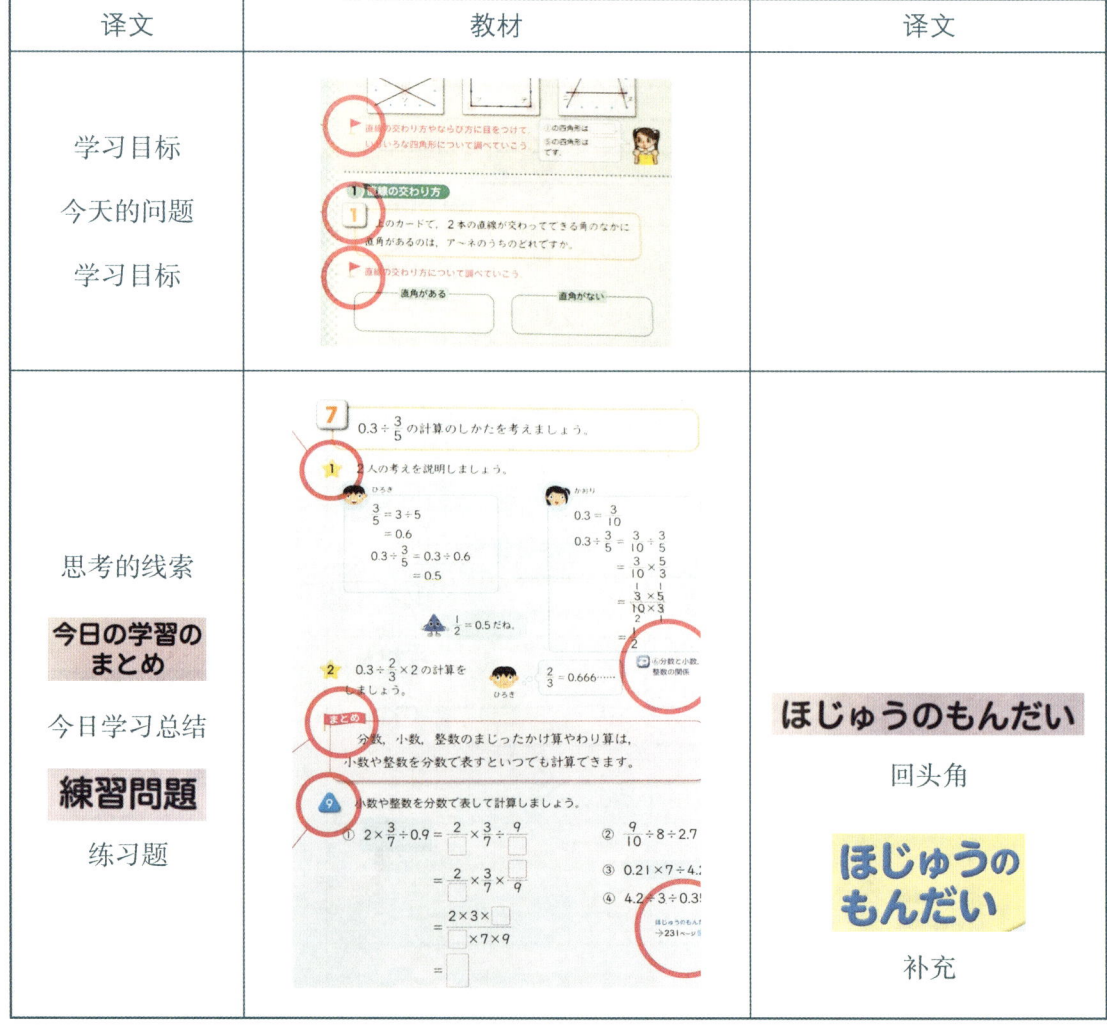

译文	教材	译文
学习目标 今天的问题 学习目标		
思考的线索 今日の学習のまとめ 今日学习总结 練習問題 练习题		ほじゅうのもんだい 回头角 ほじゅうのもんだい 补充

（一）教材编排详细使用说明，培养学生课前预习、课后复习的习惯

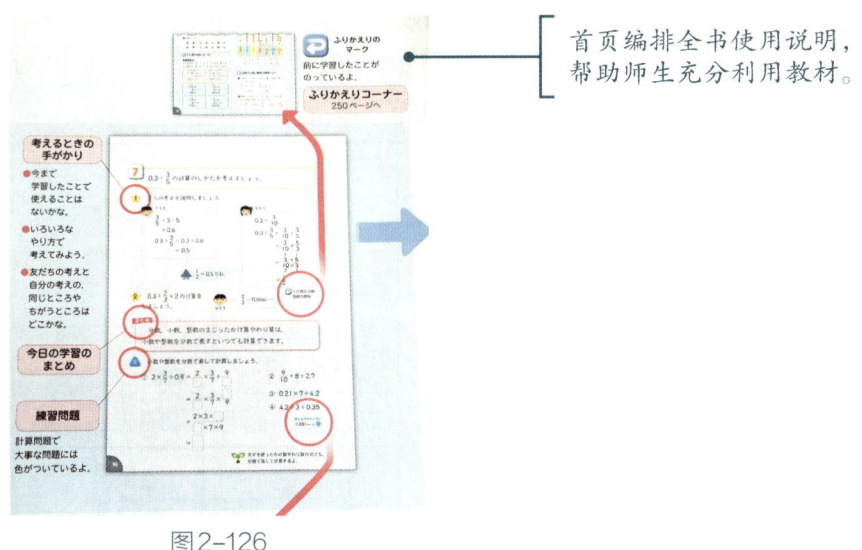

首页编排全书使用说明，帮助师生充分利用教材。

图2-126

二学年以上单元设置了"提纲"版块，同时在三学年以上增加问题提示以及反馈页，促进自我评价的学习，培养学生养成反思的好习惯。

教材	译文
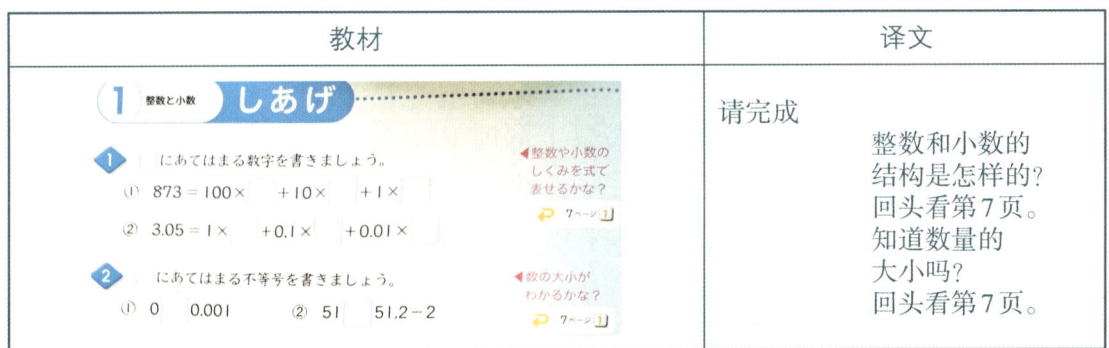	请完成 整数和小数的结构是怎样的？回头看第7页。 知道数量的大小吗？回头看第7页。

将小标题的使用方式及其设置意图进行清晰说明，第二学段加大阅读学习难度，以文字为主，整体逻辑清晰。为便于学生的阅读和理解，添加了明显的标志符号和附属栏目。为利于引导学生学习，添加了问题提示：回头角、挑战有趣的问题、考虑合理的方法吧等。

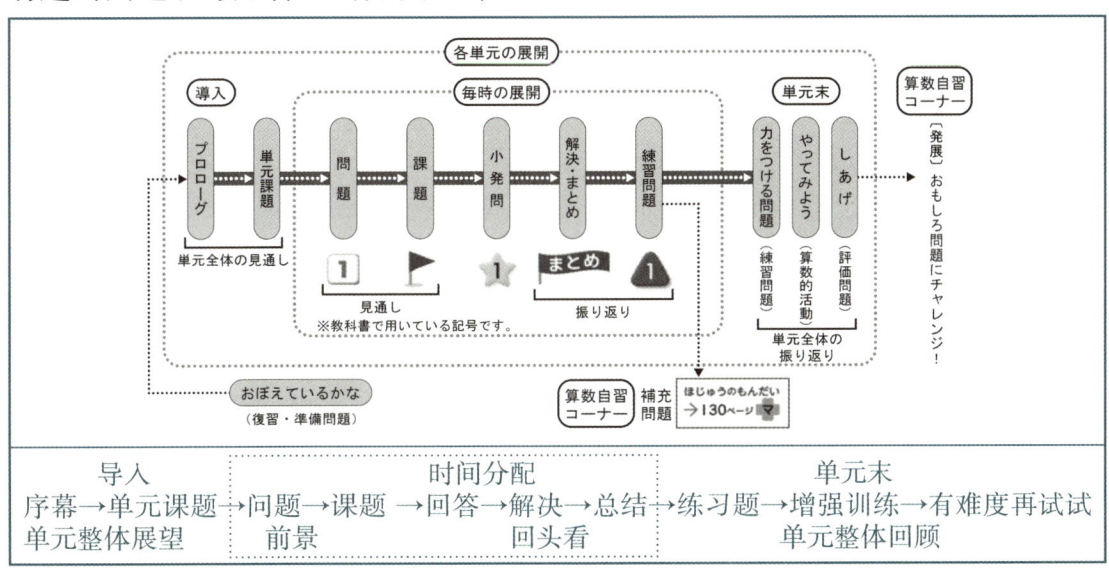

导入　　　　　　　　　　时间分配　　　　　　　　　　单元末
序幕→单元课题→问题→课题　→回答→解决→总结→练习题→增强训练→有难度再试试
单元整体展望　　前景　　　　　　　回头看　　　　　　　　单元整体回顾

（二）教材编排内容环环相扣，培养学生学习连贯性

教材的第一页以目录开启，上下册进行连续编排，每单元都会链接以前学过的知识以及将要学到的有关内容，能够顺利实现学生对新知的过渡，如果对旧知存在问题，可以及时查缺补漏，引导学生养成学习连贯性的习惯。

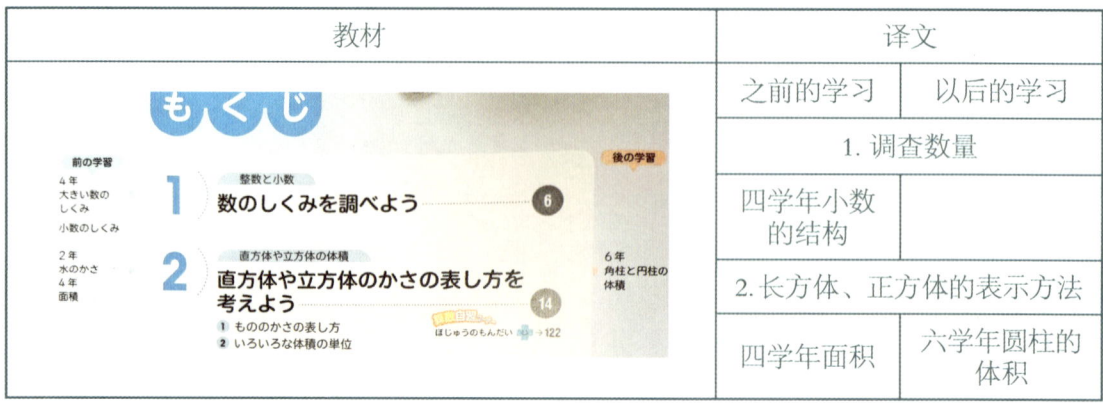

设立前后学习的联系（现在进行的学习是以什么为基础的？这个内容的学习要为什么作铺垫？链接到哪里？），通过意识到前后学习内容的联系，可以切实感受到数学学习是要通过积累和活用来进行的，从而培养学生学习的态度。

（三）教材具有笔记本功能，养成会做笔记的好习惯

刚入学的一年级学生很难在书桌上同时拿出教科书和笔记本进行学习，因此，教材的笔记本功能可以有效减少学习准备时间，使学习算数本身所占时间增长。另外，可以使用教科书来培养学生记笔记的能力，养成及时复习反思的好习惯。

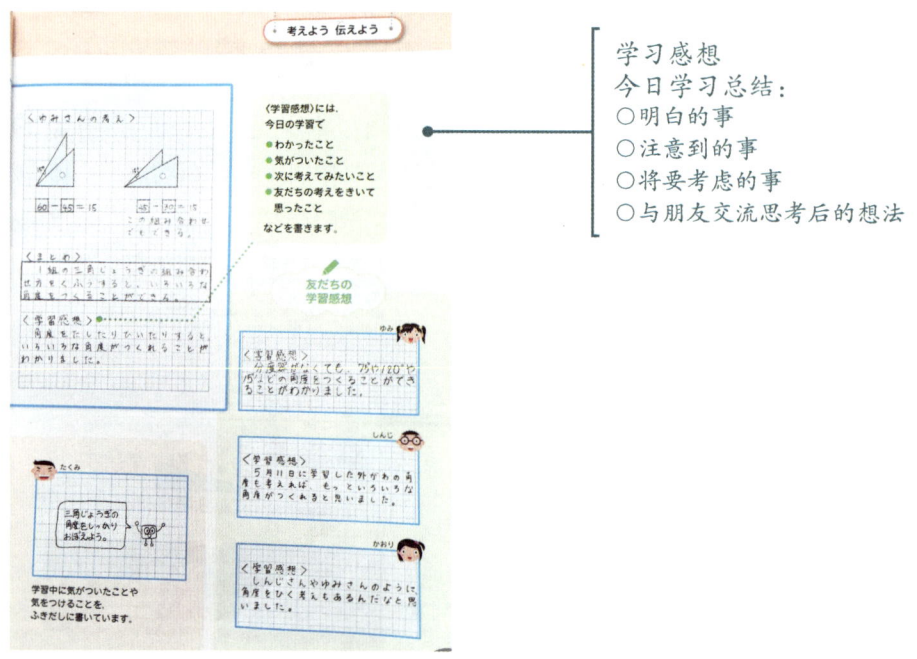

图2-127

数学学科目标的核心是培养有条理的思维能力。教材借助实例，对数量和图形性质等问题进行考查，考查它们的共同性质并进行归纳总结，帮助学生养

成有条理的思维能力。从低年级开始在"创造我的数学笔记"的活动指导下，培养学生在笔记本上表达想法的习惯，为中学学习打下良好的基础。

教材	译文
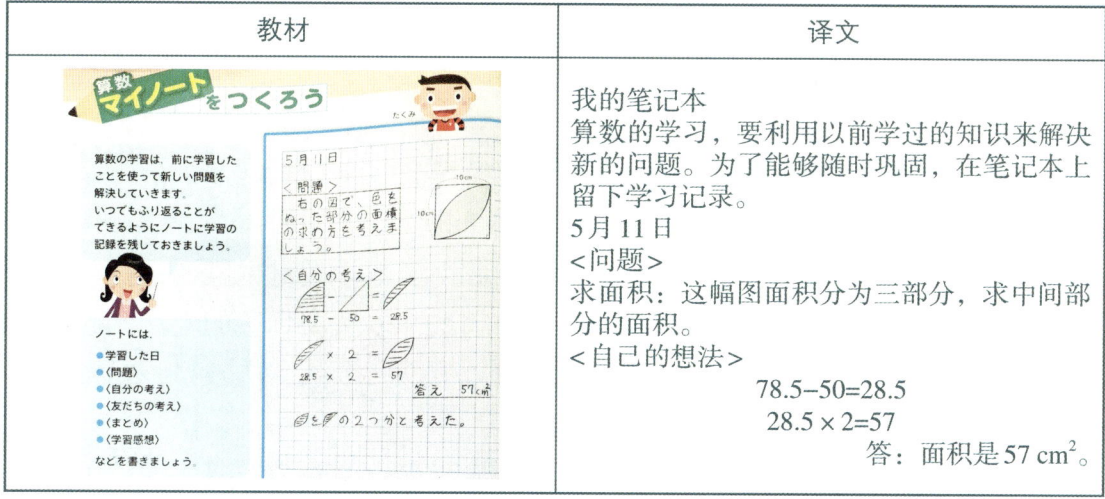	我的笔记本 算数的学习，要利用以前学过的知识来解决新的问题。为了能够随时巩固，在笔记本上留下学习记录。 5月11日 <问题> 求面积：这幅图面积分为三部分，求中间部分的面积。 <自己的想法> 　　　　78.5−50=28.5 　　　　28.5×2=57 　　　　　　　答：面积是 57 cm²。

2.3.5　新加坡小学数学教材简介

新加坡学生在 PISA 和 TIMSS 国际评估项目中屡获佳绩，特别是学生的数学能力一直名列前茅，因此，新加坡的数学教育成为全世界学习的对象。其数学教材以及数学教学方法，已被多个国家和地区采用。从发展的角度看，新加坡小学数学教材改革经历了一个相当长的历程。在国家独立前，使用从国外引进的华文版和英文版的教材，四大语种的教育体系采用的大多是舶来的教科书。如华语学校使用的是源自中国大陆的美国教材的中译本；英语学校使用的则是来自英国的教材。1980年，新加坡教育部成立了课程发展署（Curriculum Development Institute of Singapore，CDIS），全面负责小学课本的编写工作，在很长的一段时间里，新加坡的小学教材完全是由CDIS统一编写提供的。1996年，成立了课程规划与发展署（Curriculum Planning and Development Division，CPDD）。从2000年起，小学教材的编写与发行全面下放给私人出版商，不过所有的教材必须通过教育部的审核才能进入课堂。教材编写要依据国家颁布的数学课程标准，教育部则扮演着监控与审核的角色，学校依据办学特色自行选择教材。目前有多种版本的小学数学教材供学校选择，比如 *My Pals are Here! Maths*、*Discover Maths*、*Shaping Maths*、*New Syllabus Primary Mathematics*、*Targeting Mathematics*、*Math in Focus*。这些教材都是按照2007年和2012年数学课程标准编写，每套教材各有12册，分别对应的是小学的六个年级，每个年级分为A册和B册，并附带有练习册、教师用书和电子资源包。

一、新加坡小学数学教材以"问题解决"为核心

新加坡数学课程标准将发展学生的数学问题解决能力作为数学课程的基本目标，提出课程框架的五边形模型，即概念、技能、过程、元认知和态度，把数学问题解决定位为该框架的核心，通过解题的过程发展推理、思考的能力。

基于这一理念,新加坡小学数学教科书在编写时更加侧重问题解决,强调学生在数、代数、几何、统计、概率和数据分析六个方面建立起数学基本概念的理解,通过数的计算、代数运算、空间视觉、数据分析、测量、估计、使用数学工具等方面培养学生的运算能力。在问题解决的过程中引导学生建立对基本数学概念的理解,提高学生的运算技能和培养学生的数学态度,同时通过数学过程中的推理、数学交流、思维技能、数学建模提高学生的元认知水平。

(一)教材单元主题图情境指向现实生活问题

为了突出问题解决这个核心目标,新加坡小学数学教材主题图都是真实的生活情境。问题是引发数学学习动力来源和起点,以解决真实的生活问题作为情境,更容易帮助学生明白所学知识的价值。下面两个版本的教材都是以儿童的视角提出问题,以此激发儿童的求知欲。

Targeting Mathematics 中每个单元的主题图都以"让我们来讨论"(Let's Talk About)为起始,在这个模块设置一个情景,并以一个问题展开讨论。每个单元的主题图都展示了生活中的实际问题,再配上言简意赅的文字导语,启发学生通过一系列真实的任务情境解决生活中的实际问题(图2-128),以购物启发学生学习10000以内数的认识。

My Pals are Here! Maths 每个单元的主题图也是按照生活中的实际问题为起始,启发学生理解数学概念。如图2-129中的比例单元,由制作巧克力羊角

10000以内数的认识:
主题图中呈现了大卖场里各种家电的价格,如彩色电视机1940新加坡元、音响1200新加坡元。Ravi的爸爸手里拿着购物的清单,这个清单详细记录着购物的总价,从儿童视角提出问题:"这些一共需要花多少钱?"

图2-128　10000以内数的认识

比例:
主题图中呈现了以儿童视角为主线的主题图:假如要准备32人份的巧克力羊角面包,需要多少原料?儿童的父亲手里拿着一份巧克力羊角面包的配料,儿童提问:"需要多少糖和黄油?"

图2-129　单元主题图-比例

面包引出比例的部分与整体概念，利用生动的图画激发学生动手操作和解决问题的兴趣。

（二）教材中大量呈现各种类型的文字应用题

新加坡小学数学教材文字题所占比例比较大。如果学生能将文字题情境化并融入生活经验，就能将学到的数学概念运用到现实情境，由此培养学生的问题解决能力。数学文字题的最大优势就是利用文字方式描述数学概念和数量关系，数学文字题的解决，不仅涉及数学的基本概念和基本能力，也包括问题解决的过程。所以，新加坡教材中的文字题在帮助学生获得数学问题解决能力过程中扮演重要的角色。每册书在学习数学基本概念后，都有2个或更多的文字应用题（Word Problems）。如图2-130，*Targeting Mathematics*二年级上册目录所示，文字应用题贯穿于整册教材之中，教材中的文字应用题是广泛的概念。

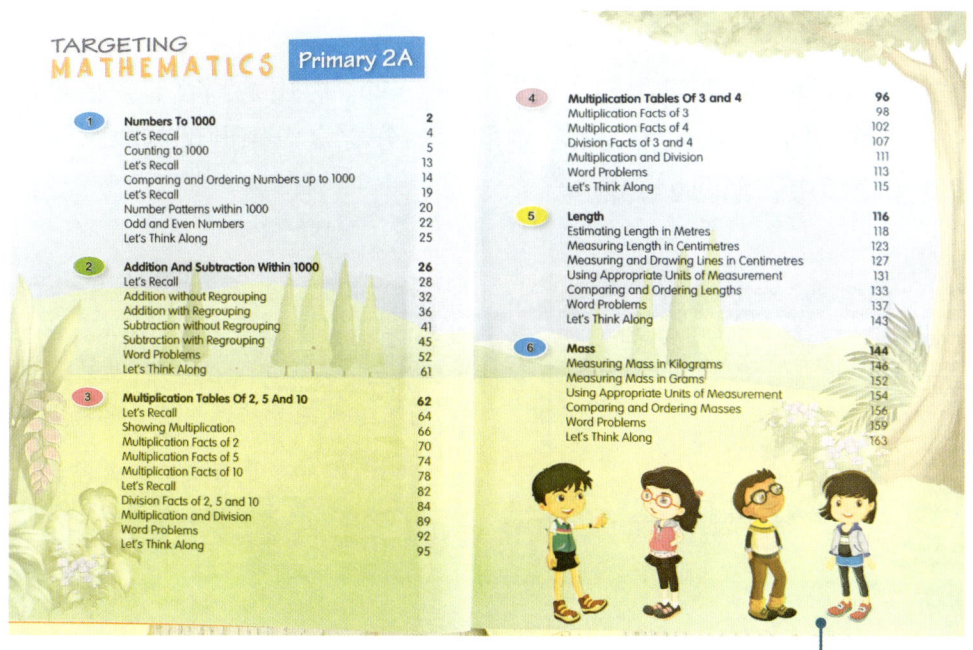

图2-130　二年级上册（2A）目录

*Targeting Mathematics*二年级上册（2A）目录：
目录中有六个单元，其中第二单元"1000内的加减法"、第三单元"2、5的乘法"、第四单元"3、4的乘法"、第五单元"长度"和第六单元"质量"，都在数学知识后呈现文字应用题，最终指向培养学生问题解决的能力。

文字应用题的形式分为以下三类：（1）一步或者两步的简单文字题，主要目的是训练学生的运算能力和把文字转化为算式的能力。（2）封闭性问题，主要包括以知识内容分类的挑战性问题和以解题策略分类的过程性问题。（3）开放性问题，主要包括结果开放的短小问题、现实生活中的应用题和数学调查三类。比如*My Pals are Here! Maths*中的封闭性问题涉及较为复杂的解题策略，它与一步或者两步的简单文字题有明显的区别。如图2-131，路程问题需要学生在理解加法概念的基础上进行深度的思考。

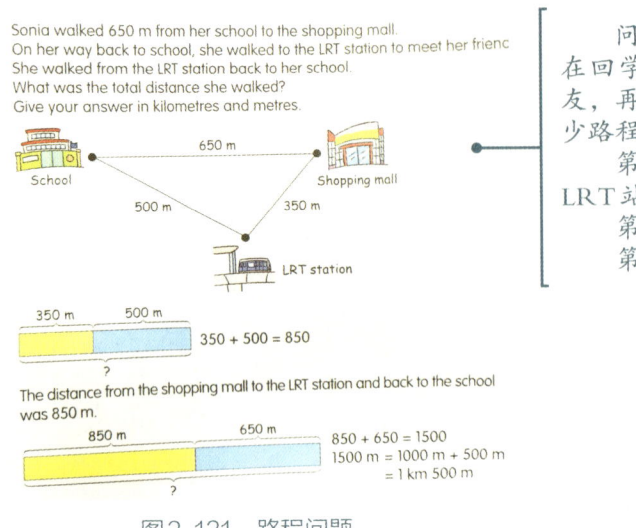

图2-131　路程问题

教材中的文字题注重解题过程的实现，每一个文字应用题都有非常清晰的解题步骤。比如 *My Pals are Here! Maths* 中的大部分文字应用题都有非常明晰的解题步骤及逻辑顺序，如图2-132。

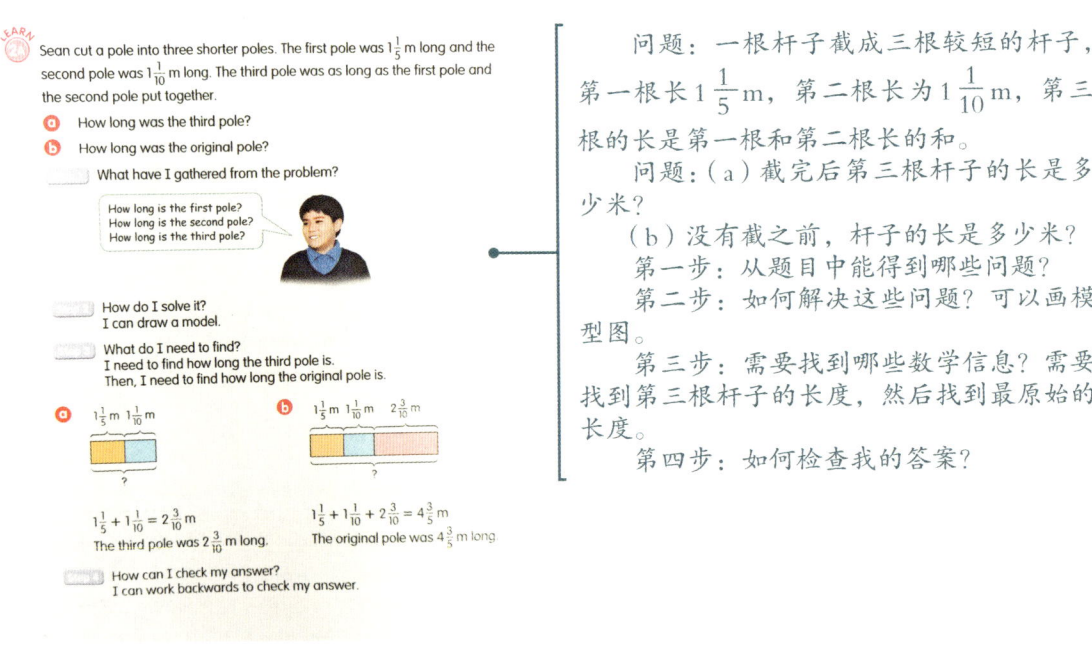

图2-132　文字应用题中的解题步骤

同时有一些文字应用题还会有不同的解题方法，以此促进学生数学思维的发展。比如 *Targeting Mathematics* 在学生学习两位数乘一位数时呈现的文字应用题（图2-133），这道题涉及部分与整体之间的关系，其中最难的就是找到缺席一人与每桌8人之间的差值，教材通过清晰的解题步骤和两种解题方法，既说明了列算式的原因，又启发学生理解其中的数量关系。

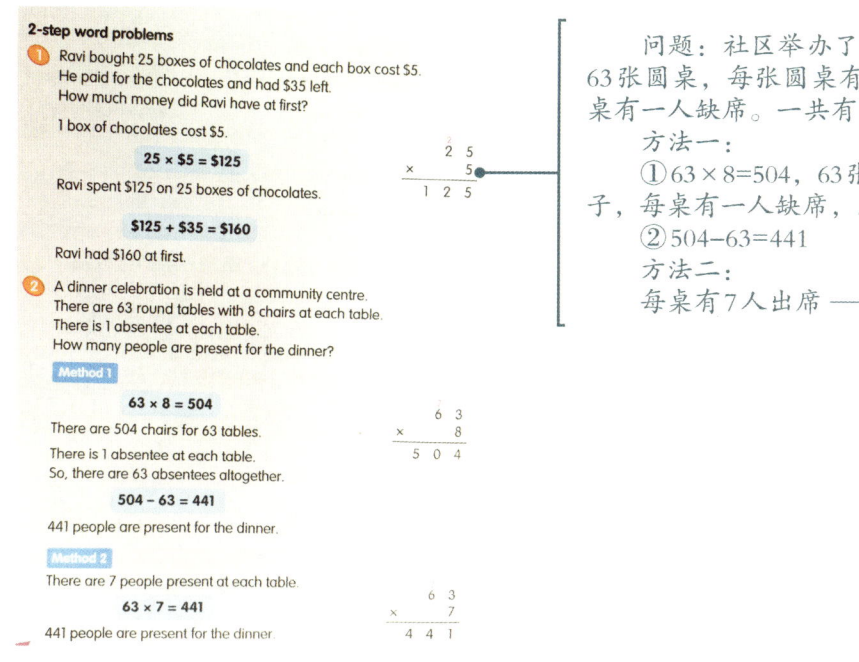

图2-133 文字应用题的解题过程

（三）教材中设置解决生活实际问题的单元模块

以 Targeting Mathematics 为例，通常有一个特殊的单元模块——生活中的数学（Math in Real Life）。这个模块以开放性问题为主，引导学生运用所学的数学知识解决生活中的实际问题。如图2-134，为了加深学生对长方形的周长与面积的认识，以生活中的足球场与房屋墙壁为素材引导学生运用所学的长方形周长与面积概念，解决生活中的实际问题。在生活中，每个地区、学校与社区的足球场的面积和周长都是不一样的，每个家庭的墙壁的周长与面积也都是不一样的，通过生活中实际的例子，引导学生探究生活的实际问题，并能在将来的生活中运用所学的数学知识解决生活中实际的问题。

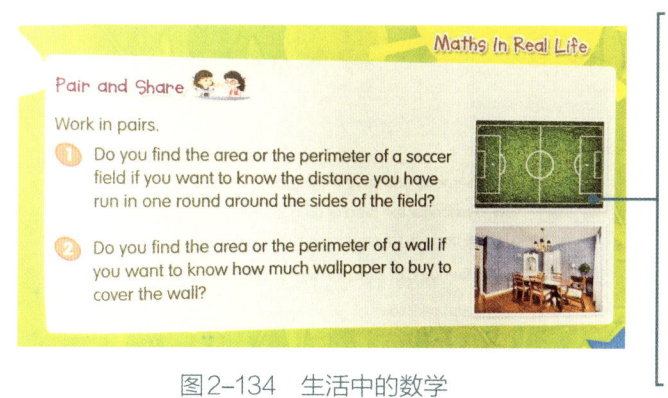

图2-134 生活中的数学

"生活中的数学"单元模块：
教材采用鼓励同伴合作和探究生活中的问题相结合的形式，以提问者的视角向学生发问，即（1）围着足球场跑一圈后，能否测量出足球场的周长和面积？（2）家中的墙壁需要翻新，需要买多少墙纸？虽然两个问题都是求周长和面积，但是教材编排的是生活中的开放性问题，意在引导学生用所学的数学知识解决生活中的实际问题。

二、新加坡小学数学教材重视数学建模

新加坡的小学数学教育特别强调数学建模。建模是数学中一个很重要的能力，往往复杂的数学问题可以通过建模简化成简单的计算表达式，因此培养数学建模是学好数学的关键。2012版数学课程标准明确指出："应用与建模使学生把数学和现实生活联系起来，促进重要数学概念和方法的理解，发展数学能力。学生应有运用数学问题解决与推理技能的机会，去解决各种问题，包括开放性和现实性问题。数学建模是建立和改进数学模型使之表示、解决实际问题的过程；通过数学建模，让学生学会应对不确定性问题，建立联系，选择和应用适当的数学概念和技能，做出假设，检验所得解是否符合实际问题，并基于给定或收集到的数据做出合理结论。"正因如此，所有教材在编写时都大量采用模型图法（Model Method），又称为矩形块模型（Bar Model），直观地画出图像或建立模型，将应用题中的各个数值建立起关系（图2-135），这已经成为新加坡小学数学教材的一个重要特征。

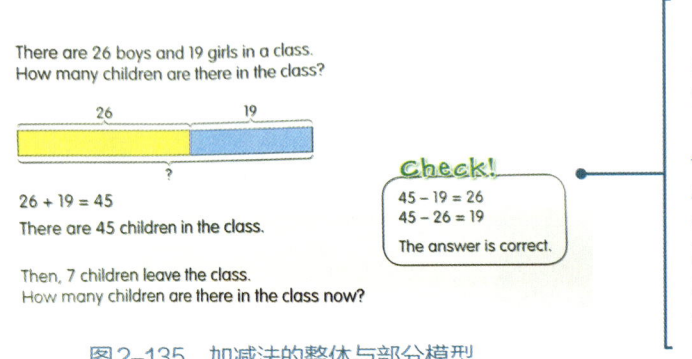

应用题：全班有26个男生，19个女生。全班一共有多少学生？

模型图解释：黄色的矩形代表26个男生，蓝色的矩形代表19个女生，"？"代表全班学生的人数。通过矩形块模型图将题目中男生和女生的数量以图形的方式呈现出来，便于学生厘清题意。

图2-135 加减法的整体与部分模型

模型的建立能够帮助学生选择合理的问题解决策略，小学生的抽象思维能力不够，需要借助具体的事物帮助学生理解。在实物—模型—抽象的过程中，模型图作为一种视觉辅助性工具，能帮助学生理解题意，将问题转化为矩形块模型，在直观和抽象之间搭起连接的桥梁。比如在 *My Pals are Here! Maths* 中，学生可以使用矩形块模型来表示题中不同的数量，帮助他们直观地看出各个数量之间的联系，从而一步一步地解决问题（图2-136）。

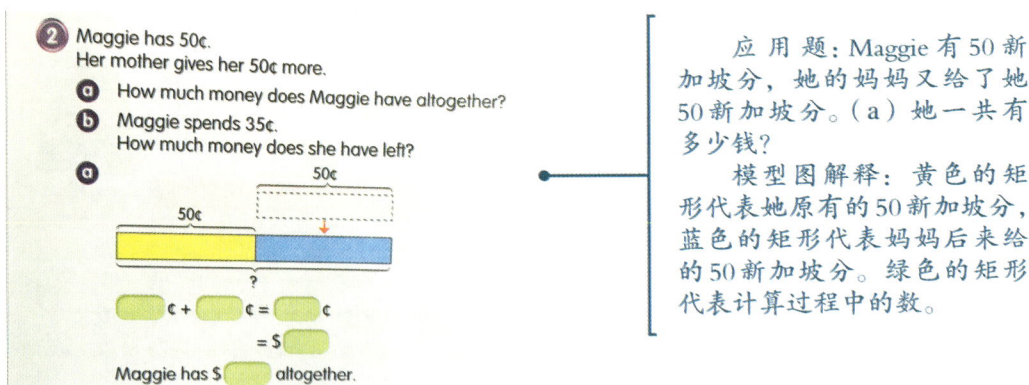

应用题：Maggie有50新加坡分，她的妈妈又给了她50新加坡分。（a）她一共有多少钱？

模型图解释：黄色的矩形代表她原有的50新加坡分，蓝色的矩形代表妈妈后来给的50新加坡分。绿色的矩形代表计算过程中的数。

图2-136 加法的整体与部分模型

新加坡小学数学教材从最简单的加减乘除法开始，循序渐进地在教学和练习中帮助学生获得建模的方法和思想，让学生养成用图表的形式把问题展现出来，然后再培养学生基于图表解决问题的习惯。教材中有部分与整体模型、比较模型和分数模型，不同的模型应用在不同的数学领域，帮助学生理解数学概念，促进学生的元认知水平发展，提高解决问题的能力。

（一）部分与整体模型

以 Targeting Mathematics 为例，部分与整体模型主要分布于加减运算和乘除运算领域，从表2-24可看出部分与整体模型的出现顺序是按照运算定律的逻辑顺序排列的，部分与整体模型随着数学知识的出现而相继呈现，应用于一些较为简单的应用题。

表2-24 部分与整体模型的分类统计表

部分与整体模型	加减运算（二年级）	乘除运算（三年级）
	加法的部分与整体模型	乘法的部分与整体模型
	减法的部分与整体模型	除法的部分与整体模型
	混合加减法的部分与整体模型	混合乘除法的部分与整体模型

模型图的呈现符合学生的具体形象思维向抽象思维过渡的心理特征，如在二年级呈现模型图之前都会用实物帮助学生厘清题意，但是随着年级的提高，实物也会逐渐减少。Targeting Mathematics 中加法运算的部分与整体模型（图2-137）首先用实物硬币呈现Suresh有14枚硬币和Jason有9枚硬币的场景，然后用不同颜色的矩形呈现实物的数量关系，最后用数字标记数量之间的关系，帮助学生从具体思维过渡到抽象思维。在二年级下册学习混合加减法运算时（图2-138），教材不再呈现实物图形，只呈现模型图帮助学生理解题意。

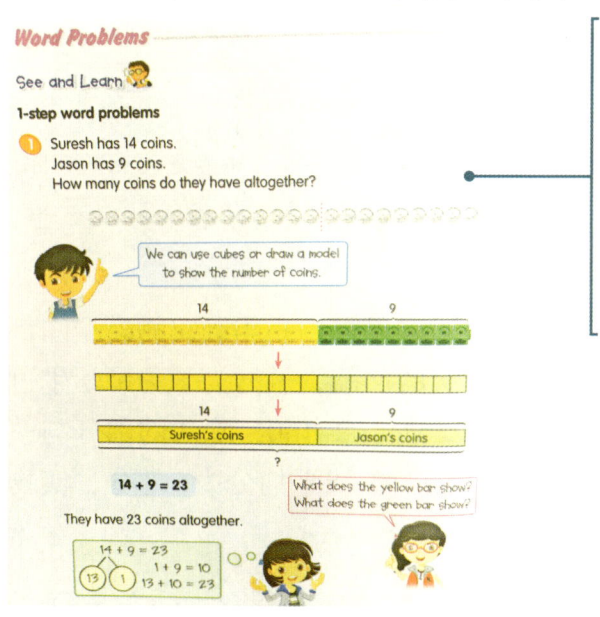

问题：Suresh有14枚硬币，Jason有9枚硬币，他们一共有多少枚硬币？
第一步：实物图形——Jason和Suresh拥有的硬币数量。
第二步：部分与整体的矩形块模型。
第三步：部分与整体的模型，其中14与9代表整体的两个部分，问号代表要求的整体是多少。
第四步：14+9=23

图2-137 加法运算的部分与整体模型

在部分与整体模型中，不同的模型图会用不同的颜色代表不同的事物，大括号代表整体，其他的小括号代表部分。如图2-137中，加法运算的部分与整体模型，带有问号的大括号代表的是一共有多少硬币，黄色的矩形代表Suresh有14枚硬币，灰色的矩形代表Jason有9枚硬币。

部分与整体模型主要呈现的是数量之间的关系，学生可以借助模型图理解题目中的数量关系，达到解题的目的。模型图不仅仅是一种视觉辅助性工具，它也能帮助学生领悟代数的核心思想。

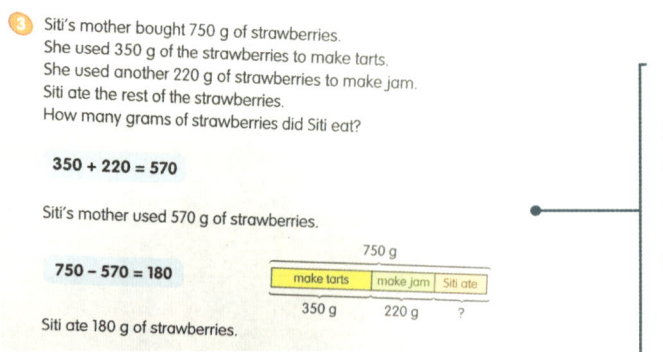

图2-138　加减法混合运算的部分与整体模型

部分与整体模型不仅应用于加减法领域，还涉及乘除法领域。比如在 *My Pals are Here! Maths* 中，模型图最初作为一个帮助学生理解数量关系的图形，与实物有着本质的区别，能帮助学生从具体思维过渡到抽象思维。如图2-139的文字应用题，主要涉及乘法的倍数概念，其中最难理解的是Muthu的邮票数量是Raju的两倍，不同颜色矩形之间的对比和文字解释，起到了帮助学生理解抽象的两倍关系的作用。

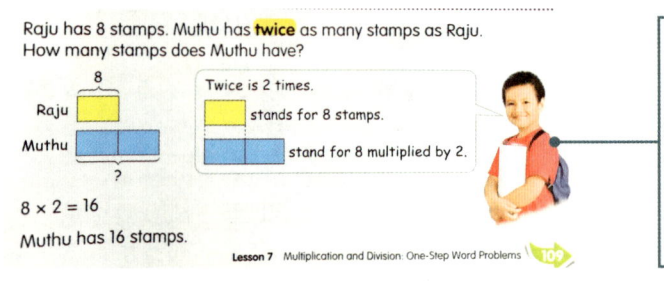

图2-139　乘法的部分与整体模型

模型图也是承载数学思想的载体，如一一对应思想。一年级实物模型图都是一个实物对应着一个实物，如硬币。随着年级的增高，教材为了帮助学生过渡到抽象思维，用矩形块模型替代了实物模型。如图2-140，除法的部分与整体模型中浅蓝色的实物模型与深蓝色的矩形模型被虚线平均分为5部分，实物模型的每一部分与矩形模型一一对应。

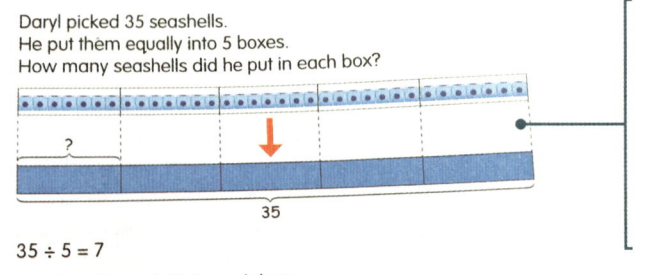

图2-140　除法的部分与整体模型

（二）比较模型

相较于部分与整体模型来说，比较模型的分布领域更广，它不仅分布于加减乘除运算领域，还分布于分数、倍数、比率等领域，主要涉及两个或者两个以上数量关系之间的比较，应用于一些较为复杂的应用题。如图2-141，Targeting Mathematics 的比较模型，数量之间的关系不仅涉及部分与整体的比较，而且还涉及数量与数量之间关系的比较，学生通过有限的信息画出比较模型图，在文本与模型图之间逐渐加深对题意的理解，这个过程涉及数学信息与符号之间的替换，可以培养学生的代数思维。

图2-141　比较模型

比较模型应用于较难的文字应用题，通常都有两个或两个以上的待答问题。学习比较模型需要学生有部分与整体模型的学习基础，在先前的学习基础上，提供更多的数量，用模型图表示应用题中的数量关系，训练学生的代数思维。比如 My Pals are Here! Maths 中有两个问题（图2-142），第一个问题是求和，但是求解第二题的基础是厘清以下两个问题，第一：方先生和蔡小姐，哪位的马克笔更多？第二：方先生一共有多少支马克笔？学生不仅要明白问题中数量之间部分与整体之间的关系，而且涉及多个整体与多个部分之间的比较。

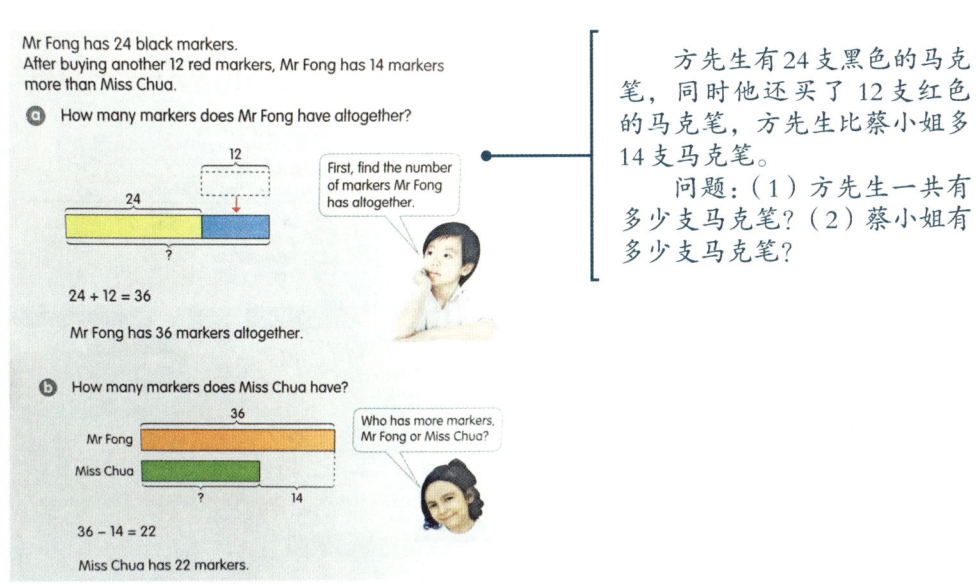

图2-142　比较模型

（三）分数模型

新加坡小学数学教材在二年级下册引入分数的知识。学生在二年级已经具备了关于部分与整体模型的知识，引入平均分的概念时也同样运用了实物模型和矩形块模型，但是这里的矩形块模型和部分与整体有较大的区别，分数模型中的数一般不具有量纲性。即部分与整体模型呈现的是数量与数量之间的关系，而分数模型呈现的是数与数之间的关系。

比如 Targeting Mathematics 在二年级初步认识分数时，运用分数模型引导学生理解平均分的概念（图2-143），把一个矩形平均分成8块，其中有3块是红色的，5块是白色的，红色占整个矩形块的3个部分，因此为 $\frac{3}{8}$。

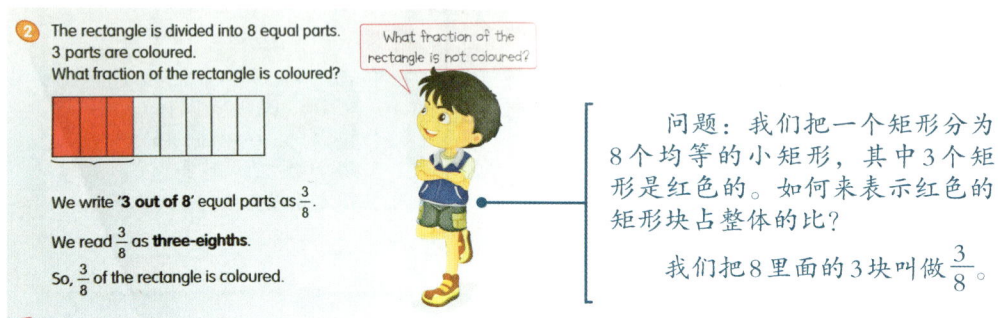

图2-143　分数模型

在三年级下册，教材再次引入了分数模型帮助学生理解分数"比的含义"与分数之间的运算。如图2-144，在帮助学生理解 $\frac{1}{4}$ 等于 $\frac{3}{12}$ 时，运用12个矩形块中的3个矩形块与4个矩形块中的1个矩形块作对比，从数量上来说它们是不相等的，但是如果从数来说，分数的比含义就赋予了它们相等的权利，其中4份中的一份就等于12份中的三份，因此分数模型在帮助学生理解数与数之间的关系时起到了桥梁的作用，从抽象的数到具体的模型再到抽象的数之间的转换，逐步深入理解分数"比的含义"。分数模型中相同颜色和相同长度的矩形块，可以作为一种刺激，通过视觉神经的刺激再次巩固分数平均分的概念。

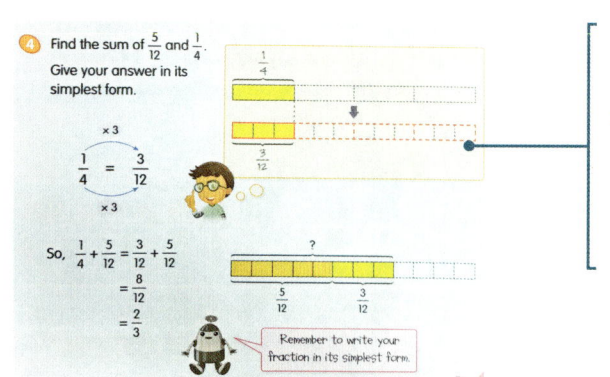

图2-144　分数模型

数学概念的具体—表象—抽象（Concrete-Pictorial-Abstract，简称CPA），是新加坡小学数学课程标准着重强调的，模型图法是CPA模型的具体应用。新加坡小学数学教材大量使用模型图法，意在增强概念性理解，提高学生对抽象数学关系的理解，建立客观对象的数学模型以解释对象的本质特征和变化规律。作为一种视觉性辅助工具，在帮助学生理解基本数学概念时能起到一座连接抽象与实物之间的桥梁的作用，让学生在模型图与问题之间转换的过程中，逐步加深对题意和数学概念的理解。部分与整体模型适用于简单的问题，比较模型适用于复杂的问题。无论哪种模型，教材最终指向的是让学生脱离模型图，在头脑中形成抽象的模型图，或者不用模型图也能解决生活中实际的问题。

三、新加坡小学数学教材编写结构体现出做数学和弹性教学的理念

新加坡每个版本的小学数学教材都有固定的编写体例和结构。以 *My Pals are Here! Maths* 为例，通常每课时包括Learn（新课）；Hands-On Activity（动手实践，做数学）；Guided Practice（练习）。Learn部分呈现的都是例题，同种类型的问题会呈现多个例题，教师可以根据学生的特点和教学的需要，选择合适的例题，这样增加了教师的选择弹性以及教师的创造性，更加有利于因材施教和有效教学，另外每个例题也会给出多种解题方法（图2-145）。Hands-On Activity部分强调做数学的理念，充分体现了新加坡教材注重数学学习过程的体验，让学生在参与数学活动的过程中体会到学数学就是做数学。Guided Practice 是巩固练习部分，新加坡教科书中开放性习题所占的比重较多，常常在习题中增加一些推理因素，以此激发学生的探究欲望。

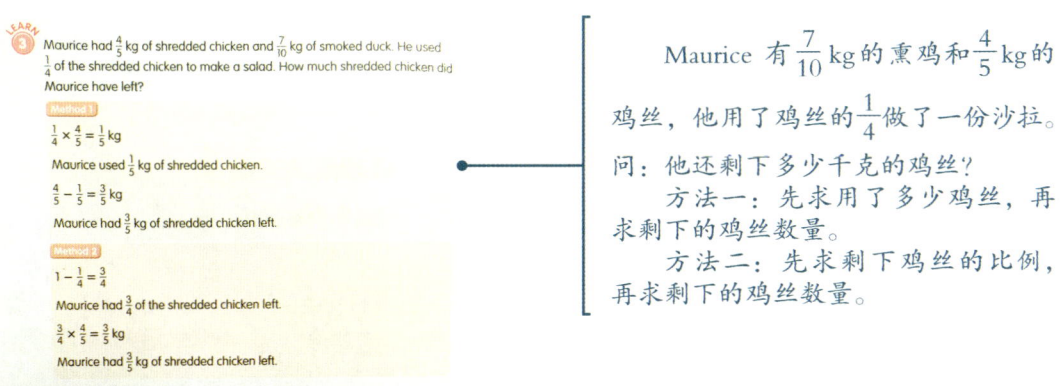

图2-145　多种解题方法

Targeting Mathematics 每个单元也有具体的编排格式，包括8个模块（表2-25）的内容。

表2-25　Targeting Mathematics 单元结构

模块	内容		
讨论（Let's Talk About）	通过主题图或例子引导学生为学习新的数学概念做准备		
回顾旧知（Let's Recall）	让学生回顾已有的知识基础和经验，通常在每单元第一课时		
观察与学习（See and Learn）	以可视化的方式引入数学概念，用模型图搭建学生与世界的联系，在抽象的过程中加深学生对概念的理解		
做与学（Do and Learn）	通过练习促进学生对数学概念的深度理解		
动手实践（Hands-On Activity）	鼓励学生动手，在操作过程中加深对数学概念的理解		
同伴分享（Pair and Share）	为学生提供同伴相互学习的机会		
游戏活动（Let's Have Fun）	玩与学（Play and Learn）	通过游戏活动加深学生对数学知识的理解和应用	
	展示与交流（Show and Say）	通过交流展示自己所学的内容	
	IT活动（IT Activity）	展示自己有哪些收获	
自我检测（Self-Check）	反馈学习情况		
自我反思（Let's Think along）	在活动中锻炼数学反思的能力		

教材的编写体例都指向了数学课程标准要求的课程目标，而且每个模块都渗透了培养学生数学态度的目标，在解决问题的过程培养学生对数学及其价值的信念，提高学生的元认知水平。

第三章　小学数学教材研编的理论研究

研制编写小学数学教材，需要一定的理论作基础。小学数学教材既要符合数学科学的自身规律，又要遵循儿童认知规律；既要符合课程的普适规律，又要符合教育教学的普遍规律。

3.1　逻辑初步知识

逻辑学是探索、阐述和确立有效推理原则的科学，最早由古希腊学者亚里士多德创建。自欧几里得将逻辑学引入数学以来，逻辑学一直是数学科学的重要基础，正如爱因斯坦所言，"纯粹数学，即纯数学，就其本质而言，是逻辑思维的诗篇"。

3.1.0　序

数学是研究空间形式和数量关系的科学。抽象和推理是数学的显著特征。通过抽象，从日常生活和生产实践中得到数学所要研究的基本概念和法则；通过推理，在基本概念和法则的基础上得到数学的公式和命题。

小学数学教材是以呈现数学科学的相关基础知识、以符合儿童认知规律的呈现方式所形成的文本，是数学的一种特殊教育形态。

小学数学教材遵循数学科学的一般规律，按照教育的形态呈现数学内容，包括数学概念、数学命题、数学推理和数学思想方法、数学文化等。

所有思维都有内容和形式两个方面。思维内容是指思维所反映的对象及其属性；思维形式是指用以反映对象及其属性的不同方式，即表达思维内容的不同方式。概念、命题和推理是抽象思维的三种基本形式。

3.1.1　数学概念

概念是思维的基本形式，具有确定研究对象和任务的作用。

数学概念（mathematical concepts）作为客观事物中数量关系与空间形式的本质属性的反映，是构建数学科学的基石，是数学定理和数学法则的逻辑基础。通过抽象，从日常生活和生产实践中得到数学所要研究的基本的数学概念和数学法则；通过数学推理，在基本概念和法则的基础上得到数学的命题，形成了数学科学体系。

学习数学必须从掌握数学概念做起。

一、数学概念及其作用

反映事物本质属性的思维形式叫概念。数学概念是人脑对现实世界的数量关系与空间形式的本质特征的一种能动反映，是一种数学的思维形式。

数学概念是人们通过实践，从数学所研究的对象的许多属性中，抽出其本质属性概括而成的。一个数学对象的某个属性，可以是其他数学对象也具有的，但本质属性是区别于其他数学对象的属性，一个概念的本质属性完全刻画了这个概念。

例如，"一组对边平行"是平行四边形的属性，但不是本质属性，而"两边相等"是方程的重要属性之一，但不是本质属性。"一组对边平行且相等"才是构成平行四边形的本质属性。

数学概念通常用特有的名称或符号来表示。名称（或符号）和与此相关联的概念分属两个不同的范畴。概念反映名称（或符号）的内容，表达出人们认识事物的结果，而概念的名称（或符号）是表达概念的语言形式。概念的形成标志人的认识已从感性认识上升为理性认识。在数学中，作为一般思维形式的判断与推理，是以定理、法则、公式的形式表现出来的，而数学概念则是构成定理、法则、公式的基础。

数学概念学习是数学学习的基础，数学概念教学是数学教学的一个重要组成部分。

二、概念的外延与内涵

概念反映了事物的本质属性，也就反映了具有这种本质属性的事物。

一个概念所反映的对象的总和，称为这个概念的外延。

例如，"方程"这一概念的外延是"所有方程的集合"；"偶数"这一概念的外延则是"正偶数、0和负偶数的集合"。

一个概念所反映的对象的本质属性的总和，称为这个概念的内涵。把这个概念的每一本质属性都称为这个概念内涵的一个表现形式，这些本质属性之间是相互等价的，它们的全体构成一个等价类。

因此，一个概念的内涵实际上是一个等价类，这个概念内涵的每一个表现形式都是它的一个代表元。我们约定，一般情况下，说出一个概念的内涵，只要说出它的任一个代表元。

一个概念的内涵和外延分别从质和量两个方面刻画了这个概念，每个概念都是其内涵与外延的统一体。概念的内涵严格确定了概念的外延，反之，概念的外延完全确定了概念的内涵。

概念的外延和内涵是主观对客观的认识，由于人们对客观事物的认识是发展变化的，概念的外延和内涵必然相应发生变化，但是，在发展变化的过程中有其相对稳定性。

例如，"角"的概念，小学最初是作为"具有公共端点的两条射线所构成的图形"，后发展为"一条射线绕其端点旋转一定角度，旋转前后的位置所组成的图形"，其外延由"0°到180°的角"（在小学阶段）发展为"0°到360°的角"（初中）。

以上发展变化中，"角"这一概念的外延与内涵都发生了变化，但是，在数学科学体系的确定阶段，每一个数学概念的外延和内涵都是确定的，二者是相互确定的。当用集合 $A=\{x \mid \Phi(x)\}$ 表示一个概念的外延时，$\Phi(x)$ 就给出了这个概念的内涵。

三、数学概念的定义与要求

给概念下定义是建立概念的逻辑方法。人们在认识事物的过程中，经过抽象，形成概念，就要借助语言或符号，加以明确、固定和传递，这就要给概念下定义。

也就是说，定义的功能是为了明确讨论问题的对象。常常是在抽象出事物的本质属性之后，运用逻辑方法和精练语言或符号，揭示出对象的本质属性。

（一）概念的定义

用已知的概念来认识未知的概念，使未知的概念转化为已知的概念，叫做给概念下定义。

下定义的方式可以是直接揭示对象的本质属性来给出定义，也可以通过揭示概念的外延来给出定义。概念的定义都是由下定义的概念（已知概念）与被下定义的概念（未知概念）两部分组成的。

例如，平行四边形（被下定义的概念）是两组对边分别平行的四边形（下定义的概念）。

概念的定义是一种约定，因此，任何定义都不能证明它是否正确，但是它应当是选择合理得当。在教学过程中，向学生说明一个概念定义的理由是有益的。

（二）原始概念

在数学中，总是力求对数学概念下定义，就是说用一些已知概念来定义新概念，这样就构成了一个概念体系，但是，数学概念的个数是有限的，所以，在这个概念体系中，总有一些概念不能再用别的概念来定义，而被作为概念体系的出发点，这样的概念叫原始概念，或基本概念，或不定义概念。

在小学数学中，一些概念就是原始概念，如点、直线、平面等，不需要定义，也不能严格定义，只能采用直观描述办法。如拉紧的线、纸的折痕给我们以直线的形象；平静的水面给我们以平面的形象。

在数学科学中，对原始概念可用公理来间接定义。如点、直线、平面的概念由希尔伯特公理系统间接给出，它们除了满足公理系统外，不需要再给出任何其他意义。自然数（序数理论）由皮亚诺公理、集合由公理化方法来间接定义，等等。

对概念逐步进行概括，就可得到一系列具有从属关系的概念。不过，这个过程只能进行有限个步骤，就必然归结为原始概念。如图3-1所示，正方形是特殊的菱形，菱形是特殊的平行四边形，平行四边形是特殊的四边形，四边形是特殊的多边形，多边形是特殊的几何图形，几何图形是点集。这样，就追溯到了原始概念：点和集合。

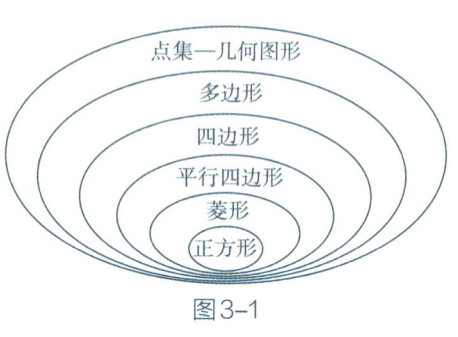

图3-1

（三）常用的定义方法

常用的定义方法有下列几种：

1. "属+种差"定义法。

一般地，属概念加种差定义法就是用被定义概念最邻近的属概念，连同被定义的概念与同一属概念下其他种概念之间的差别（即种差），来进行定义的方法。种差揭示了被定义概念相对于这个属概念来说特有的属性，它连同这个属概念的基本内涵一起，就构成了被定义概念的基本内涵。注意到被定义概念的属概念常常不止一个，显然，选择最邻近的属概念可使种差简单一些。

例如，上述平行四边形定义中，四边形就是它最邻近的属概念；种差是"两组对边分别平行"这个本质属性。由于种差不唯一，因此，这种方法所做出的定义一般也不唯一。例如，平行四边形还可用"两组对边分别相等""一组对边平行且相等""对角线互相平分"等作为种差给出定义，而且它们是彼此等价的。

这种定义方法使概念之间的关系很简捷，既准确又清楚地揭示了概念的内涵，有助于建立概念之间的联系，使知识系统化，因此，这种定义方式在小学数学概念定义中比较普遍。

2. 发生式定义法。

这是不直接揭示概念的基本内涵或外延，而是通过指出概念所反映的对象产生的过程，由此来定义概念的方法，叫做发生式定义法。

这是一种特殊的"属+种差"定义法，是把只属于被定义的事物，而不属于其他事物的发生形成的特征作为种差的定义。因而，发生式定义法是属概念加种差定义法的一个变异，这里的属概念不一定是被定义概念最邻近的属概念，种差也不是揭示被定义概念相对于属概念来说特有的属性，而是给出被定义概念所反映对象发生的过程。

例如，"一条射线绕其端点旋转一定角度，旋转前后的位置所组成的图形叫做角"就是发生式定义法。

3. 外延定义法。

这是一种给出概念外延的定义法，又叫归纳定义法。

例如，整数和分数统称为有理数，就是外延定义法。而"1，2，3，…叫自然数"也是一种外延定义法。

4. 约定式定义法。

这是一种特殊的逆式定义法。由于某种特殊的需要，通过约定的方法来定义。

例如，"自然数和0都是整数"就是小学数学中的一种约定式定义；而 $a^0=1$（$a \neq 0$），$0!=1$，$C_n^0=1$，形如 $a+bi$ 的数叫做复数等，则是中学数学中常见的约定式定义法。

5. 关系定义法。

这是以事物间的关系作为种差的定义方法，它指出，这种关系是被定义事物所具有而任何其他事物所不具有的特有属性。

例如，偶数的定义"能被2整除的整数叫做偶数"，就是关于"偶数"的关系定义法，它的"种差"就是偶数与2的一种关系。

（四）定义数学概念的基本要求

为了给概念正确地下定义，定义要符合若干基本要求：

1. 定义应当相称。即定义概念的外延与被定义概念的外延必须是相同的，既不能扩大也不能缩小。亦即，应当恰如其分，既不宽也不窄。

例如，几个数公有的因数，叫做这几个数的公因数。而以"几个数中的因数"（过宽），或以"几个数公有的因数中的最大者"（过窄）作为定义的内涵，都是错误的。

2. 定义不能循环。即在同一个科学系统中，不能以A概念来定义B概念，而同时又以B概念来定义A概念。

例如，定义"90°的角叫做直角"和"直角的九十分之一叫做1度角"就发生循环了。

3. 定义应清楚、简明。定义中列举的属性对于揭示概念反映的对象的本质属性来说应是必不可少的。所谓"必不可少"是指每一个属性都是独立的，不能由列举出的其他属性推出。凡是可由列举的其他属性推出的，对定义来说都是多余的条件，应删去。

定义要揭示概念所反映对象的本质属性，而否定形式一般不能做到这一点。

例如，"笔直笔直的线叫做直线"（不清楚），"两组对边互相平行的四边形叫平行四边形"(不简明)"两边直直的、顶端尖尖的图形叫做角"(语言口头化，而非严谨语言)等，这些都是不妥的。

四、数学概念的划分

(一)概念划分的意义

把一个属概念分成若干个种概念，来揭示概念外延的逻辑方法叫做概念的划分。

在数学中，常用概念的划分把概念系统化。

例如，对小学所学的数"有理数"可作如图3-2所示的分类。

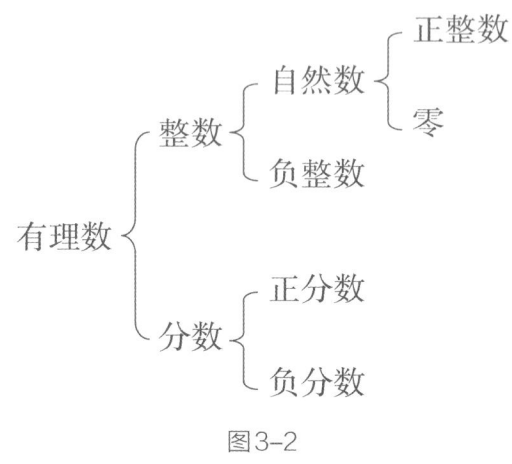

图3-2

(二)划分的基本要求

正确的划分应符合下列条件：

1. 所分成的种概念之间应是全异关系，亦即，任两个种概念的外延的交集应当是空集。换言之，属概念反映的任一个对象只能属于一个种概念的外延，不能有重复。

例如，如图3-3所示，把"平行四边形"作如下"划分"是错误的。因为"长方形"与"菱形"的外延有重合部分，就是"正方形"的外延。

图3-3   图3-4

又如，如图3-4所示，把"三角形"作如此"划分"也是错误的，因为等边三角形是特殊的等腰三角形。

2. 划分应是相称的。亦即，所分成的全异种概念的外延的并集，等于属概念的外延。换言之，属概念反映的任一对象都应属于一个种概念的外延，没有遗漏。

例如，如图3-5所示，把"三角形"作如下"划分"是错误的，漏掉了

"只有两边相等的三角形","不等边"并非是对"等边"的否定,而是"三边都不相等"。

$$三角形\begin{cases}不等边三角形\\等边三角形\end{cases}$$

图3-5

3. 每次划分都应按照同一个标准进行。在一次划分中用不同的标准就会造成逻辑混乱。

例如,在对三角形进行"划分"时,如果分出的种概念中,既有等边三角形,同时又有直角三角形,就是不正确的。

4. 划分不应越级。应把属概念分为最邻近的种概念。

例如,把"四边形"分为"平行四边形""梯形"和"一般四边形"三类是正确的,如果把"平行四边形"分为"梯形""长方形"和"一般四边形"就越级了。越级分类会把概念的系统搞乱。

（三）二分法

二分法是一种常用的划分方法,是把一个概念的外延中具有某个属性的对象作为一类,把不具有这个属性的对象作为另一类。换言之,是把属概念分成两个矛盾的种概念。

例如,把"自然数"分为"奇数"和"偶数",就是用二分法。

二分法聚焦概念的某个属性,而且,自然满足了关于正确分类的前三个条件,因此,常常被采用。

（四）数学概念的逻辑分类

与数学概念有关的逻辑分类,有以下三种:

1. 单独概念和普遍概念。

这是从概念外延的数量方面做出的一种分类。

单独概念是反映某一个事物的概念,它的"外延分子"只有一个,是"单数"的。例如,"自然数集 **N** 中的零元素0""平面直角坐标系的原点""某个旋转变换的旋转中心"等。

普遍概念是反映某一类事物的概念,它的外延由许多"分子"组成,通常是"复数"的。例如,"方程的解""多边形的内角""平面上的平移"等等。

单独概念的"外延分子"具有唯一性,这种概念在数学科学和数学课程中往往会有独特的地位和作用,值得特殊注意。普遍概念的外延分子可能是有限个,也可能是无限个。这种差别也往往使概念具有不同的特殊性,宜注意区别。

2. 肯定概念（正概念）和否定概念（负概念）。

这是根据概念是反映"事物具有某种属性"还是反映"事物不具有某种属性"而做的分类。例如,"能被2整除""两直线的交点""圆心"等绝大多数数学概念都是肯定概念。但另一些，如"不相交""小数部分不循环"等概念，则是否定概念。

3. 对象概念与关系概念。

人们通过抽象，从日常生活和生产实践中得到数学所要研究的基本概念与法则；通过推理，在基本概念和法则的基础上得到数学的公式和命题。通过抽象得到的数学基本概念包括对象概念与关系概念。对象概念是指数学要研究的那些东西，比如自然数、实数、点、线、面等；关系概念是指表示对象之间的逻辑术语，这些术语具有因果、转折、递进、对比、补充、选择等功能，比如相等、属于、存在、介于、所以等。

3.1.2 数学命题与数理逻辑初步①

概念产生之后，人们就要运用已有的概念对客观事物进行肯定或否定的判断。这就需要判断和数学命题。

一、判断与命题的含义

关于数学对象及其属性的判断叫数学判断。判断要借助于语句，表示判断的语句叫命题。

在数学中，用来表示数学判断的陈述句或符号的组合叫做数学命题。数学中的定义、公理、定理、法则、性质等都是命题。

命题既可用语言叙述，也可用符号进行表示。常用的连接词有"非""或""且""蕴含""等值"等。

命题有真命题与假命题之分，结构上可分为简单命题与复合命题两种类型。

二、简单命题

简单命题可以分为性质命题和关系命题两种。

1. 性质命题。

所谓性质命题，是指断定某事物具有（或不具有）某种性质的命题。例如，

（1）一切长方形都是平行四边形。

（2）自然数都是分数。

（3）有些奇数是素数。

---

① 数理逻辑又称符号逻辑、理论逻辑，既是数学的一个分支，也是逻辑学的一个分支，是用数学方法研究逻辑或形式逻辑的学科。其研究对象是对证明和计算两个直观概念进行符号化以后的形式系统。数理逻辑是数学基础的一个不可缺少的组成部分，名称中虽有逻辑两字，但并不属于单纯逻辑学范畴。

（4）偶数总可以分成两个相同自然数之和。

性质命题由主项、谓项、量项和联项四部分组成。

其中，主项表示判断对象的概念；谓项表示判断对象性质的概念；量项表示主项的数量，反映判断对象的量的差别，有单称、全称与特称三种；联项是联结判断主项与谓项的概念，有肯定和否定两种。

性质判断的基本形式是：

所有（这个，有些）S是（不是）P。

例如，在性质命题"有些奇数是素数"中，"奇数"是主项；"有些"是量项，反映了"特称"；"素数"是谓项，"是"是联项。

2. 关系命题。

关系命题是断定事物与事物之间关系的命题。例如，

（1）一切正数都大于零。

（2）直线a平行于直线b。

关系命题由主项、谓项和量项三部分组成。

主项又称"关系项"，是指存在某种关系的对象。谓项又称"关系"，是指各个对象之间的某种关系。量项表示主项的数量。

同性质命题一样，关系命题中的量项也有单称、全称与特称三种。

例如，"一切正数都大于零"这个性质命题中，"一切……都……"是量项，"正数"是主项，"大于0"是谓项。

三、复合命题

为便于说明，在此，我们首先介绍命题真值的概念。

对于命题A、B，如果A是一个真命题，我们就说A的真值等于1，记成$A=1$；如果B是一个假命题，我们就说B的真值等于0，记成$B=0$。一个命题或真或假，而不能既真又假。因此，一个命题的真值只能是1或0，不能既为1，又为0，或非1又非0。

复合命题由于所采用的连接词不同，可分为下列五种形式。

1. 否定式。给定一个命题A，用连接词"非"组成一个复合命题"非A"，记作$\overline{A}$，其真值可用图3-6的真值表来定义。

A	$\overline{A}$
1	0
0	1

A	B	$A \vee B$
1	1	1
1	0	1
0	1	1
0	0	0

图3-6　　　　　图3-7

$\overline{A}$叫做命题A的否定式。这里表明，若命题A为真，则$\overline{A}$为假；若命题A为假，则$\overline{A}$为真。

2. 析取式。给定两个命题A与B，用连接词"或"组成一个复合命题"A

或B",记作$A \vee B$,其真值可用图3-7的真值表来定义。

$A \vee B$叫做命题A、B的析取式。这里表明,若A、B中至少一个为真,则$A \vee B$为真;只有A、B都假,才有$A \vee B$为假。

3. 合取式。给定两个命题A与B,用连接词"且"组成一个复合命题"A且B",记作$A \wedge B$,其真值可用图3-8的真值表来定义。

A B	$A \wedge B$
1 1	1
1 0	0
0 1	0
0 0	0

图3-8

A B	$A \rightarrow B$
1 1	1
1 0	0
0 1	1
0 0	1

图3-9

A B	$A \leftrightarrow B$
1 1	1
1 0	0
0 1	0
0 0	1

图3-10

$A \wedge B$叫做命题A、B的合取式。这表明,若A、B都真,则$A \wedge B$为真,若A、B中至少有一个为假,则$A \wedge B$为假。

4. 蕴含式。给定两个命题A与B,用连接词"若……则……"组成一个复合命题"若A则B",记作$A \rightarrow B$,其真值可用图3-9的真值表来定义。

$A \rightarrow B$叫做命题A、B的蕴含式。这里表明,除去A真B假,则命题$A \rightarrow B$为假外,其余情况$A \rightarrow B$都真。

5. 等值式。给定两个命题A与B,用连接词"等值"组成一个复合命题"A等值B",记作"$A \leftrightarrow B$",其真值可用图3-10的真值表来定义。

$A \leftrightarrow B$叫做命题A、B的等值式。这里表明,若A、B同真或同假时,则$A \leftrightarrow B$为真,其余皆假。

四、命题的四种基本形式及其关系

原命题:若A则B,即$A \rightarrow B$;
逆命题:若B则A,即$B \rightarrow A$;
否命题:若$\overline{A}$则$\overline{B}$,即$\overline{A} \rightarrow \overline{B}$;
逆否命题:若$\overline{B}$则$\overline{A}$,即$\overline{B} \rightarrow \overline{A}$。

它们之间的关系可用图解表示如图3-11所示。

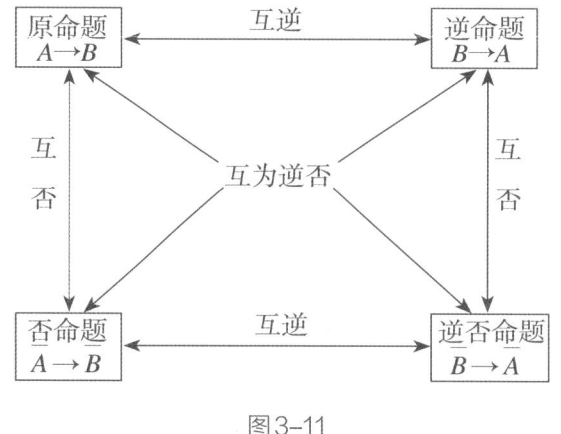

A B	$A \rightarrow B$, $\overline{B}$, $\overline{A}$, $\overline{B} \rightarrow \overline{A}$
1 1	1 0 0 1
1 0	0 1 0 0
0 1	1 0 1 1
0 0	1 1 1 1

图3-11   图3-12

其中，原命题与逆否命题，逆命题与否命题同真同假。命题间的这种关系叫做等效关系或等效原理。对此，我们不难应用真值表予以证明，如图 3-12 所示。可见，$A \to B$ 与 $\overline{B} \to \overline{A}$ 两者等值，即 $A \to B$ 与 $\overline{B} \to \overline{A}$ 同真同假，它们之间等效。显然，$\overline{P} \vee P$ 是一恒真命题，$\overline{P} \wedge P$ 是一恒假命题，即 $P \vee \overline{P} \equiv 1$，$P \wedge \overline{P} \equiv 0$，且应用真值表，不难证明。

例　证明：$[(p \to q) \wedge (q \to r)] \to (p \to r) \equiv 1$。

证明：利用真值表，有

p	q	r	$p \to q$	$q \to r$	$(p \to q) \wedge (q \to r)$	$p \to r$	$[(p \to q) \wedge (q \to r)] \to (p \to r)$
1	1	1	1	1	1	1	1
1	1	0	1	0	0	0	1
1	0	1	0	1	0	1	1
1	0	0	0	1	0	0	1
0	1	1	1	1	1	1	1
0	1	0	1	0	0	1	1
0	0	1	1	1	1	1	1
0	0	0	1	1	1	1	1

所以，$[(p \to q) \wedge (q \to r)] \to (p \to r) \equiv 1$。

3.1.3 数学推理证明

一、形式逻辑的基本规律

逻辑思维的基本规律是客观事物在人们头脑中的反映。形式逻辑是从思维的形式结构方面研究思维规律的科学。它的基本规律有四条：同一律、矛盾律、排中律和充足理由律。

事实上，定义的功能是为了明确讨论问题的对象，命题的功能是为了表述所讨论问题的实质，论证的功能是分析条件与结论之间的关系。为准确地运用概念和判断进行推理或证明，就必须领会形式逻辑的基本规律——同一律、矛盾律、排中律和充足理由律。

（一）同一律

同一律的内容是：在同一时间、同一地点、同一思维的过程中，所使用的概念和判断必须确定，且前后保持一致。

同一律的公式是：$A \to A$，即 A 是 A。

可见，根据同一律的内容，它有两个具体要求：

一是思维的对象应保持同一。这就是说，在思维的过程中所考察的对象必须确定，要始终如一，不能中途变更。

二是表示同一事物的概念应保持同一。这就是说，在思维的过程中，要以同一概念表示同一思维对象，不能用不同的概念来表示同一事物，也不能把不同的事物混淆起来用同一个概念来表示。

违反同一律的错误，在概念中主要表现为，偷换概念或所使用的概念不明确等；在推理中主要表现为，论题不明确或偷换论题等。

（二）矛盾律

矛盾律的内容是：在同一时间、同一地点、同一思维的过程中，不能既肯定它是什么，又否定它是什么。

即在同一思维过程中的两个互相矛盾的判断，不能同真，必有一假。

矛盾律的公式是：$A \wedge \overline{A}$，即 A 不是 $\overline{A}$。

矛盾律实为"不矛盾律"，它是同一律的引申，是用否定形式表达同一律内容的。矛盾律是否定判断的逻辑基础，其作用是排除思维中的自相矛盾，保持思维的不矛盾性。这里所说的思维矛盾，是人们思想陷入混乱状态或故意玩弄诡辩时所产生的逻辑矛盾。它与客观事物本身所存在的矛盾是不同的。

两个矛盾判断不能同真，但可能同假。

例如，$\triangle ABC$ 是锐角三角形，与 $\triangle ABC$ 是钝角三角形，是两个矛盾的判断，其中一个正确，另一个必错误，但这两个可能同假。

（三）排中律

排中律的内容是：在同一时间、同一地点、同一思维的过程中，对同一对象，必须作出明确的肯定或否定的判断。

即在同一思维过程中，两个互相矛盾的概念或判断不能同假，必有一真，而排除第三种可能。

排中律的公式是：$A \vee \overline{A}$，即 A 或 $\overline{A}$。

排中律要求人们的思维有明确性，它是反证法的逻辑基础。

例如，"a 是偶数"与"a 是奇数"是两个互相矛盾的判断，不能同时存在，其中必有且只能有一个是正确的。

排中律和矛盾律既有联系又有区别。

其联系在于：它们都是关于两个互相矛盾的判断，都指出两个矛盾判断不能同时并存，其中必有一个是假。但如何进一步确定谁真谁假，它们本身都无能为力，只有借助其他知识，进行具体分析，才能正确地予以回答。

其区别在于：矛盾律指出两个互相矛盾的判断，不能同真，必有一假；排中律则指出两个互相矛盾的判断，不能同假，必有一真。矛盾律只能由真推假，不能由假推真；而排中律既能由真推假，也能由假推真，所以，矛盾律是否定判断的逻辑基础，而排中律是反证法的逻辑基础。

（四）充足理由律

充足理由律的内容是：任何一个真判断，必须有充足理由，即对于任何事物的肯定或否定，都要有充分的理由和根据。

充足理由律可表示为：若有 B，则必有 A，使得由 B 可以推出 A。

充足理由律是进行推理和证明的逻辑基础，它与判断有着密切的联系。例如，在数学命题中，充分条件、充要条件都可以作为结论的充足理由。

充足理由律和前面三个规律有着密切的联系。同一律、矛盾律和排中律是为了保持同一判断（或概念）本身的确定性和无矛盾性；充足理由律则是为了保持判断之间的联系有充分根据和说服力。因此，在思维过程中，如果违反了同一律、矛盾律和排中律，那么就必然导致违反充足理由律。

总之，数学推理、证明必须要求对象确定（同一律），判断不自相矛盾（矛盾律），不模棱两可（排中律），有充分根据（充足理由律）。

二、数学中的推理

（一）数学推理的类别

根据判断间的关系，从一个或几个已有的判断做出一个新的判断的思维过程叫做推理。其结构包括前提和结论两部分，所根据的已有判断叫做推理的前提，做出的新判断叫做推理的结论。正确的推理要求合乎逻辑形式，遵守推理规则。

推理的类型有直接推理与间接推理。直接推理的前提只有一个，比较简单；间接推理则是由两个或两个以上前提组成的推理，又可分为归纳推理、类比推理和演绎推理三类。

1. 归纳推理。

归纳推理是一种由特殊到一般的推理，即从个别或特殊的事物所作判断扩大为同类一般事物的判断的思维过程。根据前提与结论所作判断的范围是否相同，又分为完全归纳法与不完全归纳法。

（1）完全归纳法。

如果归纳推理的前提中一个或几个判断范围的总和等于结论中判断的范围，这种归纳推理叫做完全归纳法。其表示形式是：

例如，推导两点间的距离公式，可分别就两点在各个象限与坐标轴上的情况逐一进行讨论，所推理的方法就是完全归纳法。

完全归纳法在前提判断中已对结论的判断范围做出了判断，若都是真实的，则所得结论是完全可靠的。因此，完全归纳法可作为数学上的一种严格推理方法。在应用时，须注意前提的判断范围既不能重复也不能遗漏，亦即前提判断范围的总和不能小于结论判断的范围。

（2）不完全归纳法。

如果归纳推理的前提判断范围的总和小于结论判断的范围，那么，这种归纳推理叫做不完全归纳法。

例如，小学数学中从具体自然数的运算概括出自然数的运算律等的推理，都是不完全归纳法。一些气象谚语、农业谚语、人们的养生之道等也是根据不完全归纳法得到的。

必须注意，根据不完全归纳法推出的结论可能真，也可能假。因此，不完全归纳法不能作为数学上一种严格的推理方法使用，但是，它在科学研究中有助于提出假设或猜想，在解题中便于发现规律，启发思维。在数学课程教学中，为了说明某些定理、公式、性质的正确性，也往往借助于个别特殊的例子来说明，其实质就是用实例来进行验证，也可以认为是用不完全归纳法来进行推理的。

2．类比推理。

类比推理是一种由特殊到特殊的推理，即根据两个（或两类）事物的某些相同或相似的性质，判断它们在其他性质上也可能相同或相似。

例如，由自然数的运算规律推广到正分数时，就是类比推理。

必须注意，类比推理所得出的结论未必真，它只有一定程度的可靠性。有些结论，还有待于实践和理论的证明。例如，不许用任何其他数学符号，将三个1，三个2，三个3写成尽可能大的数分别是111，222，333，而三个4写成尽可能大的数不能类比地写成444，而是4^{4^4}。

一般说来，如果两类事物共有的性质和推出的性质是密切相关的，那么，结论就比较可靠。两类事物共有的性质越多，推出的结论的可靠程度就越大。

用类比推理所得结论，虽然不一定都真实，但在人们的认识活动中仍有着它的积极意义。

例如，自然科学上有不少重要的假设是通过类比推理提出来的；数学中有不少重大发现乃至有关解题方法是由类比推理提供线索的；生产实践和科学实验中的许多发明创造，也受到了类比推理的启发等。

3．演绎推理。

演绎推理是一种由一般到特殊的推理，即以某类事物的一般判断为前提，做出这类事物的个别、特殊事物判断的思维形式。

演绎推理的前提与结论之间有必然的联系，只要前提是真实的，推理是合乎逻辑的，就一定能得到正确的结论。因此。演绎推理可作为数学中的一种严格推理方法使用。

简单的演绎推理往往是通过三段论的形式来实现的。三段论的结构包括大前提——反映一般原理的判断，小前提——反映个别对象与一般原理联系的判断，以及结论三个判断。若大前提、小前提都正确，则结论一定正确。

（二）常用演绎推理规则

1．三段论。

三段论是演绎推理中最基本、最常用的形式。它由大前提、小前提推出结论。

大前提：集合 M 的所有元素具有属性 P，可表示为 $M—P$；

小前提：集合 S 是 M 的子集；

结论：集合 S 的所有元素具有性质 P，可表示为 $S—P$。

例如，大前提：平行四边形的两组对边分别相等；

小前提：四边形 $ABCD$ 是平行四边形；

结论：$AB=CD$，$BC=AD$。

在数学推理中，常有几个三段论联结在一起，成为复合三段论。

三段论有简略形式：熟知大前提常常作为理由加括号注在结论的后面，或者略去不写；复合三段论中，如果前一个三段论的结论是后一个三段论的小前提，那么，这个小前提常可省略，不再写出。数学证明中的三段论通常都采用这种简略形式。

（2）关系推理。

三段论涉及性质命题。在数学中，还有一种关系推理也是常用的，它涉及关系命题。

关系命题即判断数学对象之间关系的命题。例如"$AB=CD$"，就是一个关系命题。实数之间的"$=$""$>$""$<$"，集合之间的"$=$""$\supset$""$\subset$"，直线之间的"$//$""$\perp$"，三角形之间的"$\cong$"等，都是相应的两个对象间的一种关系。

一般地，我们用R表示一个关系，对象a与b之间有这种关系，就表示为"aRb"。这里，a、b叫做主项或关系项，a叫做关系前项，b叫做关系后项。关系R又叫做谓项。主项的数量叫量项，也有单称、特称、全称三种。但是，关系命题中没有联项。

关系推理是根据数学对象间关系的逻辑性质进行的推理，它的前提和结论都是关系命题。

实数间的"$=$"，集合间的"$=$"，直线间的"$//$""$\perp$"，三角形间的"$\cong$""$\backsim$"都具有对称性。例如，由$AB=CD$，即知$CD=AB$。这在推理过程中常因其显然而不予特别注意。

关系推理中最主要的是依据一些关系所具有的传递性。实数间的"$=$""$>$""$<$"，集合间的"$=$""$\supset$""$\subset$"，直线间的"$//$"，三角形之间的"$\cong$""$\backsim$"都具有传递性。例如，由$a>b$，$b>c$，即可推得$a>c$，这与三段论是两回事，应予以区别。

三、数学中的证明

应用逻辑方法来判断数学命题真实性的过程叫做数学证明。这个有待判断真实性的命题叫论题；证明过程往往表述为一系列的推理；其依据叫论据，可作为论据的是本论题的题设，已建立的概念、公理和已证明了的真实命题。数学证明需要应用已经确定其真实性的公理、定理、定义、公式、性质等数学命题来论证某一数学命题，因而，数学证明的过程往往表现为一系列的推理。

通常使用的是以下的两种推理三段论和假言推理：

第一种常用推理方法是三段论：

  大前提　人总是要死的
  小前提　张某是人

  所以　张某肯定是要死的。

数学上的例子很多，例如，

  大前提 偶数能被2整除

  小前提 已知n是偶数

  ―――――――――――――

  所以n一定能被2整除。

第二种常用推理方法是假言推理：

  如果p，那么q。

  p

  ―――――――――――

  所以，q。

  如果p，那么q。

  非q

  ―――――――――――

  所以，非p。

例如，小学数学中的例子：

  已知，等腰三角形底角相等；

  现在△ABC的两边$AB=AC$，

  ―――――――――――――

  所以，$\angle B=\angle C$。

  已知等腰三角形底角相等，即如果$AB=BC$，那么$\angle B=\angle C$。

  在△ABC中，$\angle B \neq \angle C$。

  ―――――――――――――

  那么，△ABC中，$AB \neq BC$。

  任何逻辑证明都是由论题、论据、论证三个部分组成的。论题是需要证明其真实性的判断，论据是用来证明论题真实性所引用的那些判断，论证就是由论据出发进行一系列推理来证明论题的真实性的过程。

  数学证明习惯上分成已知、求证、证明三个部分。其中，论据是包括论题给定的条件和证明论题时所引用的那些论据，以及已知的公理、定理、公式、定义、法则、性质等命题；求证就是论题的结论，即有待于证明具有真实性的命题；证明就是论证，即证明论题真实性的推理过程。

  关于证明格式，常用的有联用式与推进式两种。联用式是联用"因为、所以"表示推理关系的书写格式、推进式是借助符号"≥"表示蕴含关系或推理关系的书写格式，且都可分为横、竖两种基本形式。

  一般说来，联用式的书写形式可省去许多重复语言，较为简洁且为人们所习惯，但易混淆因果关系，给人以"乱"的感觉；而推进式的书写格式可保证因果分明，推理连贯，但由于每步推理均需要将其前提全部列出，同样的前提有时需要重复多次，通常比联用式更"繁"。

3.2 小学数学中的公理

作为数学科学的基础，小学数学涉及代数学、几何学、统计学等各领域，其中，几乎所有的概念、原理都是从各学科分支的源头出发的，这就是原始概念和公理。

3.2.1 公理与公理化体系

公理是指依据人类理性而不证自明的基本事实，经过人类长期反复实践的考验，不需要再加证明的基本命题。恩格斯指出，"数学上的所谓公理，是数学需要用作自己的出发点的少数思想上的规定"。

在数学中，公理这一词被用于两种相关但相异的意思之下——逻辑公理和非逻辑公理。其中，非逻辑公理亦称"专有公理"，指用形式语言把一个理论写成形式系统时，除逻辑公理以外的初始公式。而逻辑公理就是某系统之中逻辑推理的出发点。在这两种意义之下，公理都是用来推导其他命题的起点。和定理不同，一个公理（除非有冗余的）不能被其他公理推导出来，否则它就不是起点本身，而是能够从起点得出的某种结果——可以被归为定理。

因此，这里的公理是指用来推导一门学科所有真命题（定理）的初始真命题，所指学科是数理逻辑学[①]以外的学科，如算术、几何、集合论，或任何其他精密数理学科。

所谓公理化方法，就是选取少数不加定义的原始概念和一组不证自明的命题（即公理）作为出发点，再以严格的逻辑推演，使某一数学分支成为演绎系统的方法。

一个有意义的公理系统，应当是一个协调一致的整体，必须满足三个条件：

1. 相容性：也称协调性与无矛盾性，即在公理系统之中，决不能出现既能推出 A、又能推出 $\overline{A}$ 的情形。
2. 独立性：公理之间不能有依从关系。
3. 完备性：要保证从公理组中推出该系统的全部真命题。

公理化方法对推动数学发展起着积极的作用。正如数学家吴文俊所言，"贯穿在整个数学发展历史过程中的有两个中心思想，一是公理化思想，另

[①] 数理逻辑学中的公理是由一组公理组成的一个公理系统。

一是机械化思想。前者似已不必多费笔墨,欧几里得几何原本是这方面历史上的代表作,也是公理化思想的滥觞,在现代数学尤其是纯粹数学中占据着统治地位"。爱因斯坦(A. Einstein)曾说过,"西方科学的发展是以两个伟大成就为基础,那就是:希腊哲学家发明的形式逻辑体系(在欧几里得几何学中),以及通过系统的实验发现有可能找出因果关系(在文艺复兴时期)"。

3.2.2 数学的公理体系

[案例1]欧几里得在《几何原本》中描绘了由定义、公设、公理、定理组成的演绎推理系统,包括:

(1)23个定义(包括点没有大小;线有长度没有宽度;线的界是点;直线上的点是同样放置的;面只有长度和宽度;面的界是线;等等)。

(2)5个公设(从人们的经验中总结出的几何常识和事实):

①从任意点到另一点可以引直线;

②能在一条直线上造出一条连续的有限长线段;

③以一个点为中心,可用任意半径作圆;

④直角都是相等的;

⑤如果两条直线与另一条直线相交,所成的同侧内角的和小于两直角,那么,这两条直线在这一侧必相交(等价命题:过直线外一点,有且仅有一条直线与已知直线平行)。

(3)5个公理(极基本、不证自明的断言):

①等于同量的量相等;

②等量加等量,其和相等;

③等量减等量,其差相等;

④可重合的图形全等;

⑤全体大于部分。

以此为基础,按照逻辑方式得到各个命题(亦即"定理"),每个命题都要以公设、公理或它前面的命题作为证明的根据,由此得到欧氏几何学的所有内容。

特别地,第五个公设的叙述是最为繁杂的。于是,人们希望从第5公设入手来"修正"欧几里得的几何学,由此导致非欧几何的产生。

其中,俄国喀山大学罗巴切夫斯基提出了一个与第五公设相矛盾的命题(过直线外一点,至少可以做两条直线与已知直线平行)来代替第五公设,与欧几里得几何学的前四个公设以及公理、原始概念结合成一个公理系统,展开一系列的推理,得到一个全新的、与欧几里得几何学一样严密的几何学"罗氏几何学"。

而德国数学家黎曼利用另一个与第五公设相矛盾的命题(在同一平面内,任何两条直线相交,其等价命题是"过直线外一点,不存在任何一条直线与已知直线平行"）来代替第五公设，与欧几里得几何学的前四个公设以及公理、原始概念结合成一个公理系统，展开一系列推理，得到一个全新的、与欧氏几何学、罗氏几何学一样完善、严密的几何学"黎曼几何学"。

著名数学家F. 克莱因利用变换群的观点，将欧式几何、罗氏几何、黎曼几何统一在一起。其中，欧氏几何研究长度、角度以及图形的大小、形状这种不变量；而罗氏几何则研究与合同有关的那些量，称之为双曲几何；黎氏几何则是研究射影平面上的一个虚椭圆保持不变，称之为椭圆几何。

德国数学家希尔伯特于20世纪初期发起数学的公理化运动，提出以公理系统作为统一各门数学的基础。而法国的布尔巴基学派则是继承公理化运动，导致了波及全球的一场教育改革运动"新数学运动"。

[案例2] 实数公理

实数公理是定义实数的一种途径。按照它，所谓实数系R就是定义了两种二元运算（加法与乘法）和一种次序关系（＞）的集合，并且这些运算和次序满足规定的公理。由这些公理可以推出实数的一切性质。这些公理包括：域公理、序公理、阿基米德公理、连续性公理（完备性公理）：

（1）实数系**R**按加法运算可以构成加法群。

（2）实数系**R**按乘法（不包含0）运算可构成乘法群。

（Ⅰ）由（1）、（2）说明实数**R**可构成一个域。

（3）实数系**R**按实数大小之关系"≤"构成全序集。

（4）若$a, b \in \mathbf{R}$, $a \leq b$，对任意$c \in \mathbf{R}$，有$a+c \leq b+c$；

（5）若$0 \leq a$, $0 \leq b$，则$0 \leq ab$。

（Ⅱ）这种加法、乘法表明**R**的序结构与代数结构是协调的，**R**不仅是全序集，而且还是全序域。

（Ⅲ）实数集**R**满足阿基米德（Archimedes）公理：对任意$a, b \in \mathbf{R}$, $a > 0$, $b > 0$，则总存在正整数n，使$na > b$。（**R**具有连续性结构，连续性表现了拓扑结构。）

（Ⅳ）**R**是完备的（描述完备性有多种方法，如区间套定理，有上界必有上确界等）。

上面的这组公理，表明实数系（也称实数结构）是代数结构、序结构和拓扑结构组成的一种交叉结构，称为一个完备的阿基米德有序域。

[案例3] ZFC系统。这个公理系统是现代数学的基础。

1. 外延公理。对于两个集合A和B，如果A中的任一元素都是B中的元素，B中的任一元素都是A中的元素，则这两个集合是同一集合，记为：$A \equiv B$。

2. 空集公理。存在没有任何元素的集合。

3. 无序对公理。对于任意两个集合A和B，无序对$\{A, B\}$或者$\{B, A\}$构成一个新的集合。

4. 并集公理。对于任意两个集合A和B，都存在一个集合C，使得C中的元素恰为A中的或B中的元素，记为：$C=A \cup B$。

5. 无穷公理。存在这样的集合，其元素恰好是所有的自然数。

6. 替换公理。令命题形式$f(a,b)$表示：对于每一个元素a，都有唯一的元素b使得命题成立。那么，对于任意的集合A，存在一个集合B，使得B中的元素b由$f(a,b)$确定，其中a为A中的元素，记集合$B=\{b; b \rightarrow f(a,b), a \in A\}$。

7. 幂集公理。对于任意集合A，都存在集合B，使得B中的元素是由A的所有子集所构成的。

8. 选择公理。令$\Omega = \{A\delta; \delta \in \Delta\}$是由集合组成的类，则存在一个集合，这个集合恰好是由这个类中的每一个集合中抽取一个元素所组成的。

9. 正则公理。对于任意集合A，A不属于A。

［案例4］皮亚诺自然数公理体系

1889年，皮亚诺发展了戴德金的思想，在《用一种新方法陈述的算数原理》中提出了自然数的算数公理体系，他明确地在"数"的系统中使用了公理的概念，提出下面九条公理：

（1）$1 \in \mathbf{N}$。

（2）$a \in \mathbf{N}$，则$a=a$。

（3）$a, b \in \mathbf{N}$，$a=b$等价于$b=a$。

（4）$a, b, c \in \mathbf{N}$，如果$a=b$，$b=c$，则$a=c$。

（5）$a=b$，如果$b \in \mathbf{N}$，则$a \in \mathbf{N}$。

（6）如果$a \in \mathbf{N}$，则$a+1 \in \mathbf{N}$。

（7）$a, b \in \mathbf{N}$，如果$a=b$，则$a+1=b+1$。

（8）$a \in \mathbf{N}$，则$a+1 \neq 1$。

（9）令A是一个类，$1 \in A$。如果$a \in \mathbf{N} \cap A$，则必有$a+1 \in A$，那么，$\mathbf{N} \subseteq A$。

令人费解的第9条，实际上恰恰是我们熟悉的数学归纳法。

其中，第1条中的1，后来皮亚诺改为0，相应地，第8条中也改为$a+1 \neq 0$，说明0不是任何自然数的后继。第5条说的是：与数等价的都是数；第6条说的是：数的后继是数，这样，通过后继，就可以得到所有的自然数。这个体系与用十个符号和进位制表示无限多个自然数得到的自然数$\mathbf{N}$是相同的。

3.2.3 中小学数学中的公理（数学课程标准中的公理）

一、《标准（2001）》中的公理

1. 隐性的公理。

《标准（2001）》中以隐性方式（并没有明确出现"公理"一词）给出了两条代数公理：

（1）等量公理，即"等量加等量还是等量"。

等价表述是：等量加等量仍然是等量；等量减等量仍然是等量；等量乘等

量还是等量；等量除以等量还是等量；等量代换。

在"式与方程"中的"理解等式的性质"中蕴含了等量公理。（第2学段数与代数3.（3））

（2）运算律（加法交换律和结合律、乘法的交换率和结合律）。（第2学段数与代数2.（4））

2. 几何中的公理。

（1）两点确定一条直线。（第2学段图形与几何1.（1））

（2）两条相交直线确定一个点。（第2学段图形与几何1.（1））

（3）两点间所有连线中线段最短。（第2学段图形与几何1.（3））

3.《标准（2001）》在第三学段（初中）要求的公理，以"基本事实"的形式出现：

（1）基本事实：过一点有且仅有一条直线垂直于已知直线。（第3学段图形与几何1.（3）③）

（2）基本事实：过直线外一点有且仅有一条直线平行于已知直线。（第3学段图形与几何1.（3）⑥）

（3）基本事实：一条直线截两条平行直线所得的同位角相等。（第3学段空间与图形4.（2）①）

（4）基本事实：两条直线被第三条直线所截，若同位角相等，那么这两条直线平行。（第3学段空间与图形4.（2）②）

（5）基本事实：若两个三角形的两边及其夹角分别相等，则这两个三角形全等。（第3学段空间与图形4.（2）③）

（6）基本事实：若两个三角形的两角及其夹边分别相等，则这两个三角形全等。（第3学段空间与图形4.（2）④）

（7）基本事实：若两个三角形的三边分别相等，则这两个三角形全等。（第3学段空间与图形4.（2）⑤）

（8）基本事实：平行于三角形一边的直线截另两边所得的三角形与原三角形相似。（第3学段空间与图形4.（2）⑥）

（9）有理数的运算律。（第3学段数与代数1.（1）④）

《标准（2001）》中的8条公理、外加2条代数公理（等量公理、运算律），构成了一个相对完备的平面几何公理体系，借助直观，从逻辑角度（并不是凭借直观发现）得出有关直线、三角形、四边形等基本图形的基本性质。

二、《标准（2011）》中的公理

1. 隐性的公理。

（1）等量公理，即"等量加等量还是等量"。（第2学段数与代数（三）2）

等价表述是：等量加等量仍然是等量；等量减等量仍然是等量；等量乘等量还是等量；等量除以等量还是等量；等量代换。

在"式与方程"中的"了解等量关系""了解等式的性质"中蕴含了等量公理。

（2）运算律（加法交换律和结合律、乘法的交换率和结合律，乘法对加法的分配律）。（第2学段数与代数（二）3）

2．几何中的公理。

（1）两点间所有连线中线段最短。（第2学段图形与几何（一）2）

3．《标准（2011）》在第三学段（初中）要求的公理，以"基本事实"的形式出现：

（1）基本事实：两点确定一条直线。（第3学段图形与几何（一）1.（3））

（2）基本事实：两点之间线段最短。（第3学段图形与几何（一）1.（4））

（3）基本事实：过一点有且只有一条直线与已知直线垂直。（第3学段图形与几何（一）2.（4））

（4）基本事实：两条直线被第三条直线所截，如果同位角相等，那么这两条直线平行。（第3学段图形与几何（一）2.（6））

（5）基本事实：过直线外一点有且只有一条直线与这条直线平行。（第3学段图形与几何（一）2.（7））

（6）基本事实：两边及其夹角分别相等的两个三角形全等。（第3学段图形与几何（一）3.（4））

（7）基本事实：两角及其夹边分别相等的两个三角形全等。（第3学段图形与几何（一）3.（5））

（8）基本事实：三边分别相等的两个三角形全等。（第3学段图形与几何（一）3.（6））

（9）基本事实：两条直线被一组平行线所截，所得的对应线段成比例。（第3学段图形与几何（一）4.（3））

（10）有理数的运算律。（第3学段数与代数第三学段（一）1.（4））

（11）等式的基本性质。（第3学段数与代数第三学段（二）1.（3））

《标准（2011）》中的9条公理（以"基本事实"的形式出现）、外加2条代数公理（等量公理、运算律），构成了一个相对完备的平面几何公理体系，借助直观，从逻辑角度（并不是凭借直观发现）得出有关直线、三角形、四边形、圆等基本图形的基本性质。

与《标准（2001）》相比，《标准（2011）》在第三学段明确增加了公理"两点确定一条直线"，而《标准（2001）》列在第2学段图形与几何1.（1），第3学段是"沿用"（借用）；同时，《标准（2011）》明确列出"等量公理"，并将《标准（2001）》中的基本事实"平行于三角形一边的直线截另两边所得的三角形与原三角形相似"修改为"两条直线被一组平行线所截，所得的对应线段成比例"，使得涉及圆的成比例的性质全部可以利用逻辑得出，即"探索并证明垂径定理"等，而《标准（2001）》对此仅仅停留在直观层面，即"探索圆的性质"；同时，降低了对于相似三角形的要求，即将《标准（2001）》的"探索并掌握两个三角形相似的条件"降低为《标准（2011）》的"了解相似三角形的判定定理"。

与《标准（2001）》中的几何公理体系相比，《标准（2011）》中的几何公理体系更加完备。

三、小学数学中渗透公理思想

对于小学数学中渗透公理化思想，如何处理这个问题，其实，张奠宙教授等的观点可以借鉴，即小学数学教材里的数学知识不可能是严密的。但是，教师应当大体知道它们的逻辑结构，包括公理化的处理方法，领会现代数学的思想，能够比较准确地把握数学本质。首先，要补充构建小学数学的严密框架。什么是"面积"？小学里只能用不严格的语言描述，其实，它是集合类上定义的有限可加、运动不变的正则测度（边长为1的正方形面积为1）。亦即，将小学数学中的面积的直观定义，改为公理化定义：

设 A 表示平面上所有多边形组成的集合，$\mathbf{R}^+$ 表示全体非负实数的集合，如果从 A 到 $\mathbf{R}^+$ 的映射 $f: A \rightarrow \mathbf{R}^+$ 满足条件

（1）对于 A 中任意两个全等图形 G 与 G'，有 $f(G)=f(G')$；

（2）若 $G_1 \in A$，$G_2 \in A$，$G_1 \cup G_2 \in A$，且 G_1 与 G_2 无公共内点，则 $f(G_1 \cup G_2)=f(G_1)+f(G_2)$。

（3）对于 A 中的边长为1的正方形 E，有 $f(E)=1$。

那么，称 A 中任一图形 G 在映射 f 下的象 $f(G)$ 为 G 的面积。

再如自然数（可以用公理化方法定义），严格的自然数理论，是用公理化方法建立起来的，这就是皮亚诺公理系（参见本章3.2.2案例4）。对皮亚诺公理体系，有一种简洁的表达方式：

符号1与后继关系"′"，满足以下5条公理：

（1）1是自然数。

（2）每个自然数 a 都有一个后继 $a'= a + 1$。

（3）1不是任何自然数的后继。

（4）若 $a'= b'$，则 $a=b$。

（5）（归纳公理）自然数的某个集合 A，如果 A 含有1，而且"若包含一个自然数 a，则一定包含 a'"，那么，这个集合 A 一定包含全体自然数。

满足这5条公理的对象称为自然数，其中的1叫做起始元。此时，所有自然数所组成的集合记为 $\mathbf{N}$，这就是最初的自然数集。

如果将上述定义中的起始元素1换成0，其他内容不变，那么，此时的自然数集 $\mathbf{N}$ 就包含0。

因此，按照皮亚诺公理体系，自然数的本质就是规定了起始元、后继关系和递归关系的一组数，至于起始元选作0还是1，都是可以的。

3.3　小学数学中的数学思想方法

3.3.1　数学的基本思想

一、基本思想

所谓思想，一般是指客观存在反映在人的意识中经过思维活动而产生的结果，是人类一切行为的基础。简单地说，思维之思维即思想。

数学思想是对数学事实与理论经过概括后产生的本质认识，是指现实世界的空间形式和数量关系反映到人们的意识之中，经过思维活动而产生的结果。

数学的基本思想是数学的产生和发展所依赖的思想，是学生领会之后能够终身受益的数学思想。

对于数学思想及其作用，国内外学者都有阐述：

西方学者认为，无论是古典的希腊数学、东方数学，还是自19世纪开始的数学公理化运动，数学基本思想无一不是围绕着算术的思想（number）、几何的思想（geometry）、无穷的思想（infinity）这三大主题展开。古代这三个思想源流是分开的，到了近代开始融合为一，现代在融合的基础之上又发展出新的数学分支。

吴文俊院士认为，贯穿在整个数学发展过程中有两个主要思想，一是公理化思想，另一个是机械化思想，公理化的思想来源于古希腊，机械化的思想则贯通于整个中国古代数学，都曾对数学的历史发展做出了巨大的贡献。

其实，几何的思想核心是公理化（演绎）思想，算术的思想核心之一是机械化（算法化）思想。从这个角度上说，东西方对于数学思想的认识是基本一致的。前者以希腊演绎几何学为代表，后者以中国古代解方程为中心的代数学为代表，两者相互平行、相互交织，共同促进世界数学的发展。

上述学者都是对古代数学、近代数学而言的，特别是，从数学学科领域的不同而划分的。

数学的基本思想则是体现或应该体现于基础数学中的具有奠基性、总结性和最广泛的数学思想，它们含有传统数学思想的精华和现代数学思想的基本特征，并且是历史地发展着的。因此，纵观数学的现当代发展，所依赖的思想本质上有三个，它们构成数学的基本思想：

第一个是抽象。学过数学的人抽象能力很强。数学中的抽象指的是把人们的日常生活和生产实践中那些和数学有关的东西析取出来，作为数学研究的对象。

第二个是推理。数学自身的发展依靠的是推理。在一些假设下，按照一定的逻辑规律进行推理，得到命题和定理。相比没学过数学的人，学过数学的人推理能力强。

第三个是模型。模型是沟通数学与外部世界的桥梁。模型是在讲故事，是用数学语言表达的现实生活中的故事。

其中，数学家用抽象的方法对事物进行研究，去掉事物中那些感性的东西，得到数学研究的对象，比如数、点、直线等。数学研究的那些东西是抽象的结果，抽象的东西是不存在的，存在的都是具体的东西。数学的思维依赖的不是具体的存在，而是抽象的存在。数学中定义的那些东西本身并不重要，重要的是这些东西之间的关系。

抽象分两个层次，一个是直观描述，另一个是符号表达。直观描述的毛病是必然引起悖论，因为凡是具体的东西，都能举出反例。为了避免这些，就必须进一步抽象，抽象到举不出反例来，这只有通过符号表达，但是符号表达也有问题，就是缺少物理背景，缺少直观。

一般来说，探索思路并获得结论需要合情推理发挥作用，而证明结论则需要演绎推理。三段论、假言推理、选言推理、关系推理等是演绎推理过程中最常用的几种形式。

对于中小学数学，抽象的内容在本质上只有三个：一个是数量与数量关系的抽象；一个是图形与图形关系的抽象；另一个是随机关系。所以，中小学数学在本质上研究这三种关系。

二、小学数学中的基本思想

（一）基本思想：数学抽象

小学数学抽象思想的应用离不开物理背景的支撑，是基于现实现象的对象与关系上的抽象。对现实数量进行抽象并得到"数"，是经常用到的，比如从"5个苹果"中抽象出"5"这个数等。"多"和"少"是数量关系本质上的体现，对其继续抽象即转化为数学内部的"大"和"小"的体现，"大小关系"这一本质得到抽象与具体之后又可以对"序的关系"进行抽象。"大小关系"基础上的"大一个"也使得加法由此产生，自然数与加法因此成为数学最基本的内容。

在小学数学中，数、运算、图形等实质、性质以及规律的认识过程，都会用到归纳推理，为学生创造探索与发现的空间，并使学生能够在已有知识、经验、想象力的基础上进行发现与创造就是合情推理运用的价值所在。

（二）基本思想：数学推理

小学数学中的推理思想既包括合情推理，也包括演绎推理。

推理是从一个命题判断到另一个命题判断的思维过程。推理只有两种，命题范围由大到小的推理，叫演绎推理；命题范围由小到大的推理，是归纳推理。归纳推理根据所研究的事物是否完全分为完全归纳推理和不完全归纳推理，其中，完全归纳推理由于其研究的对象已经涵盖所有，其做出的推理符合逻辑要求，从而，可以看作是演绎推理。

在小学数学中，体现推理思想有四种层次：

（1）通过有限数量的、无意识的归纳过程，初步感知数学理论。

在小学一、二年级，这种情况大量存在。

例如，通过大量类似"(3+2)×5=3×5+2×5"的计算，学生虽然还不能掌握乘法对加法的分配律，但是仍能得到去掉括号后所得的结果相等的直接经验，逐步理解乘法对加法的分配律。

（2）通过枚举归纳推理得出语言和符号表征的结论。

在小学二、三年级，通过对数学对象的分析、比较和观察，找出数量和图形的性质特征，从而通过枚举归纳推理得出有关概念或有关结论。

例如，"带余除法"的概念，围绕"9根小棒摆几个完全一样的图形"，学生通过操作可以发现（图3-13）：

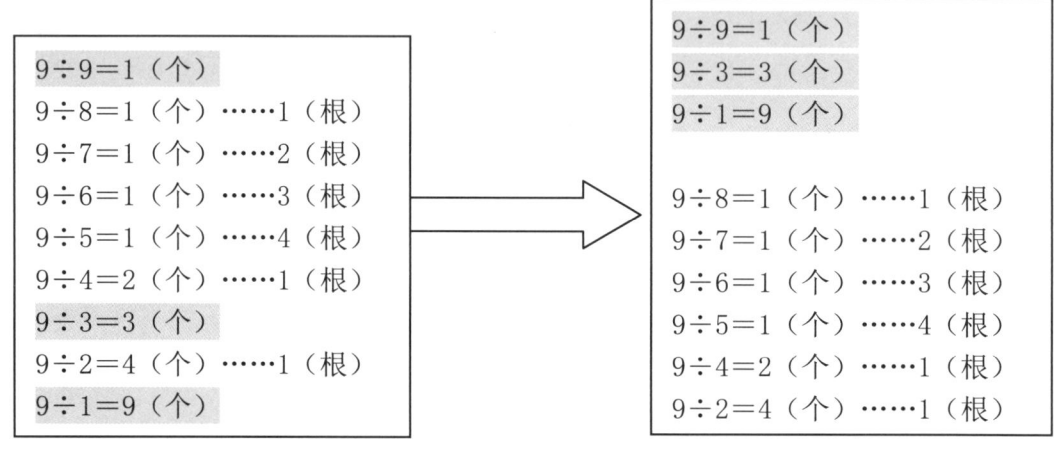

图3-13

其中，既有"每3、9、1根小棒分别围成一个图形，而没有剩余的"情形，体现9÷3、9÷9、9÷1的结果，又有"每2、4、5、6、7、8根小棒分别围成一个图形，却有剩余的"情形，体现出9÷2=4……1等情形。由此，通过摆小棒，感受整除和带余除法，进而形成带余除法的概念。

（3）归纳推理并特例验证。

针对数、图形进行深化比较和分析得出结论，并能对特例进行检验，同时使用反例来确定错误结论。

例如，4与13都不是6的倍数，它们的和17也不是6的倍数；14与9都不是6的倍数，它们的和23也不是6的倍数。能否推出结论：如果两个数都不是6的倍数，那么，它们的和也不是6的倍数。

（4）归纳推理到初步的演绎验证。

即，"特例1、特例2，归纳概括、猜想共性，举例验证，设法证明"。

例如，计算（1）15×15；25×25。（2）从结果中能发现什么规律？能验证你发现的规律吗？（3）如何向别人说明你所发现规律的正确性？

15×15=225。25×25=625。其共性是□5×□5=■25，其中的■=□×(□+1)。

用45×45验证发现，用4×(4+1)得到的结果2025与笔算的结果2025是一致的。从而，猜想□5×□5=■25的规律可能是正确的。

如何向别人说明其正确性呢？

□5用字母表示就是10·□+5，于是□5×□5可以写成（10·□+5）·（10·□+5），利用乘法对加法的分配律可以得到其结果是100×□×（□+1）。

从而，发现的规律是正确的。

（三）基本思想：模型思想

"模型"是指为了某种特定目的将原型的某一部分信息简化、压缩、提炼而成的原型替代物。

在数学上，模型即数学模型（mathematical model）。

所谓数学模型，是根据实际问题和研究对象的特点，为了描述和研究客观现象的运动变化规律，运用数学抽象、概括等方法而形成的、用以反映其内部因素之间的空间形式与数量关系的数学结构表达式，包括数学公式、逻辑准则、具体算法或数学概念。

数学模型是数学抽象的概括的产物，其原型可以是具体对象及其性质、关系，也可以是数学对象及其性质、关系。数学模型有广义和狭义两种解释。广义地说，数学概念如数、集合、向量、方程都可称为数学模型，正如张奠宙教授指出的："广义地讲，数学中各种基本概念和基本算法，都可以叫做数学模型。加、减、乘、除都有各自的现实原型，它们都是以各自相应的现实原型作为背景抽象出来的。"

而狭义地说，只有那些反映特定问题或特定的具体事物系统和数学关系结构才叫做数学模型。例如，平均分派物品的数学模型是分数；元、角、分的计算模型是小数的运算；380人的年级里一定有两个人同一天过生日，其数学模型就是抽屉原理。

1. 方程思想。方程是从现实生活到数学的一种提炼过程，一种用数学符号提炼现实生活中的特定关系的过程。方程思想的核心在于建模、化归。

方程的本质是，为了寻求未知数，在未知数和已知数之间建立起来的一种等式关系。方程是关系，而且是一种等式关系。目的是为了寻求未知数，于是"要拉关系"，请"已知数"先生介绍认识了"未知数"先生。这是一种非常朴素又极其深刻的思想。方程的系统知识是中学数学的内容，但是，在小学里已经有大量的孕育。

例如，24−□=8，问□=？这里的"□"就是未知数，24，8是已知数，根据等式关系，我们就能够找出未知数"□"来。

2. 函数思想。函数是现代数学的核心概念，它的意义是寻求两种变量之间的依赖关系。小学里虽然没有函数概念的出现，但是它的思想已经蕴含在许多知识之中。

例如，乘数 k 固定时，乘积 M 随另一个乘数 T 的变化而变化，$M=kT$。在应用题中，已经出现 $s=v×t$（距离＝速度×时间）这样的函数。

由于函数观念的重要性,在小学一年级就可以学习"对应",铅笔对应笔记本,锤子对应钉子,等等。函数思想在小学的渗透随着时代的发展还会不断加强。

3. 不变量。这是一个大家比较生疏的数学思想,但是却广泛地存在于小学数学之中。例如,自然数乘法交换律,是两数的位置交换,但是乘积不变。轴对称是指,沿对称轴反射过去,但是图形不变,包括对应点之间的距离不变,对应的角度不变。图形经过割补,图形变了,面积不变。一个等式的两边同乘一个数,等式不变。这样的例子可以举出许许多多。

数学的一个重要思想是在变化中寻找不变的东西。橡皮几何——拓扑学(以七桥问题为例)正是研究拓扑不变量的学科。小学数学注意体现这一思想,是非常重要的。

4. 等价类。这也是小学数学不能避免的思想方法。最明显的是分数的表示。一个分数有无限多个表示,彼此相等,它们构成一个等价类,通常以最简分数作为代表。

但是,这个等价类中的分数,每一个都有它的作用。在分数相加时,就要通分,即从等价类中请出适当的以"公倍数"为分母的分数作为代表,才能进行相加。

其实,两个自然数的公倍数全体也是一个等价类。等底同高的三角形也是一个等价类。偶数全体也是一个等价类。

推而广之,一个班级也是一个等价类,这里的"价"就是X年级X班。我们经常在班级中选一个代表去代表本班做事。迁移到数学上,就是等价类。

3.3.2 小学数学中的常见思想方法

数学思想是数学的"灵魂",数学方法是数学的"行为"。数学思想方法大量蕴含在各个数学分支的原理、定理、命题、公式、法则和问题解决过程之中。

小学数学中蕴含大量数学思想方法,其中,既包括基本思想,也包括微观层面的数学思想方法(即数学方法),它们是以具体的数学内容为载体,又高于具体数学内容的一种指导思想和普遍适用的方法。

其中,在数与代数领域,抽象思想、数形结合思想、分类思想、集合思想、类比法体现得比较充分;在图形与几何领域,抽象思想、分类思想、集合思想、归纳法、类比法、演绎推理思想、转化思想、数形结合思想、几何变换思想、模型思想等思想方法,体现得比较充分;而分类讨论思想、转化思想、穷举法、推理思想、优化思想、集合思想、一一对应思想、数形结合思想、运筹思想、假设法、分类思想、数形结合思想、极限思想、模型思想,在小学数学课程内容中有所不同程度的体现。下面我们选择其中的重要内容,予以分析。

（一）分类思想

分类是一般的科学思想方法，亦称分类辨别、分类讨论。数学对象也需要分类，其特征是分类的边缘比较清晰、准确。

数学分类方法有两种：

一种是不重不漏的分类。例如，三角形分为锐角三角形、直角三角形、钝角三角形。四边形分为梯形、平行四边形和一般四边形。这种不重不漏的分类方法，在日常生活中也经常使用。

另一种是套桶式的分类。例如，等边三角形套在等腰三角形之内，等腰三角形套在一般三角形之内。正方形是长方形的一部分，长方形又是平行四边形的一部分。

分类是整理数学知识、形成结构、便于应用的重要手段。

（二）归纳法

亦称，归纳概括，是小学数学中最常用的方法，即从日常生活以及其他已有知识中的个别经验，抽象出一般的数学概念和数学规律。

例如，圆的概念，小学里不宜用轨迹来定义，可以通过"甩球"的运动围成圆圈、圆规作图等具体实例学习圆及其中心、半径等术语。

此外，《标准（2011）》中的例9就是此类思维：

例9 在下列横线上填上合适的数字、字母或图形，并说明理由。

1，1，2；1，1，2；＿＿＿，＿＿＿，＿＿＿；

A，A，B；A，A，B；＿＿＿，＿＿＿，＿＿＿；

□，□，▯；□，□，▯；＿＿＿，＿＿＿，＿＿＿。

《标准（2011）》对此给出如下说明：启发学生探索规律。希望学生感悟：对于有规律性的事物，无论是用数字还是字母或图形都可以反映相同的规律，只是表达形式不同。

（三）类比法

小学数学中有些结论的证明过于复杂，采用类比的方式加以迁移，能够产生推广的效果。比如，由自然数的运算规律推广到正分数就是这样。分数的加法、乘法的交换律、结合律、分配律都成立，一句话带过，学生通过类比联想就可以理解了。

（四）化归法

化归法是数学证明中最常用的思想方法，亦称"转化思想"。

所谓化归，就是"化未知为已知"。在解决数学问题时，人们常常将待解决的问题甲，通过某种转化过程，归结为一个已经能够解决或者比较容易解决的问题乙，然后通过乙问题的解答返回去求得原问题甲的解答，这就是化归法的思想本质。

例如，平行四边形的面积通过割补化归为矩形面积而求得；将减法化归为加法的处理，分数运算化归为整数运算；将"三角形两边之和大于第三边"化归为"两点之间线段最短"的公理（基本事实）等，化归思想在小学数学中大量存在。

事实上，这里的化归本质上属于演绎推理。

数学思想方法并不只限于上述几种。向更细的方向看，自然数计算时的"凑十法"、圆规直尺作图法、几何中的测量方法、解应用题的图示法等，都可以列入数学思想方法之列，只是这些方法只有局部的意义，属于微观层面的数学思想方法。

3.4 数学课程标准对教材编写的建议

数学课程标准对教材编写提出了具体要求，这就是"教材编写建议"。

3.4.1 数学课程标准对教材编写建议的地位、作用

一、"教材编写建议"是数学课程标准对教材编写提出的原则和纲领

（一）"教材编写建议"对数学教材的作用做出了明确界定

数学教材为学生的数学学习活动和教师的教学活动，提供了学习主题、基本线索和知识结构，是实现数学课程目标、发展学生数学学科核心素养、实施数学教学的重要资源。

（二）"教材编写建议"明确了数学教材及其编写与数学课程标准之间的关系

数学课程标准是数学教材编写的依据和指南，小学数学教材必须根据义务教育数学课程标准编写。

而小学数学教材的编写思路、框架、内容不能违背义务教育数学课程标准的基本精神和要求；同时，小学数学教材的编写也必须考虑小学生心理特征、学科特点和社会需要，使得教材内容和设计呈现方式有利于改善小学生的学习方式。

二、"教材编写建议"给教材编写提供了的一个技术指导

"教材编写建议"除了给出教材编写的宏观要求"数学教材的编写应以数学课成标准为依据"，还给出了教材编写的技术指导。

（一）教材的素材选取

"教材编写建议"明确提出，教材所选择的学习素材应尽量与学生的生活现实、数学现实、其他学科现实相联系，应有利于加深学生对所要学习内容的数学理解。

（二）教材的内容呈现

"教材编写建议"对此明确提出，要体现数学知识的整体性，体现重要的数学知识和方法的产生、发展和应用过程；应引导学生进行自主探索与合作交流，并关注对学生人文精神的培养。

（三）教材的编排体系

课程内容是按照学段制定的，并未规定学习内容的呈现顺序。因此，教材可以在不违背数学知识逻辑关系的基础上，根据学生的数学学习认知规律、知识背景和活动经验，合理地安排学习内容，形成自己的编排体系。

（四）教材的特色

教材编写要努力凸显特色，积极探索教材的多样化，体现出自己的风格和特色。

（五）教材的使用

教材的编写要有利于调动教师的主动性和积极性，有利于教师进行创造性教学。这既是一种编写理念的倡导，也是对教材使用的一种建议。

三、"教材编写建议"是教材评价的一个重要标准

评价一套教材质量如何，就是教材评价。教材评价一般包括编写理念、教材内容结构、教材组织结构、教材特色等，而"教材编写建议"几乎涵盖了这些内容。其中，总要求中明确教材的基本定位"数学教材为学生的数学学习活动和教师的教学活动，提供了学习主题、基本线索和知识结构，是……重要资源"，而"教材编写建议"对素材选取、内容呈现的要求可以看作是教材内容结构的"评价标准"，而"教材编写建议"对教材的编排体系的要求，其实就是对于教材组织结构的"评价标准"，教材特色化、多元化的编写建议，其实就是倡导教材的特色发展。

3.4.2 如何有效发挥数学课程标准对教材编写建议的应有作用

教材编写核心在于按照什么样的理念编写？选什么材料、如何呈现（编写组织）这些材料、呈现得怎样？

一、编写理念

新时代的小学数学教材的编写，要全面落实立德树人的基本要求，充分体现数学学科特有的育人价值与功能；要以发展学生数学学科核心素养为宗旨；教材编写应遵循"教与学"的规律，为学生提供积极思考与合作交流的空间。

二、素材选取

选取密切联系学生生活、生动有趣的素材；把数学文化融入学习内容中，凸现数学文化的价值，重视中国传统文化中的数学元素，帮助学生树立科学

精神。

教材素材应充分体现数学内容发生发展的过程，帮助学生在获得必要的基础知识和基本技能、感悟数学基本思想、不断积累数学基本活动经验的过程中，逐步提高发现和提出问题的能力、分析和解决问题的能力，发展数学实践能力及创新意识。

三、内容设计、内容组织

教材编写应体现整体性，体现螺旋式上升的原则。教材内容设计要有一定的弹性；关注不同数学知识所蕴含的通性通法、数学思想，重要的数学概念与数学思想宜逐步深入、螺旋式前进。数学内容的展开应循序渐进、螺旋式上升，使教材成为一个有机的整体。

四、内容呈现

小学数学教材呈现的内容应贴近学生现实，促进小学生学会学习；呈现方式应丰富多彩；教材内容的呈现应体现过程性、科学性、可读性。

五、教材特色

注重教材特色建设。借鉴国外优秀小学数学教材编写案例，广泛听取教材使用者的意见和建议，精心设计、反复修订，凝练形成小学数学教材的特色与风格。

3.5 小学数学教学论

3.5.1 概论

作为小学数学教材研编的基础理论，小学数学教学的核心理论是研究小学数学教什么、怎么教、怎么评价的理论。

3.5.2 小学数学教学目标与教学内容分析

一、小学数学教学目标

（一）教学目标体系

小学数学教学目标是小学数学教学实践所要达到的预期效果，学习者应达到的行为状态的详细具体的描述，是小学数学教学活动的核心和方向。

小学数学教学目标是一个包含层次结构的体系。

国家规定的基础教育的总目标是最高层次的目标（第一层次的目标），这个目标要到各个学科去实现，各学科专家制定出学科课程目标及不同学段（义务教育阶段、高中）的课程目标（第二层次目标），各学科教师在教学过程中要把本学段的课程目标分解成单元教学目标（第三层次目标）。

在教学实践中，应将单元目标进一步分解制定课时目标（第四层次目标），课程标准所制定的课程总目标能否有效落实，很大程度上取决于能否设计明确、适度、合理的课时教学目标（图3-14）。

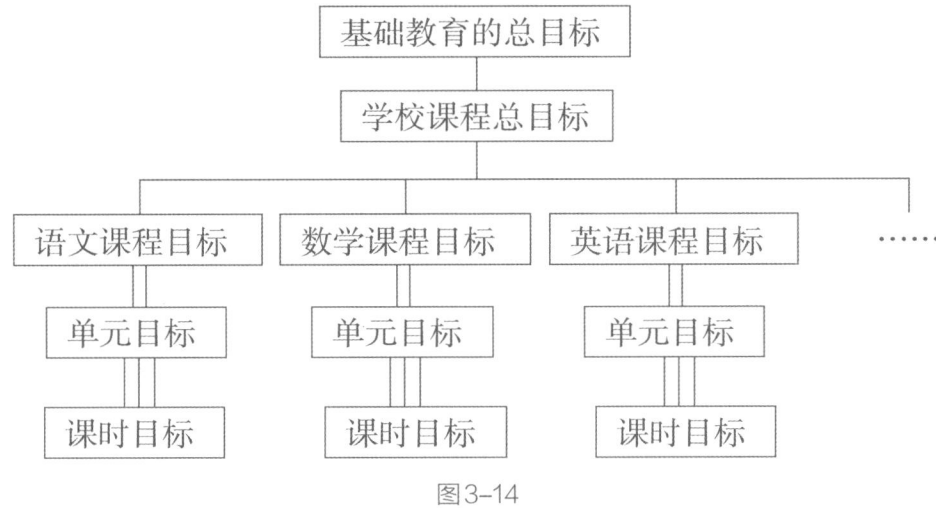

图3-14

（二）小学数学课程目标

小学数学课程目标是小学数学教学目标体系的一个重要组成部分，它规定了小学数学课程最终所要达到的预期目标。

《标准（2011）》规定了义务教育阶段数学课程的总目标。在总体目标下，从横向、纵向两个维度规定了学段目标和领域目标，构成一个比较完整的数学课程目标体系。总目标是整个九年义务教育阶段学生应当达到的要求，是对学生数学素养的总体描述。学段目标是总体目标的具体化，体现某一个学段学生学习的特殊性。领域目标是对具体学习内容的要求。

1. 小学数学课程总目标。

通过义务教育阶段的数学学习，学生能：

◇ 获得适应社会生活和进一步发展所必需的数学的基础知识、基本技能、基本思想、基本活动经验。

◇ 体会数学知识之间、数学与其他学科之间、数学与生活之间的联系，运用数学的思维方式进行思考，增强发现和提出问题的能力、分析和解决问题的能力。

◇ 了解数学的价值，提高学习数学的兴趣，增强学好数学的信心，养成良好的学习习惯，具有初步的创新意识和科学态度。

这个总目标是小学数学教学最终达到的目标，具有四个特点：

首先，使学生获得进一步学习、未来发展所必需的数学基础知识、基本技能、基本思想、基本活动经验（简称"四基"）。

具有扎实的数学基础知识和基本技能是我国中小学数学教育的显著特征之

一。"双基"教育的历史贡献是巨大的，它对于学生形成坚实的知识基础和基本工作能力是必要的。从现实及未来社会发展的趋势来看，"双基"教育不能完全体现国家的意志和要求，不能适应市场经济的需要。从人的发展角度考虑，特别是从培养创新人才、提高人才的国际竞争力的角度考虑，仅有基础知识、基本技能，很难培养创新型人才。培养创新型人才需要创新的教育，创新的教育更多的是一种过程的教育、智慧的教育。史宁中等认为，智慧表现为学生对知识的灵活运用。单纯传授知识的教育是一种结果的教育、继承的教育。知识的学习依赖于结果，智慧的学习依赖于过程，因而更多地需要活动和创造。20世纪50年代以来，许多发达国家的基础教育开始逐渐由传授知识的教育转向传授知识与发展智慧并重的教育。"四基"并重成为我国义务教育数学教育改革发展的显著特征。

基本思想主要指数学学科内容的主线，基本活动经验是指学生直接或间接经历了活动过程而获得的经验。智慧形成于学生应用知识技能解决实际问题的各种教育教学实践活动中。通过这些活动，让学生亲身感悟解决问题、应对困难的思想和方法，就可以逐渐形成正确思考与实践的经验。让学生在习得基础知识、基本技能的过程中，体会数学基本思想、获得基本经验，成为小学数学课程教学的重要任务。

其次，通过小学数学课程的学习，提高发现和提出问题的能力、分析和解决问题的能力（简称"四能"）。

我国中小学数学教育教学中，分析问题与解决问题能力（即"两能"）与"双基"同样经典。"两能"的培养作为中小学教育的基本目标要求，经历多年历史验证，无疑是合适和正确的，也是必须继续坚持的，但从逻辑层次和难易程度分析，在小学数学教学过程中，分析问题与解决问题涉及的是已知，而发现问题与提出问题涉及的是未知。因此，发现问题与提出问题，比分析、解决问题更重要，难度也更高。对小学生而言，发现问题更多地是指发现了书本上不曾教过的新方法、新观点、新途径以及知道了以前不曾知道的新东西。在发现问题的基础上提出问题，需要逻辑推理和理论抽象，需要精准的概括。提出问题的关键是能够认清问题、概括问题。问题的提出必须进行深入思考和自我组织，因而，可以激发学生的智慧，调动学生的身心进入活动状态。提问需找到疑难，发现疑难就要动脑思考，这与跟着教师去验证、推断既有的结论是不同的思维方式。学生只有多次在这样的思维方式训练下，才能逐渐形成创新意识、创新精神和创新能力。

再次，注重培养和发展学生的数学核心素养。

学生学习数学课程之后，对于数学知识之间、数学与其他学科之间、数学与生活之间的联系的体会，对于正确价值观念的达成，学习数学兴趣的提高，学好数学信心的增强，良好学习习惯的养成，初步的创新意识和科学态度的形成，以及运用数学的思维方式进行思考，其核心就是学生数学核心素养的培养和发展。

最后，以学生发展为本，立德树人。

促进学生终身可持续发展、立德树人，是小学数学教育的基本出发点。通过小学数学课程的学习，学生能提高学习数学的兴趣，增强学好数学的自信心，养成良好的数学学习习惯，发展自主学习的能力，树立敢于质疑、善于思考、严谨求实的科学精神，不断提高实践能力，提升创新意识；认识数学的科学价值、文化价值、应用价值和审美价值，这些恰恰是学生终生发展所必需的。

2. 小学数学学段教学目标。

在课程总目标基础上，《标准（2011）》按照第一学段（一至三年级）、第二学段（四至六年级）两个学段，明确学段教学目标，以第二学段为例。

第二学段教学目标：

A. 体验从具体情境中抽象出数的过程，认识万以上的数；理解分数、小数、百分数的意义，了解负数；掌握必要的运算技能；理解估算的意义；能用方程表示简单的数量关系，能解简单的方程。

B. 探索一些图形的形状、大小和位置关系，了解一些几何体和平面图形的基本特征；体验简单图形的运动过程，能在方格纸上画出简单图形运动后的图形，了解确定物体位置的一些基本方法；掌握测量、识图和画图的基本方法。

C. 经历数据的收集、整理和分析的过程，掌握一些简单的数据处理技能；体验随机事件和事件发生的等可能性。

D. 能借助计算器解决简单的应用问题。

E. 初步形成数感和空间观念，感受符号和几何直观的作用。

F. 进一步认识到数据中蕴含着信息，发展数据分析观念；感受简单随机现象的实例。

G. 在观察、实验、猜想、验证等活动中，发展合情推理能力，能进行有条理的思考，能比较清楚地表达自己的思考过程与结果。

H. 会独立思考，体会一些数学的基本思想。

I. 尝试从日常生活中发现并提出简单的数学问题，并运用一些知识加以解决。

J. 能探索分析和解决简单问题的有效方法，了解解决问题方法的多样性。

K. 经历与他人合作解决问题的过程，尝试解释自己的思考过程。

L. 能回顾解决问题的过程，初步判断结果的合理性。

M. 愿意了解社会生活中与数学相关的信息，主动参与数学学习活动。

N. 在他人的鼓励和引导下，经历克服困难、解决问题的过程，相信自己能够学好数学。

O. 在运用数学知识和方法解决问题的过程中，认识数学的价值。

P. 初步养成乐于思考、勇于质疑、言必有据等良好品质。

其中，A—C是针对数与代数、图形与几何、统计与概率、综合与实践四个领域的知识技能的目标要求，其核心是掌握基础知识、基本技能，即"双基"目标。

D—H是针对数与代数、图形与几何、统计与概率、综合与实践四个领域的能力方面的目标要求，涉及数感、空间观念、几何直观、数据分析意识、初步的推理意识，即核心素养目标和基本思想、基本活动经验目标。

I—L是针对发现问题和提出问题、分析和解决问题的目标要求，即"四能"目标。

M—P是针对情感态度方面的目标要求。

而上述目标是小学数学四至六年级总的教学目标，在此目标之下，根据课程内容领域的不同，细分为小学数学内容领域的教学目标。

3. 小学数学内容领域教学目标。

小学数学按照数与代数、图形与几何、统计与概率、综合与实践四个领域设置课程内容，每个领域有相应的教学目标。例如，第二学段"数与代数"领域的课程目标体现为以下几方面：

（1）经历将一些实际问题抽象为数与代数问题的过程，掌握数与代数的基础知识和基本技能，并能解决简单的问题。

即，体验从日常生活、具体情境中抽象出数的过程，认识万以上的数；理解分数、小数、简单的分数和常见的量，了解负数的意义；了解四则运算的意义，掌握必要的运算技能，能准确进行运算；在具体情境中，理解估算的意义，能选择恰当的单位进行简单的估算；能探索给定事物中隐含的规律，用方程表示简单的数量关系，能解简单的方程；能借助计算器解决简单的应用问题。

（2）经历运用数学符号描述现实世界的过程，建立数感和符号意识，发展抽象思维，体会一些数学的基本思想。

即，在运用数及适当的度量单位描述现实生活中的简单现象，以及对运算结果进行估计的过程中，形成和发展数感、符号意识；在观察、操作、实验、猜想、验证等活动中，能提出一些简单的猜想，发展合情推理能力；会独立思考问题，能比较清楚地表达自己思考过程与结果；会独立思考，体会一些数学的基本思想。

（3）能够从代数的角度发现问题、提出问题、分析问题、解决问题，在情感、态度、价值观等方面获得发展。

即，能从日常生活中发现和提出简单的数学问题，并运用一些知识加以解决；能探索分析和解决问题的有效方法，知道同一个问题可以有不同的解决方法；经历与他人合作交流解决问题的过程，尝试回顾解决问题的过程、解释自己的思考过程，初步判断结果的合理性。

愿意了解社会生活中与数学相关的信息，主动参与数学活动；在他人帮助下，感受数学活动中的成功，体会克服困难、解决问题的过程，相信自己能够学好数学；了解数学可以描述生活中的一些现象，感受数学与生活有密切联系；在运用数学知识和方法解决问题的过程中，认识数学的价值；能聆听别人的意见，尝试对别人的想法提出建议，知道应该尊重客观事实，初步养成乐于思考、勇于质疑、言必有据等良好品质。

值得关注的是，在这里，使用频率十分高的两个词就是"经历、掌握"。"经历（感受）"与"体验（体会）、探索"一起构成刻画数学活动水平的过程性目标动词，而"掌握"与"了解（认识）、理解、灵活运用"一起构成刻画知识技能的目标动词。其中，"经历"是指"在特定的数学活动中，获得一些经验"，而"掌握"是指"能在理解的基础上，把对象运用到新的情境中"。事实上，让学生经历就必须有一个实际的情景，让学生在实际情景中通过活动体会数学、认识数学，进而掌握数学。

分析以上各条课程目标，我们可以发现，小学"数与代数"领域课程目标在重视学生形成数与代数的基础知识与技能的同时，强调使学生建立数感、符号意识以及把现实问题数学化、代数问题现实化的代数建模意识，学习代数思维的方式方法，发展抽象思维能力。

二、小学数学教学内容分析

小学数学教学内容包括数与代数、图形与几何、统计与概率、综合与实践四个领域的内容，其中：

"数与代数"领域包括数的认识、数的运算、常见的量；式与方程、正比例反比例、探索规律。

"图形与几何"领域包括图形的认识、测量、图形的运动、图形与位置。

"统计与概率"领域包括简单数据统计过程、随机现象发生的可能性。

"综合与实践"领域包括实践活动、综合应用。

其中，第一学段的教学内容包括：

万以内的数、简单的分数和小数、常见的量，数和运算的意义、数的基本运算，简单的数量关系；简单的几何体和图形，平移、旋转、对称现象，物体相对位置，简单的测量活动；简单的收集、整理和描述数据；实践活动。

就教学内容的结构来说，第一学段的"数与代数"领域比较重视数字的现实意义，强调紧密联系学生身边具体、有趣的事物，使学生体会数字用来表示和交流的作用；注重使学生通过观察、操作、解决问题等丰富的活动初步建立数感；重视口算，加强估算，提倡算法多样化。同时，强调减少单纯技能性训练，避免繁杂计算、程式化的叙述"算理"和人为的非本质术语。

"图形与几何"领域的教学内容，实际上包括认识简单图形、量与测量、初步直观感知几何变换、认识位置等四块内容，认识简单几何体和平面图形，感受平移、旋转、对称现象，学习描述物体相对位置的一些方法，进行简单的测量活动，建立初步的空间观念和几何直观。

"统计与概率"领域的教学内容，期望学生能对数据统计过程有所体验，学习一些简单的收集、整理和描述数据的方法，能根据统计结果回答一些简单的问题。

第二学段的教学内容包括：

整数、分数、小数和百分数及其有关运算；负数和方程；简单几何体和图形，图形变换，物体位置；收集、整理和描述数据；事件发生的不确定性和可能性；综合应用。

就教学内容的结构来说，第二学段的"数与代数"领域，进一步学习整数、分数和小数，初步了解负数，初步接触方程和成比例的量，开始借助计算器进行计算和探索，更多地认识现实世界的数量关系，同时获得解决现实生活中简单问题的能力。

"图形与几何"领域，学生将了解一些简单几何体和平面图形的基本特征，进一步认识图形变换和物体的相对位置等。就学习内容而言，第二学段的抽象程度已经比第一学段有较大提高，但是，这里的图形与几何内容仍然是操作几何、实验几何的范畴。为此，在教学中，必须注重使学生通过观察、操作、推理等手段，逐步认识简单几何体和平面图形的形状、大小、位置关系及变换；注重通过观察物体、认识方向、制作模型、设计图案等活动，进一步发展学生的空间观念和几何直观。

"统计与概率"领域，学生将经历简单的数据统计过程，进一步学习收集、整理和描述数据的方法，并根据数据分析的结果做出简单的判断与预测；初步感受事件发生的不确定性和可能性。

3.5.3 小学数学教学过程

教学过程是师生在共同实现教学任务中的活动状态变换及其时间流程，是学生在教师的指导下，对人类已有知识、经验的认识活动，是学生改造主观世界、建构自己的理解，形成全面、健康、和谐发展的实践活动。

小学数学教学过程是为实现小学数学教学的目的和任务，由小学数学教师与学生共同经历的认知过程。作为特殊的教学过程，小学数学教学过程既具有自身的普适规律，也具有小学数学不同内容领域的特殊规律。

一、小学数学教学的一般规律

（一）数学教学是教师教与学生学相统一的过程

在数学教学中，教师与学生是教学过程的两个活跃因素，教学过程是由相互依存的教和学两个方面构成的，学是教主导下的学，教是为学服务的。

一方面，学习活动是由教师引发的、由特定的学习内容而产生的。另一方面，教是为学服务的，学生是学习的主体，学习是学生内化、反省、抽象的建构过程，教师的"教"引发了学生的"学"，而且是高质量的、有意义的"学"。

因此，在数学教学活动中，教师要把基本理念转化为自己的教学行为，处理好教师讲授与学生自主学习的关系，注重启发学生积极思考，发扬教学民主，当好学生数学活动的组织者、引导者、合作者。

（二）教学活动是师生积极参与、交往互动、共同发展的过程

在小学数学教学中，学生建构数学新知的过程是师生交往、师生互动的过程。

在小学数学教学中，教师是组织者和引导者，为学生的学习活动提供良好的环境；学生是数学学习活动的参与者、学习者，也是主动探索知识的"建构者"。师生互动的每一个阶段，既包含着"教"的行为，又包含着"学"的行为，体现两种主体行为的交互作用。

教学是教师和学生现实生命的具体展开与创造的时间、空间和过程。对小学数学教学而言，交往意味着对话，意味着参与，它不仅是一种教学活动方式，更是体现了师生之间融洽与和谐的课堂气氛。对小学生而言，交往为他们心态的开放，主体性的凸显，创造性的解放提供了空间。对小学数学教师而言，课堂上的交往意味与学生共同分享对数学的理解、感受学习的快乐。

课堂教学是师生积极参与的过程，在教师的引导下，学生从行为参与，到认知参与、情感参与，才能获得良好的教学效果。

小学数学教学的结果是师生双方共同的发展。在师生互动的过程中，不仅学生得到了发展，教师也在不断完善自己从师任教的本领，促进自己的专业发展。

（三）数学教学是帮助学生获得直接经验与间接经验相统一的过程

教学过程其实质是学生在教师的指导下，通过课本去掌握人类认识成果的特殊认识过程，其特殊性就在于，认识的对象对学生来说是间接经验。但是，学生是学习的主体，需要通过亲身参与实践而积累的经验，这就是直接经验。间接经验必须以直接经验为基础。

数学教学的目的不仅仅是让学生能够体会到数学知识之间的联系和区别，从中感受到数学的应用价值，还要使学生形成创新意识与科学态度。因此，在数学课堂中，教师应引导学生经历知识探究的过程，使学生主动构建、内化所学知识，培养学生的创新意识，帮助学生积累丰富的直接经验，即从学生实际出发，创设有助于学生自主学习的问题情境，引导学生通过实践、思考、探索、交流等，获得数学的基础知识、基本技能、基本思想、基本活动经验，促使学生主动地、富有个性地学习，不断提高发现问题和提出问题的能力、分析问题和解决问题的能力。

二、小学数学教学的特殊规律

数学学习既包括数学活动的结果，也包括数学活动的过程。小学数学教学是教师引导学生开展数学活动的过程。所谓教师引导小学生开展积极的数学活动，包括三方面的含义：

（一）组织与引导学生经历数学化的过程

所谓"数学化"，是指学习者从现实的具体的情境出发，经过归纳、抽象

和概括等思维活动，寻找数学模式得出数学结论的过程。小学生的学习是从感性逐步过渡到理性的过程，是学生在教师的引导下建构个人对学习内容理解的过程，是逐步内化的过程。只有将数学内容与其相关的现实背景紧密联系在一起，让学生体验"数学化"的过程，才能使学生真正获得数学新知，使他们不仅理解这些知识的来龙去脉，而且能够获得真正的理解。因此，小学数学教学活动应当紧密联系学生的生活现实，从学生的生活经验出发。教师要善于引导学生把生活经验上升到数学知识与方法。

（二）师生共同生成与建构数学新知的过程

从建构主义的角度来看，小学数学学习是小学生自我建构数学新知的活动。在数学教学过程中，在特定的课堂教学氛围下，小学生与数学教学内容和教师产生交互作用，形成数学知识、技能和能力，发展情感态度。在学校学习的情境下，教师对于指导学生进行建构数学知识具有重要的引导和指导作用，教师要注重引导学生有效地建构数学知识，在数学课堂教学过程中"生成"知识与方法，而这种"生成"的过程正是师生双方交互作用、教师的外因触发学生的内因所完成的。

（三）在活动中体验数学、获得数学发展的过程

小学数学教学过程应成为师生共同参与的活动过程。在这个过程中，教师为学生设计和提供有意义的情境，组织学生共同进行操作、交流、思考等活动。要给学生提供相对充分的时间和空间，让学生获得自主探索、动手实践的机会，从现实问题出发学习数学新知的机会，从相关学科的已有知识提出数学问题的机会，对数学内部的规律和原理进行探索和研究的机会等，通过这些丰富的活动，使学生体验数学的生成过程，获得数学发展。

3.5.4 小学数学教学评价

小学数学课堂教学是小学数学教育的核心工作，而教学评价是伴随课堂教学的全程而产生的特殊的教育活动。

相比而言，课堂教学过程是帮助学生达到一系列既定教学目标的过程，而课堂教学评价则是课堂教学过程的有机组成部分，对课堂教学的设计、实施和效果改进提供必不可少的保障。

一、小学数学教学评价的含义和作用

小学数学教学评价是依据小学数学教学目标对教学过程及结果进行价值判断并为教学决策服务的活动，是对教师的教、学生的学的现实的或潜在的价值，做出判断的过程。

小学数学教学是帮助学生达到小学数学课程目标必不可少的过程，而小学数学教学评价则是小学数学教学过程的有机组成部分，通过同步反馈及时提供改进教学的信息，为提高小学数学教学质量、促进学生全面发展、教师专业成

长提供必要保障。

二、小学数学教学评价的类型与方法

小学数学教学评价一般包括对小学数学教学过程中的教师、学生、教学内容、教学方法手段、教学环境等诸因素的评价，但主要是对学生数学学习效果的评价和数学教师教学工作过程的评价。

根据评价在教学活动中发挥作用的不同，可把教学评价分为表现性评价、形成性评价和终结性评价三种类型（图3-15）。

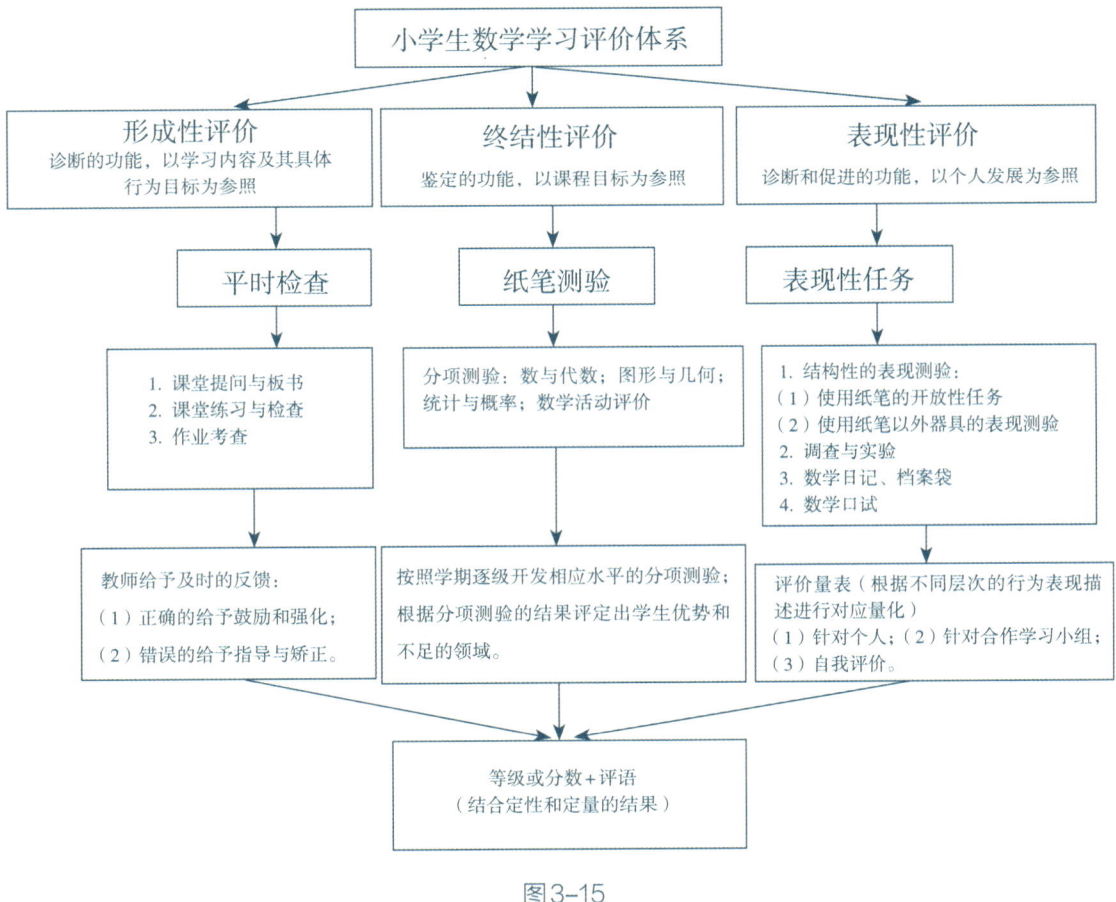

图3-15

小学数学教学评价的方法主要采用量化教学评价、质性教学评价。

量化教学评价是指在评价过程中采用测验的方式，去收集学生实际表现或所取得进步的资料，并在对所获得的资料进行数量化分析后，对教学效果作出评价。

质性教学评价是指教师通过特定方法（观察、记录、实物分析以及与小学生进行对话、交流等），收集反映小学生发展状况的丰富资料，对资料进行整理分析，并用描述性、情感性的语言对评价对象的能力发展和人文素养等方面的进步做出评定的过程。

在日常教学中，对小学生数学学习效果的评价通常采用数学课堂即时性评价、课堂练习、数学口试、数学终结性评价（即数学考试、测验等）；对小学数学教师教学工作的评价涉及教学设计、组织、实施等，其核心在于小学数学课堂教学评价和小学数学教师专业发展评价。

其中，数学课堂即时性评价就是数学教师运用语言对小学生在课堂上的学习态度、方法、过程、效果等方面进行即兴点评的过程。数学课堂即时性评价、课堂练习等属于典型的诊断性评价，数学口试、档案袋评价等属于典型的质性教学评价，数学考试、测验属于典型的量化教学评价。针对学生的评价，各种评价方式方法可以组成一个评价体系（图3-15）。而小学数学课堂教学评价、小学数学教师专业发展评价，既可以采取量化教学评价（如评分制、等级制等），也可以采取质性教学评价。

三、小学数学教学评价的新方式方法

（一）小学数学课堂教学评价的指标体系

对小学数学课堂教学评价，可以从教学目标与教学效果、教学内容、教学方法、教学心理环境、教师行为、学生行为等方面进行评价。

1. 教学目标与教学效果。即师生明确达成目标，课堂效率高。

2. 教学内容。即教师恰当、合理、创造性地重构数学内容。具体表现为，教师重构的数学内容全面，包括数学知识、技能的正确理解和有效呈现、数学关键能力培养、数学思想方法的提炼、数学文化的渗透；教师重构出的数学内容准确，有利于锻炼学生的数学思维，帮助学生把握数学的本质，培养学生的创造性。

3. 教学方式方法。即合理有效地使用教学方法与手段。教师尊重个性差异、面向全体学生，注重因材施教。

4. 教学心理环境。即师生积极互动（课堂气氛活跃，师生关系融洽和谐），营造了一个平等、民主、和谐的师生关系、生生关系，教师鼓励学生主动发现问题、提出数学问题。

5. 学生行为。即学生能用自己的语言或数学术语、表格、图形、符号等形式相对准确地组织、解释和表述信息；学生主动参与课堂教学（参与面广、自主学习程度高，教师注重诱发学生的全员、全程、全身心的有效参与）；学生敢于质疑、大胆尝试、乐于交流与合作。

6. 教师行为。即教师教学基本功扎实、有效，准备充分；教学特色鲜明。

（二）小学数学口试

小学数学口试是指教师与小学生以一对一对话的方式、辅以适当的情境和操作，考查学生对课程内容中的"数学思考、问题解决、情感态度"方面的达成情况，是一种基于过程的、侧重于数学思考的能力性测试。

数学口试的评价目标主要是呈现课程标准中相应的过程性目标的达成情况，同时兼顾相应的结果性目标的达成效果。

1. 数学口试题的命制。

孔凡哲等认为，一道完整的数学口试题主要包含7个部分（图3-16）：

图3-16

命制数学口试题是数学口试的关键环节，采用四种方法命制：

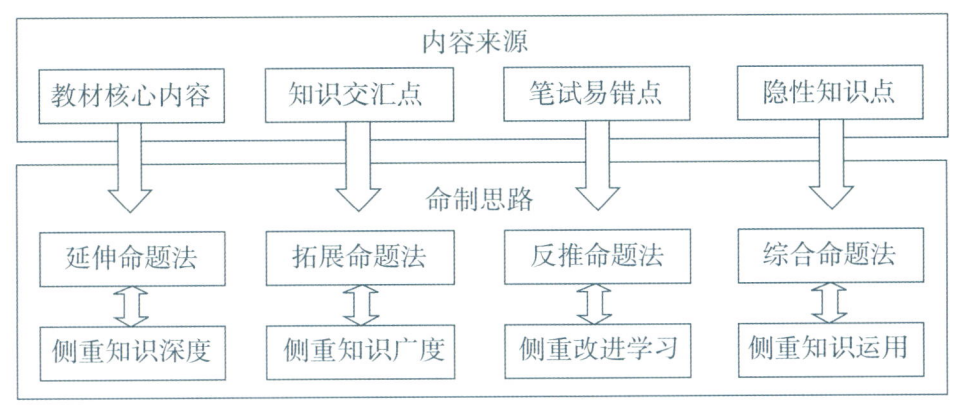

图3-17

（1）针对教材核心内容的延伸命题法。

教材核心内容是评价的重点，以一个核心内容为主，选择合适的素材，设计口试题的问题串和评价标准，以学生喜闻乐见的载体（图片、动画）呈现，深入挖掘核心内容背后的学科本质，从"知其然"延伸到"知其所以然"，深度考查学生对核心内容的理解掌握程度。

例如，数学口试题"美丽天鹅湖"。

题目设计：
1. 你能找到哪些数学信息？
2. 现在湖面上的天鹅有50只吗，怎么想出来的？算一算，验证你的估计。
3. 再飞来多少只就达到100只天鹅了？

图3-18

以学生熟悉的素材为载体、以基础知识为主干，综合考查学生对"两位数加两位数进位加法"和"两位数减两位数退位减法"的算理掌握情况，突出对于数学抽象、算理掌握和数学概念内化状况的深度考查。

（2）针对知识交会点的拓展命题法。

延伸命题法主要从深度上进行考查，而知识交会点正是从广度上考查的合适命题点。这里的知识交会点，既指同一领域的多个核心内容在同一素材中呈现，也指本身体现出跨领域的某个相关知识内容。命题旨在考查对知识之间联系的理解与综合运用。例如，数学口试题"可以保存几天呢？"。

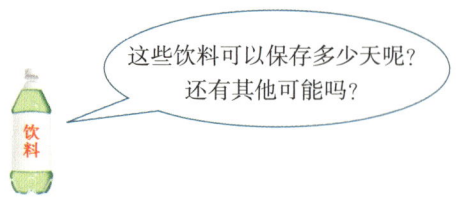

1. 这些饮料的保质期是多久呢？
2. 一休哥想考考你，你知道它们可以保存多少天吗？
3. 还有其他可能吗？

图3-19

旨在考查学生利用"年、月、日"知识解决实际问题，也用到乘法和加法运算的知识。通过综合分析大小月天数和平闰年二月份天数，解决实际问题。培养学生分析问题的能力、推理能力，感受思维方式的多样化。

（3）针对笔试易错点、学习盲点的反推命题法。

从学生单元笔试的结果出发，根据不同班级学生的卷面反馈出的结果，可以直观地发现学生的易错点，也间接地反映了学生学习或者说教师教学的盲点。其中，一部分是比较容易出现的错误，一部分是教学过程的差异而产生。不论哪种原因导致的较高的错误率，其考查的内容点都可以反推出口试题的命制内容与考查目标。以此为命题来源的口试题可以很好地考查学生的错误原因，帮助教师更有针对性地改进教学。

（4）针对笔试不易考查内容的综合命题法。

笔试不易考查的内容多数属于过程性知识，比如算法背后的算理，公式的推导过程，解决问题策略的多样性等，主要考查学生的逻辑思维能力、表达能力、解决问题的能力。针对这样的考查点，命题方法可以采用"延伸法"和"拓展法"等多种方法，考查目标力求体现能力立意，题目设计具有一定的综合性，注重深度的理解性掌握。例如：

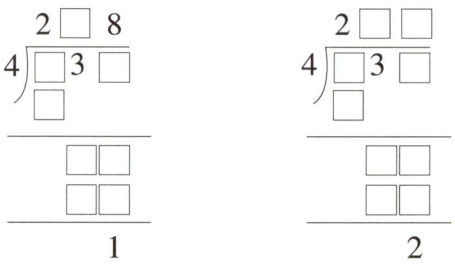

图3-20

这道口试题是综合性较强的理解性考查题目，主要考查"三位数除以一位数的除法竖式"，其中，涉及除法竖式的算理和运算顺序、不够除时商0等情况的考查，以及 3□÷4 试商的两种情况，同时这种类型的题更有助于培养学生推理能力和语言表达能力。在学生每一步的推理和解释背后，教师可以清晰了解学生对于三位数除法竖式的理解水平。

2. 数学口试的运用策略。

刘佳等认为，数学口试测试的作用，一是实现针对学生个体的学习改进，二是达成针对学生整体的过程性学业评价。数学口试测试可以在平时的学生学习诊断与改进中使用，也可以在期末集中测评，达成对学生整体过程性目标达成情况的评价。

数学口试测试分别在日常教学中和期末阶段进行具体实施（表3-1）。

表3-1 具体实施

名称	范畴	形式	做法	实施时间
日常口试	课内外均可	每单元分层口试，要求每学期每位学生至少进行一次这样的口试评价	主要以单元试卷中的核心知识、核心易错知识为中心，每单元编制2—3道口试题，立意是评价学生对核心知识和易错点的理解掌握的深广度，一般难度不宜过高，每个单元选择班级里优等、中等、学困三个层次的学生各3名进行抽测，最终整体刻画本班学生对单元核心内容和核心易错内容的过程性目标达成情况。便于教师改进教育教学，以起到诊断学生薄弱点和促进发展的作用。	平时单元测试后
期末口试	课外	学期末对于全体学生进行的口试	期末口试评价是在学期末对于全体学生进行口试，主要以本年级各领域核心内容为中心，每年级编制7道口试题，口试命题可以以一个领域内容为主，也可以横跨两个领域，立意聚焦对思维过程和解决问题方式的考查，具有一定的综合性，一般7个题目考查范围的理想状态是涵盖本年级的全部核心内容，更具有综合性，更全面地评估学生的数学思维和解决问题的能力，学生采取抽取试题的形式参加。	期末阶段

3.6 儿童认知发展与数学学习理论

3.6.1 儿童认知发展及其规律

一、儿童发展与儿童认知发展

儿童发展指个人从出生到青春期阶段的身心发展。儿童发展是人类个体发展的重要环节，儿童发展包括生理的生长发育和心理的发生发展两大部分内容。儿童认知发展是儿童心理发展的主要方面。

认知，即认识和感知，是指人们获得知识或应用知识的过程或信息加工的过程，这是人的最基本的心理过程，包括感觉、知觉、记忆、思维、想象和语言等。人脑接受外界输入的信息，经过头脑的加工处理，转换成内在的心理活动，进而支配人的行为，这个过程就是认知过程。

认知是以主体已有的知识和经验为基础的主动建构过程，认知的变化本质上是对某个问题中越来越多的特征加以处理并最终加以整合的过程。

二、儿童认知发展的基本规律

（一）儿童的认知发展是一个相对有顺序的、从低级到高级的变化过程，某些能力发展是必须在其他的能力发展之前的

皮亚杰将人类认知视为复杂有机体之于复杂环境的一种具体的生物适应形式，个体的认知系统在其与环境的认知互动中起着积极的作用。认知系统不仅仅是对所经历的事物作简单的心理复制，也在与环境的交互作用中创造了关于现实世界的心理结构。

认知发展理论都认为，不同年龄阶段儿童在思维及建构理解方式上存在着不同于成人的质的特点，大家公认的是皮亚杰对认知发展阶段的划分。皮亚杰指出，认知发展不是一种数量上简单累积的过程，而是认知图式不断重建的过程，从中可以区别出四个有着不同认知图式的发展阶段：感觉运动阶段（0—2岁），前运算阶段（2—7岁），具体运算阶段（7—11岁）和形式阶段（11岁至成人）。

（二）成熟、活动和社会传播共同影响儿童认知的发展

发展不只是一个活的信息容器里加入了新的事实和观念，认知发展不是一种数量上简单累积的过程，而是认知图式不断重建的过程，成熟、活动和社会传播共同影响儿童认知的发展。

（三）每个人的认知发展速度是不同的，特定的材料、任务、社会情境以及指导语似乎都影响着儿童的认知表现

儿童通过与年长的他人共同完成某些事情、观察他们的所作所为、对纠错反馈作出反应、倾听他们的指导和说明，并学习如何使用工具和策略解决问题，从而不断得到发展。

对儿童的认知发展，既要看到儿童的认知发展具有阶段性、自发性和差异性；同时，也必须用一种辩证的思维，正确认识其中的一般化发展与模块化发展，层级发展与平行发展，以及发展中的个人建构与社会建构之间的关系。

3.6.2 数学认知结构及其特点

（一）数学认知结构

学生学习数学的过程实际上是一个数学认知的过程，在这个过程中，小学生在教师的指导下把课程教材知识结构转化成自己的数学认知结构。

所谓数学认知结构，就是学生将头脑里的数学知识按照自己的理解深度、广度，结合着自己的感觉、知觉、记忆、思维、联想等认知特点，在头脑中形成的一个具有内部规律的整体结构。

简单地讲，数学认知结构就是数学知识结构与学生心理结构相互作用的产物，其内容包括数学知识、相关的数学活动经验以及这些数学知识、经验在头脑里的组织方式与特征。

例如，有关分数的意义及四则运算的认知结构，一方面要反映分数的概念和性质、分数四则运算的意义及运算法则等知识内容，另一方面更要体现学生在头脑里对这些知识内容的接收、编码、储存、提取等一系列活动的组织方式。

学生的数学认知结构是在后天的学习活动中逐步形成和发展起来的，由于不同主体对知识内容的理解和组织方式不同，所以，数学认知结构是有个体差异的。

数学学习是一个复杂的心理过程，它包括了认知过程和个性心理特征在内的心理活动。在这一特殊的心理过程中，表现出两类心理因素：一类是与认知过程直接有关的智力因素；另一类是与认知过程的起动、维持、调节有关的非智力因素。智力因素直接起着加工与处理信息的作用，非智力因素却能起到推动信息的加工和处理，加快新知识和原有数学认知结构相互关联的作用。因此，在一个完整的认知结构里，应该有智力因素和非智力因素，不兼顾这两者的关系，就不能深入地探索认知结构的整体性，也谈不上建立和完善学生的认知结构。

（二）数学认知结构的基本特点

数学认知结构有如下几个特点。

1. 数学认知结构是数学知识结构与学生心理结构相互作用的产物。

学生的数学认知结构是由教材知识结构转化而来的，它保留了数学知识结构的抽象性和逻辑性等特点，又融进了学生感知、理解、记忆、思维和想象等心理特点，它是科学的数学知识结构与学生心理结构相互作用、协调发展的结果。

在其发展过程中两者表现出互相影响、互相促进、辩证统一的发展态势：一方面，数学知识结构直接影响着学生心理结构的发展，不仅规定着数学认知结构的内容和发展方向，同时还制约着学生感知、理解等心理活动的过程和方式；另一方面，学生的心理结构又不断地改造着数学知识结构，使数学知识结构变成与他们心理发展水平和认知特点相适应的数学认知结构。

正是由于学生心理结构对数学知识结构的主观改造，导致了学生数学认知结构的个体差异。

2. 数学认知结构是学生已有数学知识、经验在头脑里的组织形式。

从学生构建数学认知结构的过程和方式来看，他们都是以原有知识为基础对新的数学知识进行加工改造或者适当调整自己的数学认知结构，然后按照一定的方式将所要学习的新知识内化到头脑里，使新旧内容融为一体，形成相应的数学认知结构，并通过这种形式把所学数学知识储存下来。

由此表明，就其形态而言，数学认知结构又是学生已获得的数学知识和数学经验在头脑里的组织形式，这种组织形式反映了数学知识内化到学生头脑中之后的结构状态。

有关研究表明，数学认知结构在学生头脑里是呈版块结构的。具体来讲，源源不断的新知识内化到头脑里以后，在新旧内容相互作用的基础上，学生将所掌握的数学知识形成若干系统，由此在头脑里组成相应的数学知识版块，版块的大小和多少直接受所学数学知识内容多少的制约和影响。呈版块结构状态的数学知识既便于储存，又便于提取。

3. 数学认知结构是一个不断发展变化的动态结构。

由于学生的数学认知结构是在后天的学习活动中逐步形成和发展起来的，所以它又是一个不断发展变化的动态结构，其动态性主要表现在以下几个方面：

（1）数学认知结构的建立要经历一个逐步巩固的发展过程。

对某一具体数学知识的学习来说，学习初期，学生在老师的帮助下通过原有认知结构和新知识的相互作用，只能在头脑里形成相应数学认知结构的雏形，其结构极不稳定，需要紧跟其后的有效练习和在后继内容学习中的进一步应用，所形成的数学认知结构才能逐步巩固和稳定。

（2）学生头脑里的数学认知结构经过不断分化逐步趋于精确。

学习初期学生头脑里形成的数学认知结构是笼统的，甚至是模糊的，随着认知活动的不断深入，他们头脑里的数学知识经过不断分化才能形成比较精确的数学认知结构。

如学习三角形，学生首先获得的是"由三条线段围成的封闭图形""三角形有三条边、三个角"的笼统认识。随着学习过程的不断深入，学生会逐步发现：就角来讲，三角形可以分为锐角三角形、直角三角形、钝角三角形；从边来看，三角形有等腰三角形和不等边三角形。这一过程的完成，标志着学生对三角形有了比较精确的认识。

（3）学生的数学认知结构是逐步扩充和完善的。

随着学习过程的逐步深入和数学知识的不断积累，学生的数学认知结构将会随之不断地扩充和完善。

例如，有关整数乘法的认知结构，二年级学生仅形成了一位数乘一位数（即表内乘法）的认知结构，在三年级又分别形成了一位数乘多位数和两位数乘多位数的认知结构，在四年级又进一步形成了三、四位数乘法的认知结构。经过三年的系统学习，学生最终才在头脑里形成了一个相对完善的整数乘法认知结构，每次新的学习对学生原有认知结构来说都是一次新的扩充。

4. 数学认知结构是一个多层次的组织系统。

数学认知结构是一个相对的概念，它的内容是一个多层次的庞大系统，既可以是大到包括整个中小学数学知识系统在内的数学认知结构，也可以是小到由一个概念或命题组成的数学认知结构。

数学认知结构的层次性主要是由数学知识结构内部的层次性和逻辑系统性决定的，原则上数学知识有怎样的分类，学生的数学认知结构就有怎样的划分。如分数可以分为真分数和假分数，假分数又可以分为整数和带分数，相应地学生头脑里的分数认知结构在层次上也可作出相应的划分。

数学认知结构的层次性还体现在认知结构的发展水平上，对小学生来讲既有直观水平上的数学认知结构，也有抽象化水平上的数学认知结构。

5. 每一个学生的数学认知结构各有其特点。

数学认知结构受多种心理因素的影响，每个学生的认知方式和认知水平表现出很大的差异，因而他们的认知结构往往表现出自身的个性特征。例如，有的学生习惯于知识经验的纵向组织，有的则偏重于横向的编排；有的学生善于知识经验的概括和整理，有的则习惯于知识的堆积，所以学生认知结构的状况往往因人而异，从而导致了他们在学习上的差异。

6. 数学认知结构是一个积极的组织，它在数学认知活动中，乃至一般的认知活动中发挥作用。

数学认知结构在数学认知活动中，乃至一般的认知活动中发挥着主动的作用。形成了一定的数学认知结构后，一旦出现新的数学信息，人们总是立即用相应的数学认知结构对所面临的信息进行加工处理，从而表现出数学认知结构的能动性，这种活动如图3-21所示：同化和顺应是学生原有数学认知结构和新的学习内容相互作用的两种基本形式。

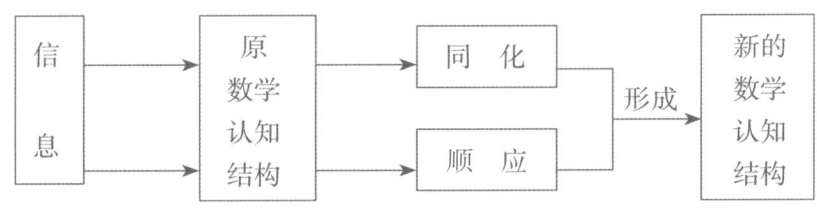

图3-21 数学认知结构的活动模式

7. 数学认知结构是在数学认知活动中形成和发展起来的。

数学认知结构是学生数学学习过程中的一个中心的心理成分，是在数学认知活动中形成和发展起来的。随着认知活动的不断进行和学生认知水平的逐步提高，学生的数学认知结构将不断被分化和重组，并逐渐达到精确化和完善化的程度。

3.6.3 数学学习过程

根据认知学习理论，数学学习的过程是新的学习内容与学生原有的数学认知结构相互作用，形成新的数学认知结构的过程。

一、数学学习过程的一般模式

依据学生数学认知结构的变化情况，可以将数学学习的一般过程划分为三个阶段（图3-22）：

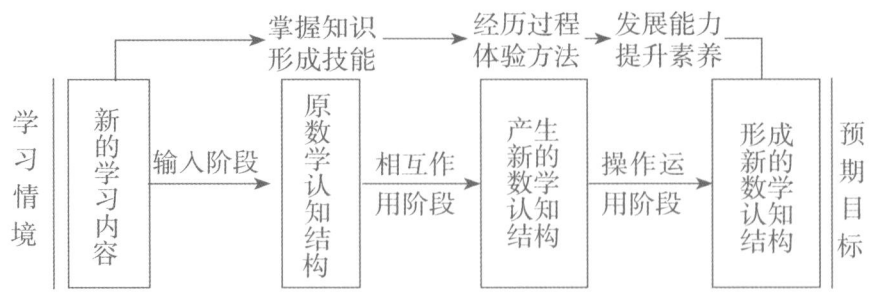

图3-22 数学学习的一般过程

从图3-22可以看出，数学学习的过程包括3个阶段：输入阶段、新旧知识相互作用阶段和操作运用阶段。

如果把数学学习内容分为3个层次：数学知识、数学活动经验和创造性数学活动经验，那么，新的数学认知结构就是在完成这3个层次的学习内容的基础上形成的。

（一）输入阶段

学习活动起源于新的学习情境。输入阶段实质上就是给学生提供新的数学信息和新的学习内容，并创设有利于学生观察思考、分析辨别和抽象概括的情境。在这样的学习情境中，学生原有的数学认知结构与新学习的内容之间发生认知冲突，使他们在心理上产生学习新知识的需要，这是输入阶段的关键。为了引起学习，在这一阶段中，教师一方面要设法激发学生强烈的学习动机和学习热情；另一方面要通过一定的手段（例如必要的复习）强化与新知识有关的内容，使学生做好必要的认知准备。

（二）相互作用阶段

在学生有了学习的需要和一定的知识准备之后，当新的学习内容输入后，数学学习便进入相互作用的阶段。这时学生原有的数学知识结构与新的学习内容之间就发生相互作用。相互作用的基本形式有两种：同化和顺应。例如，小学生掌握了整数的加、减运算以后，再学习整数的乘除运算时，学生可以用整数加减的意义来理解整数乘除的意义：乘法是加法的综合，除法是减法的综合。

所谓同化，就是利用自己已有的数学认知结构，对新学习的内容进行加工和改造，并将其纳入原有的数学认知结构中去，从而扩大原有的数学认知结构。

所谓顺应，就是当原有的数学认知结构不能接纳新的学习内容时，必须对原有的数学认知结构进行调整和改造，以适应新的学习内容的需要。

例如，小学六年级学生学习负数，就是把负数顺应到正数结构中去的过程。当把负数的概念输入时，原有的认知结构不能适应新的认知需要。在此之前，学生原有的认知结构中只有正数、0的有关内容。根据原有结构，对负数进行加工改造，建立起负数和正数之间的联系：在数轴上，负数是0左边的数，负数的性质和正数的性质相反。负数就被同化到正数认知结构中去了，原有的正数认知结构被扩充成有理数认知结构，这个过程可用下面的图3-23来表示：

图3-23　有理数认知结构形成过程

同化和顺应是小学生原有数学认知结构和新学习内容相互作用的两种不同的形式，它们往往存在于同一个学习过程中，只是侧重面不同而已。例如，负数的学习，原有的正数认知结构也有所改变，以顺应新知识的学习。上面所说的乘除运算的学习，对运算方法的意义而言是同化，而从运算的方式上来看则包含顺应。

如果说数学学习是数学认知结构的建立、扩大或重新组织的话，那么，同化就是改造新的学习内容使之与原有的认知结构相吻合；顺应则是改造原有的数学认知结构，以适应新学习内容的需要。

新旧知识相互作用阶段的关键——学生头脑中是否有相应的知识与新知识发生作用，因此，教师的作用就是查明学生是否具备相应的知识，为学生创设"最近发展区"。

这一阶段实质上是在第一阶段产生新的数学认知结构雏形的基础上，通过练习等活动，使学习的知识得到巩固，初步形成新的数学认知结构的过程。通过这一阶段的学习，学生学到了一定的技能，使新的知识与原有的认知结构之间产生较为密切的联系。

（三）操作运用阶段

这一阶段是运用在相互作用阶段形成的新的数学认知结构去解决问题的过程中。这里的操作指智力活动，也就是数学思维活动，操作的主要形式是学生解决数学问题，是学生利用习得的知识，通过解决数学问题，使新的知识完全融化于原有的数学认知结构之中，形成完善的认知结构的过程。这一阶段的主要任务就是要使刚刚产生的数学认知结构趋于完善，达到预期的教育目标。通过这一阶段的学习，学生的能力将会得到进一步的发展。

数学学习过程的这三个阶段是紧密联系的，任一阶段的学习出现纰漏，都会影响学习的质量。通过剖析数学学习的一般过程可看出，不但输入阶段和相互作用阶段对新知识的加工、接纳取决于学生的数学认知结构的状况，而且操作运用阶段中问题解决的策略、方式和途径的选择也与一定的认知结构相适应。因此，有效的数学学习，要求新知识与原数学认知结构处于相互容纳的动态平衡之中。

总之，依据学生数学认知结构的变化，可以用图3-24表示数学学习的一般过程：

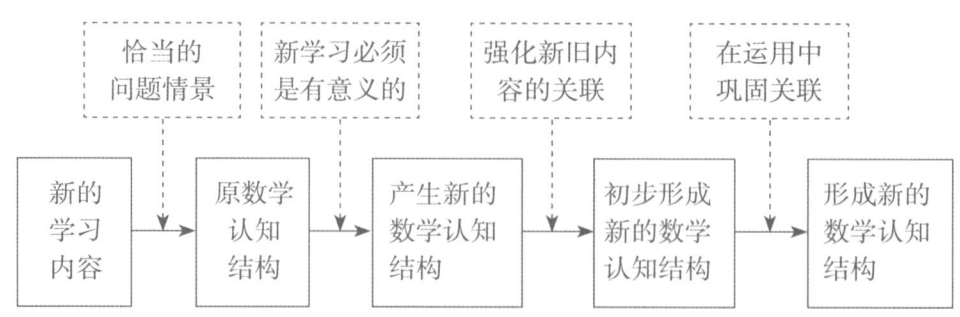

图3-24 数学认知结构的变化

值得一提的是，在实际的数学教学中，数学学习的一般过程除了输入阶段、相互作用阶段、操作运用阶段三个阶段之外，常常增加一个新的阶段——输出阶段。在这一阶段，主要是在操作运用阶段的基础上，通过发现问题、提出数学问题，分析问题并加以创造性解决的过程，使业已形成的数学认知结构臻于完善，新、旧数学认知结构最终融为一体，而学生的能力得到发展，数学思维水平得到明显提高，进而达到数学学习的预期目标。而这个过程正是图3-24中的最后一个箭头所体现的内容。

数学学习过程的三个阶段是紧密联系的。任何一个阶段的学习出现纰漏，都会影响数学学习质量。无论数学新内容的接受还是纳入，都取决于学生原有的数学认知结构。因此，学生已有的数学认知结构是学习新数学内容的基础。有效的数学学习，要求新知识应与原数学认知结构处于相互容纳的动态平衡之中。

数学学习的这一过程向我们展示了学生成长的两条途径：从新的学习情境到预期的学习目标：一是学生的数学认知结构由"旧"到"新"，学生的数学认知结构不仅是"量"的变化，更重要的是"质"的飞跃；二是学生以数学知识的学习为载体，形成了数学能力，而这正是我们进行数学教育所追求的目标之一。这就是说，学生在数学学习的过程中随着新的数学认知结构的形成，学生的数学能力、数学思维水平也得到了提高。

3.7 小学数学教材中的数学文化

对中外小学教材中的数学文化分析发现，数学文化与教学主题、教学内容融合紧密，成为各国数学教材不可或缺的重要组成部分；数学文化遍布教材的各个栏目，使用形式灵活多样；内容涉及数学史、数学与生活、数学与艺术等多个学科领域。从教材中数学文化的作用看，已不限于开阔视野、激发兴趣的目标，更多地体现在认知、情感、过程与思想方法等多个方面。

一、课程标准为教材中的数学文化提供依据与保障

数学课程标准是世界各国中小学数学教育教学的纲领性文件，是编写教材的依据，也是教师进行教学、评定学生成绩以及评估教学质量的依据。数学课程标准的基本理念对于我国数学课程改革的深入发展具有重大意义。针对包括我国在内的世界各国中小学数学课程标准的数学文化内容进行研究发现，世界各国数学课程标准几乎都强调数学文化的重要性，数学文化内容广泛而普遍地出现在世界各国的小学数学教材中。

例如，我国2011年教育部颁布《标准（2011）》，突出数学的文化属性与数学教学中凸显数学的文化价值与意义，是新课标提倡的主要理念与做法之一。其中明确指出："数学是人类文化的重要组成部分，数学素养是现代社会每一个公民应该具备的基本素养。"可以看出课标对数学文化高度重视，具有出现频次高、要求高、范围广的特点。关于数学文化的内容与要求遍及《标准（2011）》中的性质、理念、结构、内容、目标、教学、教材编写、评价、案例等各个方面，凸显了课程标准对数学文化的重视。

二、小学数学教材中的数学文化

（一）国内小学数学教材中的数学文化

云南师范大学吴骏等对我国目前使用的人教版、苏教版和北师版小学数学教材中的数学文化进行了研究。他们分析了上述三个版本小学数学教材中数学文化的栏目分布、内容分布、运用水平、呈现方式。

其中，将人教版、苏教版和北师版小学数学教材的栏目划分为引文、例题、习题、阅读材料四个种类，发现三个不同版本中数学文化的使用量，引文栏目最少，习题栏目最多，教材中很多习题以数学文化为背景创设情境，以利于学生更好地理解数学问题。三版本教材的数学文化内容非常丰富，其中北师版中数学文化的数量最多，其次是苏教版和人教版。教材中数学文化内容分为数学史、数学与现实生活、数学与科学技术、数学与人文艺术四大类。三个版本教材中数学与现实生活的内容都是最多的，占到各自教材中数学文化总数的一半以上。他们把数学文化的呈现形式分为四种：文字、文字为主、图片为主、连环画。小学数学教材中数学文化的内容大多以图片为主的形式出现，文字和以文字为主的形式次之，连环画的呈现形式最少。各版教材的数学文化的呈现方式与特色各有不同。呈现方式主要包括：一、章节阅读材料；二、以古算题作为例题或习题；三、课后主题思考；四、文化片段；五、章前语；六、图释。其中以阅读材料的形式最为常见，且材料内容以数学史为主。

（二）国外小学数学教材中的数学文化

世界各国不仅把数学文化的要求写入了数学课程，而各国以课程标准为依据编写的数学教材在充分体现数学文化价值方面都做了有益的探索。

1. 英国。

英国数学教材 Practice Book（Y7A-Y9B）在体现数学的文化价值方面，主要突出了数学与社会服务业、生活问题、社会问题的联系，以及数学与其他学科的联系。

教材中数学与商业的联系，涉及购物找零、商品的总价格、商品的销售量、商家的利润、商品打折销售等问题。数学与金融业的联系，教材体现在汇率兑换这一多元文化数学问题上。受杜威的儿童中心主义教育思想的影响，英国数学教材还在与学生日常生活的联系中呈现数学文化内容与价值。对于数学与社会问题的联系突出体现在环境、能源、人口等世界性的社会问题上，这方面的应用题在数学教材中的比重也日益加大。此外，数学文化内容还体现在数学与其他学科的联系方面。如地理与数学应用题的联系最多，主要设计地图的比例尺、方位角等问题与内容。教材中还出现了时差问题，这又是一个涉及多元文化数学的话题。

2. 俄罗斯。

在俄罗斯，联邦教育部推荐的彼捷尔松（Л.Г.Петерсон）主编的小学数学教科书是俄罗斯比较通用的小学数学教科书。俄罗斯小学数学教科书的编写非常注重本土文化与数学文化的融合，注重培养学生的爱国情感和文化传承意识，这也在很大程度上折射出俄罗斯数学教育的价值取向。教科书在知识的呈现上尽量结合本民族的民风民俗和文化特点，使学生在学习数学知识的同时，感受本民族的文化精髓。同时，教科书的编写很注重对学生爱国情感及和平意识的培养，对俄罗斯有深刻影响的几次战争，反复出现在其教科书中。以这套教科书三年级的两册教科书的编排为例，本土文化与数学文化融合的情形十分明显。

3. 美国。

美国数学教材《直观信息》讲的是以直观为特点的信息分析、整理和运用。全书共八章，每章围绕一个主题进行教学。第一章是"世界统计"，里面所用例子全部是立足于现实的一些统计情况，例如，利用"都市化"问题呈现中国1949年和1980年人口规模及城市人口比率，让学生详细分析中国的都市化趋势和人口增长率等。再如，把世界地图上每个国家的面积改用新生儿数字的大小表示，进而可引申出众多诸如人均GDP、水资源、森林资源、能源、粮食、交通、住房面积等研究题材，凸显了数学的广泛用途，引发学生更多的数学思考，使学科教育和素质教育融为一体。

教材对这些素材的生动形象处理，贴近学生的生活，让学生以数学的眼光看待具有浓厚政治色彩的社会问题，让学生深刻感受到数学的生命力与巨大应用价值。可以肯定，学生在学习这些主题时，除了掌握统计的基本知识方法外，更得到了判断、处理现实问题的机会，增进了对这个世界多元文化的认识和理解。

4. 法国。

法国教材《新课程》（*Nouveau Programme*）教材数学史内容量多、面广，使用水平高。法国是一个有着深厚数学历史背景的国家，对丰富、珍贵的数学历史遗产的继承在教材中有突出的体现。仅初中四册数学教材，涉及的数学史料素材就多达100多处。其次，数学史料使用面广：一是史料素材来源范围广，不仅涉及法国本国的数学史内容，还涉及世界各国的古代数学文明，如古埃及的纸草书，古罗马的便携算盘，负数在中国、印度、阿拉伯的历史等；二是涉及的数学主题广，半数以上的主题使用了数学史素材。在使用水平上，法国教材更多地采用融入式将史料渗透进正文，实现了知识的历史发生顺序与学生认知过程的顺应，符合学生的认知规律。

（三）总体评价

从世界各国教材小学数学教材来看，数学文化已经遍布各国中小学教材，其主要特点是：

1. 数学文化与教学主题、教学内容融合紧密，成为各国数学教材不可或缺的重要组成部分。

2. 教材中的数学文化主要涉及数学与生活、数学与科技、数学史、数学与艺术等跨学科融合。

3. 教材中的数学文化分布于教材的各个栏目或组成部分，不再停留于阅读材料的层面。

4. 从教材中数学文化的形式看，以图片等多样化的形式呈现，生动活泼，契合了数学文化的传播需求，以及学生的阅读喜好。

5. 从教材中数学文化的作用看，已不再止步于开阔视野、激发兴趣的目标，更多地体现在认知、情感、过程与思想方法等多个方面。

三、结语

世界各国都已意识到数学文化的重要性，在课程标准、教材，甚至教学辅助材料、课外读物中均有较为明确的体现，数学文化对学生发展的意义重大。对如何使用数学文化促进学生发展，世界各国做出了积极的探索与实践，且已取得令人振奋的前期成果。在发展学生数学核心素养以及关键能力的当今时代，数学文化起着不可或缺的重要作用，需要教育理论界与教育教学实践层面积极开展研究与实践，推动数学文化教学不断走向深入，为培养社会需求的优秀人才，做出尝试与探索，以取得更多更广的教育成效。

3.8　小学数学教材研编的指导思想与原则

3.8.1　小学数学教材研制编写的指导思想

一、教育理念先进

教材的编写理念是教材编写的指导思想，是教材的灵魂。

小学数学教材编写以落实立德树人根本任务，发展学生数学学科核心素养，促进学生终身发展为宗旨，遵循《标准（2011）》所确立的基本理念和目标要求，以发展学生数学核心素养为导向。

二、展示数学本质，体现数学的科学性、思想性

教材编写要以数学知识本身的发展规律为依据。科学性、严谨性是对数学教材的基本要求，是教材编写必须遵循的重要原则。这个原则要求小学数学教材编写在选取教材内容、安排内容素材时，要在考虑学生实际的基础上，突出数学的本质，符合数学科学性要求。这样的材料有助于激发学生的数学兴趣，调动主动探究、自主学习的积极性，引导学生在积极的数学思考过程中完成对这些素材所承载的数学内容的学习，积累数学活动的基本经验，理解和把握数学本质。

思想性是数学教材的灵魂。小学数学教材编写要将数学思想的渗透作为帮助学生养成良好思维品质和关键能力的抓手，贯穿于整套教材的编写之中。

按照数学的思维方式编写教材，要求我们把握数学的本质，创设恰当的问题情境，引导学生用数学的眼光观察现象、发现问题，使用恰当的数学语言描述问题，用数学的思想、方法解决问题并最终建立数学模型。学生经历这样一个深度学习的过程，数学的眼光、数学的思维、数学的语言表达将产生积极的变化，这对于培养其科学理性的思维方式，促进其核心素养的形成和发展具有积极意义。

三、儿童心理发展

小学数学教材编写要以儿童的认知特点为依据，遵循儿童心理发展规律。

小学数学教材编写要注重学生的生活经验，有利于引导学生利用已有的知识和经验，主动探索知识的发生与发展，有利于教师创造性地进行教学，实现教材作为范例的基本功能。

小学数学教材素材的选用应当充分考虑学生的认知水平和活动经验，这些素材应当在反映数学本质的前提下尽可能地贴近学生的现实生活，以利于他们经历从现实情境中抽象出数学知识与方法的过程。

小学数学教材编写加强数学与现实生活的联系性，设计必要的数学活动，让学生通过观察、实验、猜测、推理、交流、反思等，感悟知识的形成和应用。恰当地让学生经历这样的过程，对于他们理解数学知识与方法、形成良好的数学思维习惯、增强应用意识、提高解决问题的能力有着重要的作用。

四、教学实践原则

小学数学教材编写要遵循教学规律，贯彻于教学实践紧密联系的原则。在教材素材的选取上，要切合小学数学教学实际的需要；在内容的呈现上，要便于教师把握知识的数学本质；在教材内容的组织上，便于教师进行教学设计，更好地创设教学情境、提出合适的问题、有效组织教学；在例题、练习、习题的选择编排上，便于教师灵活选择，便于学生循序渐进地理解和掌握数学内容。

五、文化渗透原则

数学文化是数学与人文的结合，数学文化的价值就在于其对人和社会潜移默化的影响。

小学数学教材编写要将数学文化融入整个教材内容之中，站在数学文化教育的高度来组织内容，采取多种形式体现数学的文化价值。

要将中华优秀传统文化融入小学数学教材的相关内容之中，注重本土文化与数学文化的融合，在知识的呈现上尽量结合中华民族的民风民俗和文化特点，使学生在学习数学知识的同时，感受中华优秀传统文化的精髓。

3.8.2 小学数学教材的编写原则
一、学生发展为本原则

小学数学教材的编写以学生发展为本，以发展学生数学核心素养为宗旨。教材编者要在深入研究数学核心素养的内涵、价值、表现、水平及其相互联系的基础上，以数学核心素养为导向，明晰四条内容主线的编排顺序与内在逻辑，引导学生从整体上把握教材内容。

例如，教材特别注重向学生揭示数学的多样性背后隐藏的共同点，共同的思想方法。数与形是数学的两大主角：几何直观形象但不易于计算；算术和代数有规有矩，但过于形式化的数字、符号、运算也容易让人舍弃现实背景，陷入数的海洋而不知来龙去脉。

小学数学教材的编写，主要服务于学生，要强调学生的主体性，让学生自己动手，亲身体验数学知识、思想方法形成和发生发展的过程，由过去"教师的教"转变为"学生的学"，体现以学生发展为本的理念。

二、螺旋式上升原则

小学数学教材在呈现数学中的一些重要内容、方法、思想时，应根据学生的年龄特征与知识积累，在遵循科学性的前提下，采用逐级推进、螺旋式上升的原则。

对于一些重要的数学概念（如分数等），在编排、设计这些内容的教材时，需要科学分析学生的实际接受能力，按照"螺旋式上升"的原则，分"阶段"安排。

对于数学中的一些重要方法（如分类、化归、数形结合）和数学基本思想（模型思想、数学抽象、数学推理）的编排设计，也要体现"螺旋式上升"的原则。

三、凸显教材特色原则

教材特色本质上是不同版本教材间的差异。为提高数学教材的编写质量，应当突出所编写数学教材的特色。

一方面，要认真总结本版本教材编写的实践经验，凝练并形成所编写教材的风格与特色；另一方面，要借鉴国外优秀数学教材编写案例，如美国小学数学加州版教材"注重学生学法的引导、设置'智慧启动、问题解决策略'等特色栏目"，"香港《现代小学数学》教材注重估算与精算的融合，采用多种方式培养学生的空间观念，彰显数学文化的内涵"等。此外，小学数学教材的编写应广泛听取教材使用者的意见和建议，精心设计、反复修订。

教材编者只有锐意创新、勇于实践，才能编出能经得起检验、把数学内容与数学学科核心素养有机融合的数学教材。

3.9 小学数学教材的结构

一、教材结构概述

1. 多元的教材结构观。

所谓"结构"，本义是指组成整体各部分的结合和构成。按照系统论的观点，结构是指系统内部各组成要素相对稳定的相互联系、相互作用的内在表现形式。

对于教材结构，一直众说纷纭，主要有三类见解。

一类侧重教材外在形式。如叶立群认为，教材结构主要由课文、图表、实验、作业等组成，吴也显认为教材结构包括课题系统、图像系统、作业系统。显然，这些都是教材表层结构的分解。

另一类侧重教材内在要素。如廖哲勋认为，"教材的基本结构是教材内部各要素、各成分之间合乎规律的组织形式"，"各科教材的要素主要包括知识要素、技能要素、能力要素以及必要的思想教育要素。其次还应含有某些审美要素和心理要素"。"各科教材的成分是指教材目标、教材内容和各科学习活动的方式"。胡中锋指出:"制约教材结构的重要因素有知识结构、学生认知结构、教学法结构、人类认识结构"。不难看出,这些都是教材深层结构的解析。

第三类侧重教材的编排。如魏佳等认为,"在课程发展中,'结构'是指课程内容的逻辑关系和心理学关系。按照这种观点,教科书的结构就可以理解为其内容编排的逻辑体系"。通常,教师和教研员分析教材时主要关注的也是教材的编排及其知识逻辑与认知心理的关系。

跳出这些各有侧重的表述,无可争议的是:教材结构应当是深层结构与表层结构的有机体。

吸取上述各观点的合理内核,为了进一步对教材结构展开更为深入浅出、更接地气的探讨,不妨先厘清以下认识:

其一,深层结构的各要素都融汇在教材内容结构中,并受诸多外部因素制约,教材的内容结构侧重解决教学什么的问题;

其二,内容结构需要相应的编排结构、形态结构予以呈现,教材的编排结构、形态结构侧重解决怎样教学的问题;

其三,学生的认知结构对教材的内容结构、编排结构、形态结构都有内在的、直接的制约影响。

三个层次的教材结构与学生认知结构的关系可大致如图3-25所示:

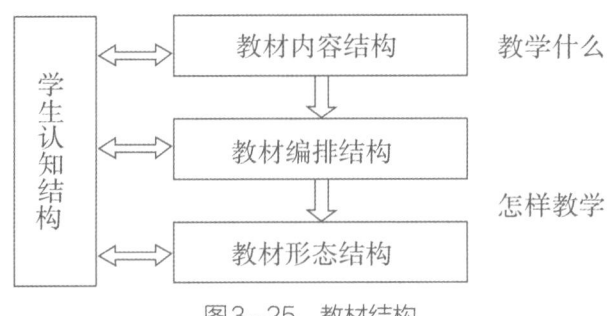

图3-25 教材结构

必须指出:这种理论意义上对教材层次的提炼、概括,有所取舍就不可能面面俱到;三层结构实际上是你中有我的有机整体,作出相对意义上的层次划分,是理论研究的需要,为更深入地展开探讨提供方便。

2. 教材结构的内、外要素及其联系。

在以上认识基础上,这里仅就数学教材的内容结构为例,再进一步考察其内部构成要素、外部制约要素及其关系。

内部构成要素,包括数学的基础知识与基本技能、数学的思想与方法、数学的关键能力与其他核心素养,以及相关的情感、态度、价值观。这已是大家的共识。

外部制约要素,一般认为主要来自学科、社会、学生三方面。这是近乎哲学层面的高度概括,还有必要展开深层解析。

学科制约因素首先是数学知识的基本结构。布鲁纳认为:"不论我们选教什么学科，务必使学生理解该学科的基本结构。"这种由基本概念、基本原理及其联系构成的基本结构不仅"使得学科更容易理解"，而且还具有"再生的特性"，"是通向适当的'训练迁移'的大道"。各国数学课程研究者大多认同布鲁纳的这些观点。

学科制约因素其次是数学知识的应用结构。布鲁纳的基本结构理论只是从知识自身内在联系与发展的角度，阐述了个体通过对概念、原理的理解而获得意义的重要性。然而，一个完整的认识过程还必须包括吸收知识之后的应用，况且知识的应用也是检验知识消化的重要手段。对于小学数学而言，数学知识的应用结构倾向于儿童生活经验中的数学应用，这些原始的、自发的数学应用与其他有关经验，构成儿童原有认知结构中接纳数学知识的港湾。

社会制约因素相当广泛。其中最直接的，一是学生继续学习乃至终身学习的需要，二是社会生活与将来从事工作的需要。将继续学习的需要摆在首位，是社会发展的必然。一百多年前，清末小学堂开设算术课程的目的非常明确，满足"日用"和"自谋生计"之需，与农耕时代小农经济相适应。到如今知识迭代速度越来越快，不可否认，为将来能获取新知识奠定基础要比当下能解决生活问题更重要，况且等待小学毕业生的不是就业，而是至少再继续学习六年，多数是十年。因此，为进一步学习打好基础理应优先考虑，过分强调生活应用需要，无异于倒退。

学生制约因素应当扩展为教与学制约因素。这是因为数学课程内容的选择与建构，在考虑学生认知因素的同时，还必须兼顾教师教的因素。仅以推理的教学与训练为例。本来，数学在抽象基础上通过推理建立起知识体系的特点，决定了学习它的任何分支都需要且可以培养学生的推理能力。然而，广大数学教师之所以对几何推理情有独钟，就是因为几何的直观性，使它在推理的教学与训练中，具有得天独厚的教学法优势：几何推理的分析与过程，看得见、摸得着；几何推理的语言表达，比起代数语言，更易被学生掌握。

可以说，教材内容结构同时受学生认知结构与教师教学结构的制约，是数学教育的基本规律之一。

为了清晰揭示数学教材内容结构的内部、外部因素及其相互联系，给出图 3-26：

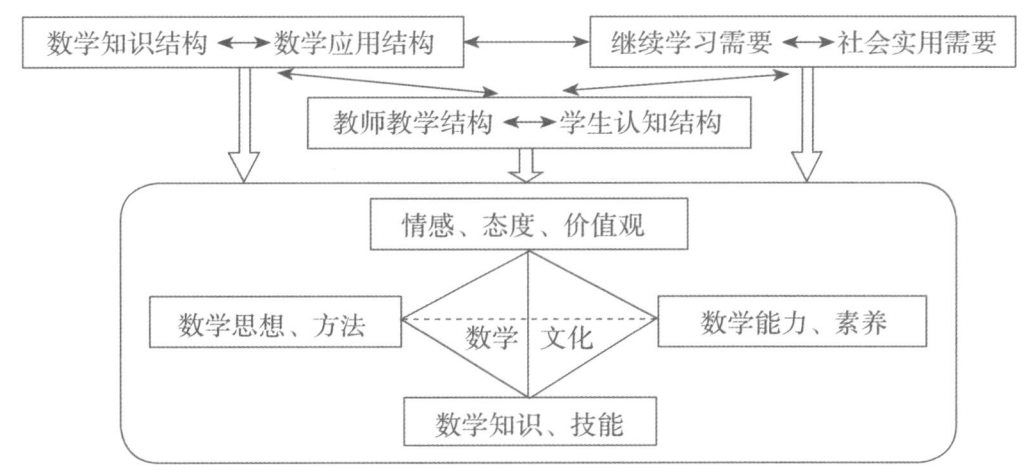

图 3-26 内容结构要素

　　来自学科、社会、教学的外在制约因素，三方面之间也在相互制约，并处在动态变化中。例如，社会发展需求的改变，或迟或早都会促使数学的知识结构、应用结构出现或多或少的更新。而教学年级的变化，则要求教材编者对数学的知识结构、应用结构作出及时的取舍、调整。与此同时，某一方面内部两极张力的强弱变化，也受到其他方面的影响与调节。例如，社会需求由偏重日用谋生向偏重学习基础倾斜，必然导致数学知识结构的加强，并要求数学应用结构关注其他学科的应用。同样，随着年级的升高，也要求教材编者逐步扩大数学应用的范围。

　　至于四个方面的内在构成因素，如同一个四面体的四个顶点，相互连接，构成整体。数学文化作为人类文化的重要组成部分，无论是数学史、数学美，还是数学与社会、与其他文化的联系，内隐在整体之中，不失为可取的刻画。

　　教材作为集中体现国家意志、民族文化、社会进步与科学发展的文本，又是读者最多、耗费时间与精力最多、且最被信赖的文本，厘清其内部、外部因素及其相互联系，至关重要。

3. 教材结构理论框架的实践指导意义。

　　上面的理论框架，对于教材编制与教学实施，具有可操作性的实践指导意义。

　　以小学数学传统内容"年、月、日"为例。它本是天文学知识，纳入数学课程，主要是数学基础知识与基本技能的应用，如，由各月天数计算季度或全年天数，以及解决现实生活中的实际问题，如用年份数除以 4 或 400，判断该年份是否闰年等。

　　基于上述框架深入剖析可以发现，在该课题的教学中，闰年规定的推算、理解，其实是培养学生推理能力不应忽视的一个教学点。问题在于怎样教学才能与学生的认知结构对接。

　　以往，有些老师总觉得说明闰年的规定有难度，一年是 365 日 5 小时 48 分 46 秒，太复杂，小学生难以推算。实践表明，可以让学生已有的估算知识技能发挥学习正迁移作用，化解难点。

例如，由学生课前查到的数据入手，启发估算与理解：

①把365日5小时48分46秒看作365日，大约少算了几小时？（6小时）

②5小时多看作6小时，乘几，凑成一天？（乘4）

由此推出：4年补1天，即4年一闰。

③4年一闰又多算了，误差经过400年积累，差不多满3天，怎样在400年里去掉3天呢？（整百年份中只有400的倍数是闰年，其他3个整百年份不"闰"）

所以："四年一闰，百年不全闰，四百年再闰。"

例如，1700年、1800年、1900年都不是闰年，2000年才是闰年。

还可以用约等号表达：

① 365日5小时48分46秒≈365日；

② 5小时48分46秒×4≈6小时×4＝1日→4年一闰；

③（6小时－5小时48分46秒）×400≈3日→400年里扣除3天。

像这样引导学生发现误差累积现象，进而思考怎样解决误差累积问题的教学，在小学实在不可多得。

有学生发现，三个约等号，还有误差。教师说：是的，你们查到的365日5小时48分46秒，也有误差，更精确的以恒星为观测点，感兴趣的同学可以找天文学的科普书来看。

显然，经过适当的教学法加工，使教学结构延伸进入学生认知结构的最近发展区，他们就能发现这里有很多未知的学问，感兴趣的学生，就会再去检索、自学，甚至终身从事这方面的研究。

此外，该课题还内含弘扬民族精神、渗透爱国主义教育的学科德育内容。众所周知，世界通用的公历是一种太阳历（阳历），它只考虑地球自转与地球绕太阳公转，不考虑月球绕地球的公转。真正以月亮圆缺一次作为一个月的是所谓的阴历，它是伊斯兰教历，与四季无关。

我国的传统历法农历，是阴阳合历。它兼顾了地球绕太阳公转的变化与月球绕地球公转引起的月圆、月缺变化，还加入了"二十四节气"，堪称世界历史上最优秀的历法之一。农历既能反映季节、农时和物候特征，又能反映夜晚能见度和潮汐大小，因此在日常生活、农业生产、渔业生产、防汛抗洪、航海等方面有着广泛的实用价值。

一提到爱国主义教育，数学老师都会想到圆周率、祖冲之。确实，"祖率"的精度曾经领先世界一千多年。然而，始于黄帝时代、成于汉代至今仍在应用的农历，它的实用价值与教育意义绝对不比"祖率"逊色。

教师可以让学生课外自己去搜寻资料，获得有关农历的知识。课堂上只要提问：知道一年中哪一日白天最长、黑夜最长吗？就足以激活学生探寻农历奥秘的兴趣。中国的孩子，最起码应该知道夏至日"日长之至"、冬至日"日短之至"。这是数学课外学习的生长点，也是立德树人应该顾及的教育点。

这个经过了实践检验的教学案例提示我们，将估算、推理、民族精神教育适度纳入"年、月、日"的教材是可行的、重要的。也就是说，上述教材内容结构的内部、外部因素，无一例外都能在教材与教学中得到体现与落实。同时，它也实证了教师的教学结构与学生的认知结构相互融合的必要性、可操作性及其鲜明的育人价值。

二、小学数学教材的内容结构

教材作为课程的重要物化载体，它的内容结构对于教师教什么、学生学什么起着规定、主导作用。在一些教师特别是在学生眼里，数学就是教材里的东西。研究教材结构，首先要解决的也是内容结构。

1. 从综合到分科再到综合的演进。

一般而论，教材内容结构是由人类共同拥有的学科知识结构转化为学习者认知结构的阶梯。这一阶梯的设置，从民间传授算术到小学堂算术，再到小学算术、小学数学，经历了一条漫长而曲折的发展道路。

最初的小学堂算术，旨在满足"寻常实业之用"，教学内容主要是算术，没有代数。几何限于"求积"，统计只有它的前身"日用簿记"。

同样，当时的中学堂"算学"，包括算术、代数、几何、三角、解析几何等，都未分科编排。至1923年，初级中学算学课程纲要仍明确指出"初中算学，以初等代数几何为主，算术三角辅之，采用混合方法"。高级中学则开始三角、几何、代数、解析几何分科。1929年起，初中算术、代数、几何的周教学课时开始分列，但实施的建议是："本科用分科并教制，或混合制，可由各校依自己方便而施行。"至1941年，"算学"改称"数学"，初中开始取消混合教学。新中国成立后，1978年"中学数学教材采取了混编形式，两年后，根据各地反映，又改为代数、几何两科"。直至本世纪初启动新一轮课程改革，才在全国范围内彻底取消了中学数学的分科现象，无论初中还是高中，都是统一的数学。

从小学堂算术起，珠算由于采用传统的口诀教学，与笔算教学体系不同，因此在很长一段时期内有单编成册的教材，并作相对独立的教学处置。一直到"文化大革命"时期兴起的"三算结合"教学实验，才打破了笔算、珠算分教的传统。1977年起，珠算纳入统一的小学数学，至2000年，"算盘只作为计算工具的介绍"。

这一从综合到分科再到综合的过程，折射出数学课程内容结构逐步扩展、逐步整合的演进。

2. 内容领域的划分与联系。

就小学数学的内容领域划分来看：

清末民初只有笔算、珠算的划分。

1952年《小学算术教学大纲（草案）》的内容划分是整数四则运算、复名数四则、直观几何知识、分数小数百分数、应用题。

1956年《小学算术教学大纲（修订草案）》修改为"六个主要部分"，即整数、各种计量单位、几何初步知识、简单的分数小数和百分数、简单的统计图表和简单的簿记、应用题。

1988年《九年制义务教育全日制小学数学教学大纲（初审稿）》明确划分为数与计算、量与计量、比和比例、几何初步知识、统计初步知识、代数初步知识、应用题七部分。

2001年至今，内容有较大幅度增加，同时归并为数与代数、图形与几何、统计与概率、综合与实践四个领域。

内容领域划分的演进过程，反映了数学课程育人价值的提升与整体处理的发展。

事实上，无论怎样划分，数的认识→数的运算→运算的应用，始终是小学数学课程内容的主干，其他方面的内容，只要涉及数与运算，就必须跟随主干的教学进程，适时插入。

例如，只有学了乘、加运算以及含小括号的运算顺序，才能学习长方形周长计算，理解并完成"长×2＋宽×2"与"（长＋宽）×2"的计算与应用。

又如，某地方教材将年、月、日的教学安排在一位数除多位数之前，导致闰年的判断（年份数÷4）难以进行。

正、反两方面的实践案例都在向我们昭示，数与运算主干的地位与作用。

总体而言，小学数学课程的主干内容，起源于人类早期的生产活动，迄今仍是学习数学、学习其他学科以及日常生活与日后工作不可或缺的数学基础知识、基本技能，因而具有相对的稳定性。随着现代计算工具的广泛使用，数值计算与四则运算逐步趋于简化。由此释放出一定的教学时空，有利于课程内容的更新。

3. 教材内容更新的经验与启示。

如何稳妥地实现教材内容的与时俱进，1978年《全日制十年制小学数学教学大纲（试行草案）》首次提出的"精选""适当增加""适当渗透"策略，在此后几十年的教材改革实践中，积累了许多正、反两方面宝贵的经验与启示。

仅就数与代数领域而言，1978年增加了正、负数的知识，要求"初步理解正、负数的意义，能够正确地进行简单的正、负数四则计算"。至1981年，根据各地意见，悉数删去。

上海市在1988年启动的课程改革一期工程中，曾经在四年级引进正、负数的初步认识及其四则运算的内容。前期对打破传统的"先学分数运算、再学正、负数运算"教学体系作了多方面的论证，得出了支持改革的结论。

首先，从数的起源和数学发展历史来看，等分量的需要与面对"不足"的现实，使得人类认识分数与认识正、负数并非截然分开、一先一后，而是并行不悖的。

其次，儿童在现代社会生活中，已经先于学校教育接触到了大量负数概念的原型。面对什么是负数的提问，很多低年级学生不假思索就能回应：负数表示"0度以下的温度""欠人家的钱""电梯按钮上的地下层"等。

最后，在学完非负整数四则运算基础上学习简单的正、负整数四则运算，学生可以把注意力集中到数的性质符号处理上。相比分数运算，需要关注分子与分子、分母与分母，以及分子与分母之间的计算，其心智操作系统的复杂程度，常常大于正、负数的运算。

然而，教学实践表明，尽管四年级小学生能够接受并掌握简单的正、负数四则运算，却给随后小数、分数的认识与四则运算教学带来了一些始料不及的麻烦。例如，小数点向右、向左移动引起小数变大、变小，正、负数正好相反。为降低教学难度，教材结构作出相应处理：先出现非负小数及其四则运算，再拓展到正、负小数，分数同样如此安排。但是，教学难点分散了，相关教学课时数，合计起来远超原初一集中教学有理数及其四则运算的课时数。

于是，本世纪初启动的上海市课程改革二期工程，只保留了正、负数的初步认识，且移后至小学阶段最后一学期教学，与目前多数教材的结构安排趋同。

反思教材内容结构演变进程中形形色色、反复出现的钟摆现象，能给我们带来诸多的警示，其中最为突出的就是：教材改革必须经过实验，在实践验证基础上慎重进行；内容更新必须全面考虑学科、社会、教与学等方面的制约因素，权衡利弊得失，以降低决策风险。

三、小学数学教材的编排结构

教材的编排结构是教师研读教材时最为关注的问题之一。不同的编排结构决定了不同的教学进程，从而必然地影响教与学的效果。

1. 直线式与螺旋式。

关于教材编排，最典型的两种方式被称作"直线式"与"螺旋式"（又叫做圆周式）。

直线式是指把相关内容按逻辑上的前后联系组织成内容链，犹如一条直线，前面的内容后面基本不再重复教学。它被认为是教学效率较高的教材编排方式，有利于学生逻辑地思考学习内容。但是，知识本身的次序并不一定由易到难，所以容易给学习带来困难。典型的例证如四则运算，若按加、减、乘、除的顺序编排，则连续退位减法，尤其是被减数中间有0的连续退位减法，要比两个一位数相乘难得多。

鉴于目前的数学教材，四大领域的内容都是交错编排的，因此，直线式实际上已演变为"版块式"或者说"单元式"。

螺旋式是指同一内容在不同年级、阶段重复再现，逐步扩大知识面，逐步加大学习难度。它的优点在于前面内容是后面再次学习该内容的基础，后面的内容是前面学习的扩展与深入，因而容易切合由易到难、由浅入深的认识规律。同时也符合人的认识难以一次完成、一步到位，需要多次反复、逐步深化的规律。为此，它要求教材编者与教师都能把握前后两次教学的实质性区别，依据广度、深度的递进，作出恰如其分的编写与教学处理。

如果说"直线式"编排是倾向于"论理的"内容组织，那么"螺旋式"就是偏向"心理的"内容组织。

2. 螺旋式编排的合理设计。

一般认为，过去的教科书，基本上采用直线式编排。但事实上，早在清末，就有采用螺旋式编排体系的课本。例如1904年上海商务印书馆出版的《最新笔算教科书》（高小），四册内容依次为：

十进以外诸名数—小数—分数—小数—比例—分数—比例—分厘法—利息—比例—利息。

其中小数、分数、利息分别螺旋两次，比例（正、反比例，合、分比例，混合比例）则螺旋了三次。确实，传统的比例，内容多且复杂，集中一次教学不可想象。由此可见，学科特点与儿童特点决定了小学数学教材采取螺旋式编排方式具有毋庸置疑的合理性。

但是，如何适度螺旋上升，却是一个兼具理论性与实践性的研究课题。以整数及其四则运算的编排为例：

新中国成立后，我国第一套统一的教材，片面学习苏联，低估儿童的发展水平，整数及其四则运算安排了七个循环：10以内的数和口算加减，20以内的数和口算四则，100以内的数和口算四则，1000以内的数和口算四则及笔算四则，百万以内的数和四则运算，多位数（十二位以内），整数和四则运算（第七个阶段安排在初中算术中）。实践表明：20以内安排乘、除法，没有必要；忽视我国计数法的特点，生搬硬套学习国外，安排"千"的循环圈，缺乏实际意义。

之后的第二套教材，简化为20以内、100以内、多位数和整数四次循环，但"多位数"阶段由三位数一下扩展到九位数，导致三年级就出现学生的两极分化，相当一部分学生难以形成明确的数概念。

从第三套全国通用教材起，整数及其四则运算的编排调整为20以内、100以内、万以内、多位数四个循环圈。实践表明，效果较好，由此延续至今。分析成功经验，最主要的就是立足本土文化，因地制宜。因为我国采用四位分级法，学生建立了万以内（"个级"）数的认知结构，如"几千几百几十几"，万级、亿级数的认识就可以类推，如"几千几百几十几万""几千几百几十几亿"。即使万级、亿级数的认识分开教学，也没有必要将四则运算再循环两次，尤其是精简大数目计算之后，整数四则运算在万以内就能基本解决。

其他领域的内容编排也在逐步改进，并形成了恰当结合数学逻辑顺序和儿童认知顺序，根据内容抽象程度以及学生年龄特征，按照由易到难、适当划分阶段、螺旋上升的编排原则。

在螺旋上升的整体结构下，我国的小学数学教材，从译介到自编，从移植到创生，从学习"日本"、模仿"美国"、照搬"苏联"走向自主的"本土化"，不断改革，广泛实践，逐步形成了循环圈内一系列卓有成效的编排方式。例如：认数与计算结合，加与减、乘与除结合，学习计算与解决应用问题结合，几何的定性研究与定量研究结合，统计的数据收集、整理表达与解释应用结合，知识学习与综合实践结合等。

以加、减结合为例。有学者认为，20以内数的退位减法"想加算减"（如计算 13-9 = ？，想 9 + ？ = 13）是数学家才能想到的算法。这对不了解小学数学教学实际的人来说，很难想象一年级学生都能这样思考。但若进入课堂，就会看到不少学生不用教师启发，就能自发想到。因为在这之前，5以内数的加与减、10以内数的加与减，以及10至20各数认识时10加几与相应的减法（如 10 + 2 与 12-10、12-2）都是放在一起教学的。同时还配有一系列的练习，如看图写算式的练习，从写出一个加法算式，到写出一个加法、两个减法三个算式等。学生头脑中加与减的关系不断得到强化，所以学习20以内数的退位减法时，就不难产生联想。如果出示例题前，先复习 9 + （　　）= 13，相当于搭建了思维的脚手架，想加算减就更自然了。

3. 心理学视角下的单元设置问题。

"心理的"内容组织理论，同样也反映在"单元"的设置上。有两个问题需要讨论。

其一，不同内容领域的单元交叉编排问题。

例如，四年级下学期的教材目录：第一单元四则运算，第二单元观察物体（二），第三单元运算定律，第四单元小数的意义和性质，第五单元三角形，第六单元小数的加法和减法……

为什么四则运算与运算定律之间要插入观察物体，小数的意义和性质与小数的加法和减法之间又插入三角形？

现有的解释，这是四个领域内容编排的自然选择，如果四块内容各自集中一个接一个呈现，不利于知识的再现、巩固与记忆，容易出现前学后忘现象。

此外，还有一个重要的学习心理依据，即儿童的兴趣特点。小学生长时间学习同一内容，易生厌倦，尤其是数的认识与运算，感觉比较枯燥，穿插图形与几何的内容，加以调剂，有助于克服厌倦效应。

一些善于反思性实践研究的教师，还总结了利用前后单元学习难度、作业数量等方面的差异统筹安排的经验。例如，部分学习困难学生在四则运算单元出错较多，紧随其后的观察物体单元，学习难度相对较低，作业相对较少，正好用来帮助学习困难学生消除前一单元的遗留问题。

其二，课时较少的"小单元"问题。

所谓"小单元"，是指那些教学内容比较单一、课时安排少则一课时，多则两三课时的单元。这些单元的特点是主题鲜明、重点突出，有的还自成体系。

然而，一册教材中有多个小单元之后，随着内容不断跳跃，不同学生的感受就会出现分化：思维活跃的学生往往喜欢内容变更，不断转换兴奋点，获得新奇感；思维迟缓的学生则大多难以适应，新知识还没消化、纳入原有认知结构，就进入不同领域的下一单元，容易积聚挫败感，打击学习的自信心。

同样道理，有的教材一个单元含有几个不同领域的内容，接连给学生新的刺激，更是"几家欢喜几家愁"。

至于综合与实践，虽说大多只有一节课的教学容量，但与前面所学内容联系比较紧密，因而问题不大。

那些与前后单元缺乏内在联系的小单元，尽管跳出来看，是整体大框架中的一个点，但这是教师钻研教材的视角，不是中等以下水平学生学习时的真实感受。

因此，适度控制，力求前后联系，关注学生学习体验，是设置小单元时不能不考虑的事项。

关于各内容领域教材的编排，将在第五章中展开详尽的探讨。

3.10 小学数学教材的呈现方式

一、教材呈现概述

课程内容及其编排确定之后，如何呈现内容就成为教材开发、编制的关键。

研究表明，教材呈现的效果对学生注视教材的时间，对学生感知、理解、记忆教材内容有着直接关系。同样，对于教师的教，也起着不可忽视的作用。邝孔秀等针对来自全国东、中、西部16省、自治区、直辖市200多名国培班学员的调研指出："经历十余年新一轮课程改革之后，我国小学数学……教学内容以教材为主要来源……教学方法重视学习教材。"每当征求教师对教材的意见时，大多数是从教材呈现视角提出的适切性意见，如内容揭示、学生理解、例题与习题匹配等，这也说明教师对教材呈现的关注度一直很高。

1. 教材论的基本观点。

教材理论有一重要的基本观点："教学性"是教材的"根本属性"。对此，最有力的论证是：关于教材本质的多种界说，从政治本质、德育本质到文化本质,以及由此导出的教材属性,如思想性、教育性、科学性、艺术性等,都必须通过教学性才能体现。教学性差的教材,其他各种本质属性的体现、落实都会打折扣。因此,为教材的直接使用者服务是教材的根本宗旨,便于教、易于学是教材有别于其他可学习资源的最基本特征。李新等认为,教材还必须具有增效性(能够提升教与学的效果、效率)与合宜性(符合时代、学生、学科发展需要及其内在规律)。

然而,虽说理论层面这一重要观点的论证毋庸置疑,但在实践层面,教师与学生都是活生生的人,都有自己的个性,寓教学法于教材是否适宜、能否便教、利学与引教、导学,还是会受到质疑或怀疑,这就需要用事实说话。以"可能性"教材为例。

有过该课教学经历的老师都有体会:如何引导学生自己说出"可能、不可能、一定"三个词,有一定难度,需要教师随机应变、灵活诱导。而按照教材设计进行教学,引出三个词变得非常容易并且自然:

第一人抽(有哪几种结果),引出"可能"(3种)→第二人抽(为什么少了一种可能),引出"不可能"→第三人为什么不用抽了,引出"一定"。

究其原因,问题情境本身就蕴含了"可能→不可能→一定"的导出顺序。

像这样便于教、便于学的教材编制值得肯定。因为一般教师的口才、应变常常不尽如人意,教学艺术必定是部分教师的专利,教材理应提供普适性的有效设计。

当然,再好的"教学处方"也需要酌情调整处理。比如,有教师在教学时作了如下二次加工。

图3-27 "可能性"教材

其一，课件呈现的例题画面遮盖了图中的对话，以便师生互动：

图3-28 "可能性"教材处理

这是非常简单、便捷但又是必要、有效的加工处理。

其二，添加过渡情境，同时抓住互动过程中的有利契机，多次追问，促进学生理解。

师：小明第一个抽，会有哪几种结果？

生1：可能是唱歌，也可能是跳舞或者朗诵。

生2：一共有三种可能。（板书：可能）

师：小明抽到什么能确定吗？

学：不确定。（板书：不确定现象）

师：听听小明怎么想（课件播放"但愿我抽到朗诵"）。你们觉得结果会怎样？

生：有可能是他的愿望，也可能抽到别的。

师：对，三种情况都有可能出现，像这样的不确定现象又叫随机现象。（板书：随机现象）

师：我们来看抽签的结果。（课件演示：小明抽，翻开是"跳舞"）接下来小丽抽有哪几种可能？为什么？

生：小丽接着抽，只有两种可能了，要么唱歌、要么朗诵，不可能抽到跳舞了，因为被小明抽掉了。（板书：不可能）

师：现在，小丽不可能抽到跳舞这件事确定吗？

学生齐声回答：确定。（板书：确定现象）

师：再看，（课件演示：小丽抽，翻开是"朗诵"）最后小雪还用抽吗？为什么？

生：小雪用不着抽了，因为最后只剩下一张，就一定是唱歌了。（板书：一定）

师：现在，小雪表演唱歌这件事确定吗？

学生齐声回答：确定。

这是教师的创造性加工，"重要的理解问三遍"，通过三次"确定吗"的追问，自然而然地强化了学生对确定性、不确定性的理解，并引出相关名词。

可见，教材设计的"规定性"，不影响教师"用教材"时加入自己的创意，更不妨碍教师更换情境（如抽扑克牌），或完全放手让学生自由发挥。

实践表明，摒弃"圣经式"教材观，提倡"材料式"教材观，与"寓教学法于教材"，为一般教师提供普适性的有效教学框架，并不矛盾。

与之相反，只提供材料，忽视教学法的教材，或者引教、导学的信息太少，可能适合部分高端教师，但损失了大面积的适用性，容易导致大多数教师，年长的凭经验教，年轻的跟着感觉走。显然有悖前述"增效性"。

因此，将教学性提升至教材根本属性的高度，具有鲜明的实践意义，无疑也是探讨教材呈现的理论基点。事实上，成熟的教材编者时时处处都会设身处地为教与学着想。

2. 小学数学教材的呈现。

一般认为，教材呈现方式涵盖内容表达形式、任务与活动表现形式。

对于小学数学教材来说，前者涉及各种概念、原理、法则、公式、数学思想、数学文化等，后者包括教学活动的规定、建议，以及心智活动与实践活动的各种方法、步骤、技术等。

但实际上，这些都是教材呈现的内涵，它们的"显示、展现"，即教材内容的直接表现，一是信息载体，即文字与图像，二是体例栏目及其展现，如情境与问题、例题与习题、活动与思考、阅读材料等。对于数学教材来讲，还可以简明地概括为四大有机组成部分：正文、例题、习题、其他阅读或活动材料。

从信息载体看，教材中的文字必须准确、简明、通俗、生动、亲切；教材中的图像必须科学、适切、艺术。更为重要的是图文结合，以图配文、以文释图，使文本和抽象、严谨的数学符号更加直观、形象、引人瞩目。大量研究表明，图文结合的教材，学习效果明显优于纯文字的教材。小学数学教材的呈现更应该符合小学生好奇心强、喜欢新颖美观事物的心理特点，让生动、鲜明的多样化表现形式成为小学数学教材的独特特征。必须指出，在追求图文并茂的同时，又必须防止从一年级至六年级始终如一的卡通画倾向。数学教材也应随着年级的升高，逐步加大文字阅读量，以利学生数学阅读、理解能力的提高。

从体例栏目看，我国的小学数学教材，从最初小学堂课本，不分章节，以"课"为单位连续出现的简单形式，到如今的义务教育小学数学课本，体例栏目日益多元、丰富。除了例题、习题，还有单元或小节主题情境图和"想一想""试一试""做一做"等栏目，以及多样化的其他阅读或活动材料，如"生活中的数学""你知道吗""数学游戏""数学乐园"等。近年来，还增加了"自我评价""成长小档案"等学习评价栏目。栏目的发展变化脉络呈现从无到有、从重视结果到关注学习全流程的特点，其中较为鲜明的一个特色就是"情境—对话"式的正文、例题、习题，已然成为小学数学教材呈现形式的常态。

当然，更为实质性的是体例栏目及其文字与图像，应当遵循课程标准关于教材呈现的要求：一是"教材内容的呈现应体现过程性"，包括"体现数学知识的形成过程"和"反映数学知识的应用过程"；二是"呈现内容的素材应贴近现实"，包括"生活现实""数学现实""其他学科现实"。

基于这些要求，下面对占据教材绝大部分篇幅的例题、习题两项的设计，展开探讨。

二、例题设计

众所周知，问题是数学的心脏，数学学习离不开数学问题。

数学教材中的例题是数学问题及其解答的整合体，也是数学概念、公式、原理、技能等内容相对具体的"实体"样例。

小学数学教材的例题，最初以教授计算（问题及其解答整合体）与呈现知识（"实体"样例）为主。例如，由徐寯编著，商务印书馆1905年出版的《最新初等小学、高等小学笔算教科书》，共9册，例题总计370题，教授计算（162题）与呈现知识（165题）的合计占例题总数的88.4%。随着教育的发展，例题趋于多样。例如，人民教育出版社2001年开始出版的《义务教育课程标准实验教科书 数学》，一至六年级共12册，主要类型的例题统计如下：

表3-2 教科书例题类型统计

教科书年份	例题类型						例题总数
	计算题	呈现知识	应用题	操作	珠算	游戏或活动	
2001	139	323	89	48	0	27	626

其中计算题减少的原因：首先是大数目计算和较复杂四则运算得到了精简。例如，多位数的乘、除法只要求能计算三位数乘、除以两位数，四则混合运算不超过三步。其次是设计理念的转变。例如，注重已有知识的迁移类推，留给学生更多的探索空间等。

关于教材例题在教学中的突出地位，有不少研究论断。如：中国数学课堂教学的基本特点之一是注重典型样例（例题）的讨论和分析，在数学课堂教学中，教师花在例题分析上的时间往往会占课时的三分之一左右；教师通过分析例题，促使学生明确基本的数学知识与方法；许多教师在备课和上课中，经常想到的和经常与同事谈论的就是怎样安排例题和怎样设计习题。

可以说例题的质量，直接影响教材的品质，进而影响小学数学教学的效能。

因此，为使例题发挥多方面的复合功能、揭示数学知识的形成或应用过程、赋予抽象知识以具体背景、示范问题解决步骤和策略、沟通知识技能与思想方法等，深入研究例题设计要点，意义不言而喻。

1. 例题的设置依据。

主要依据是本单元（小节）的教学内容和各维度的教学要求。而内容、要求的明确，源自对课程标准相关要求的把握、细化，以及教材内容、编排结构的整体安排。以"扇形统计图"单元为例。

课程标准的要求，除了"认识扇形统计图"，还有培养数据分析观念，如

"根据问题的背景选择合适的方法"。考虑到"扇形统计图"单元是统计图表新授教学的最后一个单元，由此拟出单元教学的具体要求，进而确定例题的设置：

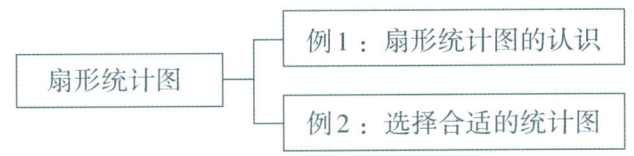

图3-29：扇形统计图例题结构

当然，也要综合考虑该年级学生的特点及其学习情况。例如，教学扇形统计图时，学生对条形统计图、折线统计图以及数据分析已经积累了较为丰富的感性认识，也已生成了一定的理性认识。在此基础上，例题给出多组数据，让学生根据数据所反映的不同情况，选用合适的统计图，可收水到渠成之效。

2. 例题的内涵容量。

小学数学教材的例题，随着年级的升高，可以逐步加大内涵容量。总体上，控制在一般教学条件下该年级一节课三分之一教学时间内完成为宜。

例题内涵容量的适度控制，除了注意教学时间的定量分析，更要关注内容广度、深度的定性分析。例题应当精选，使内容具有适当的广度、深度，但又不能过度。指望毕其功于一役，势必欲速不达。

例如，某次全国性教学展评活动中，一位教师设计的例题：

学校要在通往图书馆的小路一侧种树，小路全长120米，每隔5米种一棵。按路长平均分给三个班，每班40米。一班把自己负责的路段从头种到尾；二班接着一班种，完成自己负责的40米；三班接着二班种，一直到图书馆。三个班各种多少棵？

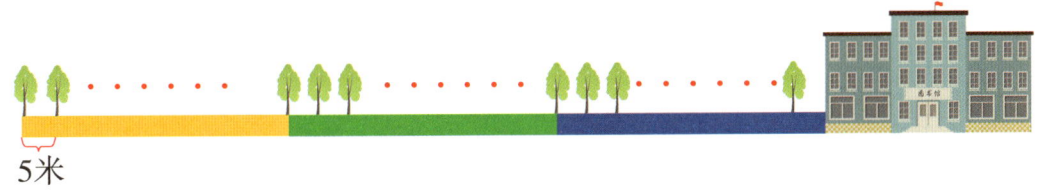

图3-30 植树问题

精巧的设计，将植树问题的三种情况相当自然地集中呈现在一道例题中，当即受到现场观摩者普遍的赞赏。然而，随着教学的展开，学生的表现显示出"精巧"所付出的代价：有的学生很快发现了三个班植树任务的差异，但不少学生听了同学的说明、甚至看了教师课件从头至尾的演示，还是茫然不得要领。

有教研员建议，将问题改为"哪个班种的最多、最少？最多和最少相差几棵？"作为最后的拓展性练习，就更精彩了。因为一题涵盖三种情况，还能避免大量计算，学生只需判断哪个班种的棵数比段数多1、少1，就能回答。

第三章 小学数学教材研编的理论研究 | 263

可见，例题之所以要控制内涵容量，是由例题与习题自身的不同功能特点决定的。因为小学生初次感知一种新的数学现象，需要逐步辨认、慢慢感悟。例题过于浓缩，有如压缩饼干，部分学生难免食而不化。有了例题的认知基础，习题适当综合，才是可取的。

3. 例题的情境创设。

问题情境的创设，一度成为国内数学教学研究的一大热点。原因是多方面的，其中之一就是建构主义理论在情境中学习的主张，被片面放大成了数学课堂教学的一种"流行""时髦"。尤其是上公开课，教师首先考虑的就是创设问题情境，评课时首先谈论的也常常是问题情境。起初，一些情境令人感觉有点新意，慢慢地，很多情境如同点缀，而且生活味掩盖了数学味，于是引起了反思和探讨。

例如教学平移与旋转，"多媒体显示课本上的图：火车与直升机的运动，师：它们是怎样运动的？学生众说纷纭：火车是直的向前行驶的；车轮带动着车走；火车是靠燃烧燃料行驶的，等等。这时，教师慌了，不知如何引导下去……"

又如"旋转就是画圈""线段可以补衣服"（教师用拉直的棉线演示线段）。这些在成人听来匪夷所思的回答，出自儿童，又是那样的真实、自然。诸如此类司空见惯的现象提醒我们，例题的情境如何突出知识的本质属性，降低非本质属性的干扰，减弱分散注意效应，值得研究。

关于问题情境，很多学者给出了各自的定义，如同教育理论的众多概念，尚无公认界定。其实，只要将情境的定语表达完整"数学教学问题情境"，顾名思义，所谓"情境"的三个本质特征就非常浅显直白了。

一是"数学的"。作为沟通学生已有经验与数学新知识的桥梁，"让情境拥有数学的脊梁"，成为数学学习的源头活水，本是例题情境的题中之义。

二是"问题性"。数学学习发端于问题，并在问题解决的过程中展开。凸显问题性，要求例题情境能够诱发学生的认知冲突，唤起好奇心和求知的欲望，同时明确探究的方向和目标。用认知心理学的话讲，情境的问题性旨在形成"学习的心向"，并有利于实现"学习的定向"。

三是"教学用"。例题的功能必然要求它的情境利于教、促进学。比如：情境的内容贴近学生的生活，能调动并连接学生已有的知识经验；情境的表现简洁、易懂，为学生喜闻乐见等。更进一步的要求可描述为：适宜"教学用"的情境应当提供处在学生学习邻近发展区内的探索空间，能够让学生经历从现实世界中抽象出数学问题的过程；有助于培养学生发现、提出问题和分析、解决问题的能力；有助于教师揭示、学生感悟数学内容的实质，对实现例题功能具有积极的促进作用。当然，这是具有一般意义的完整要求，一个例题的情境，可以有所侧重，不必为面面俱到所累。

什么样的情境利于教、促进学，是一个实践性很强的问题。例如：

糖果10颗一袋，8袋装一盒。3盒一共有多少颗糖果？

学生容易想到，先 10×8 得一盒80颗，再 80×3 得240颗。也有学生想到，先 8×3 得24盒，再 10×24 得240颗。个别学生列出 $10\times3\times8$ 的综合算式，则第一步 10×3 得到什么呢？说不清楚，教师也为难。一些教师认为讲不出先求什么，就不能这样列式。该题哪怕配上形象的插图、精美的照片，也无济于事。

如果更换问题情境：

图 3-31 连乘问题

教与学的困境就迎刃而解了。三种算法的解释，都相当直观。让师生纠结的 10×3，也一目了然，是3个方阵横着排列一整行的人数。

事实上，情境理论的阐述无论多么深刻、多么全面，一旦下沉到具体的实例，面对儿童天真、独特的目光，还会显露苍白的本色。

例如，一年级比较数的大小，下面同课异构的四个例题情境，可以说都符合上述情境创设要求，例如，都能激活学生的问题意识，都适合学生自己看图提出问题，抽象出数，进而比较大小，说明数学学习定向效果都不错，而且都能较好地实现例题设立的教学目标，等等。

那么，各具特色的画面之下，是否存在实质性的差异呢？

情境1

情境2

情境3

情境4

图 3-32 同课异构的情境

从学生提出问题的数量来看，情境3可用于比较的事物品种最丰富，明显优于其他情境，这是不少教师喜欢该情境的理由。

从数学推理看，情境1最为与众不同。通过比较一组事物，由10＞9，推出9＜10，渗透了不等式的对称性。而且该"拔河比赛"情境还最富戏剧性。由画面中孩子的对话"怎么还没开始""两边人数不一样多"，能非常自然地引出"问题链"。先是：哪边人数多，哪边人数少？然后是很含蓄的问题：

图3-33　情境1的发展

又跑来一个小朋友，不相等变成了相等。简单的数学例题，情境创设达到了"艺术化"的水准。

从数学抽象看，情境1与情境2都是同类事物，情境3同类、异类事物都有，情境4只有异类事物。从异类事物抽象出数的大小比较问题，要求学生摒弃更多的非本质属性。如情境4，学生必须忽略动物（猴）与水果（桃、香蕉、梨）各自的多种物质属性，抽象出共同的数量属性。

从教学实施看，情境4的画面最为简洁、明了，比较对象的辨识度最高。学生看图首先想到猴与水果比，三个问题正好得出大于、小于、相等三种结果，引出三个关系符号。教师只需发问"还能比什么"，就能毫不费劲地使学生再次提出水果两两相比的三个问题，并进行比较。而且，教师还可以将前后两组比较结果相同的事物用作二次抽象的素材，如：

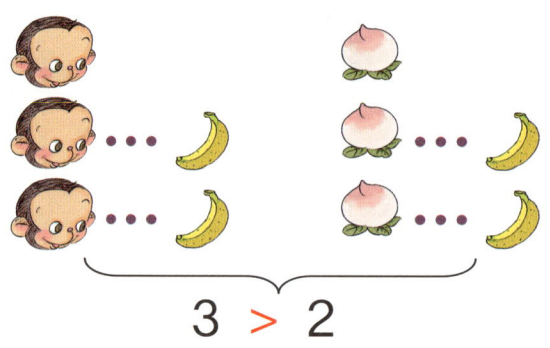

图3-34　情境4的发展

稍加点拨"为什么都是3＞2"，就能使学生感悟，因为猴与桃个数相等，所以猴与香蕉、桃与香蕉的比较结果都是3＞2。这一概括对于刚开始学习数学的儿童来讲，显然是进一步的抽象，甚至还能说渗透了等量代换。

人民教育出版社第五套教材的前期实验过程中，试教本的例题情境起初是母鸡与小鸡，有学生看图回答"2大于3""为什么""1只母鸡就比3只小鸡大"。后来改为小鸭与小鸡，没事了。这一经典案例告诉我们，数的抽象可能会对部分儿童构成一种挑战。由此产生的问题是，为什么面对情境4，没有出现"3只猴子比4个梨大"的回答，是现在儿童的抽象能力超过了几十年前的同龄儿童吗？课堂上得出"3=3"时，学生的"多嘴"露出了端倪："一只猴子一个桃，很公平"。原来情境4激活了儿童平分物品的生活经验。而这正是例题试图启发学生一一对应所需要的认知基础。

心理学有个斯特鲁普效应，指优势反应（如单个物体的大小）会对非优势反应（如物体数量的大小）产生干扰。但上述实践表明，适合儿童的情境，他们的已有经验能有效降低干扰。

显而易见，情境选择不仅需要理论指导，还需要深入儿童世界，了解儿童认知心理活动，这是小学数学例题设计的特殊要求。

基于儿童立场，小学数学例题的情境，大量源于生活现实与数学现实，比较而言其他学科现实不多，但也不是没有，哪怕是低年级。例如，二年级学习乘法口诀，语文课已学过的古诗，五言、七律都可以成为乘法的情境素材。

生活现实与数学现实的问题情境，也可以考虑借助几何直观，发挥数形结合的优势。生活情境还可以采用虚拟的童话加以表现，特别是在低年级。例如上面同课异构的四个情境，有三个是童话情境。

理论与实践都已表明，唯现实情境或现实情境至上的设计取向不可取。

一方面，一些纯属人为规定的数学内容，根本就不适合用现实情境呈现。例如，为什么除数不能为0，曾有教师试图用童话情境来说明，效果适得其反。

另一方面，有些数学内容，由现实情境引入，客观上造成了学习的难点相对集中。例如，型如 $ax+bc=d$ 或 $ax+bx=c$ 的方程，从实际问题引入，不得不将原本分别进行的列方程教学与解方程教学整合在一节课内完成。势必增加教与学的压力与困难，影响当堂巩固。比较适宜的设计如：

4 看图列方程，并求出方程的解。

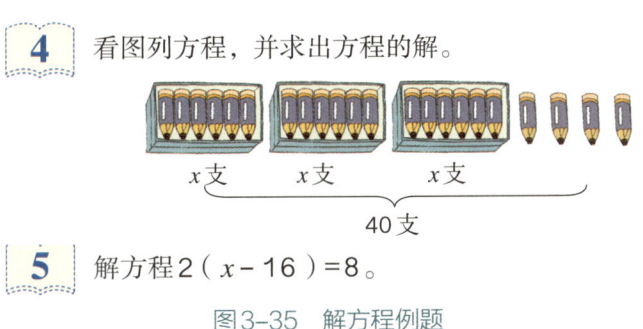

5 解方程 $2(x-16)=8$。

图 3-35 解方程例题

前一题，借助实物图示，降低列方程的难度；后一题，直接给出方程，集中精力教学解方程。

有教材比较研究建议，增加农村题材的情境。事实上，一些所谓农村倾向的题材并无实质性的意义。例如，标有邮局、百货商店、图书馆、小明家的平面图，称之为城区平面图或乡镇平面图均可。我国是个多民族国家，如云南省，有50多个民族。即便是云南省自编一套教材，也只能有所兼顾，不可能面面俱到。目前各套教材大多数情境属于中性题材，城乡、各民族皆宜，这是合理的。

4. 例题的系统性。

例题系统既要覆盖一定的知识、技能要点，以及思想方法，从而比较全面地反映教学内容；又要重点突出，层次分明，坡度适当，成为理解知识、掌握技能、形成能力的路标。

国际上一些学者将我国小学数学的特点，概括为重在掌握的小步子教学。其实，"掌握"是一个不低的要求，中国教育的特点之一，学了就要会，说"重在掌握"，不为过。所谓小步子教学，最典型的当推斯金纳基于行为主义的小步子程序教学。国内也有研究认为小学数学例题是一种小步子教学体系，不无道理，但并不确切。

以多位数乘一位数为例，从清末最初15个例题，到新中国成立前后达到最高峰19个，演化至目前8个。一方面是目前"多位数"以两、三位数为主，另一方面表明教学步子在加大。

透过例题数量的上下波动，所谓步子的大小，更确切地说，是由易到难、从简至繁亦即循序渐进的"序"与"度"的把握，关键在于每一例题都有新的生长点，从而构成相互衔接、适度递进的系统。例如：

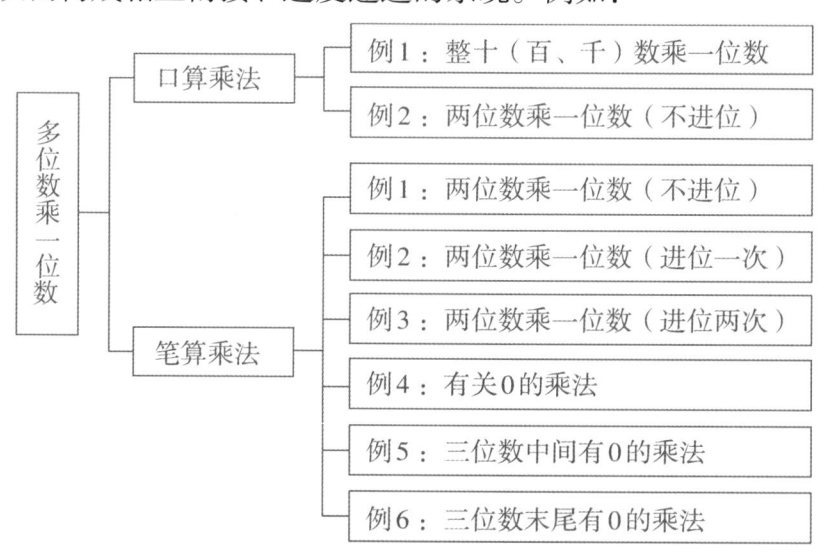

图3-36 多位数乘一位数例题系统

实践表明，这一例题系统具有较大的普适性：一般的教师只要理解例题的设置意图，明确新知"新"在何处，就能引导学生拾级而上；能力较强的教师也可以适当归并，如笔算乘法的例2与例3，只教一例，另一例作习题处理，一般学生也能触类旁通。

与例题系统性相关的"例题与习题匹配"问题，似乎"两难"：一线教师大多期望例题能够覆盖习题的所有变化；教材编者则出于培养学生独立思考和解决问题的能力的考虑，主张一部分习题没有相应的例题。长期的实践证明，总体而言，留出一定举一反三的空间，效果比例题、习题完全类同要好。对于学生基础较差的班级，教师可以酌情对部分习题加以点拨。

5. 例题的典型性。

如同语文教材的范文。例题的本质是"范题"，是否属于"陈题"无关紧要。这与试题不同。根据学习评价的需要，为了考查学生对知识、技能、思想方法的理解、掌握质量，试题需要对陈题改头换面，使大量反复练习的被试难以凭记忆答题，从而公平、客观地反映学生的真实水平。

一般而论，除了不合时宜的情境，例题不必年年翻新，以避免削弱它原有的典范性。例如，折线统计图，以往教材常用的一个典型例题"某地某年度月平均气温变化情况统计图"（图3-37）。

该图的突出优点在于：当地从年头到年尾，月平均气温的变化与它的直观形态（一座山峰），与学生的生活经验（常识）高度契合，便于学生从整体上理解、把握月平均气温的变化规律。

如此鲜明体现统计数据整体性特征的例子，弃之不用的理由无非是题材老套。这恰恰反映的是根深蒂固的教师眼光，而不是儿童学习立场。因为教师感觉"老套"的例题，对于学生来说具有首次感知的新鲜感。

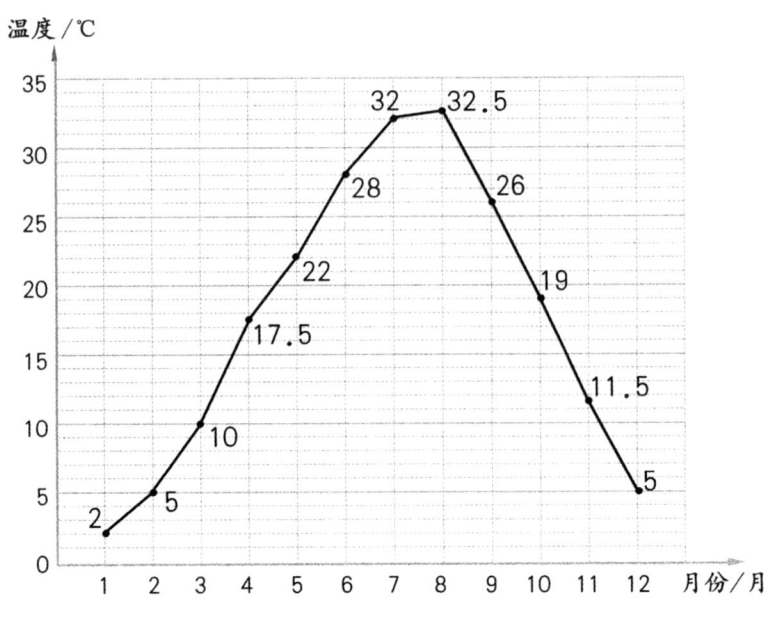

图3-37 折线统计图例题

事实上，该图的统计意蕴还在于，教师只要换成本地的气象数据，它就是渗透"样本意识"的有效案例。比如说，上图是我市气象台去年的月平均气温统计图，那么今年、明年的月平均气温是不是也大致如此呢？实践表明，此类问题常常引发学生合情合理甚至相当精彩的回答。如不少学生认为，可能差不多,也有可能出现暖冬、酷暑现象,还有个别学生提到了全球气候的"厄尔尼诺现象""拉尼娜现象"。

这里,学生的反应与理论研究的结论形成鲜明反差:郑明月认为"统计推理的焦点是样本的代表性与变异性""但是研究发现,学生往往会走向两个极端,一是只看到样本的代表性,没有看到样本的变异;二是只看到样本的变异,忽视变异中存在的规律"。

究其原因,学生早已积累了四季气温变化一般规律的体验与气候反常的认知,由此理解某一年样本所具有的代表性,并意识到可能存在变异,都是十分自然的。

经典的例题保持稳定,也有利于教师不断完善、积累成功的教学经验,更好地发挥例题的功能。

6. 例题的示范性。

对于问题解决的例题,重在反映数学知识的应用过程。它的示范性:

一是整个解题过程各步骤的示范。小学数学早就总结出适合小学生的解题步骤:审题(读)→分析(想)→解答(算)→检验(查)。这与美籍匈牙利数学家波利亚(George Polya)怎样解题表给出的四个阶段不谋而合。进入新世纪后,解题步骤一度遭遇忽视,目前已有教材通过例题予以凸显(图3-38):

二是分析的示范,任何例题,都应避免以题讲题,而应力求以题说理,乃至以题论道。如上例,从假设路长为具体的18 km、30 km,到假设路长为抽象的"1",先求什么、再求什么、最后求什么,提供了非常清晰的分析示范。而且还在回顾反思阶段,给出答案检验和算法比较、择优的提示,使分析思路、解题方法的示范更加完整,并使学生对假设法所起作用的感悟更加清晰。

三是解答的示范。例题的解答应当简练、规范、易学、易记,使学生逐步学会用数学的语言表达。如上例,简明扼要地给出了分步列式、综合列式的示范,以及递等书写、单位名称

图3-38 问题解决例题

与答案书写的示范。

对于呈现知识的例题，重在反映数学知识的形成过程。它的示范性，主要是通过展现"知识背景—知识形成—揭示联系"的过程，给学生以数学眼光、数学思维和数学语言的示范。例如，圆柱的认识（图3-39）：

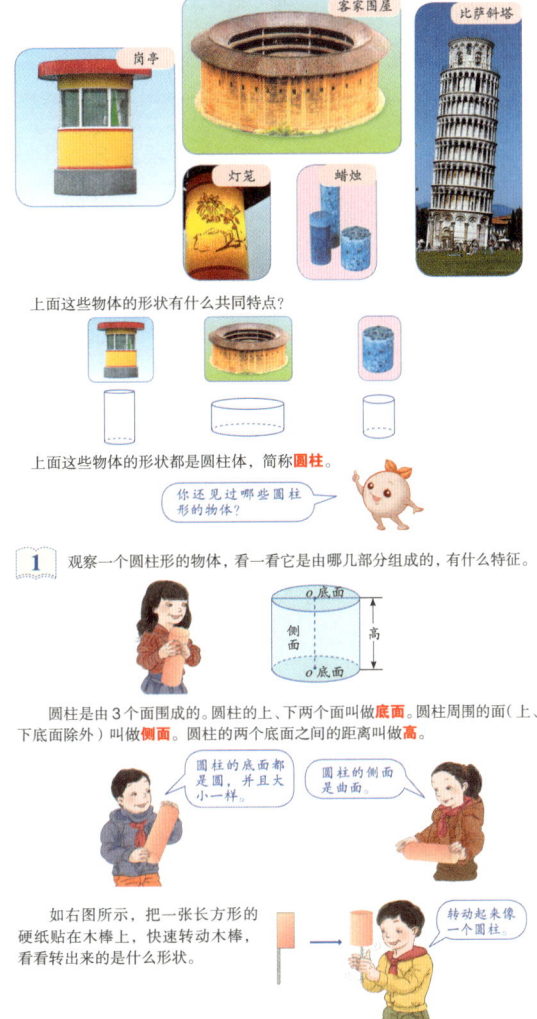

正文与例题连成一体，首先给出多种实际事物的图片，启发学生剔除实物中除形状以外的其他属性，只保留形体上的一致属性，抽象出图形。这是一种以"形"的视角，观察实物，概括抽象几何体的思维示范。

紧接着通过例题：引导学生认识圆柱的底面、侧面和高，用简洁的语言描述这些概念；引导学生观察、触摸，感知圆柱及其侧面（曲面）的特征；引导学生操作学具，感悟旋转也能生成圆柱，渗透旋转体概念。

所有这些，都是数学研究视角、方法和表达的示范，也是数学思想方法和数学语言的熏陶，旨在潜移默化地培育学生的数学核心素养。

图3-39 呈现知识的例题

7. 例题的开放性。

例题的开放性，从例题构成看，主要有一题多变、一题多解、多题一解等。从例题呈现看，主要表现为留白，如条件、问题的留白，分析、解答的留白，也包括留出探索空间，让学生发挥。从数学问题的结构看，则可以归结为条件开放（不足或冗余）、问题开放（缺失或多个）和策略开放（解法多样）。

不同形式开放的共同目的，说到底是为了回应科技飞速发展对教育提出的更高要求，为了培养更富创新精神的人。

例题常有多种变式、多种解法，应当选用有助于学生学好本单元（小节）的知识、技能、思想方法的变式或解法。换句话说，例题呈现的变式、着重解析的解法应与教学重点保持一致。

一个例题的解法不宜过多，以二三种为宜。不同解法应体现不同的思考角度，呈现不同的思路、方法，以免大同小异，耗费课堂教学时间，收效却不大。

鉴于中国学生分析、解决问题能力强，发现、提出问题能力弱的现状，让学生自己提出问题，正在成为数学教材例题呈现的常态。还有必要深入实践，扭转低年级多、高年级少的现象，力求形成提出问题由易到难的系列。同时，进一步放大提出问题的空间。蔡金法等给出如下的例子（表3-3）。

表3-3　让学生提出问题的例题

依据以下给定信息，提出三个问题，要求这三个问题能够使用以下的信息解决。"小明、小红和小花三人一同开车回家。其中，小花比小红多开了80千米。小红开的千米数是小明的2倍。小明开了50千米。"	
问题一	
问题二	
问题三	

像这样条件较多，可以提出需要多步运算求解问题的例题，值得酌情引进，引领教学实践。

8. 例题的启发性。

例题启发性的内涵在例题的示范性、开放性中都有所体现。考虑到启发性是例题的重要品质，所以还有单列的必要。

首先，例题的分析，重在启迪学生弄清思路，在怎么思考、从何处突破等方面给予启发。有时还可以先暴露学生思考的受阻点，再予以启发。例如图3-40呈现的例题，习惯上叫做"工程问题"，将工作总量看作"1"，有利于化繁为简，但学生大多想不到。过去，例题直接给出最佳解法；现在，着力启发学生思考、尝试。为此，阅读与理解阶段先启发学生聚焦解题难点"路长未知"，再针对这一真实的困惑加以启发。这种"激疑→释疑"的方式，有效增强了例题的启发性。

其次，例题的启发性，也包括学习方式的指引。例如，问题解决的例题，"画个图来帮助分析""列个表进行分析"等。又如呈现知识的例题（图3-40）：

图3-40　乘法运算律

启发学生自己构造例证，以利观察、发现、概括规律。

又如，探究三角形的内角和（图3-41）：

三角形的内角和

6 画几个不同类型的三角形。量一量，算一算，三角形3个内角的和各是多少度。

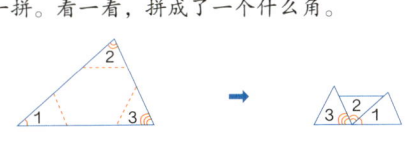

先把一个三角形的三个角剪下来，再拼一拼。看一看，拼成了一个什么角。

图3-41 三角形内角和

先是指导学生通过量一量、算一算，得出三角形内角和，然后再指引学生采用实验的方法加以验证。有学生受到启发，想出折纸验证的方法：

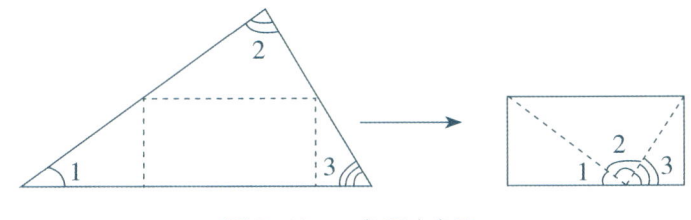

图3-42 三角形内角和

类似地，开放性的例题，让学生自己提出问题、补充条件、寻求其他解法时，也应酌情在陈述要求的同时，给予必要的点拨。

在实际设计例题时，以上这些编制质量指标、要点，必须全面、综合考虑。

例如，为了凸显开放性，大量留白，就会影响例题的示范性。因为在班级授课制条件下，教师督促、检查每个学生完成所有填空并不容易，更难确保每处填写都正确无误。于是，残留"天窗"、填写错误的课本，不仅给学生复习、巩固带来不便，更重要的是影响了教材作为学生学习主要依据的教育功能。

据此分析，不难形成共识：留白不是越多越好，何处留白，需要为教师、为学生着想，精心设计。例如以下例题呈现的片段：

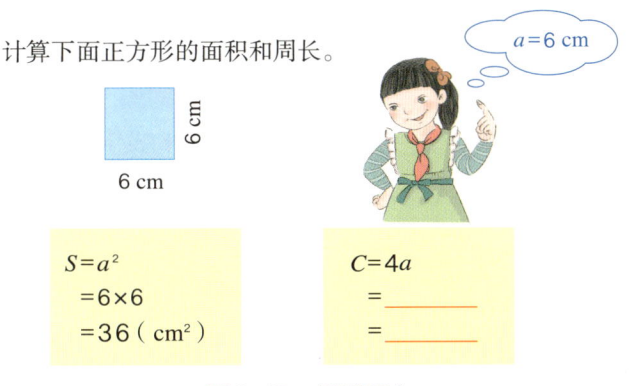

图3-43 例题留白

第三章 小学数学教材研编的理论研究 | 273

求面积，给出完整、规范的计算书写过程，以作示范；求周长，适当留白，让学生填写。示范性与开放性得到了兼顾。

三、习题设计

所谓习题，现代汉语词典中的界定是"教学上供练习用的题目"。在数学教材中，除了例题之外的练习题、复习题、探究题、测试题，以及调查、制作等实践性作业题，都属于习题范畴。

历来就有学数学就是做数学的说法。因此，假如以课本的篇幅计，那么20世纪50年代初学习苏联编制的习题汇编式教材，课本即习题集。发展到今天，即便是讲究问题情境，追求学习过程的教材，各类习题大体上仍然占据了过半的篇幅。

我国小学数学教材中的习题，其数量与难度，至20世纪60年代形成高峰。"文革"结束后的几套教材，逐步克服了繁难偏旧的现象。本世纪初以来的改革，使习题的教育功能得到了进一步的彰显。

数学习题的智育功能，具体反映在理解概念、掌握法则、形成技能、激发潜能、感悟数学思想方法等方面。概括地说，作为教材的必要构件，习题系统是学生有效习得数学知识并使之内化为数学认知结构的练习系统。

数学习题的德育功能，主要是通过习题素材的内涵，使学生受到国情、时事、道德、文化等方面的教育，以及通过练习、纠错等学习行为，培养学生良好的学习习惯。

数学习题的评价功能，主要是通过教师的批改、学生的订正等教学行为，使教师获得教的反馈，学生获得学的反馈。两方面的反馈，都具有激励、强化、矫正等增值效应。

因此，习题的编制、配备质量，直接影响学生的学习质量，更是减负增效的重要变量。

提高习题设计质量的指标、要点，大体与例题设计类似。这里再根据习题不同于例题的"练习"特点，展开以下探讨。

1. 习题的目的性。

习题的目的性，当然源自课程标准、单元教学要求。进一步，在设计每一道习题时，都必须首先明确练什么（习题的内容），达到什么要求（练习的目标），即通过"做"，期望学生会什么、懂什么、悟什么。例如，设定的练习目的是小数除法的应用、选择进一法取商近似值的应用，可设计：

一本练习本5.8元，56元最多可以买几本？

如果希望能够同时练习小数除法商取整数时如何判断"余数"，则还可以添加一问：

一本练习本5.8元，56元最多可以买几本？还剩多少钱？

这就有可能使教师通常叮嘱的"小数除法商取整数时，'余数'的小数点要和被除数原来的小数点对齐"，通过应用得到理解与巩固。

再举一个期望学生通过练习有所"悟"的实例：

求长方形的周长与面积，你发现了什么？

长方形周长与面积

长	宽	周长	面积
9厘米	1厘米		
8厘米	2厘米		
7厘米	3厘米		
6厘米	4厘米		

学生大多能够边练、边悟：这些长方形的周长相等，长与宽越接近，面积越大。有的学生还会发现：这张表应该再增加一行，长、宽各5厘米，这时面积最大。而这恰恰是编者有意识的"留白"，即给学生留出领悟、发现的空间。

2. 习题的针对性。

目的性就已内蕴针对性。之所以再单独提出，是因为这里所说的针对性，一是指针对学习内容的重点、难点、关键；二是指针对学生学习过程中易错、易混、易忘的知识点或技能环节。要提高习题的练习效率、效益、效能，非常重要的一点就是提高习题设计的针对性。

例如，笔算多位数的乘、除法，正常教学情况下，学生的概念性、法则性错误并不多，很多被归咎为"粗心"的错误，实际上是口算错误。以笔算除法为例：计算 $628÷78$，将除数78看作80，无论试商7，口算 $78×7$，还是改商8，口算 $78×8$，其中 $8×7$、$8×8$ 中国学生一般不会错，错误绝大多数发生在紧接着的口算，即 $7×7$ 加进位的5、$7×8$ 加进位的6。因此，加强乘、加两步口算，是降低笔算多位数乘、除法错误率的重要举措。遗憾的是，这类口算题，近十多年来几乎成了教材习题配备中"被遗忘的角落"。

显然，这样的针对性，依据课程标准、遵照单元教学目标都无法获得提示，只有基于教学经验、通过对学生笔算过程的现场观察，才能发现。

进一步，针对多位数乘、除法笔算所需设计的乘、加两步口算题，$7×8+9$、$7×8+8$、$5×8+8$等，都属无效习题。因为"×8"最多"进7"，"$5×8$"无论加"几"一般不会出错。由此分析，不难得出相应的数据选择策略：其一，第二步应是进位加法；其二，多数题加5、加6，少量题加7、加8。因为只有 $9×8$、$9×9$ 才可能进7、进8。

又如，长方体、正方体表面积与体积计算的应用是教学的重点和难点，学生最容易混淆出错的，就是分辨到底是求体积还是求表面积。对此，不妨设计如下专项练习：

下面哪些问题与求体积或表面积有关？需要哪些已知条件？

①求长方体水池里有多少吨水的问题；

第三章 小学数学教材研编的理论研究 | 275

②制作一个长方体有盖盒子，至少要用多少硬纸板的问题；

③石头放入有水的正方体容器中，求水面上升多少的问题；

④求长方体水池贴瓷砖需要多少块瓷砖的问题；

⑤油漆大厅里长方体柱子需要多少油漆的问题；

⑥学校要砌一面墙，需要多少块砖的问题。

这6个问题，第①、③、⑥通常与体积有关，其他3个问题通常与面积有关，分别需要计算6个、5个、4个面的面积。问题⑥还有一种可能，即已知墙面的长、高和砖面的长、厚，而且只砌一层，那么只要用墙面的面积除以砖面的面积即可。

这样的专项训练习题，着重审题练习，通过对6个问题的集中比较辨析，可以有效地帮助学生学会正确辨别是求体积还是求表面积。而且学生无须动笔，只要读题、思考，作出判断并口述，练习效率高。

教材应当吸收、反映广大一线教师的实践经验，酌情提供一些明确针对重点、难点的习题。例如分数除法：

$$\frac{6}{7} \div \frac{5}{8} = \frac{6}{7} \times \frac{(\ )}{(\ )} \quad \frac{8}{9} \div \frac{3}{4} = \frac{8}{9} \bigcirc \frac{(\ )}{(\ )} \quad \frac{4}{5} \div \frac{1}{8} = \frac{(\ )}{(\ )} \bigcirc \frac{(\ )}{(\ )}$$

这是针对分数除法计算最为关键的步骤"颠倒相乘"设计的"由扶到放"的专项练习题。

除了针对关键技能、关键能力，还可以针对关键原理，设计促进理解的习题。例如退位减法：

计算1000-678，通常是把1000分成（　）个百、（　）个十和（　）个一。

此题采用填空形式，将被减数中间有0时的连续退位过程加以展开，以帮助学生理解其内在机制。

实践表明，切中"要害"的辅助性习题，练在刀刃上，对于突破关键、难点有着显著的效果。

3. 习题的层次性。

习题是一个有条理的系统，系统的层次性，主要有两层含义。一是指前后练习的设计安排，先练什么、再练什么，应当循序渐进。所谓"序"，主要指习题内容内在的递进联系与学生理解知识、掌握技能的发展进程。二是指一组习题之间的坡度适当，即由易到难、由简到繁的递进符合学生的实际。

以新授平行四边形面积计算的课堂"练一练"为例。

基础性习题：

①给出底和高求面积。

变式性习题：

②求下面平行四边形的面积（单位：厘米）。

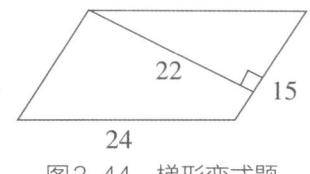

图3-44 梯形变式题

提高性习题：

③一个正方形，周长为36 cm，把它割补成平行四边形，画出示意图，算出平行四边形的面积。

三个层次的习题，从基本题到提高题，由易到难的"序"比较清晰、坡度比较适当。

4. 习题的思考性。

从理论上讲，数学是思维的体操，可以说任何数学题必然都具有思考性。但从实践看，又确实存在学生可以不动脑筋，依靠机械操作完成的数学习题。那些可有可无的重复性习题，就属于缺乏思考性的数学练习。

因此，有必要强调数学习题的思考性，即通过练习帮助学生深化认识，或促进灵活应用。

为满足思考性的要求，应当研究习题的变式，通过适当变换，加大思维含量，使习题在整体上呈现基本带灵活的特点。例如：

在梯形面积公式 $S = (a+b)h \div 2$ 中，当 $a = b$ 时，$S =$ ＿＿＿＿＿＿＿，当 $b = 0$ 时，$S =$ ＿＿＿＿＿＿。

这样的习题，能有效激发学生思考，领悟长方形、三角形、梯形三个面积计算公式之间的内在联系，实现知识的融会贯通。

即便是比较单纯的知识点，也可以设计出富有思考性的习题。例如，乘、除法关系的练习题：

已知 △ × □ = ○，那么 ○ ÷ △ - □ = （　　）。

这是比较典型的归结为基本概念，且又比较灵活的习题。

5. 习题的开放性。

与例题的开放性略有不同的是，例题重在发散性思维的引导、示范，习题则重在发散性思维的激活、锻炼。习题的开放性可以比例题具有更大的发挥余地。例如：

根据算式（35 + 26）× 8，编出一道实际问题。与同学交流，看看谁编的更有意思。

这是由抽象到具体的习题，通过编题，赋实际内容于算式。学生的交流，在展现个性的同时，也能促进他们沟通数学与现实生活的联系，培养数学的应用意识。

又如，学了多边形的面积之后，可以配备如下习题：

你能设计一个面积是6平方厘米的平面图形吗？请画出草图（单位：厘

米），看看谁的设计更有创意。

实践表明，这样的习题，不同水平的学生都能完成。从最简单的3×2的长方形、平行四边形，到数据选择难度有所提高的三角形、梯形，再到富有创意的组合图形，展现出学生的潜能。如：

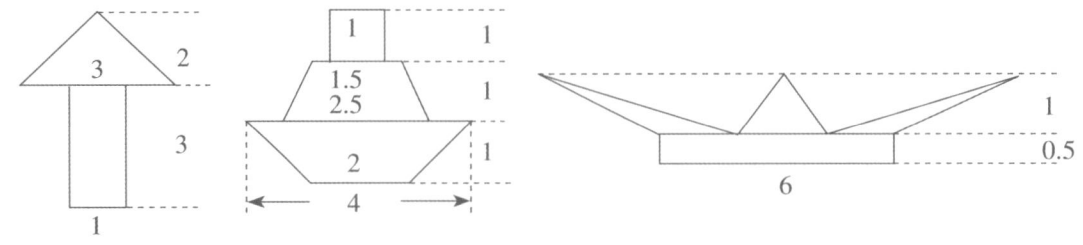

图3-45 学生的作品

交流时，设计上右图的学生还介绍了怎样利用等底等高的三角形面积相等的知识，把三个三角形合并成一个三角形的想法，如：

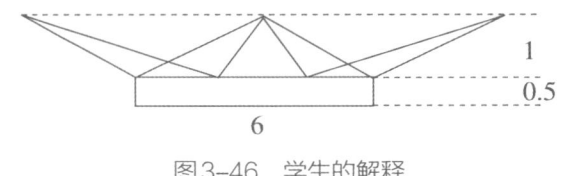

图3-46 学生的解释

可见，具有一定开放性的习题，若能处在学生的最近发展区内，就有可能激活学生的自信，释放出个体的潜能。

6. 习题的探究性。

在增强习题的思考性、开放性品质基础上，进一步突破习题"学而时习之"的巩固、应用功能，使课堂上数学知识的探索能够在课后练习中延续、拓展，并使课堂上的数学活动经验能够在课后练习中获得更深刻的体验、感悟，无疑是发展性教育所追求的。

其实，学习历来有两类方式，一类是"书中学"，一类是"做中学"。通过习题的"做"同样可能"学"到新知识。试举一例。

在32，42，45，130，144，147，158，159这八个数中：
①2的倍数有（　　　　　　　　　　）；
②3的倍数有（　　　　　　　　　　）；
③6的倍数有（　　　　　　　　　　）；
④※你发现了什么？你能总结出判断6的倍数的方法吗？

整个题组的知识背景都是数的倍数特征，前两小题是2、3倍数特征的巩固练习，后两小题是在此基础上的拓展练习，并有明确的探究指向。有学生先想到倍数概念，用6去除八个数，看余数是否为0，然后在回答第④小题时才联想到2、3的倍数特征，加以综合。也有学生受前两小题的"暗示"，直接寻找2、3公倍数的判断方法。两种情况都能使学生通过练习的"做"，获得一种新知识，即6的倍数的判断法则。

又如，依据所谓数字黑洞开发的探究性习题：

①用三个不同的数字组成最大数和最小数，相减；

②用差的三个数字组成最大数和最小数，相减；

③反复进行下去，你发现了什么？

④※如果你喜欢这样的探索，请继续用四个不同的数字，按上面的步骤进行探究，看看发现了什么？

容易看出，此题在实施数学探究的同时，也不知不觉地进行了多位数减法的巩固练习，一举两得。

7. 习题的趣味性。

对于学生来说，兴趣是最好的老师。为使数学习题对学生产生吸引力，关注习题的趣味性不容忽视。

数学习题的趣味性设计，不能完全依靠童话情境、色彩斑斓的插图，要尽可能让学生感到数学好玩，这在相当一部分小学数学的习题中是可以做到的。

进一步，在学生感觉有趣的基础上让他们体会练习的乐趣、感受开动脑筋的愉悦，这样兴趣才会持久，兴趣水平才会提升。例如，学习解方程后给出如下习题：

魔术师说："你想一个整数，把这个数加7，然后把结果乘3再减21。告诉我你的计算结果，我立即就能判断出你的计算对不对，还能立即说出你心里想的整数是多少。"魔术师是怎样判断的呢？

①设自己想的整数是x，根据题意，_____=计算结果。

②化简含字母的式子，你发现奥秘是_____。

化简$(x+7)\times 3-21$得$3x$，即计算结果为$3x$。所以，只要看计算结果是不是3的倍数，就能判断计算对不对。如果是3的倍数，那么除以3就是心里想的数了。每当学生通过自己的努力破解了"魔术师"的奥秘之后，都会非常兴奋、产生满足感，这是一种最好的自我奖励。有的学生意犹未尽，不但回家表演，向爸、妈炫耀，还尝试修改规则，使最终计算结果为$2x$、$5x$等。

8. 习题的多样性。

讲究习题的多样性，有利于提高、激活练习兴趣，也有利于克服练习的厌倦效应，有时还可以起到启发学生从不同侧面去理解所学知识的作用。

小学数学习题的多样性，主要表现在两个方面。

一是题型多样。如计算题、填空题、选择题、判断题、应用题、画图题、看图计算或问答题……

要注意发挥不同题型各自特点的教学功能。例如，同是有关解方程的习题：

①设计为计算题：解方程$9x-6=12$。

②设计为选择题：方程$3x-6=6x-12$的解是（　　）。

　A. $x=9$　　　　B. $x=6$　　　　C. $x=3$　　　　D. $x=2$

题①为常规的解方程练习；题②中的方程，超出了课程标准的要求，意在

"迫使"学生放弃求解，转向根据"方程的解"的概念，采用代入检验的方法选出正确答案。

二是方式多样。例如，书面作答的习题与口头回答的习题、操作性习题与实践性习题、收敛性习题与开放性习题、个体完成的习题与团队合作的习题、短作业（当天完成的）与长作业（一周或更长时间完成的），等等。例如：

①记录家里一个月购买副食品的开销，到月底用计算器算一算，平均每天花费多少元？（实践性长作业）

②小组合作，收集求长方体体积的习题。（团队合作的开放性长作业）

题②可以安排在教学长方体体积计算后出现，注明到单元复习时交流。

近年来，部分学校要求家长在孩子完成回家作业后检查并签字，招致不少怨言。毋庸讳言，家长签字客观上减轻了教师批改作业的负担。这既不光彩，又彻底丧失了习题的教学反馈功能。鉴于部分家长乐于陪读的现实，教材不妨加以引导，设计一些亲子作业题。例如：

成年女子标准体重＝身高－100（单位：千克，厘米）。

①用含有字母的式子表示成年女子标准体重的公式；

②算出妈妈的标准体重应该是多少；

③妈妈需要减肥吗？如果把"100"改为"105"呢？

④和妈妈讨论：减100与减105，哪个比较合适？

⑤上网检索，看看还有更复杂的标准体重计算公式吗？

又如，用扑克牌和爸爸比赛算24点，记录你赢的算式，要求组成综合算式。一些学校每届四年级，都会组织算24点比赛。为迎接比赛，学生自觉练习，口算水平与列综合算式的技能都有显著提高。

需要注意的是，形式总是为内容服务的，不应为多样而多样，过多变换习题花样，反而分散学生练习的注意力。更必须警惕的是：随着习题形式增多，学习评价的试题形式也在同步增多。这就有必要通过教学参考书与培训强调：学习评价以内容为要，以覆盖习题形式为追求是本末倒置。

9. 习题的操作性。

习题的操作性是指学生答题、教师评判的可操作性。怎样的呈现与回答方式，既便于学生完成，有助于提高练习的效率，又方便教师批改，便于收集反馈信息，也是习题设计应当考虑的事项。

例如，供学有余力的学生练习的探索性习题：

①画一个三角形，用三角板画出三条边上的高。

②观察三条高，你的发现是＿＿＿＿＿＿＿＿＿＿＿＿＿＿。

设计意图是期望学生作图后发现，三条高交于一点。但由于允许随意画三角形，学生有可能画出直角三角形，不利于发现规律。又由于学生画的图各不相同，给教师评判增添了难度。不如给出三个三角形，并将指导语修改如下：

①用三角板画出下面每个三角形三条边上的高；

②观察各三角形的三条高，你的发现是＿＿＿＿＿＿＿＿＿＿＿＿＿。

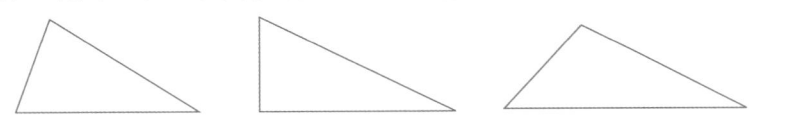

图3-47　画三角形的高

改进之后，既方便学生完成，又便于教师批改。因为统一的图形，学生作的高是否正确，教师一眼就能识别，错误也一下就能归类。

10. 习题的选择性。

习题的选择性是指习题设计要考虑因材施教的需要，给不同水平的学生布置不同程度或不同要求的练习，使学生各得其所。未来教育的主要特征之一，就是教育的个性化。

从目前教材使用的实际情况看，比较可行的、成熟的个性化习题设计方式有以下三种。

（1）按学生选用方法分类。

自提倡算法多样化以来，"用你喜欢的方法……"之类的指导语成了教学用语的"标配"。然而，现实却是为数不少的小学生，分不清楚自己喜欢哪种方法，更不知道哪种方法适合自己。这当然不能完全指望教材加以解决，但若教材的习题，没有相应的配套设计，那么再动听的指导语，也只是忽悠孩子的空话。

怎样弥补缺失，为不同的、合理的、可取的算法提供辅助性习题，使学生通过练习，发现并选择适合自己的方法。以20以内退位减法为例。通常，学生选择的可取算法有三种，各种类别相应的辅助习题分别给出两种形式：

"破十"，即分拆被减数，然后先减、再加。

① 12 － 7 ＝　　　　② 12 － 7 ＝
　　／＼　　　　　　　想：10－7 ＝（　）
　2　10　　　　　　　　（　）＋ 2 ＝（　）
　　（　）

"连减"，即分拆减数，然后连减。

① 12 － 7 ＝　　　　② 12 － 7 ＝
　　　／＼　　　　　　想：12－（　）＝ 10
　　2　5　　　　　　　　10－（　）＝（　）
　（　）

"想加算减"，即想减数加几等于被减数。

① 7 ＋ 5 ＝（　）　　② 12－7 ＝

12-7＝（　　）　　　　想：7+（　　）=12

不可否认，这是提倡算法多样化之后应有的跟进措施。

（2）按学生的能力提要求。

即同一习题，提出不同的解题要求，使练习要求具有"弹性"，以适应不同水平学生的需要。这是比较简便易行的分层方式。例如：

用12个边长为1厘米的正方形拼成一个长方形，拼成的长方形周长是多少厘米？请你根据自己的能力，选择不同的要求：

①找到一种答案；

②找出所有答案；

③找出所有答案，从中发现规律。

三个层次逐步递进，不断提高要求。因为前一题是后一题的基础，所以学生可以依次完成，也可以做出选择，只完成一题。

（3）按学生的基础分层设计。

即根据学生的差异设计有层次区分的习题，使练习内容具有"弹性"。这是最为常用的分层方式，巩固性习题、预习性习题、复习性习题都可采用。通常分为三个层次。

巩固性习题：A层次为基础练习，学习困难学生必做；B层次是变式练习，中等程度学生必做；C层次属拓展练习，能力较强学生必做。以长方形周长和面积计算为例。

A层次：

①长方形操场长100米，宽30米，求操场的周长和面积。

②一个正方形的边长为4厘米，求它的周长和面积。

B层次：

①长方形广告牌，长24米，宽是长的一半，它的周长和面积各是多少？

②正方形花圃的周长是80米，它的面积是多少？

C层次：

①一个长方形与一个正方形的周长相等，已知长方形长10厘米，宽4厘米，求正方形的面积。

②从长10厘米、宽8厘米的长方形纸中，剪下一个最大的正方形，剩下纸的面积是多少？

预习性习题：A层次着眼于弥补缺漏，学习困难学生必做；B层次偏重预习新课，中等程度学生必做；C层次为预习研究题，能力较强学生必做。以学习平行四边形面积的预习为例。

A层次：

一个长方形长100米，宽30米，求它的周长和面积。

B层次：

课本是怎样推导平行四边形面积公式的？

C层次：

推导平行四边形面积公式，你能想出哪几种方法？

复习性习题：A层次着重巩固、增强记忆，学习困难学生必做；B层次侧重整理知识，中等程度学生必做；C层次为深入研究题，能力较强学生必做。以学习多边形面积后的复习为例。

A层次：

写出平行四边形、三角形、梯形面积公式。

B层次：

平行四边形、三角形、梯形面积各是怎样转化为已知的？

C层次：

①三角形可以怎样等积转化为长方形、平行四边形？

②梯形怎样等积转化为长方形、平行四边形、三角形？每种转化，你能想出几种方法？

显然，并非所有内容都需要分层练习，有些内容本身非常简单，也就没有必要为了分层而"深挖洞"。

当教材突破纸质课本的局限，发展、扩充为基于网络平台的学习资源库之后，还可以提供"菜单"式习题，给学生一定的选择空间，即允许他们挑选自己喜欢的、适合自己的习题。

毫无疑问，与例题类似，以上关于习题品质的指标与设计要点，既有相对的独立性，又有关联性，需要综合考虑加以兼顾。

例如，趣味性与思考性的相得益彰。最常见的设计，如数学游戏（图3-48）：

按规则游戏，表面看是10以内数的加、减练习，实际上，学生判断两数和

图3-48 扑克牌游戏

是否大于10的思考过程，还具有潜在的"凑十"思维练习功能。比如，7和9，因为7和3（或9和1）凑成10，所以7+9的和大于10。

"猜一猜"的游戏提高了思维含量，旨在启发学生"执果索因"，发现两解：6+2=8，10-2=8。

有教师受该习题启发，进而演化成"探索性长作业"，让感兴趣的同学回家依次、逐步探究：两张牌计算后得□，右边翻开的牌是□，左边的牌会是几？

又如，针对性与思考性，也常常能在一道习题中都有充分体现。试举

一例。

一个正方体木块,表面涂漆,再切割成1000个小正方体。三面有漆、两面有漆、一面有漆、没有漆的小正方体,各有多少个?

前三个问题针对正方体的顶点、棱与面的概念。基于概念,可以直接写出答案或找到列算式的思路:

①三面有漆的在大正方体的顶点处,有8块;

②两面有漆的在大正方体的12条棱上(端点除外),有(10-2)×12个;

③一面有漆的在大正方体的6个面上(四周除外),有$(10-2)^2 \times 6$个;

④没有漆的在大正方体的里面,有$(10-2)^3$个。

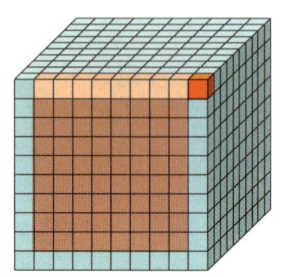

图3-49 涂漆的正方体

这是一道相当经典的小学数学习题。当简化为切割成27个小正方体时,前三问的答案8、12、6与正方体顶点、棱与面的数量正好分别相等。学生通过解答,不仅加深了对顶点、棱与面概念的认识,激活了空间想象,还能感受数学的魅力,而且这种感受具有很大的普遍性。

至于教材呈现中的数学文化,前面已有论述,这里不再重复。

第四章 小学数学教材使用情况调查与研究

数学教材为学生的数学学习活动提供了学习主题、基本线索和知识结构，是实现数学课程目标、实施数学教学的重要资源。小学数学教材的编写应该以数学课程标准为依据，联系学生的生活现实、数学现实、其他学科现实，让学生体会到数学在生活中的作用，要重视数学知识产生、发展和应用的过程，以有利于引导教师的教和学生的学。本研究旨在通过对人教版小学数学教材的使用情况进行调研，通过收集教材使用者对教材的看法，对教材的体系结构、呈现方式、内容特点等进行探讨，分析教材的适用性和可行性，找出人教版小学数学教材中存在的具体问题，为教材的编写提供一定的参考依据。

一、研究过程

（一）调查对象

本研究选取使用人教版的教师为被试，共计23802人，其中男性教师为2564人，女性教师为21238人。被试中来自省市重点校的教师539人，区县重点校的教师3593人，一般校的教师19670人；经济发达地区3384人，一般地区5434人，经济欠发达地区14984人。具体信息如下表。

表4-1：被试情况表

教龄人数	5年以下 6340人	5~10年 3229人	11~20年 4274人	20年以上 9959人
学历人数	中师 1061人	大专 7197人	大学 15285人	研究生 259人

（二）调研工具

本研究参照了国内外有关教材调查的多份问卷，并参考部分数学教育家、数学教研员、小学数学教师的意见，编制了"小学数学教材使用情况调查问卷"。本问卷分为两部分，从不同层面对教材的编写与使用进行了调查。

第一部分主要了解教材使用者（被调查者）的背景信息，包括教龄、学历、学校类型、所在地区等。第二部分从四个维度对教材编排特点进行比较，具体维度设置如下。

学科知识维度，即对教材编排的学科内容进行评价。小学数学教材的编排内容应该按照《标准（2011）》的要求涵盖"数与代数""图形与几何""统计与概率""综合与实践"等内容，编排时不仅要重视各部分内容所涉及的基础知识和基本技能，还要注重数学思想方法的渗透以及情感态度、价值观的培养。在重视其科学性的同时，关注教材的文化内涵及思想教育功能。

认知规律维度，即对教材的编排是否符合学生认知水平和学生认知能力的发展进行评价。学生的认知发展水平直接影响其学习数学的效果，教材的编排符合学生认知水平，则有助于学生学习新的知识、掌握新的技能，同时还能促进其数学能力的发展。如果教材编排低于学生认知水平，学生在学习过程中缺乏认知的挑战，能力达不到应有的提高；反之，如果超过学生的认知水平，学生会体验到强烈的挫败感，亦不能达到应有的提高。

编辑制作维度，主要考察教材的编辑制作水平。作为小学数学教材，教材的呈现方式要条理清晰、表述明确、图文并茂，符合小学生的阅读习惯。

教材适用性维度，主要对教材在实际教学过程中的可行性和操作性等进行评价。教材在呈现方式、编排体系等方面有较大的变化，那么教材在实际应用中是否适用于教学实践，具有较强的操作性也是本研究关注的维度之一。

（三）数据处理

本研究采用数据统计软件 SPSS 20 对问题的答案进行统计分析。

二、研究结论与分析

（一）学科知识与要求

《标准（2011）》对教材的基本内容分学段做了要求，教材的内容选取和教学要求的设置均应以课程标准为基本依据。教材在内容的安排上是否符合课程标准的要求，全面、系统、科学地对相关知识进行了安排呢？这是每一位教材编写者和使用者都非常关心的问题。本研究首先从知识性与科学性、思想性与文化性等角度考察了教材对课程标准规定的教学内容和教学要求的达成情况。

1. 与课程标准知识点的一致性。

表4-2：教材与课程标准知识点的一致性

	完全同意	基本同意	说不清楚	基本不同意	完全不同意
教材没有遗漏课程标准所要求的知识点	18261（76.7%）	5065（21.3%）	355（1.5%）	74（0.3%）	47（0.2%）

注：表格中的数为各选项的人数，括号内的百分数为相应的频率。

教学实践表明，教材的编写应该与国家课程标准的要求相一致，以达到国家所规定的培养目标。本研究的调查结果显示，大约76.7%的教师认为人教版小学数学教材完全具备课程标准的内容，与课程标准是十分一致的。大约21.3%的教师认为人教版小学数学教材与课程标准的契合度比较好，基本具备了《课程标准》所要求的内容。单因素方差检验的结果（$F=2.854$，$P>.05$）进一步证实人教版教材均遵循了课程标准的要求，经济发达地区、一般地区和经济欠发达地区之间不存在显著的差异。

2. 内容的选取。

表4-3：教材的内容选取

	完全同意	基本同意	说不清楚	基本不同意	完全不同意
教材突出了基础知识和数学思想	19134（80.4%）	4347（18.3%）	244（1.0%）	61（0.3%）	16（0.1%）
教材重视对基本技能的训练	18654（78.4%）	4713（19.8%）	321（1.3%）	95（0.4%）	19（0.1%）
教材编排了丰富的实践活动和综合应用的内容	18090（76.0%）	5136（21.6%）	422（1.8%）	133（0.6%）	21（0.1%）
教材所选素材注意联系生活实际	18660（74.3%）	2748（13.6%）	255（1.5%）	2121（10.5%）	18（0.1%）

注：表格中的数为各选项的人数，括号内的百分数为相应的频率。

调查结果显示，大约80.4%的教师认为人教版教材完全突出了基础知识和数学思想，大约18.3%的教师认为基本突出了基础知识和数学思想。单因素方差检验的结果（$F=3.603$，$P>.05$）表明经济发达地区、一般地区和经济欠发达地区之间不存在显著的差异，这说明人教版教材在基础知识和数学思想的编排可以满足各地区的需要。

小学数学长期以来一直重视基本技能的训练，大约78.4%的教师认为人教版完全重视对基本技能的训练，另有大约19.8%的教师则基本认同。

实践活动和综合应用是课程标准的主要领域之一。从各选项人数分布的频率来看，人教版小学数学教材对这部分内容的编排较为成功，大约76.0%的教师认为教材编排了丰富的实践活动和综合应用内容，另有大约21.6%的教师也基本同意教材编排了较丰富的实践活动和综合应用内容。只有个别教师认为实践活动和综合应用的内容需要更加丰富。

数学与生活具有密切的关系，教材的素材与学生生活实际相联系是课程改革极力倡导的。有超过74.3%的教师认为教材注意所选素材与生活实际的联系。单因素方差检验的结果（$F=0.614$，$P<.05$）表明经济发达地区、一般地区和经济欠发达地区之间存在显著的差异，这说明人教版教材在选取与生活相关的素材时未满足各地区的不同需要，其中经济欠发达地区的不满意度较高。

3. 内容的编排。

表4-4：教材的内容编排

	完全同意	基本同意	说不清楚	基本不同意	完全不同意
教材的编排顺序体现了知识的内在联系和逻辑性	18282（76.8%）	4998（21.0%）	380（1.6%）	111（0.5%）	31（0.1%）
教材内容的安排注意体现与其他学科知识的联系	17304（72.7%）	5739（24.1%）	575（2.4%）	159（0.7%）	25（0.1%）
教材内容的编排有利于安排教学进度	18493（77.7%）	4907（20.6%）	284（1.2%）	94（0.4%）	24（0.1%）
教材内容能够在建议的时间内完成	18410（77.3%）	4901（20.6%）	318（1.3%）	150（0.6%）	23（0.1%）

注：表格中的数为各选项的人数，括号内的百分数为相应的频率。

数学教材因其学科特点具有很强的逻辑性，其知识之间具有内在的联系。因此，教材的编排能否体现知识的内在联系和逻辑性直接影响着教学的效果。调查显示，大约97.8%的教师都认为人教版小学数学教材的编排顺序体现了知识的内在联系和逻辑性，可见人教版教材编排的内在逻辑性比较强。

建立各学科的联系，加强学生综合应用知识的能力，是在数学教材编写中需要贯彻的原则。调查显示，大约72.7%的教师完全认同人教版教材的编排注意体现与其他学科知识的联系，另有大约24.1%的教师基本认同。

教材内容的编排是否适应教学进度是具体教学能否正常开展的关键因素。本研究的调查显示，大约77.7%的教师认为人教版小学数学教材的编排顺序完全有利于安排教学进度，大约20.6%的教师认为人教版小学数学教材的编排基本有利于安排教学进度，这说明人教版小学数学教材在这方面安排比较符合教师的实际教学要求。

教材内容安排恰当，能够在建议的时间内完成教学内容是保证教学质量的前提之一。调查结果显示，大约77.3%的教师认为人教版小学数学教材完全能够在建议的时间内完成，大约20.6%的教师认为人教版小学数学教材基本能够在建议的时间内完成，可见，在教材内容的学时安排上，人教版教材的处理方式较容易让教师接受。

4. 内容的呈现。

表4-5：教材内容的呈现

	完全同意	基本同意	说不清楚	基本不同意	完全不同意
教材对知识的阐述清楚明确	17687（74.3%）	5629（23.6%）	354（1.5%）	113（0.5%）	19（0.1%）
教材内容重点突出、有一定弹性	19110（80.3%）	4363（18.3%）	237（1.0%）	74（0.3%）	18（0.1%）
教材图文并茂，趣味盎然	18913（79.5%）	4446（18.7%）	318（1.3%）	103（0.4%）	22（0.1%）
教材插图有助于理解重点和难点内容	18813（79.0%）	4576（19.2%）	302（1.3%）	95（0.4%）	16（0.1%）
教材的例题体现了典型性和科学性	18714（78.6%）	4742（19.9%）	269（1.1%）	65（0.3%）	12（0.1%）
教材习题的难易程度符合大多数学生的掌握水平	18130（76.2%）	5239（22.0%）	276（1.2%）	132（0.6%）	25（0.1%）
习题数量合适	17672（74.2%）	5623（23.6%）	307（1.3%）	163（0.7%）	37（0.2%）
习题形式多样，有新意	17444（73.3%）	5749（24.2%）	429（1.8%）	156（0.7%）	24（0.1%）

注：表格中的数为各选项的人数，括号内的百分数为相应的频率。

对知识的阐述清楚、明确是数学教材必须具备的特点。本研究的调查显示，大约74.3%的教师完全认可人教版小学数学教材对知识的阐述是清楚、明确的，大约23.6%的教师认为人教版小学数学教材对知识的阐述是基本清楚、明确的，这说明教师对教材编排的认可度比较高。

教材内容重点突出，有利于教师更有效地把握教学内容，有效地达成教学目标。从选项人数分布的频率来看，人教版教材对这部分内容都非常重视，大部分教师认为教材的重点突出，且有弹性。

小学数学教材的呈现方式是直接影响学生学习兴趣的因素之一，教材在呈现方式上图文并茂，趣味盎然，符合小学生的阅读习惯，有利于吸引学生的注意力。调查结果显示，大约79.5%的教师认为人教版教材在呈现上完全做到了图文并茂，趣味盎然，大约18.7%的教师认为人教版小学数学教材在呈现上基本做到了这一点。

小学数学教材中的插图具有一定的学科教育功能，人教版小学数学教材插图是否有助于理解重点和难点内容呢？调查结果表明，大约79.0%的教师认为人教版小学数学教材完全有助于理解重点和难点内容，大约19.2%的教师认为人教版小学数学教材基本有助于理解重点和难点内容。

例题是小学数学教材中最重要的组成部分，例题是否很好地反映了所教学的知识，是否具有典型性和科学性，是例题编排要考虑的重要因素。调查结果显示，大约78.6%的教师认为人教版教材的例题非常具有典型性和科学性，大约19.9%的教师认为人教版小学数学教材基本具有典型性和科学性。

习题的难易程度是否恰当直接影响学生对所学知识的掌握水平。调查表明，大约76.2%的教师认为人教版教材的习题难易程度完全符合大多数学生的掌握水平，大约22.0%的教师认为人教版教材的习题难易程度基本符合大多数学生的掌握水平。

编排合理数量的习题有利于学生巩固所学的知识。调查表明，大约74.2%的教师完全认可人教版教材具有合理数量的习题，大约23.6%的教师基本认可。

习题形式的多样化有助于激发学生的学习兴趣，巩固学生所学的知识以及培养学生的探究能力。调查表明，大约73.3%的教师完全认可人教版小学数学教材的习题形式具有多样化，大约24.2%的教师也基本认可。

5. 内容的时代性。

表4-6：教材内容的时代性

	完全同意	基本同意	说不清楚	基本不同意	完全不同意
教材内容体现了时代的要求	17948（75.4%）	2876（12.1%）	457（1.9%）	2496（10.5%）	25（0.1%）
教材内容体现了学科的发展	17725（74.5%）	3166（13.3%）	437（1.8%）	2452（10.3%）	22（0.1%）

注：表格中的数为各选项的人数，括号内的百分数为相应的频率。

教材的内容应该体现时代的发展，以适应时代对学生的要求。调查表明，大约75.4%的教师完全认可人教版小学数学教材内容体现了时代的要求，大约12.1%的教师基本认可，大约10.5%的教师认为人教版小学数学教材内容没有体现时代的要求。

小学数学教材是否体现了数学学科的发展也是本研究考察的问题之一。例如，教材对数的起源、古代数学的思想以及某些当今正在研究的数学问题等均有介绍。这种处理方式让学生能够全面地了解数学学科的特点以及发展历程。调查表明，大约74.5%的教师完全认可人教版小学数学教材内容体现了学科的发展，大约10.4%的教师认为人教版小学数学教材内容没有体现学科的发展。

6. 数学文化。

表4-7：教材的数学文化

	完全同意	基本同意	说不清楚	基本不同意	完全不同意
教材重视从文化的角度介绍数学发展历史、中外数学成就	17565（73.8%）	5545（23.3%）	523（2.2%）	148（0.6%）	21（0.1%）

注：表格中的数为各选项的人数，括号内的百分数为相应的频率。

了解数学发展的历史是数学教育的内容之一。从人数分布的频率来看，人教版在从文化的角度介绍数学发展历史及成就方面得到的认可度较高。本调查表明，大约73.8%的教师认为人教版小学数学教材非常重视从文化的角度介绍数学发展历史、中外数学成就，另有大约23.3%的教师也基本同意这一点。

7. 情感教育。

表4-8：教材的情感教育

	完全同意	基本同意	说不清楚	基本不同意	完全不同意
教材恰当、自然地渗透了爱国主义情感内容	18235（76.6%）	5018（21.1%）	429（1.8%）	99（0.4%）	21（0.1%）
教材注意培养学生良好的社会公德	18237（76.6%）	4993（21.0%）	436（1.8%）	118（0.5%）	18（0.1%）
教材适时地渗透了环境保护的意识	18391（77.3%）	2547（10.7%）	369（1.6%）	2476（10.4%）	19（0.1%）

注：表格中的数为各选项的人数，括号内的百分数为相应的频率。

爱国主义教育是每门学科都必须重视的。从该项目调查人数的频率分布来看，人教版小学数学教材都能够恰当自然地渗透爱国主义情感教育，大约76.6%的教师认为人教版小学数学教材非常恰当、自然地渗透了爱国主义情感内容，大约21.1%的教师基本认可。

数学教材也需要重视学生社会公德的培养。调查结果显示，大约76.6%的教师认为教材非常重视学生社会公德的培养，大约21.0%的教师认为教材重视学生社会公德的培养。

环保教育是近些年来极力倡导的公民教育之一，更是中小学教育中都很重视的内容，在小学数学教材中如何让学生在习得数学知识、提高数学能力的同时适时地渗透环境保护的意识，是教材编排时要认真思考的问题。本研究的结果显示，大约77.3%的教师认为教材适时地渗透了环境保护的意识，大约10.7%的教师认为教材基本渗透了环境保护的意识。与此同时，也有大约10.5%的教师认为教材没有渗透环境保护的意识，可见，教材在环保意识的渗透方面还有进一步完善的空间。

8. 思想方法。

表4-9：教材中的思想方法

	完全同意	基本同意	说不清楚	基本不同意	完全不同意
教材重视培养学生的辩证唯物主义思想	17562（73.8%）	5450（22.9%）	679（2.9%）	88（0.4%）	23（0.1%）
教材注重培养学生的探索精神和创新精神	18457（77.5%）	4881（20.5%）	374（1.6%）	77（0.3%）	13（0.1%）
教材重视培养学生的实践精神	18268（76.7%）	5032（21.1%）	383（1.6%）	108（0.5%）	11（0.1%）
教材重视培养学生反思和质疑的精神	17941（75.4%）	5229（22.0%）	496（2.1%）	123（0.5%）	13（0.1%）
教材考虑了学生的个别差异，能增强不同程度学生的自信心	17101（71.8%）	5750（24.2%）	710（3.0%）	206（0.9%）	35（0.1%）
教材内容的呈现有利于培养学生良好的学习方法	18006（75.6%）	5212（21.9%）	448（1.9%）	112（0.5%）	24（0.1%）

注：表格中的数为各选项的人数，括号内的百分数为相应的频率。

辩证唯物主义思想是解释和认识客观世界的指导思想，本调查表明，大约73.8%的教师认为人教版小学数学教材非常重视培养学生的辩证唯物主义思想，另有约22.9%的教师也持认同观点，这都说明教材在重视培养学生的辩证唯物主义思想方面做得不错。

探索精神和创新精神是新时代人才的特征之一，也是在数学方面能有所成就的必备素质。本调查表明，大约77.5%的教师认为人教版小学数学教材非常注重培养学生的探索精神和创新精神，大约20.5%的教师则认为教材比较注重培养学生的探索精神和创新精神。

对培养学生实践精神的调查结果表明，大约76.7%的教师认为教材非常重视培养学生的实践精神，大约21.1%的教师认为人教版教材比较重视。

反思能力和质疑精神是学生学习，特别是数学学习中非常重要的。反思能力较强的学生学习中的自我监控水平就高，而质疑精神与探究能力之间也具有密切的关系。本调查表明，大约75.4%的教师认为人教版小学数学教材非常重视培养学生的反思和质疑的精神，持否定看法的教师则仅占0.6%。

培养学生自信心是课程标准中"情感与态度"维度特别强调的，它利于激发学生学习数学的兴趣，对学生数学学习具有较强的影响作用。教材能否考虑到不同程度学生的个体差异，让他们都在数学学习中有所提高，找到自信呢？本调查表明，大约71.8%的教师认为人教版小学数学教材考虑了学生的差异，能增强不同程度学生的自信心，另有大约24.2%的教师也持有肯定看法。

良好的学习方法有利于学生更快、更好地掌握所学内容。本调查表明，大约75.6%的教师认为人教版教材内容的呈现非常有利于培养学生良好的学习方法，大约21.9%的教师认为教材内容的呈现基本有利于培养学生良好的学习方法，这说明人教版教材在培养学生良好的学习方法方面得到多数教师的支持。

（二）认知规律与能力发展

小学生处在认知能力迅速发展的时期，教材在编写时是否充分考虑了学生的认知水平，使教学行为发生在学生的"最近发展区"，是教材编写时要考虑的重要因素，它也直接影响着学生的学习效果。因此，本研究在进行教材比较时，将其作为一个考察的重要维度。具体调查结果如下。

1. 符合学生认知。

表4-10：教材编排是否符合学生认知

	完全同意	基本同意	说不清楚	基本不同意	完全不同意
教材新知识的呈现注意联系学生的已有知识与经验	18870（79.3%）	4660（19.6%）	203（0.9%）	62（0.3%）	7（0.0%）
教材的难度及要求符合学生的认知水平	18075（75.9%）	5284（22.2%）	292（1.2%）	129（0.5%）	22（0.1%）
教材对难点内容的编排符合学生的实际水平	17844（75.0%）	5446（22.9%）	341（1.4%）	140（0.6%）	31（0.1%）

注：表格中的数为各选项的人数，括号内的百分数为相应的频率。

课程标准非常重视数学学习要建立在学生已有的知识经验的基础之上，教材对此也应进行充分的体现。本调查表明，大约79.3%的教师认为人教版教材新知识的呈现非常注意联系学生的已有知识与经验，大约19.6%的教师认为人教版新知识的呈现基本注意联系学生的已有知识与经验。

教材的难度是否符合学生的认知水平在很大程度上影响教学目标的达成，符合学生认知水平的教材有利于学生知识习得，能力发展以及情感、态度的培养。反之，教材内容安排过难或过易都不利于学生的数学学习和认知能力的发展。本调查表明，大约75.9%的教师认为人教版教材的难度及要求完全符合学生的认知水平，大约22.2%的教师则认为基本符合学生的认知水平。

根据学生的认知水平编排教材的难点内容，可以有目的、有步骤地引导学生逐步深入地思考。本调查表明，大约75.0%的教师认为人教版教材对难点内容的编排完全符合学生的实际水平，持否定意见的教师仅占0.7%。

2. 引导学生思考。

表4-11：教材编排是否引导学生思考

	完全同意	基本同意	说不清楚	基本不同意	完全不同意
教材体现了教师的启发和引导的作用	18569（78.0%）	4903（20.6%）	254（1.1%）	68（0.3%）	8（0.0%）
教材体现了教师对知识的总结和归纳的作用	18498（77.7%）	4905（20.6%）	285（1.2%）	95（0.4%）	19（0.1%）
教材注重引导学生对所学知识进行系统归纳	18295（76.9%）	5082（21.3%）	312（1.3%）	98（0.4%）	15（0.1%）
教材给学生留有独立思考的空间	18344（77.1%）	5104（21.4%）	279（1.2%）	62（0.3%）	13（0.1%）
教材的组织有利于学生举一反三	17940（75.4%）	5287（22.2%）	434（1.8%）	117（0.5%）	24（0.1%）

注：表格中的数为各选项的人数，括号内的百分数为相应的频率。

本研究结果表明，教师对"教材体现了教师的启发和引导作用"的认可度都比较高，大约78.0%的教师认为教材完全体现了教师的启发和引导作用，大约20.6%的教师认为教材基本体现了教师的启发和引导作用。

在"教材体现了教师对知识的总结和归纳的作用"方面，调查结果也显示广大教师对人教版的编排处理较为认同，大约77.7%的教师认为教材完全体现了教师对知识的总结和归纳的作用，大约20.6%的教师则认为教材基本体现了教师对知识的总结和归纳的作用。

对所学知识进行系统归纳有利于学生厘清相关知识之间的脉络，建立其相应的结构网络，因而引导学生归纳所学知识是数学教材编排时要考量的众多因素之一。从调查的结果来看，大约76.9%的教师认为教材非常注重引导学生对所学知识进行系统归纳，大约21.3%的教师认为教材基本注重引导学生对所学知识进行系统归纳。

引导学生独立思考有利于学生能力的发展，教材的编排是否给学生留有独立思考的空间也直接影响了教师的数学教学模式。从调查的结果来看，大约77.1%的教师认为人教版小学数学教材给学生留有非常多的独立思考空间，另有大约21.4%的教师认为教材给学生留有一定的独立思考空间。这一点在日常的课堂观察中也得到了验证，现今的小学数学课堂也都注重让学生通过自己的独立思考来学习知识、解决问题。

本研究结果表明，教材组织比较有利于学生举一反三，教师的认可度都比较高，大约75.4%的教师认为教材的组织非常有利于学生举一反三，还有大约22.2%的教师也持同意态度。

3. 培养学生合作探究精神。

表4-12：教材编排是否利于培养学生合作探究精神

	完全同意	基本同意	说不清楚	基本不同意	完全不同意
教材安排有师生互动的活动设计	18190（76.4%）	5143（21.6%）	352（1.5%）	107（0.4%）	10（0.0%）
教材设计有较多的学生合作学习、小组讨论的活动	17991（75.6%）	5293（22.2%）	381（1.6%）	127（0.5%）	10（0.0%）
教材给学生提供了较多的动手操作的机会	17982（75.5%）	5300（22.3%）	368（1.5%）	139（0.6%）	13（0.1%）
教材安排有一定数量的实践活动	17687（74.3%）	5629（23.6%）	354（1.5%）	113（0.5%）	19（0.1%）
教材安排有一定数量的探究活动	18669（78.4%）	4844（20.4%）	222（0.9%）	60（0.3%）	7（0.0%）
教材给学生提供创造、质疑的机会	18082（76.0%）	5208（21.9%）	391（1.6%）	105（0.4%）	16（0.1%）
教材设计能激发学生的探究欲望	17956（75.4%）	5243（22.0%）	468（2.0%）	116（0.5%）	19（0.1%）
教材注重要求学生对学习活动进行自我总结	17957（75.4%）	5278（22.2%）	415（1.7%）	134（0.6%）	18（0.1%）

注：表格中的数为各选项的人数，括号内的百分数为相应的频率。

相比上述与学生认知水平有关的教材编排，对教材师生互动活动的设计调查结果表明，大约76.4%的教师认为教材安排了较多师生互动的活动设计，大约21.6%的教师认为教材安排了一些师生互动的活动设计。

本次课程改革较以往更为重视学生的合作学习，教材对此的体现也较充分。调查结果显示，大约75.6%的教师认为教材设计有较多的学生合作学习、小组讨论的活动，大约22.2%的教师则认为教材设计有一些学生的合作学习、小组讨论活动。

本研究结果表明，教师对"教材给学生提供了较多的动手操作的机会"的认可度均较高，大约75.5%的教师认为教材给学生提供了较多的动手操作的机会，大约22.3%的教师认为教材给学生提供了一些的动手操作的机会。

本研究结果表明，教师对"教材安排有一定数量的实践活动"的认可度均较高，大约74.3%的教师认为人教版教材安排有一定数量的实践活动，大约23.6%的教师认为人教版教材安排有实践活动。可见，在教材中安排一定数量的实践活动还是符合了教学实践的要求的。

探究活动是促进学生独立思考、解决问题能力的载体，在当前的小学数学课堂教学中得到很大的关注。调查结果显示，大约78.4%的教师完全认可人教版教材有一定数量的探究活动，大约20.4%的教师基本认可。

创造能力和质疑精神是学好数学的必备素质之一，教材作为最重要的课程资源，如若给学生提供合适的创造和质疑的机会，无疑会促进学生在创造力方面有较好的发展。调查结果显示，大约76.0%的教师完全认可人教版教材给学生提供有创造、质疑的机会，大约21.9%的教师基本认可。

较强的探究欲望能促使学生更主动地学习，并对所学知识保持持久的兴趣。调查结果显示，大约75.4%的教师完全认可人教版小学数学教材的设计能激发学生的探究欲望，不认可的教师仅占0.6%。

对学习活动进行自我总结体现了学生主动学习的学习方式，这种学习方式有利于学生主动整理所学习的知识，建立知识之间的联系。调查结果显示，大约75.4%的教师完全认可人教版小学数学教材注重要求学生对学习活动进行自我总结，大约22.2%的教师基本认可。

4. 培养学生分析、解决问题能力。

表4-13：教材是否利于培养学生分析、解决问题能力

	完全同意	基本同意	说不清楚	基本不同意	完全不同意
教材能启发学生多角度、辩证地思考问题	18243（76.6%）	5092（21.4%）	352（1.5%）	101（0.4%）	14（0.1%）
教材给学生提供了较多的分析推理的机会	18077（75.9%）	5231（22.0%）	378（1.6%）	104（0.4%）	12（0.1%）
教材能启发学生提出数学问题	18624（78.2%）	2456（10.3%）	250（1.1%）	2456（10.3%）	16（0.1%）
学生能运用教材中的知识解决日常生活问题	18315（76.9%）	5092（21.4%）	307（1.3%）	73（0.3%）	15（0.1%）

注：表格中的数为各选项的人数，括号内的百分数为相应的频率。

本研究对"教材能否启发学生多角度、辩证地思考问题"的调查显示，目前使用的教材在此方面进行了许多的尝试，力图促使学生从不同角度思考问题，用不同方法解决问题。调查结果显示，大约76.6%的教师完全认可人教版教材给学生提供有创造、质疑的机会，另有大约22.2%的教师也持肯定看法。

教材是否给学生提供了较多的分析推理的机会，促进学生分析推理能力的发展呢？调查结果显示，大约75.9%的教师完全认可人教版教材能启发学生多角度、辩证地思考问题，还有大约22.0%的教师基本认可。

数学是思维的体操，培养学生思维能力的发展是数学教育的主要目标之一。因而，有意识、有目的地培养学生提出问题的能力也是教材编排应着力考虑的一个方面。调查结果显示，大约78.2%的教师完全认可人教版教材能启发学生提出数学问题，大约10.3%的教师基本认可，但也有大约10.4%的教师则认为人教版教材不能启发学生提出数学问题。

解决问题的能力一直以来都受到小学数学教育界的关注。本次课程改革更是明确提出，培养学生用所学的知识解决日常生活中遇到的问题。教材在这方面的编排是否能反映课程标准的要求，得到广大使用者的认可呢？调查结果显示，大约76.9%的教师完全认可学生能运用教材中的知识解决日常生活问题，大约21.4%的教师则基本认可。

（三）编辑与制作水平

编辑与制作水平是教材从编写到出版中的重要环节，它体现了编者的思想，影响着师生的阅读。因而，本研究对人教版小学数学教材的编辑制作水平进行了调查。具体结果如下。

1. 图文搭配。

表4-14：教材的图文搭配

	完全同意	基本同意	说不清楚	基本不同意	完全不同意
教材语言规范、简洁、清晰、流畅	19508（82.0%）	4054（17.0%）	190（0.8%）	38（0.2%）	12（0.1%）
教材的各级标题及例题的结构、层次清楚	19336（81.2%）	4204（17.7%）	189（0.8%）	57（0.2%）	16（0.1%）
教材编辑质量较高，少有错字、漏字	20485（86.1%）	3194（13.4%）	96（0.4%）	17（0.1%）	10（0.0%）
图、表制作规范，比例恰当	19751（83.0%）	3872（16.3%）	138（0.6%）	31（0.1%）	10（0.0%）
图文大小适当、配合协调	19827（83.3%）	3796（15.9%）	138（0.6%）	28（0.1%）	13（0.1%）

注：表格中的数为各选项的人数，括号内的百分数为相应的频率。

规范、简洁、清晰、流畅是数学语言的特点。调查结果显示，大约82.0%的教师完全认可教材语言规范、简洁、清晰、流畅，大约17.0%的教师基本认可。

各级标题及例题的结构、层次清楚的教材更有利于学生的阅读。调查结果显示，大约81.2%的教师完全认可教材的各级标题及例题的结构、层次清楚，大约17.7%的教师基本认可。

一般来说，对教材编辑质量的要求要高于一般图书。调查显示，人教版教材在编辑质量上还是得到了一致的认可，大约86.1%的教师完全认可教材编辑质量较高，大约13.4%的教师基本认可教材编辑质量较高。

教材不同于其他出版物，它对编排、制作的规范性要求非常高。对数学教材而言，除了语言表述外，在图表中也蕴含了很丰富的信息，因而图表制作的规范也是编排时要考虑的因素。调查结果显示，大约83.0%的教师完全认可人教版教材的图、表制作规范，比例恰当，大约16.3%的教师则基本认可。

为符合小学生阅读习惯，小学数学教材在保持版面美观的前提下，图文大小的比例配合上也要恰当。调查结果显示，大约83.3%的教师完全认可人教版小学数学教材的图文大小适当、配合协调，大约15.9%的教师基本认可。

2. 印刷装帧。

表4-15：教材的印刷装帧

	完全同意	基本同意	说不清楚	基本不同意	完全不同意
图文印刷清晰、明了	20327（85.4%）	3340（14.0%）	100（0.4%）	23（0.1%）	12（0.1%）
版面清爽、疏密得当	20154（84.7%）	3462（14.5%）	138（0.6%）	36（0.1%）	12（0.1%）
教材没有倒页、断页、切边不齐等印刷问题	20592（86.1%）	3065（13.4%）	102（0.4%）	32（0.1%）	11（0.0%）
教材制作装帧十分牢固	19833（83.3%）	3737（15.7%）	159（0.7%）	57（0.2%）	16（0.1%）

注：表格中的数为各选项的人数，括号内的百分数为相应的频率。

调查表明，大部分教师对教材的版面还是持认可态度的，调查结果显示，大约85.4%的教师完全认可人教版教材的图文印刷清晰、明了，大约14.0%的教师基本认可。

本研究的调查结果显示，大约84.7%的教师完全认可人教版小学数学教材的版面清爽、疏密得当，大约14.5%的教师基本认可。此外，人教版小学数学教材在印刷上都得到了教师们的认可，基本没有倒页、断页、切边不齐等问题。

因为每本教材都要至少使用一学期，所以对其牢固性还是有一定的要求的。调查结果显示，大约83.3%的教师完全认可人教版小学数学教材的制作装帧十分牢固，大约15.7%的教师基本认可。

（四）可行性与适用性

教材的可行性与适用性是评价教材很重要的指标。本研究也从教材的操作性、地域性等几个方面切入，对教材的可行性与适用性进行了调查研究。

1. 可行性。

表4-16：教材的可行性

	完全同意	基本同意	说不清楚	基本不同意	完全不同意
教材提倡的新理念具有可操作性	18948（79.6%）	4475（18.8%）	306（1.3%）	56（0.2%）	17（0.1%）

教材的新理念具有可操作性对小学数学教材尤为重要，调查结果显示，大约79.6%的教师完全认可人教版教材提倡的新理念具有可操作性，大约0.3%的教师持不同意见。

2. 适用性。

表4-17：教材的适用性

	完全同意	基本同意	说不清楚	基本不同意	完全不同意
教学要求的教具、学具符合学校实际	18216（76.5%）	5027（21.1%）	374w（1.6%）	155（0.7%）	30（0.1%）
教材体现的要求与当地的师资水平相符	18314（76.9%）	5034（21.1%）	338（1.4%）	88（0.4%）	28（0.1%）
教材符合使用的地区	18475（77.6%）	2896（12.2%）	315（1.3%）	2086（8.8%）	30（0.1%）

注：表格中的数为各选项的人数，括号内的百分数为相应的频率。

教具、学具是教学中的辅助资源，有利于学生更好地掌握概念、理解算理等。本研究表明，大约76.5%的教师完全认可人教版教材呈现的教具、学具符合学校实际，另有大约21.1%的教师基本认可。

教师是教材的直接使用者，教材体现的要求是否符合当地的师资水平，是否为教师所理解，是否能被教师很好地诠释，是衡量教材适用性的重要方面。调查结果显示，大约76.9%的教师完全认可教材体现的要求与当地的师资水平相符，大约21.1%的教师也基本认可。这说明人教版教材制定的内容目标和教学要求与全国现有的师资水平是匹配的，也是教师能够驾驭的。

教材在使用过程中是否符合各地的实际情况也是教材适用性的主要指标，调查结果显示，大约77.6%的教师完全认可人教版小学数学教材符合当地实际，大约12.2%的教师持基本认可的态度，值得注意的是，有大约8.9%的教师基本不认可人教版小学数学教材符合使用的地区。单因素方差检验的结果（$F=0.903$，$P<.05$）表明：经济发达地区、一般地区和经济欠发达地区之间存在显著差异，这说明人教版教材的内容未满足不同各地区的需要，其中经济欠发达地区的不满意度较高。

三、研究结论及启示

（一）结论

1. 教材较好地体现了课程标准的要求。

人教版教材的主体内容较好地体现了课程标准的要求，是实施素质教育的有效载体。具体表现为：注重知识的内在联系和逻辑性；注重联系生活实际和学生的经验创设丰富多彩的情境来呈现各种学习内容，学生学习的过程体现了动手实践、自主探索和合作交流的方式；注重引导学生对所学知识进行系统归纳；内容的编排有利于安排教学进度和时间；内容的编排符合学生的认知水平；呈现方式与学习方式注重继承与创新；重视渗透数学思想和数学文化。人教社有着丰富的编写教材的经验，在教材编写中，注意处理好继承优良与创新的关系，在宏观上把握较好，如内容结构较严谨、数学学科特点与学生认知特点相结合、难点知识的展开有利于教学、重视数学思想方法和数学文化的教育等。

2. 在教材的可行性和适应性上表现出了显著的地区差异。

教科书的可行性和适应性是教科书质量的重要方面，很大程度上直接关系到小学数学课堂的质量。对于教材是适用于农村还是城市的问题，多数教师认为教材更适用于城市。这说明教材在素材选取和编排设计等方面都存在城市化的倾向。提示教材编者在选材和活动设计方面要进一步考虑农村学生的需要。

3. 在培养学生能力的认可度上表现出了显著的年龄差异。

教师教龄对很多问题都有影响。并且随着教师教龄的增加，教师对教材的认同度在下降，对于教材的使用效果的评价更倾向于负面。通过进一步的访谈发现，这与老教师更愿意按自己熟悉的方式教学有关。但是，从另外角度来看，我们更应该反思教材本身存在的问题，如何能在保持教材体系结构严谨、语言清晰规范、注重"四基"的基础上，改进呈现方式，引导学生学习方式的改进，培养学生发现问题、解决问题的能力，培养学生的创新意识，从而缩小教材在培养学生能力认可度上的教龄差异是教材编者更应该考虑的问题。

（二）建议

1. 教材选取素材时应考虑地域性差异。

我国幅员辽阔，城市和农村、东部和西部、学校之间等，在政治、经济、文化、教育条件等方面的差异甚大。编写教材时考虑不同地域、不同学校的差异以增强教材的普适性，从而利于促进我国教育均衡发展。教材在素材选取上重视农村和西部不仅有利于农村、西部小学生数学学习动机的激发和对相关数学内容的理解，而且促使他们从小就了解、关心和热爱家乡。同时也为城市、东部的小学生准确和深入认识农村、西部提供重要的数学课程资源。

2. 教材注重发展学生提出数学问题的能力。

在现实情境中提出数学问题或对已有问题进行新的阐释，可增强学生问题解决能力，丰富、巩固其对数学基本概念的理解。鉴于数学问题提出在数学课程与教学中的重要作用，已有许多学者开展了关于数学问题提出尤其是中小学问题提出现状的调查研究。例如，陈丽敏等人通过对辽宁省117名五年级小学生进行问卷调查，得出中国小学生提出创新性复杂程度高的数学问题存在困难，并指出了影响因素，提出了培养小学生提出问题能力的具体对策。在教科书呈现上，也应采取一些方法来促进学生提出数学问题能力的发展，例如，宋运明等人对4种版本小学数学教科书中"提出问题"提示语在教科书中的分布及次数、提示语所含附加信息的分布及次数和提示语所处提出问题模块位置的分布及次数进行统计与比较，并提出提示语编写建议。这些研究，结合本调查研究的结果，说明在今后的教材建设中，应在素材选择、情境创设、文本呈现等方面优化提出问题的编排，从而更好地培养学生提出数学问题的能力。

3. 加大教师培训力度，促进教师专业成长。

人教版小学数学教材无论是在教学观念、教学思想、教学内容、教与学的方式、评价等方面，都提出了比以往更高、更明确、更符合社会发展的要求。虽然经过大面积教师培训，教师适应课程改革的能力有了不同程度的提高。但是统计结果表明，还有一些教师较少参加培训，他们理解教材的特点及编排意图的能力较弱，难于胜任教学。为此，加大对教师的培训力度，切切实实地提高广大教师的专业水平，尤为迫切。建议采取多渠道、多层面，多角度地培训方式进一步从思想上、观念上、教育方式和学习方式上、评价考试改革等方面对教师定期或不定期的培训，促进教师专业化成长，使其理解教材、驾驭教材的能力得到更大的提升。

第五章 小学数学教材的编排

5.1 数的认识的编排

5.1.1 教材中"数"的编排顺序

本节选取人教版教材和北师版教材,通过对这两版教材中"数的认识"的编排进行比较,可以找到两版教材的异同之处,从而对"数的认识"的编排有更进一步的理解。人教版、北师版教材整体编排顺序如图5-1、图5-2所示。

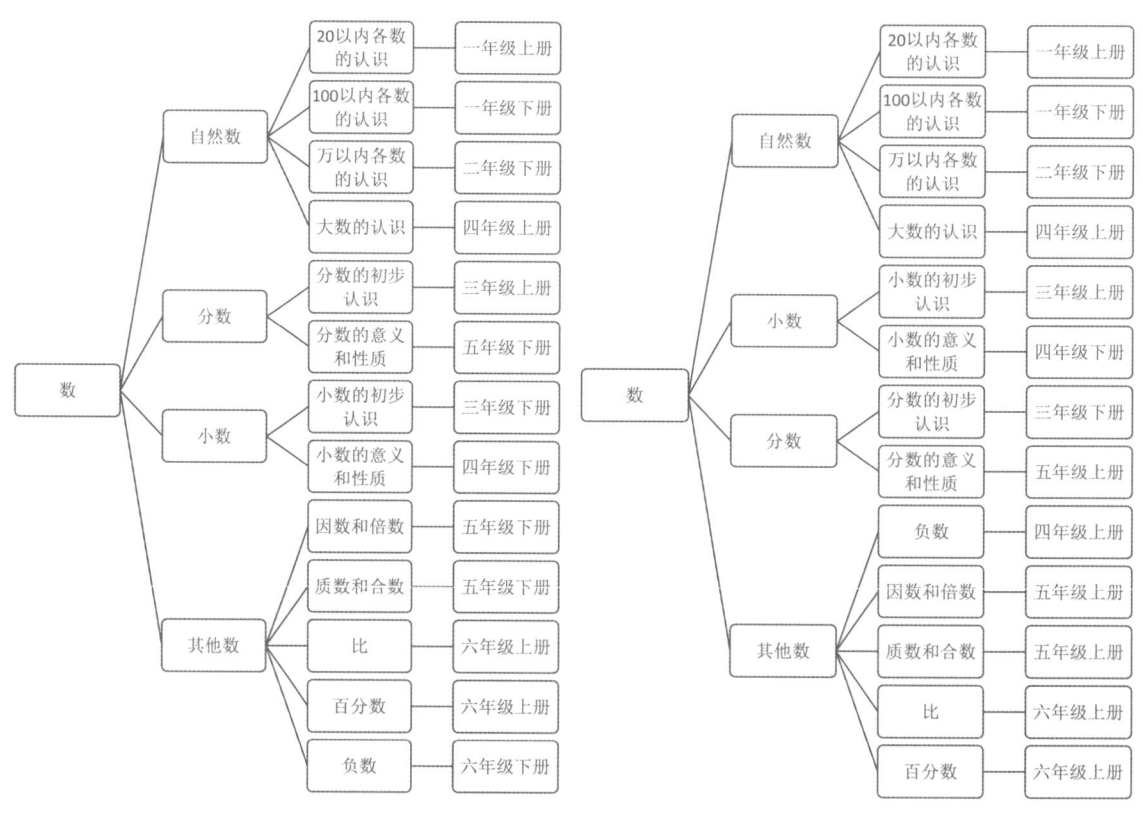

图 5-1 人教版教材数的认识整体编排顺序　　图 5-2 北师版教材数的认识整体编排顺序

首先,两版教材都是从自然数开始介绍。

其次,对于联系紧密的小数和分数,人教版教材按照逻辑顺序,先介绍分数再介绍小数;而北师版教材根据学生的生活经验,即学生对于小数学习有充分的生活基础，先介绍小数再介绍分数。

最后，对于比、百分数、负数，人教版的呈现顺序是比—百分数—负数，北师版的呈现顺序是负数—百分数—比。其中百分数、比的教授年级并没有大的差别，而北师版教材相比于人教版教材，将负数内容提前了两年学习。

总体来看，两版教材的教学内容没有大的差异，只是内部编排上有一些差异。尽管如此，二者都没有偏离学生的认知规律，都是在学生的认知基础上进行编写。

5.1.2 人教版教材中每类数的呈现

本节我们将从含义、认读写、性质等维度对人教版教材中的每一类数的呈现进行分析，并对其表征方式进行介绍，其中表征方式可作如下分类（表5-1）。

表 5-1 表征方式分类

表征类型	概述
符号表征	用各类符号说明抽象的数
直观表征	能够通过直观图或具体实物等直观的方式来表征知识，学生容易理解
动作表征	通过手指、珠算、计数等动作完成数数或计算（例如数1、2、3）
语言表征	通过口头语言或文字的方式描述数的含义等

一、自然数的呈现

人教版将自然数的认识分为七个部分，对自然数的基本认识主要集中在低年级（一、二年级），大数的认识是对自然数的进一步认识，安排在高年级（四年级），各个部分在教材中的分布如图5-3所示。

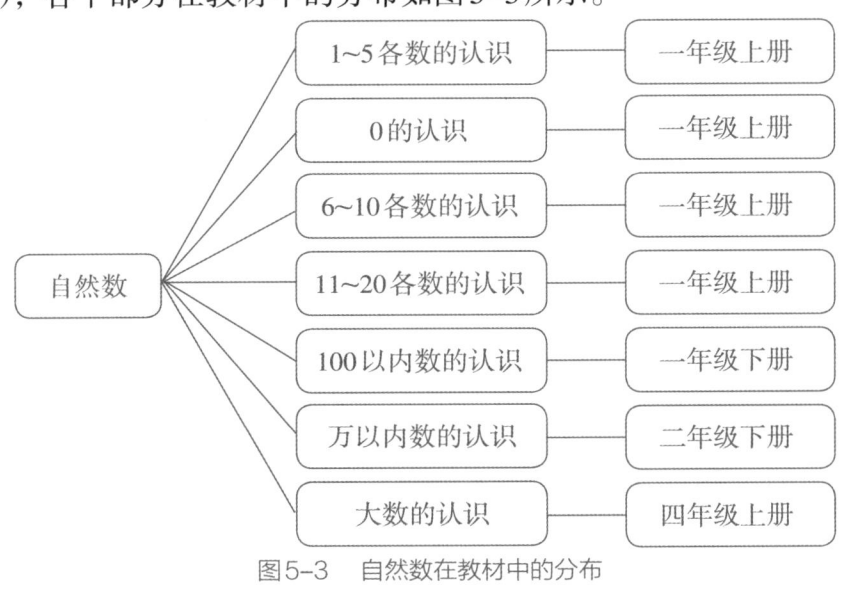

图5-3 自然数在教材中的分布

（一）认识"1~5"各数

自然数有基数和序数两个方面的含义。

① 基数含义：自然数表示事物有多少，如图5-4所示。

② 序数含义：自然数表示事物的次序，如图5-5所示。

图5-4　自然数的基数含义　　　　　　　　图5-5　自然数的序数含义

大部分儿童在入学前对"5"以内各数已经有了一定的认识，但对其基数和序数含义并不理解。根据各数的特点和儿童的生活经验，集中学习"1~5"，让学生经历从日常生活中抽象出数的过程。1~5各数的认读写如图5-6所示。对于性质维度，我们主要从数的顺序、数的大小比较和数的组成三个方面来分析。

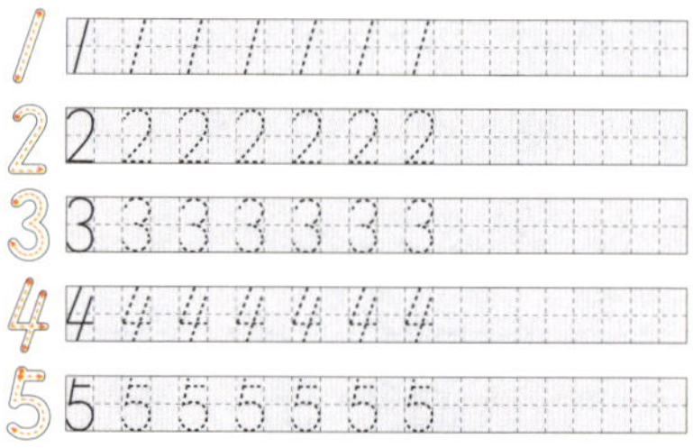

图5-6　"1~5"各数的认读写

认识"1~5"各数的知识表征方式如表5-2所示。

表5-2　认识"1~5"各数的知识表征

内容		表征方式
含义		直观表征、符号表征、动作表征（如图5-4、图5-5所示）
认读写		直观表征（如图5-6所示）
性质	数的顺序	直观表征 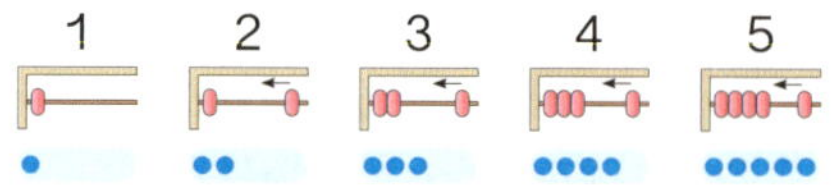
	数的大小比较	直观表征、符号表征、动作表征 
	数的组成	直观表征、符号表征 

（二）认识"0"

之所以在学生认识了"1~5"并学习了"1~5"的加减法后就引入"0"，是因为学生在减法中会不可避免地遇到形如"3-3=0"的题目。尽早引入"0"，有利于学生理解自然数，"0"读作"零"，有两个方面的含义，教材中以直观的表征方式进行说明。

① 表示没有，如图5-7所示，小猴逐次吃桃至没有桃子。

② 表示起点，如图5-8所示，尺子的零刻度。

图5-7 "0"的第一个含义

图5-8 "0"的第二个含义

关于"0"的认读写，人教版教材中也是采取直观表征的方式，如图5-9所示。

图5-9 "0"的认读写

（三）认识"6~10"各数

在学生已集中学习完"1~5"和"0"的基础上学习"6~10"，继续让学生经历从日常生活中抽象出数的过程，促使学生数感的形成。由于我们采用的计数法是十进制计数法，满十向前一位进1。"十"即一个计数单位，因此认识"10"十分重要。6~10各数也同样具有基数和序数两方面含义，认读写的表征也大同小异，不再赘述。

认识"6~10"各数的知识表征方式如表5-3所示。

表5-3 认识"6~10"各数的知识表征

内容		表征方式
含义		直观表征、符号表征、动作表征
认读写		直观表征
性质	数的顺序	直观表征
	数的大小比较	直观表征、符号表征、动作表征
	数的组成	直观表征、符号表征

（四）认识"11~20"各数

学生已经学过"0~10"的自然数，在认识"10"的基础上通过摆小棒，从"1"逐个数到"20"，并通过将十个小棒捆在一起，从而直观地了解"11~20"各数都是由1个十和几个一组成的，为进一步学习数的读法和写法作准备，为学生后续认识数位、理解位值制的意义奠定基础。

对于"11~20"各数的基数和序数含义，这里不再多说，关于"11~20"各数的认读写，首先介绍位值制中的十位和个位，从右边起第一位是个位，第二位是十位。有几个一就在个位写几，有几个十就在十位写几，例如11是由1个十和1个一合成。10个一和1个十相等。读法、写法如图5-10、图5-11所示。

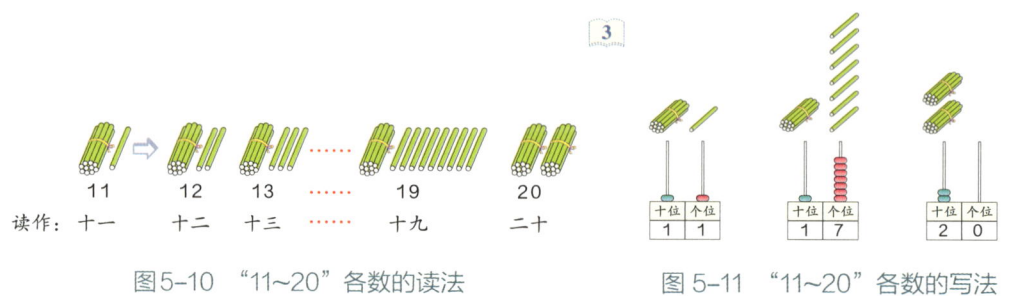

图5-10 "11~20"各数的读法　　　　图5-11 "11~20"各数的写法

认识"11~20"各数的知识表征方式如表5-4所示。

表5-4　认识"11~20"各数的知识表征

内容		表征方式
含义		直观表征、符号表征、动作表征
认读写		直观表征、符号表征（如图5-10、图5-11所示）
性质	数的顺序	直观表征、语言表征
	数的大小比较	
	数的组成	直观表征、语言表征

（五）认识"100"以内的数

学生认识了"0~20"的数，并初步了解了数的组成，也已经学习了计数单位"一（个）"和"十"，但仍需进一步拓展计数单位，感知"十进制""位值制"。同样地，通过捆绑小棒的方式，引导学生整体直观感受"100"的大小，引出新的计数单位"百"，从而直观地认识计数单位"十"和"百"之间的关系，为学习更大的数作铺垫。10个十和1个百相等（即10个十是一百），如图5-12所示。

图5-12　100以内数的含义

认识100以内各数的知识表征方式如表5-5所示。

表5-5　认识100以内数的知识表征

内容		表征方式
含义		直观表征、语言表征、动作表征（如图5-12所示）
认读写		直观表征、符号表征
性质	数的大小比较	直观表征、符号表征、语言表征
	数的组成	直观表征、语言表征

（六）认识万以内的数

基于学生对"满十进一"的进位制、数位及各个数位上的数字所表示的值的初步认识，向学生引入"一"到"万"的计数单位，如图5-13所示，这是学生在认识大数的道路上的初步体验，也使学生将原先已掌握的"一""十""百"计数单位扩充为一个完整的数级，它广泛地存在于日常生活的应用中。10个一百是一千；10个一千是一万。其读法、写法如图5-14所示。

第五章　小学数学教材的编排 ｜ 307

图5-13 万以内数的含义

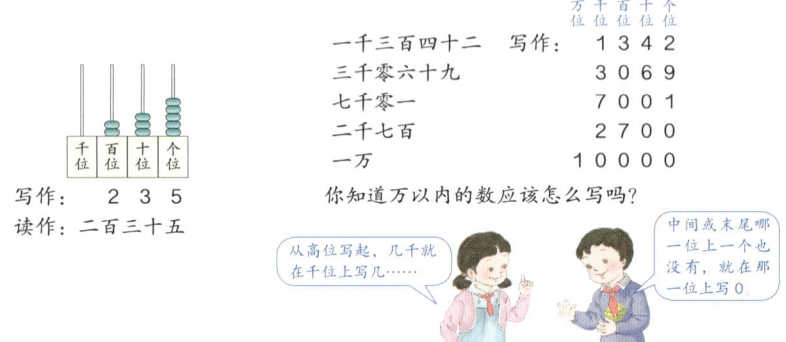

图5-14 万以内数的读写

认识万以内的数的知识表征方式如表5-6所示。

表5-6 认识万以内数的知识表征

内容	表征方式
含义	直观表征、语言表征、动作表征（如图5-13所示）
认读写	直观表征、符号表征、语言表征（如图5-14所示）
数的组成	直观表征、语言表征 这个数是由（　）个千、（　）个百、（　）个十和（　）个一组成的。

（七）认识大数

经过三年的学习后，学生已经基本掌握了万以内的数，然而学生的学习往往不会涉及万以外的数，因此对于大数的认识仍不够清晰。因此引入本节内容，认识新的计数单位"万"到"亿"，掌握数位顺序表，使学生能根据数级正确简便地读写大数，如图5-15所示，这里是以直观表征和语言表征的方式呈现的。在这一部分内容中，介绍了数的产生和十进制计数法。用阿拉伯数字计数时，将计数单位按一定顺序排列起来，每相邻两个计数单位之间的进率为十的计数方法叫做十进制计数法。

在用数字表示数的时候，这些计数单位要按照一定的顺序排列起来，它们所占的位置叫做**数位**。

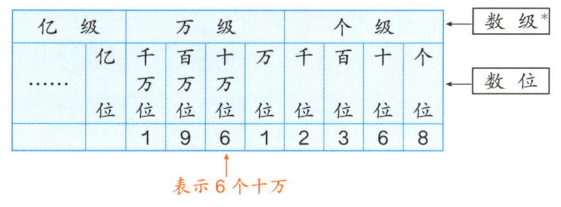

图 5-15 大数的含义

大数的读写是以直观表征、语言表征和符号表征的方式呈现的。从小到大，十进位的数位法则是一次相差十倍。有了十个符号和数位，读自然数的法则是：符号+数位。比如：

$$千\ 百\ 十\ 个$$
$$3\ \ 1\ \ 4\ \ 2$$

表示的是三个"千"、一个"百"、四个"十"和两个"一"，可以读为：三千一百四十二。

大数的大小比较是以直观表征、语言表征和符号表征的方式呈现的，如图 5-16 所示。

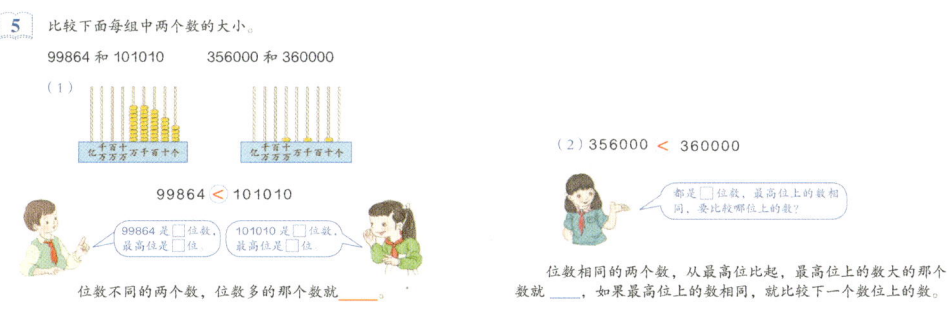

图 5-16 大数的大小比较

二、分数的呈现

人教版教材中分数的认识分为两个部分：初步认识分数和认识分数的意义与性质。在三年级引入分数是为了更好地拓展整数除法，更好地表示平均分的结果，也为学习小数作铺垫。由于分数内容的难度较大，大量陌生知识的引入不利于三年级学生的学习，因此教材将更进一步的分数内容放到了五年级进行介绍。等学生对分数的概念有了一定的认识后，再系统地学习分数，包括分数的产生、分数的意义、分数与除法的关系等，有利于学生理解与吸收分数知识。各个部分在教材中的分布如图 5-17 所示。

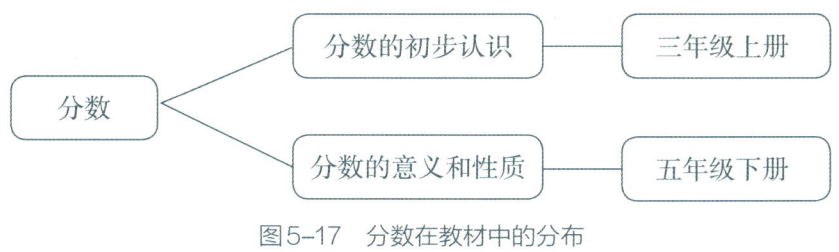

图 5-17 分数在教材中的分布

（一）分数的初步认识

分数的出现源于人们在进行测量和均分时，总会有用整数测量不完或均分不尽的情况。与此同时，在日常生活中，也常会遇到分东西的问题，首先采取的是除法，当商不是整数时，学生遇到了困难，因此分数的学习非常必要。这一部分的学习将学生对数的认识从自然数系扩充至正有理数系，拓展了学生的思维能力。

$\frac{1}{2}$、$\frac{1}{3}$、$\frac{2}{4}$、$\frac{3}{4}$、$\frac{3}{10}$这样的数，都是分数，分数的表示如图5-18所示。

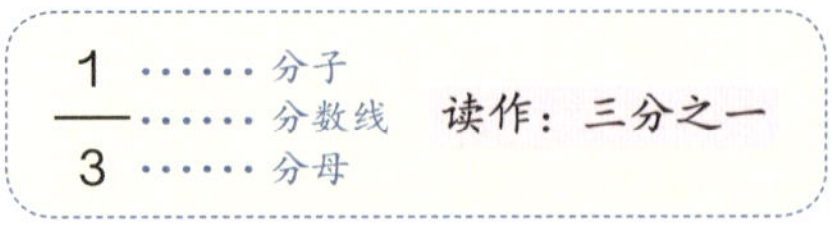

图5-18 分数的表示

分数的初步认识的知识表征方式如表5-7所示。

表5-7 分数的初步认识的知识表征

内容	表征方式
含义	直观表征、语言表征、符号表征（见上文）
认读写	直观表征、符号表征、语言表征 
数的大小比较	直观表征、符号表征 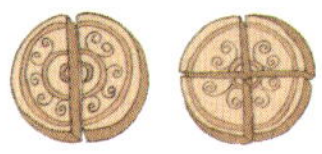 $\frac{1}{2} \bigcirc \frac{1}{4}$ 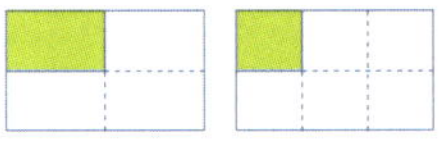 $\frac{1}{4} \bigcirc \frac{1}{6}$

（二）分数的意义和性质

现实世界存在无法用自然数表示的量。例如用一根作为单位长的木棒去量一条线段的长，量3次后还有一段剩余，必须将度量单位等分成更小的单位来度量余下的线段。学生初步认识分数后，在使用的过程中对分数的意义等并不理解，因此本节内容安排了分数的意义和基本性质，引导学生从感性认识发展到理性认识，加深对分数的理解。本阶段的学习要让学生清楚地认识到分数是适应现实需要而产生的，并了解有关分数的基本性质。

一个物体、一个计量单位或是一些物体等都可以看作一个整体。把这个整体平均分成若干份，这样的一份或几份都可以用分数来表示。一个整体可以用自然数1来表示，我们通常把它叫做单位"1"。把单位"1"平均分成若干份，表示其中一份的数叫分数单位。

分数的基本性质是分数的分子和分母同时乘或者除以相同的数（0除外），分数的大小不变。

三、小数的呈现

与分数的认识类似，人教版教材中小数的认识也分为两个部分：初步认识小数、认识小数的意义和性质。学生对小数的熟悉程度远比分数要大，货币中的元、角、分，长度中的米、分米、厘米等都涉及小数。学生早在幼儿园时期，就知道了元、角、分的意义，在小学三年级也有购买物品的经验，因此学生学习小数时，已具备一定的实践基础。

小数作为一种特殊的分数，在学生初步认识分数之后进行教学，从一般到特殊，让学生认识到小数就是分母为10、100、1000等的分数的一种形式。此外，小数作为十进制计数制的延伸，在学习完自然数的知识尤其是学习了进位计数制后开展进一步学习，容易让学生理解其含义和算法，加深对小数的理解。各个部分在教材中的分布如图5-19所示。

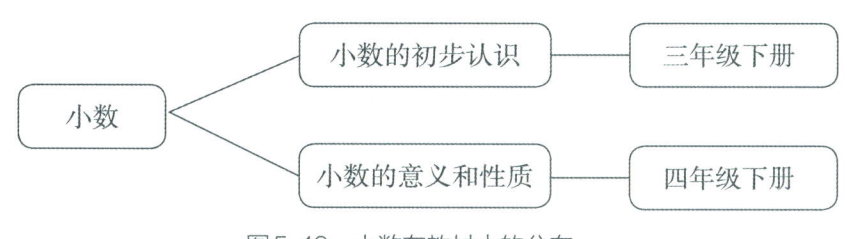

图5-19 小数在教材中的分布

（一）小数的初步认识

学生借助具体的量（米、分米、厘米；元、角、分）和几何直观图，直观感受小数与十进分数之间的关系，初步认识小数是十进分数的一种特殊表现形式。这是学生对数的认识的一次重要拓展，小数在现实生活中有着广泛的应用，本阶段的学习让学生将小数与生活实际联系在一起，在熟悉的情境中感悟小数的含义。

像3.45、0.85、2.60、36.6、1.2和1.5这样的数叫做小数。3.45读作三点四五。

小数的初步认识的知识表征方式如表5-8所示。

表5-8 小数的初步认识的知识表征

内容	表征方式
含义	语言表征、符号表征（见上文）
认读写	符号表征、语言表征 3.45 读作：三点四五 ↑ 小数点
数的大小比较	直观表征、语言表征

（二）小数的意义和性质

小数的出现是非常有必要的，与分数相比，小数在日常生活中出现的频率更高，例如商品的交易、水电费的缴纳等。在小数的初步认识中，学生只是第一次正式地认识小数，并且学习了小数的读法和写法。然而，小数在现实生活中以及在数学中存在的意义，还有小数在整个数系中所存在的性质等是学生所不清楚的。因此，本阶段的学习要让学生清楚地认识到小数存在的必要性以及了解有关小数的基本性质，加深对小数的理解。

小数的计数单位是十分之一、百分之一、千分之一……分别写作0.1、0.01、0.001……小数的性质是在小数的末尾添上"0"或去掉"0"，小数的大小不变。在比较小数大小时，先比较整数部分，整数部分大的则数大；整数部分相同，就比较十分位，逐位比较。

四、其他数的呈现

除了在小学数学教材中最为常见，也最为重要的自然数、分数、小数之外，还存在着一些其他的数，例如比、百分数、因数和倍数、质数和合数以及负数。这些数的学习同样是学生在今后的发展中所必不可少的，不仅丰富了学生所认知的数系，对数的认识也更为全面。

这些数在教材中的分布如图 5-20 所示，我们可以发现这些数的学习都安排在了高年级（五年级和六年级）阶段，究其原因主要在于这些数都是自然数、分数或小数的扩充，例如，百分数离不开分数，负数离不开正数。

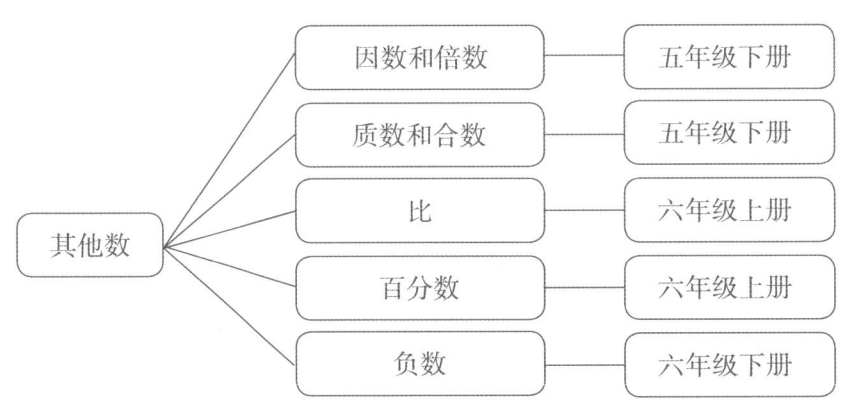

图 5-20　其他数在教材中的分布

（一）因数和倍数的呈现

自然数系是所有数系的基础，它所包含的性质很显然不仅仅只有学生在低年级所学习的运算等，对于整数而言，其魅力是无穷的，它还可以根据自身的性质进行更进一步的细分。由此也产生了许多新的名词，比如，因数、倍数，质数、合数。这些概念的学习又为分数，尤其是约分、通分的学习打下了基础。

整数除法中，如果商是整数而余数为0，我们就说被除数是除数的倍数，除数是被除数的因数（研究因数和倍数的时候，我们所说的数指的是自然数，一般不包括0）。一个数的因数个数是有限的，一个数的倍数个数是无限的。

因数和倍数的知识表征方式如表5-9所示。

表5-9 因数和倍数的知识表征

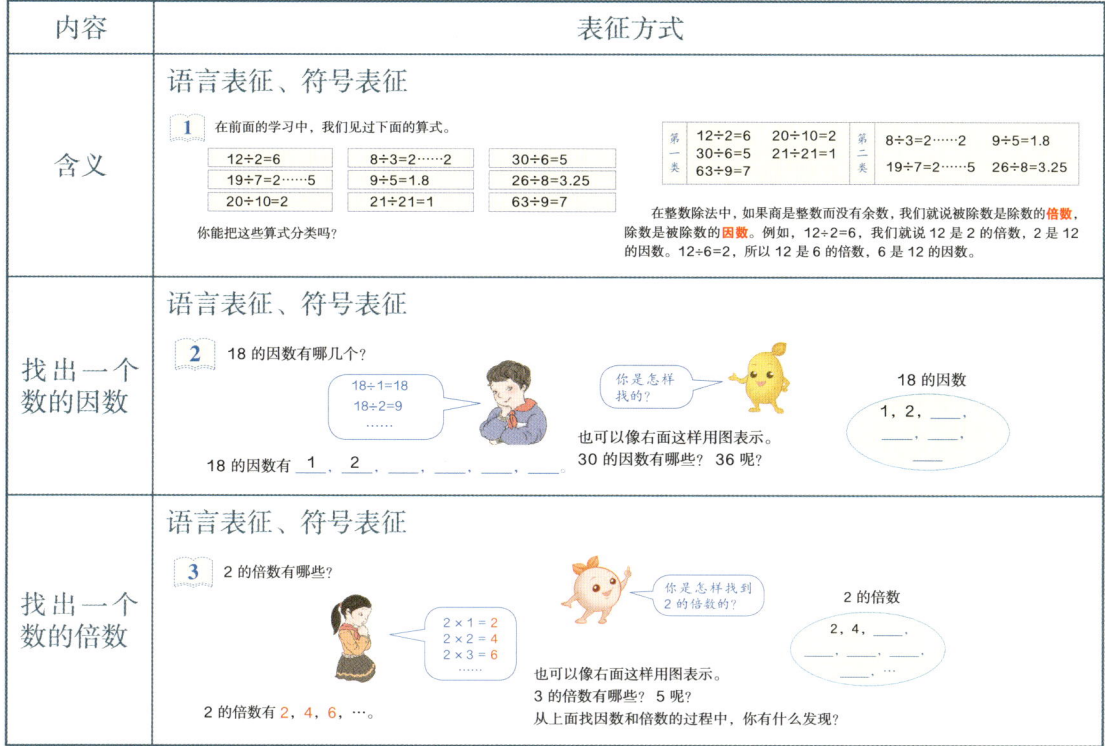

（二）质数和合数的呈现

在因数和倍数的学习中，学生会进一步掌握公因数、最大公因数和公倍数、最小公倍数。这其中又存在一些特殊情况，例如一个数只有两个因数，这就需要用到质数、合数的概念，而这又是学生不可或缺的知识。

一个数，如果只有1和它本身两个因数，那么这样的数叫做质数（或素数）。一个数，如果除了1和它本身还有别的因数，那么这样的数叫做合数。而1既不是质数，也不是合数。

质数和合数的知识表征方式如表5-10所示。

表5-10 质数和合数的知识表征

内容	表征方式
含义	语言表征（见上文）
性质	直观表征、语言表征、动作表征 1 找出100以内的质数，做一个质数表。

（三）比的呈现

两个数之间的关系，除了大小关系外，还有倍数关系，当被问及"谁是谁的几倍"时，除了通过除法来计算表示，还可以通过比的方式。

比的教学是为了让学生能换一种眼光审视分数，认识到分数不仅仅是部分与整体之间的比值，也可以是部分与部分之间的比值，从而达到"分数的再认识"。

比的知识表征方式如表5-11所示。

表5-11 比的知识表征

内容	表征方式
含义	语言表征 在两个数的比中，比号前面的数叫做比的前项，比号后面的数叫做比的后项。比的前项除以后项所得的商叫做比值。
认读写	直观表征、语言表征、符号表征 $15 : 10 = 15 \div 10 = \dfrac{3}{2}$ 前项　比号　后项　　　比值
性质	语言表征 比的基本性质是：比的前项和后项同时乘或除以相同的数（0除外），比值不变。

（四）百分数的呈现

百分数同小数一样，都是分数中特殊的一种，百分数是分母为100的分数，只需要在数字后面加上符号"％"即可。百分数也叫百分率或百分比。像14％、65.5％、120％……这样的数叫做百分数，百分数表示一个数是另一个数的百分之几，如14％表示一个数占另一个数的百分之十四。

百分数的知识表征方式如表5-12所示。

表5-12 百分数的知识表征

内容	表征方式
含义	语言表征、符号表征（见上文）
认读写	语言表征、符号表征 百分数通常不写成分数形式，而在原来的分子后面加上百分号"％"来表示，读作"百分之……"。 14％　　读作　　百分之十四 65.5％　　读作　　百分之六十五点五 120％　　读作　　百分之一百二十

（五）负数的呈现

在学习负数之前，学生以往所认识的数——整数、分数、小数等都属于正有理数的范畴，而建立负数概念则是使学生认数的范围从正有理数拓展到有理数。同时，负数的引入也消除了学生们对"被减数小于减数"的困惑，丰富了小学生对数概念的认识。为了表示两种相反意义的量，如零上温度和零下温度、收入和支出等，需要两种数，如3、500、4.7，这些是正数；另一种是在这些数前面添上负号"−"的数，如−3、−500、−4.7等，这些数是负数。0既不是正数，也不是负数。负数的读法是先读"负"，再读数，如−3读作负三。正数前面的"+"可以省略不写，"3"读作正三。

5.1.3 新加坡教材与人教版教材中"数的认识"比较

除了对我国人教版教材中"数的认识"部分进行梳理，我们还和新加坡教材进行比较。选取的新加坡教材是以2007年新加坡颁布的最新数学课程标准为依据，Marshall Cavendish出版的 *Shaping Maths*（以下简称MC版）教材。之所以与新加坡教材进行比较，是因为新加坡在数学教育中取得的瞩目成绩，新加坡教育界有关课程的改革以及发展都受到了世界各国的关注，因而当前对新加坡数学教学以及教材的研究也逐渐增多。本节希望通过与新加坡教材进行对比，挖掘新加坡教材的"亮点"，为人教版教材内容的编写提供中肯的见解。

一、整体呈现比较

新加坡MC版教材中"数"的整体呈现顺序如图5-21所示。

通过比较图5-21和图5-1可知，新加坡MC版教材和人教版教材在内容设置上大致相同，均包含整数、分数、小数等内容，整体安排差距不是很大，至于更深入的比较我们在下面详细说明。

二、异同点

上面我们提到两国教材在内容设置上大致相同，整体安排差别不大，但是在内容的呈现方式和相关表述上，两国教材之间存在些微不同。关于数的认识的范

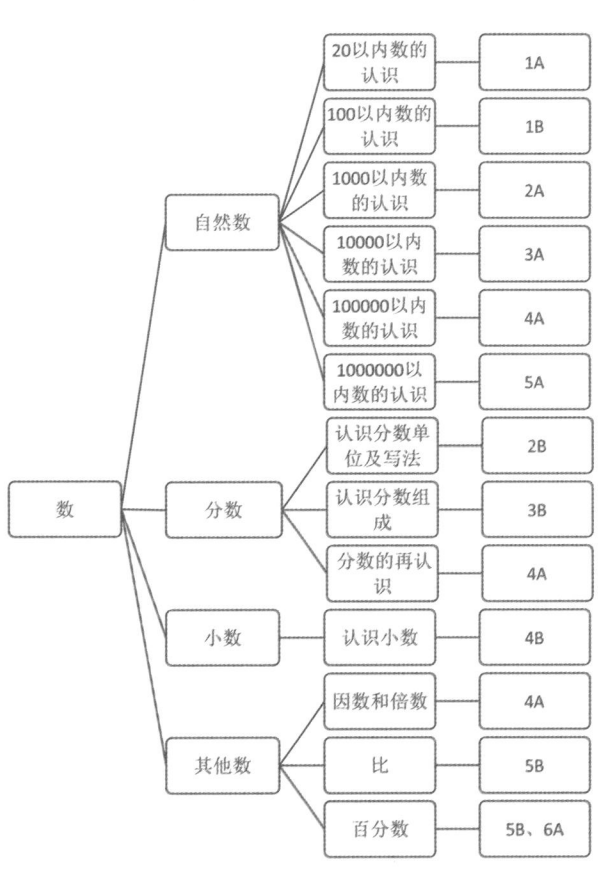

图5-21 MC版教材数的认识整体呈现顺序

围，MC版教材和人教版教材的知识范围基本是一致的，相比而言，人教版教材多出了质数、合数和负数的内容。

我们以"自然数的认识"的呈现为例，来说明两国教材之间的差异。

整体而言，MC版教材将整个认识过程分为"0~10的数""20以内的数""100以内的数""1000以内的数""10000以内的数""100000以内的数"和"1000000以内的数"，共7段。而人教版教材的认识过程虽然同MC版教材数量上一致，都是分为7段，但是每一部分的内容还是有一定的出入。人教版中主要分为"1~5各数的认识""0的认识""6~10各数的认识""11~20各数的认识""100以内数的认识""万以内数的认识""大数的认识"。这是内容划分上的差异，除此之外，在年级跨度上，两国教材也有较大差异。MC版分布在1A-5A教材中，跨越5个年级，但各个年级分布比较平均；人教版"100以内数的认识"集中分布在一年级，"万以内数的认识"是在二年级下册，"大数的认识"更是安排在了四年级上册，跨度较大，时间间隔也比较长。

特别地，关于"0"这一特殊的数，两国教材的编排差异很大。人教版教材将"0的认识"放在"1~5的认识和加减法"之后，并且阐明了"0"的两层含义，如图5-22所示。MC版教材是将"0"放在"0~10的认识"之中，并没有因为其特殊性质而将它单独介绍。除此之外，MC版教材在介绍"0"的时候，偏重的是其"表示没有"这一含义，并没有涉及"表示起点"这一含义，如图5-23所示。

图5-22 人教版中"0的认识"的呈现

图5-23 MC版中"0的认识"的呈现

三、启示与建议

通过对"自然数的认识"的深入比较研究，我们发现在数学知识编排上，新加坡MC版教材采取"螺旋式"编排，重视知识点之间的联系，并且知识点编排坡度小，强调了知识学习的连贯性，这不仅符合学生的认知特点，而且也降低了学生学习数学的难度。我国教材也可以考虑适当改变各知识点在不同年级出现的比重，让知识内容的呈现符合学生的学习和认知规律。

5.1.4 数的认识的历史顺序和逻辑顺序

人们之所以研究数系，究其原因主要是微积分基础不够严密。在牛顿发明微积分方法时，他得到了众人的肯定，然而许多数学家却认为微积分方法的论证过程不够严密。经过研究，人们发现主要原因是极限理论不够完整，而这是因为当时牛顿对实数的概念理解不通透。

在当时，尽管人们已经了解了实数，并出现了无理数的定义，但是却对无理数没有严格定义，因此也就没有了严格的极限理论。无理数是在有理数的基础上构造的，而有理数是在整数的基础上构造的，整数又是以自然数为出发点拓展的，因此为了能够使数学基础能够严密，人们开始了对一个个数系的研究。

（一）历史顺序

数的概念产生于对实物的计量。通过物件的多少、线段的长短、面积的大小等的测量，最终归结到某个特定的数。但是真正与实体直接相关的、用日常生活经验可以获得的数，只有自然数。其他的数都需要进行理性思考才能获得。

按照与实体分离的程度不同，数系循着以下的历史途径逐渐扩展：

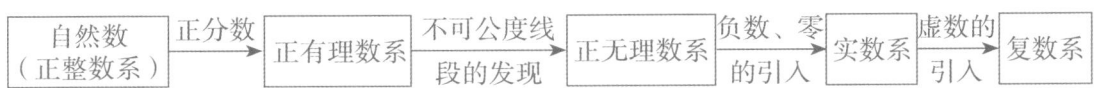

图5-24 数的认识的历史顺序

数的认识的历史顺序如图5-24所示。史宁中先生提过，"数量是对现实生活中事物量的抽象，是具有实际背景的表达"。起初，人们在大自然中生产劳动时，对一些物体的集合做出量的估计，于是人们将物体与绳子上的结或地上的石子建立起一一对应的关系，我国古代文献《周易·系辞传下》中就有古人"结绳计数"和"刻痕计数"的记载，在西方的"荷马史诗"中，也有盲人波吕斐摩斯用"石子计数羊群"的故事。

正是通过不断地对物体进行计数，人们逐渐形成了"多少"这一概念。当物体的数量较大时，人们意识到仅用石子等工具进行计数实在过于麻烦，逐步发展到了将一只手上的手指头与物体建立一一对应关系。经过长期反复的实践，人们开始有了"数量"的概念。为了能方便地表达事物量的多少，人们开始创造一些语言，他们可以意识到这有一只羊或一头牛。然而这时的数量是有实际背景的，人们并不能理解一只羊加上一头牛会变成什么。因此，尽管人们已经从现实生活中抽象出了数量的概念，但是这还不够，人们又开始思考如何对数量再进行一般化。经过长时间的努力，人们终于从"数量"中抽象出了"数"。

罗马学者波伊修斯（Anicius Manlius Severinus Boethius）首先使用"自然数"这一术语。"自然数"的出现是有益的。在形式上，它去掉了数量的后缀名词；在实质上，它去掉了数量所依赖的具体背景。起初，人们会用一些特殊符号（例如线段）来表示数，但是当时的人们对数的认识仍仅限于"20"以内的数。经过多次实践，人们才开始产生了"大数"的概念，并且意识到自然数的无限性，这就使得用不同的符号来表示各个数显得不切实际。那么无限多个自然数应该怎么表示呢？这个问题一直困扰着他们，始终得不到解决。为了能够表示自然数，数学家阿基米德按照与位率不同的原则建立了计数的新单位，自此自然数的概念就从有限发展到了无限，构成了自然数集。

相比于用符号表示数，还有更大的问题等着他们。在生产实践中，人们会遇到丈量土地、分配劳动成果等实际问题，例如，"把1个苹果平均分给4个人，这该如何表示"。不等分的情况相比于等分的情况要多得多，这也促使数学家们纷纷投入到这方面的研究中去，在不断努力中，人们人为地创造了一种新的数——分数。有历史记录的分数最早出现在古埃及的纸草书上，距今约四千年，随着分数的出现，分数的运算法则也应运而生，渐渐地人们也有了分数的概念，自然数集自此扩充到了正有理数集。

当时的毕达哥拉斯学派确信：可以用整数或者整数的比（分数）来度量一切事物的量。然而大约在两千年前，我国和古希腊时期的人们就发现了正方形的对角线与它的边长是不可公度的，并且也发现圆周率 π 似乎也不可求解，但这时人们还没有意识到无理数的存在，不愿意接受这一事实。后来，人们引进了开方运算，才开始思考：有理数能否满足生活需要？一直到公元前六世纪，希腊数学家在研究不可公度线段的比的精确值时，产生了无理数的概念。为此，古希腊学者们开始称可以用整数或者整数的比来表示的数为有理数，其余的数为无理数。直到19世纪70年代，数学家以算术的方法建立了实数理论，正式将正有理数集扩充至正实数集。

在日常生活中，仅仅掌握正实数显然是不够的，人们会遇到一些具有"无"和"相反意义"的量。当时的人们并没有"0"这个符号，人们认识自然数并将它用于记数，都是从"1"开始的。零最初出现在位置记数法中是留一个空格来表示零，后来为了避免误会，人们在两数之间写一个小圆点表示零，一直到公元八世纪，印度人开始采用十个符号来表示任何一个自然数，即现在的阿拉伯数字。"0"的出现解决了人们最初的那个问题：如何表示无穷个自然数。恩格斯曾对零作出了高度评价："零不只是一个非常确定的数，而且它本身比其他一切被它所限定的数更重要。事实上，零比其他一切都有更丰富的内容。"零在发展过程中往往具有四方面的功能：零是一个概念，表示"一无所有"；在位值制记数中，零表示"空位"，同时起到指示数码所在位置的作用；零本身作为数，可以参与运算；零是标度的起点或分界。不仅如此，印度人还创造了十进制，由此任何一个自然数就都可以通过十个符号来进行示了。

十进制和阿拉伯数字虽然贡献巨大，但是对当时的印度人来说，他们并不把他们自己的贡献放在眼里，如给0~9的数单独设立记号，改用10为底的进位制等。一直到阿拉伯人留意到了这一点，他们在10世纪左右把这个数字符号系统带到了欧洲，从此传播到了全世界。这也是为什么大家会称其为阿拉伯数字的原因。

正实数的使用显然满足不了人们生活和生产实践的需要，因为人们会同时遇到一些具有相反意义的量，例如气温中的5摄氏度和零下5摄氏度，财务中的支出和收入以及交易中的买进和卖出等情况，这些关系都具有两种相反的趋势。为了便于表示，人们会用引入一些符号，而最早提出负数这个概念的是我国的数学名著《九章算术》，其中不仅记载了负数，而且给出了正负数的加减运算法则。而在国外是在628年左右，印度数学家引入了负数。尽管如此，由于负数与日常生活的联系不紧密，直至17世纪，人们才承认负数。至此零和负数的引入使得正实数集正式扩充到实数集。

十进制的普及便利了人们对生活各个方面的单位设定，例如现在的1米=10分米，1分米=10厘米等，十进制体现在各个方面，而这种普及也导致了小数的产生。人们对小数的认识要比对分数的认识晚很多，最早使用小数来表示有理数的是荷兰数学家、工程师斯蒂芬，直到18世纪人们才建立起稳定的十进位小数表达形式。我们需要清晰地认识到，小数的出现，是基于十进制表示数量的需要。小数产生的本原在于计量的需要，并非分数概念的附庸。

在完善无理数和负数的过程中，人们注意到了复数，并对其进行了讨论。当人们在面对$x^2+1=0$这一类方程时，会发现方程并没有实数解，那么这样的根是否存在呢？尽管有许多数学家坚持认为对负数开平方是不可能的，然而1545年意大利人卡尔达诺打破了这个观念，他利用求根公式检验说明了含有负数开平方的公式表示实数的可能性，之后人们对负数开平方有了新认识。直到1637年，法国数学家笛卡儿给出了虚数的名称；之后1747年，法国数学家达朗贝尔对虚数进行运算，得到了$a+b\sqrt{-1}$的形式；1777年，欧拉首次用i来表示$\sqrt{-1}$，一直到1801年，高斯系统地使用符号i，虚数才正式进入了人们的视野，实数集也扩充到了复数集。

在1800年左右，我们所熟悉的数系的所有成员（整数、分数、无理数、负数和复数）都已被人们熟知了。

（二）逻辑顺序

与数系扩展的历史顺序不同，数系扩展的逻辑顺序如图5-25所示。

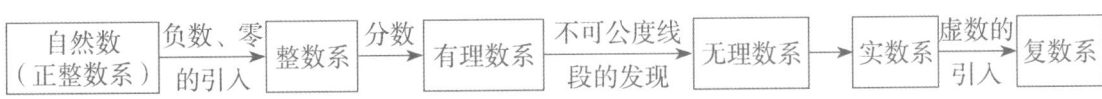

图5-25 数的认识的逻辑顺序

恩格尔说过，"数和形的概念不是从其他任何地方，而是从现实世界中得来的"。尽管自然数是人们在对有限个物体进行计算的过程中抽象而得的，但是它的出现确实是在大自然中生产劳动时"自然"产生的。

起初人们只能够在自然数中进行自然数的加减法和乘法运算，而且在减法中被减数必须大于减数。而在减法运算中，存在被减数小于减数的情况，结果无法用自然数表示，因此需要创造新的数，这也意味着需要引入新的符号。为了拓宽运算的范围，同时也是为了冲破减法的束缚。人们引进了负号"-"并把这些数称为负数，而当被减数等于减数时，就出现了符号"0"。人们将负数、正数、零统称为整数。为了能表示负数，人们采用自然数对作为新符号表示，并对其进行了加减乘和顺序运算的定义，于是就完成了整数系的构造，实现了自然数系到整数系的扩张。因为在整数系中关于加法是一个交换群，而且乘法对加法满足分配律，因此我们称整数系的结构为整数环。

除法是乘法的逆运算，为了能够使除法也冲破限制，人们又对整数系进行了一次扩充。为了扩充，就有必要引入新的符号，而这一次产生的新的数被称为分数，并且人们发现所有的整数也都可以利用分数来表示，人们用整数对表示，例如人们将整数 a 和 b 所形成的整数对 $(a, b)(b \neq 0)$，写成称之为 $\frac{a}{b}$ 分数的形式。在这个过程中，人们考虑到一个数可以用许多个整数对来进行表示，例如 $\frac{1}{3}$，$\frac{2}{6}$，$\frac{3}{9}$ 都是同一个有理数 $\alpha = \left\{\frac{1}{3}, \frac{2}{6}, \frac{3}{9}, \ldots, \frac{10}{30}, \ldots\right\}$ 的代表。为方便起见，人们规定最简单的分数，作为既约分数。后来又对分数的四则运算进行了定义，完成了从整数集到分数集的扩张，而分数集又称为有理数集。因为在有理数集中加法和乘法都满足交换律和结合律，乘法对于加法满足分配律，又存在零元素和乘法单位元，并且每个元素都有负元，因此有理数集的结构被称为有理数域。

当时的人们认为，现实世界中的所有数都能用整数表示，直到后来人们认识到了不可公度的值是存在的，更具体来说，他们发现 $\sqrt{2}$ 并不能写成分数的形式，这使得他们对有理数能表示所有的数产生了怀疑。至后来进行开方运算，有古希腊数学家发现结果不是有理数，并且发现了许多无限不循环小数。由于有理数对开方运算并不封闭，促使人们开始寻找新的数域。首先人们要做的就是能够表示出无理数，先前人们通过构造自然数对得到了整数（利用自然数对 (a, b) 表示 $a-b$），通过构造整数对得到了分数（利用整数对 (a, b) $(b \neq 0)$ 表示 $\frac{a}{b}$），但人们发现并不能通过构造有理数对的方式来得到无理数。后来数学家发现，可以利用有理数数列逼近，也就是区间套的方法，不断缩小区间长度从而确定无理数的值。例如求解 $\alpha^2=2$，我们可以由 $1.4^2<2<1.5^2$ 知 $1.4<\alpha<1.5$；由 $1.41^2<2<1.42^2$ 知 $1.41<\alpha<1.42$，以此不断缩小区间长度得到所求值。这个方法的本质就是在不断地对左右两个数列求极限，而那个实数就是两个数列的共同极限。之后人们根据有理数中的四则运算的定义，定义了无理数的运算及其概念，并将有理数与无理数统称为实数，实现了有理数系到实数系的扩充，同时实数系的结构称为实数域。

对实数域的扩张源自人们对代数方程的疑惑，同时也是由于第三类运算在负数上产生了限制。当人们在计算类似于$x^2+1=0$这一类的方程时，不能得到实数解，也就是说没有一个$\sqrt{-1}$的实数存在，但是，有时这样的根又是需要的。因此，为了能让这一类方程有意义，人们继续拓展实数域，使得这一类方程可以在新的数域中有解。为了扩充数域就有必要引入新的符号，于是人们引进了新的符号i，定义$i^2=-1$。经过几百年的不懈努力，人们最终承认了新的符号，并规定其为虚数单位。值得一提的是，起初人们并不接受虚数，因为这个符号过于抽象，后来直到数学家欧拉算出$i^i=e^{-\frac{\pi}{2}}=0.2078795763\cdots$，人们才开始接受虚数。有了虚数的表示，接下来就是定义虚数的四则运算了。后来人们为了完善虚数，产生了复数的概念，最终将实数系扩充至复数系。

（三）教材中数的认识的顺序与其历史顺序、逻辑顺序的比较

与数的认识的历史顺序大体相同，人教版教材也是从自然数开始呈现，然后在自然数的学习中因为涉及自然数的运算，从而引出了0。但是在历史上，人们是在认识了正实数后，才开始认识0。之所以尽早引入0，是因为这有利于学生对自然数的理解。比如2-2=0，很自然，学生容易理解，没有0，反而显得不方便，因此教材优先引入符号"0"是合理的。

人教版教材先学分数再学小数，这与历史上数的发展是相类似的。然而在小学内容中，跳过了无理数，直接在六年级介绍了负数。在历史上，人们是先认识了有理数，接着认识了无理数，才接触到负数，这样人们也就对正实数集有一定了解。究其原因，主要在于无理数的教学不可避免会涉及无限不循环小数。而无限不循环小数的加减乘除对于小学生而言是存在一定难度的，它并不等同于其他数的四则运算，因此教材中"有意"的跳过是合理的。综上所述，人教版的教材与历史顺序相比，提前了0的学习，但缺少了无理数的学习，在小学阶段，学生掌握的是一个"不完整"的实数集。

从数的认识的逻辑顺序来看，人教版教材并没有在自然数的减法运算中引入被减数小、减数大的情况，也就没有在最开始就引出负数的概念，而是将其留到了六年级的最后阶段。但是教材优先引入了被减数等于减数的情况，即"0"的引入，这与数的逻辑顺序是相符的。此外，在逻辑上人们对于实数集的认识是在有理数集的基础上通过极限运算拓展的。而在人教版教材中并没有涉及极限运算，学生能够感受到无限不循环小数，但是却没有引出无理数的概念。综上所述，人教版的教材与逻辑顺序相比，延后了负数的学习，没有涉及无理数概念的学习。

5.2 数的运算的编排

5.2.1 教材中数的运算编排顺序

本节通过对人教版教材中"数的运算"的编排进行分析，进一步地理解"数的运算"的编排。人教版教材中"数的运算"的整体编排顺序如图5-26所示。

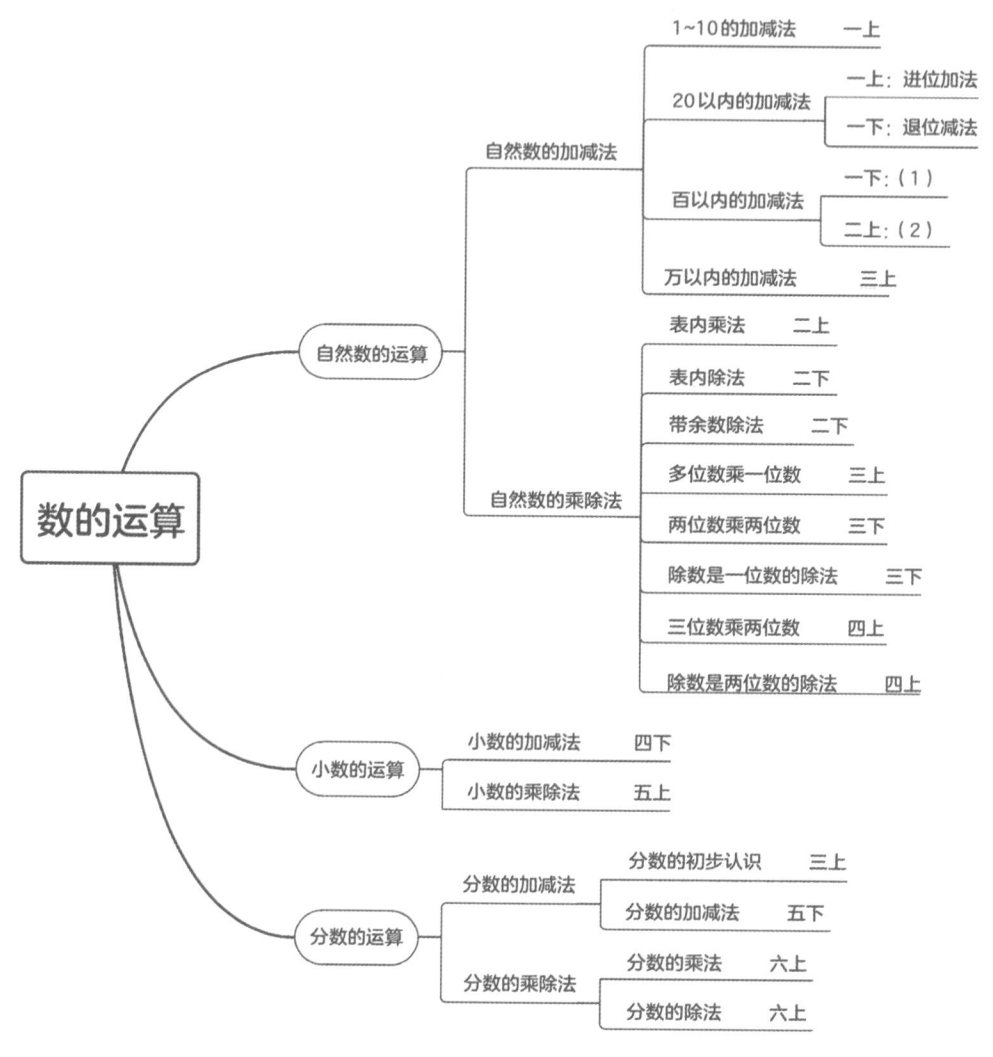

图5-26 人教版"数的运算"教材编排顺序

5.2.2 教材中数的运算的呈现

运算能力是《标准（2011）》提出的核心概念之一，如何更好地促进学生运算能力的发展已成为各研究者和教师在教学实践中关注的重点。

在5.1节中我们已详细分析了教材中"数的认识"的相关内容。众所周知，"数的运算"与"数的认识"不可分割。因此，本节将基于数的认识基础，梳理知识的顺序，厘清四则运算的算理、算法和模型。

一、自然数的加减法

自然数的加减法可以根据教材编排细分成如下几部分。

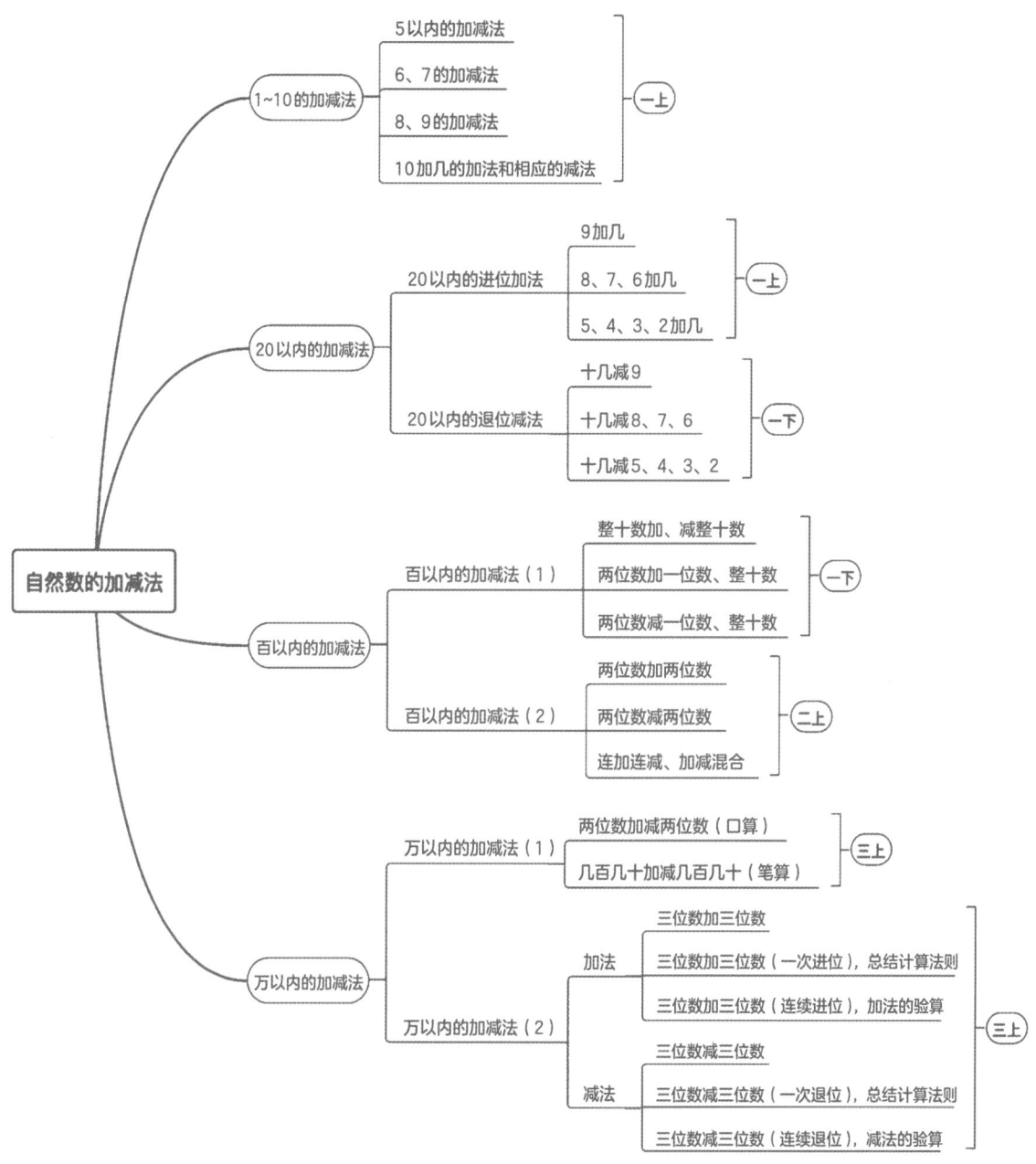

图5-27 "自然数的加减法"编排顺序

（一）1~10的加减法

与认识10以内的自然数相类似，教授10以内的加减法并非一气呵成的，也同样分成了五个部分：1~5的加减法、0的加减法、6和7的加减法、8和9的加减法、10的加减法。从中可以发现，循序渐进地教学符合学生的认知发展，学生容易接受这类数的运算。

加法，是我们在学习数的过程中接触到的第一种运算，也是其他三种运算的基础。何为加法？人教版教材四年级下册第一章"四则运算"中提到：把两个数合并成一个数的运算，叫做加法。比如"3+1=4"就是指在原有3个物体的基础上再加上1个物体，得到结果为4个物体，从而抽象出数字"4"。"4"是基于自然数的数数顺序，或者按照皮亚诺对自然数的定义自然数概念中的后继数。

减法运算和加法运算总是一起出现。人教版教材将减法定义为"已知两个数的和与其中一个加数，求另一个加数的运算，叫做减法"。简单来讲，若将加法看作是"部总问题"，即"部分+部分=总体"，减法就是"总体−部分=部分"，由此可见减法是加法的逆运算。因此减法的算理和算法都与加法运算相似。针对10以内的减法，学生可以间接地通过加法来得到答案。例如"8−3=？"，学生知道"3+5=8"，于是"8−3=5"。学生也可以直接通过数对象来完成解答。

$$5+1=6 \quad\quad 6-1=5$$
$$1+5=6 \quad\quad 6-5=1$$

图5-28　10以内的加减法

（二）20以内的加减法

在学习完10以内的数的认识之后，学生在数的运算学习中也会遇到"5+6=？"此类和超过"10"的情况。因此在一年级上册的后半学期紧接着向学生们介绍20以内的加减法，这既能满足学生的好奇心，也是"趁热打铁"，有利于学生的理解与吸收。

小学阶段的数的运算遵循十进制，因此十进位值制的引入就显得非常重要，这也使得20以内的加减法产生进位和不进位、退位和不退位几种情况。一般地，不进位加法和不退位减法与"10以内的加减法"计算算理一致，在原有的数量往上数加数个数。20以内的加减法难点在于进位加法和退位减法。比如"9+4=？"，该怎么运算呢？教材巧妙地在数的认识过程中就让学生认识了数的分与合，因此在这个环节，可将4拆分为3和1，而1可以与9组合成10。根据十进位值制，这个"10"代表的就是十位上的"1"，剩下的"3"就是个位上的"3"，所以"9+4=13"。这也是我们在进行自然数加法运算采取的"凑十法"中"拆小数，凑大数"策略。同样也可以将9拆分成6和3，将6和4配对凑成10，剩下的"3"就是个位上的值，这就是"凑十法"中的"拆大数，凑小数"策略。

教材遵循循序渐进的原则，将加法和减法分成三个部分：9加几，8、7、6加几，5、4、3、2加几；十几减9，十几减8、7、6，十几减5、4、3、2。在20以内的进位加法与退位减法中算法多样，可以通过"数数"，也可以采用"凑十法"等。

图5-29　20以内的加减法

（三）百以内的加减法

学生在学习完20以内的加减法之后，已经初步了解了进位加法和退位减法的算法（主要通过凑"十"的方法）。但若是到了100以内的加法运算，一个人的手指头和脚指头不够数了，数的分与合也没有20以内那么直观了，该怎么办呢？

为突破该运算难点，教材从最开始的整十数的加减法引入，让学生感受到这类似于个位数的加减法运算：根据进位制，十位加减十位，个位加减个位即可。之后再涉及百以内的不进位加法，比如"30+17=？"，学生可以仿照20以内的加减法，运用数的组成将"30+17"转换为"30+10+7"，再根据整十的加法运算得到"40+7"，从而得到结果"47"。对于减法运算同理。

但是当百以内的运算过于复杂时，口算可能会出现错误，因此教材有必要将横式算式转化为竖式运算。但是竖式运算为什么将数位对齐做加减就可以了？这就需要从算理的角度来理解。

从算理的角度来看，为保证计算过程中十位加十位，个位加个位，需要保持各数位对齐，然后进行计算。例如在加法"35+37=？"中，"35"和"37"中的"3"都表示30，即3个十。因此在计算过程中，3要与3相加。"5"和"7"表示5个一和7个一，因此5要与7相加。若"3+7"就不伦不类了。在计算过程中，发生了满十的情况要进位到十位（算理同20以内的进位加法）。学生需要做到在个位上记下2，在十位旁记个小"1"表示等会儿做十位加法时也要将进位的"1"加上，然后计算"3+3+1=7"写在十位，因此结果为"72"。同样，百以内的减法与加法类似，在做竖式计算时，也要各个数位对齐，当个位做减不足时，可以退位，即转换为20以内的减法运算。如"43−35=？"，"3−5"不足退1，即"43=30+13，35=30+5，13−5=8"（按照上述的算理)，"30−30=0"抵消，得到结果为"8"。

以上是百以内的加减法，同样也适用于多位数的加减法，要求：末位（个位）对齐，从末位（个位）算起，满十进一、退一当十。

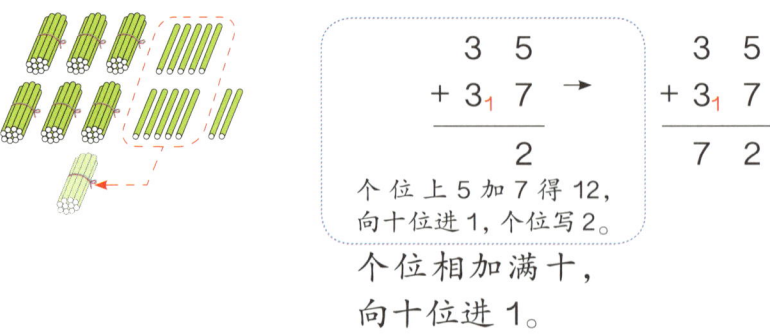

个位上5加7得12，向十位进1，个位写2。

个位相加满十，向十位进1。

图5-30　自然数加减法竖式运算

（四）万以内的加减法

在介绍完"个"到"万"的数位之后，学生已经正式踏上了探索大数的道路。在已学会的百以内的加减法运算基础上，学生对于万以内的加减法只需要举一反三便可心领神会。数的位数变多在一定程度上会影响到学生的计算，因此教材中也强调了列竖式计算的过程，同时针对万以内的加减法分成了两位数加减两位数、三位数加减三位数等，让学生逐步适应多次进一和退一的过程，从而熟悉计算步骤。

（五）题型介绍

教材中所呈现的题目总是有迹可循的，不同的知识点有适合它自己的题型。以下是教材中针对自然数加法和自然数减法所出现的题型。

表5-13　自然数加法的题型模型

自然数加法	并加型	二（1）班和二（3）班共多少名学生？
	比较型	欢欢吃了3瓣橘子，贝贝比欢欢多了6瓣，贝贝吃了几瓣橘子？
	改变型	贝贝有6个苹果，欢欢给贝贝2个，贝贝现在有几个？

表5-14　自然数减法的题型模型

自然数减法	拿走型	桌上有6个香蕉，欢欢吃掉3个，还剩下几个？
	比较型	欢欢吃了3瓣橘子，贝贝吃了6瓣，贝贝比欢欢多吃了几瓣橘子？
	转移型	欢欢有3个苹果，贝贝有7个苹果，欢欢给贝贝几个，还剩1个？

二、自然数的乘除法

（一）自然数乘法

自然数的乘法可以根据教材编排细分为如图5-31所示。

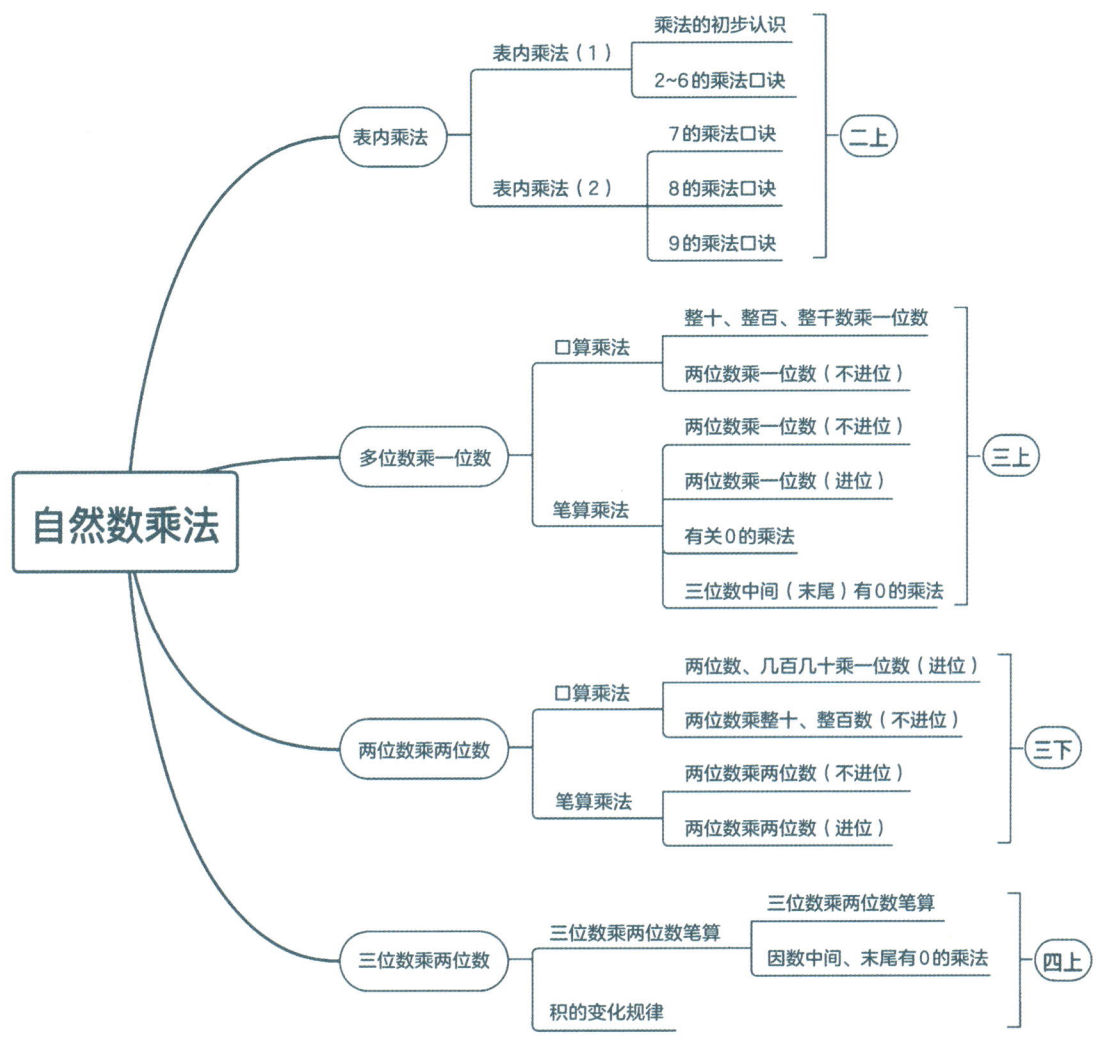

图5-31 "自然数的乘法"编排顺序

1. 表内乘法。

随着自然数的连加、连减运算增加，乘法的引入就自然而然了。学生可以直观地感受到乘法是加法的简便运算，感受到乘法的魅力以及数学的乐趣。

为何要学习乘法？乘法是如何产生的呢？人教版教材中指出，求几个相同加数的和的简便运算，叫做乘法。因此当加法发展到一定地步，乘法自然而然就产生了。那么"7+8+9+10"这样的加法运算是否可以转化为乘法运算呢？要注意的是，乘法是求几个相同的加数的和，比如"2+2+2+2+2"的简便运算可写成"2×5"。

因此，容易理解乘法的算理是源于加法的，而九九乘法表是在理解算理的基础上对乘法运算的优化。九九乘法表所蕴含的乘法口诀朗朗上口，是接下来学习多位数乘法和除法的基础。但是学生在学习乘法口诀时往往进入一个误区，只知道背诵口诀，忽视了口诀背后的算理。教材为此设计"表内乘法"一章来说明乘法口诀的意义。

2. 多位数乘一位数。

在学习了表内乘法之后，不可避免地会涉及多位数的乘法。首先，需要向学生介绍的是不进位的乘法，这是自然的，也利于学生接受。

在本阶段的学习中，教材完善了在一般情况下乘法运算所出现的各种情况，同时学生也可以对乘法运算的变化规律进行完整的归纳。例如学生可以这样理解乘法的算理。"5×6"是6个5相加；"40×3"是3个40相加，即十位与十位相加；"42×5"表示5个42相加，即"42+42+42+42+42"，根据加法运算算理：各个数位相加，得到个位上："2+2+2+2+2"得10，根据进位加法"满十进一"，个位为"0"。再算十位，即"4+4+4+4+4+1"得21，即21个十，得到结果210。

从最开始的口算开始，通过口算培养学生的运算能力和思维能力，之后再发展到笔算阶段，计算难度上升就需要引入竖式计算。正由于乘法列竖式与加法列竖式相类似，使得学生可以举一反三，较快抓住笔算的精髓。

图5-32 多位数乘法算理表征　　图5-33 多位数乘法图形表征

3. 两位数乘两位数、三位数乘两位数。

在多位数乘一位数的基础上，学习多位数乘多位数本质上是一样的，注意数所代表的是哪位数。比如"23×45"，"4"表示的是4个十，因此在竖式计算时，"23×'4'"本质上是"23×40"。因此所得的积末位有0，只不过我们把"0"隐藏。所以"23×4=92"指有92个十。理解数位才能更好地理解竖式计算。

厘清算理，就懂得进行复杂的多位数乘法运算时，需注意：①从右起，依次用第二个因数每位上的数去乘第一个因数，乘到哪一位，得数的末尾就和第二个因数的那一位对齐；②然后把几次乘得的数加起来。（整数末尾有0的乘法：可以先把0前面的数相乘，然后看各因数的末尾一共有几个0，就在乘得的数的末尾添写几个0。)

4. 题型介绍。

教材中所呈现的题目总是有迹可循的，不同的知识点有适合它自己的题型。以下是教材中针对自然数乘法所出现的题型。

表 5-15 自然数乘法的题型模型

自然数的乘法	大小改变	原始量 × 改变大小的比率 = 改变后的量，如小明有 3 个苹果，小王是小明的 3 倍，小王有几个苹果？
	交叉运用	两个基本单位的量相互交叉运算而得到一个复合量，如求长方形的面积。
	比例因子	速度 × 时间 = 路程等类型，速度就是比例因子。

（二）自然数除法

自然数的除法可以根据教材编排细分成如下几部分：

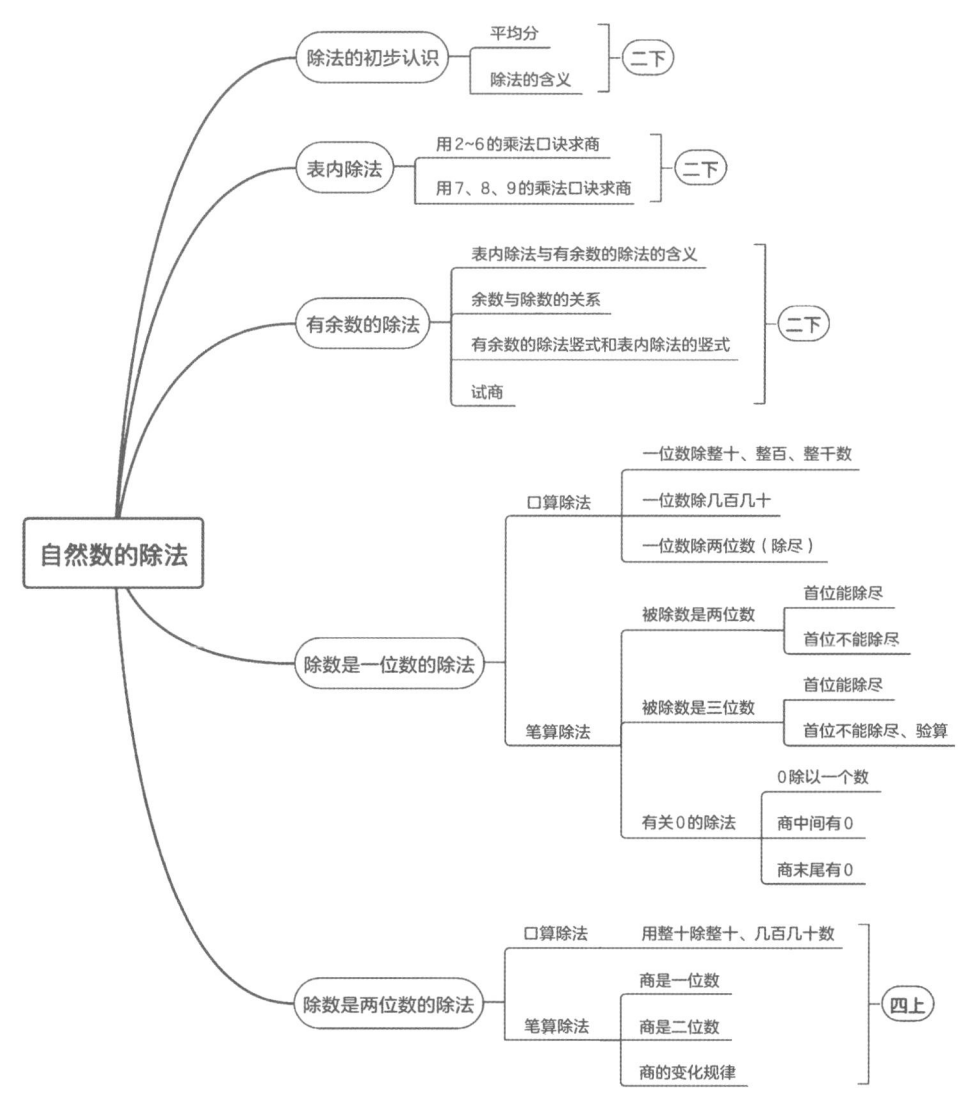

图 5-34 "自然数的除法"编排顺序

第五章 小学数学教材的编排 | 329

1. 除法的初步认识。

在介绍自然数除法运算之前,我们先来看看这样两个问题:

问题1:有12枝花,每3枝插一瓶,可以插几瓶?

问题2:有12枝花,平均插到4个花瓶里,每个花瓶插几枝?

这两道题都是在分花,但意义不尽相同。问题1的实质是已知每瓶3枝,求12中有几个3,即除法中的包含除。问题2的实质是已知有4个花瓶,求12枝平均分成4份,每份几枝,即除法中的等分除。但相同的是,它们都是知道两个因数的积与其中一个因数,求另一个因数,这就是除法运算。由此可见,除法就是乘法的逆运算。

表5-16 自然数除法的题型模型

自然数除法	包含除	8个果冻,每2个一份,能分成几份?
	等分除	把18个橘子平均分成6份,每份几个?

如何理解除法?例如"12÷3",可以从包含除想,即第一个人分到3个:12-3=9;第二个人分到3个:9-3=6;第三个人分到3个:6-3=3;第四个人分到3个:3-3=0,正好分完。因此12个物体每人3个可以分给4个人。也可以从等分除想,即12个物体分给3个人,每个人先分一个,还剩下:12-3=9;再分一轮:9-3=6……一共可以分四轮,最终每人手里有4个物体,因此12÷3=4。归纳上述两种理解思路,我们可以得到:除法是连减的简便运算。

在学生对乘法有了一定了解之后,及时地向学生介绍除法,可以让学生将乘法和除法联系在一起,直观地发现两者互逆的关系以及了解除法的含义。

图5-35 除法的认识

2. 除法的运算。

表内除法的学习是基于学生对表内乘法的学习。这可以加深学生对九九乘法表的熟悉程度,同时培养学生的逆向思维。例如"72÷9=?",学生可以通过回忆九九乘法表运算口诀,找到"八九七十二",从而确定"72÷9=8"。

与乘法不同的地方是除法有时候并不能整除,比如5个苹果分给两个人,在未学习分数和小数时,我们只能得到,每人分到2个苹果,还剩下1个,这就是带余除法,也是生活中常见的除法类型。虽然余数对于学生来说是一个陌生的词,但比较容易理解。等分里"13÷4",即将13个物体平均分给4个人,分到最后发现每人手里都有3个,除此之外还剩余1个,余数实质指的就是剩余的数量。

与乘法的学习相似,在学习除法的过程中,从最初的除数为一位数,扩展到两位数,这其中涉及的列竖式作除法对学生来说一大挑战。教材通过直观表征和符号表征生动清晰地向学生展示了列竖式作除法的运算步骤。

总的来说,列竖式作除法中,我们需要注意:①先看除数有几位,再用除数试除被除数的前几位,如果它比除数小,再试除多一位数;②除到被除数的哪一位,就在那一位上面写上商;③每次除后余下的数必须比除数小。

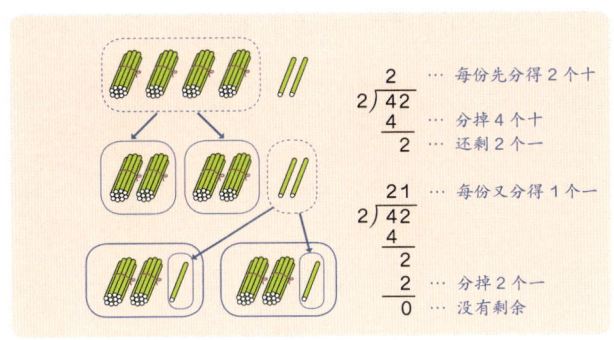

图5-36　自然数除法算理

三、小数的加减法

小数的加减法可以根据教材编排细分成如下几部分:

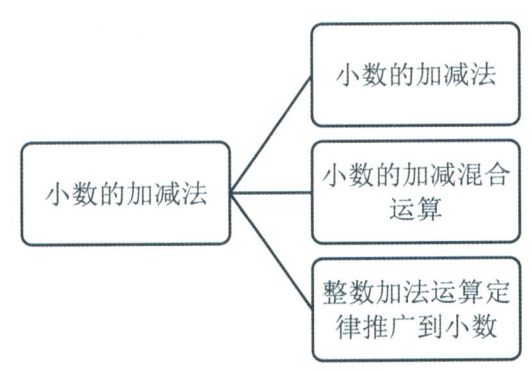

图5-37　"小数的加减法"编排顺序

小数与整数的形式相似,在学习完自然数的知识尤其是学习了进位记数制后开展进一步学习,可以让学生较为容易地从整数运算中进行迁移,理解小数的含义和算法,加深对小数的理解。

教材从简单的位数相同的小数加减法引入,比如"6.45+4.28"的小数加法运算。学生可以直接列竖式,通过数位对齐以及整数列竖式的步骤,容易列出正确的竖式并进行结果的计算,之后教材再循序渐进,引出位数不同的小数加减运算以及混合运算。看似与自然数运算一样的小数运算却是学生学习道路上的拦路虎,小数点该如何放置?三位小数与一位小数进行运算时为什么不是末位对齐?学生困惑的根本原因在于没有清晰地理解小数的意义。

在学习前期,有部分老师借用元、分、角来帮助学生理解小数运算,将

0.45元转化为45分，0.28元转化为28分，转化为整数进行加法运算得到结果为73分，再转化单位得到结果0.73元。这只是将小数与整数进行转化，并没有说明小数加减运算的算理。因此教学中所突出的重点应该是要让学生知道在"6.45+4.28"的运算中之所以6与4可以相加，因为6与4代表的都是几个"1"，同理，0.4和0.2代表的是几个"0.1"，各数位意义相同，因此要小数点对齐来保证各数位对齐。

小数加减运算的本质就是相同数位对齐，外显特点是小数点对齐。需要注意的是：从低位（末位）算起，被减数数位不够，用零补齐。

2 （1）小林买了下面两本书，一共花了多少钱？

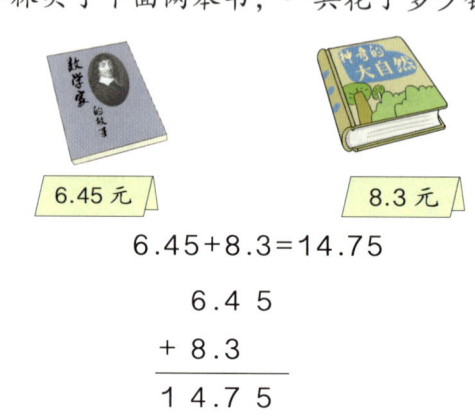

图5-38 小数加法的认识

四、小数的乘除法

小数的乘除法可以根据教材编排细分成如下几部分：

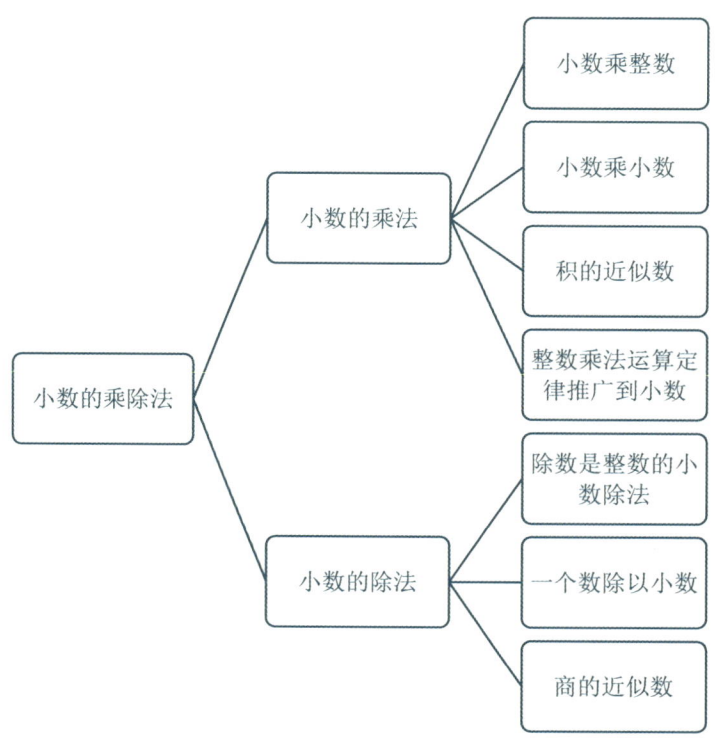

图5-39 "小数的乘除法"编排顺序

（一）小数乘法

经过小数加减运算的学习，学生印象最深刻的就是小数点要对齐，但是这一点迁移到小数乘法中，就容易产生误解。因此教材从最初的小数乘整数入手，再学习小数乘小数。比如 8.6×4=34.4，结果没错，也很符合小数加减法的算法，但是小数点并不是由上面直接"继承"下来的。小数的乘法运算和分数的乘法运算一样是难点，虽然可以从整数运算中迁移，但是其中的算理存在区别。想要突破小数乘法，需要厘清小数乘法运算中小数点的位置是根据什么标识的，为什么是末位对齐而不是小数加法中的小数点对齐？

先来探究小数点的位置如何移动，为什么当两个一位小数相乘，结果却是两位小数？可以从几何图形面积的计算出发，如图 5-40 是由 100 个 0.1 cm × 0.1 cm 搭建的正方形中计算 0.6 cm × 0.9 cm，即竖着 6 个单位，横着 9 个单位，一共有 54 个小正方形。一个小正方形面积为 0.01 cm^2，因此得到所求矩形面积为 0.54 cm^2，由此可以说明 0.6×0.9=0.54。从计算法则来看，即将 0.6 和 0.9 同时扩大 10 倍化为整数，或者说将 0.6

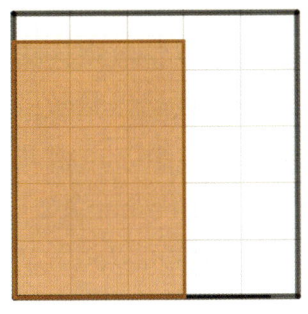

图 5-40 小数乘法图形表征

cm 和 0.9 cm 转化为 6 mm 和 9 mm，计算结果根据整数乘法法则得到 54 mm^2，根据单位进行转化（1 mm^2=0.01 cm^2），就得到 0.54 cm^2。这是基于单位转化理解的运算，但当进行无情境小数乘法运算时，该如何去思考呢？在计算过程中，我们可以将一位小数扩大十倍，即"×10"，那两个一位小数的乘法运算会"×10×10"，即"×100"。因此，在结果中要想保持公平性就要同样地还原"÷100"倍。可以得到，小数点的位置与扩大的倍数有关。

接下来探究小数乘法竖式计算时如何对齐。根据小数加减法运算和整数运算来看，竖式运算就应该各数位对齐。例如，图 5-41 的计算正确吗？明显看出两个小数相乘必定小于 8，最后结果却大于 43，错在了哪里？想一想我们上一段说明了小数运算即将小数扩大转化为整数，如果将计算转化为"115×38"，你还会如此放置位置吗？必定会是将 8 与 5 对齐。因此小数计算要转化为整数计算，积的小数点的位置与小数的小数点位置无关，只要保证末位对齐即可。

```
      1.15
　×   3.8
　─────
      920
     345
　─────
     43.70
```

图 5-41 小数乘法的错误运算

根据上述的算理可以得到，小数乘法是按照整数乘法的运算法则进行运算的，最后数出两个乘数一共有几位小数，就从积的右边起数出几位点上小数点。

按照对小数乘法形式的分析，小数乘法问题基本分为以下几类（见表 5-17）。

表 5-17　小数乘法的题型模型

小数乘法	小数乘整数	家到学校大约 1.3 km，每天往返两次，一周（按五天）要走多少千米？
	小数乘小数	给一个 2.4 m 长，0.8 m 宽的宣传栏涂漆，每平方米要用油漆 0.9 kg。一共需要多少千克油漆？

（二）小数除法

根据概念，除法运算的本质是平均分，在小数运算中也不变。那么理解小数的除法运算依旧需要解决两个问题，商的小数点该放在哪里？除数与被除数的小数点该如何移动？为解决这两个问题，教材中设计了两道脚手架，先通过小数除以整数来连接整数除法，再过渡到学习小数除以小数。

小数除以整数的运算依旧是平均分的运算，如"22.4÷4"，就是将 22.4 平均分成 4 组，每组几份呢？教材给出具体量 22.4 km，整数部分 22 km 分成四组，每组 5 km 余 2 km。剩下的 2 km 和小数部分的 0.4 km 该如何分呢？教材引导学生可以将其转化为单位 m，2400 m 分成 4 组，即每组 600 m，最后每组 5 km 加 600 m，统一单位加起来就是 5.6 km。

从算理的角度理解，整数部分按照整数除法做运算得到的就是商的整数部分，余数和小数为商的小数部分，因此小数点的位置取决于整数部分什么时候除尽，外在表现为与被除数的小数点对齐。

解决了小数点的位置，接下来就看除数是小数时该如何计算。教材引导学生想到利用乘法，在乘法运算中乘数是小数时可以扩大化为整数，那到除法运算时可以扩大吗？需要缩小吗？来看看"7.65÷0.85"，即算"（　）×0.85=7.65"。在算小数乘法运算时，先把 0.85 扩大 100 倍，即左式变成"（　）×0.85×100"，为保持等式成立两边同乘相同的数，即"7.65×100=765"，所以原式转化为"（　）×85=765"，即求"765÷85"。归纳上述思考过程，就是想把除数为小数的运算转化为除数为整数的运算，即除数扩大几倍，被除数扩大几倍。

根据小数除法的算理得到小数除法的运算法则：看清除数是几位小数；把被除数和除数的小数点同时向右移动相同的位数，使除数变成整数；当被除数小数位数不足时，用"0"补足；最后按照除数是整数的小数除法计算。

按照对小数除法问题的分析，小数除法的问题基本分为以下几类（见表 5-18）。

表 5-18　小数除法的题型模型

小数除法	小数除以整数	王鹏计划 4 周跑步 22.4 km，他平均每周应跑多少千米？
	商是小数	王鹏爷爷计划 16 天慢跑 28 km，平均每天慢跑多少千米？
	一个数除以小数	奶奶编一个"中国结"需要 0.85 m 丝绳，一共 7.65 m 丝绳，可以编几个"中国结"？

五、分数的加减法

分数的加减法可以根据教材编排细分成如下几部分：

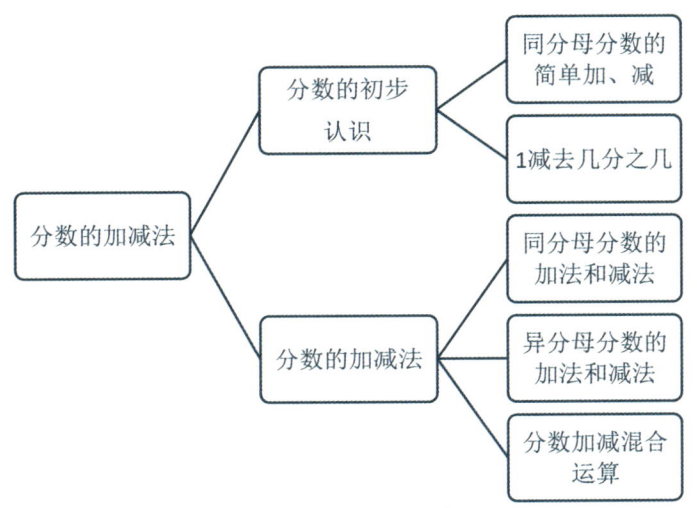

图5-42 "分数的加减法"编排顺序

人教版教材中分数的认识分为两个部分：分数的初步认识和分数的加减法。在三年级阶段引入分数是为了更好地拓展整数除法，更好地表示平均分的结果，也为学习小数作铺垫。同时可以发现，分数的运算分布在小数学习的前后，在三年级只是初步的认识，进行简单的运算。在五年级下册小数学习完后重新进入分数的学习。究其原因主要是分数的运算内容相比于自然数和小数来说较为不同，因为难度较大，故延后教学。分数的运算安排在了小数的加减乘除学完之后，也体现了教材以学生为中心的原则。

分数的初步计算以对分数的初步认识为基础。分数就是将"1"等分成 n 份，分数 $\frac{a}{n}$ 是取其中的 a 份，分数 $\frac{b}{n}$ 是取其中的 b 份，加起来就是（$a+b$）份，所以结果为 $\frac{a+b}{n}$，同分母分数的加减法和整数的加减法是一致的，分母不变，分子做加减运算。本质上和整数、小数加减法一样，都是相同计数单位才能相加减。

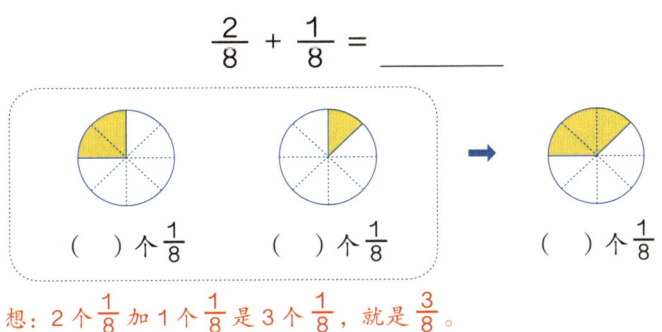

图5-43 同分母分数加法的意义

而到了五年级，学生主要学习的是如何进行异分母分数的加减运算。理解异分母分数加减不能直接分子加分子，分母加分母；或理解不能只进行分子的加减。为什么异分母分数的加减法不能与同分母分数加减法一样直接进行分子的加减运算？本质是因为两个分数分子代表的意义不同，比如$\frac{1}{2}$和$\frac{1}{4}$中"1"的意义不同。$\frac{1}{2}$中的"1"是将一个物体等分成两份，其中的一份。$\frac{1}{4}$中的"1"是将一个物体等分成四份，其中的一份，即使两个等分的物体大小一致，但是每份的多少依旧不一样，因此不能直接分子相加减。我们想到的是将每份变成一样进行计算，即重新均分。只有计数单位（分数单位）相同才能相加减，由此运用分数的基本性质转化为同分母分数运算。归纳算理发现异分母分数运算法则：计算异分母分数加减法要先通分，转化为同分母分数再进行计算（见图5-44）。

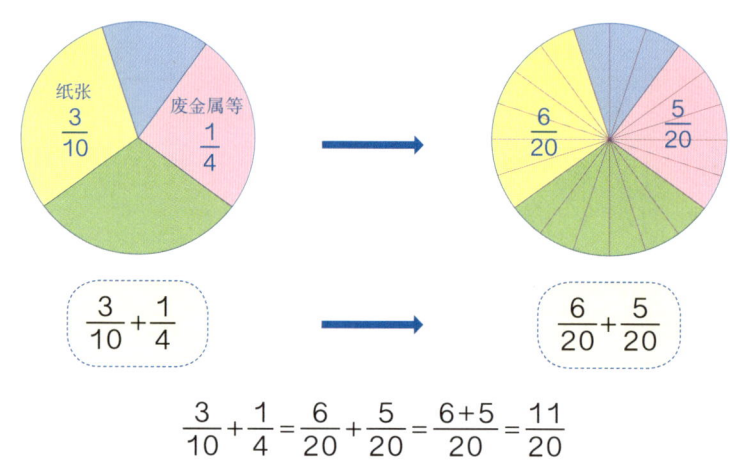

图5-44　异分母分数加法的表征

按照对分数的加减法问题形式的分析，分数加减法问题基本分为以下两类（见表5-19）。

表5-19　分数加减法的题型模型

分数加减法	同分母分数加减	1个西瓜，哥哥吃了$\frac{2}{8}$，弟弟吃了$\frac{1}{8}$。一共吃了这个西瓜的几分之几？
	异分母分数加减	妈妈用黄豆面和玉米面和面饼，玉米面用了$\frac{4}{5}$kg，黄豆面用了$\frac{3}{4}$kg，用的玉米面比黄豆面多多少千克？玉米面和黄豆面一共用了多少千克？

六、分数的乘除法

分数的乘除法可以根据教材编排细分成如下几部分：

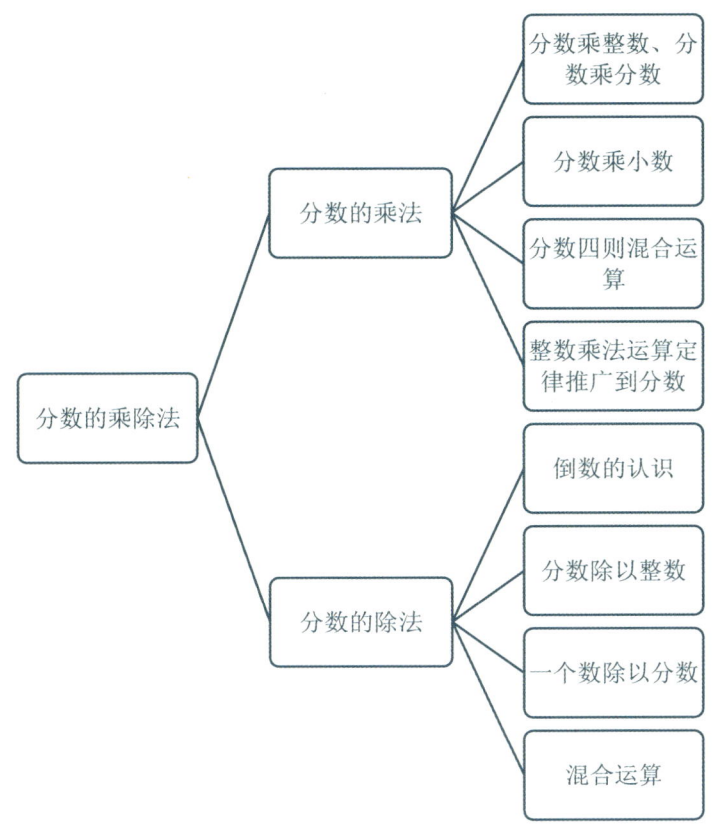

图5-45 "分数的乘除法"编排顺序

分数的乘除法是小学数学教学中公认的难点,虽然分数的运算法则比起整数的运算显得简洁明了:两分数相乘,分子相乘的积做分子,分母相乘的积做分母;分数甲除以分数乙等于分数甲乘分数乙的倒数。根据运算法则进行运算似乎没什么困难的,但是这两种算法背后的算理却颠倒了对自然数乘除法的理解,因此教材将分数乘除法的学习安排在了六年级阶段进行学习。

(一)分数乘法

教材中为了突破上述难点,由易到难、由浅入深地安排学习内容。比如先从分数乘整数算起,由整数乘法得到结果;再通过整数乘整数过渡到理解整数乘分数的意义;最后整合算理理解分数乘分数即求一个数的几分之几。这个过程中都离不开对分数的认识和图像表征。

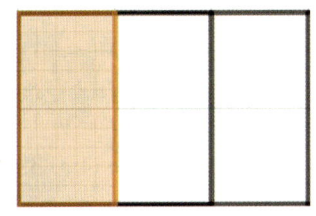
图5-46 整数乘分数的表征

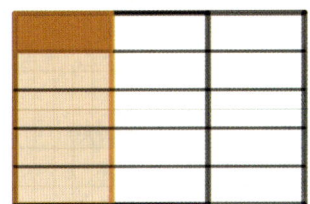
图5-47 分数乘分数的表征

分数乘法到底依据什么进行计算呢?先看分数乘整数"$\frac{1}{3} \times 6$",根据整数乘法,可以理解为6个$\frac{1}{3}$相加,"$\frac{1}{3}+\frac{1}{3}+\frac{1}{3}+\frac{1}{3}+\frac{1}{3}+\frac{1}{3}=\frac{1+1+1+1+1+1}{3}=$

$\frac{1\times6}{3}=\frac{6}{3}=2$"。分数乘整数，用整数与分子相乘的积作为分子，分母不变。通过式子可以看出这一算法将分数乘法转化为同分母分数相加，再根据整数乘法意义将分子的连加转化为乘法，将整数乘法与分数乘法相联系。

再看整数乘分数"$6\times\frac{1}{3}$"，似乎与上一例子通过乘法交换律转换得到，但是这一例子将分数乘法与整数乘法的算理区分开来。只通过算式发现求$\frac{1}{3}$个6相加似乎不符合常理，"$\frac{1}{3}$个"会是多少呢？如图5-46，将一个2×3的矩形三等分，其中矩形ADFE是矩形ABCD的$\frac{1}{3}$，面积为2。所以一个数的n分之一，就是将这个数平均分成n份，取其中的一份。而一个数的n分之m就是将这个数平均分成n份取其中的m份（$m<n$）。

从分数乘整数的算理拓展到分数乘分数的分数乘法"$\frac{1}{3}\times\frac{1}{5}$"，即求$\frac{1}{3}$平均分成5份，取其中的一份。简而言之，分数乘法就是求一个数的几分之几，而这个数不限于整数。

按照对分数乘法学习过程中题目的类型进行分析发现，分数乘法问题基本分为以下几类（见表5-20）。

表5-20 分数乘法的题型模型

分数乘法	分数乘整数	小新、爸爸和妈妈一起吃一个蛋糕，每人吃$\frac{2}{9}$个，三个人一共吃了多少？
	整数乘分数	1桶水有12 L，$\frac{1}{4}$桶是多少升？
	分数乘单位分数	李伯伯家有一块$\frac{1}{2}$公顷的地，种土豆的面积占这块地的$\frac{1}{5}$，种土豆的面积是多少公顷？
	分数乘分数	无脊椎动物中游泳最快的是乌贼，它的速度是$\frac{9}{10}$千米/分，李叔叔的游泳速度是乌贼的$\frac{4}{45}$，李叔叔每分钟游多少千米？

（二）分数除法

分数除法的运算重点就是理解"倒数"。从整数除法中可以看出除法是平均分的过程，那分数除法也可以看作平均分。比如分数除以整数"$\frac{1}{3}\div6$"可以认为将$\frac{1}{3}$平均分成6份，一份是多少。或者换位思考6份一共为$\frac{1}{3}$，1份为几。

继而学习整数除以分数"$6\div\frac{1}{3}$"，即认为$\frac{1}{3}$份是6，1份是多少呢？

那就把三个 $\frac{1}{3}$ 份拼在一起就是1份，转换为"6×3"。从而将算理延伸到分数除以分数的运算情况上，"$\frac{1}{3}\div\frac{1}{6}$"，可以认为 $\frac{1}{6}$ 份是 $\frac{1}{3}$，1份是 $\frac{1}{3}$ 的6倍，即"$\frac{1}{3}\times6$"。再来看非单位分数的除法，"$\frac{1}{3}\div\frac{4}{6}$"，可以看作一个物体或图形平均分成6份，其中的4份是 $\frac{1}{3}$。计算过程中先转化为其中的1份。列出"$\frac{1}{3}\div4$"，即6份中的1份。然后求整体是多少，得到结果为"$\frac{1}{3}\div4\times6$"，整合一下就是"$\frac{1}{3}\times\frac{6}{4}$"。因此分数的除法算理就是理解"颠倒相乘"。

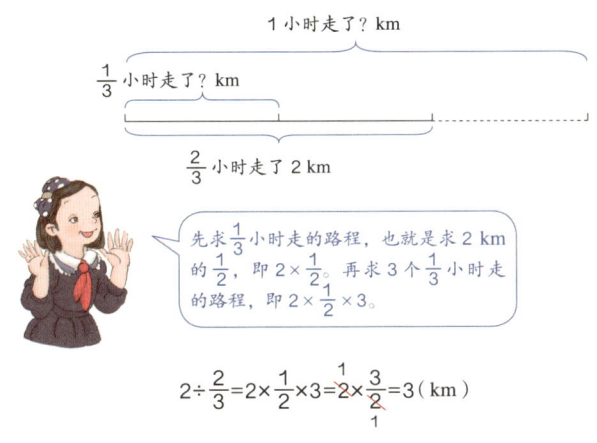

图5-48 分数除法的表征

分数除法学习过程与分数乘法相似，都从整数进行过渡，分数除法问题基本分为以下几类（见表5-21）。

表5-21 分数除法的题型模型

分数除法	分数除以整数	把一张纸的 $\frac{4}{5}$ 平均分成两份，每份是这张纸的几分之几？
	整数除以分数	小明 $\frac{2}{3}$ 小时走了2 km，小明每小时走了多少千米？
	分数除以分数	小红 $\frac{5}{12}$ 小时走了 $\frac{5}{6}$ km，小红每小时走了多少千米？

5.2.3 与新加坡教材的比较

除了对我国人教版教材中"数的运算"部分进行梳理，同样我们还和新加坡MC版教材进行比较。

一、新加坡版教材"数的运算"编排顺序

新加坡MC版教材中"数的运算"的整体编排顺序如图5-49所示。

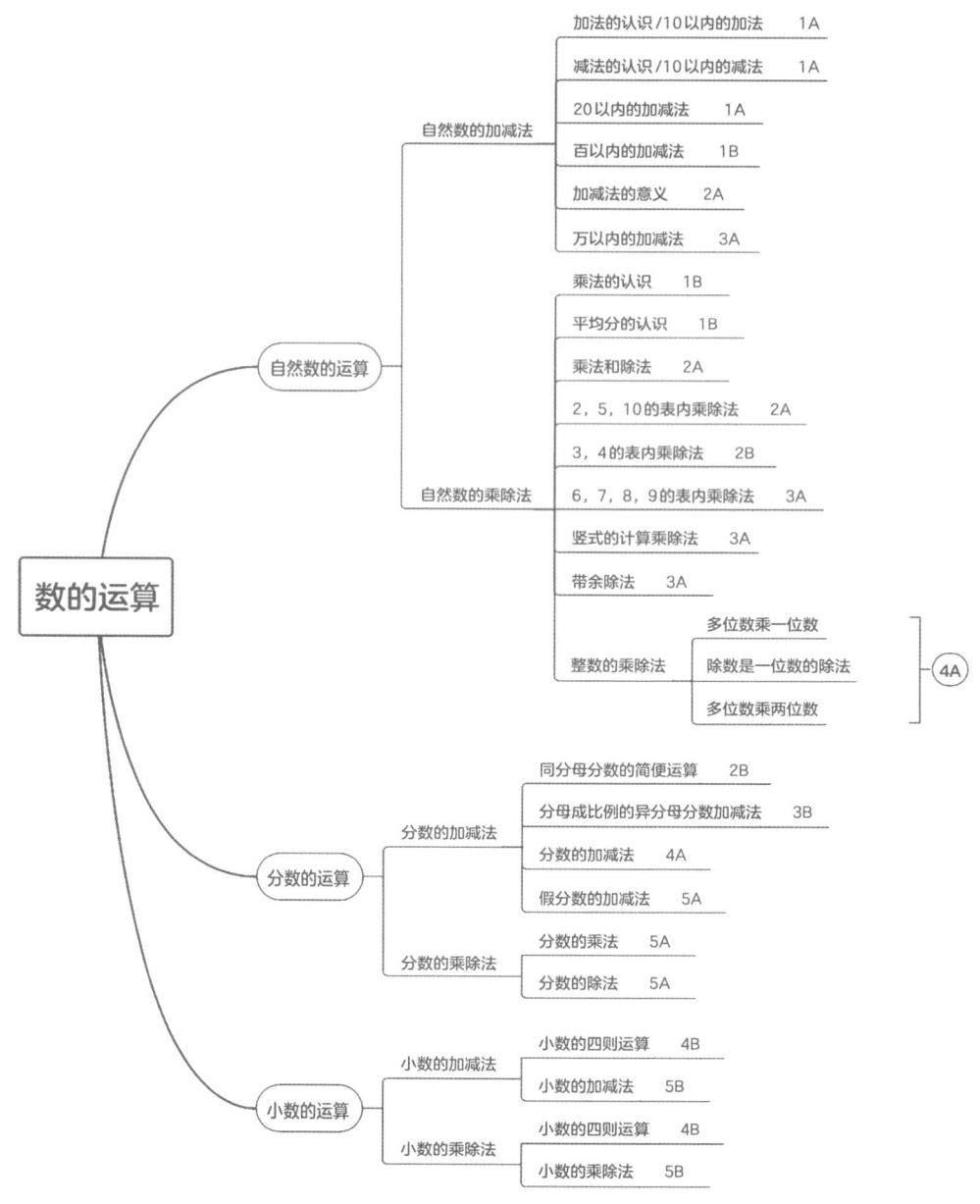

图5-49 新加坡MC版教材"数的运算"编排顺序

二、异同比较

（一）相同点

两版教材对数的运算都非常重视。从上图中新加坡MC版教材与人教版教材"数的运算"内容进行比较，发现所学习的内容是一致的。比如，自然数加减法中，按照"10以内的加减法→20以内的加减法→百以内的加减法→万以内的加减法"的顺序进行学习。

两国教材在突破教学难点时设置的脚手架也是相同的，例如小数的乘法中，为学习小数乘小数，前面通过先学习小数乘整数与整数乘小数来过渡，分数的乘除法学习也是同样的思路。

（二）不同点

虽然学习路径达成的目标一致，但是两版教材在知识点顺序安排和意义说明上略有不同。

1. 知识的显隐性安排不同。在MC版自然数加减法的学习中，除了学习各数的加减法，在二年级上册有专门一节内容讲解加减法的意义是"部分—总体"关系（如图5-50所示），而人教版教材中虽然有让学生感受加法中的"部分—总体"关系，但是在四年级的四则运算讲解中没有作为显性知识突出。

图5-50 "部总关系"的表征

2. 自然数乘除法上知识的安排是有差异的。第一点，表内乘除法的安排。人教版二年级上册用两个单元的内容学习表内乘法，在学习完表内乘法后在二年级下册学习表内除法。而新加坡教材中，表内乘除法是接连的，前面学完6的表内乘法，就会在下面跟上6的表内除法，并且将10以内的乘除法分成三个学期进行学习。第二点，自然数乘除法中学习多位数乘一位数、多位数乘两位数、除数是一位数的除法的安排。人教版分成了三个单元，并在学习三位数乘两位数、除数是两位数的除法后进行乘除法运算的总结，但是MC版教材中将其归纳成一个章节，安排在学习整数之后。在学习乘法中，人教版根据"口算→笔算→解决问题"一步一步进行，而MC版直接就开始学习笔算乘法，口算的内容安排在了乘法的认识和表内乘法的学习中。

3. 知识点的分布安排不同。依据前面的分析知道分数的加法难在将异分母分数转化为同分母分数，因此按"同分母分数加法→分数的基本性质→异分母加法"的顺序学习。人教版和MC版教材也是按照如此突破难点，但是人教版教材因为中间学习小数的运算将分数的运算分成三年级和五年级学习，而MC版教材均匀地将知识点分布在二年级、三年级、四年级、五年级。

三、启示

算理的说明不仅仅体现在教学中，也要安排在教材里以方便学生自学复习。MC版的教材在每个运算的学习之前都会安排对运算的认识。比如加减法的意义是"部分—总体"。除法的意义是平均分，乘法的意义是"几组"。而人教版教材在学习前对运算的认识仅仅停留在符号的认识"+"。在教师教学用书中，对教材的解释中表明了"通过读懂题意进一步理解加法的含义"。但教材仅仅是通过图片做加法运算，学生很可能只能通过数数来做加法运算但不理解背后的意义。

知识点的安排可以更集中。MC版教材知识点的分布相较于人教版均匀且集中，比如分数的加减法和自然数乘法运算。并且MC版教材会有大章节和小节内容，会更容易理解这块内容的学习重点（图5-51）。但在人教版教材中，除数是一位数的除法、多位数乘两位数等单独一个单元，虽然单元也是接连的，但整体上感知到的是知识点的独立性。

> **② Multiplication and Division of Whole Numbers**   **40**
> - Multiplication and Division by a 1-digit Number   42
> - Multiplication   44
> - Division   47
> - Multiplication by 10   51
> - Multiplication by Tens   54
> - Multiplication by a 2-digit Number   56
> - Solving Word Problems   58

图5-51　新加坡教材中自然数乘除法章节命名

5.2.4　与数的运算的逻辑顺序比较

一、数的运算逻辑顺序

古时候的人们从最初产生了"数量"的概念到渐渐将数量进行一般化，从而抽象出"数"，而这个"数"便是如今所说的自然数。自然数的出现便利了人们的生产实践，人们能从生活中的物体的量上找到自然数的影子，这不可避免地就会导致运算的产生。其实，人们在定义了自然数的同时就定义了自然数的加法，因为只有通过加法，人们才可以更好地了解现实事物的具体数量。

在自然数系中，人们只能进行加法，而不能自由地进行它们的逆运算，这是极其不方便的。单单一个加法不能满足数学家们的运算，甚至满足不了人们生活的需要。人们不可能永远地进行正向思维的运算，例如一户人家有五头牛，卖了两头牛，还剩下几头牛？这其中涉及的便是一种新的运算，这种逆向思维的运算过程被人们称之为"减法"，并与之对应地创造了新的符号"−"。只不过此时的减法是简单的，它一定是被减数大于减数。

显然，掌握了自然数的加减法对于解决实际问题还不足够。当人们在对同一个数进行不断重复地相加时，就会显得非常地麻烦，为了便于书写，人们规定只需要将这个相同的数写出，并与其重复的个数用符号"×"进行组合即可，例如"2+2+2+2+2+2"便可以写成"2×6"。后来人们称这种运算为乘法，并且可以看出乘法是加法的简便运算。

既然加法存在逆运算，乘法也不例外。由于乘法是已知两个数然后计算乘积，所以人们规定当知道乘积和其中一个数，求另一个乘数时，这样的运算便称之为除法。除法作为乘法的逆运算，人们用新的符号"÷"来进行表示。

自然数的加减乘除四则运算让人们对这个世界中所蕴含的数量关系有了一定的了解，然而人们所规定的四则运算仍然具有局限性。在减法中，我们只规定了被减数大、减数小，而当被减数小、减数大时是不成立的，为了能够使其成立，人们在原有的基础上进行创新，因此产生了负数和零，规定当被减数等于减数时，结果为零；当被减数小于减数时，结果为负数，并将新产生的数与原来的数统称为整数。

数系的扩充意味着新的数的运算与旧的数的运算应当都在数系中保持成立。为了能够让负数也参与到加减乘除四则运算，并且与自然数的运算相容，人们对整数的加减法进行了定义，规定加上一个负数等于减去它的相反数、减去一个负数等于加上它的相反数等。然而，在整数中我们却不能简单地认为乘法就是加法的简便运算。当乘法为$3\times(-3)$时，我们可以认为这是由3个(-3)进行相加的简便表示。然而当乘法为$(-3)\times 3$时，我们却不能认为这是由(-3)个3进行相加的简便表示。为了推广乘法，人们定义了推广的工具：乘法交换律和乘法分配律，这样规定之后$3\times(-3)$就可以理解为$(-3)\times 3$，那么也就不会出现矛盾了。整数的除法作为乘法的逆运算，在有了自然数中除法的基础上，人们便可以轻松地定义和运算了。就这样，人们为了打破减法的束缚，将自然数系扩充为了整数系。

从自然数系扩充到整数系，人们完美地打破了减法的束缚，消除了人们对减法的困惑。很显然，既然减法的限制可以解除，那么解除除法的限制可以吗？数学家们纷纷投入到相应的研究中去。

在整数中，除法仅仅规定为整除，当被除数与除数之间无法除尽时，人们为了使其成立，便创造了新的数——分数，我们可以认为分数就是由于自然数除法的推广。当除法为$a\div b$时，人们用符号"$\dfrac{a}{b}$"来表示，并称其为分数。

在创造了分数之后，人们也希望分数中的运算能跟自然数的运算相容，为此人们定义了分数的加法为分子、分母分别相加，然而这样的加法违背了自然数的加法规则。之前谈到由于整数都可以变成分数的形式，那么2可以看成$\dfrac{2}{1}$，3可以看成$\dfrac{3}{1}$，那么$\dfrac{2}{1}+\dfrac{3}{1}=\dfrac{5}{2}$，这显然是不对的。尽管这种加法有它的有用之处，但为了追求相容，人们经过探索，又规定了一种数量加法。数量加法规定分数的分母必须相同，例如$\dfrac{2}{6}+\dfrac{3}{6}=\dfrac{5}{6}$，这时就可以理解为6份中的2份和3份相加，那就是5份，也符合整数加法的定义。

分数加法有了定义，作为加法的逆运算，分数的减法也有了定义。对于分数的乘法，人们追求方便记忆，规定分子、分母分别相乘，这样的规定也符合自然数中的乘法规定。

然而，作为乘法的逆运算，简单的分子、分母分别相除显然是不可以的。人们通过长时间的选择，最终规定除以一个分数等于乘这个分数的倒数。通过这样的规定，使得分数的除法就可以转化为分数的乘法，那么分数的四则运算也就可以在新的数域中进行了。

后来，人们通过对分数进行更深入的研究，发现同一个分数可以由许多不同的分数来表示，这也就产生了等价类，并且将最简单的表示方式称为既约分数。人们看出了分数等价的重要性，但并不是任何时候最简分数都是最佳的。例如计算 $\frac{1}{2}+\frac{1}{3}$ 时，两个分数都是最简分数，但是却因为计数单位不同不能进行相加。因此，必须通过寻找这两个分数的等价类，使得这两个分数的分母相同，才能彼此相加。所以说，分数等价类中每一个表示，各有各的用处，都有特定的价值。

随着人们生产实践的需要也出现了许多单位制，例如一尺、一斤等，然而有时候在一方面只有一个单位显然是不够的，后来人们根据十进制又规定了一寸、一两等，并且规定1尺为10寸，1斤为10两，为了表示方便，小数也就应运而生了。我们可以理解小数的出现是基于十进制表示数量的需要，正是由于计量的需要产生了小数，并非是分数概念的附庸。

小数是十进制计数向相反方向延伸的结果，同时也是一种特殊的分数，因为小数就是分母为"10""100""1000"等的分数的一种情况。由于人们已经掌握了整数的四则运算，因此对于小数而言难度并不是很大，只需要在保证数位对齐的情况下，按照整数的加减法进行运算即可。对于小数的乘除法则，人们也是仿照自然数的乘除进行计算，只需将小数进行放大看成整数，最后再将结果缩小之前扩大的倍数。

后来人们为了将分数与小数、整数建立联系，不断进行研究，发现分数可以化为有限小数或无限循环小数，而整数又可以化为分数，因此将有限小数和无限循环小数称为有理数。

大约两千年前，我国和古希腊时期的人们发现了正方形的对角线与它的边长是不可公度的，并且也发现了圆周率求解不出，让人们渐渐感受到了无理数的影子，一直到开方运算的引入，人们才发现了大量的无限不循环小数。经过数学家们的定义，无理数的概念正式进入了人们的视野。

二、教材中数的运算的顺序与其逻辑顺序的比较

从数的运算的逻辑顺序来看，人教版教材并没有在自然数的减法运算中引入被减数小、减数大的情况，也就没有在最开始就引出负数的概念，而是将其留到了六年级的最后阶段。但是教材优先引入了被减数等于减数的情况，即"0"的引入，这与数的运算的逻辑顺序是相符的。

此外，学生对于自然数运算的学习，并非是将自然数的四则运算全部学完之后，再进行分数和小数的学习。教材将自然数的四则运算分散在了前四个年级，而在三年级上册开始逐渐引入分数的有关内容。虽然学习了分数的初步认识，但是更多是为了小数的认识作铺垫，也将小数的四则运算学习放在自然数运算之后，并将自然数的运算迁移到小数的运算中。分数的认识与运算在小数学习之后再次进行。主要原因在于相比于分数，学生对小数的生活经验更加丰富，便于学生理解，这也表明了教材以学生为中心的原则，编排顺序符合学生

认知规律。

综上所述，人教版的教材编排顺序与逻辑顺序相比，提前了小数运算的学习，没有涉及负数运算的内容，也没有涉及无理数运算的内容。

5.3 代数的编排

5.3.1 小学数学教材中代数的编排顺序

一、代数的编排顺序

麦克斯·斯蒂芬斯认为，小学代数教学的主要内容包括四个方面：数的模式、相等关系、一般化与证明、函数关系。代数的教学重点是代数思维的培养，而思维培养是贯穿于整个教学过程中的。张奠宙在他的《小学数学研究》一书中也指出：鉴于代数的重要性，原本中学才接触的函数和方程也逐渐渗入小学教育，且篇幅将不断加大。

所以，在小学数学的教学中，代数教学的重点在于如何培养学生的代数思维。实际上，代数思想的渗透是很难与算术剥离的，需要结合"数的运算"进行教学。经整理，人教版小学阶段"代数"内容的框架如下：

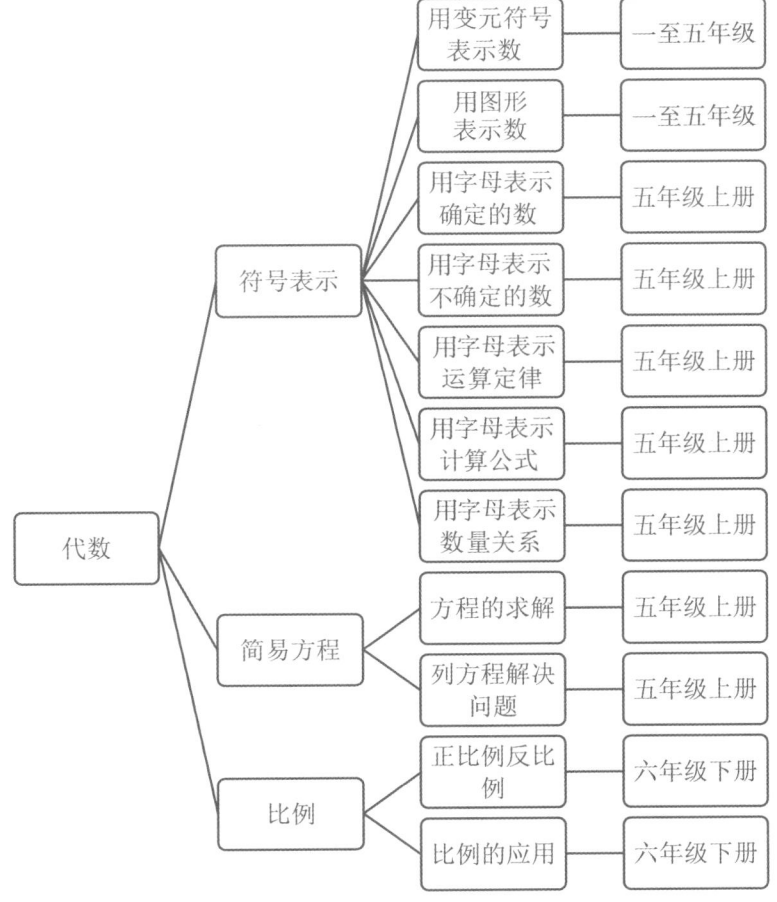

图5-52 人教版小学"代数"内容框架图

结合《标准（2011）》可以发现，"代数"的教学内容是逐渐扩充的。因为这一部分的学习必须建立在其他相关内容的学习之上，所以，"代数"的学习主要集中在高年级。数学学习是一个不断抽象的过程，代数思维的一个重要特性是抽象性，即从实际的情境中抽象出数字或符号表达。"用字母表示数"就是一种抽象，需要让学生在大量的情境中感知"符号"的魅力。在这个认识过程中，向学生初步渗透代数思维，让学生体会抽象、感受数的变化与关系。在庞杂的计算过程中，总结出了一般化的代数运算规律，用模型的方法可以解决一类相同的问题，如周长、面积、体积公式等。"比例"是数量关系的学习中比较特殊的一种，是函数思想在小学的体现，也是将情境模型化的体现。

鉴于"代数"内容分布广泛，我们将之分成"用符号表示""简易方程"和"比例"三部分进行更详细深入的分析。

（一）用符号表示

1. 用变元符号表示数。

小学里的"用符号表示数"其实很早就已经出现。变元符号是指像□、（）、? 这样可以表示任意数的符号，一年级甚至学前阶段就开始用变元符号来表示数，大多是出现在填空题中用于填写数字答案。例如：8+6=□等。

2. 用图形表示数。

用图形（包括线段、点、图片、图形等）表示数也出现较早，在人教版小学一年级下册第七单元找规律中，就有大量代表数字的图形。例如：5、10、15、☆、25、30，你知道☆代表的是多少吗？

3. 用字母表示确定的数。

在人教版五年级上册第五单元简易方程中，第一节的内容就是"用字母表示数"。教材首先安排用字母表示确定的数，明确地用字母表示一个唯一的量，或用带字母的数值计算。例如：当 $a=11$ 时，求 $3a+11$ 的值。

4. 用字母表示不确定的数。

学习完用字母表达确定的数后，教材紧接着安排学生学习用字母表示不确定的数。这时，字母不再表示唯一确定的量，而是可以取任意值，字母意义的抽象程度上了一个台阶。例如：宽为3，长为2，3，4，…，a，此时面积分别为多少？

5. 用字母表示运算定律。

教材引导学生将"用字母表示数"运用于学过的知识中，以往我们会用图形、文字或举例说明来表示运算定律，现在可以用字母来表示它们。例如，加法交换律：$a+b=b+a$；加法结合律：$a+(b+c)=(a+b)+c$。

6. 用字母表示计算公式。

同样地，学生学习过的一些计算公式，也可以用字母来表示。例如，正方形面积公式 $S=a\times a$；正方形周长公式：$C=4a$；路程公式：$s=vt$。

7. 用字母表示数量关系。

在用字母表示数量关系时，关系式已经初具方程雏形。学生需要在文字信息中抽象提取出数量关系，且数量关系中含有未知数，最后用含有字母的式子将其串起来。例如：超市原有 120 kg 苹果，又运来 10 箱苹果，每箱 a kg，现共有多少千克苹果？

（二）简易方程

1. 方程的求解。

学习解方程的基本原则：等式两边加上或减去同一个数，左右两边仍然相等；等式两边乘同一个数，或除以同一个不为 0 的数，左右两边仍然相等。教材要求学生根据解方程的基本原则求解简单方程，例如：解方程 $100+x=250$。

2. 列方程解决问题。

列方程解决问题将解方程的难度又提升了一个层次，需要学生独立设一个未知数，并在文字型应用题干中抽象提取出等量关系，最后用含有字母的式子表示。例如：超市原有 120 kg 苹果，又运来 6 箱苹果，现共有 240 kg 苹果，求每箱苹果重多少千克。

（三）比例

1. 正比例、反比例。

人教版六年级下册比例这一单元中，开始有函数思想的影子。如果用字母 y 和 x 表示两种相关联的量，用 k 表示它们的比值，正比例关系可以表示为：$\dfrac{x}{y}=k$；同理，用 k 表示它们的积，反比例关系可以表示为：$xy=k$。

2. 比例的应用。

比例知识与方程结合在了一起，将应用题中的正比例或反比例关系用含字母的等式表示出来。对于刚学习的学生来说，这些任务往往很困难，挖掘题目中隐含的比例关系是应用的难点。例如：办公室原先一天用水 100 L，节水后一天 25 L，原来 5 天用的水现在可用多少天？

二、函数思想的渗透

小学数学中虽然没有正式教授函数的概念，但函数的思想却在教学过程中逐渐渗透，贯穿教育的始终。本节将详细分析函数思想在小学数学中是如何渗透的。

1692 年，莱布尼兹在论文中首次使用了"function"一词。1718 年约翰·伯努利在莱布尼兹函数概念的基础上对函数概念进行了定义："由任一变量和常数的任一形式所构成的量。"中国古代"函"字与"含"字通用，都有着"包含"的意思，因此我国清代数学家李善兰在翻译《代数学》一书时，将"function"译成"函数"。

在 1949 年前的国内教材中，函数在高中才出现。直到 20 世纪 50 年代，数学教学全面学习苏联。而苏联的中学数学教育恰恰把函数——一次函数、二次函数、指数函数和对数函数乃至三角函数，当作核心内容和教学的主线。在这样的背景下，函数思想也逐渐渗入小学数学，为中学函数作铺垫，成为教材中不可分割的一部分。现小学函数思想渗透的顺序大致如下：

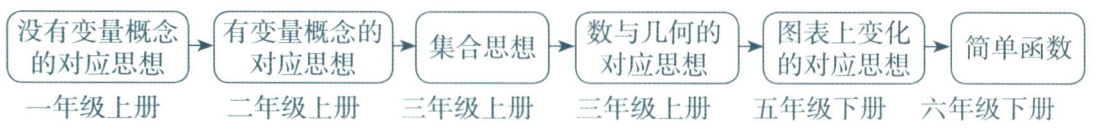

图5-53 函数思想的渗透顺序

（1）没有变量概念的对应思想。这是小学中最早的函数思想，是某一具体内容与另一具体内容或数字的对应，这里还不涉及变量。例如：桌子和椅子、学生和门票、人名和学号的一一配对。

（2）有变量概念的对应思想。在二年级学习乘法时，教材中出现了类似于初中"乘法机"的计算题（见图5-54）。输入一个数，将会得到唯一对应的数，在输入输出中就暗含着函数对应的思想。例如：在"乘8机"中，输入4，输出32；输入3，输出24。

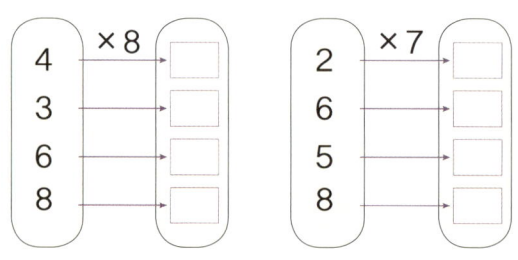

图5-54 初中"乘法机"计算题

（3）集合思想。课程标准指出："在小学使学生尽早接触集合、函数、统计等一些现代数学的思想，可以扩大学生的知识面，加深对某些内容的理解。"三年级上册数学广角学习了集合，把具有某种共同性质的一些对象看作一个整体，就形成一个集合。例如，将学生的名字填写在合适的圈中。

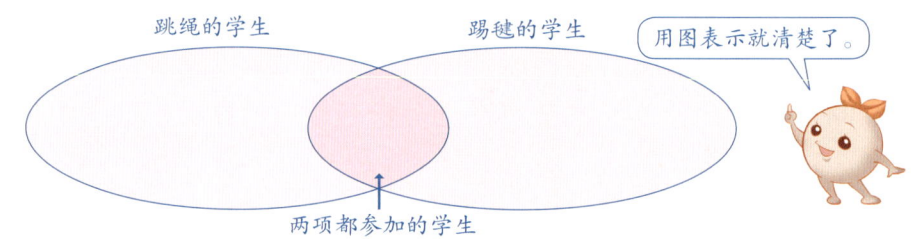

图5-55 集合思想

（4）数与几何的对应思想。不仅仅数字之间有对应关系，几何图形也能与唯一确定的数对应。例如，人教版三年级学习面积时，长方形的面积$S=a \cdot b$，且面积随长或宽的变化而变化。这时变量已涉及字母，且变量表示的是不确定的数，但仍没有函数的概念。

（5）图表上变化的对应思想。这时变量的概念更侧重于量的持续性改变，不断变大、不断变小。例如，在五年级下册中的统计单元中，根据每年农村居民人均收入，绘制收入情况折线图。在折线图中可以看到变化趋势，这是函数图象的前身。

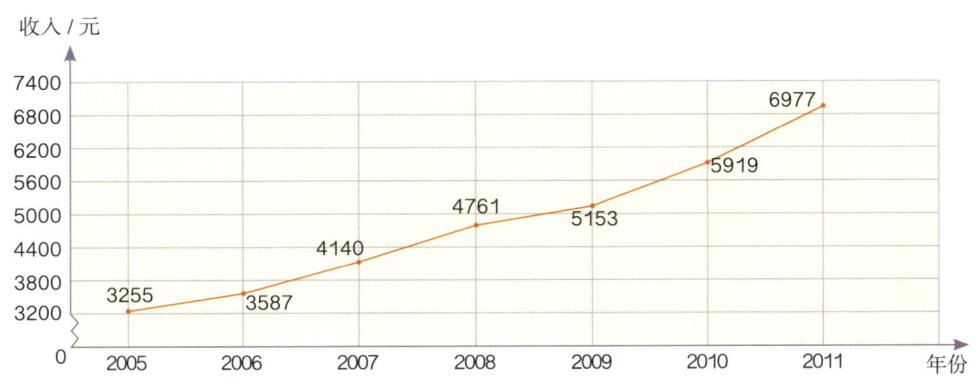

图 5-56　函数图象的前身

（6）简单函数。小学阶段没有正式提出函数的概念，但已涉及正比例、反比例，出现了 $s=vt$，$V=a·b·h$ 这样的简单函数，且还停留在正整数正分数范围内讨论。而正比例函数和反比例函数将会在初中进行更深入的学习。

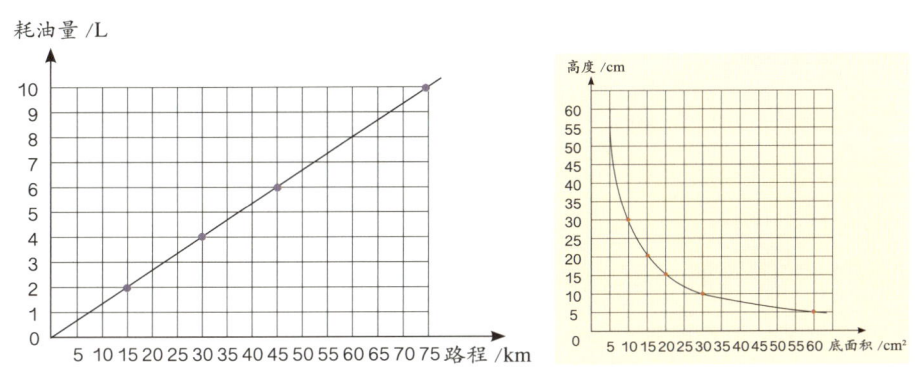

图 5-57　正比例、反比例函数图象

三、小学数学中符号的认知顺序

谈到代数，就必然涉及"符号"，符号是知识传播的重要途径。例如，数学公式、加减乘除的符号等，是人头脑将繁杂的语言简洁化的前提。小学阶段是学习符号的关键时期，《标准（2011）》规定符号意识作为学生应具备的数学能力之一，足见其重要性。符号的学习采用分散和集中相结合的方式，分布在各年级各个章节的教材中，故较难梳理完整认知顺序。符号认知的大致顺序如下：

图 5-58　符号的认知顺序

（1）数字符号是计数、计算的基础，是学生认识数学世界的门槛。学生在一年级上学期甚至更早开始学习数字符号"1、2、3……"。

第五章　小学数学教材的编排　|　349

（2）关系符号是连接数字和传递信息的符号。学生也是很早就开始接触关系符号，逐渐深入学习。关系符号共有三种类型：运算关系符号"+、-、=……"；顺序关系符号"<、>"；辅助性符号"( )、[ ]、{ }"。

（3）图示符号包括线段、点、图形、图片、统计图表等，相比于变元符号和字母符号更直观具体。

（4）变元符号是 □、＿、( ) 和 ? 等符号。在关系式中用变元符号表示未知数，让学生求解，可以说变元思想是列方程解实际问题的基础。

（5）字母符号是用 x、y、z 等字母表示已知数或未知数，在方程与函数中应用最为广泛。

5.3.2 教材呈现的内部结构

英国的儿童数学概念发展水平研究（CSMS）小组发现，学生对"字母表示数"的理解可以概括为6个水平：

（1）给字母赋值：从一开始就对字母赋予一个特定的值；

（2）忽略字母的意义：根本忽视字母的存在，或虽然承认它的存在，但不赋予其意义；

（3）把字母当作物体：认为字母是一个具体物体的速记或其本身就被看成一个具体的物体；

（4）把字母看作是特定的未知量：把字母看成一个特定的但是未知的数量；

（5）把字母看作是广义的数：把字母看成代表了或至少可以取几个而不只是一个值；

（6）把字母看作变量：把字母看成代表一组未指定的值，并在两组这样的值之间存在系统的关系。

教材的编写也如同研究中符号的理解水平一样，从低层次到高层次不断巩固、提高。同样地，符号所代表的意义也不断抽象、深化，使用符号的情境随水平的提高而改变。故下文将从符号的意义、使用符号的情境、符号理解的水平这三个角度，具体分析教材中代数呈现的内部结构。

（一）用符号表示

"用字母表示数"是一次新的抽象，需要从大量的情境中让学生感知"符号"的魅力。一年级至五年级上册的教材慢慢将"用符号表示数""函数思想"渗透，逐渐加深难度，提高抽象水平。

表 5-22 "用符号表示"内部结构

	符号的意义	情境	符号理解的水平
用变元符号表示数	用变元符号代表题目的答案，类似被遮盖的数。	□、( ) 等变元符号大多出现在填空题。例如：8+6=□。	变元符号代表需要学生求解的答案。

续表

	符号的意义	情境	符号理解的水平
用图形表示数	用图形表示一个数字、运算对象或运算符号等。	用图形表示运算定律 △+☆=☆+△；定义一种特殊运算 2※3=(2+3)×3。	把五角星、正方形、三角形、图片等当作一个物体或数字。
用字母表示确定的数	字母表示一个已知的数，需代入含字母的式子进行运算。	带字母的运算，当 $a=3$ 时，求解 $a+5$。	给字母赋值。
用字母表示不确定的数	字母表示一系列符合条件的不确定值。	含有情境的问题。例如，宽为3，长为2，3，4，…，a，长方形面积是多少？	把字母看作变量。
用字母表示运算定律	字母表示符合运算定律的某一运算对象。	$a+b=b+a$ $a \cdot (b \cdot c)=(a \cdot b) \cdot c$	把字母当作数字或物体。
用字母表示计算公式	字母表示计算公式的一类量（如速度、时间）。	$s=vt$，$V=Sh$	把字母当作数字或物体。
用字母表示数量关系	字母表示数量关系式中的未知量。	用含字母的等式表示题干中的数量关系。例如，超市原有120 kg苹果，又运来10箱苹果，每箱 a kg，现共有多少千克苹果？	给字母赋值。

（二）简易方程

"简易方程"为人教版五年级上册第五单元的教学内容，是五年级上册教学的重点内容。这一部分是学生在小学阶段首次集中接受"代数"教学，旨在培养学生的思维，完成由特殊到一般的探索和飞跃，学生的思维会经历由具体到抽象的转变。

表5-23 "简易方程"内部结构

	符号的意义	情境	符号理解的水平
方程的求解	字母表示符合方程中数量关系的未知量。	运用解方程的基本原则，求方程中字母表示的数。例如，求解 $6x+12=24$。	给字母赋值。
列方程解决问题	字母表示符合方程中数量关系的未知量；培养从题干中提炼数量关系的能力。	结合情境，运用解方程的基本原则求解。例如，超市原有120 kg苹果，运来6箱苹果，每箱 x kg，现共有240 kg苹果，求每箱苹果重多少千克。	给字母赋值。

（三）比例

"比例"是人教版小学数学教材六年级下册第四单元的内容。"正比例、反比例"作为常见特殊数量关系的代表，不仅能够加深学生对"数量关系"的认识，还能让学生初步领会到"函数"——对应的基本特质，为初中函数内容的学习作铺垫。

表5-24 "比例"内部结构

	符号的意义	情境	符号理解的水平
正比例、反比例	字母表示成正比例或反比例关系的一对数字。	$\frac{y}{x}=k$（$x\neq0$） $xy=k$	把字母看作变量。
比例的应用	字母表示成正比例或反比例关系的一对数字；培养从题干中提炼数量关系的能力。	结合情境，通过比例关系列方程求解。例如，办公室原先一天用水100 L，节水后一天25 L，原来5天用的水现在可用多少天？	把字母看作变量。

5.3.3 人教版教材与新加坡教材的比较

一、新加坡教材的编排顺序与结构

基于影响力与使用范围的广泛程度，选取了新加坡MC版教材作为研究对象。中、新两国的教材分别通过不同的方式呈现代数的教学，通过对MC教材中代数部分的分析，归纳出教材编排顺序如下：

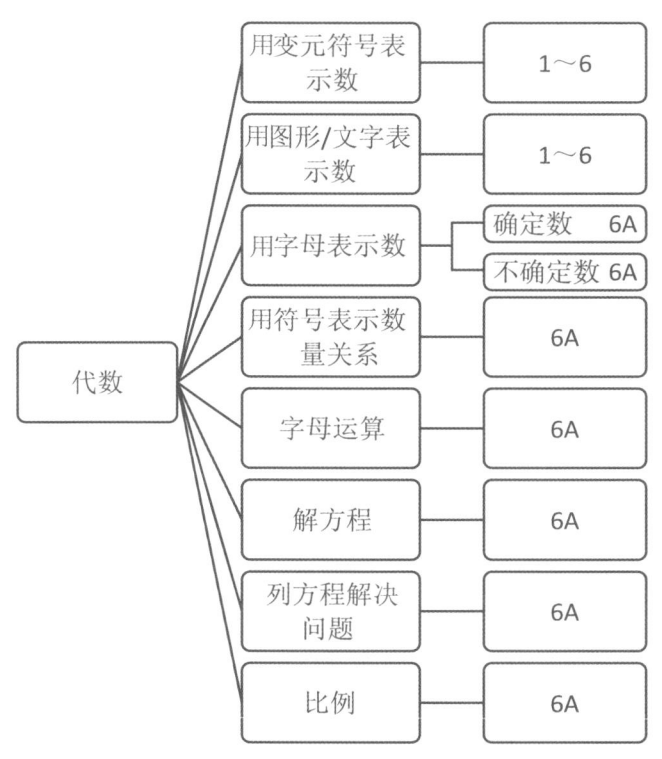

图5-59 新加坡小学"代数"内容框架图

（一）用变元符号表示数

新加坡教材也在一年级就开始用□、（ ）、？这些变元符号来表示未知的答案，例如：10，？，6，4。

（二）用图形/文字表示数

相对而言，MC版更多地用文字表示数，较少用图形表示数。例如：路程=速度×时间，长方形面积=长×宽。

（三）用字母表示确定的数

MC版六年级上册代数章节中，首次出现"用字母表示确定的数"，明确地用字母表示一个唯一的量。例如，当安妮x岁时，她妈妈是（$x+23$）岁，当安妮10岁时，她妈妈多少岁？

（四）用字母表示不确定的数

字母不再表示唯一确定的量，而是可以取任意值。例如，类似于"乘法机"，出现关于输入与输出的计算题：

表5-25　乘法机计算题

输入	5	10	15	a
输出	1	2	?	?

（五）用字母表示数量关系

将题干中的数量关系抽象并提取，并用含有字母的式子表示。例如，黄色的铅笔长y cm，绿色的铅笔长8 cm，两支笔相差多少？两支笔共多长？

（六）字母运算

把字母当作数字来运算。例如，化简$3d-1+2d$；$6+9h+3-6h$。

（七）解方程

根据解方程的基本原则求解简单方程。例如，求解$x+8=12$。

（八）列方程解决问题

不仅需要解方程，还需要在题干中抽象提取出等式关系，用含字母的式子表示。例如，迈克有一些钱，妈妈又给了4元，现在他有10元，迈克一开始有多少钱？列方程求解。

（九）比例

在MC版六年级上册第四单元比例中，教材将一个单元看成未知量，没有用x而是用a unit来表示。例如，A包裹质量和B包裹质量的比例为5∶2，B包裹重28 kg，两包裹质量差多少千克？（2 units=28 kg，a unit=14 kg，3 units=42 kg）

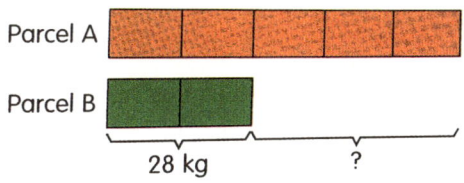

图5-60　新加坡教材中的比例计算题

二、两国教材的异同

（一）相同点

1. 编排顺序大致相同，知识关联度相似。

人教版和MC版的编排顺序大致都是"变元符号表示数→图形表示数→字

母表示数→字母表示数量关系→方程的求解→列方程解决问题→比例",这些教学环节从易至难,层层递进,每一步的逻辑顺序都较清晰。两版教材的知识关联度相似,知识点间的联结不突兀,较符合学生的学习思维。

2. 课时安排、教材篇幅相近。

"用变元、图形符号表示数"没有固定的教学单元,是在平时的学习中潜移默化地渗透的,而方程和比例则有专门的教学单元。人教版中简易方程单元的教学需要7个新课时,共34页,比例单元的教学需要5个新课时,共28页。而MC版中代数单元的教学需要4个新课时,共17页,比例单元的教学需要6个新课时,共30页。总体来说,两版教材课时安排都适当,推进速度合理,课程时间、教材篇幅相近。

(二)不同点

1. 人教版通过天平引入方程,MC版通过线段图引入。

人教版教材通过在天平两边进行相同的操作,即加减乘除,从而带领学生学习方程的基本性质。MC版用字母表示一段固定的长度,用数形结合的方式描绘等式方程。相较而言,人教版的方式更直观易懂,符合方程的本质意义。

2. MC版更强调等号"="的过渡。

在字母表示数方面,人教版有"字母表示运算定律"和"字母表示计算公式"这两个知识点,而MC版则加入了"字母运算",此时的等号表示的是运算的结果。在学习"字母运算"后,再接触含有代表"平衡"含义的方程等号,从而对"="的认识有自然的递进和过渡。

3. 人教版教材的教学目标更高,已涉及函数思想。

两版本教材的难度差异主要集中在比例章节中。人教版教材要求学生:能通过具体问题认识成正比例、反比例的量;能根据有正比例关系的数据在方格纸上画图;并能根据一个量的值估计另一个量的值。上述教学目标实际上已经涉及函数及其图象的性质。而新加坡教材只要求学生:能在实际情境中理解比及按比例分配的含义,并能解决简单的问题。新加坡课程标准的教学目标中不涉及初步学习函数思想。在方程单元中,人教版的例题难度明显较大,且篇幅多于MC版。

三、启示与建议

1. 注重对"方程"概念的理解。

方程学习的一般途径是利用平衡(用天平作比喻)的观念,两边可以同时进行相同的操作,如$3x+1=4$,变为$3x+1-1=4-1$,得到$3x=3$。教学可以从"过程性""操作性"方面,让学生明白方程与等式计算的区别。

2. 加强对等号"="的理解。

与MC版的教学内容相比,人教版唯一未涉及的是"字母运算"。事实上在人教版教材的例题中含有字母的运算,只是教材正文中没有编排"字母运算"的版块。在算术中,等号的基本意义是"表示了一个运算的结果",相同的结果可以连续用等号表示,如 3×(5+8)=3×13=39。也就是说,从等号的左边可以"得出"右边,左右是单向的,不对称的。而在方程中,等号则有了"平衡"的意思,两边是对称的,可以同时处理,如方程 $3x-2+5x+3=5$ 可以变形为 $8x+1=5$,但却不能像算术中那样连等:$3x-2+5x+3=8x+1=5$。在教学中,教师应当强调两类等号的本质区别。

3. 注重代数教学与生活间的联系。

相比 MC 版教材,人教版与实际生活相联系的习题所占比例较小。在新课程改革下,对于新教材的编写可以结合中外的教材所长,发挥两者的长处,适当加大习题与生活的联系程度,让学生认识到知识来源于生活,服务于生活。

5.3.4 代数的发展顺序

在本小节中,主要介绍代数发展的历史顺序和逻辑顺序。通过厘清两种发展轨迹,与教材中代数的呈现顺序作比较,分析其异同,从中获得思考和启示。

一、历史顺序

(一)代数、符号发展的历史顺序

1. 代数发展的历史顺序。

代数(algebra)一词源于数学家花拉子米 820 年的著作《代数学》。清代末年传入中国,著名的数学家、翻译家李善兰将它翻译成"代数",沿用至今。究其溯源与发展,代数的历史发展可以分为四个阶段。

算术阶段(约前 38—3 世纪),运算符号不统一,代数从几何中分离。古巴比伦与古埃及的早期文献中记载了一次和二次方程问题,古希腊数学家欧几里得在著作《几何原本》中用几何方法解决了二次方程。我国的《九章算术》也记载了一次、一般的二次和三次方程的解法。3 世纪,代数在古希腊得到显著发展,代数学鼻祖丢番图将代数从几何中分离,成了一门独立的学科。

数与方程理论的完备阶段(7—16 世纪),发现无理数与虚数,符号统一。12 世纪婆什迦罗提出了无理方程的解法及运算法则。13 世纪我国的数学家李冶的《测圆海镜》中涉及一元高次方程的数值解法。16 世纪意大利数学家卡尔达诺公布了一元三次方程的一般解法,卡尔达诺的学生费拉里提出了一元四次方程的解法。

线性代数阶段(17—19 世纪),陆续出现了行列式、矩阵、向量空间等工具。英国数学家史密斯和道奇森利用向量与矩阵,完善并丰富了线性方程组的解法和理论。

抽象代数阶段(19 世纪至今),从重视形式与技巧向重视代数结构转变。开始研究群、环、域等代数结构,从代数结构的高度来研究广义的"数"间的关系,思维方式也从偏重计算研究转变为用结构观念研究。

2. 代数学符号发展的历史顺序。

符号在代数中具有重要的地位，符号代数的发展经历了三千多年的漫长历程。德国数学家内塞尔曼将符号代数的发展过程划分为三个阶段：修辞代数、缩略代数和符号代数。

修辞代数阶段（3世纪之前），人们只用文字来表述问题的解答过程，对问题的解不用任何缩写和字母符号。阿拉伯数学家将未知数称为"物"。

缩略代数阶段（3—16世纪），代表人物是丢番图。他在《算术》中首次用"字母"来表示未知数，对一些较常出现的量和运算采用了缩写的方法，简化了求解的表达，但丢番图还没有用字母来表示任何一个数。

符号代数阶段（16世纪以后），符号与所表现的内容已没有明显的联系。法国数学家韦达在《分析引论》中使用字母来表示未知数和已知数，费马用字母表示曲线的方程，笛卡儿用拉丁字母表示未知数，这种新的代数就是我们所说的"符号代数"。到1693年英国数学家沃利斯正式在代数中使用符号，实现了代数式的完全符号化。

当然，符号不仅仅能表示数，还能表示运算和关系。1489年，"+""–"第一次在魏德曼的著作中出现，1540年雷科德使用了表示等于的关系符号"="，1600年哈里奥特创造表示比较关系的符号">"和"<"，1631年奥屈特创造"×""÷"作为乘除运算符号，1637年笛卡儿第一次使用了根号。至于"≮""≯""≠"这三个符号的出现，那是近代的事了。

（二）与教材呈现顺序的比较

从代数历史发展顺序上看，我们可以发现：

一是，历史上代数与几何结合更紧密。教材的代数知识呈现并没有遵循代数的历史发展，而是选择将代数从几何中分离，作为数学的独立模块进行阐述。这其实也考虑到了教师教学的便利和学生学习能力等现实原因。

二是，方程和代数符号引入顺序不同。在历史上，方程的前期发展是先于代数符号的，而后者也对方程的表示提供了便利，并促进了方程在近代的发展。但教材中选择先引入字母表示数这一知识，在学生能够熟练掌握运用的基础上，再引入方程的概念。教材选择了最优最便捷的方式让学生学习方程，减少学生走弯路的风险。

从代数符号发展顺序上看，我们可以发现：

一是，教材在渗透"用符号表示数"的观点时，没有完全遵循历史顺序。首先低年级，历史上最早出现用文字表示数，而教材最早引入变元符号和图示符号来表示数。其次，在历史发展中，数学家首先使用字母来表示未知数，然后发现字母也可以表示已知数甚至任何数。而教材安排的顺序是学生先学习用字母表示已知确定的数，然后再学习用字母表示未知的、不确定的数，这其实符合了学生思维从具体到抽象的发展顺序。

二是，运算符号、关系符号等的呈现顺序相同。教材直接借鉴了历史发展成果，但没有花额外的篇章去呈现这些发展的过程。

总体来说，教材不照搬历史发展顺序，在呈现上首先考虑了学生思维发展和能力发展的现状。教材通过权衡知识点的难易程度，组织呈现的先后顺序，将代数一步步地进行符号化、抽象化，有助于学生的学习。

二、逻辑顺序

（一）代数发展的逻辑顺序

由于生产生活的需要，产生了数的概念，并开始用一些图形和符号来记录数量（画圆、画正字等）。随着记录大数的需要，图形和符号的表示变得烦琐，阿拉伯数字的出现解决了这一难题。

为了研究数之间大小关系并为了表述方便，比较符号">""<"和"="开始投入使用。为了研究数之间的定量关系并方便表达，人们开始对数进行运算并创造了运算符号。不同运算方式的出现使得人们关注到它们的运算规律，例如加法的交换律和结合律、乘法的分配律等。那么，如何方便地去表示这些一般化的规律呢？人们在解决日常生活中的问题时发现的计算公式（例如：长方形的面积=长×宽）如何简明扼要地表示？这个时候，就产生了用抽象的符号去代替一个数或者一类数的需要，所以才逐步发展为现在的用字母表示已知数、未知数、有限的数或无限的数。

将字母导入运算，由此产生了代数式、方程等概念。接下来人们就开始关注如何对代数式进行操作，包括代数式的因式分解、代数式之间的加减乘除等。同时，更大的精力也被投入到了方程的解以及如何去解方程中。在求解多变量方程时，数学家发现方程可以根据未知数的个数与次数进行分类，求解几个未知数就需要几个方程，因此便引申出来方程组的概念及其解法。在解决高次方程时，数学家们发现高次方程不一定存在公式解，所以又开辟了数学的新领域——群论。

从一开始具体形象的图形符号，到方便表示的数字，再到抽象化的字母，从数字和运算符号组成的数学算式，到有字母的代数式与方程，再到群、环等代数结构，数学家们从一开始的偏重计算与技巧，逐渐转变为研究内在的代数结构。代数知识发展的逻辑顺序，实际上是不断抽象的过程。

（二）与教材呈现顺序的比较

从代数的逻辑顺序上与教材比较，我们可以发现一些不同之处。在逻辑顺序中，首先是使用图示符号来记录数量，然后在记录大数的需要下，进一步抽象，化图形为数字。而教材一开始就学习了基础的数字符号：1，2，3，…，之后再接触到用图形和线段符号来表示数字，表面上可能与逻辑顺序相悖，其实是为了给之后的学习内容"用字母表示数"提供良好的认知基础。

但纵观两者，可以发现在整体上是趋向一致的：从数字发展到字母；从算式发展到代数式；从等式发展到方程。它们都是从具体到抽象、从简单到复杂的过程。从关系符号到运算符号的学习,是学生从模糊的定性判断到精确的定量判断的转变。教材的呈现顺序不仅考虑到了代数知识本身的逻辑发展,也有助于学生从具体形象思维到抽象逻辑思维的过渡。

5.4 图形与几何的编排

一、图形与几何教学地位的认识

"几何学"源远流长,从它形成之时起,就是数学的主要分支。图形与几何知识作为数学基础知识的重要组成部分,一直是基础教育数学课程的重要内容。

然而,在历次数学课程改革运动中,几何多次首当其冲成为争议的热点,一些激进派认为中小学教学的几何知识过于古老,喊出了"欧几里得滚出去"的口号。时至今日,改来改去,欧几里得几何的一些内容,依然构成了多数国家中小学数学几何部分的主体。有人称之为"不倒翁现象"。

综观中小学数学教材,图形与几何是教学内容螺旋上升、重复出现最多的领域。如果说数与运算的教学,中学可以直接从有理数及其四则运算开始,那么图形与几何的教学就截然不同了。仅就几何概念而言,从直线、射线、线段到角,从相交到垂直,从三角形到四边形,几乎每个概念到了中学都要重新展开更深入的学习。

因此,研究图形与几何的教材编排,有必要首先厘清小学阶段该领域的教学价值、地位。

(一)认识周围世界

为什么欧氏几何是个"不倒翁",就是因为它从数学的视角,提供了现实世界的一个基本模型,非常直观地反映了人类的生存空间,刻画了我们视觉所观察到的物体形状及其相互位置关系。所以,这个模型的基本内容是学生能够理解、掌握的并且应用广泛的基础知识。学习这些知识也有利于引导中小学生从形的视角去认识周围的事物,了解事物的形体特征,更好地认识人类赖以活动的现实空间。我们在这空间内居住、活动,每个人都需要具备有关的常识。

最简单的例子,对平面内两条直线的位置关系平行、相交的认识,可以迁移到对城市道路位置关系的认识上来。生活中,当我们在描述几条道路的位置关系时,经常会用到平行、相交等说法。这样的学习与应用也是小学生力所能及的。

说到底,数学教育根本的目的就是培育学生数与形的眼光、思维和语言。所以,即便是原来的小学算术,也不是只有数而没有形,更何况是小学数学了。

（二）奠定学习基础

从基础教育内部来看，学好小学的直观几何，积累一些几何的事实经验、丰富关于图形及其关系的感性认识，是升入中学进一步学习论证几何的必备基础，也为学习物理、地理等学科提供了必要的条件。同时，在小学学习认识和计算形体的周长、面积、体积，既能从定量观察的角度加深对形体的认识，又能为中学更系统地定性、定量相结合地学习几何做好铺垫和准备。

（三）培养空间观念

具有一定的空间观念，是人的基本素质之一。有了空间观念，就能重现感知过的物体的形体特征，就能由实物想象出图形，或由图形想象出实物，等等。培养学生的空间观念不仅具有实际意义，也是基础学力的构成因素。而且，小学阶段是学生空间观念发展的重要时期，错过或者延缓空间观念的发展，将会带来难以逆转的负面影响。

（四）发展数学思维、应用能力

学生认识图形的特征，需要通过对感性材料进行观察、比较、分析、综合、抽象、概括才能实现；在对图形进行变换，导出求积公式并加以应用的过程中，还需要作出一些简单的推理。这些思维活动，既有对形体的定性分析、刻画，又有对形体的定量分析、计算，它们都有助于发展学生的数学思维能力，也有助于学生初步形成数形结合的数学思想方法。

学习测量、计算、解释和处理一些日常生活中的简单几何问题，也有助于形成实际操作和问题解决的数学应用能力。比如，将三角形的稳定性知识应用于修理课桌椅等。

（五）有利于实现情感、态度和价值观方面的育人目标

几何图形源于客观世界的物体形状，能让小学生真切地感受数学与现实的联系，图形的变换反映了事物的运动变化，凡此种种，都是渗透辩证唯物主义基本观点的好素材。

我国古代的数学成就中有不少是几何方面的内容，结合教学适当介绍我国历史上的杰出数学家及其辉煌成就，有利于增强学生的民族自豪感。

数学有内在的美，也有外在的美。感受数学的内在美，需要一定的数学基础和悟性，这不是每个小学生都能有的体验。但是数学的外在美，尤其是几何图形的形象美，包括对称美、变化美，却是每个小学生都能有所感悟的。也就是说，不同发展水平的学生，都能在图形与几何的学习中感受到数学的美，尽管这种感受会有差异。

图形与几何知识看得见、摸得着，可以画下来、做出来，这些特点使得图形与几何的教学存在许多激活小学生创新意识和培养他们动手实践能力的极好机会。

图形与现实世界的密切联系，以及图形的直观性，连带它的数学美，能够有效地激发几乎每个学生的认知兴趣，能够有效地缓解数学的抽象性、严谨性

与儿童思维的具体形象性之间的矛盾。正是这些因素，对于大多数小学生来说，学习几何更容易上手、入门，从而比较容易获得学习数学的信心。

综上，小学阶段图形与几何知识的学习，既是进一步学习与生活应用的需要，也是个体发展的需要，特别是空间观念的发展，更是后续阶段难以替代、弥补的。

二、图形与几何教材编排的分析

我国小学数学中几何的教学内容，经历了以"求积"计算为主，转化为以认识图形和发展空间观念为主的演变过程。

早在清末"奏定高等小学堂章程"规定高小第四学年的教学内容中，就有"求积"，当时主要是田亩的计算。

新中国成立后，1952年的《小学算术教学大纲（草案）》首次确立"直观几何知识"，1956年的《小学算术教学大纲（修订草案）》改称"几何初步知识"，到1963年的《全日制小学算术教学大纲（草案）》，"求积"发展至极致，六年级学习棱柱、圆柱的表面积、体积，以及棱锥、圆锥的体积计算。1978年的《全日制十年制小学数学教学大纲（试行草案）》精简了"求积"计算（删去棱柱、棱锥），增加了图形认识（三角形内角和、轴对称、扇形等）。

《标准（2001）》将小学数学的"几何初步知识"改称"空间与图形"，教学内容得到了进一步的充实，并划分为图形的认识、测量、图形与变换、图形与位置四个部分。十年后，《标准（2011）》将领域名称改为"图形与几何"，"图形与变换"改为"图形的运动"。

为方便展开探讨，下面对四部分的编排特点分别加以叙述。

（一）图形认识的编排

这部分内容，2001年以来，增加了三角形三边关系的认识，以及分量较大的"观察图形"（从不同方位观察、识别物体形状），即三视图的初步认识。

这部分内容的编排线索，呈现非常鲜明的螺旋上升特点。具体表现为：

一是平面图形与立体图形认识的螺旋上升。从辨认立体图形到辨认平面图形，再从认识平面图形到认识立体图形，其间还穿插了"观察物体"，相当于立体图形与平面图形的相互联系与转换，从而加强了二维认知与三维认知的交替。这对发展学生的空间观念，促进空间想象是极为有利的。

二是具体图形的多次认识。如长方形、正方形、三角形、平行四边形、圆，先是辨认识别，然后再认识特征。又如角的认识也分为两段，等等。

三是观察物体的逐步展开，从不同角度到明确三个方向（前面、侧面、上面），为初中学习三视图作出了有效的铺垫。

总体上小学两个学段图形认识的编排如下表：

表5-26　小学两个学段图形认识内容编排表

	立体图形	平面图形
第一学段	辨认长方体、正方体、圆柱、球 →观察物体（一）	辨认长方形、正方形、三角形、平行四边形、圆 →认识线段 →初步认识角与直角、锐角、钝角 →初步认识三角形、四边形 →认识长方形、正方形
第二学段	→观察物体（二） →认识长方体、正方体 →认识圆柱、圆锥	→认识射线、直线、角与直角、锐角、钝角、平角、周角 →认识三角形（三边关系；内角和） →认识平行、垂直 →认识平行四边形、梯形 →认识圆、扇形

　　整个小学阶段，从初识圆柱等立体图形开始，到进一步认识圆柱等立体图形结尾。

　　其中低年级教材先辨认立体图形再辨认平面图形的编排，符合儿童感知觉的发展规律。一般来说，幼儿首先看到的、触摸到的都是立体的物体。随着知觉选择性的发展，他们能观察物体的面，进而注意到面与面相交的边、边与边相交的顶点。这与点、线、面、体的生成顺序恰好相反。

　　有必要指出，在学校教学图形的辨析时，一般儿童的知觉早已完成了从关注体到选择观察面、线、点的发展过程。上述编排顺序，除了顺应儿童的认知特点，还有一个意图，就是投影几何的渗透。例如：

图5-61　渗透投影几何的实例

　　引导学生用立体学具描下平面图形，并不是儿童没有自主画出长方形、正方形、三角形的操作能力，而是正投影法的渗透。

　　皮亚杰研究认为：儿童几何概念的心理发展次序，更加接近于现代几何的演绎结构或公理结构的次序，最初建构拓扑关系（如连通性、封闭和连续性等），后来是射影（直线构成等）以及欧几里得（多边形、平行和距离等）关系。这被学界称作"拓扑首位论"。吕静等认为：儿童认识有难易先后，并非完全先拓扑、后欧氏；儿童将三角形、正方形、圆画成不规则图形（拓扑首位论的证据之一），主要是绘图技能不足。撇开先后不论，在儿童认知中，拓扑几何、射影几何与欧氏几何的因素并存是研究者的共识。据此也可以解释儿童常常将球说成圆，语言因素之外的客观原因就是观察远处的球，看到的是它的投影"圆"。因此，正投影法的渗透有助于儿童区分立体图形与平面图形。

此外，图形认识中的知识点，也有非常必要且有效的螺旋上升。以"高"的认识为例，教材编排了从生活中的高到几何图形的高：

身高、树高→平行四边形（平行线间的距离）
　　　　　→三角形的高（点到直线的距离）
　　　　　→梯形的高（平行线间的距离）
　　　　　→长方体的高（平行平面的距离）
　　　　　→圆柱的高（平行平面的距离）
　　　　　→圆锥的高（点到平面的距离）

显然，如此丰富的关于高的感性认识积淀，从二维至三维，为中学平面几何、立体几何相关概念的学习，提供了较为扎实的基础。

上述编排处理，也会带来小学几何教学特有的现象。例如，小学生能够描述正方形（特殊的长方形，长、宽相等的长方形）、平行四边形（两组对边分别平行的四边形）、三角形（三条线段围成的图形）、梯形（只有一组对边平行的四边形），却不知道什么是长方形。原因很简单，因为图形的认识，长方形在前，平行四边形在后，所以不宜用平行四边形来描述长方形，留待初中系统认识图形时再弥补。

（二）测量的编排

"测量"部分是把原来分别放在"量与计量"和"几何初步知识"中的长度、面积、体积（容积）单位的认识与求积计算归在一起，突出它们的共性"测量"，是当下国际数学课程改革的趋势之一。

这部分内容以线性编排为主：

长度的认识与测量→周长的认识与计算

→面积的认识与测量→长方形、正方形、平行四边形、三角形、梯形面积的计算→长方体、正方体表面积的认识与计算

→体积的认识与测量→长方体、正方体体积的计算

这些内容的编排，呈现了从一维到二维、三维的逻辑顺序。

然后在此基础上，重回螺旋安排：

圆的周长　　　　　　　　　（长度）

→圆的面积→圆柱表面积的认识与计算（面积）

→圆柱、圆锥体积的计算　　　（体积）

显然，圆（曲线图形）不同于多边形，圆柱（旋转体）有别于长方体，这样的编排（重回长度、面积、体积螺旋圈）是合理的。

上面的梳理、罗列，没有显示学习长度单位、面积单位（包括土地面积单位）的分步安排。以长度单位为例：厘米、米比较常用，学生有一定的生活经

验（如身高的测量），可以先行认识；分米、毫米平时用的不多，千米虽常见但具体感知不易，挪后学习更为合适。

此外，容积的认识，多数教材安排在体积的认识单元，其明显的优势一是便于辨析概念的异同，二是有利于沟通容积单位与体积单位的联系。

考虑到容积单位用于计量液体，皮亚杰的液体守恒实验、体积守恒实验表明两种守恒的获得年龄分别处在具体运算阶段的开始与结束时，因此，容积单位安排在体积之前学习也是可行的。这时容积概念的描述就要由"计量液体的体积"改为"计量液体的多少"，且体积与容积的辨析也只能安排在学习体积之后再进行。

在这部分内容中，长度、面积、体积度量的应用，集中体现在周长、面积与体积的计算上。以面积计算为例，长方形面积公式是通过面积单位的度量，发现只要度量长、宽，就能推算出该长方形内含多少个相应的面积单位。进而通过"转化"（化归），推导出其他图形的面积公式：

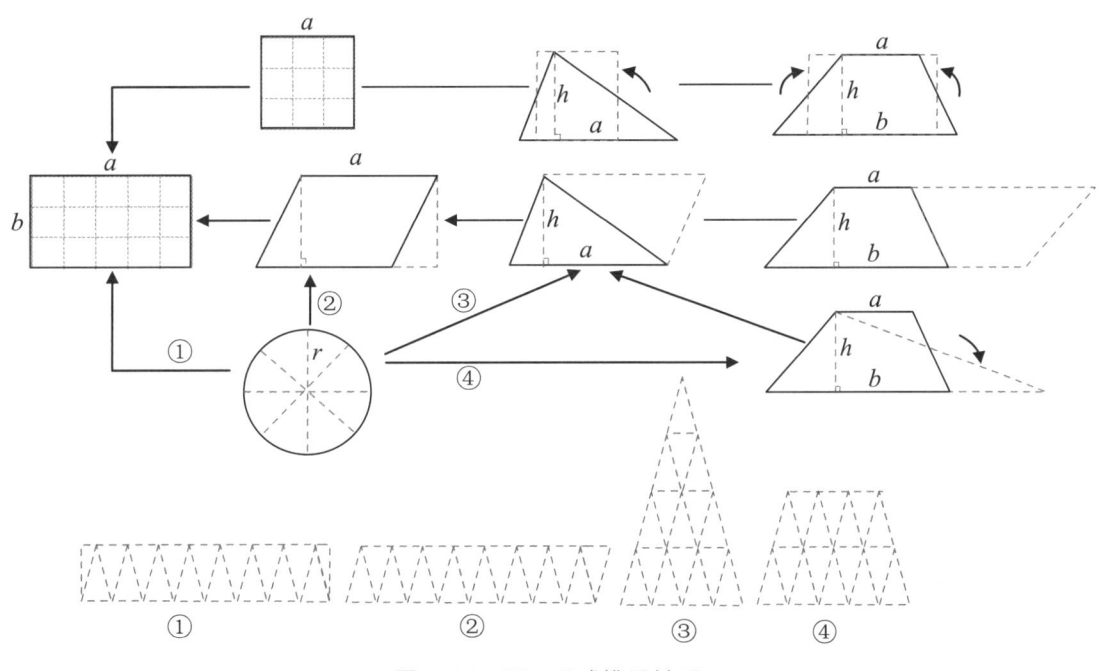

图5-62 面积公式推导关系

这里，贯穿始终的除了度量观念和数形结合思想方法之外，更为突出的是未知到已知的转化：将面积公式未知的图形等积转化为面积公式已知的图形。因此，越是编排在后的图形，转化的路径就越多。如安排在最后的圆，可以转化为长方形、平行四边形、三角形或梯形。

教材通常只给出一条学生容易发现或接受的转化路径，其他多样化的路径留给学有余力的、感兴趣的学生课后探究，同时插入我国古代"出入相补原理"的介绍，作为启发。这不失为一种兼顾面向全体与因材施教的处理。

（三）图形运动的编排

这部分内容小学阶段称作"图形的运动"，初中阶段叫做"图形的变化"，其实质是"几何变换"，中小学主要涉及平移、旋转、轴对称三类全等变换和相似变换。

原来，小学阶段只有轴对称的认识，以及相似变换的渗透（图形的放大与缩小），初中阶段还有中心对称（特殊的旋转变换）。2001年以来，义务教育三个学段都增加了平移与旋转。

从儿童的生活世界来看，他们已经接触到了大量的物体、图形的平移、旋转或轴对称变换现象。例如，电梯、地铁列车车厢在平行移动，时针、电风扇叶片在旋转，许多动物、建筑物的形状具有对称性。这些现象为儿童学习图形的变换提供了丰富多彩的现实背景。反过来，学习一点图形的变换知识，也有助于儿童更好地观察、认识周围生活中的这些现象。

就数学发展来看，1872年，德国数学家克莱因在爱尔兰根大学发表了现在大家叫做"爱尔兰根纲领"的演说，提出了一个里程碑式的观点，用变换群将几何分类。它改变了千百年来人们用静止观点研究几何的传统方法，使当时的各种几何学有了统一的视角与形式，对几何学的发展起到了重大的推动作用。必然地，这一观点也对基础教育数学课程中几何教学的改革产生影响。如果说，集合与对应思想的渗透，在某种意义上给传统算术与代数注入了新的血液，那么，运动变换观点的渗透，则在一定程度上给欧氏几何提供了更高的数学观点和更新的研究视野。引进几何图形运动变化的观点，高屋建瓴地改善传统内容的处理，早已成为各国数学课程改革的举措之一。可见，小学阶段称之为"图形的运动"，既通俗又贴切。

从内容编排看：目前的小学教材，无论是原有的轴对称，还是新增的平移、旋转，一般都按课程标准的划分，安排两个学段的螺旋上升，从"感受"到"认识"。

从改善传统内容看：轴对称的应用比较清晰，主要体现在认识等腰三角形、等腰梯形以及圆的对称性上。相比之下，平移的应用有些隐约，旋转的应用有些困难。

通常画平行线的方法、平行四边形剪拼成等积长方形的过程等，可以用平移来描述。但实际上，平移画平行线的主要依据是平行线的判定定理，而且"平移"在这两处的运用，只起到了一个日常用语的作用。

推导三角形面积计算公式时，可以用上旋转：

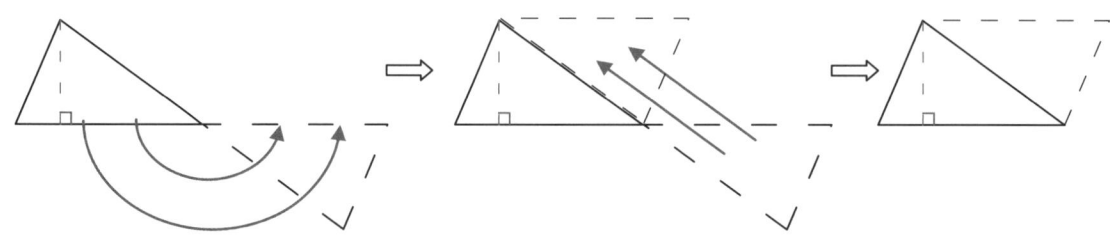

图5-63　旋转的应用举例

但超出了课程标准（旋转90°）的要求，一般学生很难想到，只能观看教师演示。因此意义不大。

个中缘由，主要是轴对称容易建立概念"沿直线翻转重合"，且概念本身提供了判断的方法，因此能在后续概念学习中发挥实质性的正迁移作用。而平移与旋转，即使到了第二学段，很大程度上仍然是"只能意会，不可言传"，要加以应用，比较适宜的，一是可以成为欣赏图案的视角，二是"运用它们在方格纸上设计简单的图案"。

也就是说，将平移、旋转纳入小学阶段数学课程，主要是初步认识这两种图形运动本身，对"改善传统内容处理"帮助不大。

就"图形的运动"本身的学习而言，两个学段的编排，从"初步认识"到"进一步认识"，螺旋上升的递进表现主要是：由能够"辨认"，提高至"能够在方格纸上画图"。尽管画图的要求不高，除了利用方格纸，还有其他限制，但还是能够使学生真切体验到图形的运动不变性。此外，画出简单轴对称图形的另一半，还能使学生对轴对称的性质有一些初步感悟，如"对应点到对称轴的距离相等"。

（四）图形与位置的编排

将知识领域名称由"几何初步知识"改为"空间与图形"，意味着几何教学内容已经不再仅仅是图形，而是拓展到了对三维空间的初步认识。

小学生认识三维空间，比较恰当的起点，恐怕莫过于用上下、前后、左右来描述物体的相对位置了。然后，由"自我中心的表征"到"自然标志的表征"，则认识东、南、西、北等方位就是合适的选择。再进一步，"去自我中心的表征"即利用一些抽象的形式来描述目标物的位置，如用有序数对、用方向和距离来描述目标物的位置。于是就有了这些新增内容。

这部分内容的编排，一般以直线式分散出现的方式为主。

第一学段：上下前后→左右→东南西北→东北、西北、东南、西南

第二学段：用数对表示位置→用方向和距离确定位置→描述简单的路线图→比例尺和图上距离、实际距离的换算

不难看出两个学段总体上的发展脉络：从使用日常语言描述相互位置，到使用数学语言确定位置。

有必要指出，这部分内容在教材编排的实际操作时，需要交错分布安排。一方面，必须顺应学生思维水平发展的阶段性；另一方面，也要考虑学科知识的逻辑联系。

例如，第一学段长方形、正方形的认识可以紧接周长计算，但长方形、正方形的面积计算则与周长分开安排，有利于分散学习的难点。第二学段圆的认识与圆的周长、面积计算，长方体、正方形的认识与表面积、体积计算等，分别集中安排无大碍，分开编排显得支离破碎。

5.5 统计与概率的编排

一、统计与概率教学地位的认识

在小学数学各内容领域中,相对而言,统计与概率与社会发展的联系最为密切。

我国最初的小学算术课程没有统计的教学内容。清朝末年的"奏定高等小学堂章程",关于算术教学内容,只有"日常簿记"。这与农耕社会、小农经济的生活需要是相适应的。民国初年的"教育部订定小学校教则及课程表",在算术教学目的要求中也只提到了"酌授日用簿记之要略"。之后的"小学算术课程标准",虽说在"各学年作业要项"中列出了"简易统计图表的认识",但只是作为附带内容,没有进入总的"教学目标"。

真正将统计列入小学算术的教学内容,始于1956年的"小学算术教学大纲(修订草案)"。在该大纲中,"简单的统计图表和简单的簿记"作为小学算术内容的"六个主要部分"之一,列在"整数""各种量度单位""几何初步知识""简单的分数、小数和百分数"之后,"应用题"之前。相应地,六条总的教学要求里,第五条明确提出:"使儿童获得简单统计图表和简单簿记的初步知识。"

之后,在工业社会逐渐向信息社会发展的大背景下,伴随小学算术演进为小学数学,统计领域的教学内容经历了从统计图表到统计初步知识,再到统计与概率三个发展阶段。期间,1978年的《全日制十年制小学数学教学大纲(试行草案)》提出了渗透"统计思想"的要求,2001年的《标准(2001)》发展为"统计观念",《标准(2011)》进一步明确为"数据分析观念"。

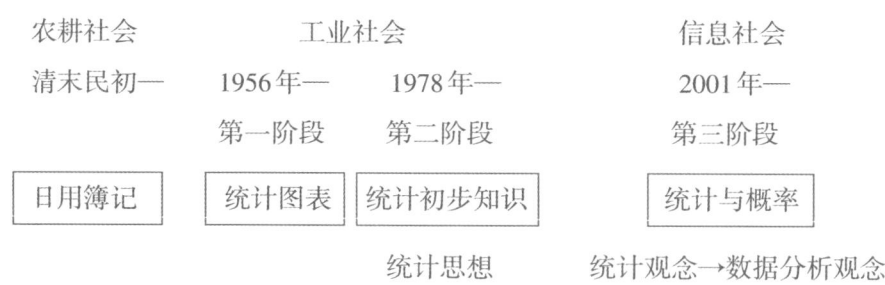

图5-64 统计与概率领域的演进

至今,统计在现代化国家管理和企业管理中的地位,在科学研究以及社会生活方方面面的地位,越来越重要。英国统计学家哈斯利特说:"统计方法的应用是这样普遍,在我们的生活和习惯中,统计的影响是这样巨大,以至统计的重要性无论怎样强调也不过分。"甚至有科学家将当今的时代叫做"统计时代"。加强统计与概率的教学顺应了社会的需求。

对个人来讲,现代社会每个人都会面临很多不确定的情境,需要自己选择、采信各种渠道提供的数据，作出推断，把握机会。因此，学会收集、整理、分析、利用各种数据信息已经成为信息时代每一个公民的必备常识与基本素养。

具体说来，统计与概率的育人价值主要体现在以下几方面：

1. 了解统计与概率的基本思想方法，逐步形成尊重事实、用数据说话的态度与习惯。

首先，统计与概率最为核心的思想方法"运用数据进行推断"，已然成为现代信息社会大众不可或缺并且强有力的思考方式。

其次，作为一门方法论科学，统计强调实事求是的科学精神，包括调查研究的意识，对数据的来源、处理、结果进行合理质疑的意识，以及尊重事实的态度，用数据说话的习惯等。

教学永远具有教育性，统计与概率自身的这些特点，决定了它在培养学生实事求是的科学精神方面具有得天独厚的有利因素，可以发挥潜移默化的影响。例如通过统计活动，让数据告诉大家全班多数同学最喜欢什么水果、最爱看哪部电影，这些统计活动本身就是尊重事实的体现，渗透着实事求是的思想。关键在于学生是否带着统计的需要投入了活动的全过程，能否获得根据数据作出决策的体验，并从中体会到个人喜好与群体意向的联系与差异。看似"高大上"的育人价值，完全可以融入"小儿科"的教学活动，实现教育的期望。

2. 逐步形成数据分析观念与数据解读能力。

有这么两句广告语："未来企业竞争的能源是数据""数据分析师是2019年IT行业'大熊猫'"。虽说有些夸张，但道出了数据分析的重要性。确实，从国民生产总值到天气预报，从人口预测到股票投资，数据日益成为一种重要的信息载体。

对于教学实践而言，可以认为数据分析观念与数据解读能力是一个统一体。因为"观念"作为一种思想意识，是客观事物在人头脑中的主观反映，而在课堂教学中主要表现为数据分析方法的掌握与数据解读能力的培养。

数据解读能力除了表现为看懂图表，还包括"能对数据的来源、处理数据的方法，以及由此得到的结果进行合理的质疑"。

3. 有助于培养以随机的观点来理解事物，形成正确的世界观与方法论。

世界的"绝对确定"是"人们的一种错觉"，随机现象在自然界和人类社会中大量存在。所谓"随机"包含两方面的含义：一方面，单一事件的不确定性和不可预见性；另一方面，事件在经历大量重复试验中表现出规律性。

正如陈希孺院士所云："习惯于从统计规律看问题的人在思想上不会偏执一端，他既认识到一种事物从总的方面看有其一定的规律，也承认存在例外的个案，二者看似矛盾，其实并行不悖，反映了世界的多样性和复杂性。如果世界上的一切都被铁板钉钉的规律所支配，那么我们的生活将变得何等的单调乏味。"

可以说，统计与概率提供了一种认识、理解世界的新方式。在小学，学习这部分内容也是使学生的由确定性数学进入到随机性数学的重要台阶。

4. 有助于发展在现实情境中解决实际问题的能力。

统计鲜明的应用性特点，决定了统计活动注定与人类社会实践浑然一体，不可分割，这也决定了统计教学与社会生活的现实问题具有天然的紧密联系。

首先，统计教学的情境无须借助童话进行虚拟创设，完全可以从形形色色的现实社会中选取适合教学的实际问题作出加工。而且很容易突破儿童生活的羁绊，将联系实际的范围延展到国家现代化建设、发展的方方面面。例如：

下图是我国2006—2011年电话用户数统计图。

（1）哪年的固定电话用户最多？哪年的移动电话用户最多？
（2）你还能获得哪些信息？请提出两个问题并解答。

在生活中，还能看见下面这样的复式条形统计图。

图5-65 统计联系实际范围延展的实例

这样的现实题材与真实数据，对于渗透学科德育与培育学生的数学应用意识也是非常有益的。

其次，从数据收集到图表解读，从平均数的应用到可能性大小的比较，都能引出多种多样的实际问题，且常常涉及多种已学数学知识的运用。

因此，统计与概率领域的教学对于发展学生在现实情境中解决实际问题的能力，具有得天独厚的有利条件，能够发挥积极的促进作用。

5. 有助于积淀对数学的积极情感体验、形成终身学习的愿望和能力。

在学习统计的过程中，让学生亲自动手收集、处理及呈现数据是一个活动性很强并且充满挑战和乐趣的过程。类似地，学习可能性的过程中，抛硬币、掷骰子、拨转盘以及摸球等试验，同样对学生具有很强的吸引力，容易激发他们探究奥秘的欲望，从而有助于积淀对数学的积极情感体验。

同时，统计数据来源的多样性、广泛性，统计结论的不确定性与解释的多样性，能让学生从课本以外的各种媒体获取信息，接触数学以外其他学科的各种知识。这些都有益于学生形成终身学习的愿望和能力。

二、统计与概率教材编排的分析

（一）编排方式的演进

我国小学数学统计与概率教学内容的编排，随着课程标准（教学大纲）相关内容的调整与充实，经历了编排方式的多次改变。

一直到上世纪80年代，小学统计只安排在小学阶段的最后一学期。进入90年代，平均数从"应用题"归入了"统计初步知识"，另外"数据整理"扩展为"数据收集与分类整理"，统计内容开始分布在五年制的三、四、五年级和六年制的四、五、六年级。

到了本世纪初，各套教材几乎每个学期都安排了统计内容，分散编排被推向极致。接踵而来的问题：同一内容反复出现过多，螺旋上升的幅度太小，教师不易把握前后教学内容深浅尺度的区分，学生感觉似乎已经学过，丧失学习热情。因此，随着2011年课程标准的调整，纠正螺旋层次过多，相邻两次螺旋之间没有实质性区别的偏向，势在必行。

回顾这一由集中到分散的历程：

集中在高年级→分开至三年→分散到每一学期→适当归并、适度螺旋

其中的经验教训弥足珍贵。

适度螺旋在"义务教育数学课程标准"修改前（实验稿）、后（2011版）内容构成的变化中可见一斑：

	第一学段	第二学段
修改前	●数据统计活动初步 ●不确定现象	●简单数据统计过程 ●可能性
修改后	●数据统计活动初步	●简单数据统计过程 ●随机现象发生的可能性

（二）数据统计的编排

目前，从第一学段"数据统计活动初步"到第二学段"简单数据统计过程"的主要教学内容大致安排如下：

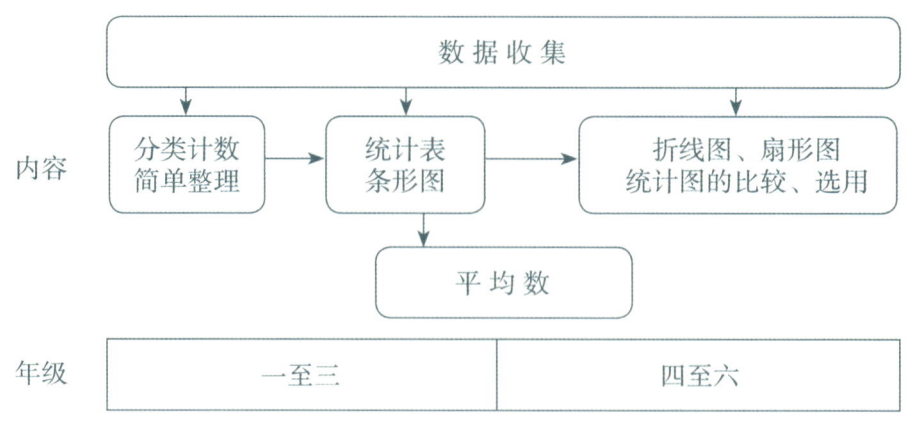

图5-66 统计教学内容的编排

由于统计表、条形统计图、折线统计图都有"单式""复式"之分，因此可以安排适当的递进螺旋。其中条形统计图还可以设置一个单位刻度表示1、表示多的学习台阶，以利于减缓认知坡度。

相对而言，扇形统计图的内容比较单一，且以安排在学习百分数之后出现为宜，所以通常作一次性编排处理。

伴随社会信息化的突飞猛进，小学数学的统计教学已经或正在出现一些发展趋势。

一是重视统计过程的两端。一端是数据的收集，首先明确"要解决什么问题，需要什么样的数据"，然后采用适当的方法收集数据。另一端是统计数据的解释、分析与应用。显然，这是落实学生数据分析观念培养的必然举措。

以统计数据的应用为例：

图5-67 统计数据的应用

贴近实际而又浅显的问题情境，诱导学生想到找一个"不太多不太少的中间数"，能减少浪费或不够的数量。已知数据的平均数与中位数恰好相等的设计，使学生的朴素想法，以及移多补少的观察都比较易于实现。

二是统计图的表现多样化。除了规范的、学术性的统计图，也可以呈现一些经过艺术加工的形象化统计图。例如：

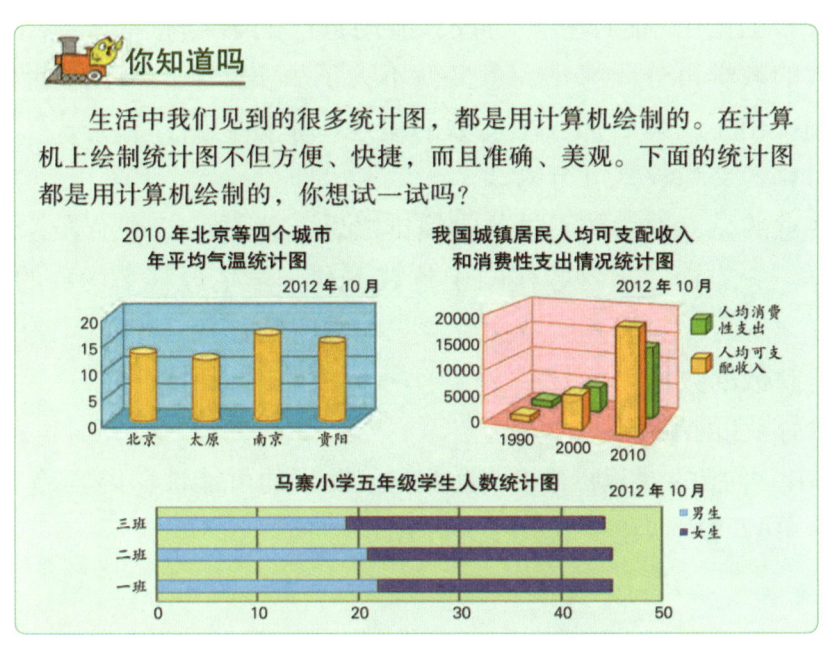

图5-68 统计图表现的多样化

三是直面大数据的挑战。如今，数量巨大、种类众多且具有相当准确度的大数据已经对日常生活的方方面面产生了深刻的影响。这一现实的发展趋势必然会渗透、影响中小学统计教学的改革。初步培养学生的大数据意识，提高数据甄别能力，感悟大数据所揭示的相关性，都将成为数据分析观念的意蕴。

关于平均数的编排，历史上有过多次变动。在视作"应用题"时期，起初教学大纲中有"求平均数的应用题"与"较复杂的求平均数应用题"的分段区分。后者相当于"加权平均"的应用。上世纪90年代，平均数归入统计初步知识，对于"区分"的描述是"求平均数"与"根据收集的数据求平均数"。后者的例题，例如：

下表是五年级（2）班3个组投中篮球情况统计表。全班平均每人投中多少个？（得数保留一位小数）

各组人数	12	11	10
平均每人投中数	2.5	3	3.2

这不仅是典型的加权平均数，而且还出现了平均个数是小数的情况，以促进学生加深对平均数的理解。

本世纪的最初十多年间，小学的平均数仍分两段编排。第一学段的要求是

"会求简单数据的平均数（结果为整数）"，第二学段的要求是"理解平均数、中位数、众数的意义，会求数据的平均数、中位数、众数，并解释结果的实际意义；根据具体的问题，能选择适当的统计量表示数据的不同特征"。教学实践表明，这一要求过高，脱离师生的实际，造成不少教学困难。

十年后，课程标准从小学阶段删去了中位数、众数，并只要求在第二学段"体会平均数的作用，能计算平均数，能用自己的语言解释其实际意义"。据此，平均数的教学再分段编排的意义就不大了。实际上，早在上世纪90年代，初中就明确提出了"理解加权平均数的概念，掌握它的计算公式"。所以，小学主要学习算术平均数是可行的。

应当注意的是，平均数不再分段编排之后，就不宜安排在学生掌握小数除法之前教学。一方面，平均数仅限于整数不利于学生理解平均数的统计意义；另一方面，学生自己收集真实数据计算平均数时往往会碰壁，需要由教材或教师编制商为整数的数据。

（三）可能性的编排

按照2011年版的课程标准，"随机现象发生的可能性"内容趋于精简，主要是感受简单的随机现象及其大小并作出定性描述。

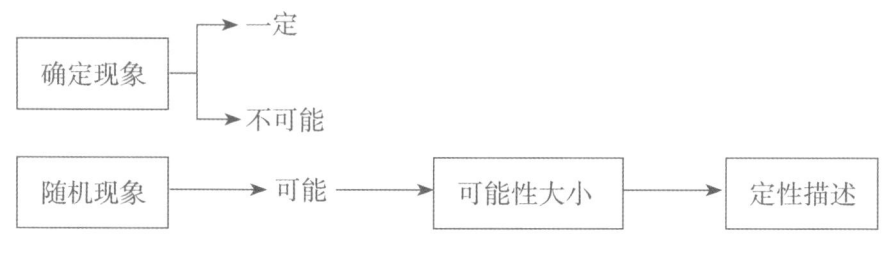

图5-69　可能性教学内容编排

定性描述的对象，可以是简单的随机试验，如有返回的摸球，也可以是游戏规则、抽签方案等。

随着教学实践的展开与深入，小学数学统计与概率中"可能性"的教学内容，哪些落在学生的最近发展区内？已有条件进行探讨。

以初步认知"等可能""不等可能"为例：

在学校教学可能性之前，儿童早已耳闻目睹直至亲身接触抛硬币、掷骰子、抽签（抓阄）等活动，由此很容易形成等可能性观念，以为随机现象每一结果出现的机会都是相等的。学者们的研究也早有明确论断，例如："等可能性偏见是概率思维中的主要错误概念之一，受到过许多研究者的关注。这是一种很顽固的偏见，在不同年龄、不同数学背景的学生中都观察到过。"

为此，在小学高年级开始教学随机现象时，有必要寻找时机引入等可能事件与非等可能事件的辨析，以期利用首次学习新概念时先入为主的心理优势，尽可能地帮助学生消解"等可能性偏见"。

教学实践表明，小学生能够接受、理解可能性不相等的随机事件。例如，华应龙等让学生进行抛啤酒瓶盖实验，数据汇总后学生发现反面朝上可能性大，为什么呢？教师出示踢毽子图，学生马上理解了"毽子的羽毛下面有皮圈，会增加质量，和瓶盖的道理是一样的"。

从现有教学内容的内在逻辑联系来看，目前各套教材都有的"摸球"实验，其不可或缺的前提，就是每个球被摸到的可能性相等。离开了这一前提，就推不出"红球比黄球多，摸到红球的可能性大"。此外，教学时之所以强调，所有的球除了颜色摸不出区别，放回后摇匀，也是为了确保每个球被摸到的机会"等可能"。类似地，为什么转盘涂色区域面积的大小，决定了指针停在该区域的可能性大小，同样离不开"等可能"的假设。

如同教学三角形的稳定性，必须联系四边形的不稳定性一样，教学等可能，自然需要联系非等可能，两者的认知相辅相成。

5.6 问题解决的编排

问题解决的编排，具有特殊性。与前面已讨论内容都不同的是，问题解决在目前的课程标准中不是单列的内容领域，而是课程目标。作为"目标"，它的落实需要内容载体。过去的"应用题"，有明确的教学内容界定，现在改称"实际问题"，内容界定模糊了。因此，这一节的讨论，有必要从问题解决本身切入。

一、问题解决教学地位的认识

（一）相关背景

1980年4月，美国全国数学教师理事会（NCTM）发表《关于行动的议程——对80年代学校数学的建议》（*An Agenda for Action——Recommendation for School Mathematics of the 1980s*），提出"把问题解决作为学校数学教育的核心"以来，问题解决牢固地确立了它在数学教育中的地位，相关的研究一直是国际数学教育界和教育心理学界的研究热点。这对美国这样一个喜欢标新立异的国家来说，实在非常难得。

为什么"问题解决"具有如此经久不衰的生命力？其内在的必然性与合理性何在？

首先，源于社会发展的需要。人类社会的进步，科学技术突飞猛进的发展，要求基础教育确立从小培养学生创新意识的目标。重视问题解决的教与学，无疑是达成这一目标的有效途径。

其次，数学观的演变影响了数学教育。数学绝对真理性的丧失与逻辑相容性的搁浅，也在促使数学教育不再唯一地强调数学知识技能的掌握目标，进而更加关注数学思考与问题解决。

再次,心理学的研究提供了理论支撑。20世纪初以来,心理学家对问题解决作了大量的研究。这些研究涉及问题解决的过程、影响因素、心理机制,以及问题解决的策略等方面,形成了一系列问题解决的理论。尤其是信息加工理论与现代认知心理学的相关研究给数学教育界带来了许多有益的启示,促进了实践研究的深入。

正是在这样的背景下,问题解决的重要地位,得到了普遍的认同,并逐渐演化为世界性的数学教育改革的共同追求。

在我国,教育部于2001年颁布的《基础教育课程改革纲要(试行)》明确提出培养学生的"分析问题和解决问题的能力"。《标准(2001)》把"数学思考""解决问题"和"知识与技能""情感与态度"一道,作为义务教育阶段数学的四大课程目标,将培养学生的"应用意识",作为核心词之一予以强调,并专设"实践与综合应用"模块。

进一步,《标准(2011)》的核心词,又加入了"创新意识",并将我国数学教育优良传统"双基""两能"发展为"四基"(数学的基础知识、基本技能、基本思想、基本活动经验)、"四能"(发现和提出问题的能力、分析和解决问题的能力)。数学课程标准的这些发展性变化,既顺应了国际数学教育改革的趋势,又具有中国的特色,同时也为加强和改进问题解决的教学及其研究,指示了方向。

(二)内涵与外延

什么是问题解决,即问题解决的内涵,不同学者、不同文件给出了不同的解释。较有代表性的观点有以下几种。

其一,问题解决是应用数学的过程。如美国数学指导委员会(NCSM)在《21世纪的数学基础》中指出:"问题解决是把前面学到的知识运用到新的和不熟悉的情境中的过程。"

其二,问题解决是一种能力。如英国的考克罗夫特(Cockcroft,W.H.)等人称:"那种把数学用于各种情况的能力,我们叫做问题解决。"

其三,问题解决是数学学习的目的。美国学者西尔弗(Silver,E.A.)指出:"20世纪80年代以来,世界上几乎所有的国家都把提高学生的问题解决能力作为数学教学的主要目的之一。"

其四,问题解决是一种教学模式。如英国的《考克罗夫特报告》中提到:"将'问题解决'的活动形式看作教或学的类型。"

上面四种解释的着眼点虽各有侧重,但其实质是一脉相通的,即问题解决是一种在应用数学的过程中形成的数学能力,这种数学能力是数学教学必须着重培养的数学素质之一,需要构建一种适当的教学活动模式来实现这一培养目标。[1]

其五，问题解决是一种学习方式。事实上，问题解决本是学习心理学中早就有的一个重要概念。在美国心理学家加涅最初提出的学习等级分类中，问题解决为层次最高的一类学习，是指以独特的方式选择多组规则并加以综合运用的学习。

用现代认知心理学的话语来讲，问题解决是一种基于主动探究的认知方式。

按照建构主义的观点，这种学习、认知方式的优势在于能够有效地促进理解和知识的意义建构。

从问题解决学习的心理活动来看，它是一种以问题为目标定向，以思考为内涵的探索活动。具体地说，是指学生面临新的问题情境，发现它与主客观需要有矛盾但又缺乏现成对策时所引起的探究处理问题方法的学习心理活动。

显然，关注问题解决的心理学含义，将问题解决视为一种高级形式的学习，其外延要比"学习解题"（不管是什么样的题）广泛得多。

按照上面陈述的前四种观点，侧重于数学的应用，通常将问题解决分为纯数学的问题解决与数学的现实问题解决两类。每一类还可以进一步细分为算术问题、代数问题、几何问题。这是根据应用的范围与问题的特点所作的分类。

按上述第五种观点，侧重于学习、认知的方式，可以将问题解决分为获取知识、应用知识的问题解决两大类。

从小学数学教与学的实际来看，问题解决首先存在于获取数学知识的过程中，表现为凭借已有的知识、经验去完成新的学习课题；其次存在于应用数学知识的过程中，表现为将学过的数学知识、原理、技能迁移到新的问题情境中去。即

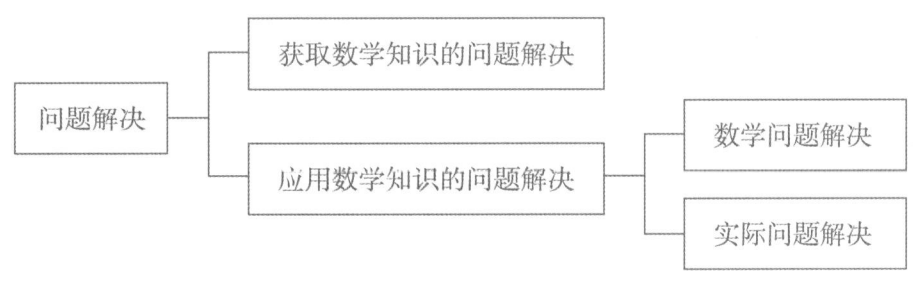

图5-70 问题解决分类

事实上，目前的小学数学教材中，以问题解决的方式引进学习内容，已成常态。例如：

---

[1] 曹培英．小学数学学习中的问题解决．课程·教材·教法，1999(9)．

平行与垂直

1 在纸上任意画两条直线，会有哪几种情况？

把没有相交的两条直线再画长一些会怎样？

图5-71 问题解决方式的概念学习

这里的"纸"相当于一个平面，通过画图操作回答问题，只有两种情况，从而引出"相交"与"平行"。再通过问题：

（1）两条直线相交组成几个角？（四个。）

（2）相交成什么角时，这四个角相等？（直角。）

（3）怎样验证，需要量四个角吗？（只要量出一个角是90°，另外三个角都可以用180°－90°求出。）

给出"互相垂直""垂线""垂足"的概念。

类似地，几何画图的教学，也能以问题解决的方式展开：

2 你能画出互相垂直的两条直线吗？

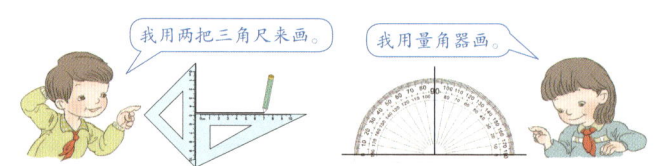

也可以用一把三角尺来画。

1. 过直线上一点画垂线。

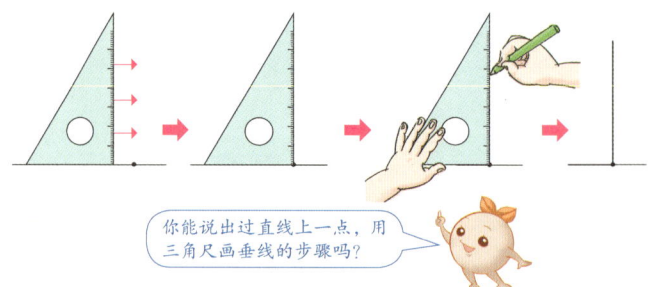

你能说出过直线上一点，用三角尺画垂线的步骤吗？

2. 过直线外一点画这条直线的垂线，用三角尺应该怎样画呢？试一试。

图5-72 问题解决方式的技能学习

在上面两例中，教材提出的问题，都是直观意义上的几何问题，即数学问题。这些数学问题的解决与相关数学知识的学习紧密相连。因此，考察问题解决的编排，主要对象是实际问题解决的编排。

小学数学教学中的实际问题，作为联系数学知识与现实世界的桥梁，历来受到课程设计、教材编写与课堂教学的重视。

一方面，实际问题的教学有利于培养学生的数学应用意识与应用能力，优化学生的思维品质，萌发学生的创新意识，同时也有助于学生了解数学的价值，激发学习数学的兴趣，增强学习数学的内驱力。

另一方面，学生解答实际问题的水平，不仅代表了他们理解、掌握所学数学基础知识的水平，也能反映出他们应用数学知识、技能去解决实际问题的能力。

因此，从小学算术到小学数学，无论是新一轮课程改革之前，还是之后，有关应用题（实际问题）的内容，在课程体系中一直占有相当大的比重。

（三）进展与问题

进入21世纪以来，教材中解决实际问题的编写有很大改观，进展、收效与问题、不足同在。

明显的改观、进展如：内容取材，回归现实生活；呈现方式，追求真景实境；题目设计，问题与条件具有一定的开放性；分析方法，注重问题解决方法的多样化等。当然，也伴随而来一系列发展中的问题。例如：现实题材对于不同地域学生的适切性问题，卡通化与文字阅读量的平衡问题，让学生提出问题的循序渐进问题，问题解决的一般步骤问题等。

这里着重讨论问题解决的编排系统，跟随知识体系与自成体系问题。

如果说将"应用题"改为"实际问题"，只是名称的改变，那么打破原来的应用题教学系统，让应用跟随知识的学习加以编排的处理方式，则是一个实质性的改进。它的优势不仅在于加强了数学的应用，还在于回归数学学习的本来面目，恢复数学知识与其应用的天然联系。

随之而来的问题主要是：

1. 怎样形成实际问题自身的"序"。

过去，严格按照运算步数与运算组合的顺序来编排应用题的做法，有其合理的一面，但过于拘泥于这一"序"，就难免忽视儿童的生活经验与认知特点，陷入僵化。现在突破这个框架之后，由于不少实际问题是多种运算及其他数学知识的综合应用，所以"学什么、用什么"的体系难以贯彻到底。于是，实际问题自身是不是应该形成一个系列，怎样构建这一体系等问题，是我们无法回避、必须面对的。

2. 是否需要关注数量关系覆盖的"面"。

过去，为覆盖应用面，有一种比较极端的取向，就是对四则运算进行排列组合，以此作为编写应用题的线索。这样编排不但烦琐，还容易凸显应用题人为编造的弊端。那么，摒弃这一做法之后，常见数量关系是否还需要覆盖呢？

事实上，无论怎样覆盖，应用题的教学内容始终是可能存在的实际问题的"样本"。特别是现在，强调、重视举一反三，例题、习题取样更加精简了。自然，样本越小，取样的代表性、典型性就越重要。

有研究者统计了国内三套教材一至五年级各10册课本中实际问题总数的分布，如下图。

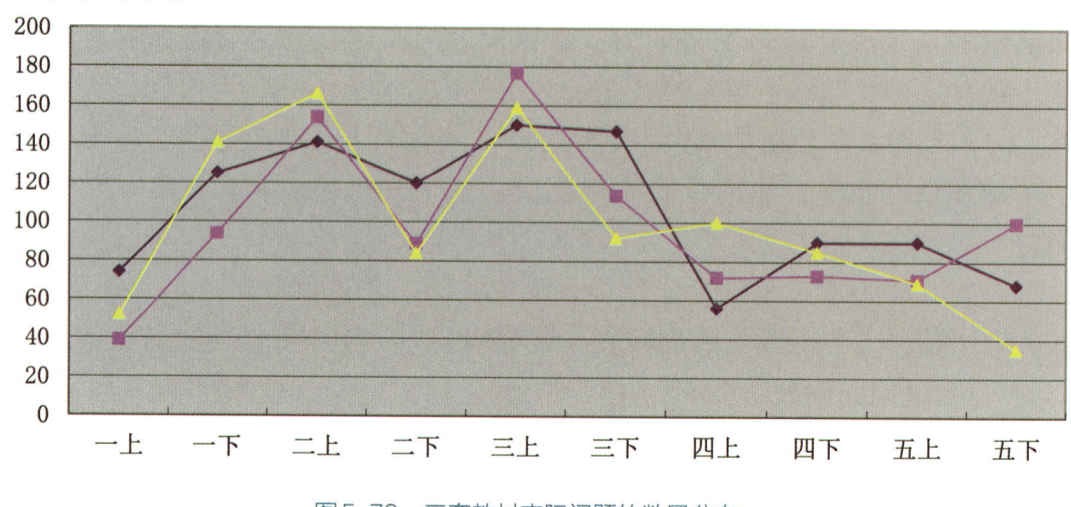

图5-73　三套教材实际问题的数量分布

统计结果显示，三套教材实际问题解决的分布波动都相当大，既无递增、递减性，又无均衡性，显然是欠合理的。这从一个侧面反映了目前的编排具有一定的随意性。

毫无疑问，合理的"序"与适当的"面"都是必要的。同样不可或缺的还有学生认知的"序"。

二、问题解决教材的编排分析

与其他内容相比，问题解决的内容散布面很广，各领域都有，反映在课程标准中，只在课程目标部分列出了关于问题解决的总目标与学段目标，没有在课程内容部分给出系统、明确的条目。这给教材编写留出了空间与自由度，同时也给实际教学带来了一定的不确定性。这也是研究问题解决的编排，必须直面以对的。

从整体看，小学数学课程中的实际问题解决，在各个内容领域中都有体现。它们之间的内在联系可大体图示如下：

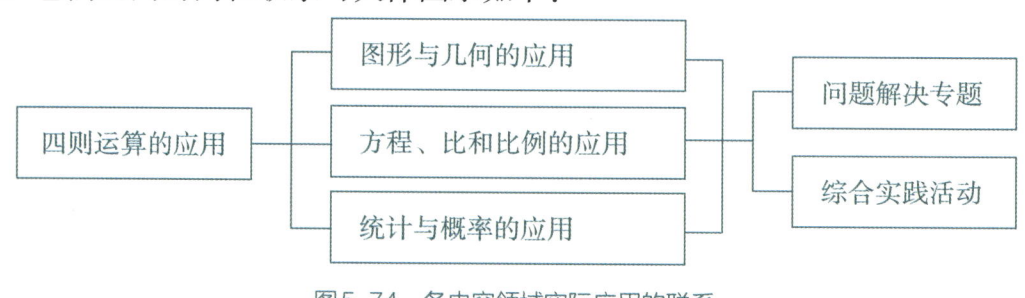

图5-74　各内容领域实际应用的联系

考虑到几何、统计的应用内容不多,且与该领域的知识联系紧密,问题解决专题(如数学广角、解决问题的策略等)已经自成体系,综合与实践活动将在后面单独讨论,所以这里着重研究四则运算的应用的编排线索。

(一)从数学应用问题本身考虑

1. 基于数学运算的编排线索。

从数学运算考虑,即以四则运算为主线,包括解方程与比、比例的运算。实际上这是小学数学教材总体编排的客观规律。

以数学运算为主线,大致的脉络不言而喻:一步运算的应用、两步运算的应用、三步运算的应用……进而可以厘清每个年级数学应用的重点,构建起小学数学问题解决教学内容的主体结构:

```
一年级:以加、减一步运算的应用为主    (整数)
二年级:以乘、除一步运算的应用为主      ↓
三年级:以两步运算的应用为主          (小数)
四年级:以三步运算的应用为主            ↓
五年级:以分数、方程的应用为主        (分数)
六年级:以百分数、比例的应用为主
```

图5-75 小学数学问题解决教学内容的主体结构

这一主体结构,每个年级各有重点,便于由浅入深、由易到难地逐步教学落实。同时也能有效回应、消解一线教师较为普遍的一个困惑与纠结:只知道要加强数学应用,不清楚实际问题的内容序列,只能按教材教;每个年级数学应用的重点是什么心中无数,教师的主观能动性只是根据学生的错误与参考教材增补应用题目。

有了主体结构,进一步的细化,还需考虑以下两条线索。

2. 基于数量关系的编排线索。

在我国,小学数学教材中曾出现11种所谓简单应用题,并分别给出了数量名称以方便叙述数量关系式。如:部分数1+部分数2=总数,每份数×份数=总数等。

事实上现实生活中最常见的两种运算现象,一个是"合",把几个数合并成总数,合的计算方法有两种,即加法和乘法;另一种是"分",相应的计算方法也有两种,即减法和除法。

不难看出,由于参与合并的各部分数有同样多和不一样多两种情况,才出现了两组数量关系。

类似地,还有对两个数量进行比较的数量关系。由于比较有两种方式,一种是比较多少,一种是比较倍数,因此出现了两组数量关系。

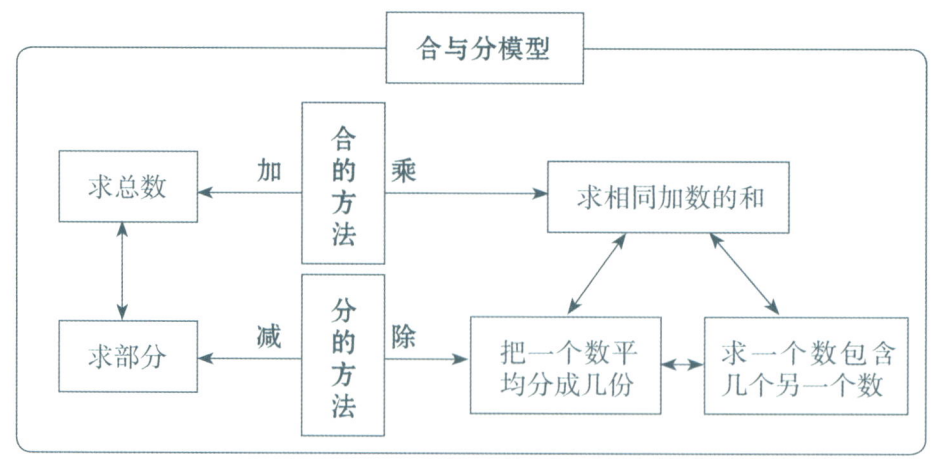

图5-76 "合与分"数量关系

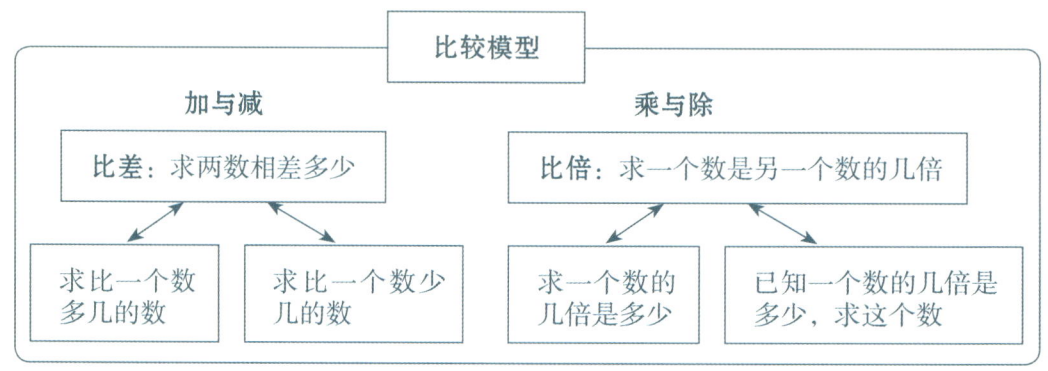

图5-77 "比较"数量关系

以上,将传统的11种简单应用题根据它们内在联系归纳成四类数量关系。它们都是由三个相关联的数量组成。只要知道了其中任何两个量,就可以求出第三个未知量,简言之,即"三量组成,知二求一"。

这些名称与结构图,有助于教材编者与教师把握一步运算应用的全貌,也有助于教学研究、教师培训的叙述与交流。但不宜教给学生,以免加重学生的记忆负担。至于其中的数量关系及其内在联系,都具有广阔的现实背景,教师完全可以通过一些事例生动、浅显地揭示出来。

有必要指出,之所以不宜教给学生,还有一个基于学生认知活动分析的论据:学生面对一个实际问题,选择运算的主要依据是运算的含义,即将现实情境中的实际问题抽象成运算,在四则运算含义之外再讲11种类型,实在是画蛇添足。以往的实践表明,资优生不需要,学困生记不住,中等水平的学生则容易干扰依据运算含义正确选择运算的思考。

一般来说,已知两个量可以求和、求差、求倍,差与倍也可以综合应用,例如:几倍多(少)几。随着数域拓展至小数、分数,则非整数倍可以用小数、分数(百分数)或比来表示:

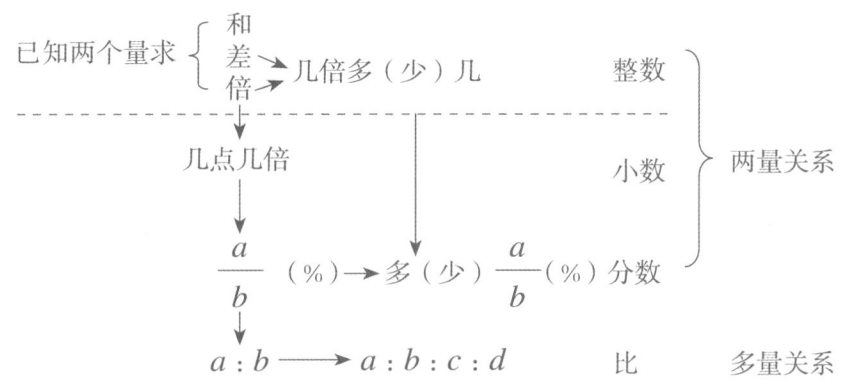

图5-78 数量关系的演进举例

这些数量关系都有必要编排在整数、小数、分数（百分数）以及比的教学内容中，并适时开展教学。

如果说应用一步运算解决的实际问题，属于四则运算的基本应用，因此，概括为分与合、比较的四类数量关系，必须全覆盖。那么，应用两三步运算解决的实际问题，就只能选择一些数量关系的样例。有必要作为样例的主要有正比例关系、反比例关系，以及两积之和关系。

正、反比例本身就是小学数学的基础知识，在正式学习前，结合整数两三步运算的学习，用来解决一些实际问题，是可取的。实践表明这样安排既有利于加强应用能力的培养，又有助于后续正、反比例概念的学习。两积之和关系的重要性将在后面论述。

3. 基于问题解决方法的编排线索。

数学问题的结构特点是由条件与问题组成。因此，看看条件、想想问题或看看问题、想想条件是解决每一问题时都会自然发生的思维活动。所以，从条件入手思考，"由因导果"的综合法，由问题入手"由果索因"的分析法，无可争议地成为数学问题解决的基本方法。

如何回应问题解决方法的教学需要？有不同的编排处理。一是单列，方法（也有称之为策略的）教学自成体系；二是融入，该用哪种方法用哪种。实践与研究表明，两者各有利弊："单列"的教学意图明确，但与其他应用内容的关联、配合难度较大；"融入"的教学比较自然，但容易被应用内容主导而边缘化。因此，融入与单列相结合，有助于趋利去弊。

以综合法与分析法为例，第一阶段是融入应用内容自然引出。例如：

先给出只有条件的情境图（见图5-79左图）。学生容易说出知道了什么：左边有4只兔，右边有2只兔。再请学生说，有了这些条件可以求出什么？也就是由学生自己提出问题"一共有几只兔"。然后出示图5-79右图，说明怎样表示问题。由此引导学生看条件想问题。

图 5-79　自然引出综合法

也就是说，教材中首次出现的应用问题，只要教师教学用书给予明确的提示，完全可以融入综合法的教学。

同样，也可以选择适当的例题融入分析法的教学。例如，求两个量相差多少的问题。从条件入手思考，则已知两个量，可以求和、求差；从问题入手，用减法，谁减谁，都很清晰。又如：

给出情境（图 5-80 左图），学生能看图说出条件，但很难提出用上两个条件的问题。于是出示完整例题（图 5-80 右图），让学生说说问题的含义，再根据问题来说明条件怎样用。因为要求"之间有几人"，所以小丽第 10，不算，小宇第 15，也不算，只要从 11 数到 14 就能得到答案。

图 5-80　自然引出分析法

第二阶段是融入补充条件、问题的练习，让学生感悟条件与问题的联系。

给出缺少条件的练习题：

果园里有 18 棵桃树，_____。梨树有多少棵？

学生在补条件的过程中能够发现，这里条件决定了算法。比如：补"梨树比桃树多 5 棵"，就用加法 18+5；补"梨树棵数是桃树的一半"，就用除法 18÷2。

给出缺少问题的练习题：

女生 12 人，比男生多 8 人。_____？

学生在补问题的过程中能够发现，这里是问题决定算法。比如：补"男生有多少人"，只要 12-8；补"一共多少人"，就要 12+12-8；补"女生人数是男生的几倍"，就要 12÷(12-8)。

第三阶段再让学生体会很多问题从条件或者问题入手思考都是可行的。有时可能导出不同的解题过程。例如：

小松鼠装松果，42个装一罐，已经装好273罐，还剩798个没有装。一共可以装多少罐？

从条件入手想：由前两个条件，可以求出已经装了多少个，然后用上第三个条件，求出一共有多少个松果，最后求一共装多少罐。即

$$(42 \times 273+798) \div 42$$

从问题入手想：要求一共装多少罐，只需把装好的273罐，加上还能装的罐数，已知还剩798个没有装，42个装一罐，可以先求出还能装几罐。即

$$798 \div 42+273$$

当然，也可以设计分析法需要三步运算、综合法只要两步运算的例题。

可见，只需设置针对性练习与例题，综合法与分析法的教学采用融入式编排，也能自成系统：

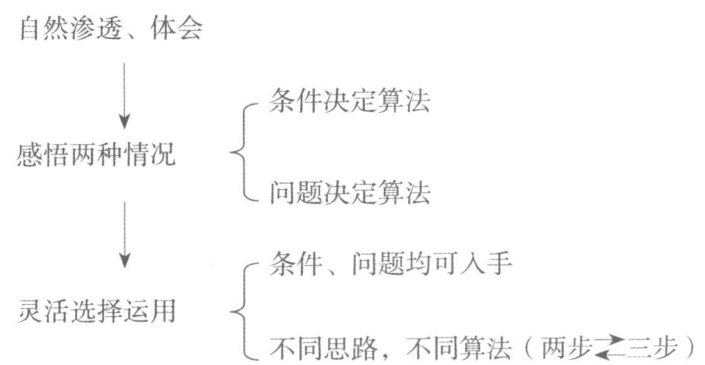

图5-81 分析法与综合法的学习进阶编排

类似地，比较常用的辅助方法，如图示法，也可以融入式编排，并结合相关应用内容，形成图示方法自己的发展系列：

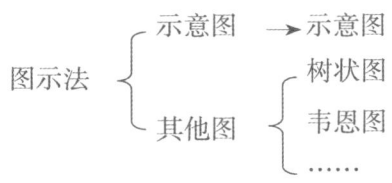

图5-82 图示法发展系列

此外，一些比较特殊的问题解决方法，如假设法、倒推法（逆推法）、排除法等，可以单列编排。

（二）从学生认知特点考虑

考虑学生的认知特点，小学阶段问题解决的内容编排还必须遵循如下由易到难、由浅入深的线索。

1. 顺向思维→逆向思维

即使是最简单的加减一步运算的应用，对于一年级学生来说，也有思维难

度的差异。例如：

①妈妈昨天买来5个苹果，今天又买来3个苹果。妈妈两天一共买来几个苹果？

②妈妈买来8个苹果，吃掉3个，还剩几个？

③妈妈买来一些苹果，吃掉3个，还剩5个。妈妈买来几个苹果？

④妈妈买来8个苹果，吃掉一些，还剩5个。吃掉几个？

⑤妈妈昨天买来5个苹果，今天又买来一些，两天一共买来8个苹果。妈妈今天买了几个？

五题生活情境相同，都是儿童熟悉的。但前两题事物变化顺序与条件、问题的叙述顺序一致，因而理解题意、选择算法的难度较低，属于直接求和（总数）、求差（剩余）的问题；后三题则不同，事物变化顺序与条件、问题的叙述顺序出现错位，分别相当于求被减数、求减数、求加数，对于初学者来说理解题意、选择算法的难度相对较大。

又如，同样是乘除一步运算的应用，"求一个已知数的几倍"与"已知一个未知数的几倍是多少，求这个未知数"，有经验的教师都知道，两者的难度属于两个层次。在小学数学的话语系统中，前者叫做"顺向思维的问题"，后者叫做"逆向思维的问题"。

显然，这一难度变化线索是教材编排设计时必须考虑的。

2. 熟悉情境→典型情境→陌生（新）情境

问题情境是否为学生所熟悉，是影响学生正确理解题意、分析数量关系的重要因素，所以也是编排问题解决教学内容时应当关注的难度阶梯。

典型情境的应用具有中国特色，主要有行程问题、植树问题等。同样具有中国特色的归一问题（正比例关系）、归总问题（反比例关系）、倒推（逆推）问题（与顺推相对）等，与其说是典型情境，不如称之为典型思路。

区分典型情境与典型思路的意义在于，典型情境常常导致误解，例如植树问题，经常听到质疑植树问题现实意义的各种评论。

一是认为两头都种与一头种、一头不种都不切合实际，会导致"纠纷"。据说确有其事，某地因为将树种在自家地边上引发家族械斗，最后村委会召开大会作出规定，种在地边上的树归邻居。理由是树种在你的地里，树根长到人家地里去了，树枝遮挡了人家地里的阳光。

二是认为植树方式不止三种。比如，还有"第四种"种在每一段的中间，并且认为这样种才是最合理的。

图5-83　植树问题

教师持这些看法的依据是,既然数学课程改革将"应用题"改称"实际问题",就必须名副其实。岂不知真实的植树工作,总会考虑树苗的损失与成活率等因素,通常不在乎一棵之差,无需加1、减1的精确计算。所谓植树问题只是以"植树"为例,研究线段数与端点数的关系。

与典型情境可以千变万化形成鲜明对照,典型思路不仅具有相对的稳定性,而且还有利于生成问题解决的策略,具有相当广泛的学习迁移价值。以"归一"思路为例,它是分数乘除法计算法则推导的算理基础之一。例如,上世纪80年代人民教育出版社课程教材研究所的实验教材安排在三年级的应用题:

一根绳子长20米,剪下它的 $\frac{4}{5}$,是多少米?

当年的教学实践就已表明,有了分数初步认识的学生,相当一部分能无师自通,想到先平均分,求得一份,再求四份:$20÷5×4$。有了这样的认知基础,推导分数乘除法计算法则可谓水到渠成。因此,这样的编排处理值得坚持。例如:

图5-84 "归一"思路的应用

这一具有中国文化特色且教学效果明显的教材处理,理应踵事增华。

至于陌生情境(新情境)是对小学生而言的。例如:

一根竹竿插到水泥池底,露出水面3米,倒过来插,有1米是干的。你能求出竹竿全长吗?

只需加减两步运算"3-1+3",且极易口算,但由于问题情境小学生比较陌生,他们感到新颖、奇特,因而产生审题理解的困难。

近年来,各种测试的试题编制都强调新情境的应用,就是因为它能反映学生真实的理解、应用水平。同样道理,教材中适当设置新情境问题,有利于促进学习的迁移与问题解决能力的提高。

3. 条件不重复使用→有条件重复使用

上面列举的新情境问题,"露出水面3米"这个条件用到了两次。同样是两步运算的应用,"已知三个必要条件"与"已知两个必要条件",即

图5-85 两类条件

两者的难度差异也是不容忽视的。道理很简单,少了一个条件,意味着少了已知信息,同时某一条件必须重复使用,势必提高思考的难度。

理论与实践都能告诉我们,从一步运算的应用到多步运算的应用,一个关键性的过渡环节是两步运算的应用。道理很简单,解决一步运算的应用问题只需选择算法,而解决两步运算的应用问题,新的挑战在于还要选择条件,也就是必须通过分析,把它分解成两个具有连续性的一步运算应用问题。

在以往的应用题教学中,两步应用题一直受到教材编者与教师的重视,教学的重点是启发学生明确应该"先求什么",为此还给出了"中间问题"的教学用语,并总结了突出"中间问题"的一系列教学设计策略。如,由两个相关联一步运算应用问题过渡到两步运算应用问题,改变条件或问题,使一步运算应用问题变化为两步运算应用问题,等等。这些成功的教学对策,理应在今后的教材编排、设计中予以必要的反映。

(三)统筹协调的结构化编排策略

1. 协调应用问题由简到繁的"序"与儿童思维由易到难的"序",统筹编排。

毫无疑问,如果只考虑应用问题由简到繁的"序",或者仅关注儿童思维由易到难的"序",都会导致教学的困难。然而,以上两个方面的六条线索都呈现出各自的内在结构顺序,综合考虑、全面统筹兼顾是对教材编排艺术与设计水平的考验。

可取的策略是:以四则运算与数量关系为主线,根据儿童思维发展的各条线索,加以调整,并兼顾问题解决方法教学的需要。

仅以一年级加减一步运算的应用为例,需要同时考虑数量关系、问题解决方法以及学生思维特点:

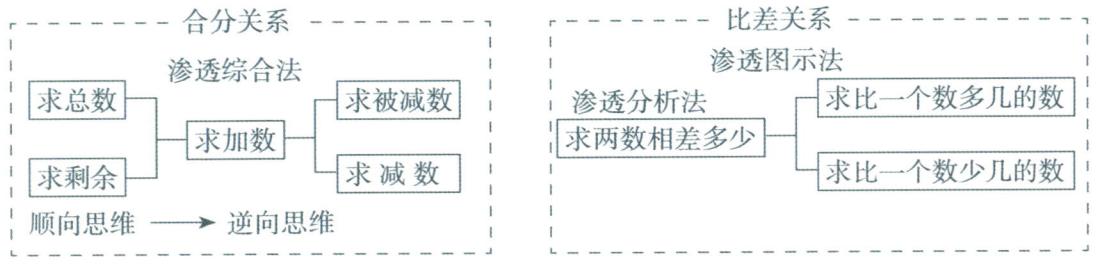

图 5-86 加减一步运算应用多线索统筹编排

可见,多方面的"序"可以统筹兼顾、协调编排。

2. 精心选编结构化样例,以"触类旁通"促"举一反三"。

如前所述,数学应用问题是实际问题的样本。选取怎样的样本关系到教学的效率与效果。为使大多数学生能够举一反三,关键在于"举一"的典型性、启发性。换句话说,"举一触类"了,自然就能"旁通反三"。因此,遵循结构化策略,精心选编样例,以"触类旁通"促"举一反三"显得尤为重要。试举一例。

[原型] 李老师买《童话故事》用了 375 元,买《科幻故事》用了 285 元。一共要付多少钱?

[扩展变换] 李老师买了 5 套《童话故事》,每套 75 元,又买了 3 套《科幻故事》,每套 95 元。一共要付多少元?算式是:

$$75 \times 5 + 95 \times 3 = 375 + 285 = 660 \,(元)$$

这是求两积之和的实际问题。把总价 660 元作为已知条件,让学生改编成求四个因数之一(例如求《科幻故事》的单价)的问题。

[可逆变换] 李老师买了 5 套《童话故事》和 3 套《科幻故事》,总价 660 元。《童话故事》每套 75 元,《科幻故事》每套多少钱?其他三题不一一列出。

实践表明,一般学生都能"举一反四"。配套练习可以继续适当给出其他变式,例如:

[情境变换](1)制作一种飞机模型,李师傅每天制作 75 架,制作了 5 天;张师傅每天制作 95 架,制作了 3 天。他们一共制作了多少架飞机模型?

(2)小明和小红在学校门口分手,7 分钟后他们同时到家,小明平均每分钟走 45 米,小红平均每分钟走多少米?

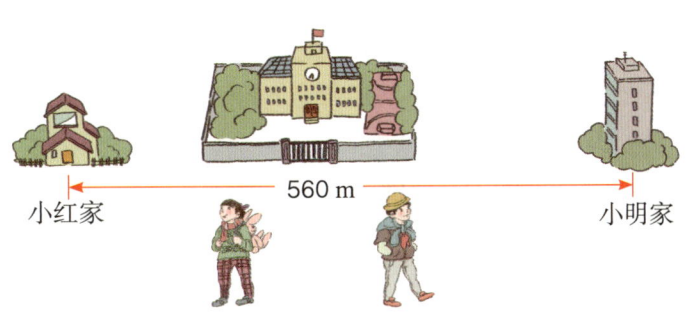

图 5-87

不难看出，两积之和的数量关系 $a \times n + b \times m = c$（不妨称之为线性组合关系），在小学数学中是应用范围相当广泛的一个数学模型。当两个积中各有一个因数相等时，设 $n = m = x$，$ax + bx = c$ 就是它的一个典型变式，所谓的相遇问题是该变式的现实原型之一。因此"两积之和"是必须选择性"覆盖"，并且给予重点关注的数量关系。

事实上，两商之差的数量关系，也可以由它导出。例如：

5套《童话故事》总价375元，3套《科幻故事》总价285元。《童话故事》的单价比《科幻故事》的单价便宜多少钱？

换个角度看，追求数量关系选择性覆盖的效能，即关注它的"生长性"和发展价值，其实质就是追求教材与教学的"结构化"。理论与实践都能告诉我们，结构化的教材与教学，有利于促进学习的迁移与"四能"培养目标的落实。

5.7 综合与实践的编排

一、综合与实践教学地位的认识

为了应对未来社会快速发展变化的挑战，培养学生的创新精神与实践能力，基础教育课程改革呈现出综合化、实践化、应用化趋势。与此相适应，启动于本世纪初的我国新一轮课程改革的一大特色就是将"实践与综合应用"单列，与"数与代数""空间与图形""统计与概率"构成课程内容的四大领域。应该说，这是我国数学课程改革史上的首次。

（一）内涵与外延

所谓实践，通常是指人们改造自然和改造社会的有意识的活动，是一个以主体（具有自然性、社会性和能动性的人）、客体（进入主体活动领域的那一部分客观事物）和中介（用于客体的工具、手段、程序与方法）为基本要素的动态过程，显然实践包括应用；所谓综合，这里主要是指把各种不同而互相关联的事物或现象组合在一起。

从课程标准实验稿的"实践与综合应用"到课程标准2011年版的"综合与实践"，两个词组中"实践"与"综合"的顺序出现了交换。可以理解为对于义务教育阶段的学生，了解概念之间的联系、掌握知识之间的关联是第一步。在此基础上，把所学知识、技能及其思想方法应用于实践。简言之，名称的变化凸显了层次性，即要求学生在综合的基础上进行实践和应用。

在2011年版的课程标准中，给出了"综合与实践"的界定"是一类以问题为载体、以学生自主参与为主的学习活动"。在该版课程标准的"实施建议"中，还进一步指出："'综合与实践'的教学，重在实践、重在综合。重在实践是指在活动中，注重学生自主参与、全过程参与，重视学生积极动脑、动手、动口。重在综合是指在活动中，注重数学与生活实际、数学与其他学科、数学内部知识的联系和综合应用。"

因此，"综合与实践"的外延：

一是表现在"综合"方面，包括数学内部的综合，即数与代数、图形与几何、统计与概率等领域知识方法的综合应用，也包括数学外部的综合，即数学与其他学科、数学与生活实际等。

二是表现在"问题"方面，包括校园生活、家庭生活、社会生活的实际问题，也包括自然界的探索问题，以及无实际背景的数学活动问题。

例如，图形与几何领域的探索问题：

周长相等的长方形，长、宽怎样变化，面积越来越大？面积相等的长方形，长、宽怎样变化，周长越来越小？

应用到数与代数领域：

用9、8、4、3四张数学卡片组成两位数乘两位数的计算题，哪一题积最小？哪一题积最大？

应用到日常生活中：

把4张同样的课桌拼成怎样的长方形，四周能围坐更多人？

显见，以上关于综合与实践外延的分类线索，有助于教材编者打开活动设计的思路。

（二）教学价值

1. 构建相关知识联系，增进融会贯通。

这是设置综合与实践的初衷之一。通过综合应用相关知识解决问题，可以跳出知识领域的分割，感悟它们之间的关联。

比如上面的例子，学生知道要使积最大，9和8应该放在十位，但4和3如何放，只能尝试、比较。联系长方形周长一定时，长、宽越接近面积越大的规律，就能直接作出判断，93×84的积比94×83大。因93+84与94+83的和相等，两数差越小，积越大。会动脑筋的学生还能通过算理分析，93×84比94×83多了一个93，少了一个84，作出说明。从而实现几何、算术的规律的相互印证与解释。

2. 积累数学活动经验，发展数学思维。

作为以问题为载体、以学生自主参与为主解决问题的学习活动，积累数学活动经验、发展数学思维本是题中之意。这里的数学思维，也包括数学的眼光、数学的语言。例如：几乎各套教材都有"1亿有多大"的活动内容，实施效果较好的如：

图5-88 "1亿有多大"教材

选择课本提示方案的小组,以测量结果"100张纸约厚1厘米"为起点进行推算:

100×100张纸约100厘米(100个百是1万)

  1万张纸约1米

10000×10000张纸约10000米(10000个万是1亿)

  1亿张纸约1万米

联系人类目前最高建筑迪拜塔828米、世界最高峰珠穆朗玛峰8844米,对学生的冲击力堪称"惊叹",没想到1亿张纸摞起来竟然高达约1万米。

学生得出这一惊人结论的效果,除了数学眼光(数的视角)、数学思维(推算即推理)、数学语言(过程与结论的表达)以及数感的体验,更为重要的是让小学生获得了关于数学的非常真切的认知:数学依靠推理获得正确结论,有时无法也无须实验检验。这正是数学有别于其他学科的本质特征与精髓,只知眼见为实恰恰是理性思维缺失的表现。

3. 提高实际应用能力,培养应用意识。

这是数学学科增强学生实践能力的主要内涵,也是开展综合与实践活动一个方面的目标。通过活动引导学生将所学数学知识与方法应用到具有真实背景的社会生活、自然世界中去,在检验学生对知识、方法理解与运用程度以及发展数学能力的同时,还能诱导他们不断尝试将数学与外部现实世界相联系,从而增强数学应用意识。以"打电话"为例:

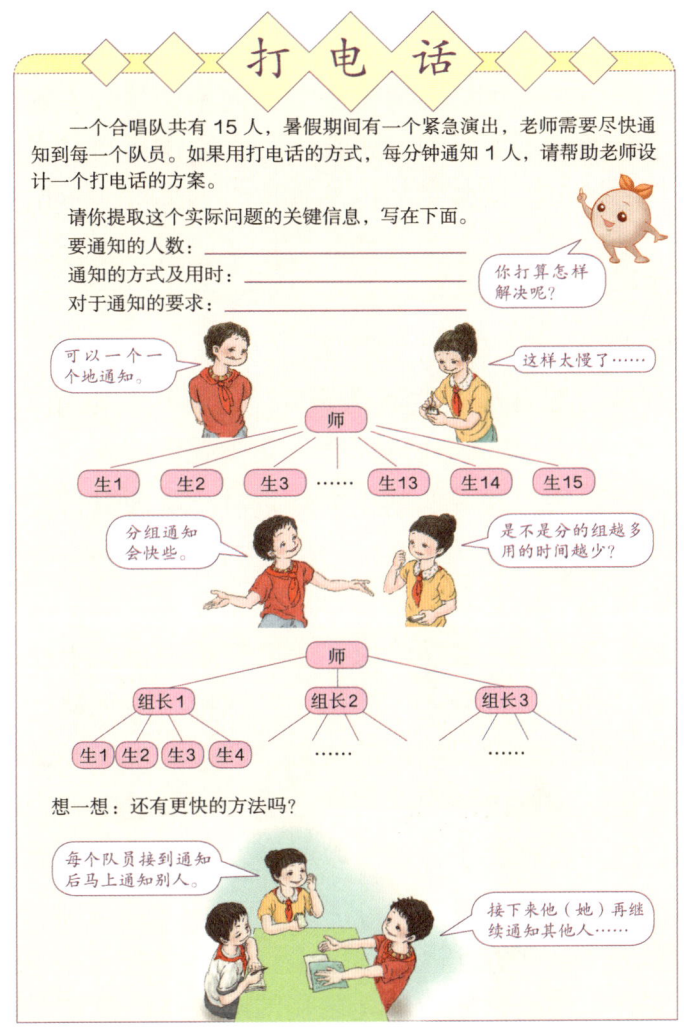

图5-89 "打电话"教材

通过探究,学生在明确优化思路、找到问题解决方案与感悟成倍增长(几何级数增长)之后,可以很自然地联系现实社会的市场倍增现象、自然界的细胞分裂现象。这样的问题解决与联系,对于提高应用能力、培养应用意识无疑是非常有益的。

4. 改善学生学习方式,应对未来挑战。

容易理解,综合与实践的活动既有别于课堂上师生互动的学习活动,也不同于具体知识的探索活动。它是教师通过问题引领,让学生全程参与的实践过程,是相对完整地发现、提出问题和分析、解决问题的学习活动。也正因为如此，该领域多方面的学习目标并不包括获取知识的目标，尽管通过综合与实践活动学生也能附带增长某些课本之外的知识。

因此，设置综合与实践，让学生尝试研究性、应用性的学习，有助于扩展、丰富学生的学习方式，使他们的学习方式得到进一步的完善。而且这样的学习过程，也有助于培养学生的创新意识和实践能力。这些都是学生适应未来社会生活、工作所需要的自身素质。

例如，探究莫比乌斯带之前，学生的常识是一条纸带必有正、反两个面。探究之后，常识在自己手下被不可思议地颠覆了：一条纸带扭转180°后黏结两头做成纸带圈，一只小虫可以爬遍整个曲面而不必跨过它的边缘。几乎每一位学生都被它魔术般的特点所吸引，于是不少学生课后自己上网搜索，发现还有克莱因瓶，一只蜜蜂可以从瓶子的内部直接飞到外部而不用穿过表面。

显然，这种主动检索、自主学习的能力正是应对未来社会挑战必不可少的基础学力。

5. 全面贯彻教育方针，落实立德树人。

站在育人的高度，综合与实践活动探究内容的广泛触角，也有利于渗透、深化学科德育，引导学生理解和践行社会主义核心价值观。

可以说，数学课程内容领域的这一突破，对于全面贯彻党的教育方针，坚持教育与生产劳动、社会实践相结合，充分发挥学科课程立德树人的教育功能，都有积极的作用。

综合与实践之所以有这些教学价值，主要在于它植根于弗赖登塔尔的数学学习"再创造活动"理论，且融入了建构主义理论情境理解、主动建构的合理内核，同时也反映了研究性学习理论的观点，即儿童也能尝试类似于科学研究的方式，主动地应用知识解决问题。当然，能否证实这些理论的假设，达成设置综合与实践的目的，还有待于合理的教材开发与有效的教学实施。

二、综合与实践教材编排的分析

如前所述，综合与实践领域的确立在我国历次基础教育课程改革中尚属首次，理论研究与教学实施都处在摸着石头过河的状态，这无疑给相关教材的编写带来了很大的挑战。

与其他领域不同，综合与实践在本世纪初以来前后两版课程标准中都只有宏观层面的、纲领性的目标，没有统一、确定的内容规定，这意味着在该领域教材的编写、教学等方面都需要突破固有的模式、进行新的探索。

（一）各册专题的数量安排

根据《标准（2011）》关于"'综合与实践'的教学活动应当保证每学期至少一次"的要求，目前三套在全国范围内使用的教材，各册安排的专题数量与全套教材的合计数有明显差异。

表5-27　三套教材综合与实践专题数统计

年级	教材1	教材2	教材3
一年级上册	1	2	2
一年级下册	1	2	2
二年级上册	1	2	5
二年级下册	1	2	3
三年级上册	1	2	5
三年级下册	2	2	6
四年级上册	1	2	3
四年级下册	1	2	4
五年级上册	1	2	3
五年级下册	2	2	3
六年级上册	2	2	3
六年级下册	6※	3	7※
合　计	20	25	46

※有4个安排在总复习单元。

考虑到这部分教材尚处在摸索阶段，各册的专题不宜过多。一般来讲，第一学段各学期1—2个，第二学段各学期2—3个比较合适。

（二）内容编排的系统性

几乎所有关于各版本教材综合与实践领域编排问题的研究者都会提出"缺乏整体系统性"的问题，但都没有给出如何构建系统的具体建议。事实上，该领域的内容，最为突出的特点就是题材的广泛性与选题的开放性，这就决定了各专题的内容难以形成明晰的系统。

根据课程标准的实验稿，三个学段的"实践与综合应用"有不同的主题区分，即"实践活动""综合应用""课题学习"。2011年版的课程标准取消了各有侧重的主题区分。打破限制无疑给教材编写带来更大的自由度，自然也就失去了"系统性"的标志性线索。

因此，综合与实践的编排，主要考虑：跟随其他三个领域的教学进程，适时加以综合；基于该年级学生的理解能力、思维水平与常识经验，选择适当的实践内容。换句话说，主要考虑由浅入深、由易到难、由简到繁的"序"。

此外，还可以考虑的是部分专题之间具有某种内在联系，形成问题解决的递进发展。试举一例。

关于长方形的综合与实践问题:
① 完成填空:你发现了什么?

长方形周长、面积计算

长/米	宽/米	周长/米	面积/平方米
36	1		
18	2		
12	3		
9	4		
6	6		

我的发现:面积相等的长方形,长、宽越(　　),周长越小;当长、宽(　　)时,周长最小。

学生通过计算、比较,得出正确结论。

② 用篱笆围成一个面积为72平方米的长方形菜园(一面靠墙,长、宽取整米数),怎样围所用篱笆总长最短?小组合作找出最优方案。

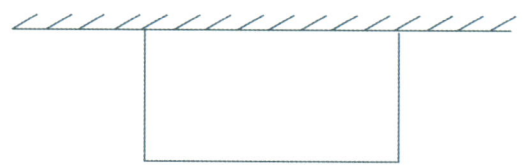

一面靠墙围篱笆的插图

学生经过反复尝试、比较,并借助列表,能够发现:

长方形周长、面积关系的探究

长/米	宽/米	周长/米	面积/平方米
72	1	74	72
36	2	40	72
24	3	30	72
18	4	26	72
12	6	24	72
9	8	25	72

围成长12米、宽6米的长方形,也就是长是宽的2倍时篱笆最短。

教师可以启发学生思考:为什么不是长、宽越接近,而是长是宽的2倍时,篱笆最短,并作出解释:

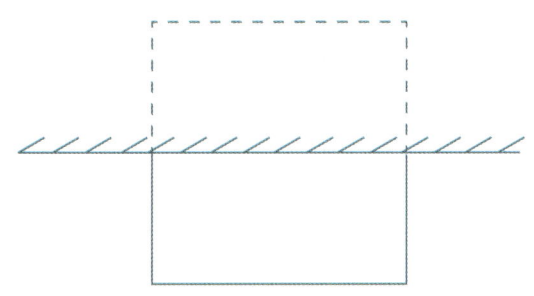

篱笆最短的解释

原来，长方形菜园是相应正方形的一半，实际上是问题①所发现结论的灵活应用。

关于长方体的综合与实践：

① 完成填空：你发现了什么？

长方体表面积、体积计算

长/厘米	宽/厘米	高/厘米	表面积/平方厘米	体积/立方厘米
32	2	1		
16	2	2		
8	4	2		
4	4	4		

我的发现：体积相等的长方体，当长、宽、高（　　）时，表面积最小。

学生通过计算、比较，得出正确结论。个别学生一看已知数据，就联想到了长方形的类似结论，立即判断"长、宽、高相等时，表面积最小"，计算、填表成了猜想的验证。

② 制作一个无盖的长方体纸盒，利用长60厘米、宽20厘米的卡纸做五个面（可以剪开，用胶带纸粘接），使容积最大。小组合作找出最优设计。

学生经过反复尝试、比较，能够发现最优设计（如图，虚线为剪开处）。有的学生还能联系长方形的相关结论，猜测：底面应该是正方形，高取底面边长的一半，可能容积最大。

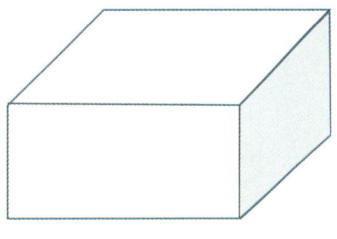

无盖纸盒的制作

实践表明,两个选题之间从平面图形(中年级)到立体图形(高年级)的内在联系,有效地激活了学生的类比思维,促进了规律的推广与实际问题的解决。

诸如此类逐步递进、拓展并有教学实践基础的选题,值得引进教材。

(三)单列与分布相结合

这里的所谓"单列"是指与教材单元并列出现在目录中,需要至少一节课完成的主题活动。"分布"是指分散在某一单元内,具有综合与实践特点的练习。

例如,第一学段配合学习长方形面积计算的练习:

先估计一下自己家的床面、电视机面、房间地面的大小,再测量并计算。

面积的估计与计算

物体名称	面积(估计)	长	宽	面积(计算)
床面				
电视机面				
房间地面				

第二学段配合公顷和平方千米的学习,进一步扩展联系实际的范围,设置练习:

① 调查你所在省、自治区、直辖市的面积。

② 估计你学校校园的面积,有1公顷吗?

③ 想办法测量并计算你学校校园的面积。

像这样知识的综合度不大,但实践性非常鲜明的练习,在统计与概率领域的练习中,也有一定的体现。例如:

4. 调查本班同学爸爸、妈妈每天工作和做家务的时间。

人数 父母 时间	6小时以下	6~8小时	8~10小时	10小时以上
爸爸				
妈妈				

(1)大多数爸爸每天工作和做家务的时间是( )小时。

(2)大多数妈妈每天工作和做家务的时间是( )小时。

(3)看到这个统计结果,你有什么感受?

图5-90 教材的统计练习

显而易见，这些实践性练习可以作为综合与实践单列专题教学的补充。它也符合2011年版课程标准关于综合与实践的教学指示，"提倡把这种教学形式体现在日常教学活动中"。

因此，单列与分布相结合的编排方式应当予以更多的关注与体现。

（四）题材的适应性

首先，从题材的地域适应性来看，有不少研究者指出目前各套教材都呈现较明显的城市化倾向，农村题材相对较少。这是客观的，教材编者大多生活在城市，自然对农村了解不多。反过来，如果教材选择城市学生陌生的农村题材，同样不合适。因此，关键在于题材的背景及其内容，应该是不同地域的学生都能理解的。再者，教师也可以将一些无明确现实背景的数学问题，联系不同地域实际应用。例如：

一张长方形纸，长是宽的2倍，用它作为侧面，围成一个长方体或圆柱体（接缝不计）。比较它们的容积，你有什么猜想？能通过计算证实你的猜想吗？

学生可以根据条件假设所需数据，或用字母表示，进行推算与比较。不同地域的教师可以自由发挥联系实际说明用途，比如：放在桌上装同学们做的幸运星，把纸看作竹席，在地上围起来装稻谷，等等。

其次，从题材的教学适应性来看，需要考虑是否方便课堂教学。

例如，《自行车里的数学》与《节约用水》。前者受限于条件，学生课前自行测量常常难以实现，教师将普通自行车、变速自行车搬到课堂显然也不切实际，但可以根据教参提示，课前做好充分准备，包括图片和数据，满足教学之需。后者要求以小组为单位，测量至少3个不同水龙头在一定时间内的漏水量，并制作条形统计图，这就有些脱离实际。目前多数地区大众的节水意识已有提升，且维修和保养工作也比较到位，所以水龙头漏水情况并不普遍。学生在找不到漏水水龙头的情况下，容易引发自己拧开水龙头来测量的"假数据"现象，从而失去了调查取样的意义。不如改为先做几次滴水实验，获得数据求平均值，再来推算一个没有拧紧的水龙头，一年大约会浪费多少水。

可见活动的可行性、便利性，不仅关系教学效率，也会影响多方面的教学效果。

（五）时空的延展性

综合与实践活动要摆脱"看图说话"式的教学，真正让学生动起来并有所展开，课堂教学时间常常捉襟见肘。针对这一问题，2011年版课程标准的建议是："可以在课堂上完成，也可以课内外结合。"因此，根据内容特点，适当延展课堂教学时空是可取的策略。

例如《制作活动日历》，课前布置学生寻找、观察各种各样日历的设计特点，发现新奇、巧妙之处。课堂上简要交流，引入课题。

图5-91 "制作活动日历"教材

课后布置学生继续发挥创意,设计制作自己喜欢的日历。有学生想到了利用正12面体(见图5-92)制作月历;还有学生对教材"你知道吗"栏目介绍的"24个时区"产生了浓厚的兴趣,回家查阅资料,设计制作了时区转盘(如图5-93)。

图5-92 学生作品—日历

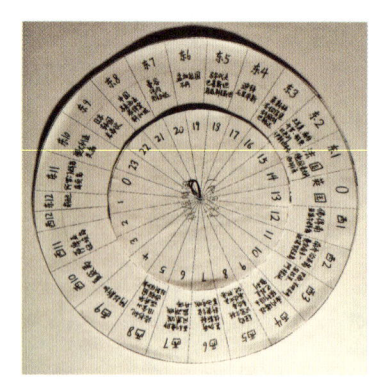

图5-93 学生作品—时区转盘

这些创意与制作,在课堂上的有限时空内是无法实现的。为此,教材应注意针对一些适合延展的课题,给出适当的课前准备、课后深化的提示,使综合与实践活动更为有效地激活学生的创造潜能。

第六章 小学数学教材与教学

6.1 小学数学教材与教学研究

教材是世界各国学校教育易获取且通用的教学材料，它是经由国家、地方行政教育部门许可的，向每一代学生呈现人类知识和文化的权威版本。教材是课程的物化载体，是教与学的重要媒介，体现课程标准的主要材料。同时，教材体现着文化、政策和教师课程实践之间的重要联系。

教材与教学之间有着相互依存的重要关系。小学阶段的教育具有基础性、发展性的重要特征，数学学科是学校教育最为基础、重要的学科之一。小学数学教材在课程改革与教学实施过程中都发挥着无可取代的重要作用。马云鹏认为，数学教材在满足儿童发展、社会以及数学自身发展的需求方面应起到重要的作用。关于小学数学教材与教学的研究，我们按照教材与教学的关系、教材如何服务于教学、教学如何作用于教材建设三个方面，对已有研究和观点等进行梳理。

一、教材与教学的关系研究

教材为教学提供内容资源、教学方法引领，以及教学活动指南；反过来，通过教学实践，可以经由实践探寻与检验，对教材编写与修订提供依据、证据、基础与保障。二者相互依存，若能形成良性循环，必将能促进学校小学数学教育教学的良性发展。

（一）教材为教学服务

1. 教材对于教学具有指导引导、资源提供等重要作用。

在我国，不论城市还是乡村，数学教材以及相关的教学用书是教师教学和备课的重要资源。教材通常被教师和学生当作内容资源，也常被用作构建教学活动的指南，作为描述教学内容和教学方法的主要来源之一，它们在将学科内容知识的形式转化为学校课程方面发挥着重要作用，是教师组织学生学习活动的重要思路与策略参考，在学校课堂教学中具有不可替代的重要作用。

《标准（2011）》指出："数学教材为学生的数学学习活动提供了学习主题、基本线索和知识结构，是实现数学课程目标、实施数学教学的重要资源。"数学教材是最为基础、重要的教学资源，是各国数学教育课程改革的理念、内容的集中反映。教材与数学课程标准一起，同属期望课程，体现了教育部门对数学教学实施的基本要求，在整个课程环节中起着重要的基础性与方向性的引导作用。

2. 教材质量影响着教学质量。

教材是课程的重要载体，也是课程实施过程中教师教学和学生学习的重要资源与依据。教材的编撰对于落实课程标准、明确教学内容、提升学生学习品质等具有至关重要的作用，是教师教学实施或革新课程的主要依托。目前我国各省市使用的小学数学教材是由国家或省教育行政部门组织全国（省级）相关专家和一线优秀教师参与编写的，用于教学的文本资料。从我国多年的教育教学经验来看，教材是师生教学的、不可或缺的依据和主要材料。作为数学课程理念的基本物化形式，数学教材具体体现了当时的编者们对数学课程的认识。而作为最重要的数学课程资源——学生学习数学、教师教授数学的最基本蓝本，数学教材在很大程度上影响着数学课程改革的成败。

3. 教材是开展教学研究的重要依据。

"以教材为依据"已经成为"教、学、研"的一个重要特征，它影响着教什么和如何教，学什么和如何学。国内外众多研究成果表明，无论是"用教材教"还是"教教材"，都凸显了教材不可或缺的重要地位。教师要成为研究者，对自身教学研究的一个重要出发点与基础就是教材。一线教师认为，分析教材结构是解读教材的一个重要组成部分，应当成为小学数学教学的"备课轴"，让备、学、教、研融为一体。教师在分析数学教材结构时，立足于课时、单元、学科，对数学知识点、知识线、知识块、知识群做结构化分析、研究。研究数学教材结构，能提升教师的教学效能与专业成长，促进学生学习力提升以及核心素养生成。对如何培养和发展小学生的数学核心素养，通过带领小学教师开展"教材梳理、集体研讨、教师授课和考试导向"专项教研活动，以读懂课标落实理念为指向、以理解把握教材为重点、以改变课堂教学方法为手段、以培养学生"四基"，发展"四能"提升"数学核心素养"作为教学的出发点和落脚点，有效地推动了数学核心素养的落地。

（二）教学实践为教材编写与修订提供基础与保障

鲍健生认为，课程按照作用及性质的不同，可分为预期课程（包括理想的和正式的）、实施课程（包括感觉的和操作的）、达成课程（包括经验的和学到的）三种类型。预期课程主要指课程决策者和开发者构建的理想模式，如教材、课程标准等；实施课程是指在学校教学中教师所教授的课程；达成课程是指已对学生实施过的课程。三种课程分别对应了课程开发、实施的三个阶段，即将来时、现在时和准备完成时，这是课程概念的三个层次。三者之间相互依存、相互影响。通常还认为教材连接了预期课程和实施课程，它既是课程标准对内容、方法等的体现，同时也为教学实施提供了思路指引与素材提供。

真知出于实践。教学实践为我们进行教材编写与修订、理念、经验与做法等提供了素材与思路参考。教材编写者需要通过倾听来自一线教师的实践反思和研究者的理论思考、建议等，促成实施课程的渐趋成熟，从而形成达成课程。而已达成课程很大程度上会对预期课程（课程标准、教材）的内容与形式的修订产生直接的影响。如此，通过三类课程之间的"循环—发展"，并形成良性循环过程。推动我国课程与教材的逐步发展与完善，课程改革的有效实施与目标达成。

二、关于教材与教学的两种观点

综观理论与实践对于教材与教学的研究可以发现，绝大多数研究（尤其广大中小学教师基于教学实践的研究）主要聚焦于利用教材开展教学。与此同时，关于利用教材开展教学的问题，学界形成了两种主要的观点，即"教教材"和"用教材教"，二者代表了两种不同的教材使用观念。

（一）肯定"用教材教"的积极作用

"教教材"主要是指按照教材提供的素材、内容、顺序、习题等按部就班地、原封不动地、甚至机械地开展教学的一种教学方式。"教教材"几乎成了"照本宣科"的代名词，是一个十足意义上的"贬义词"，表达的是对教师教材观、教学观的"否定"评价。在内涵上，通常被认为是人们对教材使用的传统观念，是教师指导学生获得教材所提供的系统化的学科内容知识；在教学内容与教学行为上，将教材内容等同于课程内容和教学内容；从实现的教学目标看，"教教材"是依据教学大纲忠实传授教材内容，仅实现知识与技能目标。对"教教材"的否定与批评之声凡此种种，不一而足。

而"用教材教"是新课程改革针对教学与教材关系倡导的一个重要理念，是对传统"教教材"行为的纠正，得到了教育界的认同并对基础教育的教学实践产生了一定影响。而"用教材教"这种做法强调教师依据自身的实践与研究，自主地探讨学科课程与教材，以课程内容的自主创造为前提，把教材作为教学资源加以利用。教师不仅要钻研教学方法，还要注重对教材以外的其他材料的开发和对学科课程与教材的创造。"用教材教"是依据课程标准，借助教材的学习素材，实现知识与技能、过程与方法、情感态度与价值观的三维发展目标的教学行为。概括起来，"用教材教"被认为顺应了教学改革要求，是教师教材观的积极调整与改变，其过程体现了充满教学智慧的教师专业发展。

（二）对"教教材"与"用教材教"的总体评价

虽然"用教材教"代表了一种先进的、科学的教材、教学观念，但事实上，"教教材"和"用教材教"并非完全对立的关系。首先，两者都以教材作为主要依托。其次，我国目前"一标多本"背景下的教材编写，体现了国家对小学数学教学的基本要求，若教师能够全面、系统地吃透教材编写意图，读懂了教材，"教教材"又何妨？最后，正如学生的认知发展具有阶段性一样，"教教材"和"用教材教"事实上体现了教师专业发展的不同阶段与基本过程，而非非此即彼的对立关系。尤其对于新手教师而言，直接使用教材开展教学，避免了因其教学经验不足等对开发教材可能产生不够科学、规范等的隐患，未尝不是一种明智的选择，但也要努力做到心中有学生，多学习，多钻研，尽快尽早地完成从"教教材"到"用教材教"的过程。

三、如何科学、高效实现"用教材教"

在我国，教材及相关教师用书被推崇为权威的教学资源。作为最基本的教学材料，教材在指导和构建课堂教学方面发挥着关键作用。学会研究、分析教材是对职前和在职小学数学教师专业发展的一项基本要求。针对如何有效实现"用教材教"的问题，相关研究主要聚焦三个方面：读懂教材—活用教材—创造性地使用教材。这三个方面与教师专业成长的三个阶段：新手期、成长期与熟手期基本一致，反映了教师对教材的认识与驾驭程度。

（一）读懂教材

"读懂教材"被看作是有效实现"用教材教"的第一步，同时，读懂教材也是开展小学数学课堂教学的第一步。只有读懂教材，弄清楚教材的定位，才能正确地解读教材，才能为"活用教材"以及"创造性地使用教材"奠定坚实的基础，才能为科学、灵活、创造性地使用教材，最大限度地发挥教材的作用提供保障。

1. 总体要求：读懂新理念。

要读懂教材，首先就要解决"读什么"的问题，就要学会分析教材内容。一般意义上来讲，这主要包括：分析教材的编排体系和知识间的内在联系；分析教材的重点、难点和关键；分析教材中的习题；分析教材如何体现课程目标；分析教材中渗透的数学思想方法；分析教材的德育、美育等教育因素。这既包含教材中出现的明线的、有形的知识线索（如概念、法则、公式、性质等），也包括蕴含、渗透在知识体系中暗线的、隐形的数学思想方法线索等，将知识与技能目标、过程与方法目标、情感、态度与价值观目标有机地结合起来，把知识真正转化为学生的能力。

王永春认为，目前使用的、根据《标准（2011）》修订的小学数学新教材，在理念、内容、结构、呈现方式及体现的教学方法方面都已有所更新。广大小学数学教师要发挥好学生的主体性的问题，就需要"读懂教材"，把握教材的思路和数学本质，特别关注新修订教材需要加强的几个主要方面：几何直观、运算能力、模型思想、创新意识、问题解决。康世刚认为，在新课程理念下，教材的功能已经发生了变化，具体体现在：提供学生学习的范例；促进学生学习方式的转变；促进学生科学价值观的形成；引导学生自我反思和评价。这就要求广大小学数学教师要与时俱进，认真分析课标，仔细解读教材，把握新课标的理念与要求，对新教材的内容进行有效的分析与解读，履行好作为教师的组织者、引导者、合作者的职责与角色。

2.具体做法：落实新要求。

（1）读懂主题图。

新教材变化最大的就是以主题图的形式来呈现知识背景。主题图是一种理念、一种方向，主要是以"场景"的形式来呈现学习素材的，虽然富有儿童情趣和现实意义，有利于调动学生的已有知识和经验。但教材是静态的，它容易受篇幅、教学内容、目标的限制，不可能把多元的生活因素都体现在一幅主题图中，如果不能深刻地理解和正确把握，它的价值就会大打折扣。因此，教师要善于分析主题情境中所包含的信息，如数学信息与非数学信息、显性信息和隐蔽信息等，并研究信息与信息之间的联系，挖掘主题情境中蕴藏的丰富学习资源。

（2）读懂教材结构。

教材的结构是数学知识的逻辑顺序与儿童的心理顺序的融合。儿童良好认知结构基于教材科学的知识结构而建构，因此教材的知识结构其重要性显而易见。考虑到不同年龄儿童的认知水平，以及儿童时期的认知思维的特点，目前的教材知识主要采用螺旋上升式为主，直线式为辅的方式。同时教材还要考虑知识之间的纵向联系与横向发展。基于此，小学教师应从知识点出发进行教材结构分析，从该主题在整个小学数学教材和数学知识大背景中展开分析，从纵向上分析知识的前后联系。还可以阅读不同版本教材，从横向上分析出教材编写的异同。研究习题配备的目的性、层次性：习题与教学内容的配合情况，每道题的安排意图和作用；相关习题的难易顺序：复习题、基本题、变式题、综合题、思考题。研究习题蕴含的数学思想方法及拓展性：分析"可以怎样解""为什么可以这样解"；洞悉解题过程体现的数学思想方法。分析习题能否或如何变化、拓展、延伸；研究教材中出现的练习形式，了解其特点和作用及其趣味性等。

就整体而言，教师可按照四大领域对教材的知识进行系统梳理，形成网络结构，同时加强不同领域知识间的联系与综合；也可按照课程标准给出的数感等十大核心概念作为教材分析的主线，梳理教材内容的知识和思想方法的结构。

（3）吃透教材体现的教学方法。

吃透教材体现的教学方法，解决教学方法陈旧的问题，才能推动有效的小学数学主体性教学模式的落实。广大小学数学教师要认真分析课标，仔细解读教材，对新课标的要求和新教材的内容进行有效的分析与解读，从中挖掘并探索适宜的教学步骤和教学方法，充分保证小学生的学习主体地位，促进小学生的知情意行的同步发展，实现教学目标，提升教学成效。

小学数学教学要体现过程性。如在人教版小学数学五年级下册教材中"异分母分数加、减法"的开篇，教材创设了"生活垃圾"的相关情景，将异分母分数的相加问题自然嵌入其中。教材引导教师利用贴近学生生活实际的内容进行情境设置，让小学生感受数学与生活之间的密切联系。对于如何解决异分母分数相加的问题，教材给出了多个设问、分析、解答的环节，启发小学数学教师要利用设问的形式，层层深入地启发，引导学生利用转化的思想方法用旧知（通分化为同分母分数）解决新问题，提升学生的思维能力与认识，增加学生的教学参与度，保障了学生学习的主体地位，也恰当地发挥了教师的引导作用。

小学数学教学要体现活动性。小学数学教学是数学活动的教学过程。小学数学教材中设计了大量的数学活动。为了培养学生的实践能力，教材设计了"做一做""摆一摆""剪一剪""折一折"，引导学生在"做"中学数学；为了培养学生的观察、思考和推理能力，教材设计了"看一看""想一想"等活动，引导学生在"看"和"想"中学；为了培养学生的合作交流习惯，教材设计了"说一说""议一议"，使学生在交流中分享数学理解。例如，"可能性"中转盘游戏的设计就是要求学生根据自己已有的生活经验和数学学科知识（分数的知识）来推断可能性的大小，所以，教材的设计本身就是要求学生独立思考和讨论交流，并得出可能性大小与面积大小有关。

（4）读懂教材中方法、工具与表征形式的多样化。

以人教版教材为代表的国内多个版本的小学数学教材，都呈现出了计算方法的多样性、问题解决的多种策略、工具与表征方式的多样化等，这不仅开拓了学生的视野，也使不同思维水平与能力的学生都有所认识。如，一年级下册"20以内数的退位减法"中的"十几减9"，教材呈现了15-9的4种算法：方法一是一个一个地数，利用学生已有的数数的经验；方法二是将15分成10和5，用10减9，利用学生已有的10减几的经验；方法三是将9分成5和4，用15减5得10，再用10减4，利用学生20以内不退位减法的经验；方法四是运用20以内数的进位加法计算减法，训练学生的联系的观念与逆向思维。同时，教材运用了小棒等直观模型，一方面，借助小棒这个直观模型帮助学生理解算理；另一方面，在此过程中，渗透了几何直观。因此，教学时要全面理解教具、学具、画图的作用，恰当运用上述手段与方法，在教学数学知识的同时，培养学生的几何直观能力。

（5）读懂、用好教材中的"四基""四能""四维""三会"。

康世刚认为，要读懂教材中的"四基""四能""四维"及其作用，必须理解其基本含义，进一步挖掘教材中蕴含的"四基""四能""四维"与"三会"。

关于"四基"。小学数学教材中关于概念、法则、性质、公式、公理和定理等基础知识，以及按照一定的程序与步骤进行运算、作图（或画图）、简单的推理等基本技能的"双基"较为明显。而基本思想方法与基本活动经验，则蕴含在"双基"的形成、发展和应用过程中。

"四基"是客观性知识与主观性体验的结合,是结果性知识与过程性活动的结合。教学中,教师要根据"四基"的不同特征选择恰当的教学措施。基础知识的教学,教师要善于创设恰当的教学情境,启发、引导学生探究其产生与发展过程,理解其数学本质;基本技能的教学,更重要的是让学生理解技能、程序、步骤后面的"理";数学基本思想的教学,重在引导学生从模糊到清晰,从表层到深层,经历逐步感悟、理解到应用的认识过程。例如,通过类比除法、分数,探讨比的基本性质的过程,很明显这是对类比思想的运用。小学数学教材中除这类显性的数学思想方法外,还有更多以隐性的形态蕴含在知识与技能中,对于这样的数学基本思想,教师要成为有心人,要善于根据教学的实际,采取恰当的手段使学生能对基本思想有所感悟。关于基本活动经验的教学,教师要充分利用好教材中的"画一画""折一折""摆一摆"等活动,通过"做中学",让学生在"做"的过程中,积累活动经验,丰富对数学对象的认识,逐步实现由操作经验到理性认识的提升过程。

关于"四能"。《标准(2011)》指出:"增强发现和提出问题的能力、分析和解决问题的能力。"小学数学教材的设计充分考虑了"四能"的培养,按照"发现问题—提出问题—分析问题—解决问题"的思路设计教材。例如,关于"百分数"的教学,教师在上课起始,引导学生思考"关于百分数你想了解些什么?",最后梳理出了"什么样的数是百分数?""百分数是用来干什么的?""百分数和分数有什么关系?"等问题,这为后续依据教材在情境中发现百分数、探究百分数与分数的联系与区别等开展教学提供了强有力的保障,也让学生经历了"发现问题—提出问题—分析问题—解决问题"的完整过程。

关于"四维"。《标准(2011)》指出:"为使每个学生都受到良好的数学教育,数学教学不仅要使学生获得数学的知识技能,而且要把知识技能、数学思考、问题解决、情感态度四个方面目标有机结合,整体实现课程目标。"按照课标编写的教材,重视学生情感态度的发展,并将知识技能、数学思考、问题解决和情感态度融为一体,所以,读懂教材的"四维"并把它们有机结合显然对高效教学是不可或缺的。如"秒的认识"的教学,教材充分利用小学生的生活经验,呈现大量的知识技能的编排紧密联系学生的现实生活,选择的题材丰富多彩,有利于学生对数学价值的认识和理解,增强学生学习数学的兴趣及其情感体验。北师版教材设计时,采用学生喜闻乐见的卡通人物"智慧老师""淘气""笑笑""机灵狗"等激发学生的好奇心,使学生在积极参与数学活动中进行数学思考和解决问题,从而获得知识技能。

关于"三会"。史宁中认为,"数学教育的终极目标是,一个人学习数学之后,即便这个人未来从事的工作和数学无关,也应当会用数学的眼光观察世界,会用数学的思维思考世界,会用数学的语言表达世界"。为训练学生的"三会",教材中给出了多种安排,比如,在课题引入环节,富有思维含量的情境图让学生从情境中发现问题、提出问题,感受主题内容学习的必要性;在学习过程中，呈现小组合作交流的场景，引导教师设置教学环节，让学生学会用数学的语言进行交流与合作；专门设计大量现实问题，让学生用所学知识加以解决等，无一不是"三会"对教学引导作用的体现。

（6）读懂教材承载的"数学核心素养"。

《标准（2011）》在"课程设计思路"中指出："在数学课程中，应当注重发展学生的数感、符号意识、空间观念、几何直观、数据分析观念、运算能力、推理能力和模型思想。为了适应时代发展对人才培养的需要，数学课程还要特别注重发展学生的应用意识和创新意识。"并在教材编写建议中指出："教材的整体设计要体现内容领域的核心。本标准在设计思路中提出了几个核心词：数感、符号意识、空间观念、几何直观、数据分析观念、运算能力、推理能力、模型思想，以及应用意识和创新意识，它们是义务教育阶段数学课程内容的核心，也是教材的主线。因此，教材应当围绕这些核心内容进行整体设计和编排。"显然，读教材时，要关注10个核心词在教材中的渗透。例如"几何直观"，课程标准指出："几何直观是指利用图形描述和分析问题。……几何直观可以帮助学生直观地理解数学，在整个数学学习过程中都发挥着重要作用。"它提醒广大小学数学教师针对较抽象的数学对象，在教学过程中要有意识地引导小学生去做"图形描述"和"图形分析"，培养学生通过画图来表达数学问题的习惯，能画图时尽量画；引导学生借助图形将相对抽象的、复杂的数学关系直观、清晰地展示出来，通过对图形的分析、思考，进而寻求解决问题的思路。

值得指出的是，读懂教材仅仅是小学数学高效教学的基础，从课程实施观的角度来说，读懂教材仅仅是教师将课程标准和教材转化为自己的理解，即从文本的课程转化为理解的课程，高效教学还依赖于教学设计的高效性和教学实施中教师的教学智慧。广大教师们还可利用与教材配套的教师用书和其他优质网络共享资源，广泛吸取他人成功的教学经验，缩短自身的探索进程，加强自身的独立思考，重视知识和资源的积累，更好地为教学做好准备。

（二）活用教材

在新的课程理念下，学生是学习的主体。为了学生的发展是开展一切教学活动的出发点和目标。而要实现这一目标，就要求教师在充分理解教材内容的基础上，深入挖掘教材，将知识与技能目标、过程与方法目标、情感、态度与价值观目标有机地结合起来，活用教材，用活教材，把知识真正转化为学生的能力。具体做法包括：

1. 还原内容于生活，实现抽象知识具体化。

《标准（2011）》指出："为了帮助学生真正理解数学知识，教师应注重数学知识与学生生活经验的联系、与学生学科知识的联系，组织学生开展实验、操作、尝试等活动，引导学生进行观察、分析，抽象概括，运用知识进行判断。"要求"教材所选择的学习素材应尽量与学生的生活现实、数学现实、其他学科现实相联系,应有利于加深学生对所要学习内容的数学理解"。当下的教材通过设置相关情境等基本实现了联系小学生生活经验的要求,但如何将教材呈现的静态"生活化素材"恰当地转化为学生实际生活中动态化的现实,需要教师精选素材,创设实际生活场景,让学生感悟数学知识与生活的联系,促进学生的认知发展。

比如,小学数学教材中"常见的量"中,"米""千米"等常用的长度单位,"克""千克"等常用的质量单位,教学时可采用直接将知识还原到生活经验中,寻找知识在生活中的具体形式。借助于学生生活经验内的具体形式,找到学生生活经验和教材知识的结合点,处理好学生直接经验和间接经验的关系。通过改编调整,让教材得到优化。再如,单位换算的教学也可以还原到生活中。部分较大的单位,在生活中出现但是小学生很难把握具体大小,我们可以把一些较大的单位知识转换成小的单位,让学生通过体验小单位知识,进而感受大单位知识。

2. 对接儿童认知需求,实现教材心理化。

儿童具有活泼好动的天性,具有以形象思维为主的思维特点,依据学生认知规律和特点,整合教材变静为动,实践操作,让教材变得灵动。教材心理化是指把各门学科的教材或知识的部分恢复到它所被抽象出来的之前的原来的经验,就是把间接经验转化为直接经验,之后再把直接经验组织化,以儿童个人的直接经验为起点,并强调对直接经验加以组织、抽象和概括。它是针对教学中直接经验和间接经验的关系而提出的,为教师在处理两者关系提出了世界观的指导。将部分小学数学中的符号知识还原到学生的生活经验中,也就是尝试将直接经验和间接经验进行有机的结合,汲取两者之间的长处,寻找两者共处的方式,帮助学生更积极地、长久的学习。教材心理化从学生的直接经验出发,符合小学生的年龄、心理特征,能够促进学习者的有效参与,同时又与间接经验结合,帮助学生合理的控制时间,学习系统化的知识。在教学中,游戏、竞赛、猜测、动手实践、讲故事、角色扮演等是贯彻教材心理化的途径,这些方式不仅能够激发学生的学习兴趣,还有助于学生对数学知识的理解与掌握。

3. 因地制宜,合理替换素材,实现静态知识动态化。

虽然现行教材的编写已经力求和学生的生活紧密相连,教材城市化倾向也得到了某种程度的纠正,但对于相当一部分农村学生来说,教材中的某些素材与他们的日常生活还是有一定的距离,同时因为无电脑等设备,无法利用课件等问题也在部分偏远乡村学校存在。因此,乡村小学数学教师在实施教学时,就需要深入挖掘与教材相关的素材,创设一些与学生的日常生活比较贴近的教学情境,促进学生的认知发展,实现教学目标。

例如,在"圆柱体积的应用"内容的教学中,教师将教材中的素材转变为贴近学生生活实际,且能现实呈现的场景与问题:"杯子能否装下一袋奶?"

在这个情境里，数据逐步呈现，并与情境同步。教师巧妙地把教材的静态情境变为动态呈现，更具思考性和探索性。学生在自主、快乐的思考、探索中，对容积的概念和容积单位有了更深刻的认识，很好地发展了数感和空间观念。另外，与该主题相关的农村题材的教学素材，还可使用圆柱体粮囤等为素材。可见，精彩的课堂教学离不开对教材灵活、恰当的处理。

（三）创造性地使用教材

教材提供了最基本的教学资源，教师对教材的使用应从实际出发，科学地处理教材，灵活地驾驭教材。只有认真研读、感悟、领会教材，才能把握教材，创造性地使用好教材，才能促进学生各种能力的发展和综合素质的提高。具体做法包括以下几方面。

1. 深入钻研教材是创造性地使用教材的前提。

钻研教材，准确把握教材的编写意图，就是力求揣摩、还原教材编写的本意，即为何出示这样的问题情境？每一例题、习题需要怎样处理？本课时的教材内容的结构怎样？为什么这样呈现？教师在充分钻研教材、领会意图的基础上，还应对教材细节多加推敲，用心琢磨教材的细节处理，并赋予教材细节更深的知识内涵和更广的思维空间，让教材细节丰盈课堂，起到锦上添花的作用。教师在对教材内容作深刻理解后，能与其他版本教材或资料进行比较，运用自身对教学和教学内容、学生的独到见解，对教材的内容进行反思、质疑，对丰富的教学材料作出有个性的演绎，进行适度增删、合理替换，在实现教材自身价值最大化的基础上，灵活处理，大胆革新与实践探索，使教学活动更加鲜活生动。

2. 科学合理地调整教材，更好地为教学服务。

《标准（2011）》的基本理念指出："课程内容的选择要贴近学生的实际，有利于学生体验和理解、思考与探索。"在教材编写建议中指出："教材所选择的学习素材应尽量与学生的生活现实、数学现实、其他学科现实相联系，应有利于加深学生对所要学习内容的数学理解。"可以看到，不管是课程理念还是教材编写建议，都为教师对教材内容的合理创造及运用提供了依据。事实上，是否具备科学合理的优化调整教材的能力，也成为衡量教师专业发展的标尺。

客观上讲，教材只是一种基本教学思路的预设，再好的教材有时候也需要重组。在重组数学教材时，应该从辩证的角度去分析思考。小学数学教学中重组教材的策略有：尊重逻辑体系，追求数学内涵；链接生活现实，凸显数学意义；注重预习验证，寻求更多生成；调整教材思路，顺应学生思维；整合数学习题，落实知识重心。甚至教材中也有需要改进的地方，需要广大小学数学教师在实践中探索改进。吴伟林分析了全国"第十一届深化小学数学教学改革观摩交流会"的16节观摩课，发现"用教材教"的观念已被广大小学数学教师认可，16节课在保证达成教学目标的基础上，都对教材内容进行了创造性的处理。"不按原教材按部就班教学是该次观摩课的一大特色"。同时，他认为观摩课诠释了对课程理念的最新解读,引领了课堂教学价值取向,反映了全国小学数学课堂教学发展趋势。新的教学情境、新的教学例题、新的教学手段、新的教学方式、新的练习设计等,在该届会议上大放异彩。据统计分析,采用新情境或更换情境的占93.75%,改变或替换例题的占43.75%,自编或补充练习题的占100%。

为深入分析观摩课对教材的"大胆创造",他对比了观摩现场的课堂教学所使用的创新的学习材料与原教材内容,发现新材料出示的问题是学生更加熟悉的,更符合学生实际的;或是更能引发学生兴趣的问题;或是更有利于学生推出新的数学知识;或是更能引发学生深层次思维的等。如北京的课例"积的变化规律"创新了学习材料:一只小熊乘着热气球以同样的速度上升的时间与高度的关系问题,新学习材料借助具体情境,在动态的演示下更能激发学生的兴趣。且在教师引导列式的同时,学生动态思考、体会不变量,通过坐标图渗透变与不变的思想。又如广西的课例"垂直与平行"呈现的新学习材料:在感知不相交两条直线的特点时,利用"格子图",尝试画平行线。引导学生从横、竖两个方向抽象出平行线的本质:平行线间距离处处相等。比之教材中引导学习观察、画延长线来理解不相交的两条直线的特征,更为具体、清晰,更能让学生抓住了平行的本质。再如云南的课例"有余数的除法",对基本练习后开创性的补充练习,让学生从正反两方面巩固"余数一定要比除数小"的数学概念,目标清楚、思考方向明确,学生在辨析过程中思维活跃,对有余数除法余数的取值范围,以及算式各个部分之间的关系问题的理解更加全面、到位。

四、对教材使用的几点思考

（一）不唯"本",可创新

教材又称课本,它是依据课程标准编制的、系统反映学科内容的教学用书,教材是课程标准的具体化。数学教材为学生的数学学习活动提供了学习主题、基本线索和知识结构,是实现数学课程目标、实施数学教学的重要资源。

教材的编写要妥善处理思想性与科学性、观点与材料、理论与实际、知识和技能的广度与深度、基础知识与当代科学新成就的关系。数学教材虽然是许多教育教学专家以及很多经验丰富的一线教育教学工作者的共同智慧与汗水的结晶,但是也并不是所有的编排与设计都适合不同地区、不同层次的孩子。尤其是随着科学技术的发展、教学手段的现代化,教学内容的载体也多样化了。为了更好地服务于儿童的学习,教师可以根据学生认知特点、认知规律的实际需要,凸显教学内容本质,对教材进行适当的调整与创新,从而更加有益于学生的学习。

（二）不为"新",唯求实

教师能处理教材,一方面说明新课程背景下教师对于"用教材"意识的提升,另一方面也要防止教师对教材认识的表面化、片面化。不要为"新"而新,单以"新"为目标追求,则会舍本逐末,甚至用了"糟粕",弃了"精华"。数学教材的形成是一大批数学课程专家和优秀教师十几年、甚至几十年经验与智慧的结晶,有着丰富的知识内涵,教师在处理教材内容时,首先能对教材内容中每一个材料好好钻研、领会编写意图、挖掘材料内涵,在此基础上,再深入思考教材的不妥之处、待改进之处,从这样的地方入手,调整教材素材与呈现方式等,实事求是地对教材进行创造性地改编与使用,才是应该倡导的方向与做法。

总之,教材内容的创新与选择,是非成败,取决于教师对教学内容的本质理解,对教学目标的合理掌控,对学生学情的准确把握,只有用好教材,才有可能更好的创造性地使用教材。

6.2 小学数学教材与教学目标

小学数学教学目标是师生通过小学数学教学活动预期达到的结果或标准,是对小学生通过数学学习以后将能做什么的一种明确的、具体的表述。它主要描述小学生通过数学学习后预期产生的行为变化。数学课程标准是制定课程教学目标的依据。而依据课程标准编写的小学数学教材,是怎样体现课程标准要求的教学目标的呢?它能为小学数学教师科学设计教学目标提供什么帮助?小学数学教师如何制定教学目标,并利用教材进一步细化课程教学目标?本节将围绕上述问题进行分析探讨。

一、课程标准要求的教学目标

《标准(2011)》是小学数学教学目标制定的主要依据。在总结与反思我国课程改革以及近年来国际上数学课程改革发展的基础上,《标准(2011)》将数学课程目标分为"总目标""具体目标"以及"学段目标"三个部分。"总目标"带有全局性、方向性和指导性;"具体目标"包括知识技能、数学思考、问题解决、情感态度四个方面;"学段目标"分三个学段叙述,每个学段也按照知识技能、数学思考、问题解决、情感态度这四个具体目标展开,并且在阐述知识技能和数学思考的目标的同时,兼顾到课程的"数与代数""图形与几何""统计与概率"等领域。对于具体目标的每一方面的表述,都照顾到各个学段学生的年龄心理特点,体现了层层深入、步步提高的意图,也反映了课程内容螺旋上升的思路。

在义务教育阶段,不但需要让学生掌握知识技能,而且需要让学生学会数学思考,经历问题解决的全过程,在这个过程中发展学生良好的情感态度。在数学思考、问题解决中，学生能够积累数学活动经验，感悟数学思想，提高发现和提出问题、分析和解决问题的能力，实现义务教育阶段数学课程的总目标。获得"四基"：基础知识和基本技能、基本思想与基本活动经验；发展"四能"：发现和提出问题的能力、分析和解决问题的能力，成为发展学生数学素养的基本要求。发展小学生的数学核心素养是数学课程标准目标的集中体现，该目标的实现需要"四基"为基础，"四能"为途径，"三会"为行为表现，形成"四基—四能—三会"这样一条培养学生核心素养的主线，将核心素养的培养真正落到实处。

二、教材对教学目标的落实

教材编写要依据课程标准，要把课程标准对教学目标的理念、要求、实现的过程、手段与方法落实到教材中。这就要求编写者要对一套教材整体上要达到的目标是什么，如何分解落实到每个册次、每个单元、每个课时等问题进行整体设计、通盘考虑。其中课时教学目标最为关键，所有的目标都要依赖课时目标来承载和实现。因此，教材精心设计、清晰而准确地表达课时教学目标，有助于教师对教学目标的准确理解与把握；否则，不仅将增加教师的工作量，而且容易造成对教学目标理解的偏差，无法实现国家要求的课程与教学目标。那么我们国家的小学数学教材是如何承载、体现教学目标要求的呢？我们以新修订的人教版小学数学教材为例进行分析。

（一）彰显新课改教育教学理念

教材编写理念是数学课程理念的集中反映。我国人教版小学数学教材顺应国际发展趋势，突出体现了以学生为本、体现学习方式的转变，呈现以学生自主学习为主的探究性学习过程，强调发展学生的文化素养以及重视发展学生的信息技术素养等主要特征。我国以课程标准为依据编写的其他版本教材都基本具备了这样的教育教学理念。

首先，小学数学教材体现了生活化、趣味化、活动化的课程理念。小学阶段是儿童由家庭生活为主的生活方式向学校教育过渡的时期，他们仅有的数学知识多来源于生活环境和日常实际，为让小学生更好地适应学校数学知识的学习，对接小学生的学习基础、年龄特征和认知特点，我国的小学数学教材，体现了生活化、趣味化、活动化的特点。如，给出与小学生生活实际相关的问题情境，体现动手操作的"剪一剪""拼一拼""做一做""猜一猜"等小学生喜欢的学习活动场景，以游戏等方式开启知识学习和问题解决的素材，在我国多个版本小学数学教材中比比皆是。

其次，我国小学数学教材体现了学习方式的转变，呈现以学生自主学习为主的探究性学习过程。探究性学习方式有利于学生主体意识和主体能力的形成和发展，有利于塑造学生独立的人格品质，有利于培养学生的自主性。学生在探究学习的过程中，能够大胆地怀疑，提出问题，探讨解决问题的方案，对不同的结果进行分析，培养创新意识和创造能力。

最后，小学数学教材强调发展学生的文化与信息技术素养。为发展学生的数学文化素养，小学数学教材中有大量的数学文化内容。同时，为促进学生信息技术素养的发展，教材呈现了计算器的使用等内容，辅助学生的知识建构和认知发展。

综上，小学数学教材的编写理念反映出"以学生为本"的基本思想，基本做到了以培养学生的创新能力、实践能力和学习能力为中心，改变了教材过去以学科知识为中心的局面。注重以落实学生发展为本的现代教育理念为根本；以提高学生综合素质为核心；以体现时代性、基础性和选择性为原则；以培养学生的创新精神和实践能力为重点等特点。

（二）教材内容体现"四基""四能""三会"

我们以人教版小学数学教材为基础，分析教材对培养学生数学核心素养目标的具体体现。

首先，小学数学教材体现"四基"要求。小学数学教材的基础知识和基本技能的"双基"较为明显。而基本思想方法与基本活动经验，则蕴含在"双基"的形成、发展和应用过程中。王永春指出，人教版小学数学教材加强了数学思想方法的编排，一方面在数与代数、图形与几何等领域中体现思想方法；另一方面单独设置"数学广角"单元加强编排思想方法，针对相对隐性的基本活动经验和基本思想方法，为更好地落实"四基"教学目标，方便教师对"四基"内容的把握，王红梅对人教版小学数学教材各个册次包含的数学思想、数学活动经验，分单元进行了系统梳理。如对一年级上册第一单元"准备课"，涉及的知识点包括"数的初步认识"和"比多少"，"数的初步认识"涉及的基本思想主要包括：符号化（用自然数标识物体的多少）、抽象（从具体实物中抽象出数）、集合（同类事物用一个集合圈表示）、分类（每一幅图就是一个不同的类别）；其中包含的活动经验主要是看图有序点数。而"比多少"则主要涉及一一对应和抽象思想，基本活动经验主要是积累用一一对应的方法比多少、初步学会用数学的语言表述比多少的结果。

其次，小学数学教材体现"四能"。《标准（2011）》指出："增强发现和提出问题的能力、分析和解决问题的能力。""四能"是过程性目标真正落实的重要教学载体。小学数学教材的设计充分考虑了"四能"的培养，按照"发现问题—提出问题—分析问题—解决问题"的思路设计教材。

最后，教材体现"三会"。史宁中认为："数学教育的终极目标是，一个人学习数学之后，即便这个人未来从事的工作和数学无关，也应当会用数学的眼光观察世界，会用数学的思维思考世界，会用数学的语言表达世界。"为训练学生的"三会"，教材中安排了形式多样的内容。

（三）小学数学教材体现了"三维目标"的融合

国家基础教育课程改革提出了各学科的课程目标应从三个维度展开，即关注学生发展的三个方面：知识与技能、过程与方法、情感态度与价值观。教材编写顺应了这种要求，并尽量做到了将三者通盘考虑，融合呈现。

《标准（2011）》指出："为使每个学生都受到良好的数学教育，数学教学不仅要使学生获得数学的知识技能，而且要把知识技能、数学思考、问题解决、情感态度四个方面目标有机结合，整体实现课程目标。"按照课程标准编写的教材，重视学生情感态度的发展，并将知识技能、数学思考、问题解决和情感态度融为一体。如小学数学教材中"吨的认识"的教学，教材充分联系小学生对体重、一袋大米的质量等生活经验，让学生借助个人经验形成感性认识，积累了活动体验；同时又利用吨与千克之间的换算关系等，增强了学生对"吨"这个质量单位的理性认识，发展了学生的数感。在这个过程中让学生充分体验到了数学知识、方法等的价值，增强学生数学学习的兴趣及其情感体验。三维目标在教材中水乳交融的呈现，选材精当，实现了三维目标的融合，更加方便小学数学教师的使用。

（四）教材设计体现目标要求的叙述方式与层次

在小学数学教学目标的具体表述中，表达目标层次的行为动词有三类：使用"了解、理解、掌握、运用"等术语表述学习活动结果目标的不同水平；使用"经历、体验、探索"等术语表述学习活动过程目标的不同程度；使用"反应、认同、领悟、内化"等术语表达情感态度目标的不同阶段。三维目标的设计强调了知识、技能的获取，思想方法的感悟，情感态度的变化，这些都是重要的课程目标。

针对"认知目标"，李善良通过研究美国的中学数学教材发现，美国中学教材利用教育目标分类学的做法，结合学生和学科特点，使用比较标准的目标动词。美国教材中关于教学目标的叙述，既有"目标动词＋内容"方式，也有问题方式和叙述方式，这对于我国中小学教材中的教学目标的设计具有借鉴意义。

我国的教材是怎样体现教学目标的呢？是否也有类似的做法与表达呢？若不是，为何这样做？这些问题都值得深入分析与思考。通过比较我们发现，人教版小学数学教材没有采用美国中学教材"目标动词＋内容"这样的方式呈现教学目标。我国小学数学教材主要通过情境、问题、对话等多种方式将内容、方法、原因等以"问题方式"融合呈现教学目标要求，也有部分以"叙述方式"呈现目标要求，甚至有部分内容采用计算过程等步骤体现过程与方法目标要求。究其原因可归结为，我国的小学数学教材充分对接了小学生感性认识、形象思维为主的认知特点，更契合小学阶段儿童的学习，避免了因教学目标语句的生硬表达增加小学生认知负担的可能，也为小学数学教师制订教学目标提供了内容、思路、方法、手段的指引。

三、教材对于教学目标的作用

教材是师生完成教学任务的重要材料,是完成课堂教学的第一资源,是确定教学目标的重要参考,用好教材是优化课堂教学的前提。教材为教学目标的制定与达成提供了更为直接的、操作性、实践性更强的思路指引。教师需要系统、深入领会课程标准的要求,同时研究、吃透小学数学教材内容,并且考虑学生的学习需求和认知发展水平,才能设计出切合课标要求、教学内容和儿童发展需要的教学目标。具体来说,小学数学教材对于教学目标的制定与达成具有如下作用。

(一)教材服务于教学目标的制定

从总体上看,小学数学教材对于教学目标的制定与实现具有导向作用、细化作用与指导实践操作作用。从教学目标的分类来看,小学数学教材对于过程性目标和结果性教学目标的制定与实施均有重要的作用与价值,而对过程性目标的制定与达成的作用尤其凸显。

1. 导向作用。

(1)对教学目标实现过程中的教学理念起到导向作用。

课程标准明确了对教学内容的目标与要求,小学生身心发展对于教学有着特殊的要求,如何达成这些目标要求?小学数学教材的教学目标导向功能,突出体现在课程标准的教学理念在课堂教学过程的实现等方面。例如,课程标准对于教学活动、学习方式等提出了如下要求:

> "数学教学活动应激发学生兴趣,调动学生积极性,引发学生的数学思考,鼓励学生的创造性思维""动手实践、自主探索与合作交流同样是学习数学的重要方式。学生应当有足够的时间和空间经历观察、实验、猜测、计算、推理、验证等活动过程。"对于学习方式,提出了"独立思考、主动探索、合作交流,使学生理解和掌握基本的数学知识与技能、数学思想和方法,获得基本的数学活动经验"。

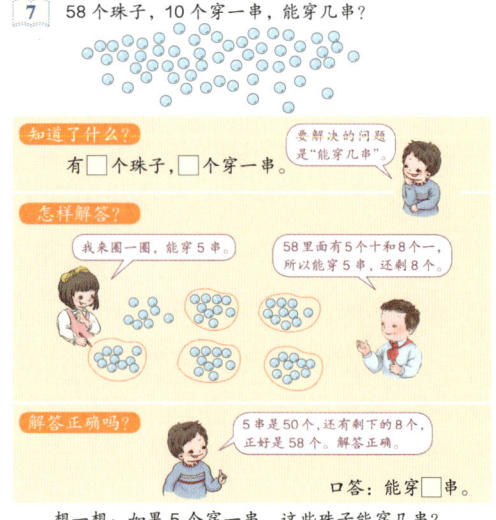

图6-1

这在教材中有着淋漓尽致的体现。例如,一年级下册教材第46页"100以内数的认识"的例7(图6-1)在编排中,除了让学生继续经历解决问题的完整过程外,重在丰富学生解决问题的策略,体会数学知识的简单应用。在解决问题的策略上,例题体现了多样化的思想:可以画图,也可以用数的组成知识来解决,还可以10个10个地数一数,以后还可以列算式解决。在编排中还突出了"回顾与检验"环节:教给学生检验解答方案正确与否的方法,并从一年级下册开始，让学生以"口答"的方式给出解决问题的结论。

（2）对兼顾三维目标的共同实现提供导向。

我们不妨以人教版五年级上册第1单元"小数乘小数"的内容为例进行分析。在这一节的起始，教材呈现了一个"为长方形宣传栏刷油漆"的问题情境，引导学生列出小数乘小数的算式，教材通过两个问题，让学生经历现实问题数学化的过程，让学生提出"两个因数都是小数怎么计算呢？"，这个问题清晰呈现了本节内容的知识与技能目标；进而启发引导，让学生类比上节"小数乘整数"的方法进行迁移"也可以把它们看作整数来计算吗？"，并配合"虚框"给出计算原理——将小数乘法转化为整数乘法的方法与过程，让学生理解算理，掌握算法。教材"做一做"进一步以问题"观察例3和上面各题中因数与积小数位数，你能发现什么？"，体现了让学生观察发现、理解掌握确定积的小数点位置的方法。整个内容围绕刷油漆的问题情境展开，体现了小数乘法在实际生活中的应用，让学生感受数学来源于生活，生活需要数学，形成数学学习的积极情感、态度和价值观念。

（3）对核心素养的培养起到重要的导向作用。

小学数学课程教学目标在原有三维目标体系基础上，开始向数学学科核心素养目标过渡，因此在教学目标设计过程中，不能再仅仅考虑知识与技能、过程与方法、情感态度与价值观三个维度，需要将数学学科核心素养渗透到教学目标之中，深度发掘相应数学学科知识背后蕴藏的数学思维与数学关键能力。例如，在长方形与正方形的教学目标设计中，除了蕴含着与之直接相关的空间观念、几何直观等数学核心素养，间接相关的还有运算能力、应用意识、创新意识等。因此，在"图形与几何"领域教学目标设计中，需要包含与该领域相关的基础知识与基本技能、数学学科思维、数学基本思想以及数学基本活动经验、问题解决等方面。

2. 细化作用。

教材不仅提供了素材，也提供了具体可操作的方式方法的教学目标细化功能，突出体现在采用怎样的方式方法和过程达成目标，对教学目标的设计以及细化教学目标的达成方式，起到了重要的指引作用。这也使得围绕教学目标，不至陷入盲目混乱状态，有条不紊地展开教学活动成为可能，确保教学目标的顺利达成，提高教学活动的效率。

《标准（2011）》在"课程内容"的"第一学段"中提出"结合具体情境，体会整数四则运算的意义""能口算简单的百以内的加减法和一位数乘除两位数""能计算一位数乘两位数和三位数的乘法""能结合具体情境，选择适当的单位进行简单估算，体会估算在生活中的作用""能运用数及数的运算解决生活中的简单问题，并能对结果的实际意义作出解释"。

需要结合怎样的具体情境？教材三上"多位数乘一位数"先后给出了"游乐园买票问题""计算共有多少支彩笔""计算一共买了多少本书""开运动会

时计算一共有多少瓶矿泉水""计算运动场共能坐多少人""七仙女摘桃的神话故事""老寿星散步"等情境导入环节、教学新知环节、例题、习题环节，为教学目标的具体实现提供了素材、思路等的指引。

（二）教材服务于教学目标的达成

1. 丰富的教材资源有助于实现知识与技能目标。

（1）教材中涉及学生已有知识及经验的案例比比皆是，这样做有助于知识与技能目标的达成。建构主义的学习理论指出：当学生面临新信息的刺激时，引导学生寻找新知识与已有知识和经验之间的联系，通过同化或顺应过程建构新的知识，有利于提高课堂教学质量。

（2）教材资源的合理整合，有助于突破教学难点。通过整合资源与变式教学，学生更容易理解内容本质。

（3）合理改进教材资源的某些内容和呈现方式，引导学生逐步建构新知。

2. 充分利用教材资源实现过程与方法目标。

（1）体现数学知识的形成过程。如分数乘法内容，在直观图示后，给出分数乘整数的加法意义，利用乘法与加法的内在联系，通过数形结合让学生理解分数乘整数的意义，在此基础上引导学生总结获得计算方法。另外，教材还针对具体内容，设计了必要的数学活动，如不规则物体的体积计算、"可能性"教材内容的摸球实验等，让学生通过观察、实验、猜测、推理、交流、反思等，感悟知识的形成和应用。

（2）反映数学知识的应用过程。教材中的很多案例都是遵循"问题情境—建立模型—求解验证"的过程，让学生在理解和掌握相关的知识技能基础上，感悟数学思想、积累活动经验，提高学生发现和提出问题的能力、分析和解决问题的能力，增强应用意识和创新意识。

3. 教材资源有助于实现情感、态度与价值观目标。

情感、态度、价值观有很多表现形式，教材在这一方面，针对具体的教学内容，做了精心的设计与布局。

（1）教材生活化的处理，让学生充分感知数学的价值。例如，游乐园、运动场、购物中心等大量使用的生活化场景等情境创设，在对接学生经验的基础上，让学生充分感受数学与生产、生活的紧密联系。

（2）分门别类，契合内容渗透情感态度。例如"时间"内容的教学，利用教材资源培养学生学习化学的兴趣和情感；利用教材资源培养学生的人文精神。

（3）利用教材资源促进学生形成丰富的学科思想和观念。

四、基于教材的教学目标设计案例分析

接下来我们通过具体案例介绍如何在研究课程标准和学生情况的前提下，基于教材开展教学目标设计的过程。我们选定的教材研究主题是"分数的初步认识"，这是人教版三年级上册第八单元的主题之一，属于义务教育阶段数学课程四大领域之一的"数与代数"的内容。下面给出了制订该内容教学目标的具体过程。

（一）依据课标从总到分、从宏观到具体制订目标

首先从"学段目标"的"第一学段"中可以找到："初步认识分数""发展数感"。

再从"课程内容"中找到如下的语句：

1. 能结合具体情境初步认识小数和分数，能读、写小数和分数。

2. 能结合具体情境比较两个一位小数的大小，能比较两个同分母分数的大小。

3. 会进行同分母分数（分母小于10）的加减运算。

进而进行目标分解，确定单元教学目标：这一阶段的重点是确定单元内容有哪些教学目标，这些目标分属什么类型等。

初步认识几分之一和几分之几，会读、会写简单的分数，知道分数各部分的名称，初步认识分数的大小。

会计算简单的同分母分数的加减法，在理解分数意义的基础上，学会解决简单的有关分数加减法的实际问题，培养解决问题的意识。

在动手操作、观察比较中，培养勇于探索和自主学习的精神、获得运用知识解决问题的成功体验，发展几何直观。

在上述基础上，初步制订"认识几分之一"的课时教学目标：

1. 知识与技能目标：在具体情境中，初步认识几分之一；会读、写简单的分数；能进行简单分数的大小比较。

2. 过程与方法目标：借助模型，通过操作活动，初步理解几分之一的意义。

3. 情感态度与价值观目标：感悟数形结合的思想和方法，发展数感；体会分数在实际生活中的应用和价值。

（二）深入研究教材、依据教材，落细落实课时目标

1. 单元主题图：利用生活经验，激发认知冲突。

单元主题图呈现了"秋游户外野餐"的场景，结合情境图，引导学生用语言描述，体会分享物品时，一般采取"平均分"的方式。

2. 例题。

例1认识几分之一，先以实物模型呈现，通过两名学生平均分月饼的情境引出分数 $\frac{1}{2}$ 的认识，并以此类推，认识 $\frac{1}{4}$；在实物模型的基础上借助面积模型——圆和正方形，认识 $\frac{1}{3}$、$\frac{1}{5}$。

因形认数，通过折一折、画一画等活动使学生形成正确的表象，体会分数的具体含义。在认识分数的各部分名称时，重点强调"分数线"代表了平均分

的前提，分母表示把一个物体和图形平均分的份数，分子1就是其中的一份。

例2由数到形，用正方体折一折，用不同的折法表示它的 $\frac{1}{4}$，通过实际操作进一步体会几分之一的含义。

例3比较几分之一的大小，安排两组对几分之一的分数进行大小比较的活动。第一组借助实物模型，第二组借助面积模型。

"做一做"出现了数线模型，比面积模型更抽象，将它们上下排列易于比较它们的长短，从而对应分数的大小。

通过分析，进一步细化"认识几分之一"的课时教学目标：

（1）知识与技能目标：在分物等活动情境中，初步认识几分之一；会读、写简单的分数；能进行简单分数的大小比较。

（2）过程与方法目标：借助圆形模型等，经历折、画等操作活动，初步理解几分之一的意义。

（3）情感态度与价值观目标：感悟数形结合的思想和方法，发展数感；体会分数在实际生活中的应用和价值。

小学数学教材全面体现了义务教育数学课程标准提出的理念和各项目标要求，广大小学数学教师应在充分钻研教材的基础上，利用好教材提供的图片、情境、实例与活动栏目等，从素材到方法，再到过程与手段等，将依据课程标准制订的教学目标进一步做细做实，才能促进小学生数学核心素养的整体提升。

6.3 小学数学教材与教学内容

"教什么比怎么教更重要"，指教师首先要理解教学内容的实质与育人价值，然后再考虑如何"教授"这些内容以达成教学目标，因此，教师正确理解与把握教学内容是有效教学的前提与根本。对于数学这样的内容比较统一、明确的学科，教材是确定教学内容的重要来源，对大多数教师而言，教学内容基本由教材决定，教学内容不能脱离教科书的逻辑体系、核心内容和重点难点。

同时我们也要认识到，教材不是确定教学内容的唯一来源，教师基本依据教材内容组织教学，但不是简单地教教材上的内容，需要依据学生的特点、需求及地区特色等因素深入理解教材，在此基础上重新选择、组织教学内容。即确定教学内容主要依据课程标准和教材，选择教学方法则更多考虑学生学习需求与兴趣。那么，确定教学内容时应重点关注哪些方面呢？我们认为至少要包括以下几方面：把握教学内容的数学本质、把握教学内容承载的育人价值、把握同一数学内容的不同教学要求、把握教学内容的适切情境（适于探究学习的具体任务、问题情境或活动情境）。

一、把握教学内容的数学本质

（一）数学本质的外延

很难界定"数学本质"是什么，必须结合特定的教学内容分析，从概念外延角度来说，把握数学本质主要指把握小学阶段基本数学概念的本质、重要的思想方法与思维方式、了解数学审美的内涵及数学精神内涵等方面。

1. 对基本数学概念的理解。

小学阶段所涉及的数学概念都是非常基本、非常重要的，"越是简单的往往越是本质的"，因此对小学阶段的基本数学概念本质的理解，是学习数学、掌握数学思想方法、形成恰当的数学观、真正使"情感、态度、价值观"目标得以落实的载体。所谓"对基本数学概念本质的理解"是指，了解为什么要学习这一概念？这一概念的数学本质是否等同于形式化的数学定义？以这一概念为核心是否能构建一个"概念网络图"？

小学阶段的基本数学概念有：单位、十进制与位值制、加法与乘法、倍（比、分数）、度量、数据、可能性等。

2. 渗透、感悟数学思想方法。

基本数学概念背后往往蕴含重要的数学思想方法，数学学习不仅要掌握概念等显性的知识、技能，更要感悟渗透数学思想、方法。小学阶段主要涉及哪些数学思想方法呢？这些思想方法如何在教学中落实呢？我们的基本观点是在学习数学概念和解决问题中落实。

小学阶段的重要思想方法有：分类思想、转化思想、一一对应思想、数形结合思想、函数思想、方程思想、集合思想、符号化思想、类比法、不完全归纳法等。

3. 初步形成重要的数学思维方式。

每一学科都有其独特的思维方式和认识世界的角度，数学也不例外。尤其数学又享有"锻炼思维的体操、启迪智慧的钥匙"的美誉，让小学生初步形成数学的思维方式并善于运用这些方式解决生活中的问题。

小学阶段的主要思维方式有：比较、类比、抽象、概括、猜想—验证等。

4. 对数学美的鉴赏。

能否领悟和欣赏数学美是一个人数学素养的基本成分，能够领悟和欣赏数学美也是进行数学研究和数学学习的重要动力和方法。能够把握数学美的本质也有助于培养学生对待数学以及数学学习的态度，进而影响数学学习的进程和学习成绩。

数学的基本原则：求真、求简、求美。

数学美的核心是：简洁、对称、奇异，其中"对称"是数学美的核心。

5. 对数学精神（理性精神与探究精神）的追求。

可以说，数学的理性精神（对"公理化思想"的信奉）与数学的探究精神（好奇心为基础，对理性的不懈追求）是支撑数学家研究数学进而研究世界的动力，也是学生学习数学研究世界的最原始、最永恒、最有效的动力。例如，古希腊时期人们对欧氏几何的钟爱，使得古希腊人只关注数学严谨的结构与其理性之美，而不关注现实的应用。正是在这种理性精神的支撑下，使得古希腊人能够探索人眼所不能看见的世界，研究遥远的天空；又是在这一精神的支撑下，文艺复兴时期发生了"惊世骇俗"的转变：从"地心说"转变为"日心说"；又是在这一精神的支撑下，19世纪上半叶提出了"非欧几何"：罗巴切夫斯基几何（简称"罗氏几何"），以及后续的黎曼几何（简称"黎氏几何"）。

同一个教学内容的数学本质可能涉及上述所谈的所有方面，也可能涉及某几个方面，教师备课时最关键的是弄清楚所教内容的本质，在此基础上研究学情、制订教学活动方案等。

（二）以"度量"为例分析数学本质

下面以"几何图形的度量"为例来阐述其本质与结构。

认识一个"图形"，主要包括两个维度：一个是图形的几何特征，即图形的整体特征。例如是否对称？有几条对称轴？是否稳定？边与边之间的位置关系，边与边之间是否平行？"对称性"与"平行性"是图形的两个本质特征。另一个是图形的度量特征，"度量值"指度量对象（某种属性）的"大小"。研究"度量"主要涉及以下两个问题。

第一要明确度量对象和度量属性。这是研究度量问题首先要明确的，没有度量对象就谈不上度量。"长度"是度量一维空间即"线"的长短，度量对象是"线段"（当是"曲线"时要把"曲"化"直"）。例如，可以研究图形"边"的长短，所有边的长度之和即图形的"周长"，也可以研究构成图形的各"边"长度之间的关系以及边与边所形成角的大小（例如，认识三角形三边的关系，既有"两边之和大于第三边"，也有在直角三角形中的"勾股定理"以及任意三角形的"正弦定理"以及"余弦定理"）。

"面积"是度量二维区域即"面"的大小，度量对象是"面"（同样也存在"曲化直"问题）；"体积"是度量三维空间即"体"的大小，道理与前面相同，只是在转化时可以借助易变形的液体。

第二是度量的过程。在小学阶段，获得度量值的途径主要有三类：一是度量法，即先确定度量单位，然后看度量对象中包含多少个度量单位，度量单位的个数就是度量值的大小，可以数出度量单位的个数，也可以用度量工具测量，例如直尺、量角器等。二是将不规则物体转化为规则物体的度量，例如测量不规则物体的体积，可以将不规则物体放进水中，用水的体积（放在规则的容器中）替代不规则物体的体积。在这两种方法中一定要保证替代前后两个量的"守恒"，即保证"等量替换"。三是用公式计算。

研究一个平面图形的度量特征主要研究这个图形的"周长"和"面积"。

"角"是不封闭平面图形，既没有周长也没有面积，对其他平面几何图形来说，这个图形的周长和面积总是"缠绕在一起"，它们从两个"维度"来刻画这个图形的特点：一是研究外边缘线的长短（周长），另一个是所围成平面区域的大小（面积）。

周长是对一维空间（线）的度量，这时候的"线"既可以是以前学过的"直的"，也可以是没有学过的"曲的"。"面积"是对二维空间（面）的度量，同样道理，"面"既可以是"平的"，也可以是"曲的"，两者的度量本质与结构完全相同。例如都蕴含"曲化直"或"以直代曲"的思想；度量值的大小是"度量单位的累加（度量单位的个数）"；任何一个属性的度量单位构成体系，为了测量更精准需要更小的测量单位，为了方便刻画更大的度量值需要较大的单位等。

生活中有六种常用、常见的感官量：长度、质量、容积、角度、面积、体积。学生理解、掌握物体的度量值的过程主要有以下阶段：

阶段1：量的初步认识（直观感知"量"，直观或直接比较"量"的大小）；

阶段2：量的间接比较（用非法定计量单位或用另一个量为"中介"比较）；

阶段3：认识国际单位制的单位并用其描述大小；

阶段4：国际单位制的认识与换算（化聚）；

阶段5：利用公式求量的大小（只有面积和体积有此阶段）。

学生对"量"的理解前提是应该具有"量的守恒"能力，即具有运动不变性（例如量的大小不受测量对象摆放位置、方向的影响）、合同性（例如重叠的两个图形其周长、面积相等）、等积变形性（例如等底等高但形状不同的三角形面积相等）、传递性和有限可加性等。

二、把握教学内容承载的育人价值

课程标准指出，"知识技能、数学思考、问题解决、情感态度等四个方面目标的整体实现，是学生受到良好数学教育的标志"。数学课程内在地具有促进人的思想、精神、能力发展的教育因子，如乐于探索的高级情感、崇尚真理的价值取向、严谨务实的行事态度、以简驭繁的思维品质、愈挫愈奋的坚强意志等。因此，有深度的教学应该是超越知识符号层面、深入学科思想内核、直达生命意义领域的。

（一）教学内容承载的育人价值

教学内容除了承载数学知识与方法，还蕴含着丰富的数学思想和思维模式，诸如推理、对应、分类、函数、模型等。心理学家张梅玲认为可以在小学数学教育中渗透哲学思维，尤其强调揭示数学当中的哲学思想，并希望在小学阶段，在逻辑思维训练的基础上，萌发孩子的哲学辩证思维，如函数思想、相对性思想等。

教育的目的不只是让学生实现物态知识的增长，更重要的是让学生获得主体精神的提升，形成与社会文化自由沟通进而具备文化创造的能力，即教育的本质是生命教育。情感态度与价值观培养是小学数学教育的重要内容，它并非游离于知识学习过程之外，情感主要表现为数学学习过程中的好奇心、求知欲、成就感；态度主要表现为数学学习过程中的积极心、自信心、意志力、创新欲及严谨求实的习惯；价值观主要表现为数学学习过程中的价值判断、行为选择、意义解释。

数学教师在解读教材、研究教学内容时，不能仅仅停留在学科层面将数学视为客观真理传授给学生，而要从教育层面将数学视为与人类生产实践紧密相连的生命存在：通过探寻数学知识形成的原因及给世界带来的变化，让学生体验数学发展的内在动力和价值意义，帮助他们形成科学的价值观；通过还原人类探索数学知识的曲折过程，帮助学生养成坚持真理、修正错误、严谨求实的科学态度以及不惧困难、坚忍不拔的意志品质；通过挖掘数学课程在思维能力和创新能力方面的独特优势，创造数学学习活动与学生心理发展的共振点，激发他们对数学的好奇心、求知欲和自信心。通过这些方式，使学生在数学学习中形成的高级情感、科学态度、理性精神成为伴随他们终身、实现高品质生活的人生智慧。

（二）以"计算"为例分析教学内容的育人价值

学校教育中任何活动、任何内容都承载着一定的教育价值，数学学科也不例外。数学教育能承载哪些价值呢？我们提出从工具性价值、发展性价值以及文化性价值三方面分析。例如，计算的工具性价值就是解决实际问题，四则运算分别解决现实中不同类型的问题，如加、减法解决的是"合并求和""已知整体和部分求另一部分""谁比谁多（少）"的问题。计算教学的另一重要内容是"理解算理、掌握算法"，重视算法的多样化、快速正确地计算出结果。例如，计算"56-30"可以有以下不同的表示方法：

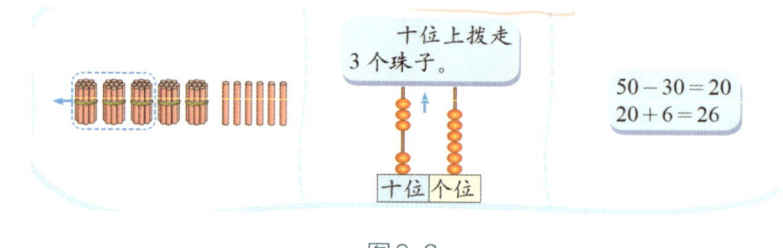

图6-2

为了提高计算的速度和正确率，需要做一些相关的练习。例如，没有问题情境的纯数学式子练习题：

$$23 + 36 + 27 \quad 45 + 28 + 16 \quad 92 - 44 - 23$$
$$50 - 25 - 25 \quad 85 - 29 - 38 \quad 32 + 32 + 32$$

图6-3

上述这些活动的价值属于工具性层面，计算是否还承载着其他的价值呢？我们可以进一步根据教学中所设计的数学活动来分析。

1. 我国教材中"计算"所承载的其他价值。

通过正确计算解决日常生活中的现实问题，这是计算所承载的最基本价值——工具性价值，因此正确计算以及能够选择合适的计算解决实际问题是我国数学教材中的基本内容。除上述基本教学内容外，不同版本教材中也有以如下形式呈现的练习题或者思考题：

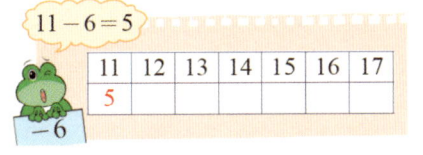 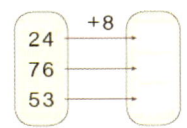 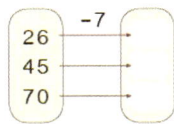

12. 把每行、每列和每一斜行的 3 个数加起来，你发现了什么？

24	51	15
21	30	39
45	9	36

图 6-4

显然上述这五种形式的练习题不仅呈现方式多样、有趣好玩，也不仅训练学生计算的速度与准确率，它们还承载其他的数学教育价值，例如，初步渗透集合思想，两个集合元素之间的"一一对应"关系，初步渗透函数思想。同时，也渗透了探索发现规律，让学生初步经历"猜想—验证"的科学探究过程。这些价值就不仅仅具有工具性，更具有促进学生进一步发展所需的思想方法以及培养学生积极的情感和态度方面的价值，这些价值我们称为"发展性价值"和"文化性价值"。除此以外，计算教学是否还有其他价值呢？德国的教材以及教学给了我们诸多的启示和启发。

2. 德国教材"垒计算墙"活动及其价值分析。

下面是德国奥登堡（Oldenburg）二年级数学教材（Ausgabe D）上的内容。为了计算出结果，该教材呈现了多种方式，例如，计算 65+8、42-7，借助数轴进行计算，如图 6-5。

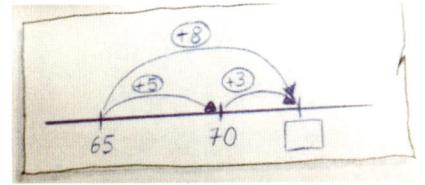 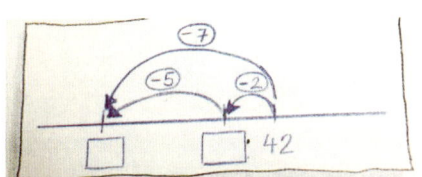

图 6-5

教材中也使用竖式进行计算，但德国的竖式与我国的标准竖式稍有不同，主要表现在运用加减法竖式计算时"进位 1"或者"退位 1"的写法与我国不同，如图 6-6。

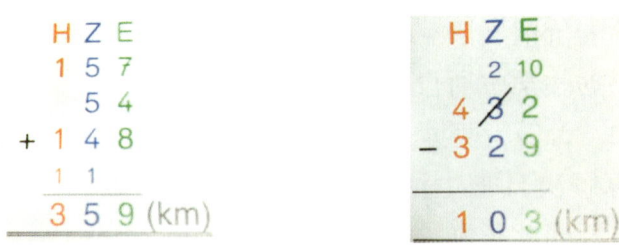

图6-6

除了用不同的方法（计算的同时也要求说理，即说出每步计算时各个数字的"数值"：计数单位的个数）计算出结果外，还设计了很多有趣的操作活动，"垒计算墙"就是其中的一个活动。这个活动非常有层次，在每一操作过程中都需要学生深入思考。

该教材首先创设了一个游戏情境，两位小朋友在玩"计算墙"游戏：相邻两个数相加，写在它们上方的空格里，依此进行计算，哪种情况下得出的数最大？

小朋友A（图6-7）：

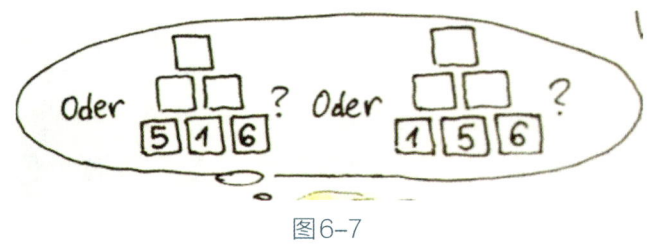

图6-7

小朋友B（图6-8）：

图6-8

然后依次设计了以下活动：

（1）请你像他们这样玩，每次你都知道找最大数的方法吗？

（2）完成下面的计算墙，得出最大的数有什么规律（图6-9）？

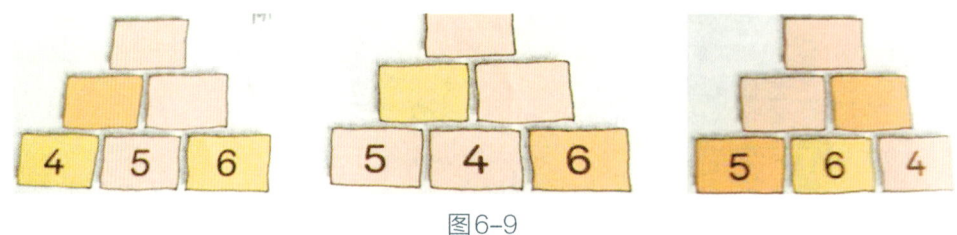

图6-9

（3）从目标数8开始，完成下面的计算墙（图6-10）。

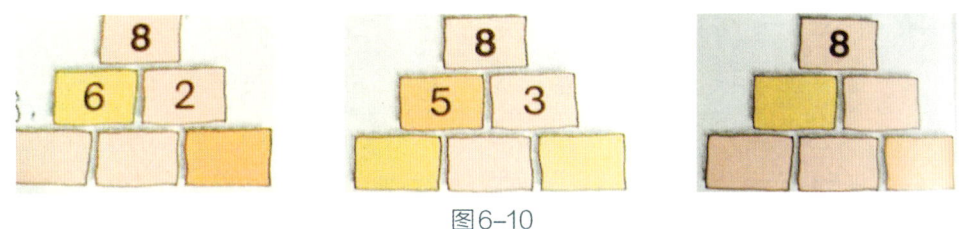

图6-10

（4）用12、14、18、19做目标数，自己设计计算墙。

（5）下面8块计算墙中总有两块是相连的，画线把它们连起来（图6-11）。

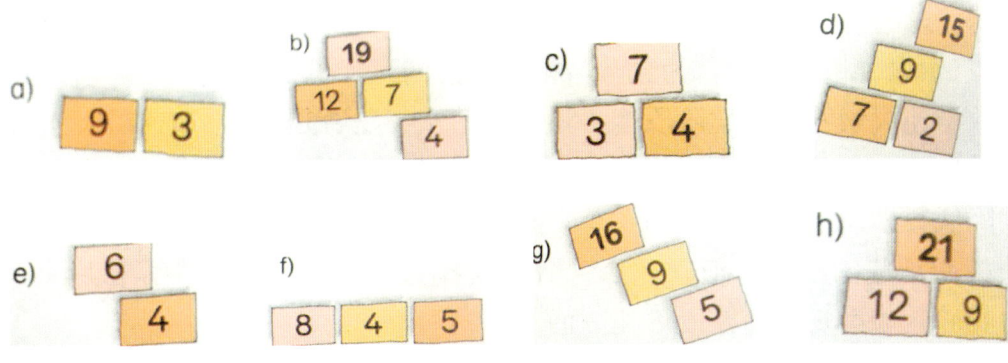

图6-11

（6）小组合作：一个小朋友设计一个不完整的计算墙，由另一个小朋友完成。

（7）填写下面计算墙里缺失的数（图6-12）。

图6-12

（8）20作为目标数，写出所有不同的计算墙。

（9）小猫设计了下面的计算墙，请你写出小猫的理由（图6-13）。

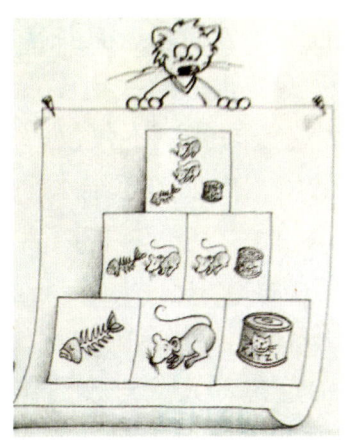

图6-13

"垒计算墙"单元共设计了上述9个活动，每一活动层层递进，不仅在游戏活动中训练提高学生的基本计算能力，还承载着以下几方面的价值：

（1）培养学生的计算能力，提高学生计算的正确率和速度；

（2）使学生掌握基本的科学探究方法："提出猜想—验证猜想"；

（3）提高学生"模式识别"能力，培养学生的抽象与概括能力；

（4）通过好玩的游戏活动提高学生数学学习的兴趣，在游戏中通过"认知冲突"激发学生进一步探究的愿望；

（5）有助于学生之间交流合作，相互聆听，共同探究完成任务。

这一活动非常值得我们学习和借鉴，尤其是发展性价值、文化性价值层面的启示。

（三）以"植树问题"为例分析模型思想的育人价值

数学建模素养在小学阶段能否渗透与落实、是否是小学生应该具有的数学素养等问题，不同学者持有不同的观点。如果我们将数学建模的内涵适当放宽，降低数学建模的要求，则在小学数学中就能够渗透数学建模思想，实现数学建模所承载的教育价值。那么，数学建模在小学数学学习中承载哪些价值呢？我们认为主要体现在以下几方面。

1. 在建模中提升数学表达。

数学表达是数学学习中的重要内容，"通过数学表达，可以帮助学生不断建构数学知识的理解，强化数学技能的掌握，呈现数学观察、实验、猜想、运算、推理、验证等思维过程以及数学问题解决的思路方案，是聚焦学生数学核心素养发展的有效实践范式。"在建模的过程中，学生要学会用数学的语言（包括图示、图表、符号等多种方式）简洁表达出数量关系或规律，这种意识和能力为学生今后继续学习数学内容积累了重要经验。

2. 在建模中抽象思维水平。

建构数学模型即指"从数学的角度，对所需研究的问题作一个模拟，舍去无关因素，保留其数学关系，以形成某种数学结构"。模型是从现实情境中高度抽象和概括得到的，小学生在"建模"中之所以比较困难，很大程度上是因为小学生还处于具体形象的直观操作阶段，其抽象思维的发展还不够完善。从现实情境中来，抽象出数学模型，再去解决更多现实情境问题，例如"植树模型"不仅仅解决种树问题，"鸡兔同笼"不仅仅解决鸡和兔子的问题，建模的过程能够帮助学生超越具体情境，向抽象思维水平迈进。

3. 在建模中培养应用意识。

《标准（2011）》指出，"应用意识有两个方面的含义：一方面，有意识利用数学的概念、原理和方法解释现实世界中的现象，解决现实世界中的问题；另一方面，认识到现实生活中蕴含着大量与数量和图形有关的问题，这些问题可以抽象成数学问题，用数学的方法予以解决。"通过数学模型方法的学习能够促进学生了解数学与其他学科及日常生活的相互联系，深刻领悟数学的应用价值，有助于培养学生数学应用意识和应用数学的基本能力。

三、把握同一数学内容的不同教学要求

知识的形成与发展具有生长性和阶段性，不同年龄阶段的学生具有相应的心理特征与认知规律，相应地教材也会分层递进、精心编排，将序列化的教学节点"链成"整体形成体系，呈现出阶段螺旋性。同一数学内容在不同年级有不同的教学要求，因为不同年龄段学生有不同思维特点、生活经验及能力水平。

整体把握教学内容的螺旋上升结构就是将教材内容从课时知识的孤立建构走向系统的整体融通，将获得数学知识、积累学习经验、把握思想方法等目标有机融合为一体。另一方面，也让学生从关注是什么的工具性理解上升为关注数学内涵本质的关系性理解，不同年龄阶段学生对数学内容的理解逐步由低水平走向高水平。下面分别结合小学数学的具体内容阐明不同年级学习同一数学内容的不同要求，进而体会教学内容数学内涵"螺旋上升"要求的意义。

（一）"数概念"的不同学段要求

自然数是小学数学的重要内容，自然数的不同学段、年级要求较为明确、清晰。例如，一年级上册学习"20以内数的认识"，一年级下册学习"百以内数的认识"，二年级下册学习"万以内数的认识"，四年级学习"大数的认识"。各年级认识自然数的内容基本相同，都包括"数数""数的组成与分解""数的大小比较""数感"等。认识分数、小数也在不同年级进行，但其要求却不是很清楚。例如，三年级的老师经常抱怨："小数的初步认识"不知道怎么上，上得太深，怕上成"小数的意义"，上得浅又感觉即使不学习学生也知道"3.25元表示3元2角5分，或者3元2角5分可以写成3.25元"，不知道如何把握教学的"度"，有"深一脚浅一脚"的感觉。

为了做到"教不越位，学要到位"，我们需要整体上分析把握"小数"这一单元内容是什么，学生对"小数"有哪些已有的生活经验和认识，新课程标准对课堂教学提出哪些要求。具体来说，在"小数的初步认识"的教学准备中需要思考如下问题：学生真的理解"小数点"的作用吗？是否要求学生提炼概括出一位小数表示十分之几，两位小数表示百分几？还是只要求学生能够用"整数、分数、小数"表示这个"量"并实现三者之间相互转化？学生只要能够说出表示具体量的小数的每一数位上的数字的含义就行吗？还是要求学生能够借助具体的量来理解相邻数位之间的十进关系？是否涉及小数的"计数单位"？"人民币"与"米制系统"对认识小数的各自价值是什么？

王光明等认为，小数两次学习的不同要求符合"历史发生原理"，即个体知识的发生过程应遵循人类知识的发展过程，学生认识小数的发展过程与小数发展历史过程基本相似，即为了与自然数具有相同的位值制系统，便于表示现实量的大小，便于计算等需要而发明创造小数。

正如J.L.Martin在其《教与学的新方法·数学》一书中所谈到的，认识小数都要基于学生已有的生活经验，一般说有两条基本的途径：第一种就是从记

录的花的钱的数量发展而来，如2元5角就是2.5元。然而这种方法存在的问题是由于通货膨胀，在很多国家，更小的货币单位已经不使用了。既然核心是使用孩子现有的经验，那这种方法看起来似乎就不合适了。第二种是使用孩子们关于米制系统的经验，即以米制系统作为学习小数的基础。在度量长度的过程中学习小数更符合学生已有的认识经验。

Martin进一步指出，学生有效地使用小数，必须：

1. 理解符号，即学生应该意识到小数（每一个十等分）是整数（基于每十个一组）的一种扩展。

2. 理解小数和其他分数的等价性，即分数、百分数、小数之间能够灵活互化。

基于此，我们认为小数的初步认识与小数的意义的学习有如下不同。

小数的初步认识：基于生活经验，借助于具体的、生活中常见的"量"（先用人民币、再用米制）认识一位、两位小数，知道小数所表示的具体量的含义。

初步体会到"单位"的意义与价值，同一个量，采用的单位不同，其结果就用不同的数来表示，例如1.5元=15角=150分，初步体会现实的量的单位之间的"分"与"聚"。初步理解小数中，每一个"数字"的现实意义，但不涉及计数单位。总之，小数的初步认识中不把小数作为一个抽象的"数"，不脱离具体的"量"，因此我们认为，学习小数的初步认识未必一定要以分数的初步认识为基础，可以基于学生已有的知识和生活经验，在现实的量的基础上初步认识小数亦可。

小数的意义：结合具体的量，体验单位的不同导致度量结果用不同的数表示，单位越小度量的结果越精确。对小数的计数单位有系统深刻的认识，理解相邻计数单位之间的十进关系。拓展对"数概念"的系统认识（从自然数拓展到小数），初步体会到人类追求完美、追求精确的需要产生更小的度量单位，由此产生更小的计数单位。数学为了适应现实的需要，将数概念从自然数拓展到小数，完善丰富学生对"数"的认知结构，初步渗透位值制的思想。

在小数意义的学习中，体会计数单位的拓展非常重要。在自然数范围内，1是最小的计数单位，其他计数单位是以1为基础，满十个就记做一个新的计数单位，其他计数单位可以看作是"1"的"聚集"，体现在数位顺序表中就是以"1"为基准，从右向左计数单位依次越来越大，永远没有最大的计数单位。而小数则是以"1"为基础，是对"1"的"分解"，每次都是平均分十份，产生新的计数单位。在数位顺序表中，仍以"1"为基准，从左向右计数单位依次越来越小，永远没有最小的计数单位，数的结构是多么地对称与完美。

分数的认识在小学阶段也有两次学习经历，三年级的"分数初步认识"和五年级的"分数的意义"，在此不做过多论述。分数的含义及学生理解分数更为复杂，但这两部分教学内容安排也符合历史发生原理，即教学内容的学习基本按照分数意义的历史发展而来，同时强调"超回归"。王光明认为，分数意义的历史发展，由内向外分别是："部分／整体""测量""除法"再到"集合论"，学生认识理解分数的"超回归"模型（学生对于数学概念的理解，不只表现为内侧理解水平向外侧理解水平的逐层发展，更重要的是，理解水平的发展并非完全地由内及外，在建立外侧理解水平时，也有必要回归到其他内侧理解水平上，故而也将之称为概念理解的"超回归"），为理解分数的意义提供了辅助作用：外层分数意义的顺利理解，离不开对已有内层意义的"回归"性学习，尤其"部分／整体"意义的回归，对其余各层意义的学习更是必不可少。

在小学教材中，分数意义的呈现，要合理设计和组织促进学生"超回归"理解的素材，教师在处理教材中分数意义的呈现时，对于"超回归"倒序材料组织与设计是非常必要的，即呈现分数的多重意义时，也应按照三种意义的历史演变顺序进行：依次引入"部分／整体""测量"以及"除法"，加深对教材呈现分数意义历史发生顺序的认识和理解。

（二）小学阶段"图形的认识"的不同阶段要求——以长方体认识为例

除"数概念"外，"认识图形"是小学阶段的另一重要内容，关于图形的认识不同版本教材也是按照"螺旋上升"原则编排的，例如，认识"平行四边形""长正方体"安排在不同年级，有不同的教学要求，这主要取决于不同年级学生有不同的"几何思维"水平。

关于儿童几何思维，荷兰著名数学教育家Van.Hiele夫妇认为主要分为5个水平：视觉期（第0层次）、分析期（第1层次）、关系期（第2层次）、形式演绎期（第3层次）和公理化期（第4层次），与小学阶段密切相关的是前三个层次。

处于视觉期的孩子主要是通过看，观察实物，由实物的轮廓来辨认形体或者是图形。例如，低年级的学生认识立体图形和认识平面图形，主要都是观察实物，通过实物的轮廓来识别形状，而且在认识图形时不一定使用标准的数学名称，可能是用非标准的数学语言。处于这个阶段的学生学习几何的主要方式是大量地操作实物来观察和辨认。处于分析期的学生能够辨认或者通过图形构成要素之间的关系来识别图形。比如，在认识长方形的时候可能要关注到四条边、四个角，而且有长长的两条边，短短的两条边。处于关系期的学生能够探索图形的内在属性，并能掌握不同类图形之间的包含关系。

因此，一年级学生认识立体图形时，教材主要让学生通过操作或观察实物或学具积木，用学生的自然语言来进行辨识与简单的分类活动，然后给出立体图形的规范名称，不说"正方体是特殊的长方体"这样的包含关系，只是感知正方体的各个面都是"一样的"。

到五年级再认识长、正方体时，是基于对日常生活中各种长、正方体实物的观察、感知和一年级或日常生活中操作活动的经验积累，给出长、正方体的各部分名称——顶点、棱、面，再利用一些学具（制作、进一步观察或想象与推理）例如纸盒、框架图等研究长正方体的顶点、棱以及面的特征，并通过观察或绘制长、正方体的视图、展开图等进一步研究长、正方体的特征，培养学生的空间观念。

人教版教材中还有如下的练习题（图6-14），讨论长方体上各条棱之间的垂直与平行关系，解决这样的问题需要学生的思维达到"关系期"，即探究图形各要素之间的内在属性。这样的问题属于比较"难"的问题：一方面，教材例题中没有类似的问题，学生对该类问题比较陌生；另一方面，题目中的"长方体"是在平面上画出的图，有的棱之间的"垂直"关系不能直观观察出来，例如棱a与棱c，教学时就需要让学生观察实物，将实物与在平面上画出的图做对比分析。

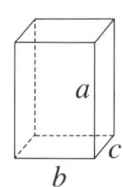
（1）和a平行的棱有几条？
（2）和a相交并垂直的棱有哪几条？
（3）和b平行的棱有几条？

图6-14

认识长、正方体的更深刻的问题是追问"为什么"的问题，即在五年级认识长、正方体时是否追问"为什么长方体有3组长度相等的棱""为什么长方体的相对的面形状一样大小相等""正方体的12条棱长度为什么都相等"等问题。几个版本的教材中都没有涉及这些"为什么"的问题。

五年级认识长、正方体时追问"为什么"是否为时过早？五年级的长、正方体认识到底要学习哪些内容、落实哪些目标，确实需要再进一步的追问与思考。选择哪些作为教学内容、学习这些内容用什么方式是教师教学时必须思考的两个问题。

四、把握教学内容的适切情境

朱哲民、贾冰认为，数学情境一般有两个来源：数学史和生活实际问题。探究情境如果源自数学史，则会体现出数学知识产生的过程，学生通过数学探究式教学能够获得发现数学知识的基本数学经验。探究情境如果源自生活实际问题，那么学生通过数学探究式教学则能够利用数学知识解决实际问题，加深对数学知识的理解，获得解决问题的数学经验。所以数学情境来源于数学史或生活实际，则探究水平较高，反之较低。

吴俊、徐锦野认为，根据学生与现实生活的接近程度，将数学与现实生活分为两类：个人的和公共的。个人的指每个学生都能够触及的，如个人生活、家庭生活和学校生活等；公共的指不是所有学生能够轻易接触到的，如社区的、社会的、经济的等。个人的远多于公共的。个人生活中最多的是日常生活，这与儿童数学是日常生活的数学的观点一致。

数学情境还可来源于科学技术（生命科学、地理科学、物质科学、高新科学），主要集中在生命科学方面，在教材中大多以动、植物的生命特征和特性为主。小学生生性好动，喜欢小动物，热爱大自然，教材中的呈现符合小学生的心理特征。而物质科学在小学教材当中呈现就较少，这也不难想象，物质科学主要为物理和化学，小学阶段学生接触不多。

数学情境还可来源于人文科学（人文、音乐、美术、建筑）。人文的数量是最多的一项，达到50%的比例。在这里，人文指文字、语言学和具有文学价值的历史，包括中国的传统服饰。小学数学教材中，人文知识大多为中国古典知识或寓言故事。

追寻数学发展的历史踪迹，不仅可以领略数学知识形成与发展的丰富图景，而且可以触摸人类数学活动的原初经验；研究数学学科的内在结构，不仅可以发现数学知识之间的本质性关联，而且可以体会贯通架构知识的本原性思想。原初活动经验被重复使用便成了思想，思想是打开知识的钥匙，知晓了本原性思想便握有了通向知识宝库的闸门开关。如果循着这样的路径去解读教材，那么小学数学教学将不再是冰冷的知识传授与乏味的技能训练，而是丰富的经验分享与奇妙的科学探索。例如，古埃及的倍乘法、倍除法、古印度的帆船除法、解简易方程的试位法，等等。我们可以将笔算乘法的发展史料与教学内容相结合，小学生会对古埃及的倍乘法、阿拉伯的格子算法、帕乔利在《算术、几何、比与比例集成》中记录的棋盘算法等表现出极高的热情和兴趣。通过古今对比，孩子们不仅了解了笔算乘法"火热"的发展过程，而且促进了他们对现代算法、算理的理解和掌握，也让我们预知了学生可能产生的错误。

数学文化中的数学史可以分为显性和隐性两个部分，显性数学史包括数学家的生平简介、数学家的肖像、数学知识和概念的发展演变；隐性数学史指对数学历史材料重新编制，或借鉴历史的发展过程改编问题。教材多以显性方式呈现数学史，数学史内容大多数来自"你知道吗"版块。

数学文化的呈现形式分为四种：文字、文字为主、图片为主、连环画。其中文字的呈现形式指数学文化以纯文字的形式出现在教材中；文字为主的呈现形式指出现的数学文化内容以文字为主，图片为辅；图片为主的呈现形式表现为在表达数学文化时突出图片，弱化文字的形式；连环画的呈现形式指有一整段故事发展。小学数学教材中数学文化的内容大多以图片为主的形式出现，文字和以文字为主的形式次之，连环画的呈现形式最少。图片为主的形式，给学生以冲击感，同时还能发挥学生的想象力。最难呈现的形式是连环画，将数学知识的历程通过小故事、小片段的连环画形式呈现，学生可以更好地了解古今中外的数学历史的发展，但由于这类呈现形式的表达较为困难，在数学史中呈现的数量并不多。儿童数学认知思维具有明显的直观化特征，小学数学教材中数学文化的呈现遵循了小学生的思维认知规律，以形象、直观为主。提高数学文化融入数学教材的层次，在数学文化视野中进行数学教材的空间设计，充分挖掘隐藏在知识背后的数学思想方法、数学思维方式和数学理性精神，这样才能真正体现数学文化的价值。

通过查阅已有研究可以看出，当下不同版本的小学数学教材中呈现的数学与现实生活方面的内容情境较为丰富，但其他方面情境相对较为薄弱。教学建立在学生生活经验之上，让学生调动生活经验来理解知识，并且学会在生活中运用所学知识，使知识学习成为对学生有意义和有价值的实践活动，最终有效促进学生的发展。

建议教材编写时要加强科学技术和人文艺术的结合，或者教师在准备教学内容时有意识地加入这方面的内容，让学生不仅能够感受到数学的科学价值，还能感受到数学的艺术价值。从小学全科教育的视角来看，在小学数学教材中引入人文艺术内容，把小学生喜爱的音、体、美等内容和数学有机融合起来，可以让学生认识到学习数学的价值，感悟到数学之美。

6.4 小学数学教材与教学过程

《标准（2011）》指出："学习应当是一个生动活泼的、主动的和富有个性的过程。认真听讲、积极思考、动手实践、自主探索、合作交流等，都是学习数学的重要方式。学生应当有足够的时间和空间经历观察、实验、猜测、计算、推理、验证等活动过程。"教师教学是落实课程标准要求的主要渠道，因此课堂教学必须以学生为主体，让学生真正经历探究思考、体验感悟、实践应用的过程，即教学必须是"有过程"的教学，这就需要教师研读课标、教材等设计丰富的、有价值的学习活动。

在小学数学教学中，"教什么"与"怎么教"同样重要。"教什么"是教育的前提，一般说来由课程标准、教材内容决定，相比较而言，在"怎么教"方面一线教师有更大的自主权和创新性，但也有一些基本的原则和规律，读懂教材、用好教材非常重要。

一般而言，教材为"学生成为学习的主体"提供了较为充分的资源，例如教材上的探究任务、要解决的现实问题、相关的数学史素材等。但教材毕竟是"静态"的，较难以静态的"文字、表格、图片"等形式呈现"动态"的学习过程，为此需要教师依据教材内容、学生学情等要素设计教学过程，在"做数学"中让学生掌握数学知识技能，培养能力，形成积极的情感和态度，即提升学生的数学素养。那么，强调"有过程"教学的理论基础是什么？有哪些适合的教学方式（模式）？教学实践中应该设计与实施哪些有价值的"学习活动"？在活动中教师如何成为有意义的讲解者、指导者、促进者等角色？这些问题需要进一步探讨。

一、"有过程"教学的基本理论

数学知识不是由教师客观传递学生的，而是学生通过主动思考、认真听讲、探究发现、实践验证、交流研讨以及解决实际问题等活动而形成的，即学生是自我学习的主人，是积极主动的探究者、思考者与问题解决者，如何实现这一目标呢？教育心理学里主要有两个代表性理论：布鲁纳的探究发现学习与奥苏伯尔的有意义接受学习。

在教学目标上，布鲁纳更强调所学到的各种过程，他在《教学论导论》一书中说，我们教授一个学科，并不是要产生一个活的、有关该学科的小图书馆，而是要使学生能够自己进行数学思维，能够像历史上的数学家一样思考问题，能够参与到知识获得的过程之中。知识不是一个产品，而是一个过程。布鲁纳的探究发现学习过程一般以下列方式展开：孩子要在操作材料的过程中，发现他们已经理解了的、与其直觉到的规则相一致的规则。也就是孩子所要做的事情是，在他所从事的外部活动与他已经在智力上所掌握了的某些模型或模板之间，找到某种匹配。学习者所发现的事情很少是"外部的"。相反，发现包含着对于先前所知的内在重组，其目的是在那些所知道的观念与学习者所遇到的不得不顺应的规则之间，建立起一个更好的匹配，这即是布鲁纳发现学习所强调的根本。

布鲁纳认为，儿童在学习时，会经历三种表征水平。第一级水平是动作（enactive）表征，在这个水平上，儿童直接操作材料。接着，儿童会进入形象（ikonic）表征，在这级水平上，他不是直接操作物体，而是处理其心理图像。最后，儿童会进入符号（symbolic）表征水平，即不再依靠心理图像，而是严格地操纵符号。

奥苏伯尔更强调在教育过程中进行系统指导的重要性。教育的关键是仔细地按顺序安排教学内容，以使任何要教的单元都清晰地与先前的单元联系起来。正是学习者已有认知结构与新的学习材料之间的联系性，使新的学习具有意义，为此他提出了有意义学习理论。该理论认为，有意义的学习得以发生必须有以下两个先决条件：其一是学习任务对于学习者具有潜在的意义；其二是学习者表现出一种意义学习的心向。其中第一个条件涉及的是在认知维度上的意义学习，它与新知识所使用教材对于学生来说的可接受性程度有关，而第二个条件则涉及在情感维度上的意义学习，它与学生对于数学内容的学习心向有关，即对于教学内容的乐接受性。教学方式（过程）一旦触及学生的情绪和意志领域，触及学生的精神需要，这种教学法就能发挥高度有效的作用。充分发挥非智力因素的作用，突出教学的情意性方向发展，切实注重培养学习兴趣，激发学习动机，以形成良好的学习习惯和正确的学习态度，使学生在轻松的情绪体验中掌握知识，发展能力。

小学数学学习主要是前述两种方式：探究发现式、有意义接受式。不能简单否定哪种，有些内容的学习是两种方式都用，但探究发现式更为常用，这取决于要学习数学内容的特点以及学生的年龄特征。两种方式都必须以学生为学习的主体：教师应从学生学习的角度分析，哪些方面需要教师引领去探究发现？哪些方面学生自己能学会建立联系进而培养学生的学习能力？如何设疑检查、促使学生思维深入？哪些需要教师讲解、归纳总结？尤其学生易错、易混、易漏点、知识重点、难点以及规律与方法等。

在前述两种理论基础上逐步形成了建构主义学习理论，这也是当下指导教学实践的重要理论。建构主义认为，知识不是通过教师传授得到，而是学习者在一定的情境即社会文化背景下，借助其他人（包括教师和学习伙伴）的帮助，利用必要的学习资料，通过意义建构的方式而获得。何克抗认为，由于学习是在一定的情境即社会文化背景下，借助其他人的帮助即通过人际间的协作活动而实现的意义建构过程，因此建构主义学习理论认为"情境""协作""会话"和"意义建构"是学习环境中的四大要素或四大属性。建构主义的这四大要素对课堂教学实践具有重要指导意义，小学数学教学的学习活动必须重视"情境"设计以激发学生积极学习心向，必须重视学生的合作探究、交流与分享，合作既是重要的数学学习方式，也是学生必备的一种能力，是教学的重要非学科目标之一，"会话"和"意义建构"则是学生数学学习的必备过程，因为数学学习不是教师将知识单向地传递给学生，而是学生积极建构的结果。

"有过程"的教学是以学生为主体的教学，学生处于教学的中心，教师的教是为了学生自主学习。因此在教学准备时，教师应该把握教学内容的实质、调研学生学习基本情况，在此基础上设计有助于学生学习的数学活动。在教学过程中，教师是学生学习的组织者、指导者与促进者，把控学生学习过程，在"需要"之处讲解、归纳与提炼、提供指导与帮助。

教师要成为学生建构意义的帮助者，就要求教师在教学过程中从以下几方面发挥指导作用：

（1）激发学生的学习兴趣，帮助学生形成学习动机；

（2）通过创设符合教学内容要求的情境和提示新旧知识之间联系的线索，帮助学生建构当前所学知识的意义；

（3）为了使意义建构更有效，教师应在可能的条件下组织协作学习（开展讨论与交流），并对协作学习过程进行引导使之朝有利于意义建构的方向发展。引导的方法包括：提出适当的问题以引起学生的思考和讨论；在讨论中设法把问题一步步引向深入以加深学生对所学内容的理解；要启发诱导学生自己去发现规律、自己去纠正和补充错误的或片面的认识。

二、动手操作与逻辑推理都是重要的数学活动

虽然有不少认知心理学家都强调"做"对学习数学的重要影响，但同时他们也强调"逻辑推理"等抽象思维对数学学习的作用。例如，弗赖登塔尔就谈到几何学习的方式与阶段：儿童用逻辑方法组织活动的能力有着一个持久但并不连续的发展过程。在最初阶段，他们通过手、眼以及各种感觉器官进行思维，经过一段时间的亲身体验，通过主动的反思，就会客观地描述这些低层次的活动，进而进入一个较高层次，必须注意，这个较高层次（即演绎推理层面）的达到，决不能借助算法或形式地灌输来强加给他们。皮亚杰也认为：儿童空间观念的演化是在两个不同的水平进行的——知觉水平（即通过触与视的感性学习）和思维或想象水平。后一个水平并非如人们所设想的在逻辑上是从前一个水平来的，而是各自沿着本身的途径发展，故而在某些地方必须将两者分别的发展协调起来。所以数学学习活动既包括动手操作，也可以是推理探究、建模解决问题等活动，理论上，随着学生年级升高，后者的内容比重逐步增大，但低年级也可以侧重后者，例如德国二年级教材上的"九宫格游戏"。

德国奥登堡（Oldenbourg）二年级数学教材（Ausgabe D）中专门设计了洛书的九宫格游戏（探索发现数学模式的活动），而且同一册教材分两次设计九宫格的教学内容，其难度不同，教学目标也不同。

在第一次出现洛书的单元中，教材首先介绍了中国3000年前的"洛书"故事：古代传说中有海龟出于洛水，其甲壳上刻有表格，表格中填写了下面这些数字（图6-15）。

图6-15

然后提出了系列问题：

1. 把上面表格中横行、竖行、斜行的三个数加起来，你发现了什么？
2. 在下面的表格中填写合适的数（图6-16左图）。

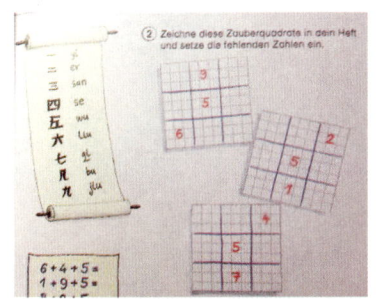 

图6-16

3. 伊琳娜（Irina）的计算结果是多少？（见图6-16右图），请你抄写出九宫格中的算式并计算。

4. 下面这两个也可以是九宫格吗？请计算并说出是否是九宫格的理由。

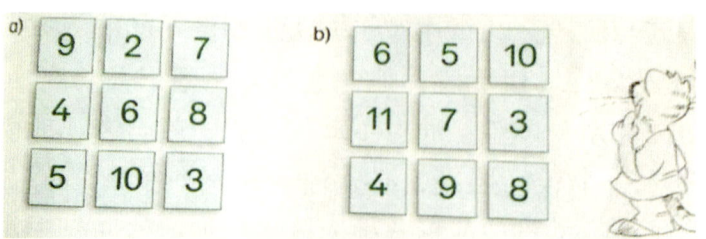

图6-17

上述这些活动是教材比较靠前部分所设计的，中间学完百以内数的认识、两位数加减计算、乘除法初步认识以及认识图形等内容后，又专门有一个单元继续研究自己创造的九宫格。

教材首先回顾了前面洛书中的九宫格和自己创造的一些九宫格，如图6-18所示，然后提出若干继续探究学习的问题，每个问题都围绕探索发现规律入手。以下是教材设计的五个学习活动。

图6-18

1. 自创如下九宫格（图6-19）。（1）在自己创造九宫格的空格里填写合适的数，并分别写出"魔数"是多少。（2）比较自创九宫格每个格里的数与洛书九宫格每个格里的数有什么不同。（3）比较每个自创九宫格中间格里的数与魔数的关系。

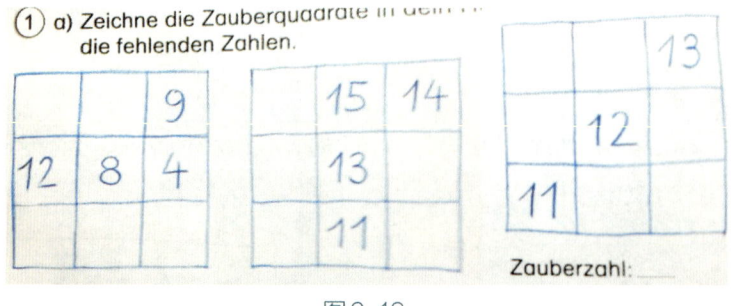

图6-19

2. 先找到下面每张自创九宫格的魔数，然后再补充上空格处缺少的数（图6-20）。

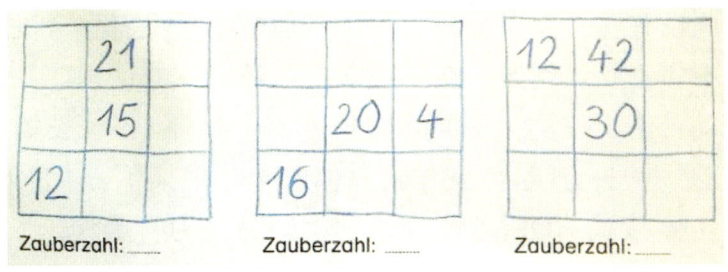

图6-20

3. 自创九宫格就是这样来的（图6-21）。（1）按照给出的步骤，分别填写出下面每一个自创九宫格里的数。（2）先确定下来你想怎么改编你的九宫格，再画出你的九宫格。

图6-21

4. "中心数"可以是任意大于5的数，这样都可以自创九宫格啦。在下面龟背上填写你喜欢的数来试一试吧（图6-22）。

5. 注意，这里有错误！下面三个自创九宫格里都有两个数是错误的，你能找出来吗（图6-23）？

图6-22

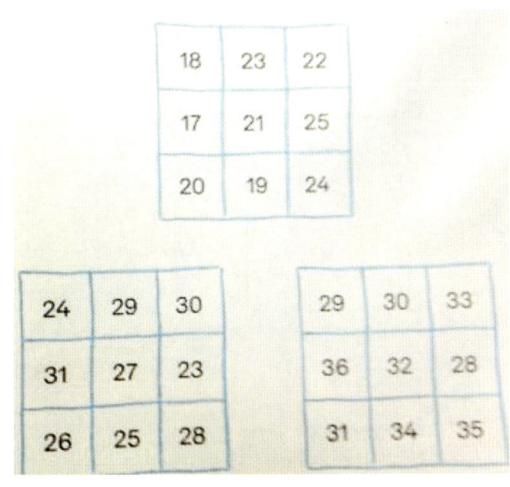

图6-23

显然上述两个单元的九宫格游戏活动价值，不仅具有工具性价值、发展性价值（见"垒计算墙"活动分析），还具有文化性价值。古老的中国洛书里蕴藏着这么多秘密，古老的中华民族是一个充满智慧的民族。只可惜在我们现行常见教材中还没有运用洛书九宫格开发的学习活动。

动手操作不是目的而是手段，是否需要动手操作要根据学生的年龄特点和认知需求来确定。关键是让学生带着"问题"来观察、推理、归纳与想象，即学生学习过程中有思维的深度卷入，高年级的数学学习带着问题、有思维深度卷入的学习要比没有思考而只是动手操作更加重要，没有思考没有思维挑战性的动手操作还不如不要。例如，五年级学习"长方体的认识"一课，有的教师教学中操作活动：给出三类（每类相同长度的小棒各4根）长短不同的小棒和"三通接头"或橡皮泥，让学生制作长方体骨架（框架），对五年级学生而言，没有深入的思考直接就"动手制作"，学生容易沦为"操作工"。这个活动可以做修改，例如，所给学具具有"开放性"，别恰好给出3类长度每类各4根的小棒，甚至可以给出不能制作成"长方体"的学具。教材上的操作活动也很好，如图6-24所示。

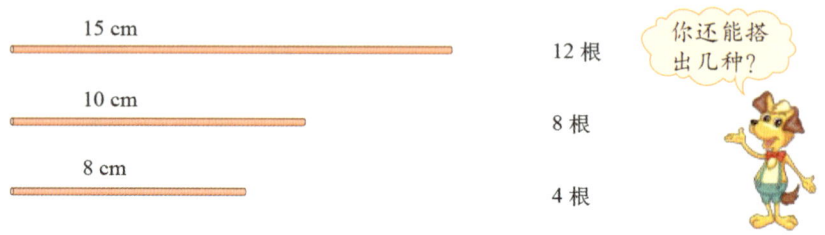

图6-24

或者下面所呈现的两个探究活动：

（1）在图6-25中的9个面中找出6个面，使它们能围成长、宽、高分别是4厘米、3厘米、2厘米的长方体。

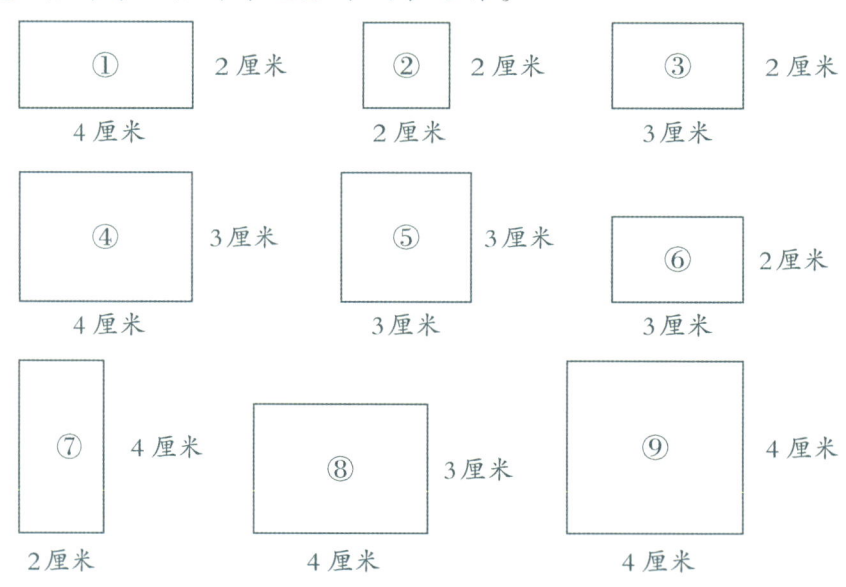

图6-25

（2）如果①②③④⑤⑨长（正）方形各给出2个，共计12个长（正）方形，使用这些图形，一共可以围成多少个长方体？

类似上述的动手操作活动还有很多（甚至可以让学生自己设计类似的活动），教师教学中可以根据实际情况灵活选择，需要强调的是，这些活动一定要让学生亲自动手制作，可以作为课外活动，课上分享每位学生的成果，交流制作的经验和心得。总之，动手操作前的质疑、思考、交流讨论是重要的数学学习活动，因此教师所设计的探究活动应该具有一定的开放性和挑战性，需要考虑所学内容的数学特点以及学生的认知特征。

三、"双主体"的课堂教学

建构主义提倡在教师指导下的、以学习者为中心的学习，也就是说，既强调学习者的认知主体作用，又不忽视教师的指导作用，教师是意义建构的帮助者、促进者，而不是知识的传授者与灌输者。学生是信息加工的主体、是意义的主动建构者，而不是外部刺激的被动接受者和被灌输的对象。学生要成为意义的主动建构者，就要求学生在学习过程中从以下几个方面发挥主体作用：

（1）要用探索法、发现法去建构知识的意义；

（2）在建构意义过程中要求学生主动去搜集并分析有关的信息和资料，对所学习的问题要提出各种假设并努力加以验证；

（3）要把当前学习内容所反映的事物尽量和自己已经知道的事物相联系，并对这种联系加以认真的思考。"联系"与"思考"是意义构建的关键。如果能把联系与思考的过程与协作学习中的协商过程（即交流、讨论的过程）结合起来，则学生建构意义的效率会更高、质量会更好。协商有"自我协商"与"相互协商"（也叫"内部协商"与"社会协商"）两种，自我协商是指自己和自己争辩什么是正确的；相互协商则指学习小组内部相互之间的讨论与辩论。

下面的教学案例[①]较好地体现了教师、学生的"双主体"地位，这样的教学真正是"成长课堂"，教师与学生都获得发展。

教学"体积单位的换算"时，常秀杰老师为学生们提供了一个1立方分米的容器和一个1立方厘米的小正方体，并提出问题：用1立方厘米的小正方体来填充这个1立方分米的容器，需要多少个能恰好填满容器？设计意图是让学生通过操作、空间想象与推理相结合，很快得出需要1000个，即得出两单位之间的进率关系：1立方分米=1000立方厘米。刚想进入下一教学环节时，却出现"意外"，使得教学"跑题"了，没有完成后面的教学任务，但"跑题"了是不是更有价值呢？请看下面的故事：

"常老师，通过刚才的交流我们知道了下面这一层正好摆了100个，如果前面、后面、左面、右面、上面都这样摆，用不了1000个，6个面只需要600个1立方厘米的小正方体就可以了！"生1急切地表达了自己的想法。

马上有学生反对："咱们需要摆满这个容器，而你却只摆了最外层，里面还是空的！"

"没错，你这样摆得不到1立方分米与1立方厘米的关系，因为你里

---

① 本案例由北京市海淀区七一小学常秀杰提供。

面没摆,当然没有用完1000个1立方厘米的小正方体。"同学们七嘴八舌地议论着,提出该问题的学生1也表示认同。

(教师心声:生1提出6个面需要600个1立方厘米的小正方体,当然不对,还需要继续引导学生探究吗?怎么办?置之不理?还是用"课后讨论到底是不是600个"来搪塞一番?)

就在这时,一个很小的声音钻进了我的耳朵:"是600个吗?肯定不到600个,有重复使用的小正方体!"平时很少说话的生2坐在第一桌,她紧皱眉头。

(教师心声:听到生2的声音,我惊醒:在这生命互动的课堂,面对学生的错误怎能视而不见!面对学生的怀疑怎能不闻不问!"体积单位间的换算"的教学同样应该落实空间观念的培养,学生的"错误"不正是为我们提供了培养学生空间观念以及进一步加深对表面积、体积的概念理解的良好契机吗!)

于是,我走到生2面前,俯下身子,拉着她的手说:"我与你有同样的质疑,把你的想法大胆地说出来!"她鼓足勇气、红着小脸表达了自己的想法。

"也就500多个吧",许多学生这样认为。于是同学们在作业本上写着、画着、算着,还有的同学紧皱眉头思考着。不一会,540个,520个,480个,488个,同学们开始交流了。又过一会儿,只剩下两个答案了:480个和488个。

(为了便于学生交流,我在黑板上画了一个大正方体。)

生3利用我提供的直观图边画边说:我认为是480个,因为正方体有12条棱,每条棱上摆了10个小正方体,这120个小正方体重复使用了,需减去,所以是480个。

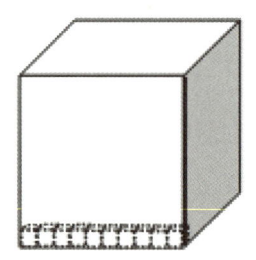 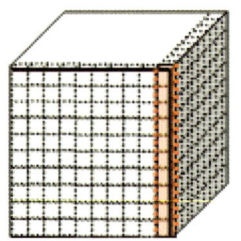

生4阐述不同的方法:先看正面,铺满需要100个小正方体,棱上的10个是公用的,在正面已经数过了,所以右侧只需要90个小正方体,就这样后面也需要90个,此时左面只需要80个。关键是上面,4条棱上的小正方体都已经数过了,还剩下8×8=64,64个小正方体。这样共100+90+90+80+64+64=488个小正方体。

生5:我也认为是488个,把上、下两个面的200个先拿走,再把左右两个面的10×8×2=160个拿走,此时前后两个面分别剩下8×8=64个,这样共200+80×2+64×2=488个。

此时下课铃响了，这时生6大喊："老师先别下课，我还有更好的方法。"同学们用期待的目光看着他。（此时我怎忍心宣布下课！）

"老师，用1000-8×8×8=488个，1立方分米需要用1000个1立方厘米小正方体，扒开最外面这层，还剩8×8×8=512个小正方体，扒掉的这一层正好是我们要求的，所以1000-512=488个。"

我和学生们一起为他们的精彩发言鼓掌："这么精彩的发言真要谢谢问题的发起者学生1，是他的'错误'让我们的思维倍加活跃！"看到嘟着小嘴若有所思的生3，我接着说："其实生3的答案是480个，这也是一个非常精彩的错误，我们课下再好好'品尝'这个精彩的错误吧！"

这个案例表面上"跑题"没有完成预设的教学任务（探究体积单位之间的进率），但实质上不但不"跑题"反而是一个非常有教育价值的案例，其价值主要体现在以下几方面。

1. 深入理解概念，培养学生的空间观念。

虽然度量长度、面积、体积的道理相同，但在学生操作和理解的过程中难度不同，度量长度最简单，度量体积最难，因为度量体积的过程中涉及更多的概念，学生对长度、面积、体积的概念更容易混淆，这个案例是深入理解概念、培养学生空间观念的很好载体。

2. 学生发现、提出"好问题"更有价值。

由于"最外层到底有多少个小正方体块"这个问题来自学生，学生的答案不同又引起了质疑和反对，因此这个问题是一个结构良好的问题，引起了学生的真正解题欲望和思考，在此基础上学生才会有不同的问题解决策略。新课标提出"四能"：发现问题、提出问题、分析问题、解决问题的能力，传统上比较重视后两者，现在更为重视前两者。这对广大一线教师提出了更高要求：如何培养学生的发现、提出问题能力？教师要重视学生的"生成资源"，而不仅仅是按部就班地完成教学任务。当然这需要教师整体把握教学内容，明确单元教学目标，清晰知道"什么对学生发展最重要"。

3. 教师、学生在"研究"中共同成长、共享快乐。

在本案例反思过程中，常老师说，"1立方分米正方体的6个面到底需要多少个1立方厘米的小正方体"这个问题，我以前也没有关注和思考过，但教学中学生提出来了，我们就要一起来研究。教师是组织者、引导者，更是参与者、思考者。在引导学生"赏错、议错、纠错"的过程中，放松思维、点燃思维、体验成功，体验教师与学生共同思考、共同解决问题的快乐！

这样的课堂教学不正是我们孜孜以求的吗？

四、教学过程的案例分析——以"复式折线统计图"为例

吴正宪老师执教的五年级"复式折线统计图"不仅对教学目标（认识绘制复式折线统计图过程中培养学生的数据分析观念）理解得非常深刻，在选择哪些探究学习活动、课堂教学中教师如何组织课堂学习活动以真正落实"学生为主体"的学习等方面也落实到位，下面对本课做深入分析。

(一) 课堂教学所设计的活动

本课主要设计了以下探究、自主制作、讨论交流等活动，每一活动都以激发学生的兴趣、引发学生质疑与思考为根本。

1. 谁来罚点球？

足球中有一项重要技术叫罚点球。五（1）班和五（2）班要进行一场罚点球的比赛，看看哪班同学罚点球的水平高。五（1）班准备从甲、乙、丙三个人当中推荐一位代表去和五（2）班比赛，你准备推荐哪一位参赛？

教师直接呈现以上问题但没有给数据，让学生体会"数据"的价值，然后再给出数据如下：

甲、乙、丙三人，在第一周每天训练后做一次比赛。每人每次罚10个点球，这是三人进球数量的记录。你们先独立思考，然后小组讨论，再作出决定。

甲、乙、丙第一周进点球情况记录

	星期一	星期二	星期三	星期四	星期四
甲	2	6	1	4	7
乙	4	5	4	5	5
丙	2	3	4	5	5

2. 学生在"半成品"学习单上绘制统计图。

课前每个小组都有一张学习单。请结合甲、乙、丙三个人的点球数据，用统计图把这些数据记录在学习单上。记录中遇到了什么困惑可以随时提出。同时，看看这幅统计图画出来以后，你们又有什么新的想法？

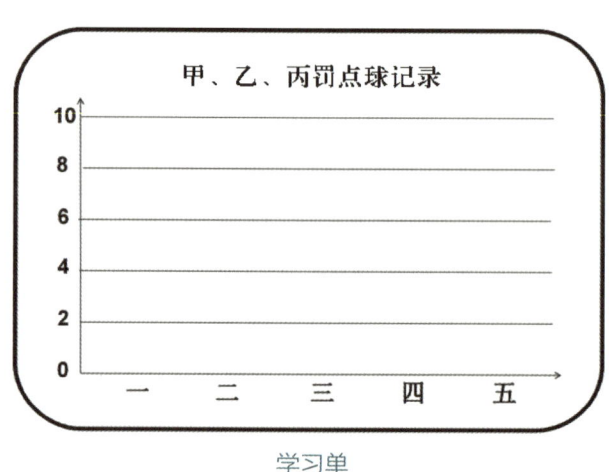

学习单

3. 在自主绘制统计图的基础上，基于"问题"认识复式折线统计图。（下图是学生不完全正确的统计图，在讨论中逐步修改完善：绘制过程、图标、名称等。）

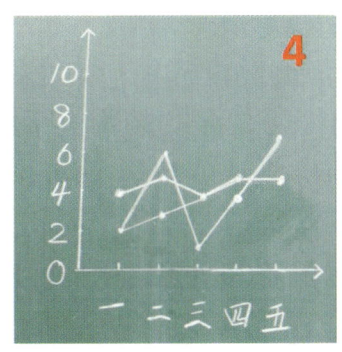 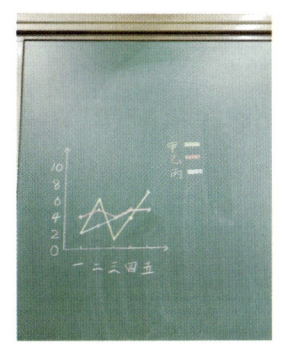

4. 根据统计图解决"派谁罚点球"问题，体会依据数据做判断。

（二）对本节课学习活动及教学过程分析

有效落实学科育人功能，需要教师在把握学科核心概念实质基础上，整合课程内容、设计有价值学习任务，其中"好任务（活动）"是实现学科育人的载体，设计"好任务"是一线教师的基本功。通过分析吴老师教学中"想什么""怎么想"等基本问题，探讨设计教学过程的有效策略。

1. 教师如何设计有价值学习活动。

（1）读懂教材是前提与保障。

读懂教材是教师设计有价值学习活动的前提与保障，教师要了解不同教材的编排内容与编排方式。关于统计图，吴老师必然了解不同版本教材的编排不同，例如人教版教材四年级上册学习单式条形统计图，四年级下册学习复式条形统计图，五年级下册同时学习单式折线统计图和复式折线统计图，即"先条再线"的编排。北师版教材则不同，在四年级下册同时安排了单式条形统计图和单式折线统计图，五年级下册则同时安排了复式条形统计图和复式折线统计图，即"先单后复"的编排。

相同之处是各版本教材都先学习条形统计图再学习折线统计图，"复式折线统计图"一般都安排在小学五年级学习，起着承上启下的作用。如何整合单、复式条形统计图与单、复式折线统计图等课程内容，以使学生更能在有认知需求、认知体验的基础上真正实现有思维投入、能力提升的学习？

由于教学目标不在于让学生绘制折线统计图，而是培养学生的数据分析观念，在对比不同版本教材基础上，吴老师没有将单式折线统计图单独作为一课时学习，而是直接学习复式折线统计图，并且是将"三个量"同时画在一张折线统计图中。我认为这样设计课程内容非常有必要，只有两个、三个量的对比才能让学生更好地感悟到折线统计图的价值：在对比中每一个量的变化发展趋势更加一目了然，依据数据做判断下结论更加合理、科学。正如课堂上有学生总结到"折线统计图中有人生：有的大起大落、有的平平稳稳、有的一直在进步"，整体上对比"三条折线"能更好地体会折线统计图的意义和功能。

（2）选择承载多元育人价值的学习情境、素材与任务。

吴老师整节课只设计了一个"大任务"——五（1）班应该派谁去"罚点球"，在完成该任务的过程中，学生学会了读懂、绘制复式折线统计图、感悟做分析下结论离不开数据、体会数据的价值，即提升了学生数据分析观念水平。那么，教师应该从哪些角度思考设计学习任务、提供学习工具呢？不外乎考虑以下几方面。

首先，设计任务的目的应该直接指向学科核心概念，前面已有论述。

其次，素材选取要考虑新时代背景、要考虑学生的生活经验。加强体育运动，"五育"并举，是新时代的新要求，校园足球又是体育教育中的重要活动，也是学生非常熟悉的，因此选择足球运动素材符合时代要求和学生生活经验。

再次，任务情境中可以提出不同问题，有不同答案，即问题应该具有开放性。该任务的核心问题"派谁罚点球"会引发很多问题，例如，按什么标准派？怎样才能判断水平高低？选择不同的统计方法及统计量是否会得出不同的结论？等等。而每一个问题可能都有不同的答案，但问题的基本思路是一致的，即用数据作为分析判断的依据，感受数据的价值。

最后，要了解影响学生对数据理解的原因，恰当地选择数据。一般来说，数据量的大小、学生自己对问题背景的理解以及数据的表征方式这三者影响学生对数据的理解，因此吴老师第一次、第二次呈现的数据量都较为合理，数据类型也适合用折线统计图来表征。

（3）设计"不完备"的学习工具助力学生探究学习。

小学生的数学学习需要一定的脚手架支持，更需要好工具助力。吴老师所设计的"半成品统计图"就是学生自主探究绘制统计图的好工具，"不完备"的学具往往有助于学生思考、操作，这就是好工具。

不提供"半成品"全部由学生画"坐标轴"制图超出小学阶段的要求，必须提供"半成品"。但"半成品"中包含哪些内容才是"好工具"呢？本课的"半成品统计图"没有给出"图例""单位"等统计图的核心要素，学生在绘制过程中就会出现困难、不同方法，对这些困难、不同方法的讨论交流有助于学生思考探究，把握统计图核心要素。由此可见，不脱离数学概念本质，又让学生有不同方法、不同理解的学具就是助力学生探究学习的好工具。

2. 基于教学目标与学生认知现状的课堂组织与调控。

指向教学目标设计有价值学习任务后，课堂教学中如何组织学生完成任务、如何调控学生完成任务的过程即何时讨论、何时汇报交流、教师如何反问追问、如何提炼概括等最能体现出教师教学的艺术水平。教师有效调控课堂教学的关键是教师首先要理解该学科核心概念发展的基本思路、研究方法等，在此基础上明晰每一学习任务的目的意图，及时、准确地诊断出学生思维的"质疑点""冲突点"及"兴趣点"等。

（1）了解统计学发展的基本思路。

为了实现有效的课堂组织与调控，教师首先应该了解学生学习、掌握新知识、新思想的过程，往往与该知识、思想的产生、形成与发展过程相类似。例如，学生形成数据分析观念的过程，与统计学的发展过程与研究思路应该基本一致。一般来说，统计学的基本研究思路是：根据所关心的问题寻求好的方法，对数据进行分析和判断，得到必要的信息去解释实际背景。同时，统计学的研究依赖于对数据的感悟，甚至是对一堆看似杂乱无章的数据的感悟，通过对数据的归纳整理、分析判断，可以发现其中隐藏的规律。统计学的作用是运用部分推断总体、针对同一个变量根据已有数据预测未来发展趋势。学生形成数据分析观念的过程与前面所述基本类似，教师有效地调控课堂教学必须理解该学科内容、思想形成与发展的过程、研究该内容的基本思路等。

（2）根据教学目标将"大任务"细化为"子任务"，组织调控更有的放矢。

教师为实现对课堂教学的有效组织与调控，必须将教学目标具体化，针对具体化的教学目标将所设计的"大任务"细化为目的意图更为明确的"子任务"。各子任务的目标清晰，教学中教师才能应对学生出现的"各种问题"或"突发事件"，从而实现有效调控学生的探究、交流讨论等学习过程。

吴老师执教本课时就将"派谁罚点球"细化为以下四个子任务：

① 感悟"拍脑袋"做决策不靠谱，必须"用数据"；

② 有数据后初步感悟用数据蕴含的"总数、平均数"这些信息可以做决策；

③ 在"半成品统计图"上绘制折线统计图，在绘制中对比体验折线统计图的作用；

④ 讨论感受运用不同的统计方法得出的结论不同，感悟运用统计方法解决问题只有"好与不好"，没有"对与错"的特点。

每一子任务的目标非常明确，因此学生在完成任务时出现的各种"状况"基本都在教师的"预设"范围内，教师的组织调控（反问与追问、总结概括、评价等行为）就能够有的放矢。

（3）及时、准确诊断并有效运用学生思维难点与认知冲突。

课堂教学调控的核心是聚焦教学目标，用好学生的认知冲突、困惑与质疑以及不同方法与观点，这些"点"都是思维真正发生之处。例如，根据数据绘制统计图的过程中，由于是三个变量的15个数据，如何区分数据是学生的难点，有的学生犹豫徘徊没法解决，但有的学生创造出自己的"独特方法"，这时吴老师适时地干预教学，暴露困难，分享好方法，让学生充分感受"图例"对复式折线统计图的作用。

再如，即使有"较为充足"的数据，但不同学生所得出的结果不同，各有各的道理，吴老师也故作"无奈"地说："这事让我们好纠结。你说没数据吧，我们不好判断；数据都来了，又给我们找了很多的麻烦，此时大家都很纠结。"

在学生争论不休的情况下，吴老师这样引导就将讨论引向统计学的根本特征：不同统计方法与结果没有"对错"之分，打破学生已有传统思维束缚。正如史宁中教授指出：因为可以用各种方法对数据进行归纳整理、分析判断，所以得到的结论也可能是不同的，而且很难说哪一种方法是对的，哪一种方法是错的，我们只能说能够更客观地反映实际背景的方法要更好一些。因此，与传统数学更多关心"对与错"的观念不同，统计学更多关心"好与不好"。即"统计学有其科学的一方面，但是也有艺术的一方面，就是说每个人的目的不一样、每个人的鉴赏力不一样，他就可以选择不同的方法、得到不同的结论"。

统计学的这一特点对学生、对教师而言都是认知上的挑战：因为我们总是习惯上"问题总要有一个确定的、正确的答案"，这样我们心里才能踏实。其背后的核心是我们已有的思维是确定性思维，而统计学则是随机思维，由确定思维到随机思维是质的飞跃，逐步形成随机思维需要这样的讨论与辩论，需要不断地积累经验。

6.5 小学数学教材与教学评价

教（学）什么、怎么教（学）、效果如何是教学研究与教学实践的基本问题，第三、四节讨论了教什么和怎么教的问题，本节讨论教的效果即教学评价问题。教学评价是一个内涵丰富、范畴广泛的教育概念，其对教育质量提升的作用不言而喻。随着新时代的新要求及实践研究的不断深入，评价的功能、内涵、内容、方式及标准等都产生较大变化，更为重视学生的学习过程与学习效果，对教师"教学"的评价内容也发生较大变化，重点不在于教师传授知识的内容与数量，更加关注教师应该帮助学生建立数学知识与日常生活的联系，加强概念性理解，经历问题解决、推理、解释、反驳等数学过程，培养学生数学思维、数学交流以及积极的数学情感等基本数学素养。

但受传统思维习惯、评价体制机制等影响，教学评价仍存在一些问题，本节我们将在综述当下教学评价的问题基础上，结合已有文献及具体教学案例，进一步澄清明晰先进的课堂教学评价内容、评价方法（方式）及标准等。

一、当下教学评价存在的问题

教学评价是提升教学质量的重要途径，随着时代的新要求，教学评价内容、方式及标准等都发生变化，教育者对其认识也不断加深，但在教学一线对教学评价仍存在一些问题，例如评价观念存在偏差与误解，即使认识到质性评价、过程性评价的意义但实施仍缺乏有效性、流于形式等，不同研究者对当下评价存在的问题有较多分析论述。

李芳等认为课堂教学评价存在如下问题：

1. 重公开课评价的甄别与筛选功能，轻常态课评价的发展与改进功能。
2. 评价主体单一，过分重视教学表现，忽视活动主体自身评价与反思（数学课堂教学评价结果合理性、代表力差；数学课堂教学评价结果使用率不高；学生在数学课堂教学评价中的地位得不到重视）。
3. 数学课堂教学评价指标与权重难以统一，评价量表难以体现数学课堂教学特色。
4. 数学课堂评价标准灵活性不够，且缺乏与质性评价的有效结合。
5. 常态数学教学中往往难见数学课堂教学评价的"尊容"。

朱国荣认为当前课堂教学评价的问题：

1. 感觉型。以评价者个人对课堂教学的主观感受作为评价依据，评价结果往往比较模糊，经常用"上得很好""没有亮点""感觉很差"等定性词进行课堂教学评价（教师基本素养好坏、教学过程是否流畅、现代教学媒体使用情况是评价的依据）。
2. 比较型。简单地以比较、排序等方式来区分教学的优劣。特别是在同课异构、教学比武等场合，评价者往往用一个简单的总分来评价一堂课的教学，并以分数作为评价、排序的依据。
3. 结果型。对课堂教学评价时，过多地、甚至是唯一地以知识技能目标的达成作为评价标准。有时会以教学后测（后测内容通常局限于相关知识与技能）的结果作为教学评价的主要依据。

肖思汉概述了课堂教学评价的现状与困境：

1. 忽视学习过程。错误地认为"只要教师教好了，学生就能学好"。
2. 脱离情境。教学评价越来越强调互动的重要性，但对互动的评价却往往脱离情境，证据脱离了情境，是孤零零的断言。
3. "以评促教"仍难以实现。评价者的评价基于水面下的大量个人经验，但被评价者却无法看到更无法习得这些经验。言者有理而闻之无据，无法有效促进教师的观念和行为变革。

罗祖兵、郭超华综述了新中国成立70年课堂教学评价的发展阶段及经验：

1. 演变历程有四个阶段：知识主导阶段、思想主导阶段、能力主导阶段、素养主导阶段。
2. 课堂教学评价标准研究取得的主要经验：评价理念不断趋向育人本质、评价内容日益全面细化、评价形式逐渐灵活有效。
3. 课堂教学评价标准研究的展望：树立个性化的评价理念、建构专业化的评价标准、倡导开放性的评价方式。

概要说，当下教学评价存在问题主要体现在：

1. 对评价功能的认识。评价既是诊断、评估教师教学、学生学习现状（评定等级等）的手段，也是改进教学、提升学生学习质量的重要手段，不能窄化评价的功能。

2. 评价主体单一。教学评价的主体不仅仅是管理者、研究者，更应该是一线教师、学生。

3. 重视结果性评价，忽视过程性评价。过程性评价与结果性评价各有其作用和意义，两者应有机结合。

4. 重视教师视角忽视学生视角的评价。教师视角的评价重视教师的教，学生视角的评价关注学生学习的过程与效果，最终"教"是为了"学"服务。

当下的教学评价还存在基于教师视角重在评价教师"教"的状态，关注教师的课堂组织、教学技巧、技术运用、板书设计等，忽视了作为学习主体的学生的学习状态。但这一现状也在得以改变，无论研究者还是一线教师、教育行政部门，都在尝试建构基于学生视角的课堂教学评价，其核心是关注学生的学习状态和学习成效，关注教师是否做到以学定教，通过以学评教，诊断和改进教学，促进教师转变教学方式，提高教学效率。

既要关注教师"教"的状态，更要关注学生"学"的状态。多元化取向看待教学评价，以评价理念、价值取向和目标多元化来调整评价标准、主体、对象、方法与形式的多元化，以此指导教学实践，真正发挥"评价促改进"功能。

教学评价，是指依据一定的客观标准，以搜集相关信息为基础，运用科学的方法，对师生的教学活动及其效果进行价值判断的活动。教学评价的本质就是人们对教学活动及其效果的价值判断。它是一种测量、一种描述、一种判断，具有诊断、激励、组建、发展和提升等多种功能。学生、教师和学校是新课改革背景下教学评价的主要对象，所以，教学评价的作用主要通过教师、学生和学校三方面的发展体现出来。

课堂教学评价是指以教育目标的实现（促进学生的全面发展）为终极目的，以教学目标和有关教学理论、理念为依据，运用可操作性的科学手段，对课堂教学诸因素及发展变化进行的一种价值判断活动。

评价的主要目的是为了全面了解学生的学习历程，激励学生的学习和改进教师的教学。应建立评价目标多元，评价方法多样的评价体系。对学习的评价要关注学生学习的结果，更要关注他们学习的过程；要关注学生学习的水平，更要关注他们在学科活动中所表现出来的情感与态度。

课堂教学评价的功能主要有：导向、激励、预测、鉴定、诊断、改进、考核、反馈、调控、管理功能等，以往的课堂教学评价过分强调比较、鉴定和选择的功能，而现代的课堂教学评价则应更加注重诊断、改进和形成的功能。各种功能的实现都必将对课堂教学质量乃至学校教学质量的提高产生作用，都是为共同的终极价值服务的，即促进学生的发展和促进教师的发展，尤其促进学生发展是教育评价的本质追求，学生发展的水平和状况理所当然地是教学评价关注的焦点。科学、适切的数学课堂教学评价，有利于引领、规范、促进数学课堂的相关主体更有效地践行、落实基于数学素养的课程与教学目标，有利于更精准地监测数学课堂教学质量。

二、课堂教学评价的主要内容

课堂教学评价是教育评价的主要内容之一，课堂教学评价到底"评什么"关乎教育目标的落实，直接影响教师的教育教学行为，进而影响学生的全面发展，课堂教学评价的内容尤为重要。

具体来说，数学课堂教学评价应该侧重哪些方面仍有很多问题值得追问：在数学课堂教学中，教师用什么样的过程或方式让学生领会数学的意义、达到发展数学素养的目标？教师选用哪些数学活动素材？师生对数学知识的正确理解程度如何？相关数学问题及情境是如何被呈现的？数学课堂教学的方法与策略是否具有较好的灵活性和有效性？学生如何理解、把握及应用数学概念？学生掌握了怎样的数学方法？数学活动中学生有怎样的体验？数学课堂教学中有没有从单一、孤立的数学知识授受教学向关联性、结构化的数学理解教学转变？很多研究者对此已有探究。

曹一鸣认为评价一节课的标准应体现在教学目的的确切性、学生学习积极性的促进性、对学生数学能力培养的重视性、教学方法的有效性、语言表达的流畅性、传授知识的系统性、寻找重点难点的准确性。安淑华、吴仲和认为数学教学的核心是让每一个学生参与到学习中去，以取得最大的学习效果并提高学生的数学能力。一堂好的数学课应该考虑：相关性、联系性、平衡性、有序性、多元性、评价性、创新性、互动性、反思性、公平性、责任性、有效性等诸多方面。王光明、王合义认为好课的标准体现在学生学习的主动性、有效的互动性、自行获取知识的实践性、学生真正的"理解性"、预备学习材料的良好组织性、学生学习的反思性。任子朝、孔凡哲认为评价数学课堂教学应该关注是否：围绕教学目标、娴熟驾驭教材、合理师生关系、有效的教学、以学习为中心组织教学、关注学生个性与潜能、改善教学手段和环境、关注学生的情感态度和自信心、关注教学基本功和教学特色等9个方面内容。

朱哲民、贾冰认为数学探究教学的评价维度与指标如下：

1. 探究主体：教学参与对象比例、师生控制课堂时间比例；
2. 探究互动：教师与学生的交流类型、学生与学生的交流类型、数学知识是否由互动产生；
3. 探究资源：教学目标指向学生、数学情境的来源、课本资源与课外资源的比例、学生提供资源情况、学生使用探究资源情况、探究的有效性；
4. 探究能力：提出数学问题的能力、给出数学假说的能力、建立模型的能力、使用数学知识的能力、其他能力。

秦华、曹一鸣介绍了韩国数学课堂教学评价的内容及具体指标，这些评价与我国当下所倡导的基本一致，非常有借鉴意义。概括说，主要有以下几方面：

1. 数学课堂教学评价标准要求教师和学生都明确学习目标，共同努力达成目标（15%），教学评价不仅考察教师教学内容、方法及时间的适当性，而且考察学生对学习目标的看法和理解。

2. 强调教师应合理重构学习内容能力（10%），重视教师的教学准备，要运用教学理论，恰当、合理、创造性地重构教学内容，甚至认为重构学习内容的能力比教学策略、学习环境、学生评价还重要。

3. 应鼓励学生主动参与学习活动，学生学习活动非常重要（20%），考察学生参与活动的主动性、对学习内容的理解性、学生的参与度、学生学习态度的培养来评价学生参与活动的情况，培养学生的数学直觉、数学推理、数学交流、数学情感、创造性和个性等。首先，教师应营造平等、民主、宽容、尊重的学习氛围，有利于学生参与活动；其次，教师在教学中，应激励学生要自信，关注学生的个性差异，鼓励所有学生主动参与独立探究、小组合作、动手操作、全班讨论等活动，采用多种方法或多种表征，不断呈现、解释自己的想法，经历猜想、反驳、辩解、推理、证明等数学过程，直到问题解决。

4. 重视教师的提问与反馈（10%），考查教师是否具有提问策略、能否提出适当的、各种水平的问题，问题质量是否较高等。除提问策略外，教师应具有评价学生的策略和对学生进行及时反馈的策略。

除了评价教师的课堂教学技能，还评价教师课堂外的基本素养，例如，教师应具有丰富的数学专业知识、学校数学知识和数学教学知识；在课前，精心备教材、备内容、备学生、备教具；在课中，体现熟练的教学技能；在课后，积极参加各种教研活动，增进专业化发展，增长教师知识，提高教学质量，形成良性循环。

概括地说，数学课堂教学评价关注点有下列明显转向：由单一的知识目标转向关注学生的全面发展；由单纯的教师讲授转向重视引导学生自主探索与合作交流，培养创新精神；由远离生活转向生动具体的教学情境的创设；由传统单一的教学手段转向丰富的现代信息技术的应用；由教师的独白转向师生间的对话与交流。现代教学评价更加关注学生的学习过程：不仅要关注学生动手操作、比较分析、数学表达、与人交流与合作等一般能力的发展，还要关注学生问题解决等数学能力的发展，更要关注学生在情感、态度与价值观等方面的健康和谐的发展。课堂教学更为强调学生与学生之间的互动学习，高水平的生生互动应该包括：相互学习、相互讨论、相互聆听、相互反馈、相互激励、相互评价、相互竞争、相互督促等，这些都是课堂教学评价的重要内容。

三、教学评价方式与评价标准

教学评价方式是落实评价目标的手段，评价标准是引领课堂教学改革走向的方向标和指挥棒。课堂教学评价方式、标准的选择与制定，受课堂教学的价值取向及基本形态的影响,不同的价值取向及形态决定了不同的评价方式和标准。

(一)教学评价方式、方法的类型

从不同分类标准看,评价方式主要有过程性评价和终结性评价,或者分为量化评价和质性评价。不同评价内容应采用恰当的评价方式,方式与评价目标、内容相适应相匹配,这样评价方式才能有效。例如,为对学生数学学习准备性进行评价应合理利用诊断性评价,为对学生数学学习目标达成情况进行评价应合理利用形成性评价,为对学生整个学习状态进行评价应合理利用终结性评价,为动态地把握学生在数学各活动环节中实时表现应合理利用过程性评价。

曹一鸣认为,教学评价在方式上要开放、多样,评价方式具有发展性和适配性。所谓发展性是强调教学评价方式的变化要以激励教师的教和改善学生的学为主,要通过评价帮助学生认识数学学习上的不足,建立勇于进行数学活动探究、深化数学知识理解和谋求深度数学学习的自信,充分发挥数学课堂教学评价应有的教育与引导功能,促进学生数学核心素养的持续发展。所谓适配性是强调数学课堂教学评价要遵循学生发展数学素养的内在规律与相关教学要求,合理选择、匹配数学课堂教学评价的具体类型。

在日常教学实践中教师常用的评价方法有:评语评价法、口头报告、言语随机评价、等级评价法、学业成绩报告单、量表评价法、档案记录等。在教育研究领域,学者们常用的评价方法是调查评价法(观察法、访谈法、测验法、问卷调查法)、量表评价法、表现性评价等。对教师课堂教学的评价使用最广泛的评价方法是量表评价法,但量表评价法也有一定的不足,如何使评价量表的内容维度及赋值更加科学、合理是教学评价研究的主要内容。

数学课堂教学评价量表的制订深受科学主义及量化思维的影响,认为评价项目制定得越详细越好。但是,数学课堂教学活动作为一个复杂系统,其中的各种要素相互联系,不可截然分开,且数学课堂教学中也的确存在一些无法直接量化的内容,因此定量评价具有一定的局限性,因此,质性评价方法在数学课堂教学评价领域开始受到重视并逐渐推广。

陈佑清等认为,质性评价方法就是评价者通过特定方法(观察、记录、实物分析以及与评价对象进行对话、交流),收集反映评价对象发展状况的丰富资料,对资料进行整理分析,并用描述性、情感性的语言对评价对象的能力发展和人文素养等方面的进步作出评价。无论量化评价还是质性评价都以评价的有用和有效性为前提,以课堂教学质量评价功能的正常发挥为目的,二者各有各的作用、价值和局限性,实践中可以灵活选择。

(二)课堂教学评价标准(量表)

我国各级教学研究部门、很多学校都制订了相关的课堂教学评价标准,用于评测、监控教师上课的质量和效果。陈佑清、陶涛总结了目前课堂教学评价标准的主要类型。

1. 传统的课堂教学评价标准(侧重教师的教):包括教学目标(10)、

教学内容（25）、教学方法（25）、教学手段（15）、教学效果（25）。

2. 对传统课堂教学评价标准进行重新改进（既强调教师的教也强调学生的学）：学生学习行为（参与状态、活动状态、思维状态、学习效果，共计50分，前三项各10分）、教师教学行为（教学思想、学习目标、过程设计、课堂调控、教师素养，共计50分，每项各10分）、鼓励创新（10分）。除了前述量化评价（有对各项行为的具体描述）外，在本评价量表中最后还有一"空格"，由评价者进行"综合描述"。给出的"评价等级"为：优（100—85分）、良（84—75分）、合格（74—60分）、不合格（60分以下）。

3. 以有效教学为取向的课堂教学评价标准：教学目标（有价值体现高期望、清楚具体可操作、适合学生需要、全面综合深刻、明确考核内容与方式）；教学活动（设置教学情境、活动目标明确与内容一致、小组活动、师生活动、生生活动、活动与作业）；教学能力（清晰准确地交流、运用提问与讨论技术、经常变换教学方法、训练学生学习方法思维元认知、运用教学资源信息技术）；教学反馈（为学生提供反馈、与家庭的沟通和交流、教学反思、课堂评价、作业考试与测验）；教学组织与管理（有明确的课堂纪律、创建健康有益的学习文化、有效分配利用课堂时间、组织与管理教学过程、管理学生行为、管理物理空间）。

他们在评述前面教学评价标准不足基础上构建了"以学评教"的课堂教学评价标准如下。

表6-1 课堂教学评价表1

一级指标	二级指标	三级指标（课堂观察点）
学生行为的针对性	满足学习目标实现的需要	1.学习目标定位准确、全面 2.学习行为与目标实现的匹配程度
	符合学习内容的特性	1.把握学科特性 2.内容解读准确，合理确定教学的重难点 3.学习行为符合学科特性及对具体内容的解读
	切合学生的学情	1.学习行为与学生的经验基础相适应 2.学习行为与学生的知识基础相匹配 3.学习行为与学生的思维能力相适应 4.学习行为符合学生的学习需求
	基于教学条件的可能	1.学习行为与教学的时间相适应 2.学习行为与教学的空间相适应 3.学习行为与教学的设备条件相适应
学习行为的能动性	参与学习活动的积极性	1.学生参与学习活动是否主动热情 2.学生在学习过程中是否专注投入
	内部思维过程的能动性	1.学生在学习过程中是否积极思考 2.学生在学习过程中是否主动质疑 3.学生在学习过程中有无内化理解 4.学生在学习过程中是否主动建构
	能动参与学习的学生面	1.能动参与学习的学生的比例

续表

一级指标	二级指标	三级指标（课堂观察点）
学习行为的多样性	满足多种学习目标实现的需要	1.准确把握本堂课应实现的多种目标 2.设计与多种目标对应的多种学习行为
	符合多种学习内容的特性	1.全面把握本堂课内容的类型或版块 2.设计与不同内容匹配的多种学习行为
	适应教学条件的可能	1.本堂课设计的多种学习行为是否都有相应的时间、空间及物质条件保障
学习行为的选择性	学习行为切合不同学生学情	1.有无分层设计目标、内容、进度、作业要求 2.不同层次或特点的学生是否可以选择不同的学习行为

郝志军提出课堂教学评价如下框架。

表6-2 课堂教学评价表2

本质特征	关系维度	指标要素	表现描述
活动-实践性	教师-课程	目标确定	明确、具体、可测
		内容设计	主题、结构、呈现
		技术运用	关联性、新颖性、多样性
	学生-课程	学习方式	自主、合作、质疑、探究
		学习效果	学会、学好
社会-交往性	教师-学生	提问应答	启发性、挑战性、全体性
		活动引导	任务、责任、路径、实效
		评价反馈	客观、及时、正向
	学生-学生	合作研讨	团结、互助、共享
文化-价值性	教师-课堂文化	气氛营造	活跃、轻松、和谐
		秩序调节	规范、灵活、机智
	学生-课堂文化	学习状态	有动力、有精力、有活力
		学习体验	感悟、愉悦

综合已有研究可以看出，课堂教学评价标准（量表）主要分两类：一类是依据课堂教学的各个要素，把课堂教学分为教学目标、教学内容、教学方法、教学过程、教学效果等评价指标，然后进一步细分为若干二级指标，分别按每一、二级指标（或只按一级指标）打分，每一指标事先确定好分值。另一类是依据课堂教学中的具体行为进行分类，把课堂教学分为教师教的行为和学生学的行为两个维度，每一维度又有若干评价指标分别计分。每一类量表都给出了指标权重及其具体分值，评价者据此分项打分相加得到被评价者的总分，依此进行课堂教学的定量评价。

（三）课堂教学观察表

评价工具是指在开展课堂教学评价时借助的媒介，主要包括课堂观察量表和评价量表。朱国荣提出的课堂观察表重在改变课堂观察的视角，从学生学习的参与度、知识与技能的达成度、方法与能力的发展度三个维度进行观察和记录。

1. 记录学生学习的参与度（关注全体学生学习的积极性和主动性；在轻松安全的氛围中质疑问难，积极表达自己的意见；学生学习方式的丰富性，既有独立思考又有合作交流，既有动手实践又有理性思辨）。包括对学生学习参与度的整体记录和对核心任务探索环节的重点记录。记录学生在整节课中的学习状态，以时间"分"为单位，对"听师讲授""师生互动""自主探究""合作学习""独立练习"五种学习状态进行记录。对学生参与核心任务探索情况的记录，重点记录学生在探究核心任务时的生成情况以及师生借助生成材料展开交流的状况。

需要以核心任务引导学生主动探究。核心任务（核心任务表述是否清晰明确，是否具有合适的探究空间）的特点是具有适度的挑战性和思维空间。学生借助已有的生活经验、知识经验进行探索时，必然会有个性化和差异性，生成各种不同水平的方法、材料。收集和分析这些生成材料，可以评价学生思维的主动性和积极性。课堂生成性材料的捕捉，一般可以通过观察直接记录，有时也需要用摄影、摄像、录音等方式进行记录。

根据学生参与情况组织好反馈。要根据记录生成的具有典型性和代表性的材料，合理安排反馈的顺序和重点，组织流畅的互动交流，引领学生的思维，达成理解知识、掌握技能的教学目标。一是核心任务表述是否清晰明确，是否具有合适的探究空间；二是学生探究生成材料是否丰富，是否具有层次性；三是师生互动、反馈交流过程是否合理、流畅，环节目标达成是否高效。

2. 知识技能的达成度（学生是否能在主动探究中学习知识掌握技能；全体学生对知识技能目标的达成度；全体学生是否有差异性发展）：小学数学课堂教学评价需要关注基础性目标的达成度，具体可以从理解概念（含义、多模式表征、关系）、掌握法则、熟练技能（程序、步骤）、学会解题四个方面。不能只依靠课堂观察记录，还需要检查学生课堂作业完成情况，或者在课后及时进行有针对性的专项检测，从而更加全面、客观地分析学生的掌握情况。

3. 记录方法与能力的发展度（学生是否能在教学过程中获得学习方法提高学习能力；学生是否能独立思考问题又懂得与人合作解决问题）。数学是思维的体操，基础知识和基本技能只是思维外壳，基本思想和基本活动经验才是思维的内涵。因此，数学教学既要关注掌握基础知识和基本技能，还要关注渗透基本思想，积累基本活动经验；不但要训练学生分析问题和解决问题的能力，还要培养学生发现问题和提出问题的能力。

四、学生数学能力的评价标准——以"建模"能力为例

数学模型是"借用数学的语言讲述现实世界的故事"，从现实情境中，剥离出问题的数学结构就是"横向数学化"的过程,即"把生活世界引向符号世界"。由此,不难理解"模型思想的建立就是使学生理解数学与外部世界联系的基本途径"。模型思想的感悟,必然是在建构数学模型、应用数学模型的过程中实现的,仅仅套用公式解决问题很难提升学生的数学建模素养。

学生进行数学问题解决或建模不能直接"背诵"抽象数量关系,必须在大量的现实情境中做出取舍、抽象和概括,并让学生在质疑、争论、举例,教师及时、到位地"点拨"引导下来学习。为实现此目标,数学教师自身首先要理解建模的过程、本质与价值,尤其对数学建模在小学阶段价值的理解与把握,不能只是停留在宽泛描述或者"贴标签"层面,准确地诊断出学生建模过程的难点与困惑,通过设计合理有效的教学活动引导学生们根据自身的实际体验及自己的思维方式经历数学建模的整个过程。

(一)小学生数学"建模"能力的不同水平

在教学实践中,我们提出小学阶段数学建模有以下几个层次,不同学习阶段所处的层次可能不同,达到最高层次可能需要几个课时甚至较长时间的学习、体验与探究。

第一层次:从现实问题到直观模型、抽象模型;

第二层次:根据直观模型、抽象算式讲述不同情境、不同事件的"故事",感受数学模型的意义与价值;

第三层次:根据直观模型、抽象模型通过数一数、计算等活动求得模型的解,并对解的正确性、合理性进行检验与评价,并将该数学模型应用于新问题新情境。

第三层次是最高水平,具体到某一个问题情境中的学生表现,我们还可以把这三个层次的水平进行更为细致的划分,具体内容如下表所示。

表6-3 学生数学"建模"能力的不同水平

水平	学生表现	层次
水平0	不理解题意,不能用任何方式表征出题意或表征错误。	
水平1	理解题意,能用直观形象的方式(如画图、列表等)正确表征题意,但不能发现规律。	层次一:从现实问题到直观模型、抽象算式。
水平2	理解题意,能用直观形象的方式(如画图、列表等)正确表征题意,发现规律并转化为数量关系式或符号表达式。	
水平3	在水平2基础上,对直观模型、数量关系式或符号表达式求得正确答案,检验与评价答案。	层次二:针对直观模型、抽象算式求得结果并检验。
水平4	列举其他不同情境的问题(故事)并能运用相同数量关系解决更多的现实问题。	层次三:运用该模型讲述不同故事并解决其他问题。

除"植树问题""鸡兔同笼"问题等这类经典问题解决内容以外,小学数学中的每个概念、每类运算都可以构成数学模型,在小学阶段,"植树问题"

和"鸡兔同笼"这类问题对学生的建模水平并非要求到最高级的层次三（或水平4），但对于数学基本概念、运算意义等则需要达到层次三（或水平4）。

（二）从"低水平"走向"高水平"的教学——以"鸡兔同笼"为例

在概念或运算教学和问题解决教学中如何针对学生现有水平向更高层次提升？怎样在小学数学教学中有效渗透"模型思想"？下面以"鸡兔同笼"问题为例简要分析。

鸡兔同笼问题的基础模型是乘法模型和加法模型，是2个乘法模型和2个加法模型的综合应用，具体表述如下：

$$每只鸡脚数 \times 鸡的只数 = 鸡脚数$$
$$每只兔脚数 \times 兔的只数 = 兔脚数$$
$$兔头 + 鸡头 = 动物数之和$$
$$兔脚 + 鸡脚 = 脚数和$$

但其根本是乘法模型，即将每份数不相同的量都转化为每份数相同的量，也就是问题解决中常用的"假设法"（都假设为"鸡"或者都假设为"兔"，这样每份"脚数"都相同）：总只数×假设的脚数=假设的脚总数，再寻找假设的脚总数与实际脚总数"差"的来源，从而求解出问题答案。

"鸡兔同笼"问题在小学出现在几种版本的教材中，不同教材安排的年级也有不同，安排年级较低的教材更为侧重画图法和"尝试法"，让学生经历画图、列表、尝试和不断调整的过程，从中体会出解决问题的一般策略，安排在较高年级的教材则更为侧重假设法和方程。"鸡兔同笼"问题的算数解法多种多样，例如"金鸡独立"法、假设鸡的两只翅膀也变成两只脚、假设鸡全都飞起来（或坐地上）、兔全用双脚站立等，尽管奇思妙想的解法很多，但其本质归根结底都是假设法，而且都是先转化为乘法模型，再利用加法模型解决问题。一旦掌握了模型的本质，就可以相应地解决类似的许多问题，如储蓄罐里有1角和5角两种不同的硬币（共有多少枚硬币，价值多少钱）、买成人票和儿童票两种票价的电影票（共买了几张票，花了多少钱）、购买两种不同价钱的玩具（共买几个玩具，花了多少钱）等。

教学"鸡兔同笼"问题时，部分学生已经从课外渠道对于"鸡兔同笼"的情境问题形成了思维定式，而且通过记忆或背诵抽象的数量关系，一看到"鸡和兔子关在同一个笼子里"的情境就自动化地列式计算，貌似已经能够用抽象的算式模型解决问题，实际上并不能够深刻理解其意义，从而掩盖了学生的真实水平，怎样才能暴露出学生的真实水平而不让老师被学生"盲目套用公式"的假象所蒙蔽？下面是北京实验二小的索桂超老师设计的"鸡兔同笼"教学片段。

师：同学们，喜欢玩魔术吗？

众生答：喜欢！

师：索老师也特别喜欢玩魔术，今天我给大家变个魔术。有两种牌，分别是点数是4和点数是9的牌，告诉魔术师一共翻了多少张牌，牌面点数总和是多少，魔术师就能知道翻出来几张4点和几张9点。

……

在魔术结束后，教师呈现问题"5点和2点的牌，一共抽了12张牌，牌面点数总和为45点。5点和2点各有几张？"请同学们通过画图、列表、假设等各种方法来解决问题。学生的各种方法如下（具体方法的描述略）。

方法一：凭借数感尝试，然后调整

方法二：列表尝试，假设全是5点或2点

方法三：先计算平均数，再作调整

方法四：分组计算，再作调整

在这一引入环节中，教师将"鸡兔同笼"的情境改编为好玩有趣的扑克牌魔术，借用"鸡兔同笼"问题的模型结构，隐藏"鸡兔同笼"的问题类型，激发了学生学习和研究的兴趣。完成这一任务后，教师抛出"鸡兔同笼"问题，学生自觉进行了迁移。

生2：35个头就相当于牌的数量35张，94只脚相当于94点。

生3：兔子其实就是4点的牌，鸡是2点的牌，因为兔子有四只脚，鸡有两只脚。

找到了共同的数学结构，学生就能够很容易地解决问题，完成"鸡兔同笼"问题后，为了让学生向更高水平迈进，教师又抛出了新的问题。

师：如果不使用"鸡"和"兔"这两种动物，换成其他动物或者物体，你还可以创编一个鸡兔同笼的问题吗？

生2：狗和猫。

生3：不可以，因为都是4条腿。

师：改一改。

生4：鹅和狗。

生5：摩托车和三轮车。

师：总而言之，我们只要保证什么不一样就可以了。

生6：他们的"腿"数不同就可以了。

师：不瞒大家说，今天索老师和大家玩的数学魔术就是根据"鸡兔同笼"这个问题改编过来的。

生：厉害！

师：其实你们也可以像索老师这样创编出一个数学小游戏，如果你们感兴趣的话，也可以搜索鸡兔同笼相关的资料，制作一个小板报，甚至你们也可以写一篇小论文或者小发现。

（三）"鸡兔同笼"教学案例分析

从上述案例中我们可以看到，尽管"建模"对于小学生来说是有一定困难的，但如果教师深刻理解"模型思想"的内涵、"建模"的过程及学生学习路径，依然能够很好地让学生经历这个过程，在小学阶段有效地渗透"模型思想"。索老师就是准确把握了学生建构模型的不同水平，从而设计了清晰有层次的学习活动。

第一，用扑克牌情境引入，让学生用自己的方式探究并建构模型，既可以是列表的直观方式，也可以是抽象的算式，从而让学生在一个新情境中充分展示自己的水平，同时也让还没有达到层次一的学生通过自主思考和生生间的汇报交流，知道多种解决问题的方法。

第二，从扑克牌转入"鸡兔同笼"问题，引发学生思考两个不同情境之间共同的结构，学生找到了头与牌的数量的对应、脚与点数的对应，至此，学生在层次二上已经初步建立了"鸡兔同笼"问题结构的模型。

第三，在小学阶段，达到层次二已经基本符合了标准，但精心设计的活动有可能让部分学生在层次三上有所突破。索老师追问的"如果不使用鸡和兔这两种动物，换成其他动物或者物体，你还可以创编一个'鸡兔同笼'的问题吗？"又引发了学生新一轮的争论和思考，是随便换两种动物都可以吗？换的这两种动物必须具备什么样的特征才能真正成为"鸡兔同笼"问题？对这一问题的不断追问使得学生发现"腿数"是这一问题结构的一个重要因素，涉及的两种物体必须具备腿数不同的特征才能够与这一模型相匹配。当然，这些内容不是一节课完成的，讲故事、画小报的活动可以作为课后活动，也可以再对学生作品进行展示交流评价，这一过程是对模型结构的进一步解读和剖析，再次感受模型思想而不仅仅是套公式做计算，这样的活动既有趣又有意义。

数学建模素养在小学阶段能否渗透与落实、是否是小学生应该具有的数学素养等问题不同学者持有不同的观点。如前所述，如果我们将数学建模的内涵适当放宽，降低数学建模的要求，则在小学数学中能够渗透数学建模思想，实现数学建模所承载的教育价值，那么数学建模在小学数学学习中承载哪些价值呢？在渗透模型思想的教学过程中需要关注哪些问题？这都是教师设计有价值学习活动的重要前提和依据。

第七章 小学数学数字教材的研究

7.1 信息技术与小学数学教育

信息技术与数学教学整合是这个时代背景下数学教育发展的必然趋势。《标准（2011）》在"前言"中就充分强调信息技术对数学教育带来的影响："数学是研究数量关系和空间形式的科学。数学与人类发展和社会进步息息相关，随着现代信息技术的飞速发展，数学更加广泛应用于社会生产和日常生活的各个方面。数学作为对于客观现象抽象概括而逐渐形成的科学语言与工具，不仅是自然科学和技术科学的基础，而且在人文科学与社会科学中发挥着越来越大的作用。特别是20世纪中叶以来，数学与计算机技术的结合在许多方面直接为社会创造价值，推动着社会生产力的发展。"作为义务教育阶段的基础学科，关注的是培养公民的基本数学素养，我们身处的社会环境中信息技术的应用越来越频繁，这使得数学的应用也变得越来越广泛。信息技术的发展与应用，为基础教育中的数学教学也带来了深刻的变化，不仅仅是改变数学教学的手段，而且还对数学教育的价值、目标、内容以及教学方式等产生了很大的影响。《国家中长期教育改革和发展规划纲要（2010—2020年）》中专门提及推进教育信息化并强调："信息技术对教育发展具有革命性影响，必须予以高度重视。"

信息技术与数学教学整合也是实现教育现代化的需要。教育的现代化需要教育信息化，教育信息化的目的是实现教育的现代化，即产生符合时代需要的新型教育形态。何克抗指出："教育信息化在强调应将信息与信息技术在整合教育领域和教育部分中应用与推广的同时，必须把重点放在教学领域（其中又包括教学过程、教学资源、教学评价等几个方面）的应用与推广。不抓住重点，教育信息化就会本末倒置，就会迷失方向，就不会取得显著成效。"

在信息技术日新月异和数学教育创新改革的背景下，我们应该树立与之对应的教育教学理念。数学课程的整体设计应充分考虑现代信息技术的整合与应用，基于信息技术丰富数学学习内容，开发适合学生数学学习的资源，应用信息技术优化教师教学和学生学习的手段，把信息技术作为教师教学的实用载体，提高工作效率，同时也把信息技术作为学生学习数学和解决问题的有力工具，提高学习的有效性；应用信息技术改进教与学的方式，方便教师的教与学生的学，不受时空的限制，突破原有教育环境的约束，建立更为开放多元的师生、生生关系，激发学生的学习兴趣，使学生乐意并有可能投入到现实的、探索性的数学活动中去。如果有人问：信息技术将改变数学教育的什么？也许我们可以回答：手段、内容、方式、目标……数学教育的一切。

一、应用信息技术对数学教育产生的影响

（一）丰富数学教学内容

为了让儿童青少年更好地适应未来生活，促进其各方面的发展，课程内容的科学合理选择是最为基础和核心的问题。随着时代的发展，人类的科学知识内容在不断地发展与更新，如何及时更新课程内容以保持与社会发展同步等诸多问题都需要与时俱进的思考与研究。随着信息技术在现实生活中的应用，有些数学学习的内容以及相应的要求会随之改变。《标准（2011）》在教材"编写建议"中也明确提出要求：设计一些课题和阅读材料，引导学生借助算盘、函数计算器、计算机等工具，进行探索性学习活动。

随着时代的进步、社会的发展，作为每一个公民都要掌握的基础学科"数学"已不再只是"算术"，学习的内容变得更为丰富多样。学生已经从纷繁复杂的计算中解放出来，随着技术的发展以及在日常生活中的便捷应用，在计算方面的要求有所降低。义务教育的数学课程要为学生未来生活、工作和学习奠定重要的基础，以前在生活中可能不需要的内容在当下的生活中可能就显得重要起来了，甚至成为生活的必需，那么与此相关的数学知识就应当增补，学生需要掌握的数学基础知识和基本技能是与时俱进地变化着的。与此同时，应用信息技术进行教学，提高了教学的效益，使得学生有学习更多内容的可能。基于计算器、计算机的学习环境下可以进行相应的数学活动，也就成了新时期数学学习的新气象。

小学数学"数与代数"领域中，在信息技术环境下有很多新的内容需要学生了解，比如数码。我们身处数码时代，进超市买东西，刷条形码；去银行，要身份证；去书店，每一本书都有书号，这些数码中都蕴含着数学的规律，尤其是校验码，在生活中起着重要的作用。"图形与几何"领域中，当我们看电视、浏览网页或者拍照片的时候，虽然看到的是一个平面，但是我们可以感知到一个立体的世界，这种二维和三维物体之间的转换在生活中几乎无处不在，这也正是新时期我们应该更多关注的空间观念。"统计与概率"领域中，当我们收听每一天的天气预报、查看当天的报纸、估计等公交车的时间时，为我们的家人在买彩票、炒股票时，都会面临许许多多的数据，需要我们去分析处理，或者分析事件发生的概率来应对处理，这也是一个未来公民所需要的基本素养。

2×2×2……乘20次会是多少？别看数字小，笔算起来可不是件简单的事；一个三角形，围绕中心点旋转，会产生一个怎样的图形？徒手画这个图形可不是件轻松的事。因为有了计算器、计算机，这些有趣的数学问题就有了让小学生解决的可能，从而成为新时期小学生学习数学内容的有益补充。

（二）优化数学教学手段

《标准（2011）》在"实施意见"中强调："积极开发和有效利用各种课程资源，合理地应用现代信息技术，注重信息技术与课程内容的整合，有条件的地区，教学中要尽可能地使用计算器、计算机以及有关软件。"信息技术与数学学科整合，为学生创设一个利于多种感官参与的学习环境，图文并茂、声像俱佳，使抽象枯燥的学习内容变得形象有趣，不仅可以提高学生的学习兴趣，还能提高学生的学习效率。对于小学数学教学来说，通过声音、色彩、图画也许只是改变其非本质属性，但是对于"儿童"学习数学却能起到重要的促进作用。当然，随着年级的升高，我们还要从利于学习数学本身来激发学生的兴趣，让学生在动态变化中感受数学的美妙。

1.应用信息技术，使数学教学展示更形象。

数学学习的过程中，有时很难用准确的语言来表述，需要借助直观形象的图示来说明。比如20以内的加法教学（图7-1），在绳子上原来停着12只小鸟，后来又飞来了3只，一共有多少只小鸟？有了信息技术的动画支持，学生观察起来就很形象，既好理解，又充满童趣。

图7-1

2.应用信息技术，使数学教学反馈更便捷。

传统教学的环境中，教师的板演有时需要比较长的时间，为了节省时间，有的老师会提前写在纸上，上课时用来粘贴，现在有了信息技术的支持，在课堂上展示就很方便，也便于大家针对展示的内容展开进一步的讨论与交流。

3.应用信息技术，使数学教学交互更智能。

人机交互学习数学时，计算机的智能使得交互学习更方便。一对一的人机交互，有时能切实为学生提供"因材施教"的材料，并即时提供反馈信息，提醒学生在解答问题的过程中哪里需要改进，哪里还存有不足，还能为学生的学习提供客观的评价。

作为小学数学学习的重要领域"图形与几何"，其中有很大一部分内容与信息技术密不可分，那就是动态几何。所谓动态几何图形，就是在计算机屏幕上作出的几何图形，其在变化和运动中能保持其几何关系不变。动态几何图形有两个基本特点：（1）图中的某些对象可以用鼠标拖动或用参数的变化来直接驱动；（2）其他没有被拖动或直接驱动的对象会自动调整其位置，以保持图形原有的几何性质。没有信息技术就没有动态几何，这在传统教学环境中是无法实施的，具有鲜明的信息技术的特点。

（三）对数学教学方式的影响

信息技术到底会给数学的教学方式带来怎样的变化？也许就像十年之前不能想象现在是如何方便联络一样，真的难以预计。既然技术发展得那么快，我们是不是就等着用"最新"的技术？就像电子产品一样，如果你一直等着用最新的技术，那么你几乎用不上新技术，教育教学也是如此。重要的是，我们要赶紧把技术用到当下的教育教学中。

《标准（2011）》在教材"编写建议"中强调："信息技术能向学生提供并展示多种类型的资料，包括文字、声音、图像等，并能灵活选择与呈现；可以创设、模拟多种与教学内容适应的情境；能为学生从事数学探究提供重要的工具；可以使得相距千里的个体展开面对面交流。信息技术是从根本上改变数学学习方式的重要途径之一，必须充分加以应用。"

《标准（2011）》要求将信息技术作为学生从事数学学习活动的辅助性工具。积极引导学生有效地将计算器、计算机用于数学学习活动之中，通过互联网搜寻解决问题所需要的信息资料，帮助自己形成解决问题的基本策略和方法等。对于学生学习来说，与谁在一起学习，怎么学习，也因信息技术而发生改变。课堂、班级、学校这个概念也因信息技术而变得不同，基于信息技术的数学学习，是无边界的自由学习，不同的人可以学习不同的数学课程，师生之间、生生之间、生机之间可以不受时空限制地展开交流。也就是由原来课堂上教师和学生的双通道，变成了教师、学生和计算机的三元关系。相关统计数据表明，学生上网检索资料，用信息技术提交电子文档是学生利用网络学习的主要活动，在小学并没有成为日常教学中学生学习的工具，基于信息技术的学习活动还需加强研发。

《标准（2011）》将信息技术作为教师从事数学教学实践与研究的辅助性工具。教师可以通过网络查阅资料，下载富有参考价值的实例、课件，并加以改进，使之适用于自身课堂教学；可以根据需要开发音像资料，构建生动活泼的教学情境；还可以设计与制作有关的计算机软件、教学课件，用于课堂教学活动研究等。对于一线教师来说，可能更多的是学会搜索合适的课件或者课程资源用于教学，因为制作比较复杂的课件在操作层面不是很现实，因此加强教师的信息素养，学会选择适合自己课堂的课件，比强调培养教师设计、制作课件更有现实意义。同时对于教师教学本身来说，不再是手拿教材和三角板走进教室的形象，而是基于信息技术的智能形象，通过信息技术，教的也许不只是一个班级，当然教同一个班级的也许也不止一位教师，这一切的改变都会发生。

正如《标准（2011）》强调的那样："一切有条件和能够创造条件的地区和

学校，都应积极开发与利用计算机（器）、多媒体、互联网等信息技术资源，组织教学研究人员、专业技术人员和教师开发与利用适合自身课堂教学的信息技术资源，以充分发挥其优势，为学生的学习和发展提供丰富多彩的教育环境和有力的学习工具和评价工具；为学生提供探索复杂问题、多角度理解数学的机会、丰富学生的数学视野、提高学生的数学素养；为有需要的学生提供个体学习的机会，以便于教师为特殊需要的学生提供帮助；为教育条件欠发达地区的学生提供教学指导和智力资源，更有效地吸引和帮助学生进行数学学习。"

二、信息技术与学科整合的方式与典型案例

计算机辅助小学数学的教与学，从辅助的对象上来看，可以分为辅助于教师的教和学生的学两个不同的方面；从小学数学课程内容角度来看，可以分为"数与代数""图形与几何""统计与概率""综合与实践"等四个方面的应用。

在数学教学中应用到门类众多的、与数学教育有关的信息技术，大体上有三个层次。第一个层次是普适的信息技术。这是服务于各行各业的技术，比如网上搜索、电子邮件、文稿演示、数据统计等服务的设备和软件。第二个层次是服务于所有学科的普适的教育信息技术。比如网上授课、远程考试、图书资源管理等设备和软件。具体的有 Microsoft PowerPoint、Flash 等。第三个层次是为数学教学量身定制的数学教育信息技术。这包括数学软件、数学教育网站、手持的数学教学设备等。这些技术为数学教师的教学工作和学生的数学学习活动提供了针对性的服务，比如超级画板、几何画板等。如果从辅助教学的效果上来分析，大致可以分为"利于课堂教学反馈""利于直观表达形象展示""利于严谨推理揭示本质"等几个不同层面的功效。下面进行案例说明。

（一）数学学科软件的支持

例：用超级画板沟通点、线、面、体之间的关系，沟通不同维度之间的联系。

点和线，看似极其简单，但要说清关系却不容易。点动成线，说说也简单，关键在于这个"动"，如何动？在教学中如何描述，才能让学生更深刻地理解。单纯靠讲，是比较费劲的，因为经常会将一种抽象转化成另一种抽象，学生仍是一头雾水。所谓耳听为虚，眼见为实，不如让学生看一下，到底是如何个动法！

超级画板能够直观展示点运动的轨迹，揭示点与线之间的关系，让学生直观地感受线是由无数个点组成的。点的不同运动方式就能产生不同的线。

可以观察到点 A 的运动过程，跟踪点 A 的轨迹，得到图7-2。

图7-2

可以观察到点 B 的运动过程，跟踪点 B 的轨迹，得到图7-3。

图 7-3

如果一条线段向右平移，跟踪平移的轨迹，就是下面的长方形（图 7-4）。

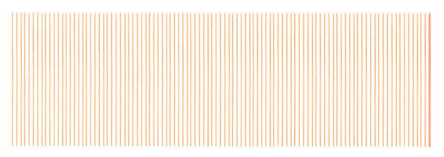

图 7-4

"长方体到底是怎么形成的？"这样的本源性问题，对于小学生来说，不仅难以理解，更难以解释。通过长方形异面垂直平移，保留平移轨迹，形成长方体，就能沟通长方形与长方体之间的关系（图 7-5）。这种动态的教学，有助于学生今后理解长方体体积公式，为柱体体积（底面积 × 高）的学习做好铺垫，同时也为更好理解长方体的表面积和计算积累经验。

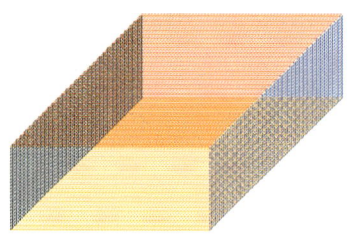

图 7-5

（二）AR 技术的尝试

例：请同学们任意画一个长方形，思考沿着长边和短边旋转一周，所形成的立体图形的体积是否一样？为什么？

这是一次基于 AR（Augmented Reality，简称 AR，意为增强现实）技术进行小学数学教学的尝试。增强现实技术是一种将真实世界信息和虚拟世界信息"无缝"集成的新技术，是把原本在现实世界的一定时间空间范围内很难体验到的实体信息（视觉信息、声音、味道、触觉等），通过电脑等科学技术，模拟仿真后再叠加，将虚拟的信息应用到真实世界，被人类感官所感知，从而达到超越现实的感官体验。

教学时，学生画好自己喜欢的长方形后（图 7-6），先组织学生凭借直觉猜测旋转后图形的体积结果，教师暂不作评论。

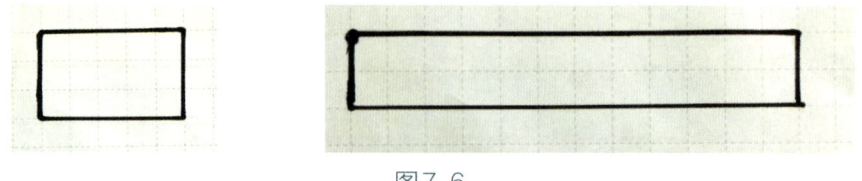

图 7-6

接下来让学生进行计算，看看结果怎么样。再选择不同的学生反馈。

学生甲：画的长方形长是5，宽是3；沿着长边旋转后体积是：π×3×3×5=45π；沿着短边旋转后体积是：π×5×5×3=75π，75π＞45π，沿着短边旋转的图形体积大。

教师借助AR技术支持反馈：沿着长边旋转，旋转后到底是一个怎样的图形？我们现场来试试（图7-7）。现场扫描学生所画的图形，显示在电脑的屏幕上，点击旋转按钮，这时长方形就按沿着长边旋转一圈，在屏幕上形成了圆柱：圆柱底面半径是3，高是5。

 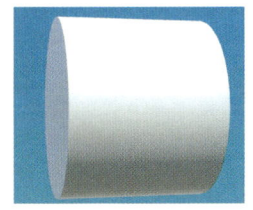 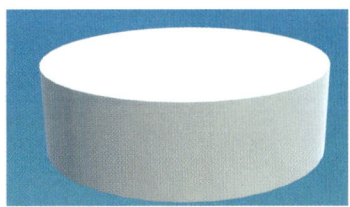

图7-7

同样的方法，直观演示沿着短边旋转一圈形成的图形，也是一个圆柱：圆柱底面半径是5，高是3。通过计算比较，结合两个立体图形的直观观察，得出结论：沿着短边旋转形成的立体图形体积较大。

（三）用通用的软件辅助统计图的制作

与"数与代数""图形与几何"领域的内容相比，"统计与概率"的内容相对较少。因此，相对来说，可用计算机辅助教学的内容并不太多。通常，可以基于网络搜索整理数据，并能够根据数据选择生成相应的统计图表。另外在这个领域中，还有一个可以整合的点，那就是"计算机模拟实验"。

例：根据数据生成相应的统计图。

应用统计知识解决实际问题中，比如，要计算两个商店6个月以来的销售情况，可以引导学生利用计算机的常用软件Excel，只要输入每个月的销售情况，就可以利用求和的程序，先求出和，再求出平均数。还可以根据统计图表和数据的特征来选择，是用统计表还是统计图？是用折线统计图还是条形统计图？学生根据要求选择，就可以即时生成一张标准的统计图了（图7-8）。学习统计的过程，重点在于考察学生是否理解各种统计图表的特征和统计量的意义，能否选择适当的统计图表和统计量来表达数据，而不是纯粹的计算题，繁杂的数据计算不应成为评价的主要内容。因此，借助计算机软件实现数据整理和分析就体现出其价值了。

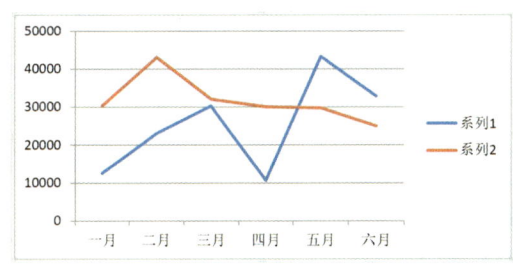 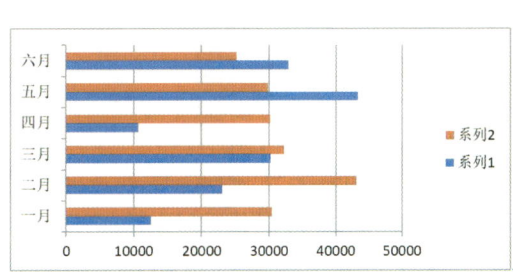

图7-8

（四）信息技术成为学生学习的工具

信息技术与数学教学的整合，除了辅助教，还能改变学。信息技术也可以成为学生学习的工具，基于超级画板，学生在画板上的操作成为学习数学的探索方式，激发学生的学习兴趣和创造力。

基于超级画板，学生的综合实践活动有了更大的学习空间。通过动手做数学，创造数学美，欣赏数学美。学生的想象力和创作力可以得到更大限度的激发（图7-9）。

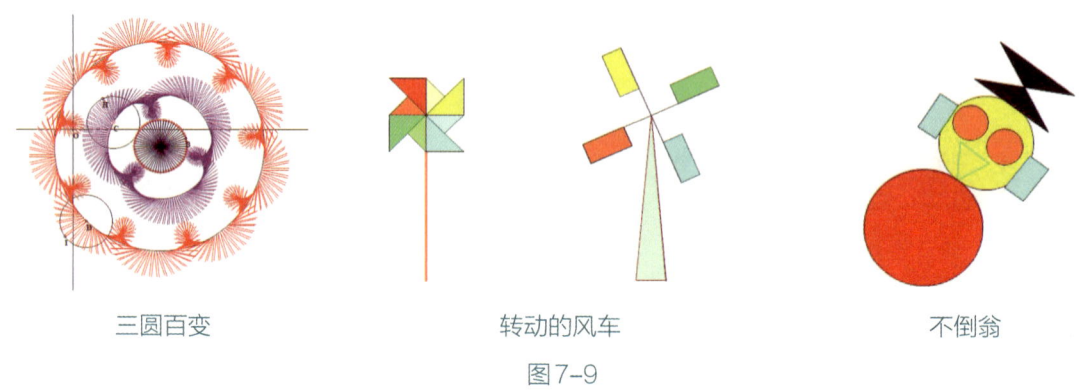

三圆百变　　　　　转动的风车　　　　　不倒翁

图7-9

三、信息技术与数学学科整合若干建议

（一）处理好计算机技术与数学教学目标之间的关系

教育信息技术是为了更好地服务于教育，面向学科教学的实际过程，着眼于适用教育的信息技术的研究、开发和应用。正如我国教育技术界前辈南国农教授反复强调的那样，"教育技术姓教不姓技（电教姓教不姓电）"。计算机辅助教学要以服务数学教学为目标。不要以教学预设时做好的课件为教学线索，按部就班地播放，而是应该以课堂上学生即时生成的学习状况为依据选择使用合适的课件。计算机的应用也是以在正确的教学方向下朝着数学教学目标前进为动力，如果教学目标不一致，效果反而事与愿违。

例如，在训练学生口算时，计算机可以自动出题，也可以在原来出好的口算纸上进行替换和更改。"12+20，12+9"把"2"改成3，就变成了"13+30，13+9"。从教师的工作来看，是多了一张口算纸，但对于学生来说，是不是在这些方面需要加强训练，还有赖于教师个体的智能分析，否则就是在低水平重复机械的训练，会造成学习效果不好，学生负担更重。

计算机辅助数学的教学，要以便于实现知识的教学、技能的掌握、经验的积累以及数学思想的渗透为首要目标，只有这样，才能显示计算机技术的价值。除此之外，即便有时看起来好看，玩起来好玩，但不是数学教学的追求。

（二）处理好计算机演示与学生思考之间的关系

《标准（2011）》中特别提到计算机辅助教学值得注意的几个方面：教学中应有效地使用信息技术资源，发挥其对学习数学的积极作用，减少其对学习数学的消极作用。例如，不应在数学教学过程中简单地将信息技术作为缩短思维过程、加大教学容量的工具；不提倡用计算机上的模拟实验来代替学生能够操作的实践活动；也不提倡利用计算机演示来代替学生的直观想象，弱化学生对数学规律的探索活动。理想的数学教学是教师主导和学生主体和谐统一的过程。作为技术不能有碍主体的发展，在教学中，不急着展示播放做好的课件，鼓励学生独立思考，"动脑想，动口说，动手做"，计算机是工具，辅助演示印证结果是否准确。比如，在推导三角形面积公式时，先不急着演示两个完全一样的三角形拼成一个平行四边形，而是引导学生先想：怎样推导三角形的面积公式？有没有办法把它转化成我们已经学过面积公式的图形？即便学生已经说到把两个完全一样的三角形拼在一起，也不要急着展示。可以引导大家先在脑子里想一想，两个完全一样的三角形拼在一起要怎样拼？会拼成一个怎样的图形？这个发展空间知觉的过程对学生来说是最受益的。不要让"计算机"抢了"学生"的"戏"。处理好计算机速度"快"与学生学习"慢"之间的关系。

当需要大样本的数据时，计算机可以协助学生模拟实验，但需要让学生感知到计算机的模拟与自己的操作结果等同，也只有这样学生才更信任计算机模拟得到的数据。没有自己亲身的经历和体验，学生会对数据有怀疑，数据应用起来就不那么坚定。计算机的辅助不是替代学生的思考，而是帮助学生更好的思考，帮助学生按照他们的意图操作，得出更为坚定的结论。

（三）处理好计算机与其他媒体之间的关系

每一种媒体都有自己的特性，都有技术的特长所在，哪怕是黑板，甚至是一张卡片。只要发挥每一种媒体各自的优势，整合应用到数学教学中，就是教学效益的最大化。《标准（2011）》指出：现代信息技术的作用不能完全替代原有的教学手段，其真正价值在于实现原有的教学手段难以达到甚至达不到的效果。例如，利用计算机展示函数图象、几何图形的运动变化过程；从数据库中获得数据，绘制合适的统计图表；利用计算机的随机模拟结果，引导学生更好地理解随机事件以及随机事件发生的概率；等等。这里可以引用计算机科学家张景中院士的概括，信息技术辅助数学教学的要领：第一，本来就要做的事，做得更快更容易了，效率提高了。如需要画一个正20边形，只要选定一条边，设置正多边形的边数是20，一个正20边形就画成了。第二，有些过去想到做不到的事，可以轻松实现了。如在很短的时间内在一个圆内画500条半径甚至1000条半径，这在过去实现起来是困难的。第三，过去想不到或者不敢想的资源可以创造了。如五角星风车转起来，旋转的三角形等，这些传统的教学环境中几乎不可能完成的任务现在能轻松实现了。

在应用现代信息技术的同时，教师还应注重传统媒质的使用。有时一张纸，就是最好的教学载体。不能因为使用计算机而忽略了板书的作用，必要的板书有利于实现学生的思维与教学过程同步，有助于学生更好地把握教学内容的脉络。而应用计算机教学中，课件每一屏连续切换，学生的识记没有连续性。必要的板书展现的是学习整体的线索，便于学生在无意识记忆时加深印象。

（四）关于资源的共建与共享问题

《标准（2011）》对于数学教学资源的建设也强调："学校之间要加强交流，共享资源，避免相关教学资源的低水平重复，也可以积极引进国外先进的教育软件，并根据本学校学生的特点加以改进。"对于资源的建设来说，共建共享是理想的途径，把共享当作光荣，分享成功；把共建当作责任，分担义务。有时资源散落在每一个老师手上，被重复利用的机会很少，即使在校内也不会再发挥应有的价值。一方面，缺少资源分享的平台，另一方面，缺少建设富有校本特色的学科资源库的意识。在建设资源库的过程，不能一味期待别人把资源拿出来共享，还需要每一位教师的积极共建。只有这样才能实现可持续的共享，整体提高数学教育的质量。每一位教师应该有属于自己的教学资源库，每一所学校应该有校本的资源库，每一个区域有可以共享的教学资源库，按照一定的标准一定的规划建设资源库虽任重道远但极富意义。就像课程的设计有三级的课程，与此相匹配的就应该着力建设不同级别的课程资源库，这是对整体数学教育质量的基本保障。

7.2　小学数学数字教材的研究

一、数字教材的意义与内涵

中华书局的创始人陆费逵曾说："立国根本，在乎教育。教育根本，实在教科书。教育不革命，国基终无由巩固。教科书不革命，教育目的终不能达也。"教科书的建设对于教育来说，有着特别重要的地位与意义。都说数学在学生的成长过程中起着"不可替代"的作用，数学教材建设便是重中之重。

当前，我们已置身于信息化时代，信息网络技术正在改变着社会的运行方式以及我们的生活方式、学习方式。数字化教育如火如荼，影响和改善着教育教学的方法和效果。我国政府所倡导和推行的"三通两平台"（指宽带网络校校通、优质资源班班通、网络学习空间人人通、教育资源公共服务平台、教育管理公共服务平台），为教育信息化创造了基础硬件条件。黄强认为，随着数字技术的迅猛发展，传统教材的内涵和外延都应该与时俱进。教材建设必须顺应信息化的时代潮流，根据教学需求和教学场景，积极利用信息网络技术，探索教材及相关教学资源数字化的呈现方式。这既包括教材的内容，也包括供教师教学和学生学习使用的各种数字网络资源，还包括教学解决方案等多种形式，以适应信息化时代的人才培养模式。然而，事实上截至目前，我们国家教材的主要存在形式仍然是纸质媒体，数字化教材建设方兴未艾、任重道远。

那么，到底什么是数字化教材呢？

数字教材，与电子教科书（课本）基本内涵一致。但从所查阅到的文献来说，对于数字教材的概念界定不尽相同。龚朝花等认为，数字化教材是指一种符合特定内容标准（课程标准）的电子文档，其内容需要在符合特殊要求的电子阅读软件与终端阅读设备上浏览，且文档内容不能被任意修改的一类功能特殊的电子书。从实践的角度来说，电子教材的主体构成应该包括课文、注释、插图（静态和动态）、实验、习题等，并整合字典、计算器、笔记本、参考书等辅助学习工具和多媒体学习材料。单丽雯等认为，数字化教材由数字化信息数据库提供支持，由数字化信息处理系统提供支撑软件平台，从而实现文本、图形、图像、声音、视频、动画等多种信息建立关联，形成具有多样性、集成性和交互性的现代化教材，与传统教材最大的区别是：数字教材不是以本为单位，而是多种媒介的集合。它可以帮助学习者将该领域的知识与其他领域联系起来，根据需要选择运用不同媒体辅助教与学。吴秉健等认为，数字教材是学生的核心教科书，其内容适合学生的能力和兴趣，有多种互动功能，给学习者提供教科书、参考书、练习册、词典，多媒体内容如视频、动画和虚拟现实等综合资源。祝智庭等认为，数字教材综合了阅读与学习属性的功能，具有富媒体性，即包含丰富的媒体互动要素，兼具与终端互动和与平台互动的功能；交互特性，即学习者可通过与电子课本紧密耦合的虚拟学具展开多维多向互动；关联特性，即可针对教学目标进行内容关联、活动关联及知识结构重组；开放特性，即可实现内容的知识扩展补充以及与学具和服务的沟通。顾小清等认为，电子课本的概念模型描述了学习情境中课本所具有的特征。从不同层面对电子课本进行了描述：（1）电子课本是服务于教与学的内容载体，作为一种数字化学习产品，它能够在学习设备终端（学习平台）运行；（2）电子课本兼具数字出版和数字学习的领域属性，即电子课本兼具阅读性和教育性，具体体现在：扩展性、重组性、富媒体性、交互性和开放性；（3）电子课本能够支持多种教与学活动的开展，例如，教师可以利用模板定制课程计划，学生可以用其进行小组实践，开展协作学习活动等；（4）电子课本能够调用课本内部或外部的学习工具和学习服务，以满足不同情境下的教学需求；（5）电子课本满足了学习领域数字化学习设备和平台的互操作需求，为泛在学习提供了技术支持。如图7-10：

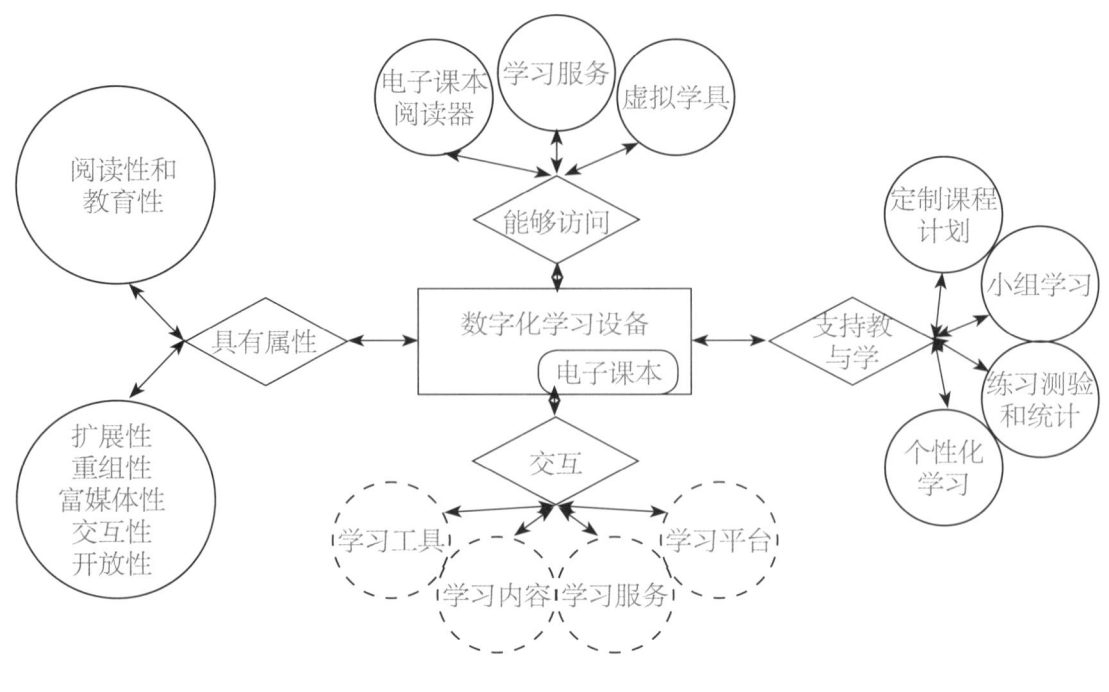

图7-10 电子课本概念模型

从文献综述可以发现,数字化教材是以数字化信息系统来支撑,融合文字、图片、音频、视频、动画等各种多媒体信息,集成了多种互动学习软件和链接了多种网络资源的综合性平台。它不是纸质教材的简单数字化,也不是某一个特定的教学软件,也不是海量的网站资源。

数字化教材的功能主要包括三大类:一是数字化资源,即用数字技术形式展现的各种教学资源,除较低级形态的电子文档以外,还包括视频、音频、图片、动画等;二是应用软件,即通过编制各种计算机程序模拟或者管理教学运行与训练行为的软件系统,如智能搜索、学习过程监控、交互式测验等;三是网络平台,即依托互联网,汇集、存储、应用大量教学资源,有搜索、自学、下载等功能的信息集成与运行系统,如出版社建设的数字化教材支撑平台等。

二、数字教材的基本标准

教材建设国家事权的重要论断,不仅具有重大的理论意义,而且具有重大的实践意义。教材是国家意识形态的重要产物,数字化教材的建设也应该由政府来主导,内容提供商、平台技术商、网络营运商、终端技术商分工合作,学校(学生)积极参与共建。

坚持顶层设计且有一定的规范标准,才是解决培育、规范、有序引导电子教材这种教材新形态在教育教学中应用的关键。据祝智庭教授团队研究,目前电子课本信息模型规范已经于2013年第一批进入国家标准审核程序,正式成为国家标准,为推进数字教材的应用推广奠定了坚实的基础。

数字教材标准包括三个组成部分,分别是信息模型规范、内容包装规范和实践指南。作为电子课本标准的核心,信息模型规范定义了电子课本的内容结构模型和功能结构模型，其中内容结构对电子课本内容对象进行划分与包装，以实现电子课本内容的互操作和内容的编辑、复用、扩展；功能结构描述了施加于内容上的一系列交互行为操作，作为提供学习支持的基础。内容包装规范定义了电子课本内容包装元素、结构和方法，以便从技术上提出一套电子课本内容包装问题的解决方案。实践指南提供了XML（可扩展标记语言）绑定和范例，是遵循标准开发电子课本的技术指南。

数字教材与纸质课本相比，功能从单一教学内容提供转变为以教材内容为中心的相关教学资源的系统集成。电子课本应该是一个数字化教学内容的容器，包含有以课程标准为基础的标准化、结构化、模块化的内容资源。从信息量、媒体特性、开放程度等方面比较，电子课本与纸质课本有本质不同。电子课本应具有半开放特性，除了提供以课程标准为基础的标准化内容外，还可以根据学习者的能力在标准内容的基础上，提供不同层级、不同特点的补充性学习内容，以满足不同程度学习者的学习需求。数字教材从只提供传统教学所用纸质教材转变为提供互联网时代学习的一整套服务——课程系统，或者说是教学整体解决方案，适应移动学习的需要。这种课程系统是以颗粒形态的微课为中心组成的，从而在教材出版功能上实现了全面拓展与服务增值。

基于大数据的沉淀、挖掘和分析，电子课本应该配套有个性化的学习空间，能够保留学习者在学习过程中的个性化笔记、过程性数据，以及一些教师推荐的个性化学习工具和服务，如"我的错题本""我的标记"等，以便对学生的学习做出评价和建议，为学生自适应的学习提供可能。

数字化的教材表现形式丰富多样，除了提供与纸质教材一样的静态文本和图片外，还可整合音视频素材，动态与静态结合；组织结构灵活，可提供线性与非线性两种组织编排方式供选择；内容更新速度快，可以快速反映最新事实和知识，动态更新；学习方式可依据学生的多样性和差异性自定步调。此外，还可实现相同学科不同年级、跨学科之间的衔接等。电子教材的诸多优势特征为教材的独特课堂特质作用的发挥提供了重要依据，也是探索电子教材推广应用的重要基础条件。

三、数字教材的呈现形态

根据祝智庭教授团队的研究，可将已有的电子课本形态归纳为如下几种。

（1）电子文档和多媒体文件。电子文档是纸质课本的数字镜像版本，内容一一对应，常见的格式有PDF、Word、HTML等。多媒体文件借助于媒体技术表现纸质课本内容，并对相应内容进行重新设计。电子文档和多媒体文件不具有数字化学习资源内容包结构，以单一文件形态存在，难以绑定数字化学习中更多的必要信息，无法按照学习情境与教育目标进行逻辑聚合，因此仅完成了纸质课本内容的数字化转变，在节省开支方面体现了一定优势。

（2）欧美、韩国等国家更多地应用电子书作为电子课本，以EPUB电子书、Amazon Kindle电子书为代表，其具有相对稳定的数字化阅读资源包结构、良好的阅读体验和较高的性价比。但是电子书是以满足数字化阅读需求为主要目标的产品，注重阅读内容的呈现、阅读体验的提升、阅读信息的便捷获取等功能特性。它忽略了教育活动的复杂性，简单化地以阅读情境代替学习情境，不关注学习活动、学习交互、学习反馈，不带有学习设计功能，因此无法满足教学的多元化需求。从其本质来讲，此类电子课本与PDF、Word等格式的电子文档并无实质性差异。

（3）以数字化学习资源包结构为基础的资源形态以及学习软件、教育（学习）APP也可以作为电子课本的一种。这类电子课本形态的特点是具有一定的交互性，带有学习设计功能，具有数字化学习资源的特性，但是存在预先设计与封闭性的问题，无法做到按照教学实际情况与学习者特征进行有针对性的定制开发、支持差异化教学。

（4）网络百科及开放站点也有作为电子课本的案例。香港城市大学、香港公开大学的研究者以开放站点为基础提出了"开放电子课本"的方案。这类电子课本属于开放教育资源（Open Educational Resources）的一种，具有开放性、关联性、免费使用的优点。存在的问题是课本内容的可信度与质量无法控制、课程内容的体系性与系统性难以保证。

结合小学数学的教学特点，我们可以类比，在学习内容上：小学数学数字教材的内容不局限于小学数学的某一个版本的纸质教科书，但内容所涉及的范围是基于课程标准的；虽然形式是多样的，在文档之外，可以包括视频、音频、图片、动画等，但彼此是有关联的，是在一个既定的结构框架下，系统合成、有机补充、相互连接，形成一个知识整体。在学习手段上：在学习的过程中，基于互联网技术实现文本的超链接，能够链接到教学软件直接辅助学习；在学习评价上：基于学习过程全流程的大数据记录，能对学习的数据进行相应的分析和评价，基于既定的学习目标进行多维度的评价，以便于学习者了解学习状况，做出改进。在学习方式上：基于大数据的智能化分析，能实现智能的个别化学习推送，将学习的微课等资源推送给相应的学习者，更大程度地实现个性发展，实现自适应的个别化学习。

7.3 小学数学数字教材的实践

一、数字教材的实践现状

从世界范围来说，引领数字教材研究实践的还是美国。第一部电子书出现于1995年，美国的佛罗里达大学是世界上第一部电子教材的诞生地，大学生们可以从网上下载电子版的教材自主学习。2012年，时任美国教育部长阿恩·邓肯呼吁全美国的学校应尽快采用数字化教材,"未来几年中,纸质印刷的教科书必将被淘汰",目标直指美国全部学校实现教科书数字化。事实上,在2020年年初,从一位在美国的华人学者那里得知,美国加州的公办学校还是用的纸质教科书,但是确实有不少家庭作业是在网站上做的。

尽管如此,从美国的已有实践至少说明以下三个问题。(1)数字教科书是从国家层面实施中小学教材数字化的抓手。尽管美国在基础教育管理上实施分权制,甚至课程标准都由各州制定,但上述数字教科书政策明显已超越地方教育实践的范畴,是在国家层面进行统筹考虑、大力推进的变革。(2)数字教科书没有被视为微观层次上的教育创新,而是上升到国家教育实力及国际竞争力的层面上加以考虑的政策方向。(3)数字教科书已成为美国中小学数字化发展的引擎,成为改革教育教学方式、内容、结构,提高教育质量的重要驱动力。

(一)国际上典型的先期经验

2012年1月,苹果公司推出了新一代的iPad应用程序iBooks 2,率先为高中学生提供数字教科书。在iBooks商店中,有占据美国教科书市场90%份额的出版业巨头提供的教科书,也有部分小型出版商和教育工作者编撰的作品。教师可以分学科浏览这些教科书,用户可以在书店对作品打分和评论,iBooks的教科书作者可以不断更新其内容。学生一旦购买了这些数字图书存放在iPad中,便可以查看更新的版本而不必花费额外费用,且可以无限期地保留和使用。iBooks的教科书提供互动的照片、视频、图表,以及可用触摸屏幕进行操纵和旋转的3D图像。学生可以通过手指勾画出需要强调的内容片段,并在不离开当前页面的情况下创建笔记,且学习卡会自动出现你的笔记和勾画的内容。另外,学生还可通过社交工具与同伴讨论并分享学习内容。

苹果公司还提供了强大的iBooks创作工具——iBooks Author,任何人都能在iPad上创建数字教科书。因此,小出版商、初创公司甚至教育工作者,都能很容易地创建自己的教科书。2018年1月,苹果公司对iBooks进行了重新设计,并改名为Books。重新设计的Books新增了Reading Now(正在阅读)的部分以及有声读物专区。从发布会可以看出,苹果公司正试图重新重视电子书的部分。

老牌教材出版商McGraw-Hill推出了Learn Smart Advantage套件,这是一种自适应学习解决方案,其中包括支持自适应阅读的数字教科书Smart book。Smart book超越了以往的"数字教科书"的概念,通过提供"自适应学习体验",把数字教科书带到另一个层次。Smart book改变传统教科书仅作为被阅读的物件的固有形象,它会像一个虚拟导师,研究学生的学习习惯,并帮助他们把注意力集中在较弱的部分。其具体表现是:在一个学科课程开始,所有的学生都将看到一个篇章的预览,展现材料的概述。随着学生阅读概述,Smart book会提出一系列的测试问题。基于学生的回答,教科书将"适应"学生,并开始推荐需要深入阅读的部分。整个学期,这套教科书将持续跟踪学生的进步,并不断调整以适应学生,并且Smart book还能预测学生的记忆曲线,提醒他们复习。

(二)我国数字化教材试点工作

上海是国内最早开展电子书包项目试点的城市之一。2010年11月,上海电信等与上海市虹口区教育局共建"基础教育电子书包"项目,从硬件、软件等多方面保证项目的顺利进行。这是网络运营商与教育管理部门、软件开发商、传统教材企业共同合作推进的一种数字化学习方案,它将书本电子化的内容植入一套针对中小学设计的电子化教学辅助系统平台中,学生、老师均可以借助笔记本电脑、智能手机和平板电脑等终端完成相应工作。目前在上海虹口、闵行、金山区试点学校所用的电子书包就是上海电信推出的电子书包。而在该区的数字化课程建设平台上,已经有了十几类几千课时的数字化学习资源。

在我国,另一种就是以内容商为主体的模式。大型出版集团如人民教育出版社、广东省出版集团、凤凰出版传媒集团、中南出版传媒集团、北方出版传媒集团等纷纷开始研发、推广电子书包。人民教育出版社充分发挥自身的品牌优势、资源优势以及人教版中小学教材的市场优势,实现人教版基础教育教材和教学资源的数字化。"人教数字校园"项目是针对教师教学和教务管理而推出的一整套"数字校园解决方案",已经在全国各地近200所试点学校进行实验并逐步推开。广东省出版集团数字出版有限公司与北京人教希望网络信息技术有限公司、广州金蟾软件研发中心有限公司联合研发电子书包,在内容方面,对人教版、粤版系列教材、教辅的内容资源进行数字化整合加工;在终端方面,以目前的电子阅读器为基础研发个人移动学习设备;在平台方面,以"人教网""广东新课程网"等基础教育资源网站为后台支撑,实现数字化教学和移动阅读、练习等功能。2011年凤凰集团以教育出版数字化为切入点,推出电子书包。凤凰电子书包是一种集内容、平台、终端为一体的数字化教学解决方案。将传统以纸质媒介为主体的书包信息化、网络化,将书本知识转换融入教育网络中,让孩子们通过专门的多媒体终端如平板电脑等进行学习。此外,其他传统教材出版社也纷纷开始布局电子书包的研发和推广。

图7-11 上海某学校的电子书包学生端

我国的数字化教材建设已初现成效,但在实际开发应用中仍发现许多问题，主要体现在以下几个方面。

首先，由于缺乏理论指导，电子教材在设计开发阶段就存在盲目跟风、滥用技术等问题，并且没有统一标准和设计理念，电子教材质量差异性很大，有的出版社只是把纸质教材上的知识直接电子化，加上图片动画等素材，无法真正体现电子教材的交互性，使得电子教材价值大大贬值。其次，限于自身条件，许多学校对电子教材可望而不可即，只能依托教育软件开发公司设计的样本教材进行学习，这些教材自然无法满足每个个体的需求，并且相应的评价体系还未完善，长时间使用就会出现反差。再次，电子教材的内容，虽然丰富多样，但是达不到新课程标准，教材本身没有从实际出发，所以只能称为教辅资源，当作纸质教材的配套资源供学生业余使用。最后，很多家长认为电子教材是在网络环境下的学习活动，不利于学生专注学习，容易分散注意力，而且长时间对着电脑屏幕势必会影响孩子们的身心健康，对电子教材持否定态度，不同意继续使用。所以，与发达国家相比，我国的电子教材工作还需不断探索和调研。

国内数字化教材出版和应用的形式虽已多种多样，但仍显简单和粗糙，功能单一，延伸服务有限。有的所谓数字化教材只是纸质教材的配套版、教学课件PPT和一些题库，其本质仍是传统教材。所谓教材数字化，是指运用现代数字技术手段，建设全方位、系统化地承载及传播学习内容、方式与提供相关服务的集成式数字全媒体教材。其本质上是对适应互联网时代学习的、依托数字化媒介的全面创新，而绝不能仅仅理解为是教材载体形式的数字化。

（三）数字化教材建设相关方意向

学生对数字化教材的看法。今天的学生，由于成长环境不同，被我们形象地称为"数字一代"。脑科学的研究表明，"数字一代"的大脑正在发生着变化，他们喜欢也擅长同时处理多种任务，能敏锐、快速地接收着各类信息，对于知识的学习习惯于"随机进入"，喜欢游戏而非"严肃"的有条理的工作，重要的是信息化社会的快速发展对学生的能力提出了新的要求。为此，研究者需要了解作为"数字一代"的中小学生都具有哪些学习习惯，充分挖掘他们的学习方式和阅读习惯的变化规律、不同应用情境下使用教材的行为特征、与教材的互动方式等。通过获取的这些重要学习行为特征来探索电子教材的功能与结构特征，找到这两者之间的相互对应关系，从而使得电子教材适应学生自主、合作、探究等的学习方式。

教师对数字化教材的看法。教师具有多年的纸质教材使用习惯，而电子教材作为一种新的呈现形态，如何去适应教师的使用习惯，如何帮助教师对学生学习过程进行监控等问题都需要解决。为此，研究者需要深入一线调研，了解教师在备课、课堂教学方面都有哪些典型的教学行为方式，熟悉和尊重教师的现有教学习惯，通过获取教师使用教材的行为特征，整理教师的教学行为规律特征，挖掘教材在教学过程中提供的支持服务，从而使得电子教材的使用符合教师信息化教学需要。

家长对数字化教材的看法。持支持意见的家长认为电子教材不仅可以减负，还可以让学生享受到一线名师的教导，形式丰富多样，可以激发学生学习的兴趣；持反对意见的家长则表示，他们排斥电子教材是因为过度使用电子设备会影响孩子的身心健康，尤其加重视力的负担。读书是我国优良的传统习惯，不应被电子化阅读取代，如果孩子依赖网络，其正常的思维能力会逐渐退化。

龚朝花组织的一次实证调查中，收回以中小学教师、家长和学生为对象发放的问卷685份（其中中小学教师144份，中小学家长25份，中小学学生516份），调查发现，师生们对纸质教材在支持信息时代教学活动方面感受到明显不足。他们认为纸质教材在支持当前的教学应用情境方面存在缺陷，主要体现在以下几方面。（1）知识内容具有滞后性。处于知识爆炸的世界，技术的发展加速了知识更新的速度，而纸质教材却不能将这些知识内容随时编入，致使教材的知识内容出现陈旧不适用的情况。（2）呈现方式单一，忽视学生的个体差异性与多样性。纸质教材大都是以中等学生的水平编写的，不能适应学生的个体差异与多样性。这样，导致的直接结果就是"中下水平的学生赶不上进度，学习困难；中上能力的学生则觉得太浅，感到无聊厌烦"。（3）页码范围有限制。在篇幅受限情况下，可容纳的知识内容非常有限。（4）媒体呈现方式主要是静态的图文方式，无法整合视频、音频等动态媒体，即使随书有配套的光盘和磁带等辅助资源，也因缺乏整体连贯性而效果甚微。

为充分论证电子教材在中小学应用的可行性，龚朝花又进一步调查，收回中小学教师、学生、家长的627份有效问卷（其中教师145份、学生461份、家长21份）进行整理，发现大多数教师（88%）、学生（97%）与家长（100%）都认为电子教材在中小学应用是可行的。但是针对电子教材推进的速度，多数家长（57%）和部分教师（36%）认为不能操之过急，要一步步进行。

从大方向上来看，小学数学数字化教材建设势在必行，也是切实可行的。只要找准定位，扎实推进，应该能够得到应有的应用和价值的认同，并会产生应有的效益。

二、数字教材的实践原则

无论是从可以查阅到的文献数量上，还是日常实际教学的观察中，都可以知道，数字化教材的应用还是不够广泛深入的。面对"数字一代"的学生，面向数字化的时代，数字化教材前景广阔，潜力无限。在实践的推进过程中，有必要明确实践的若干原则，才能始终不偏离正确的方向。

（一）以学生发展为本

任何教育技术平台归根结底都是为了促进学生的发展，一切信息技术发展都是手段。信息技术无论是与课程教材的深度融合，还是与教学实践的有效结合,都旨在通过一种途径和方法,实现培养学生的能力——发现问题、提出问题、分析问题以及解决问题的能力。也正因为如此,我们要对教材与教学始终保持一种灵活灵动的自觉力和创造力。在教学中,既要掌握教材,又要突破教材。无论是纸质教材还是数字教材,归根结底还是要促进学生的发展。那么,小学数字教材的建设就应该着眼促进学生数学素养的形成。

（二）体现数字化学习的特点

数字化教材是数字化、网络化学习的引擎,因为教材的变化会引发学习全流程的变化。而数字化、网络化学习的主要特点是:①自主学习,学生基于自觉与兴趣,自主灵活地安排学习内容与时间;②个性化学习,互联网给每个人都提供了近乎无限的选择机会与条件;③合作学习,自主而个性化的学习更加需要与别人的交流与合作;④碎片化学习,网络时代,信息爆炸,年轻人注意力集中时间短,喜欢快速、短暂、便捷地学习,更乐意利用零散时间学习;⑤泛在式学习,学生在使用数字化教材时用得最多的是手机、平板电脑、阅读器等移动终端,可以走出教室,随时随地进行学习。使用数字化教材,必须适应这些特点,突破传统教学模式,尊重学生意愿,建设全新的课堂与学习模式。

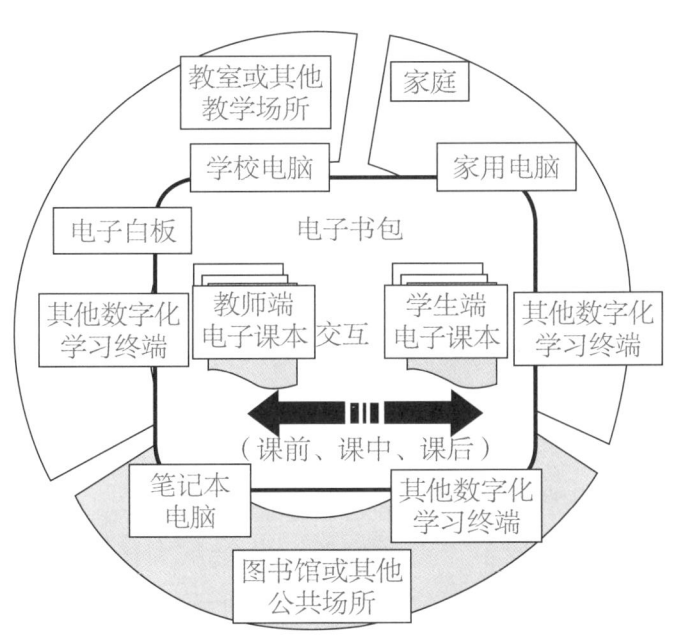

图7-12　电子课本支持泛在学习

（三）坚持"内容为王"的互联网理念

数字化教材,落脚点还是教材,融入互联网的思维,更加凸显互联网的理念,产品坚持"内容为王"。与其他的网络平台相比,数字化教材的内容更具严肃性和科学性。数字化教材的内容没有时空的限制,教材更新周期短,呈现的现实情境更逼真,呈现形式更多样,可以有静态的图文,也可以有动态的动画视频,还可以有听觉、触觉的多感官参与。可以有互动,可以有共享。立足教材一个点，拓开小学数学的整片天。当然，义务阶段的数学学习是具有基础性和普及性的。也不要因为技术的便捷，随意增加学习的内容，还是需要按照学生的最近发展区来规划设计内容，不至于增加学生学习数学的负担，影响学生全面发展。

与其他在线课程相比，数字化教材更具有结构性，更加贴近学生学习的实际，贴近学生日常接触的教材，更利于整体上把握质量和效益。无论是学习的内容、学习的结构，还是作业管理、教学评价，数字化教材提供的是一个数字时代学习的整体解决方案。

（四）重视能力为重的学习机制设计

在一种前所未有的学习环境数字世界里，只有采用好奇和探究的学习机制，才能激发学生更好地开展学习。自主探究的研究性学习会得到充分体现。

数字化教材更尊重学生的个体差异，更能实现人人学习良好的数学，不同的人在数学上得到不同的发展。倡导个性化学习，并不是个体化学习，还是要强调学生合作能力的培养。尤其是在数字化游戏的世界里，孩子们通过发挥其主动性并与他人合作达到目标。团队学习变得有意义，各自的努力可以达成共同的目标。同伴协作行为可自然被嵌入到虚拟的活动中去，同伴评论也更容易被接受。

（五）重视共建共享的建设机制

早在1977年，邓小平就曾指示："编写教材要走群众路线，要征求教师的意见"。一部好的主流教材，是众多人员群策群力、集思广益的结果，也是大家集体智慧的结晶。建设数字化教材，更应该为知识共享搭建平台，把广大教师的先进经验吸收融合进来。

为了共享的方便，每一套理想的数字化教材都应该支持跨平台使用。兼容Pad、笔记本电脑、台式机和其他移动设备。许多学校难以保证每一个学生都有自己的设备，将来更多的是实施"BYOD"（带上自己的设备）的政策，这也是数字化教材得以日常应用的基础条件。

我国小学数学教学积累了丰富的经验，集结广大小学数学教育工作者、技术工作者和研究学者的智慧，肯定能打造出若干套有中国特色的优秀的数学数字化教材。在信息化的时候，也更有条件在全国推广，更有机会走向世界。

三、数字教材的实践案例

（一）人民教育出版社的小学数学数字教材

第三代人教数字教材是面向中小学师生，依据国家课程标准，以传统纸质教材为蓝本，针对信息化环境中教与学的新需求，以提高教学和学习效果，发展学生核心素养为目标，利用互联网、数字媒体、大数据等技术手段，融教材、数字资源、学科工具、应用数据于一体的立体化教材（图7-13）。

图 7-13

它的具体特点如下。

第一，普及性。人民教育出版社立足于信息化教学需求，积极组织各学科教材编写专家，中小学教研员，一线教师等专家团队，以人教版纸质教材为蓝本研究编写数字教材，涵盖各学科、全学段并与纸质教材相辅相成同步更新。

第二，富媒体性。根据学科特点编写优质的学习内容，帮助学生突破学习的重难点，激发学生学习兴趣，利于开展自主性和探究性学习。

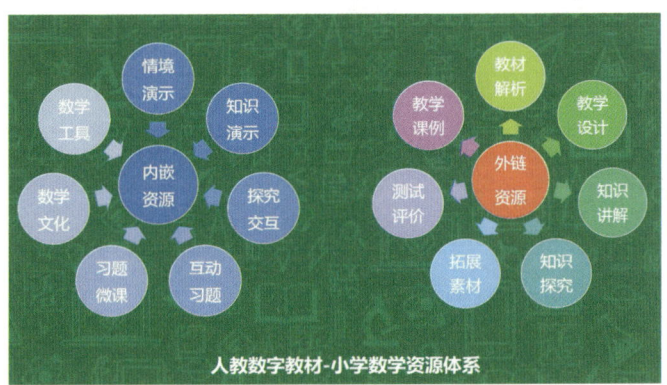

图 7-14

第三，交互性。满足学生、教师、家长和数字教材之间的人机或人人多项交互，形成多维度的反馈和评价统计数据。

第四，关联性。作为基础性的学习内容，人教数字教材可以和其他数字学习内容、工具共同组成数字教育资源与服务体系，发挥核心作用，形成个性化的学习记录与轨迹。

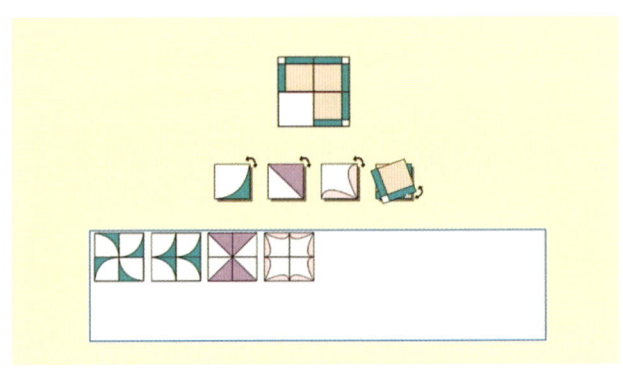

图 7-15

第五，个性化。在用户行为数据分析的基础上，在教材知识层、展现层和功能层提供知识重构、个性定制学习档案等教材学习服务，满足学习个体和群体个性化需求。

第六，智能性。利用数字教材所产生的师生教与学行为数据，运用大数据技术实现学习内容的智能化推送。

（二）教师个体设计的数字化教材案例

王润兰团队针对小学生的认知特点，在参照电子教材开发流程的基础上分工合作，使用方正飞翔排版软件，以小学数学人教版六年级下册中的《圆锥》一节为例，进行了交互式电子教材的设计与开发。电子教材利用丰富的交互功能，充分发挥移动学习资源的优势，对于帮助学生更高效地掌握知识、提高学生的综合能力都能够起到较好的作用。

环节一：利用超链接的功能突破一维线性思维，集中学生的注意力。

在电子教材中，超链接和按钮是一种常用的交互功能。使用超链接和按钮既可以实现内容之间的跳转，又没有打乱知识的逻辑性。这种跳跃性、非线性的呈现方式能够减轻学生的视觉疲劳，吸引学生的注意力，也有利于学生创新思维的培养。使用超链接还可以实现知识的延伸和拓展，使学生了解到更加深入、详尽的信息。例如，在目录页点击某一标题便可跳转到相应的内容页；在"观察圆锥的特点"环节中，点击按钮"高"，便可在图片上显示出圆锥的高的部分，如图7-16所示。

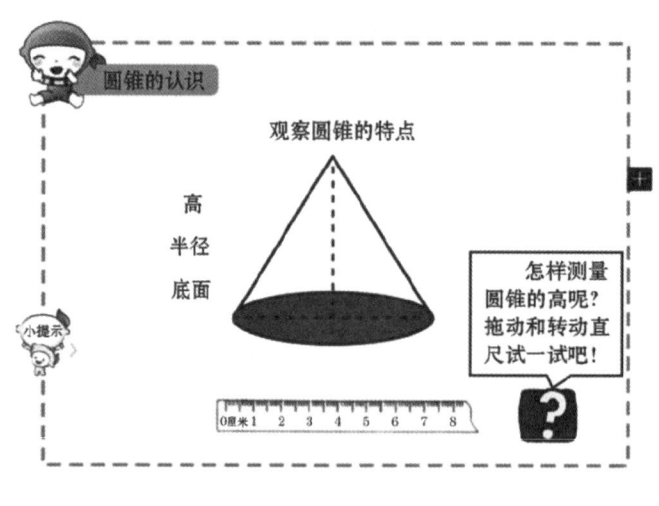

图7-16

环节二：利用丰富的图片、动画和视频资源，激发学生的学习兴趣。

由于小学生对一些生动形象的事物比较感兴趣，利用丰富的图片、动画和视频资源并添加交互功能可以调动学生的学习主动性，而且有助于学生对知识的记忆。例如，在"观察圆锥的特点"环节后，拖动下方的直尺图片，可对圆锥的高和半径进行测量，此处交互用到的是图片的自由拖拽功能；"在圆锥的认识"第一页中，首先展示几张类似圆锥体的实物图，点击图片可以呈现出相应的圆锥线形图向下滑动的动画，从而引导学生观察图形并认识圆锥，如图7-17所示；在"圆锥的体积"第一页中，学生可观察场景图并点击图中的物体如蛋糕，页面弹出框显示"蛋糕是圆柱"，根据相应的数据可以计算蛋糕的体积，当点击图中的圣诞帽时，页面弹出框显示"帽子是圆锥"，从而引发学生对如何计算圆锥体积的思考与探究。

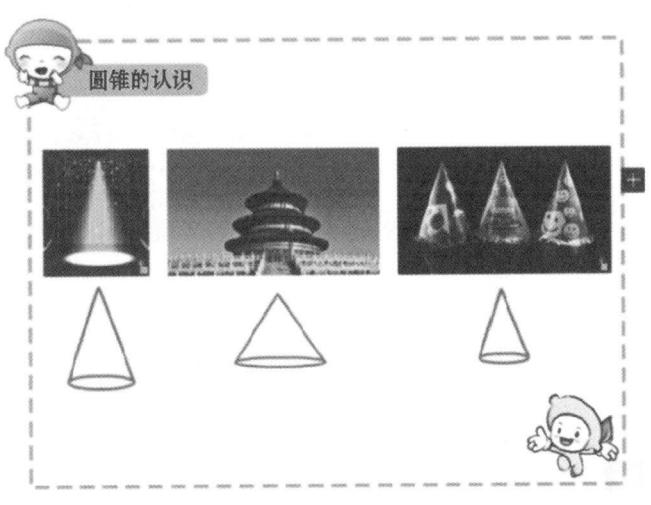

图7-17

环节三：通过自主探究、小组协作环节的设计，帮助学生掌握知识。

自主探究、小组协作是一个学生相互传递和交流信息、分析和解决问题的过程。在这个过程中，学生之间相互促进、优势互补，积极地思索并探求新知识，使得学习的有效性得到最大限度的提高。之后，小组代表对探究结果进行汇报，再将师评、自评、学生互评和小组互评相结合，可达到教学过程的最优化。例如，在"圆锥的认识"第二页中，让学生利用拍照功能将身边的圆锥体拍下来，并设计转纸实验，通过学生的实践探索，加深对圆锥体的认识；在"圆锥的体积"第三页中，学生通过观看形象的倒沙动画，探究圆锥与圆柱体积的关系，如图7-18所示。

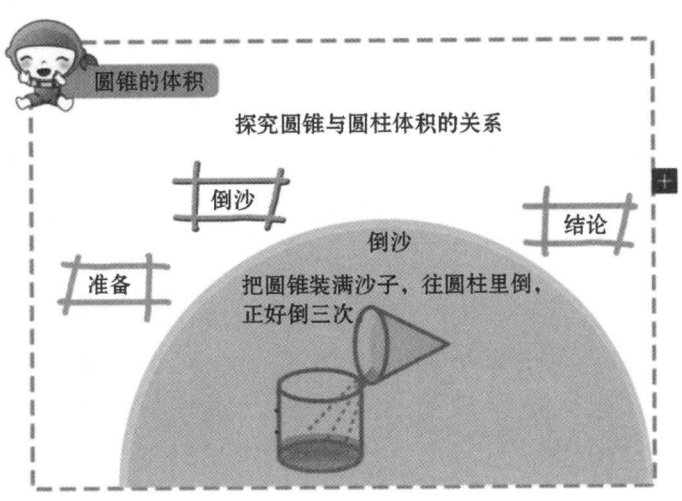

图7-18

环节四：通过随堂测验并即时反馈，提高学生自我检测与评价的能力。

在电子教材中，可以利用拖拽、图文框和批注的交互功能添加测验题以检验学生的学习成效。通过测验题的即时反馈，使学生巩固新知、查漏补缺，并且可以提高学生的自我评价能力。例如，在"小试牛刀"环节中，添加拖拽题、判断题和计算题，学生便可检测自己对本节内容的学习效果并巩固知识。

四、数字教材的实践成效

（一）数字化教材能创设更真实的情境，丰富内容，激发兴趣

数字化教材使得静态情境动态化，数学内容生活化，知识学习趣味化。例如人教数字数学教材上认数的内容，本来是一幅静态的图，一位老奶奶在园子里，园子里有2只鸭、4只鸡，数字化教材呈现就有动态的效果，老奶奶在走动，蝴蝶在飞，生动活泼，逼真现实，更能激发学生的学习兴趣。

在认数1~5的过程中，计数器上的珠子也能变静态为动态。在动态的变化中，能让学生感受到：在2的基础上增加1是3，在3的基础上增加1是4。更能在认数的过程中渗透数与数之间的关系和加法的意义（图7-19）。

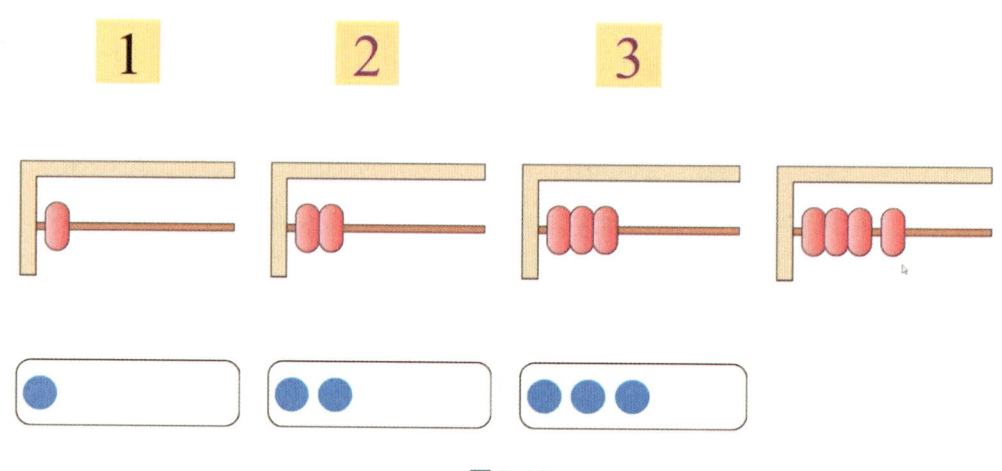

图7-19

虚拟现实（VR）和增强现实（AR）的技术也正在迅猛发展，应用虚拟技术可以使学生获得更加真实的体验，有助于学生理解数学知识，建立直觉。例如，在"认识大数"的教学中，辽阔草原上的羊群、夜空中闪亮的星星、万人体育场的座位，这些原来只能根据图片想象的素材，如果用信息技术让学生身临其境，将对培养学生的数感起到独特的作用。

（二）数字化教材能连接多媒体资源，加深理解，高效学习

数字教材可以内嵌外联相关的丰富资源，点击相关链接，便可以立即提取打开。例如人教版数字教材，在原来纸质教材的基础上链接了许多相关资源。

教材栏目	应用类型	资源类型	资源内容及功能简介
【主题图与情境图】	情境演示	图片动画	通过富有儿童情趣的学习素材和活动情境，以静态的放大图或动态的情境演示等形式，激发学生数学学习的浓厚兴趣和动机，帮助学生理解数学概念，主动构建相关的数学知识。
【正文内容及例题】	情境演示知识演示探究交互	图片动画视频	提供图片、动画、视频等多种形式的数字化资源，多层次、多维度地丰富纸质教科书的表现形式，为教师的课堂教学提供相关的数学研究小环境或各种演示类、探究类等教学素材，提升小学数学的课堂教学效益。
【解决问题专题】	情境演示知识演示	图片动画视频	借助图片、模拟动画和互动资源，呈现生动活泼的问题情境或抽象问题的直观背景，循序渐进地提供解决问题的一般步骤，教给学生解决问题的基本方法，帮助学生体会解决问题策略的多样性，渗透数学思想方法，从而落实"四能"的数学课程目标。
【练习评测内容】	互动习题探究交互	动画	紧贴教科书练习、习题，适当进行合理化改编，通过交互动画实现即时反馈的功能，并设置不同层次的反馈机制，为学生提供主动求知的学习环境和自我反思与评价的机会，使学生形成良好的数学学习习惯。
【相关知识拓展】	情境演示知识演示	图片动画	对教科书中的"思考题""数学游戏""你知道吗"等栏目提到或没有展开阐述的数学生活、数学应用、数学家、数学史等方面的知识给出补充性的拓展，为学生了解现实生活中的数学、感受数学与日常生活的紧密联系，体验用数学的乐趣或神奇，提供丰富的数学阅读材料。

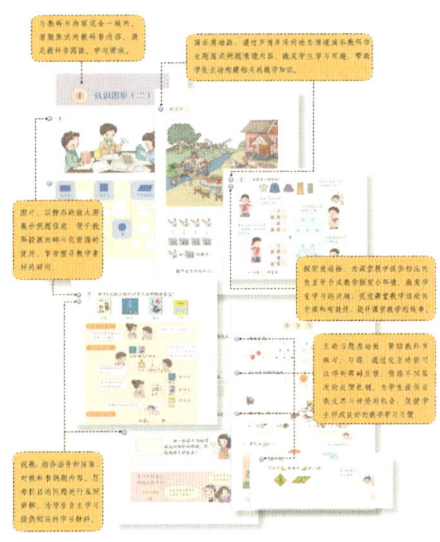

图 7-20

还补充了与学习内容相关的练习，有了技术的支持，练习的形式变得多彩多样。

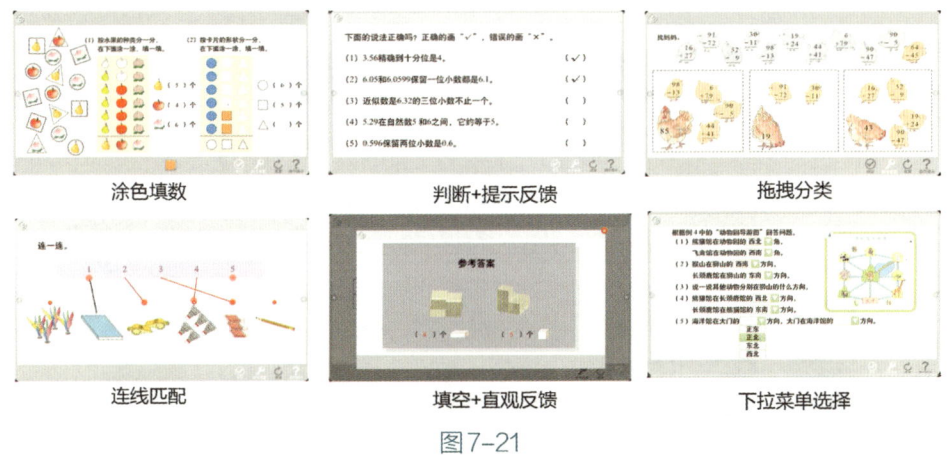

图 7-21

（三）数字化教材能采集学习过程的大数据，智能测评，因材施教

数字化教材系统，是覆盖学生学习的全流程、全领域的。例如，人教版数字教材，几乎涵盖了教师教学和学生学习的每一个环节。

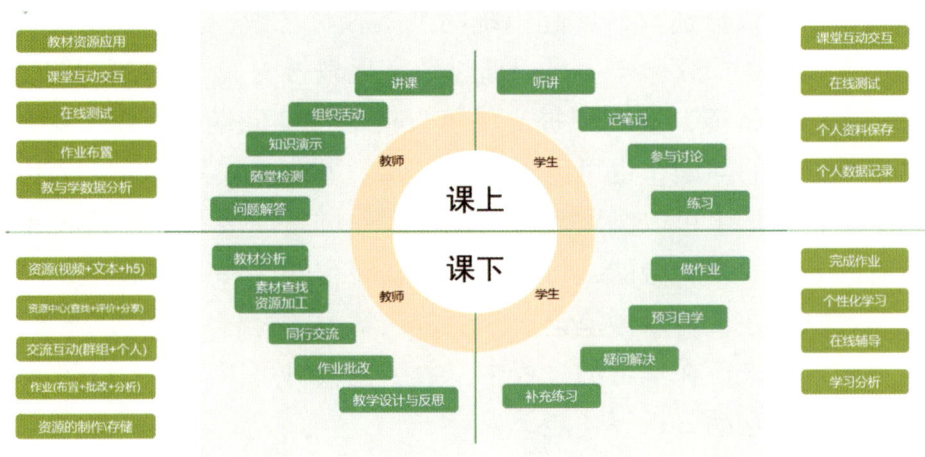

图 7-22

在学习的过程中，数字化教材平台能记录学生学习过程的大数据，然后基于大数据做出相应的分析和评判，给学生以针对性的学习建议。让学生更加清楚地知道自己在哪些方面已经掌握，在哪些方面还存在不足，从而为自己设定一个合理的学习目标，系统也会根据目标，智能地推送一些学习资源，助力学生达成相应的目标。

7.4　小学数学智能教学系统

一、数学个性化智能学习平台

数字化教材的功能是强大的，资源是聚集的，需要从系统有机的角度去应用，才能把多方面的技术合成，形成一个学生数学学习的大系统。基于当前数学课程改革的发展状况，以及数字化教材的发展，提出一个数学个性化智能学习系统的框架，供大家参考。

图7-23

1. 数字化学习教材。

理想的数字化教材建设，比起传统的纸质教材来说，更像"学材"，更有利于学生自主学习和探究。学生可以通过数字化教材内嵌外联的信息资源观察到更富有现实感的情境，有利于提出更多有挑战性的问题。通过数字化教材，学生可以记录自己的问题，也可以了解对于同一个情境，其他同伴提出了什么问题。基于问题，学生可以浏览教材，也可以通过超链接，打开老师讲解的课件，可以看到老师的讲解微课，可以打开动态展示的课件，可以链接到相关的拓展资源。可以标注，可以做笔记。总之，在学习的过程中，可以把自己的想法都便捷地记录下来。在学习的过程中，数字化教材可以实现知识演示、情境再现、辅助讲解、互动分析等功能。

2. 单元性内容测试。

针对当前课程改革倡导的新动向，考虑到单元设计教学，以及小学生的学习特点，不宜过于频繁地组织学生参与线上线下的各种测试，一般以单元为宜。基于数字化教材学习一个单元以后，可以安排一次本单元内容的在线测试，既包括本单元学习的基本知识和所需掌握的基本技能，也包括本单元知识所涉及的能力及素养。

3. 大数据诊断分析。

每一个学生的每一次在线测试数据，经过长时间大规模地积累，就能形成同龄学生学习的指标，可用来评判某一个学生个体的学习表现，逐渐形成一个有信度、有效度的数学学业质量分析平台。

只要学生在信息平台进行了测试，平台就能进行相关的数据分析，为学生、教师、家长提供评价的相关学情报告。除了一些常见的数据"总分、平均分、标准差、方差、最大值、最小值、优秀率、合格率"等，还能够计算出"标准分"，为学生作出相对某一个群体的相对水平评价。同时能够按照指定的类别进行针对性的分析。可以是按照不同的领域"数与代数""图形与几何""统计与概率""综合与实践"；也可以按照不同能力的范畴；还可以按照不同的题型。

为了能够更加细致、客观、科学地诊断学生在某一个单元知识上的表现，平台还可以生成直观的轮廓图和全面的分析报告，展示学生个体在某一个知识点上相对于不同群体的水平位置以及掌握情况。

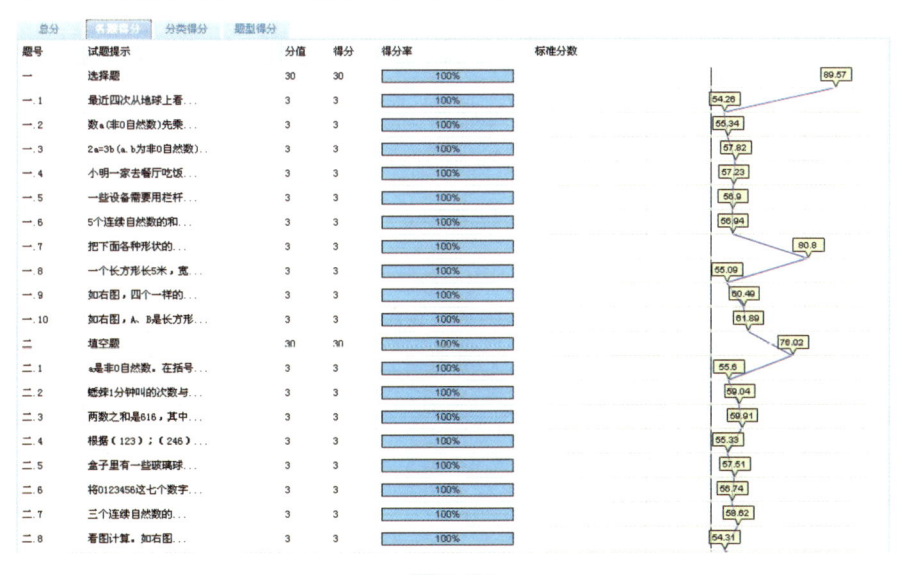

图7-24

平台可以根据测试的目的和需要，生成相应的成绩报告单。结合测试给学生提供一些学习的建议，让"成绩好"的学生知道自己某些方面也有不足，让"成绩不好"的学生知道自己最需要补足的方面在哪里，实现"评价是为了改进学习"。

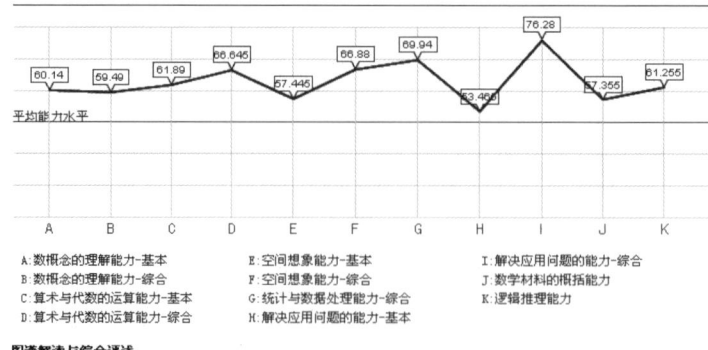

图 7-25

4. 针对性个别辅导。

有了大数据的分析和诊断，学生能够根据自己的学习目标进行再学习。可以选择原来的课程资源再学习，比如课件或者老师的微课；也可以选择针对错误的查漏补缺，选择相应的微课讲解；也可以选择问题的动态启发，或者查看同伴对这个问题的解答参考。在这个过程中，可以自己提出问题寻求解答，看到不同同伴的不同方法，以及各种方法的受欢迎程度。

5. 智能化推送资源。

进行辅导之后，学习可能是模仿性地掌握，需要变式才能考查学生是否真正理解和掌握，甚至需要非常规的问题来挑战。系统可以根据学生设定的目标和之前的学习表现，智能化推送相应的学习资源。如果对自己学习目标期望高，智能化推送的资源难度就相应比较高，给"不同的人学习不同的数学"提供技术支持。

6. 发展性个性评价。

根据学生再测试的情况，给予发展性的评价。可以针对学生个体进行绿色增值评价，也可以结合大数据的指标，给出相对的评价。既可以有相对群体的评价，也可以有达到了这个数学内容的绝对学业水平的评价。并给出量身制订的学习建议，促进学生更好地改进和学习。

二、面向数字教材的移动学习应用

随着数字化教材的实践，面向未来的移动学习应用场景，该如何发挥数字化教材的作用呢？方海光团队基于多年的移动学习研究，提出系统解决的思路。

1. 数字教材三个层次的模块。

应用于移动学习的数字教材应当包括学习支持（LE）、学习装备（DE）

与学习服务（SE）三个层次，每一个层次包括相应的模块。在学习支持层次，包括学习资源与学习平台两部分。开发者需要将合适的资源进行编辑整理、加工为合格的标准教材。在学习装备层次，电子教材的阅读器是该层次的中心，它通过相关阅读软件承载加工过的标准教材，提供学习者的行为记录、聚类内容，并支持相关的学习功能以满足教学和学习需求。在学习服务层次，学习者通过电子教材阅读器，与学习内容之间产生个性化的交互，教师通过阅读器的行为记录，对学习者进行学习内容的记录与分析。通过学习资源层次设计开发合格的电子教材，以学习支持层次为媒介，由学习服务层次为教师和学习者提供支持服务，完成教学和学习活动。电子书的学习服务系统架构模块如图7-26所示，具体说明如下。

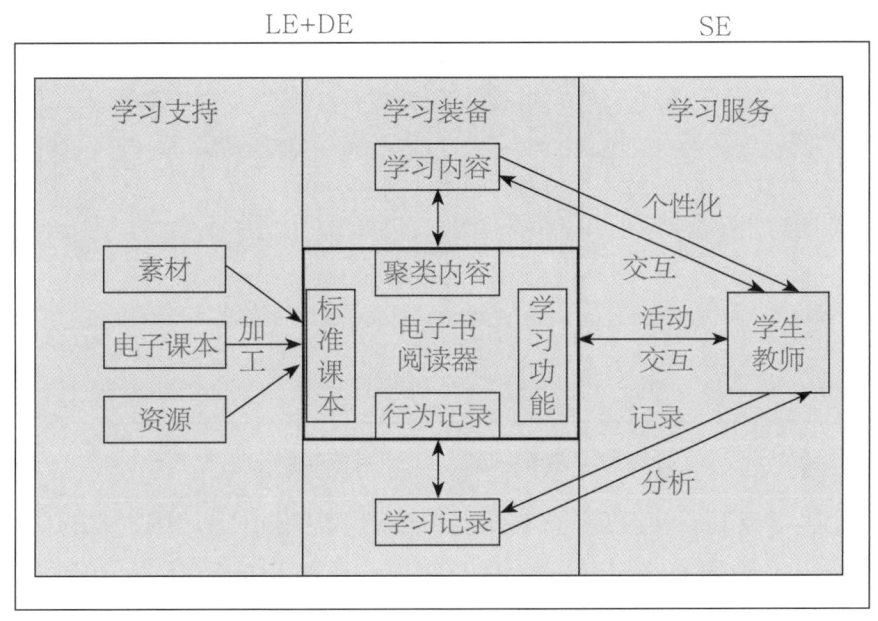

图7-26 基于电子书的学习支持服务系统架构

第一，学习支持。依据某一种电子书的标准以及教学需求，教材开发人员将数字化出版教材或纸质资料以及相关的素材和资源进行筛选、加工、整合，转换为符合电子书的格式标准。经过加工的原始教材将成为标准课本，并将这些标准课本与电子教材阅读器的软件平台进行整合，为学习者提供移动学习支持。

第二，学习装备。以电子教材的阅读器为移动学习的装备，其中包括经过加工的标准课本、聚类内容，以供学习者使用。阅读器还需要实现行为记录的功能，行为记录可以为教师分析学习者的学习行为提供分析依据，成为学习者的学习记录。学习功能是阅读器需要实现的另一主要功能，它不是简单的学习模块，而是要实现教师和学习者与电子教材之间的交互功能。

第三，学习服务。通过学习活动与学习内容，电子教材为教师和学习者提供移动学习服务支持。学习者根据自身学习需求确定学习内容，电子教材通过阅读器为学习者输送个性化的学习内容。学习者在学习过程中，与电子教材的学习功能之间进行交互，完成学习活动。同时，教师根据学习者的行为记录，对他们的学习过程进行分析。

2. 课堂交互反馈系统。

IRS（Interactive Response System）是一种典型的课堂交互反馈系统的具体形态，在移动学习的场景中，增设互动反馈系统IRS的平台软件与应答器，能为课堂教学构建起师生之间的互动平台。其服务支持架构如图7-27所示。

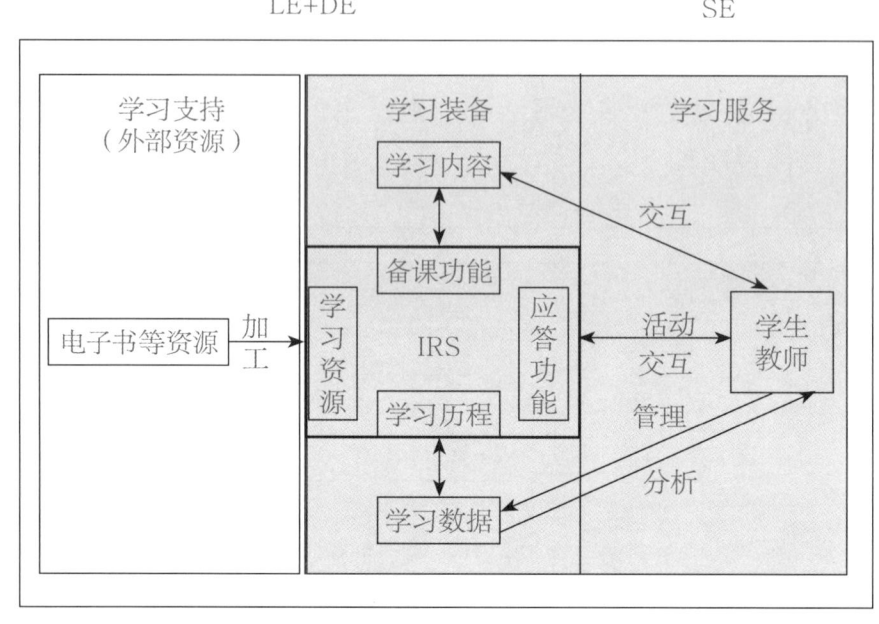

图7-27 基于IRS的学习支持服务系统架构

第一，学习支持。与数字教材的学习支持构建不同，IRS中的学习资源主要由教师等相关教育教学人员制作或提供，其核心内容离不开电子书的数字化内容的支撑，这些学习资源本身不属于IRS系统内部资源，但它们与IRS一同构成移动学习系统环境。IRS的软件平台包括备课系统、授课系统（应答系统）以及学习记录功能，这些系统的组合可以为教师和学习者提供较为完整的学习解决方案。

第二，学习装备。IRS平台一般安装在个人PC之中，学习者可以通过个人PC的网络连接方式接入网络。IRS自身的移动终端包括教师用与学习者用的应答器，红外接收器和无线接收器。这些移动终端设备可以为教师与学习者之间的互动提供服务。

第三，学习服务。教师与学习者之间通过IRS平台以及应答器完成交互活动。在相关学习情境下，教师可以采用即问即答的方式来完成互动教学的模式。除此之外，IRS平台中的学习历程可以为教师对学习者的学习分析提供依据。教师可以当场查看学习者的应答情况，也可以在课后根据学习历程中的数据对教学的实际情况进行分析。

3. 移动学习的未来发展趋势。

面向数字教材的未来移动学习带给教师和学习者的不仅是新的学习方式，

更是新的学习理念。移动学习的未来发展主要从两大方面改变学习者的学习过程。一方面，从学习者的认知层面看，移动学习正逐渐改变着学习者的思维习惯和认知模式；另一方面，从移动学习系统环境路线图应用看，移动学习的系统环境发展趋势涵盖四个特性：易用性、环境交互性、绿色支持性和后台服务性，如图7-28所示。

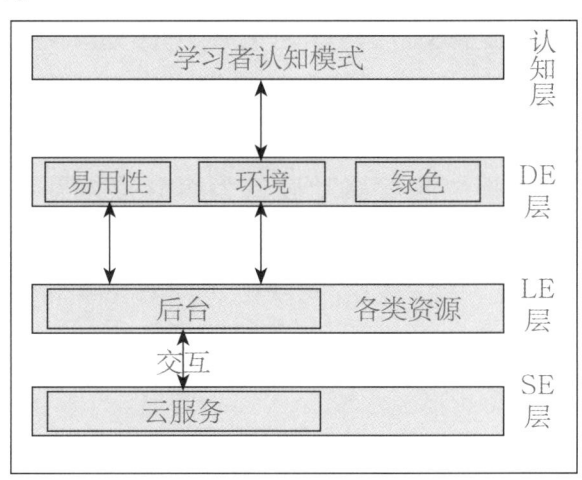

图7-28　移动学习未来发展特点

从认知层次的角度看，学习者的思维将越来越倾向于主动学习和个性化学习，逐渐远离传统教学中的统一化的管理。学习者的知识负载越来越大，灵活的学习方式能为学习者节省时间、提高效率。而移动学习正是利用零碎的时间进行自主学习的一种方式。学习者将不再只是被动地接受他人传递的信息，而是根据自身的学习需求，自主选择学习内容，完成自身的学习目标。从移动学习系统环境路线图来看，移动学习在装备DE、支持LE和服务SE三个层次上的发展趋势如下。

第一，在移动学习装备DE层，易用性、环境交互性与绿色支持性将成为未来移动学习的主要标志。移动设备的易操作性充分体现着移动学习的"易用性"。随着移动通信设备的发展和普及，越来越多的人把这种设备作为生活中必不可少的物品之一。电子书、电子书包以及服务于师生的交互系统已经进入了现代化的课堂。这些设备轻巧、智能、易携带的特性，使教师和学习者开始逐渐接受这种新的学习方式。移动设备的易用性可以使学习者在完整的学习流程中顺畅无障碍，达到无缝学习的效果。当前，移动学习的环境交互性主要是由无线移动通信网络、无线移动通信设备构成的。在这个大环境下，学习者之间可以方便地进行沟通与交流，甚至可以与环境进行交互。移动学习的另一特性就是绿色支持性：各类移动学习终端设备的普及化和价格低廉化使得移动学习以消耗最少的物资而提供尽可能多的资源；电子书阅读器中可以容纳大量的电子教材、电子课外读物以及各类资源，减少消耗过多的自然资源。此外，个性化和碎片化的学习方式提高了学习者的学习绩效，避免了重复学习的过载，带来了学习绩效的绿色化。

第二，在移动学习支持LE层，平台和资源构成了后台服务性的主体部分，可以帮助学习者实现个性化的学习。传统课堂教学的最大特点就是以教师为中心和以教材为主体。但是，教师在课堂上教授的知识和教材并不能满足所有学生的所有要求。以电子书为核心的平台和资源学习支持体系能给学习者提供智能化的支持，也为后台服务性的云服务支持应用提供了基础。

第三，在移动学习服务SE层，学习者利用移动学习设备终端接入网络，通过后台服务的支持，学习者可以获取丰富的各类电子书资源。电子书、电子书包可以通过无线网络连接的方式连接到"后台"，而诸如包含电子书的IRS智能系统能够以PC、平板电脑等移动设备为媒介连接到网络，在此基础之上进行个性化的微课程和学习支持服务。这种移动学习服务方式为教师和学习者解决了传统教学统一进度、统一内容的缺陷，向着全面个性化和数字化学习公共服务体系又迈进一大步。

第八章 小学数学教材的展望

8.1 学材与生本学材

一、研究背景

21世纪进入智能化、网络化、移动互联、大数据、云计算时代，信息量和知识量以几何级数递增。这意味着每个人在学校接受的教育和获得的知识，在进入社会甚至还没有进入社会之际，即面临部分更新。这样的时代特点要求全社会每个人，尤其是教育工作者，必须具备终身教育和终身学习的教育理念和知识观，要培养每个学生具备自学能力和可持续发展的能力。

传统知识观认为知识是人们在实践中所获得的认识和经验，即人类把在认识世界和改造世界的过程中所形成的普遍性、规律性的认识（包括客观事实、原理、规律、理论等）用语言或其他符号表述并记录下来。传统知识观和教育观认为知识是确定性的、普遍性的、客观性的，它是独立于学习者之外、与学习者的经验和认知方式无关的客观存在，学习者的主要任务就是理解和掌握它。传统知识观使得知识主要服务于工业化、城市化、现代化，并促进了这个进程，因而其功利主义价值取向明显。学习的过程就是感知、记忆、理解和应用它的过程，学生被动接受知识，"双基"是传统知识观的产物，主要服务于升学考试，片面追求升学率、重智育轻德育美育、脱离实际，缺乏创新精神、解决实际问题和可持续发展的能力。这种知识观的现代主义和教育的功利主义价值取向，导致以高考为导向的知识几乎占据学生头脑的主要空间。而学生一旦完成高考进入大学，高中以前学习的大部分知识将因无用或者不会用而慢慢归零，因此导致很多大学生的脑袋空心化、精神家园失落，失去了自我发展的方向、意识和能力，失去了对人生和美的追求的能力。很多学生忙忙碌碌学习12年进入大学，却没有了激扬的青春、美好的理想、奋斗的目标、读书的渴望；不知道为什么上大学，不知道自己喜欢什么专业，浑浑噩噩修完学分，急功近利找个挣钱的工作。这样的学生既没有活出"自我"，也没有想到对社会负起责任，更无法成为德智体美劳全面发展的社会主义建设者和接班人。因此，传统的知识观和教育观已经不适应时代的要求。廖哲勋认为，"建构主义和后现代主义的知识观虽有一些创见，但也有种种不足之处。要深化基础教育课程改革，必须构建一种科学的新的知识观"。另外，一些教育哲学专家对当前的课程论和教学论提出了中肯的批评。"由于仅仅关注具体知识的选择和传递而缺乏对知识性质和知识价值等问题的思考，导致在课程论上主要关注的是'具体教什么知识'，在教学论上则主要关注的是'怎样教知识'，使得课程论和教学论以及它们所指导下的实践均缺乏对知识问题的深度思考。不仅如此，还应该注意的是，由于对知识的诸多重要的问题缺乏思考，造成了研究者对哲学尤其是知识论深层次的发展成果的漠视，使得课程论与教学论的许多重要的关于知识的判断仍然来源于过去。"也就是说，课程论研究者缺乏对知识背后的"知识"的研究，导致课程中的知识偏于传统和陈旧；也由此导致教学论中所论述的教学的知识偏传统和陈旧，一级一级传导到课堂，学生所学习的知识也是偏传统和陈旧的。追本溯源，课程论研究者的责任重大，换句话说，教材编者的责任也非常重大，教材中所呈现的知识如何体现新知识观，即关注知识的性质、思想、价值、应用等重大问题，将成为教材编者面临的重大课题。

二、新知识观

后现代知识观建立在对现代知识观的批判的基础上，认为现代主义对知识的客观性、普遍性和确定性的追求，导致了知识的权威化和僵化。后现代主义知识观认为知识是动态的、生成的。即知识是在人们过去经验的影响下被创造出来和被理解的，是人们在某一阶段的认识成果，它需要得到不断的检验、发展与更新，因此，知识不可能完全是确定的。知识是有"情景的"，即知识只是把握认识对象性质与关系的假设，唯有通过长期的亲身实践，才会领悟到这些情景性知识的存在和本质的内涵。知识是批判性的，即知识不是积累起来的，而是批判的结果。随着社会进入后工业时代以及文化进入后现代时代，要求教师和学生对现有的知识和社会现实提出质疑和问题，提倡批判性思维。知识既是公众的又是个人的，它既离不开个体的交往实践活动，也离不开个体的个性人格特征，必须通过个体知识的作用表现出来，所以，个体知识在知识的发展中起重要作用。

那么，新知识观如何在传统知识观、建构主义知识观及后现代主义知识观中做取舍，继而补充、完善、融合呢？我们要在坚持传统知识观的基本观点的基础上，吸收建构主义知识观及后现代主义知识观的合理成分，为了迎接、适应并主动创造这个新的时代，为了我国经济结构的转型升级，培养具有创新精神和实践能力等具有核心素养的人才，更重要的是为了这个时代个人的生存意义和存在价值的求索，为了个人一生的健康幸福、对美的追求和可持续发展，来建立信息化、智能化、物联网、大数据时代的知识观。

1. 关于知识的本质。

新知识观认为，一方面知识是认识的成果，具有确定性、客观性、普遍性。如1+2=3、LED液晶屏幕中的蓝光对眼底有害、100℃的水和浓硫酸能够烫伤皮肤等，这些知识具有确定性、客观性、普遍性，谁要是不相信谁就可能受到伤害。另一方面知识也有一个动态的认识和生成过程，具有发展性、文化性、境遇性、个体性，同时如何获取知识的知识也是知识的重要组成部分。虽然人们对世界的认识能力在不断提高，但也是有局限的，很多知识也是在不断完善中的。如用数学预测人口发展变化的模型、量子力学等，都是一个不断探索和完善的过程，因为世界本身是深奥的、不断变化的；"三角形内角和等于180°"这个命题人所共知，那么在什么前提条件下都成立吗？答案是否定的，在黎曼几何里三角形内角和就大于180°。尽管数学具有逻辑性和严密性，那也是相对的，有数学家想把数学变成纯逻辑，也没有成功。如果不承认知识的确定性、客观性、普遍性，人类文明无法传承；如果不承认知识的发展性、文化性、境遇性、个体性，人类文明无法创新发展。正是一些数学家、物理学家等科学家的不断质疑、求证和探索，才使得科学和技术以几何级数式的增长速度日新月异地发展。

我们通过学习知识，使得人类文明得以传承和发展。那么，在知识快速增长、更新的互联网、人工智能、数字化、大数据时代，人与机器人相比的优势是什么？是记忆、模仿、机械操作吗？肯定不是，这相当于用肉去撞铁。中央电视台举办的《中国诗词大会》的冠军即使背2000首诗词，也仅仅是中国古今诗词总量的1%不到，把古今中外所有的诗词装在机器人里，却是轻而易举的事。因此，那些能够让人比机器人更有优势或者价值的知识，才是知识的本质。季苹认为，"基本知识"比传统的"基础知识"更能增进学生的理解力，她说："我们通常所说的'基础知识'是由一个一个的知识点构成的，重视的是知识与知识之间的客观关系，而'基本'是一个有意义的、有生命的单元，更强调对于学生的意义……能够激发学生兴趣的知识更具有基本性；能够形成学生能力的知识更具有基本性；能增进学生理解的知识更具有基本性……基本知识是有结构的。"季苹认为，这些结构就像细胞一样是有机体的基本单位，是"活"的知识。这些基本知识不仅仅是一个个知识点的事实与概念本身，更重要的是这些知识的性质、方法、结构、思想、价值、应用等更能体现知识的本质。随着时代的快速发展，知识量必然越来越多，人们已经无法全部学习和记忆，势必有所取舍，必须学会学习、学会自学。

2. 关于知识的分类。

对知识进行分类，可以有多个分类标准，这取决于分类的目的。即使从知识的价值与抽象程度作为标准来分类，专家们也有不同的分类结果。布鲁姆等学者把知识分为四类：事实性知识、概念性知识、程序（方法）性知识、元认知知识。国内一些专家的分类与之略有不同，如季苹把知识分为"事实性知识、概念性知识、方法性知识、价值性知识"，其中"价值性知识就是关于功能和意义的知识，如工业革命的意义，电子发现的意义等"，并认为"任何一个知识点都包含四个层面的知识"。

以上两种分类的不同主要在于，后者没有元认知的知识，而用价值性知识取代。在提倡学生自主学习、探究学习、终身学习的时代，元认知的重要性不言而喻，因而关于元认知的知识也是重要的知识。因此可以把知识分为五类：事实性知识、概念性知识、方法性知识、价值性知识、元认知知识。其中的方法性知识和价值性知识更能体现学科知识的本质，之所以把元认知知识放在最后，我们认为每个人经常对自己的学习进行反思是重要的，这个反思包括对自己是否理解掌握方法性和价值性知识的反思，从而使自己的学习达到高境界。这五类知识从知识本身而言可以认为是五个层面的知识，对于学生而言是五个水平的知识，这类似于知识结构与认知结构之间的关系，即知识结构是属于知识本身的，而认知结构是属于学生个体的，学生的认知结构能够达到知识结构的什么层面，取决于很多因素。

三、学材与生本学材

教材是知识的载体，是教学的重要资源。教材研究者应该关注知识的深层次问题，即知识的本质，比如知识的性质、思想、方法、作用、能力转化等方面。季苹认为，"这四个层面的知识在教材中是客观存在的，从理论上来说应该是一一对应着出现的，即相应的事实与相应的概念、相应的方法和相应的意义一起出现，因为只有这样，学生才能获得完整的学习材料。但实际上却并非如此，以致造成学生在学习教材时会觉得无法自学，而教师觉得要让学生理解教材中的知识必须补充相应的知识内容"。这说明教材孤立地呈现一些碎片化的知识是无意义的，不利于学生的自主学习和有意义学习。因此，教材要在把握知识的本质和知识点几个层次之间关联的基础上，确立以学生为本的理念，加强学生的独立思考、自主探究、合作学习，让学生成为教材的主人。教材的素材应加强与生活的联系，创设真实的生活情境，用亲切的生活语言叙述，激发学生的学习兴趣，激活学生的经验和已有知识。通过设置各种活动引导学生用眼观察、动手操作、动口表达、动脑思考，加强问题解决导向的综合与实践活动的设计，加强创新意识和实践能力的培养。另外，在信息网络数字化时代，教科书的立体化已经势在必行，要加强教材呈现方式的立体化和资源的立体化，纸质教科书、电子教科书、光盘和网络资源、智能教学和作业系统都要进行研究和开发应用。

基于以上分析，我们提出新的教材观，即"学材"和"生本学材"的概念。"学材"这一概念早在1987年就被日本教育界提出和接受，"在关于《教科书的内容和版式的改革》研究报告中，教科书研究中心提出了将教科书变为学生的'学材'的建议。这一建议在1987年被当时的文部大臣咨询机构'临时教育审议会'所接受，'学材'这一概念被写入了教育改革第三次审议报告之中：在信息化和教材多样化的过程中，从尊重个性、推进多样化的教育和学习立场出发，必须重新审视教科书的性质和用途，特别要强调教科书作为学生使用的学材的性质，胜于强调作为教师为教学而使用的教材的性质"。传统的教材，从狭义的角度界定，即教科书，是指依据课程标准（教学大纲）编写的教师和学生用书，即教师在课堂上教学生学习的用书。而学材是与传统的教材（教科书）相对应的概念，是指依据课程标准（教学大纲）编写的学生用书，即教师引领下的学生在课堂上的学习用书，学材与教材的不同之处在于从学生学习的角度界定。"生本"是华南师范大学郭思乐教授提出的教育新理论、新理念，他在《教育走向生本》的前言中提出"我们必须一切为了儿童，高度尊重儿童，全面依靠儿童"。他认为生本与人本主义是有区别的，"我们所说的生本，除了反映学生的利益、学生在学校社会中的独立的自主的存在之外，更重要的是依靠学生来进行教育，把教育的全部价值归结到学生身上，以学生发展为教育的本体。"生本学材是以学生（及学生发展）为本的学材。

8.2 小学数学生本学材研编的理论研究

一、小学数学生本学材

我们将重点回答以下几个问题：

1. 小学数学的本质是什么？
2. 学生获得这些本质的学习方式是什么？
3. 重点内容怎么学习？
4. 怎样评价学生是否获得了数学的本质？

基于以上几点考虑，生本学材将重点体现对知识本质的理解、基于学生的认知起点、整体自主建构、掌握重要思想方法、培养学科核心素养，使学生学会学习、学会思考，形成可持续发展的自学能力。生本学材的编写以新知识观、主体性教育理论、建构主义等学习理论为指导，以学生为主体，以知识为载体，以数学思想方法和核心素养为主线，以学生发展为本；提倡教师发挥主导作用，即教师是学习过程的组织者、引导者、合作者，应促进学生积极主动、生动活泼、可持续地发展，使得学生学会学习、学会思考。为我国"一带一路"倡议、中华民族伟大复兴等培养各级各类具有创新精神、实践能力的人才奠定良好的核心素养基础。

二、小学数学本质的重构

从2011年以来，小学数学教学目标从传统的"双基"发展到"四基""四能"。这是一个划时代的进步，人们对小学数学本质的认识上升到了一个新高度，打破了教学目标偏重基本技能训练的局面。但在课堂教学的实践层面，根据多年的课堂观察可以发现，在注重"双基"的传统惯性作用下、在升学考试的巨大压力下，"四基"并没有得到均衡的落实和发展，尤其是数学思想方法目标的落实还任重道远，课堂教学忽视数学概念、数学思维、数学思想方法、数学认知结构，偏重基本技能训练的现象还没有得到根本的改变。注重基本技能的训练是提高学生成绩的法宝，按理说本没有过错，但忽视数学概念、数学思维、数学思想方法、数学认知结构等数学本质的技能训练，即使学生经常考100分也是不妥的，尤其是在人工智能的时代，靠记忆模仿获得的好成绩不值得欣喜。我们要让学生在理解和掌握数学概念、数学思维、数学思想方法、数学认知结构等数学本质的基础上获得好成绩，这样才能真正培养学生独立思考、自主学习、自我成长的可持续发展的能力。例如，小学数学计算能力是最重要的，一般情况下计算在考试总成绩中占最大比重，无论是教师还是家长都特别重视孩子的计算训练，孩子天天刷题。但是，教师今后要把计算的核心向推理的方向转变，计算教学的价值取向，不仅仅是运算正确与比较熟练，更重要的是体会运算中的原理、推理的思想方法、逻辑关系、规定算法的合理性以及计算的应用。计算是具体的推理，要把对算理的理解上升到推理的高度、思想方法的高度，才能收到事半功倍的效果。

《普通高中数学课程标准（2017年版）》（以下简称《新高中数学课标》）在继承《标准（2011）》的基本理念及"四基""四能"总目标的基础上，提出了培养学生数学核心素养的理念和目标。"数学学科核心素养是数学课程目标的集中体现，是具有数学基本特征的思维品质、关键能力以及情感、态度与价值观的综合体现，是在数学学习和应用的过程中逐步形成和发展的。数学学科核心素养包括：数学抽象、逻辑推理、数学建模、直观想象、数学运算和数据分析。这些数学学科核心素养既相对独立、又相互交融，是一个有机的整体。"数学核心素养是数学课程目标的集中表现。它是在数学学习过程中逐步形成的，在学生的自主发展中发挥着不可替代的作用。数学核心素养包含具有数学基本特征的思维品格和关键能力，是数学知识、技能、思想、经验及情感、态度、价值观的综合体现。数学核心素养既反映了课程内容的主线，聚焦课程目标要求，也集中反映了学业质量的标准。更一般地，数学核心素养还包括学会学习、数学应用、创新意识。我们简称其为"六核"。那么，"六核"与"四基"是什么关系呢？"数学学科核心素养是'四基'的继承和发展，'四基'是培养学生数学学科核心素养的沃土，是发展学生数学学科核心素养的有效载体，教学中要引导学生理解基础知识，掌握基本技能，感悟数学基本思想，积累数学基本活动经验，促进学生数学学科核心素养的不断提升。"由此可以认为，数学核心素养是对"四基""四能"目标的进一步提炼、聚焦和提升，是整体数学素养中的精华部分，是把数学能力从数学内部和一般生活中的应用上升到用数学面对现实世界的高度，即具备数学核心素养的标志是学会"三会"，即会用数学眼光观察世界，会用数学思维思考世界，会用数学语言表达世界。

综上所述，数学概念、数学思维、数学思想方法、数学认知结构、数学核心素养等是数学的本质。

例如，我们将重新认识自然数的本质。

根据多年的课堂观察、调研、研究，我们提出以下观点：十进位值制计数法（不限于其概念，更重要的是其思想方法）是小学数学的基础和核心，是理解自然数、小数的概念及其运算的算理、算法的依据。尽管自然数公理可以与十进制计数法无关，因为其他进制也能表达自然数，例如二进位值制只需要0和1两个数字，就可以表达所有的自然数。但是，全世界的数学家最终一致选择了十进制计数法来表达自然数，那么，自然数公理中的运算性质、法则、运算律的落脚点和载体必然是十进制表达的自然数。如果学生从一年级开始，加强对十进位值制计数法的理解，几乎就能够掌握小学数学一半的内容。为什么这么说呢？十进制计数法不仅是计数的原理，也是计算法则的原理，可以说它不仅仅是一个概念，更是一个概念体系、一个结构、一个关系、模型、思想方法。心理学家和数学家都认为：单独教学概念是没有意义的，必须把概念纳入结构中才可理解和记忆；单独研究概念是没有意义的，数学只有研究概念间的关系、规律、模型，才有价值。另外，在小学数学的所有内容中，如果按照课时划分，数的认识及计算占据了三分之二的内容，除了分数以外，其他有关数与计算的知识几乎都以十进位值制计数法为依据。

我们一般把自然数、整数、小数和分数的认识与计算称为算术，算术在小学数学中占了最重要的地位和最大的比重。几十年来，我们的教材和课堂教学，已经形成了一套固有的传统模式，即通过情境、操作、直观等认识数和计算，学生通过反复训练，似乎掌握了计算技能（实际上很多学生是通过模仿训练形成的技能，不是在理解算理基础上形成的技能）；但是，学生对于数与计算的本质并没有深刻理解，有研究表明，三年级学生理解整数乘法计算算理的人数不超过50%。

就自然数的认识和计算等看似简单、习以为常的内容，数学家和数学教育家提出了一些不同的观点，专家们提出要加强自然数公理的教学。

首先我们了解一下，数学家为什么要像欧几里得几何公理体系那样，构造严密的算术公理体系。史宁中教授对此进行了解读："现今数学界，人们广泛认可的关于自然数的定义，是皮亚诺算术公理体系，这是一种基于内涵的定义。这种定义的出发点是细化了的'大小'关系：自然数是一个一个大起来的。数学家在这种关系中抽象出'后继'的概念，皮亚诺用'后继'的概念定义了自然数。比如，先有1，称1的后继为2，2比1大1，表示为2=1+1，称2的后继为3，3比2大1，表示为3=2+1……通过这样的后继关系，就定义了所有的自然数，同时又定义了加法。皮亚诺最初规定自然数从1开始，后来又规定自然数从0开始。其原因在于：如果自然数从1开始，算术公理体系将无法定义出0；如果定义不出0，则无法定义相反数，进而无法定义负整数；如果定义不出负整数，则无法通过加法的逆运算定义出减法。因此，如果没有0，自然数集合就不可能在公理化结构下扩张为整数集合。"我们可以看到，自然数是怎么被有逻辑地定义的，0是怎么成为自然数的，这个逻辑关系是必要的。"正是因为有了这样的严谨性，从自然数集出发，在加法运算基础上产生的四则运算、数集的扩充，以及后来的极限运算也都有了根基，这就使得数学能够得到合理的发展。"由此可知，数学家构造算术公理体系是必要的。不过可以推测，这个公理体系主要不是为小学数学教师和小学生构造的，是为了数学分析等理论的严谨性而构造的。因为皮亚诺生活在19世纪下半叶和20世纪上半叶，算术公理体系才产生100多年；也就是说，即使没有算术公理体系，似乎也不影响小学算术的教学。但是，既然有了这个公理体系，我们是否应反思传统做法有哪些不足之处呢？

学生在学习自然数的过程中，教师一般会启发学生数小棒数到10根捆成1捆，再接着数，接着捆，数到10捆再捆成1大捆……于是学生知道了10个一是1个十，10个十是1个百，10个百是1个千……这样的教学似乎没有什么问题，对学生理解数的大小及十进制是有益的。但是，如上所述，这样教学并没有让学生真正理解自然数的本质：自然数是从0开始1个1个累加起来的。关于自然数的认识，无论是编写教材还是课堂教学，都应该体现自然数系的累加过程，应先让学生理解：10是9加1得到的，而不是10个1相加得到的；100是99加1得到的，而不是10个10相加得到的；1000是999加1得到的，而不是10个100相加得到的……即10=9+1，100=99+1，1000=999+1……然后再强化十进制，10个一是1个十，10个十是1个百，10个百是1个千……因为自然数在先，不同进制在后，而且自然数可以用不同进制表达。比如计算机是用二进制表示自然数的，没有用十进制，但是照样可以进行逻辑运算。当然，这并不是说十进制不重要，十进制的应用是广泛的，对于学生理解算理和算法仍然是十分重要的。但更重要的是，应加强了解其公理体系，包括理解自然数系的形成、以加法为基础的四则运算的意义、运算律、运算法则、数系扩张的必要性和合理性、运算律的可持续性。这些新观点将在本套读本中适当体现，在教学实践中检验可行性。

三、课堂的革命

《小学数学教育》1993年第11期的文章《小学数学教学中的主导与主体》对于教师与学生的关系进行了简要论述。基本观点是"教为主导，学为主体"，强调教师的主导作用，同时明确了教师围绕着教学所做的一切工作，主要是为了让学生更好地发挥主体性；强调学生的主体性，也是为了使每个学生得到更好的发展。《标准（2011）》确立了学生的主体性，同时明确了教师的主导作用。因此，"教为主导"与"学为主体"要有机地融合成一体。传统上，我们关注更多的是教师和学生地位作用的关系、教与学的关系。比如在教学过程中起主导作用的是教师，学生是学习的主体；接受学习与自主学习之间的关系等。接受学习与自主学习之间的平衡是非常重要的，即使是优秀的特级教师也会经历一个痛并快乐着的探索过程。教师不仅要研究如何教好，更要研究学生的认知特点、情感态度、如何学习、如何学会自主学习，把"讲"的时间和空间压缩一些，留给学生去"学、思、行"。《礼记·学记》中说的"是故学然后知不足，教然后知困。知不足，然后能自反也；知困，然后能自强也。故曰：教学相长也。"很好地体现了教与学的辩证关系。教育部部长陈宝生曾经在《努力办好人民满意的教育》文章中指出"深化基础教育人才培养模式改革，掀起'课堂革命'，努力培养学生的创新精神和实践能力"。

　　这里的"课堂革命"意味着什么呢？意味着我们要打破传统的教师满堂灌、题海训练的填鸭式教学方式。因为这样做只能让师生都累，严重影响师生的身心健康和学习工作效率，已经不适应新时代的形势和需求了。为了破解素质教育无法在课堂上落实的难题，找到师生和谐而可持续发展的模式，应加强学生的自主学习，这样才能够培养可持续发展的能力。自主学习本来是各种学习方式（听讲、独立思考、自主学习、合作交流、动手实践等）其中的一种，那为什么唯独强调自主学习呢？这是因为只有基于自主学习的学习，才是可持续发展的深度学习，所以应成为核心的学习方式。一方面，对学生而言，自我的认识觉醒与自主行为习惯的形成是学生发展的内因，比什么都重要，这样学生才能够学会学习、学会思考，形成可持续发展的态度和能力。另一方面，对教师而言，要使自己的认识达到这样一个高度：学生核心素养的形成、自我成长能力的形成，仅仅依赖教师的讲授是不行的，更重要的是依赖学生自主学习、独立思考、合作交流，这是一种过程的教育。通俗地说，你想让学生将来（至少到18岁高三毕业）成为什么样的人，你每堂课都应该像你希望的那样去做。这需要一生的日积月累，而不是仅仅靠18岁一个成人礼的宣誓仪式就可以达成的（当然，这个成人礼很重要）。关于自主学习，我国古代儒家教育思想就有论述。《孟子·离娄下》说："君子深造之以道，欲其自得之也。自得之，则居之安；居之安，则资之深；资之深，则取之左右逢其原，故君子欲其自得之也。"大意是说，只有自觉地依靠正确方法思考学来的知识，才能掌握得牢固，运用起来才得心应手。教师应深刻认识到：教学理念的提升、教学方法的改进、教学经验的积累，不但能够提高教学质量、提高教学效率、达到深度教学和深度学习，还能够减轻工作负担、形成良性循环、形成可持续发展的教学能力。进而逐步理解为什么专家建议自己要这么教。老师们在教学过程当中，慢慢地感受到这样去教学，工作就会很轻松；如果学生会学习了，也会学得很轻松。教师尝到这样教学的工作的甜头，做与不做是不同的，这样去教学不是专家和校长强迫你去做的，不是被动去做的，而是能够主动地去这样做。既是为了学生，也是为了自己，为了自己能够在教育的蔚蓝天空中自由、快乐、轻松地翱翔。也真正达到了给教师和学生"减负"的目的。

实事求是地说，我们要构建实现深度教学和深度学习的教学范式。这是以自主学习为核心、多种学习方式融合的基本教学范式，而不是只有自主学习这个唯一的方式。

1. 课程标准关于学习方式的理念。

《标准（2011）》在课程基本理念中指出："教学活动是师生积极参与、交往互动、共同发展的过程。有效的教学活动是学生学与教师教的统一，学生是学习的主体，教师是学习的组织者、引导者与合作者。数学教学活动，特别是课堂教学应激发学生兴趣，调动学生积极性，引发学生的数学思考，鼓励学生的创造性思维；要注重培养学生良好的数学学习习惯，使学生掌握恰当的数学学习方法。学生学习应当是一个生动活泼的、主动的和富有个性的过程。认真听讲、积极思考、动手实践、自主探索、合作交流等，都是学习数学的重要方式。学生应当有足够的时间和空间经历观察、实验、猜测、计算、推理、验证等活动过程。教师教学应该以学生的认知发展水平和已有的经验为基础，面向全体学生，注重启发式和因材施教。教师要发挥主导作用，处理好讲授与学生自主学习的关系，引导学生独立思考、主动探索、合作交流，使学生理解和掌握基本的数学知识与技能，体会和运用数学思想与方法，获得基本的数学活动经验。"

《新高中数学课标》提倡培养学生学会学习和教学方式多样化，"教师要把教学活动的重心放在促进学生学会学习上，积极探索有利于促进学生学习的多样化教学方式，不仅限于讲授与练习，也包括引导学生阅读自学、独立思考、动手实践、自主探索、合作交流等。教师要加强学习方法指导，帮助学生养成良好的数学学习习惯，敢于质疑、善于思考、理解概念、把握本质、数形结合、明晰算理，厘清知识的来龙去脉，建立知识之间的关联。"对高中生要求的学会学习、自主学习的能力，不能到高中阶段才开始培养，要在义务教育阶段，甚至第一学段就开始逐步培养起来。

2. 教育家关于学习方式的观点。

陶行知早在1919年所撰写的一篇《教学合一》的文章里就提出："先生的责任不在教，而在教学，而在教学生学。我以为好的先生不是教书，不是教学生，乃是教学生学。教学生学有什么意思呢，就是把教和学联络起来：一方面要先生负指导的责任，一方面要学生负学习的责任。对于一个问题，不是要先生拿现成的解决方法来传授学生，乃是要把这个解决方法如何找来的手续程序，安排停当，指导他，使他以最短的时间，经过相类的经验，发生相类的理想，自己将这个方法找出来，并且能够利用这种经验理想来找别的方法，解决别的问题。得了这种经验理想，然后学生才能探知识的本源，求知识的归宿，对于世界一切真理，不难取之无尽，用之无穷了。这就是孟子所说的'自得'，也就是现今教育家所主张的'自动'。所以要想学生自得自动，必先有教学生学的先生。"以上观点把握了教师教学的目的和归宿是指导学生学会学习，学会思考、自主学习、探求真理和解决问题，能够触类旁通。

叶圣陶先生主张教师要培养学生独立思考、自主学习的能力。他在1961年给教师作报告时讲道："教师要善于引导学生自己多动脑筋，适当地多动脑筋，脑筋是不会受伤的。学生自己动脑筋，得到的东西格外深刻，光听老师讲，自己不思考，得到的东西就不太深刻。总之，讲的目的，在于达到不需要讲。如果一个老师能做到上课不需要讲，只作一些指点和引导，学生就能深刻理解，透彻领会，那就是最大的成功。这样做能使学生读了若干文章以后，能触类旁通，自己去领会别的文章。学生必须学会自己读书，不能老是带着一位老师给他讲，所以我们要培养学生独立读书的能力。"叶圣陶先生在1978年的一次讲话中，又进一步谈到："教师教任何功课（不限于语文），'讲'都是为了达到用不着'讲'，换个说法，'教'都是为了达到用不着'教'。怎么叫用不着'讲'用不着'教'？学生入了门了，上了路了，他们能在繁复的事事物物之间自己探索，独立实践，解决问题了，岂不是就用不着给'讲'给'教'了？这是多么好的境界啊！教师不该朝这样的好境界努力吗？再说怎么'讲'。我也曾经朦胧地想过，知识是教不尽的，工具拿在手里，必须不断地用心地使用才能练成熟练技能的，语文教材无非是例子，凭这个例子，要使学生能够举一而反三，练成阅读和作文的熟练技能；因此教师就要朝着促使学生'反三'这个标的精要地讲，务必启发学生的能动性，引导他们尽可能自己去探索。"

叶圣陶先生与陶行知先生真可谓英雄所见略同，都精辟地概括了教学的本质是教会学生自主学习，蕴含了主体性教育思想。如果课堂教学让学生独立思考，让更多学生表达想法，师生间、学生间彼此思想多产生碰撞，学生有时间和空间去做、去想、去说、去悟，活动经验自然就积累了。在课堂观察中可以发现一个比较普遍的现象，即每当教师呈现例题或者习题让学生独立思考和解答时，如果没有给学生留出足够的时间，或者没有提醒学生有足够的时间去思考，那么部分学困生或者暂时不会解答的学生，就会偷偷地抄袭同桌同学的解答。长此以往，这些学生就容易丧失真正独立思考的能力。这就说明我们一方面要给学生留出时间和空间；另一方面要深入地引导学生，别不懂装懂，不会就与同学或者老师交流，直到理解掌握了为止。

苏霍姆林斯基也特别重视培养学生的自主学习能力，"在小学面临的许多任务中，首要任务是教会儿童学习。请记住，中高年级后进生主要是不会学习，不会掌握知识的结果。首先要教会儿童很好地读和写，要教会所有低年级的学生阅读，使他们学会边读边想和边想边读。我坚信中高年级的顺利学习，首先取决于自觉阅读的能力，即边读边想和边想边读的能力。因此，低年级教师应仔细地研究每个学生的这种能力如何得到发展。30年的经验使我相信，学生的智力发展取决于是否会很好地阅读。中高年级的顺利学习，也决定于学生在低年级时学会快速和自觉地书写到了什么程度，以及这种能力后来是怎样发展的，要努力使儿童学会边写边想，让他们一面听和思考你所讲的，同时只简要地写成自己的思想。在三年级就应该教会学生这样做了。"以上强调了阅读、思考、写作的重要性，而且在低年级就应该注意培养这方面的能力，也许这些要求是针对语文学科的，但是对数学学科来说，这些能力也至关重要。阅读理解能力不好，就不能准确地提炼数学信息、理解题意，从而也就不会分析解决问题，如同"雾里看花花更'花'"，影响数学的学习。

3. 一线教师关于学习方式的探索。

周淑红对小学数学核心素养的特质与建构进行了研究，在培养学生独立思考和积极主动学习的基础上总结了"五步训练法"，取得了比较好的效果。"对于提升小学数学素养的教学，以启发数学思考为牵动，以塑造数学思维为主线，以感悟数学思想方法为准则，以培育数学积极情感为纽带，以形成数学核心素养为最终目标，遵循数学思维引导的'凡是学生愿意猜测的，绝不打断；凡是学生能独立解决的，绝不暗示；凡是学生希望表达的，绝不替答'的顺其自然的'三不原则'为研究思路开展实证研究，以期验证理论设计能否经受住实践的检验……经过4年课堂教学实证研究，在课前准备阶段提出了'渗透一种数学思想、学习一类思维方法、掌握一项基本技能、体验一种数学情感'的教学目标，设计教学案例。在课堂实施阶段总结了提升小学数学素养的'RQSES'（Reading 阅读、Question 提问、Study 探究、Expression 表达、Summary 总结）'五步训练法'，实施效果明显。课堂观察研究得出：实验班学生在数学学习中表现突出，反映在课堂听课效率高，专注度极高，思维紧紧围绕在数学内容本身，反应迅速，思路灵活，边写（计算）边画（图形），有积极进行数学表达的强烈愿望。课堂上一个可明显观测到的现象是在听讲过程中，学生会突然冒出新的想法，眼神发亮，表情生动，高高举手，迫切希望与教师马上交流，因此教师的课堂预设经常会被生成性环节替代。对实验班学生的问卷和访谈调研反馈，喜爱数学的学生比例为全班的91%，这一数据明显高于非实验班。对2016年9月升入初中的第二届实验班毕业的35名小学生追踪调查反馈，这些学生普遍觉得小学数学与初中数学衔接自然，数学学习仍然受益于小学习得的'五步训练法'，在各自班级中表现出优良的数学学习品质……小学数学核心素养的提出缘起于对学生全面发展和长远发展培养的理念，扎根于对小学数学培养总目标的深入思考。数学素养是伴随一个人终身的品质，品质的养成需要在活动中慢慢浸润，小学数学活动离不开'童趣'，为此教学时要依托小学生熟悉的生活经验创设有趣的情境，帮助他们构造熟悉的数学现实，启发引导学生主动思考完成个性化的数学再创造过程。小学数学能力的提高依赖于学生独立思考的时间长度与思考深度，故数学活动宜采取个人独立思考与小组合作交流相结合的方式，教师因势利导，主张'教什么反而不告诉他什么'，以激起小学生强烈的好奇心和探索欲望，教基于不教，变学生被动学习为主动学习。此外，对于小学生，要从最基本的听课习惯、审题习惯、作业习惯及反思习惯等开始一点点培养，逐渐塑造优良的数学学习品质，培育积极的数学学习情感。"

曹培英老师从刚工作开始，连续8年取得平均成绩排名全市第一的优异成绩，但是有一件事令曹老师感慨万千。"几年后，正当我对自己的'固本'之策和对自己教学水平的提高深信不疑时，主持市里数学竞赛集训班的教学经历，促使我又一次提升了认识。班上有一位学生，总能抓住解题的关键，还能用非常简练的语言讲清自己的思路，他对答案不感兴趣，他的问题总是'你是怎样想到的……'出乎意料，如此出众的学生竟然是我认识的一位不会解竞赛题的老师培养的。这位老师为完成学校安排的课外辅导任务，基本上是今天看懂两题，明天就讲两题。学生有问题，一概自己去想，'吃不饱'，就布置自学。当时我十分感慨：如果这位学生在我班上，可能他会走上一条'捷径'，但很难锻炼出这么强的自我填补认知空隙的能力。"感谢曹老师给我们提供了一个辩证地审视当前课堂教学的例子，优秀的教师教得肯定好，学生的成绩也肯定好，但是如果不多给学生时间和空间去思考、自主学习，也可能会使优秀生达不到特别优秀。这是一个教师讲授与学生自主学习的平衡问题，是否与"钱学森之问"有关呢？

四、自主学习的教学范式

依据上述理念、观点和学习方式的探索经验，我们主张自主学习的教学策略。从低年级到高年级，逐步探索在教师引导、组织下的学生自主学习为主、其他学习方式为辅的教学（学习）范式。

在小学数学教育界，全国各地的一些学校也在探索以学生为主体的教学模式。多年来出现了"探究教学法""先学后教""尝试教学法""问题导学法""分享式教学法"等教学模式。这些教学模式的共同特点是以学生的自主学习和探究学习为主，着重培养学生的探究能力和自学能力。当然，每种教学模式都不是十全十美的，各有它的优势和不足。尤其是在低年级的教学中，如何体现有效的自主学习的教学策略，显然是一个难题。因此，需要广大教师的积极探索。

以培养自学能力为主的教学模式，主张教师与学生享有各自活动的时间和空间，教师的活动归教师，学生的活动归学生，教师既不越位，也不缺位。具体而言可采取以下全部环节或部分环节。

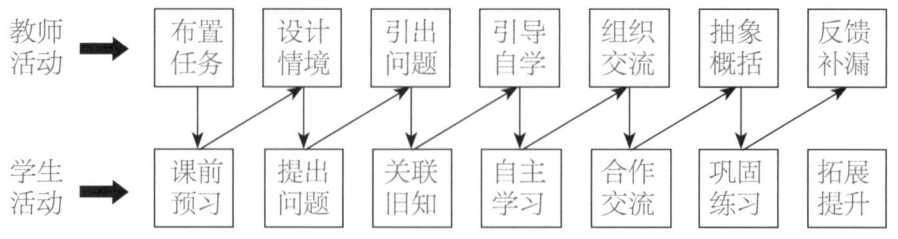

1. 布置任务。如果需要学生课前预习或自学，那么教师就要提前布置任务，让学生复习与学习有关的旧知识，自学一节课的内容，查阅相关资料。任务越具体越好，如果能够明确每个学生或小组上课时要交流的任务，那么学生就会有强烈的学习动机，会认真对待预习。

2. 课前预习。包括复习有关联的旧知识、自学新知识。在小学数学的常态教学中，多数学生没有预习的习惯，往往是上公开课时教师会让学生预习。预习是自主学习教学范式的一个必不可少的环节，当学生在课堂上再次自学时，更容易理解知识，能够节省学生上课时自学的时间，提高教学效率。"温故知新"是我国儒家关于学习的思想精华，如果逐步养成预习的习惯，就能够提高自学能力。有些老师可能会担心，如果学生课前预习了，上课会不认真听讲。实际上不必要担心，因为每节课的重点难点内容，数学思维、数学思想、核心素养等教学目标，需要学生进一步思考、交流以及教师的讲授，才可能逐步达到深度学习。

3. 设计情境。在教学中能够设计有趣、联系实际的真情境，又有数学思维和思想含量的情境，是理想的境界。

4. 提出问题。引导学生根据创设的情境发现和提出数学问题，提出的问题要有一定的挑战性，并且是一节课核心的问题、待研究的问题。

5. 引出问题。如果学生在提出问题环节提出了本节课核心的、待研究的问题，那么教师就可以直奔主题。反之，教师可以提出相关问题。教师引出研究主题后，同时启发学生思考，要解决的新问题需要用到哪些学过的知识，做到"温故知新"。

6. 关联旧知。学生最好能够自主关联相关的旧知识，唤醒所有学生的认知结构，架起通往新知识的桥梁。

7. 引导自学。教师根据学生的交流情况，提出自主学习的要求。教师进行巡视、启发、指导，了解学习情况，以便决定是否需要学生再进行小组合作交流。

8. 自主学习。学生会独立思考是非常重要的，因为它是自主学习的基础。在学生自主学习时，教师要提醒学生一些注意事项，如记住在学习中遇到了什么困难，如何防止犯低级错误，如何在已有知识和经验的基础上解决新的问题，有什么发现等。启发学生进行新旧知识的关联、类比、比较，有困难的学生借助几何直观，实现新旧知识的转化，初步得到结论。

9. 组织交流。可以先进行小组合作学习，然后再全班交流；也可以是直接全班交流，视情况而定。教师还要提出合作交流的具体要求。

10. 合作交流。本环节可以有两种形式，一是小组内的合作交流，二是全班的交流。交流时应给更多学生发言的机会，鼓励学生多发表不同的见解。重点交流新旧知识的关联、类比、比较，如何借助几何直观，实现新旧知识的转化方法。提示学生认真倾听他人的发言，引导生生互动和师生互动，注意及时纠正不准确的语言，表扬和鼓励发言表现好的小组和学生、认真倾听的小组和学生。同时这个环节要体现元认知的学习策略，就是通过交流反思自己和自己小组的理解是否深刻、学习方法是否合理、有哪些收获和不足等。

11. 抽象概括。学生交流完后，教师要进行提炼、抽象、概括，并强化重要的知识、思想方法、知识结构。使学生能够理解概念、掌握命题、形成认知结构。

12. 巩固练习。巩固练习要有层次，由易到难，有变式练习，尽可能让每个学生独立解答，训练学生举一反三的能力。学生做练习时，教师要注意巡视，了解每个学生做题的情况，这一点非常重要。

13. 反馈补漏。对巩固练习的反馈要认真细致，不走过场，敢于面对和暴露学生出现的问题，并让学生发表想法，反思原因，针对不同的情况进行纠正、补漏，或让出错的学生再做几道类似的题目，再次检验。而不是一般性地举手反馈，重做一遍。这样才能让学困生获得良好的数学教育。本环节要继续体现元认知的学习策略，让出错的学生反思自己存在的问题、如何改进、总结学习方法等。教师也要反思自己教学的不足，通过练习补救。元认知的学习策略并不完全来自西方心理学，孔子的弟子曾子说："吾日三省吾身……传不习乎？"意思是我每天数次自我反省：对老师教的知识是否认真复习了？

14. 拓展提升。此环节应注重知识的综合、拓展、结构化，引导学生画思维导图。这个环节也是非常必需的。如果每堂课有10分钟左右的时间进行拓展提升，小学6年的时间日积月累，会由量变到质变，更多的学生将形成高水平的数学认知结构。初中数学是在小学数学的基础上进一步发展和提高的，有时它们二者就相差一步，小学数学的很多知识如果有机会向前迈一步，就会海阔天空，风景无限美好。学生的思维水平、思想方法、认知结构都会有很大提升。当然，学困生如果在30分钟内没有完成基本教学任务，还要继续补课，以便达成教学目标，使不同的人在数学上有不同的发展。

以上是自主学习的基本框架和流程。下面再次特别强调学生进行自主学习的方法，具体阐述如下。

五、自主学习的方法

1. 学会自主关联。看到新学习的知识和待解决的问题马上自主联想相关条件，找到进行运算和推理所需要的前提条件（命题）；或者根据给定的条件可以解决什么问题，然后一步一步进行运算和推理，直到把问题解决。也就是说，自主关联、类比、推理（运算也是推理）是非常重要的，前提是认知结构完善和畅通。

为什么要自主关联呢？我们首先要思考：为什么教师上课的时候学生听明白了，而课后做作业和考试遇到变式题目又不会了呢？这是因为课堂教学时，多数教师是通过讲解让学生被动接受所学知识，学生没有独立思考的时间和空间，没有形成举一反三的能力；而当学生自己独立面对一个新问题时，教师不再提供帮助，导致学生束手无策。这就好比学生上课学习知识是在学习翻越一堵2米高的墙，教师想尽一切办法给学生搭建了一个梯子，学生比较容易地翻越了这堵墙；而当学生自己独立面对考试时，要自己翻越3米甚至4米高的墙，这时已经没有人再给他搭梯子了（因为在中考、高考、研究生、公务员等各类重要考试中，以及工作以后要解决的各种问题中，几乎没有每个问题怎么解决的关联知识），如果他自己没有学会搭梯子，怎么可能翻越这堵墙呢？如果说上课时教师的作用是传道、授业、解惑，而考试时教师的作用则变成了监督；如果说上课时鼓励学生小组讨论合作交流，而考试时如果学生讨论交流，就会视为作弊。因此，我们要明白，教师应努力培养学生见到问题会自主关联旧知识、独立思考如何用旧知识解决新问题的能力，这样学生在面对考试时，才会不惧怕监考的老师，甚至会感谢老师。也就是说，教学的生态环境要尽可能适应考试和生活（工作）的生态环境。就像人工繁育的大熊猫，如何在成年后能够尽可能适应野外生存的环境呢？人们要营造这种野外环境，训练其适应野外环境的生存能力。

笔者曾经听了一节课：七巧板中的分数。教师教学时把七巧板拼成的正方形面积作为1，七巧板的各个部分可以拼出很多分数。当学生找到一个大三角形的面积是$\frac{1}{4}$时，就应启发学生想：$\frac{3}{4}$可以怎么得到？有的学生继续拼，有的学生就能够把$\frac{3}{4}$与$\frac{1}{4}$、1关联起来，因为$1-\frac{1}{4}=\frac{3}{4}$，所以把大正方形去掉一个大三角形，剩下的就是$\frac{3}{4}$。同理，已经拼出了$\frac{1}{8}$和$\frac{3}{8}$，那么$\frac{5}{8}$和$\frac{7}{8}$的寻找也可以与已有知识（刚刚获得的知识）关联起来，用减法快速得到结果；而不是让所有学生再重新拼出来。当然，我们不是说继续拼摆的方法就不可以，而是说继续拼摆的学生没有将已经学过的知识（刚刚学过的）关联起来，这样的学习不但是碎片化的学习，而且还停留在直观操作的水平上。长此以往，这些学生将来很难形成自主学习的能力，后续的学习也会受到影响。当然，这种关联不能由教师直接告诉学生，而是启发学生自己想出来，日积月累，自主关联的能力也就形成了。再看下面的案例。

例如：有一组互不全等的三角形，它们的边长均为整数，每个三角形有两条边的长分别为5和7，第三边的长可以是几？这样的三角形最多有几个？

分析：题目的第一问是求三角形第三条边的长，马上联想到三角形边的性质，即三边的关系：三角形任意两边之和大于第三边，然后利用这个性质进行推理。已知三角形各边均为整数，那么我们采取枚举法，因为5+7=12，所以第三边最长为11，依次列举出第三边的长分别为：11，10，9，8，7，6，5，4，3。因为2+5=7，所以2不符合条件。这样的三角形最多有9个。

2. 学会类比。对于一个模块里的各个知识点的教学，我们主张初次学习用不完全归纳法，第二次及以上学习用类比法。通过类比，学生能够举一反三，逐步达到无师自通的水平。孔子要求自己的学生能够达到这个境界，如果学生达不到，他就不再重复教了，他说："举一隅不以三隅反，则不复也。"例如，乘法口诀的教学，是一个模块的系列知识点的教学。第一课时5的乘法口诀的教学，学生通过观察情境图，理解求一共有多少个福娃用乘法计算，理解自然数的乘法的意义是加法的简便算法，求1盒到5盒各有多少个福娃，列出1~5分别与5相乘的算式；再通过点子图的几何直观，口算加法的和作为乘法的积；然后观察一列乘法算式的乘数、乘数、积的关系，用最简洁的汉语表达，最后通过交流，归纳5的乘法口诀。这样学生通过5的乘法口诀的学习，初步获得了规律，积累了活动经验，这就是不完全归纳法。接下来，其他口诀的学习，教师不必再进行过多讲授，把学生放在主体地位，让学生把其他口诀的编制与5的乘法口诀进行关联、类比，把5的乘法口诀的编制方法和经验迁移过来。自己多动手、动脑、动口、动笔，是学生学会学习、深度学习、积累活动经验的根本。

综上所述，学生自主学习就是学会根据主题进行思考，能够将新旧知识自主关联、类比、推理、转化，必要时借助几何直观、数形结合，从而达到举一反三、触类旁通、闻一知十、无师自通的境界。

8.3 小学数学生本学材研编的实践研究

小学数学读本《生本学材》与现行教科书的单元内容同步，作为现行教科书的补充拓展资源配套使用。本套学材重点体现对知识本质的理解、基于学生的认知起点、整体自主建构、掌握重要思想方法、培养核心素养，提倡教师发挥主导作用，即教师是学习过程的组织者、引导者、合作者，使学生学会学习、学会思考，形成可持续发展的自学能力。

一、教学目标

基于以上理念，我们对生本学材的整体教学目标提出了要求，主要体现在以下三个方面。

第一个目标是知识技能方面，学会基本知识和基本技能，体会数学本质。

在数学学习的过程中，不仅要获取知识本身，还应当感悟、体会、理解其中所蕴含的数学本质。例如，10的认识，不仅知道它是9的后继数，还要理解它作为一个新的计数单位，可以用来表示更大的数，从而初步认识十进制；并通过学习10~20数的写法体会位值制的重要思想等。

第二个目标是增强能力方面。通过关联亲历探究知识的过程，将所学的知识结构化、系统化，形成可持续发展的自学能力；会从数学的角度发现和提出问题，综合运用数学知识分析和解决问题，形成评价和反思的意识。要让学生形成自主学习的能力，生本学材主要采取三个途径：一是通过关联已经学过的知识学习新知识；二是自主构建知识网络，通过主动思考将新知识不断地添加到原有的知识网络中；三是对学过的内容进行总结和反思。对于问题解决，在原来的基础上，着重培养学生发现和提出问题的能力，强调对解决问题的过程进行回顾和反思，从前后两个方向对问题解决进行延伸，提高学生数学学习和解决问题的能力。

第三个目标是情感态度方面。通过有趣、有思维含量的数学活动，让学生对数学有好奇心和求知欲。在数学学习的过程中，体会数学的特点，了解数学的价值。建立自信心，养成良好的学习习惯和科学态度。情感态度的目标分为三个阶段。首先，要让学生对数学有好奇心和求知欲。数学学科本身具有抽象性和逻辑性，小学阶段的数学学习需要具有趣味性，如果数学味过浓，会让学生产生厌倦情绪，对学生以后的数学学习是不利的。因此，在教学过程中，要通过诸多有趣的活动让学生对数学持有积极的态度，产生好奇心和求知欲，从而发展出兴趣，这是学生主动学习的根本动力。其次，让学生在数学学习的过程中，发现数学的特点——抽象性和逻辑性，这也是数学的优点，具有形式美和逻辑美，在生活中有广泛的应用，可以解决很多实际问题。从而进一步让学生形成数学的思维，用数学的眼光观察世界。最后，通过严谨且系统的数学学习，让学生逐步养成思考问题时严格、谨慎的学习习惯，树立正确的科学态度。

二、编排特点

本套学材编写时以新知识观、主体性教育理论、建构主义等学习理论为指导，以学生为主体，以知识为载体，以数学思想方法和核心素养为主线，以学生发展为本，具有以下编排特点。

（一）体例特点

体例及呈现方式上重视学生自主学习的功能，尽量便于学生阅读和思考，将教与学的重点落在学生的学，使学生逐步会自主关联与学习。每个新授课时主要分为两部分：例题和课时练习。例题部分尽量以问题和问题串的形式引导学生主动思考，并利用留白给予学生充分的思考空间。例题之后紧接着安排了用于巩固该课时知识的练习。这些练习分为操作活动类、语言描述类、动笔写画类三种类型，分别用 ✈、☺、✎ 为图标来区别（图8-1）。对于不同的练习内容，所采用的标题略有不同，操作活动类有摆一摆、动一动等；语言描述类有说一说、讲故事等；动笔写画类有练一练、画一画等。不同的学习内容适合不同类型的练习。例如，一年级上册认识立体图形单元，大部分练习是操作活动类，让学生在摸、猜、滚、搭等游戏活动中逐步认识各个图形的特征，并在头脑中建立图形的表象，"在玩中学，学中有所得"。

图8-1

除了每个课时的配套练习，学材在若干课时之后还单设了1~2课时的练习，它们为独立课时的巩固练习或混合练习，以巩固前几课时所学的内容。

此外，每个课时之后安排了"天天进步"环节，从收获和问题两个方面引导学生对所学知识进行总结、关联，逐步培养学生构建自己的数学认知结构，进而形成独立学习数学的能力。学生的收获，既可以是知识、能力方面的，也可以是情感、态度方面的。结合学生的问题，教师可以在后续的教学中陆续加以回应，以保护学生的问题意识以及学习数学的好奇心。通过这样长此以往的小结和回顾，可以引导学生养成自我总结的习惯，逐渐提高反思总结的能力。

（二）内容特点

1. 注重体现数学本质。

小学阶段的数学知识虽然简单直接，但都是数学最原始的样子，是最能揭示数学本质的，如数概念、运算的概念等。学材处处在体现数学本质上下功夫，力图让学生通过浅显易懂但又揭示本质的方式领会数学知识的内在美。

例如，为了让学生理解十进位值制这一核心数学概念，体现其在数学中的重要作用，学材从一年级上册起就注意强调这一数学本质。在学生第一次学习十进制、位值制时（即认识10时，如图8-2），学材一方面抓住学生的心理特征，以讲故事的形式将内容新颖地呈现出来，激发学生的学习热情，另一方面以问题为导引，让学生回顾已有的知识（即已经学过了哪些数），引出新的内容。学材没有直接给出十进制这种计数规定，而是呈现了一些生活中的以十为单位包装的物品，如10支铅笔为一把、10个鸡蛋为一盒、10杯酸奶为一盒，让学生体会十作为一组来数数的简洁和便捷。对于位值制，学材让学生主动思考"如果只有1根小棒，能用它表示10吗"，进而引出把这根小棒放在不同的位置来表示不同的数，再呈现出数学上的表示方法：计数器。最后总结回顾，通过"议一议"的方式讨论已有知识之间的联系和区别，及时更新已有的知识结构。在讨论的过程中让学生逐步学会透过现象看本质，体会数学背后的逻辑。

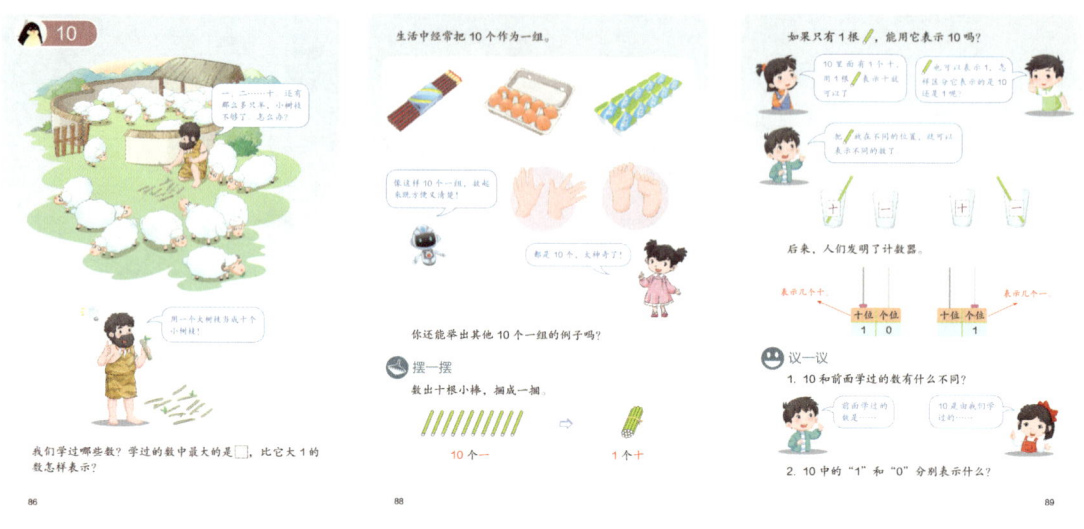

图 8-2

进一步地，学材还在计算领域让学生继续体会十进位值制这一核心概念。例如，在二年级上册100以内的加法和减法（二）中（图8-3），借助小棒图、计数器使学生直观地看到进行加减的是计数单位"一""十"的个数，因此计算可以看成是另一种形式的计数，更进一步地说，计算是一种推理，从而将计数与计算统一起来。通过口算与笔算的比较、关联，使学生感悟竖式正是借助了数位，简化记录了口算计数单位个数的过程，看到多位数加减法与一位数加减法之间的转化，充分感受到抽象、推理、转化等数学思想方法。

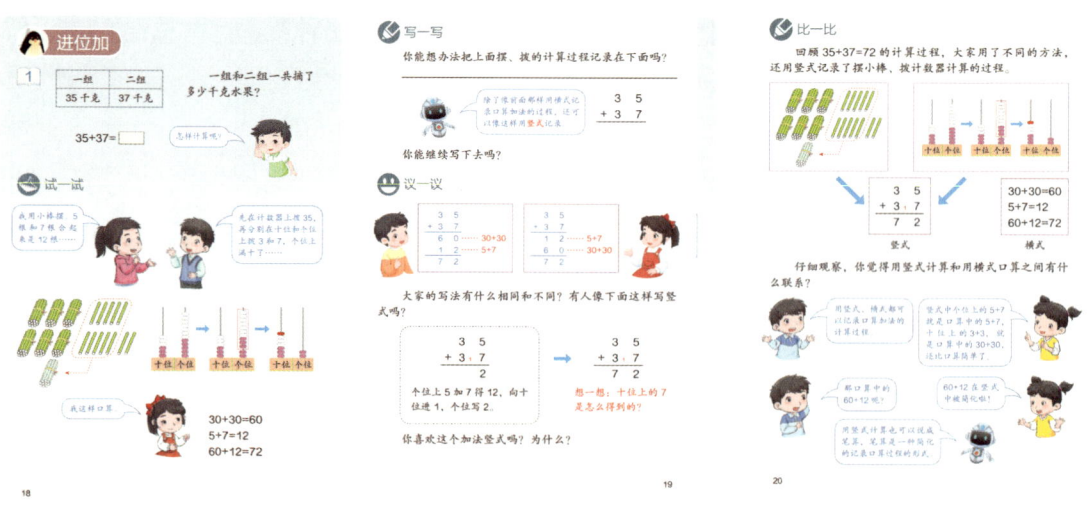

图 8-3

2. 加强自主关联。

关联旧知、学习新知，注重学生学习方式和学习策略的培养，是本套学材编写的基本理念，主要体现在两个方面。一是通过关联进行新知学习。这不仅体现在学习新知前与旧知进行关联，还贯穿于新知学习的整个过程中。例如，在三年级上册学习"万以内的加法和减法（二）"时，学材通过对比和关联研究基本方法，引导学生探究万以内的加减法算理和算法（图8-4）。首先，加强口算和笔算的关联和对比，沟通口算和笔算的计算方法。其次，注重两位数加法中不进位、进位和连续进位等不同类型的对比和关联，有层次地提升学生的运算能力。减法的编排同样包括不退位、退位、连续退位等不同类型的对比和关联。最后，注重将两位数加减法类比、拓展到几百几十的三位数的加减法，引导学生掌握转化的数学思想方法，激发学生进一步学习的潜能。二是每个单元单独设置"复习与关联"版块，加强新旧知识之间的关联，引导学生自主梳理知识图，之后进行小组交流讨论，在交流中相互学习，共同成长。

图8-4

3. 适当整合内容，为不同层次的学生提供发展空间。

学材对部分内容进行整合，使学生将所学的知识系统化、结构化，把握其中涉及的数学核心概念、基本原理和思想方法等，把理解和掌握"四基"、培养"四能"落到实处。例如，一年级上册20以内进位加法单元，学材不是一味强调算法多样化，而是在例1中引导学生探索出可能想到的所有算法，之后留出更多的时间和空间给学生，鼓励学生用自己喜欢的算法进行练习和巩固，逐渐熟练掌握，直至能直接说出得数。

再如二年级上册第二单元100以内的加法和减法（一），将现行义务教育教科书第一小节"加法"中的3个例题整合为进位加法1个例题，更加突出用竖式进行笔算的必要性，以及口算与笔算的关系、计算与计数的关系；"减法"部分同样将3个例题整合为退位减法1个例题，在继续突出数学本质的基础上，体现迁移类推的学习方法。这样安排为后面计算的应用、解决实际问题留出更多的时间，发展学生发现问题、提出问题、解决问题的能力。学材以"坐车去博物馆"为背景呈现了丰富的数学信息，文字较多、信息较复杂，对学生的读题审题能力有一定的要求（图8-5）。主要包括两类：一类是公交车上下车的人数变化情况；另一类是参观博物馆过程中的一些数量关系，包括售票数量、不同展馆的数量、展览作品的数量等。学生需要从众多信息中选择相关联的数学信息，解决问题或自己提出数学问题并解决，如某一站后公交车上的乘客人数、博物馆一天卖出票的张数等。解决问题的过程展现了学生分析问题的不同思路以及解决问题的不同策略，让学生在交流展示中沟通关联，体会数学思维的灵活性。"做一做"中安排了3个练习，要求学生自己整理信息和问题并解决，问题逐步开放。通过这样不同层次的练习为不同的学生发展提供机会。

图8-5

4. 注重借助真实的生活情境。

在实际生活中，学生所面临的真实的数学问题，往往是复杂的、综合的，甚至是开放的。学材尽量呈现与学生实际生活密切联系或可能会遇到的问题情境，并将这些生活问题压缩、转化为学生能够理解的信息和问题，素材与时俱进，体现了现代社会生活的特点。例如，二年级上册第一单元长度单位的"游动物园"中，以微信中位置共享的地图呈现类似于相遇的路程问题（一人不动），以及与飞行器遥控器控制距离有关的比多少的问题（图8-6）。表内乘法（二）单元的"超市购物"呈现了在超市中购物时可能遇到的各种情况。

图8-6

情境的综合与丰富，给"四能"的培养提供了有利条件。在解决问题的教学中，有的呈现了完整的数学问题和解答过程，还有一些只给出了信息和情境，为学生自己发现、提出问题提供了素材。例如一年级下册100以内的加法和减法（一）单元，从摄影社团的情境出发，以"获奖摄影作品展"为主题，呈现了丰富的数学信息，重点让学生发现并提出要解决的数学问题（图8-7）。在提出问题的过程中，引导学生关注数学问题的构成：要有两个（或以上）已知信息，解决一个未知的问题。发现、提出问题是培养"四基"的重要方面，通过让学生自己发现和提出问题，使学生逐步学会用数学的眼光观察世界，这也是数学核心素养的重要体现。

图8-7

5. 以已有知识为基础，利用核心问题驱动学生主动思考。

美国当代数学家哈尔莫斯曾说过："问题是数学的心脏。"学习的过程应该是由问题贯穿始终的，好的问题能有效地激发学生的学习积极性，给学生提供自主探究、独立思考的机会，调动学生的学习热情。

对于小学生而言，学习新知识速度快但遗忘也快，思维活动更依赖运动表象和视觉表象，所以需要不断地再现已有知识，突出已有知识与新知识之间的联系。因此学材在编排时，注意联系学生的已有知识，以核心问题或活动任务为指引，唤起学生旧知，鼓励学生独立自主思考，逐步将新知识纳入已有的认知结构中。例如，一年级上册在学习1~5数的基础上，第五单元认识6~9的数时，学材首先让学生回顾所学过的数，并提问：学过的数中最大的是几，比它大1的数怎样表示？从而帮助学生整理学过的知识，问题则用来指导学生的思考方向，并揭示新知识的数学本质。接着，在学习10的时候，再次让学生思考：我们学过哪些数？学过的数中最大的是几？比它大1的数怎样表示？从而引出要学习的新数10。进一步地，还会要求学生用数学方式将观察到的信息表示出来，如以"你能用算式讲这个故事吗？"引出任务要求，在表达中体会数学的简洁性和一般性。

6. 注重培养学生的表达能力，尤其是数学表达能力。

表达是思维的载体，是思维活动流畅、自然的外在体现。在学习数学时，只有真正理解其含义，并能够运用数学语言进行表达，才算真正达到对数学本质的理解。对于学生而言，能够将所学数学知识用自己的话描述清楚，进一步地，能运用所掌握的数学语言将问题或情境简洁明了地表达出来，是数学核心素养的重要标志。如果学生能够将实际问题转化为数学问题，用数学方式呈现出来，即是形成了初步的建模能力。

为了培养表达能力，尤其是数学表达能力，学材在编排上注意在各个环节引导学生说一说，表达自己的想法。用说一说、议一议等作为环节标题引导学生与伙伴之间进行交流。如一年级上册第二单元位置，学生学习了方位词的含义之后，运用这些方位词描述物体的相对位置，巩固所学的知识。

7. 适当增加推理，供学有余力的学生学习。

逻辑推理是数学思维的体现，是数学严谨性的本质特征。学材在设计时增加了推理内容，为学有余力的学生提供机会发展能力。例如，在每个年级的下册安排了数独游戏。一年级安排了最简单的四阶数独（图8-8），在探究的活动中渗透数学推理的方法，让学生感受数学的乐趣，培养学生探索的兴趣。此外，为了发展学生的数学思维和推理能力，学材还选取了很多灵活的、有价值的思维拓展内容。例如，一年级下册第一单元《认识图形（二）》中，对于七巧板，设计了很多有趣、有价值的活动和游戏。

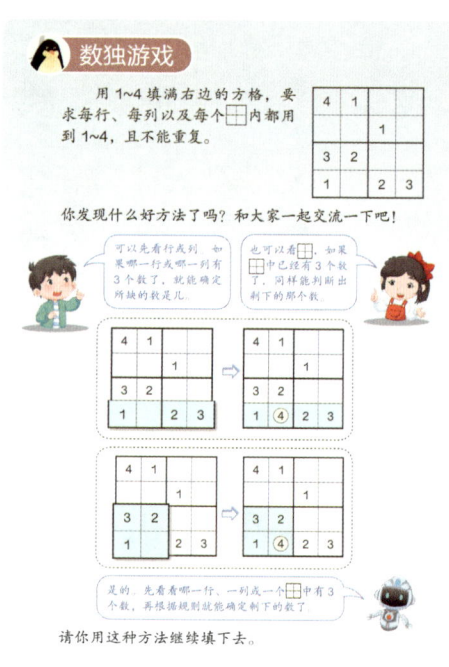

图8-8

三、个案研究

生本学材出版以来，在全国多个实验学校进行了试用。下面是两个具体的教学实例。通过这两个教学案例以及教师的课后反思，我们大体可以了解到教师在使用过程中的喜悦和遗憾，也能够看到生本学材的优势和不足，为今后生本学材的继续编写提供了可以深入研究和思考的方向。

第一节课是《生本学材》一年级上册第八单元的第一课时的《9、8加几》（图8-9）。执教这节课的是江西省南昌市铁路第一小学黄城红老师。

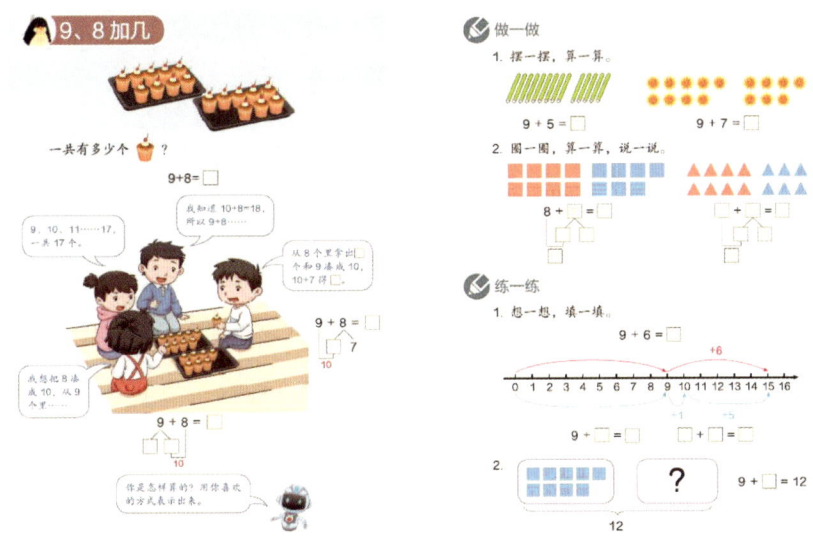

图8-9

教学过程：

（一）复习

教师出示图片13根小棒，提问学生：不数数，你觉得这些小棒大概有多少根？

学生：大约有十几根。

教师：你的感觉真好！那你能想想办法，让大家一眼就看出有多少根吗？

学生：可以先把10根圈起来，之后就很容易看出来。

出示圈的过程，圈完后让学生观察发现确实很容易看出是13根。

（二）新知探究

教师：（出示主题图）仔细观察这幅图，说一说图中有什么。

学生：有小朋友和阿姨，他们在做蛋糕和饼干。

教师：说得没错！你能用数学语言说一说吗？

学生：有3个小朋友、1个阿姨。

学生：有很多蛋糕和饼干，我数了一下，这里（指着图中右下角的架子）上面一层有5个面包，下面有5个面包。

学生：我数了这两盘蛋糕，左边有9个，右边有8个。

学生：这里还有两盘饼干……

教师引导学生通过仔细观察，对图中的数学信息进行整理，为后面学生提出问题做好准备。

教师：通过仔细读图，我们把图中的信息都整理了出来。现在你能提出一个数学问题吗？

学生：我想求一共有多少个面包。

学生：我想求左边的蛋糕比右边的多几个。

学生：还可以求两盘蛋糕一共有几个。

教师：你们提的问题都很好！除了提出问题，我们还得想办法解答。今天这节课我们先来研究一共有几个蛋糕这个问题吧！你会列式吗？

学生：9+8。

教师：请你在老师发给你的答题纸上解答，可以先自己算一算或圈一圈，然后把你的想法跟同学交流一下。

学生独立解决问题，再在小组内交流自己的想法。

学生汇报。

学生：我是直接数的，第一幅图有9个，在这个基础上，我再往下数：10、11、12……这样就数到了17个，所以一共有17个。

学生：我先把第二幅图中的一个圈到第一幅图中来（下左图），第一幅图中就有10个了，第二幅图就剩下7个了，这样就比较容易看出有17个了。

 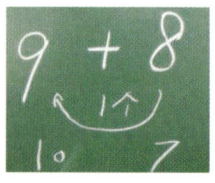

教师：那你能把刚才圈的过程和想法在这个算式中表示出来吗？

学生思考后板书演示，把思路表示成上右图，并把算式和前面的圈图过程结合起来，解释这个算式这样写的理由。

学生：我的想法跟他的很类似，我是把左边的两个圈到右边的图中（下左图），这样右边图就有10个了，左边图也剩下7个。

教师：那你也能把刚才圈的过程和想法在这个算式中表示出来吗？

学生同样画出思路图（下右图）。

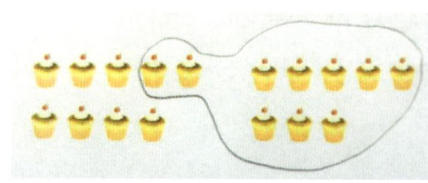 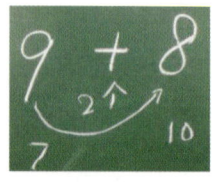

教师：同学们看到这两个圈图的过程，有共同点吗？你们以前见过吗？

学生：这两种方法都是先圈出一个"十"来，这样只要看剩下几根，就是十几，这跟我们学习20以内数的认识时，把10根小棒圈起来，捆成一捆，表示10根的方法是一样的。

教师：是的，你总结得真好！这种方法就是我们在11~20的认识时学过的，先圈出10根来，再看剩下几根，就是十几。看来"10"在我们的数学中非常重要。

教师：那你会把刚才的想法写成算式吗？

$$9+8=\square \qquad 9+8=\square$$

（三）巩固练习

利用学材中"做一做"的练习，先让学生圈一圈，圈出10个后，再来算答案。通过操作与算式的结合，让学生进一步直观理解"凑十法"的算理，更熟练地进行计算。

教师反思：

20以内进位加法这节课要让学生理解"凑十法"的算理，并进一步体会到"十进制"的作用，为学生系统地掌握整数加法的算理打下良好的基础。

在现行义务教育教材中，这一单元第一课时只安排了"9的加法"。通过情境图直接给出9+4的算式，图的下方分别有两个学生阐述自己的想法。一个学生的思路是在9的基础上接着数，直接数出答案，另一个学生介绍"凑十法"。总的感觉，这样的过程显得简单和直接，学生对于"十进制"和"凑十法"理解不深，这样教学的着眼点在于"凑十法"这种计算方法的告知上，学生探究算法的过程偏浅，体验不深。"凑十法"好像是老师强加给学生的。而学生在后面的练习中，大部分也只是纯数字算式的计算，更像是让学生强记"凑十法"的计算方法，处于一种纯操练的状态。学生处于一种被动学习的状态，这种学习方式不是学习数学的最好方式。

针对这种情况，生本学材对本单元的编排进行了一些改进，呈现的第一课时的例题是"9+8"，既有"9加几"，又有"8加几"。在经历"凑十法"计算的过程中，学生的思考性更强，体验更深，培养了学生的综合素养。这样把原教材的较为单纯的知识学习转变为素养提升，非常好地体现了新课程标准中"两基"向"四基"的转变。

在教学完本节课后，学校数学组进行了研讨。执教一年级的几位年轻老师坦言，对于生本学材，他们感觉还是太活了，难度稍大，没有现行义务教育教材好把握，所以他们在教学时还是以现行义务教育教材为主。有少数课题会用生本学材的例题，但他们还是经常会用生本学材上的练习，觉得里面的练习能给学生提供更大的思维空间。比如本课时教学后，他们就会用生本学材上的练习题目，因为它的题目图文并茂，有很多让学生圈一圈再算的题目，这对于学生理解算理非常有好处。这些年轻老师也说,听了黄老师的这节课,还是有很多启发的。原来感觉把8和9的加法放在同一课时,内容太多,一年级的学生接受不了,但经过与原有的"数十几"的经验一结合,就不显得难了,也更突出了"十进制"的独特作用。而且学生能把圈的过程用他们自己的方式表达出来,这样非常好,非常有利于锻炼学生的能力。在这节课中,学生的思维表现还是很活跃,感觉很轻松地突破了难点,学生的自主体验很深,对算理理解很透。跟使用现行义务教育教材时的方式有所不同,相比之下,这样的课非常有利于训练学生的思维,提高学生的综合素养。

第二节课是一年级下册第四单元《百数表的整理》(图8-10),执教这节课的是江西省赣州市文清实验学校的胡晓燕老师,指导教师是江西省数学教研员宋显庆老师。

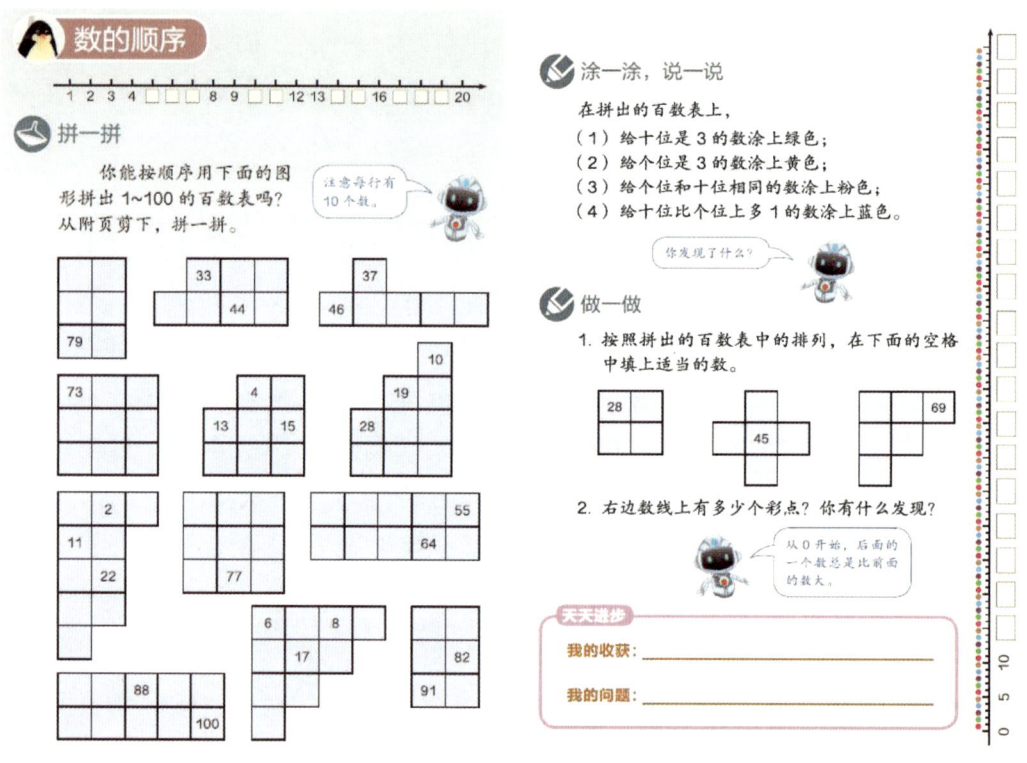

图8-10

[学情与教材分析]

在学生认识了100以内数的组成,会读、写百以内数的基础上,本节课第一次把100以内的数全部展示在学生面前。学生刚认识数时,对所认识的数是"独立的",因此学材通过对100以内的数按顺序进行整理,目的是让学生进一步巩固认数中的一些基础知识,了解100以内数的顺序,帮助学生认识数与数之间的关系,发展数感。学材突出安排了利用数与数之间的联系与排列规律来拼、填完整这张百数表,这一活动的创设需要教师不断引导学生对数的排列进行归纳、整理,不断地构建数的体系,使学生对百以内的数有整体的认识,这种认识才能得以深化。练习中,让学生在初步熟悉了百数表的排列后,用三种不同形状的图形分别在百数表里框出若干个数,看看框出的数之间有什么联系，运用自己的发现，根据给出的部分数，填写出其他的数。这一练习，可以较好地培养学生的观察能力和推理能力。

[教学目标]

1. 通过拼、填百数表探究100以内数的顺序和百数表的排列规律，巩固数的读写，构建数与数之间的联系。

2. 培养学生的观察能力、分析能力和初步的推理能力。

3. 让学生在经历数的顺序的探究过程中获得价值体验，培养学生探究的乐趣。

[教学重点、难点]

重点：通过自主探究、合作交流，对100以内的数按顺序进行整理，并寻找规律。

难点：掌握100以内数的顺序，会运用100以内数的顺序解决一些简单问题。

[教学准备]

多媒体课件、百数表图块12块（磁性）、课题条、蓝色记号笔、百数表图块12块（40套磁性）、练习纸

[教学过程]

课前交流：数字消消乐，直接揭题。

教师：同学们，大家好！今天胡老师要和你们一起学习，学习之前咱们一起来玩个游戏吧！

教师：这个游戏需要两个人完成，谁想来呢？（请两名学生上台）

课件出示游戏规则：屏幕出现哪些数，你就快速点击消除它，速度快的获胜，准备，开始！（学生做游戏）

教师：恭喜你！他怎么这么快呀？它是怎么排列的？

教师：哦！这些数是有顺序的（课件出示：数的顺序）。今天我们就来学习数的顺序（贴课题）。

（一）直接入课，发现问题，探究活动：填拼"百数表"

1. 初步感知百数表排列特点。

课件出示：百数表。

教师：准备好了吗？瞧！1~100的数宝宝们也来到了咱们的课堂，他们正手拉手，排着整齐的方阵队跟你们打招呼呢！（点击课件，数宝宝100站出来说：嗨，大家好！我是数宝宝100）

教师：我们也跟他们打打招呼吧！哎，它们是怎么排列的呢？一行有多少个数宝宝呢？有多少行啊？

课件演示：

数宝宝（100）站出来说：小朋友们，我们也想跟你们做游戏，哈哈！快看（变形）你能把我们按顺序拼回去吗？

数宝宝（57）站出来说：我们都藏起来了，快找到我们吧！

数宝宝（1）站出来说：一定要按顺序排列哦！

2. 初次感知，探究拼写方法。

教师：同学们听明白了吗？这些图形，你会先找哪一块拼呢？你为什么会找这块？接下来你会怎么做呢？你为什么又把这一块放在这里呢？这些数是按什么顺序排列的？第二行呢？你能按顺序填吗？

3. 计时拼图。

教师：你能继续按顺序拼完并找到其他的数吗？老师给你们一定的时间，看谁拼得又好又快！计时开始！（课件出示）

4. 层层剖析、感知规律。

（1）反馈了解情况。

教师：时间到！有拼好了的吗？把你们拼好的举起来给大家看看，你们真了不起！

教师：没有拼好的同学，你们拼到哪儿了呢？（询问几个学生：我拼到50，我拼到55……）

（2）引导学生多方面发现规律。

教师：拼到50的这位同学，你拼的是这样的吗？（教师出示拼到50处）你是这儿遇到了困难吗？遇到了什么困难？谁来帮帮他？

教师小结：原来我们不仅可以横着看去找数，还可以竖着看去找数。

（3）明确百数表。

教师：我们现在找到55了，接下去该怎么找呢？你是怎么想的？（找77）接着呢？

教师小结：哇，他们拼完了，太好啦！现在，老师给你们2分钟时间，请还没有拼好的同学快速拼完并把数字填好。好了吗？刚才你们拼填的这个表叫做百数表。

【设计意图：创设游戏情境，让学生通过复习20以内数的顺序自主关联到100以内的数，让学生明确100以内的数也是有顺序的，同时为学生拼写百数表降低难度。在拼写百数表的过程中引导学生观察百数表，通过学生自主发现横着、竖着等排列的规律来填数，为后面进一步总结百数表的排列规律埋下伏笔。】

（二）多角度自主探索"百数表"的排列规律，分析问题

1. 横着看：课件出示十位是3的数。

教师：这个百数表里藏着很多有趣的秘密，咱们一起来看看吧！仔细观察，这一横行的数有什么特点？还有什么发现？仔细观察，十位上的数是什么样的？个位上的数是怎样的？说得真好！这一行前9个数也是这样的吗？谁来说说看？十位上是几，个位上呢？那这一行呢？（课件演示）

教师小结：原来百数表里的每一横行前9个数十位上的数不变，个位上的数在逐渐增加1。（板书：横着看：十位不变 个位逐渐增加1）

教师：同学们，每一行的最后一个数跟前9个数有什么不同？它跟下一行有什么关系？每一行的最后一个数跟下一行的数的十位是一样的。（课件出示）

2. 竖着看：课件出示个位是3的数。

教师：咱们一起来看看这些数，它们又有什么规律？其他竖列呢？谁想说说看？

教师小结：哦！百数表里的每一竖列个位上的数是一样的、不变的，十位上的数在逐渐增加1。（板书：竖着看：十位逐渐增加1 个位不变）

3. 斜着找数。

教师：百数表横行和竖列里的数藏着那么多的秘密，其实在百数表里还藏着一些特别的数，你能帮我找出来吗？

课件出示：个位和十位数字相同的数。

教师：谁来找找？是哪些数呢？（11、22、33、44、55、66、77、88、99）

课件出示：十位比个位上的数字多1的数。

教师：这样的数你还会找吗？（教师读十位比个位上的数字多1的数。）谁能找出来？老师找了一个，你们看对不对？（21）这个数的个位上是几，十位上是几，十位上的数是不是比个位上的数多1呢？你们接着找一找。

4. 学生自主找规律。

教师：在这个百数表里，你还能找到其他更特别的数吗？拿起自己的百数表圈一圈，跟你的同桌说说，你都找到了哪些数？它们都有什么规律呢？

【设计意图：在汇报交流的过程中，培养孩子有序观察、有序思考的好习惯，同时引导孩子学会举一反三和多维度思考，让学生更清楚地了解百数表的排列顺序和规律，构建数与数之间的关系，深化学生对数概念的理解，培养学生的数感。】

（三）练习应用，深化理解

1. 基础练习。

教师：同学们观察得真仔细，发现了这么多有趣的排列规律，如果老师把百数表隐去一部分，你还能按照你发现的规律填出这些数吗？

教师：按照百数表中的排列，在下面的空格中填上适当的数。请你拿出练习纸写一写吧。

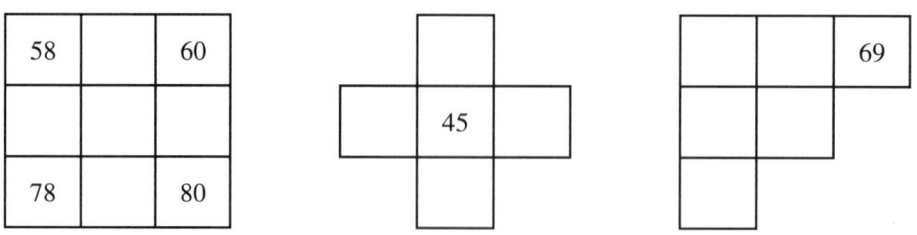

（学生完成后汇报，展板展示）

教师：老师刚才发现大家都填得不错，我请几个同学来给大家说一说，他们是怎么填的？

2. 提升练习。

教师：你们说得太好了！那这些空格里的数是几呢？

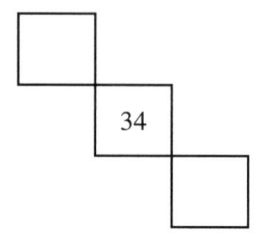

【设计意图：在练习环节设计了两个层次的练习，让学生感知从横着找数—竖着找数—横竖结合找数，再到斜着找数的不同层面，同时让学生运用自己发现的规律去解决实际问题，深刻地感知学以致用的效果，提高解决问题的能力。以不同层次、不同梯度的形式呈现练习，有利于培养学生的发散思维。】

（四）反思总结，明确得失

教师：同学们，你们今天的表现太棒了！通过对百数表的整理，谁能跟大家说说你都收获到了什么？还有什么问题呢？

[设计思路]

由于一年级的小学生年龄小，百数表中的数较多，且百数表里呈现的很多规律不利于学生发现，因此在认识百数表时必须经历一个建构百数表的过程，而学材中所设计的拼写活动，正体现了解构、建构数与数之间相互联系的本质特征。同时，100个数有规律地排列在一起，形成数的一个整体系统，也初步凸现了十进制、位值制数共有的一些特性，因此我们需要帮助学生对这些数进行归纳、整理、分析，构建数与数之间的关系。正是在不断地解构与建构的过程中，学生对百以内的数可以有整体的认知，从而发展数感。如何在解构和建构的过程中，发展学生的数感呢？

（一）在解构的过程中，发展学生数感

1. 解构百数表，发现数的排列规律。

由于百数表有顺序地把数展示出来，呈现了很多规律，而这些规律的呈现又是交叉进行的，一年级学生不能轻易观察与发现，因此在教学中我们以和数宝宝做游戏的情境导入，激发学生的兴趣和求知欲。学生在经历如何快速拼写百数表的探究活动中，教师的全扶到半扶半放再到全放，去剖析拼填中的难点：先横着找数、竖着找数、横竖结合找数3个不同层面。这样的探究活动可以促进学生思维的火花不断碰撞，引领着学生多维度地思考问题、解决问题，继而逐渐地建构数的整体模型。

2. 解构百数表，深化数的认识。

没有点的深入就没有面的提高，没有对百以内个别数的深入认识就没有对百以内数的整体认识的提高。通过对个别数的深入研究，把握相同数的本质，帮助学生对百以内的数有新的认识。由于不同的数在表中都有各自的位置，因此从位置入手来研究数，通过让学生观察横行、竖列的数，引导他们比较每一行、每一列中的相同点与不同点，发现：数的十位与个位上数的变化是与数所在的位置有关系，位置排列有规律，数的排列也有规律，从而深化学生对数位、计数单位的认识。再通过找一些特别的数，例如，个位和十位数字相同的数、十位比个位上的数字多1的数等，继续深化学生对数的认识。

（二）在建构的过程中，发展学生数感

百以内的数是数系统中的一部分，是一个小的系统，因此只解构是不够的，还要带领学生不断地去建构，帮助学生对这个小系统乃至大的数系统有整体的把握。

1. 在找规律的过程中，建构数与数的关系。

每一个数都是一个独立的个体，同时也是数系统当中的一员，它们之间有着非常广泛的联系，而儿童所知道的的数是孤立的，就像在学会说流利的句子之前所学的生词一样。这也正是学生数感弱的原因。百数表不仅呈现个别数，而且为说明数在逻辑结构中的联系方式提供了丰富的图形。因此在观察了百数表之后，让学生自主发现百数表中蕴含的有趣排列规律，这一环节的设置有利于培养学生的观察能力、分析能力、比较能力，学生在建构数与数之间的关系中更能感受关系的多样，从而培养学生数之间有关联的意识，并最终发展学生的数感。

2. 在练习的过程中，发展学生数感。

本节课的两个练习是从完整的百数表中取出其中的一部分数，用于考察学生对横看、竖看、斜看等观察方法的掌握。练习的设计采取阶梯式的办法，由浅入深，层层推进，利用学生找到的百数表的规律，运用数之间的联系，逐步地推测出要填的数，反馈到具体的每一个数上，让学生形成初步的推理能力，感受到数系统中整体到局部、局部到整体的密切联系，培养学生追求数学本质的求真思想。

教师课后反思：

百数表是生本学材一年级下册第四单元的教学内容，是在学生刚刚认识了100以内的数及读、写法之后编排的，通过拼、填百数表的活动，让学生探究百数表内数的排列规律，构建数与数之间的逻辑关系，从而对100以内数的顺序有整体深刻的了解。

相较于现行人教版教材，生本学材作了三处变动：第一处是在课前增设了在数线上补填20以内的数；第二处是新授中由补填完整的百数表变成拼、填百数表活动；第三处是练习中加设了在数线上补填100以内的数。

这三处的变化体现了编者的良苦用心。首先，以在数线上补填20以内的数回顾20以内数的顺序，唤起学生的已有经验，让学生学会利用旧知的迁移来解决遇到的新问题，这一处的变化在生本学材中随处可见，它如水滴石穿的力量，让学生在长期的数学学习中获取了解决问题中的迁移能力、举一反三的能力。其次，在新授中，一改原本枯燥的补、填百数表中的数，以儿童喜闻乐见的拼图方式，把百数表分成了12块图形，通过拼、填百数表活动来展开学习，这种学习形式的变化让学生不再是就学习而学习，而是在玩中学，在学中玩，使学生打开书，就喜欢看、喜欢做、喜欢想、喜欢学，从而激发学生浓厚的学习兴趣，充分挖掘学生的内在无限潜能，正所谓"没有做不到，只有想不到"，但是这种变化对于教师和学生的要求相对较高，教师必须深入钻研教材、了解学生，才能更好地降低教学重难点的陡度，做好引导者的角色。而对于学生来说，由于学生的认知水平、经验参差不齐，在学习中就会呈现出不同层次的诸多状况，学生学习效果也会呈现出两极分化相对明显。最后，数线的再次引用，也进一步让学生感受100以内数的顺序，体会自然数公理，培养学生的数感。这一节课上下来，我有两点深刻感受，在今后的数学教学中应该从教材出发，立足学生、立足课堂，扎扎实实地建构学生的数学思维发展。

（一）立足学生

1. 重视学生，善于激活学生已有的经验。

数的顺序这节课中百数表的拼写活动，相对于一年级的学生来说有一定的难度。如何降低学生完成的难度呢？这是我在设计教学时一直思索的问题。为此，我立足学生，在充分了解学生、吃透学生后，创设了一个游戏情境，利用学生已有的20以内数的顺序的知识经验自主关联到100以内的数，让学生明确100以内的数也是有顺序的。这一游戏的创设看似不起眼，其实在整节课中起着至关重要的指引作用，学生自主关联学习的意识在悄然萌芽，突破了传统教学设计下教师将新知生硬地导入给学生的被动学习模式，同时，自主关联的学习方式打破了学生知识点分散的局面，让学生在不知不觉中把已有知识点进行衔接、串联，逐步地完善知识网络，形成完整的、清晰的小学数学知识体系。

2. 读懂学生，善于捕捉学生的心理。

随着智能化、网络化、移动互联、大数据、云计算时代的到来，我们的学生也在发生着重大的改变,学生的心理呈现出多元化、多形态的发展。我们的教学设计是不是也应该立足于学生,读懂学生,让学生真正地做到自主学习、创新学习、高效学习、终身学习呢?带着这样的问题,我从游戏引入、百数表里数宝宝的形象设置、百数表里数排列的秘密等方面,想方设法地去调动学生的学习热情,捕捉学生的心理,诱发学生的不同体验,生成出精彩多元的课堂资源,不断地鼓励他们在实践与探索中认识数学、了解数学。而非机械地让学生去感知、记忆、理解和应用所要学的知识,让学生切实感知到所学到的知识是有情境的、有价值的、有发展的,也为培养具有创新精神和实践能力的核心素养人才努力。

(二)立足课堂

1. 积极营造开放性课堂。

在数学课堂中,要为学生提供思考、创造、表现及成功的机会,这样学生才能主动地表现自我。本着这样的原则,我创设一个又一个的质疑情境,特别是拼写百数表时的3个层次,从最容易的1~20数的拼写到稍难些的21~55数的拼写,最后是最难的56~100数的拼写,学生不断质疑、解疑、释疑,在反复的过程中大胆质疑,有了疑问学生才会进一步思考问题,才能有所发现,有所创造,从而使教师和学生共同拥有一个轻松而丰富的课堂。在这样开放性的课堂中学生才会向主动探索发展,才会在合作中增智,才会在改进中创新,这样的课堂也成为学生个性发展的场所。与传统课堂相比,这样的数学教学过程也成为学生充分表现自我、发展自我的过程。

2. 积极营造求知氛围,在"奇"中启思维。

小学生对于未知的事物总是充满了好奇心和求知欲,我利用学生的这一特点,让学生多角度发现和探索百数表的排列规律、分析问题。在教学过程中,我设计了让学生们观察横行、竖列的数这一教学环节,积极营造"好奇"氛围,引导他们比较每一行、每一列中的相同点与不同点,进而激发学生强烈的求知欲,让学生主动地提出问题,并学会从不同的角度去发现问题,进而从各个方面思考问题,并发表自己的新见解。相较于传统模式的设计,这样的教学方式更大胆了,但学生的数学思维得到了锻炼。再结合练习的设计,学生的数学思维再一次得到质的提升,变得更加具有逻辑性和严密性。将数学知识转化为学生好奇的问题,能加深学生对学习数学价值的认识,激发学生探究数学知识的情感,促进学生全身心地投入课堂学习之中,从而提高课堂教学的有效性,达到了在"奇"中启思维的功效。

参考文献

[1] 鲍建生，周超. 数学学习的心理基础与过程 [M]. 上海：上海教育出版社，2009.
[2] 布鲁纳. 教育过程 [M]. 邵瑞珍，译. 北京：文化教育出版社，1982.
[3] 曹飞羽. 四十年来小学数学通用教材的改革：课程教材研究十年 [M]. 北京：人民教育出版社，1993.
[4] 曹培英. 小学数学教学改革探析——在规矩与方圆中求索 [M]. 北京：人民教育出版社，2004.
[5] 曹一鸣. 十三国数学课程标准评介（小学、初中卷）[M]. 北京：北京师范大学出版社，2012.
[6] 曹一鸣. 十三国数学课程标准评介（高中卷）[M]. 北京：北京师范大学出版社，2013.
[7] 曹一鸣. 数学教学论 [M]. 北京：高等教育出版社，2008.
[8] 陈昌平. 数学教育比较与研究 [M]. 上海：华东师范大学出版社，2000.
[9] 陈希孺. 机会的数学 [M]. 北京：清华大学出版社，2000.
[10] 董宝良. 陶行知教育论著选 [M]. 1版. 北京：人民教育出版社，2015.
[11] Einstein A. 爱因斯坦文集（Ⅰ）[M]. 许良英，范岱年，译. 北京：商务印书馆，1976.
[12] 恩格斯. 自然辩证法 [M]. 北京：人民出版社，1984.
[13] 弗赖登塔尔. 作为教育任务的数学 [M]. 陈昌平，唐瑞芬，译. 上海：上海教育出版社，1995.
[14] 格劳斯. 数学教与学研究手册 [M]. 上海：上海教育出版社，1999.
[15] 国家高级教育行政学院. 新中国教育行政管理五十年 [M]. 北京：人民教育出版社，1999.
[16] 郭思乐. 教育走向生本 [M]. 1版. 北京：人民教育出版社，2001.
[17] 季苹. 教什么知识 [M]. 1版. 北京：教育科学出版社，2009.
[18] 教育部基础教育教材审定工作办公室. 新课程实验教材精粹选评：小学数学卷 [M]. 北京：人民教育出版社，2011.
[19] 金铁宽. 中华人民共和国教育大事论：第一卷 [M]. 济南：山东教育出版社，1995.
[20] 课程教材研究所. 20世纪中国中小学课程标准·教学大纲汇编（数学卷）[M]. 北京：人民教育出版社，2001.
[21] 课程教材研究所. 课程教材研究十年 [M]. 北京：人民教育出版社，1993.
[22] 课程教材研究所. 新中国中小学教材建设史1949—2000研究丛书：数学卷 [M]. 北京：人民教育出版社，2010.
[23] 克莱因. 古今数学思想：第2卷 [M]. 北京大学数学系数学史翻译组，译. 上海：上海科学技术出版社，2014.
[24] 柯普兰. 儿童怎样学习数学 [M]. 李其维，康清镳，译. 上海：上海教育出版社，1985.
[25] 孔凡哲. 教科书质量研究方法的探索——以义务教育数学课程标准实验教科书为例

[M].北京：人民教育出版社，2008.

[26] 孔凡哲.数学学习心理学[M].2版.北京：北京大学出版社，2012.

[27] 孔凡哲，张恰，等.教科书研究方法与质量保障研究[M].长春：东北师范大学出版社，2015.

[28] 李俊.中小学概率的教与学[M].上海：华东师范大学出版社，2002.

[29] 李润全，陈宏伯，蔡上鹤，等.中小学数学教材五十年（1950—2000）[M].北京：人民教育出版社，2008.

[30] 廖哲勋.课程学[M].湖北：华中师范大学出版社，1991.

[31] 卢江，杨刚.义务教育课程标准实验教科书 数学（一年级上册—六年级下册）[M].北京：人民教育出版社，2002.

[32] 卢江，杨刚.义务教育课程标准实验教科书 教师教学用书 数学（一年级上册—六年级下册）[M].北京：人民教育出版社，2002.

[33] 卢江，杨刚.义务教育教科书 数学（一年级上册—六年级下册）[M].北京：人民教育出版社，2012.

[34] 卢江，杨刚.义务教育教科书 教师教学用书 数学（一年级上册—六年级下册）[M].北京：人民教育出版社，2012.

[35] 马云鹏.共性与差别：中国内地城乡地区数学教学的比较[M]//范良火，黄毅英，蔡金法.华人如何学习数学.南京：凤凰出版传媒集团江苏教育出版社，2005.

[36] 马云鹏.数学教育测量与评价[M].北京：北京师范大学出版社，2009.

[37] 马云鹏.小学数学教学论[M].北京：人民教育出版社，2013.

[38] 毛礼锐，沈灌群.中国教育通史[M].济南：山东教育出版社，1989.

[39] Martin J.教与学的新方法·数学[M].北京：北京师范大学出版社，2008.

[40] 全美数学教师理事会.美国学校数学教育的原则与标准[S].蔡金法，等译.北京：人民教育出版社，2004.

[41] 史宁中.基本概念与运算法则[M].1版.北京：高等教育出版社，2013.

[42] 史宁中.数学基本思想18讲[M].1版.北京：北京师范大学出版社，2016.

[43] 史宁中.数学思想概论（第Ⅰ辑）：数与数量关系的抽象[M].长春：东北师范大学出版社，2008.

[44] 史宁中.数学思想概论（第Ⅲ辑）：数学中的逻辑推理[M].长春：东北师范大学出版社，2009.

[45] 舒尔曼.实践智慧——论教学、学习与学会教学[M].上海：华东师范大学出版社，2014.

[46] 宋乃庆，张奠宙，等.小学数学教育概论[M].北京：高等教育出版社，2008.

[47] 苏霍姆林斯基.给教师的建议[M].湖北：长江文艺出版社，2014.

[48] 孙晓天.数学课程发展的国际视野[M].北京：高等教育出版社，2003.

[49] 王红梅.基于"四基"的小学数学课堂教学[M].重庆：重庆出版社，2016.

[50] 王权.中国小学数学教学史[M].济南：山东教育出版社，1996.

[51] 王永春.小学数学核心素养教学论[M].上海：华东师范大学出版社，2019.

[52] 王永春.小学数学读本 生本学材 一年级上册[M].北京：人民教育出版社，2019.

[53] 王永春.小学数学读本 生本学材 一年级下册[M].北京：人民教育出版社，2020.

[54] 王永春.小学数学读本 生本学材 二年级上册[M].北京：人民教育出版社，2020.

[55] 王永春.小学数学读本 生本学材 三年级上册[M].北京：人民教育出版社，2020.

[56] 王永春，马云鹏.小学数学读本 生本学材（教师版）一年级上册[M].北京：人民教育出版社，2019.

[57] 王永春，马云鹏.小学数学读本 生本学材（教师版）一年级下册[M].北京：人民教育出版社，2020.

[58] 王永春，马云鹏.小学数学读本 生本学材（教师版）二年级上册[M].北京：人民教育出版社，2020.

[59] 王永春，马云鹏.小学数学读本 生本学材（教师版）三年级上册[M].北京：人民教育出版社，2020.

[60] 王振川.中国改革开放新时期年鉴：1980年[M].北京：中国民主法制出版社，2015.

[61] 王子兴.数学方法论[M].长沙：中南大学出版社，2002.

[62] 徐斌艳.中国数学课堂教学[M]//王建磐.中国数学教育：传统与现实.南京：凤凰出版传媒集团江苏教育出版社，2009.

[63] 杨刚，卢江.小学数学课程改革的研究与实践[M].北京：人民教育出版社，2007.

[64] 叶立群.课程教材改革探索[M].北京：人民教育出版社，1997.

[65] 叶圣陶.叶圣陶教育演讲[M].1版.北京：教育科学出版社，2014.

[66] 张奠宙，巩子坤.小学数学教材中的大道理——核心概念的理解与呈现[M].上海：上海教育出版社，2018.

[67] 张奠宙，孔凡哲，黄健宏，黄荣良，唐彩斌.小学数学研究[M].北京：高等教育出版社，2009.

[68] 张奠宙，宋乃庆.数学教育概论[M].北京：高等教育出版社，2004.

[69] 张华.课程与教学论[M].上海：上海教育出版社，2000.

[70] 张辉蓉，蒲淑萍，康世刚.小学数学课程与教学[M].重庆：西南师范大学出版社，2019.

[71] 张健.中国教育年鉴1949—1981[M].北京：中国大百科全书出版社，1984.

[72] 章建跃.中学数学课程论[M].北京：北京师范大学出版社，2011.

[73] 张景中.数学教育技术[M].北京：高等教育出版社，2009.

[74] 张维忠.数学教育中的数学文化[M].上海：上海教育出版社，2011.

[75] 郑毓信.国际视角下的小学数学教育[M].北京：人民教育出版社，2005.

[76] 周玉仁.小学教学百科全书：数学卷[M].长春：吉林教育出版社，1992.

[77] 中国与联合国儿童基金会合作项目研究课题组.中小学教育信息化发展现状及趋势[M].北京：中央广播电视大学出版社，2008.

[78] 中华人民共和国教育部.普通高中数学课程标准（2017年版）[S].北京：人民教育出版

社，2018.

［79］中华人民共和国教育部. 普通高中数学课程标准（实验）［S］. 北京：人民教育出版社，2003.

［80］中华人民共和国教育部. 全日制义务教育数学课程标准（实验稿）［S］. 北京：北京师范大学出版社，2001.

［81］中华人民共和国教育部. 义务教育数学课程标准（2011年版）［S］. 北京：北京师范大学出版社，2012.

［82］ALTIERI M B. California Mathematics：volume 1—6［M］. New York：The McGraw-Hill Companies，2009.

［83］CAROLYN K，PANG J S，DEBORAH S，et al. Early algebra：Research into its nature，its learning，its teaching［M］. New York：Springer，2016.

［84］COLLARS C，LEE K P，HOE L N. Shaping Maths Series［M］. Singapore：Marshall Cavendish Educational，2007.

［85］HOWSON G. Mathematics textbooks：A comparative study of grade 8 textbooks［M］. Vancouver：Pacific Educational Press，1995.

［86］KHEONG F H，Ramakrishnan C，Wah B L P. My Pals Are Here! Maths：1A—6B［M］. Singapore：Marshall Cavendish education Pte Ltd，2013.

［87］LI Y. Mathematics curriculum in Pacific rim countries：China，Japan，Korea，and Singapore［M］. Charlotte，NC：Information Age.

［88］MA Y，ZHAO D，TUO Z. Differences within communalities：How is mathematics taught in rural and urban regions in Mainland China?［M］//How Chinese learn mathematics：Perspectives from insiders. Singapore：World Scientific Publishing，2004.

［89］Ming E C C，Cole D W. Targeting Mathematics：1A—6B［M］. Singapore：Star Publishing Pte Ltd，2014.

［90］STILLWELL J. Mathematics and Its History［M］. 3rd ed. New York：Springer Science + Business Media，2010.

［91］Wittmann E C，M?LLER G N，N?HRENB?RGER M，et al. Das Zahlenbuch：volume 1—4［M］. Stuttgart：Ernst Klett Verlag，2017.

［92］ПЕТЕРСОН Л Г. Математика：1 класс. Часть1.—4 класс. Часть3.［M］. Москва：Ювента，2013.

［93］ふじいとしあきら藤井斉亮. 新算数［M］. 东京：日本东京书籍株式会社出版社，2017.

［94］日本文部省. 小学校学習指導要領解説·算数篇［M］. 大阪：大阪书籍株式会社，1999.

［95］日本文部科学省. 小学校学習指導要領解説 数学編平成29年告示［M］. 東京：廣済堂あかつき，2018.